- 修订版 -

亚洲腹地考古图记

[第二卷]

[英]奥雷尔·斯坦因 著

巫新华 秦立彦 龚国强 艾力江 译

GUANGXI NORMAL UNIVERSITY PRESS

广西师范大学出版社

·桂林·

目 录

插图目录

第七章　古楼兰遗址

第一节　再次在楼兰遗址及其附近工作

　　我直接回到楼兰的目的，是寻找七年前因时间紧张而未调查的附近风蚀地中的遗址。① 为了让这个计划有成功的把握，我们决定在楼兰这个古交通站扎营，以便深入调查原先没有考察过的邻近地区。因此，2 月 11 日早晨，我们到达楼兰之后，除了一些被用于向东北方向扩延调查的骆驼，其余的骆驼均在托乎提阿洪的引导下，赶往库鲁克山最外层山脚下的阿勒提米什布拉克（Āltmish-bulak，意为 60 泉眼——译者），去享受几天有绿草和冰川咸水的生活。

重返楼兰的目的

　　由此向北和东北方向，对于阿弗拉兹·古尔来说也是完全陌生的，但我更加坚信在这个地区进行调查的必要性，我希望能找到一条来自敦煌的要道的蛛丝马迹。② 凭以前的经验，我充分相信，有着旺盛精力和敏锐观察力的阿弗拉兹·古尔定能胜任这次调查工作。我自己则留在楼兰开始着手在遗址上做一些有用的工作。上次调查时，因为有些古迹埋藏太深或其他原因，在匆忙中被遗漏了。这一次，我们有了弥

调查东北方向

① 参见《西域考古图记》第一卷 370 页以下（L.A 的中国名称，见附录 A）（据本书英文版"补遗和勘误"，删去括注——译者）。

② 参见《西域考古图记》第一卷 386 页以下，第三卷图版 23。

补缺憾的机会。

再次调查楼兰遗址

这次调查的结果，已充分体现在我在此次旅行结束后成书的《西域考古图记》中，在此无须赘述。但我要指出的是，正是这次新调查，加上我第一次调查的经验，使我在东边的一些风蚀遗址中找出了曾围住这个中国交通站的城墙位置。因为遗址早在公元 4 世纪就被废弃，一直遭受着强烈的风蚀，所以我现在描述的内容很难超过 1906 年的记录。那时，我认出了少量遗物及因处背风位置而幸免于完全风蚀的两道东—北东到西—南西走向的墙址。与这些墙成直角的围墙，我以前未能找到，但在这次仔细的调查中也得以确认，并记录于《西域考古图记》中修改过的平面图上。图 152~155、157 也有助于更好地说明《西域考古图记》记录的第二次探险考察的结果。①

遗址的照片

为方便理解，在描述最新考察获得的古物之前，对我拍摄的遗址图片作一个简要提示。图 151 中心位置显示的是衙门式的大建筑遗存（L.A.II）②，稍远处是 L.A.X、XI（据本书英文版"补遗和勘误"，应为 L.A.X——译者）佛塔。图 150 右边完全风蚀的低地上，干枯的红柳覆盖着一座三角

---

① 图 152 是长约 80 英尺的东墙（更严格地说，是东—北东墙）残段。图 157 为同一城墙的北端，因为其上有一层红柳枝条而未被完全风蚀。右边是后来低地上起来的一个小红柳包。从照片中的测竿可知，自红柳包出现以来，附近地面至少降低了 5~6 英尺。在同一幅图中，可看到前景地上散有一厚层木头残片，也许是东墙城门最后的遗存（见《西域考古图记》第一卷 388 页）。

图 154 是一处更小的台地，上有同一（东—北东向）城墙南端的少量残余，其位置接近城堡东南角。图 153 是北城墙（严格地说是西—北西墙）的一小段，原地面上的墙基仍可从灌木丛中辨认出来。图 153 前景中的枯红柳枝非常重要，它们生长于被风蚀降低了 20 英尺的新地面上，也许地下水曾一度渗透到这个地点。

在图 150 中，我们见到两个独立的小土丘表示西墙线，其间散布木头碎片，也许是西墙中部的城门位置（见《西域考古图记》第一卷 387 页）。

最后，图 155 显示的是如西南城角附近那样，是最难寻找的南面堡垒遗存（见《西域考古图记》第一卷 386 页）。

② 详情参见《西域考古图记》第一卷 375 页。

形小土堆，引人注目。这非常重要，因为如前所述，由于风蚀，这类植物遗存的层位远比古代文化层低，这给遗址废弃几个世纪、活植物失去掩蔽后湿度曾一度得以恢复提供了证据。① 处于 L.A.II 遗址南面中心位置的干枯红柳（图 148）层位更低，生长时间大概更晚。一些建筑遗址周围凹陷的风蚀地面，要比公元 3 世纪时的原生地层低 30~35 英尺，这在图 146、156 中显得十分明显。这两幅图中的佛塔 X、XI，现在看上去似乎在高台上。高台侧面裸露的泥层，在地质学上很有意义，可作为定居时期沉积层的证据。

12 月 12、13 日，我派出一些队员分别去四周寻找尚未找到的遗址，与此同时，我和剩下的民工则留在遗址内清理垃圾层。在《西域考古图记》中标为 L.A.VI 的木骨灯芯草编墙和几乎完全风蚀的建筑 V 之间②（图 147）的一层浅沙下，我们发现了一大堆芦苇和其他遗物，厚 2~3 英尺。我们从中发现了书写在木片和纸上的大量汉文文书，其中包括几张完整的纸片、四方形汉文木简残片、一张有早期粟特文字迹的纸片。还值得提到的有一个木盒（L.A.IV.V.03，图版 XVI），与我在敦煌长城上发现的一些盒子非常相似；一只精致但多补丁的皮鞋（L.A.IV.V.01，图版 XXVII）；一块鞘状的丝织品（L.A.IV.V.014）；鱼骨（L.A.IV.V.018、019）以及许多丝绸和织物残片。另在遗址西面附近的一处建筑的木骨灯芯草编墙中发现了一些汉文木简（L.A.VI.i.01~04），而在此区的另一部分，则发现了如下文目录所示的各种小型

L.A.V 附近垃圾堆中的发现

---

① 参见本书第六章第一节、第五节；《西域考古图记》第一卷 390 页。

② 此事有一些误会。当我重访遗址时，手中没有 1906 年关于风蚀建筑的图，故垃圾中的出土遗物被错误地标上了遗址号"LA.IV.V"。尽管这一建筑（垃圾堆在它的附近）的正确编号是 L.A.V，但我们在叙述目录中还是使用原来的编号。

工具在L.A.VI.V层下。

重新寻找 L.A.
VI.ii 的垃圾堆

受这些发现的鼓舞，我在 L.A.VI 和 L.A.III 之间仔细地搜寻，又找到了一个大面积的垃圾层（L.A.VI.ii），乏味的劳动得到了丰厚的回报。而在《西域考古图记》中所说的上次那种情况下①，要清理掉这么大的垃圾堆积是不可能的。我们在翻动垃圾层时，发现了 40 多件纸质和木质的文书，其中大部分是汉文木简或纸文书。但是，除大量完整的汉文木简外，新出土的东西中还包括一件小的长方形简牍盖板（L.A.VI.ii.057，图版 XVIII），上有佉卢文字迹，仅从形状上看似一个小盒上的盖板②，还有一件新奇的写有佉卢文的小丝袋（图版 XVII）③。从这个大垃圾堆中发现的各种器物中，必须特别提到的是保存较好的一件饰有花纹的机织织物残片（L.A.VI.ii.05，图版 XLIII）、一件丝绸小包（L.A.VI.ii.06）、各种木器和一件绿釉陶器(L.A.VI.ii.017)等。

L.A.IV 居址附
近的遗存

原来没有观察到的大量垃圾遗存，在位于 L.A.VI 南面④的大型居址 L.A.IV 附近找了出来。在这东南的垃圾堆 x 中，有几页汉文文书（其中包括一大张保存极好的纸文书）被找了出来，在此处和居址的西部与西南部的垃圾 xi 中发现的各种各样的物品中，有一件明显是驴的鞍板（L.A.V.x.01，图版 XVI）；一些羊毛织品残片和毛毡（L.A.V.x.05～08）；与敦煌长城汉代典型陶器很相近的一件网纹陶器（L.A.V.x.013，图版 XXVII），这也许该特别指出。

---

① 参见《西域考古图记》第一卷 381 页。

② 写有汉文的盖板，应是木头简牍的盖板，参见《西域考古图记》第一卷 382 页。

③ 根据伯耶对丝袋 L.A.VI.ii.059 上汉文的释读，这个丝袋似乎是用来传递小礼物，一面写寄件人和收件人姓名，另一面写礼物（贵重宝石？）名称。参见沙畹论文，载《文书》199 页以下。

④ 第七章第一节注中所提到的同样的误解，是目录误把遗址号 L.A.V.x 和 L.A.V.xi 加在了从这些垃圾层中出土的文书和其他各种遗物上。

在衙门式建筑 L.A.II 主墙北面的长条形地上，有土坯垒砌的后墙（L.A.II.ii~iv）①，我发现了上次遗漏的一些遗物。尽管被侵蚀，但在夹杂骆驼粪、芦苇草秆的地层里，还是有一些有趣的东西被发现。精美的木骨编枝墙的房间 II.vi 在 1906 年时引起了我的注意，它有高筑的座台、镶嵌式的窗户。② 在这间房屋附近发现一些损坏得很厉害的灰泥壁画残片（L.A.II.04），上面绘有几何纹，它们作为样本被我带走。这些壁画残片的意义在于它含有麦草，这是当时交通站附近有农耕的明显证据。在此地还发现一块刻纹木框架残片（L.A.II.05，图版 XVI），重要的是，框架的菱形纹中填有与楼兰 L.B 遗址和尼雅木雕上流行的装饰风格相近的四瓣花纹饰③。

衙门建筑后面发现的各种器物

我们还在 vi、vii 屋的墙外发现了一些有趣的纸文书，除了许多汉文文书（包括 3 页大的 L.A.II.x.03~06），还发现两小页早期粟特文书（图版 CXXIV）和一块用还未解读的文字书写的文书残片（L.A.II.x.018）。后一块文件残片上拉长的奇特文字，使人想起传说中白匈奴钱币上的文字，我们对文书残部仔细观察也未能解读出来。在邻近 L.A.II 主墙西端的垃圾 xi 中发现了一些汉文纸片，在邻近的建筑 L.A.III 附近还拾到方形的佉卢文简牍。值得提到的是，在重新检查居址 L.A.I 所在的阶地斜坡上的垃圾时，发现了一件完整的汉文文书，还有贴在一起形成彩绘装饰背面的一些汉文纸片。类似的用汉文书信贴成的纸板，我在初次考察时就曾发现过。④

汉文及其他文字的文书

---

① 参见《西域考古图记》第三卷图版 25。
② 参见《西域考古图记》第一卷 377 页以下。
③ 参见《西域考古图记》第四卷图版 XIX，N.XIII.i.001；XXXI，L.B.II.0025、0026。
④ 参见《西域考古图记》第一卷 372 页。

风蚀地带发现
的陶器

　　同我上次考察时一样，在这处交通站遗址附近的塔提类型的风蚀地上发现了大量的小器物，它们是派出去寻找其他遗址的民工们捡回来的。这些小器物在总体特征上与1906年的同类发现物相似，提供了最直接和更多有意义的证据。一块较大的残片（L.A.01、0125，图版XXVII）为了解遗址使用期内典型陶器的形状和纹饰提供了有益的启示，在类型上它与同期尼雅的陶器风格比较一致。陶框架（L.A.02，图版XXVII）外形呈格状，很奇特。像1906年发现的可作开关的木板（L.B.II，图版IV）一样，它似乎也用作窗子，即安在墙上供阳光与空气进入。① 绿釉玻璃器残片（L.A.09）在其他地点都见不到，似是舶来品；玻璃珠（L.A.023、0110，图版XXIV），深蓝色，透明，起垂直棱纹；一个模制的玻璃容器的足（L.A.037，图版XXI）值得一提；黏土印（L.A.0137，图版XXIV），其动物纹饰令人回忆起约特干或和田等其他地点类似的浅浮雕。②

各种文物

　　所有文物中最重要的是一块完整的铜镜（L.A.0107，图版XXIV）及另两块铜镜残片（L.A.05、0124，图版XXIV）。铜镜的装饰图案（下文的遗物表中有详细的描述）中有汉字，因此无疑来自东方。青铜戒指（L.A.016、090、0138，图版XXIII、XXIV）；尖头饰（L.A.0136，图版XXIII）也值一提；铁器残件也很多，镰刀（L.A.024，图版XXI）；保存较好的嚼子（L.A.034，图版XXI）也极有趣；一件木鞍（L.A.04，图版XVI）是在接近佛塔的遗址内的风蚀地上发现的，保存良好，或许是从邻近建筑物遗址中吹过来的；大

---

① 参见《西域考古图记》第一卷398页、442页、444页（图版XXXIV）。
② 参见《西域考古图记》第四卷图版V，最上面3排。

量石刀（L.A.018、069、070、099～0104 等）暗示遗址的使用可早到石器时代早期；做工精致的玉佩带（L.A.0145、0146）无疑是新石器。这类石器，在遗址废弃之前还一直被居民使用着。

在该地及附近的风蚀地上，辛苦搜寻到的遗物的数量远不如上次的多，这一点也不奇怪。然而，如附录 B 所示，总数为 56 枚的钱币中，除三枚有"货泉"钱币名外，其余均为五铢钱。许多钱币被剪去边沿，但大多数还有"五铢"二字（共 32 枚），其余是未刻铭的钱币。这些货币的类型和比例与以前在 L.A.III～VI 遗址上发现的大体相应，更证实了《西域考古图记》中得出的结论：这种类似辅助货币的剪边币的流通时间，比中国货币专家估计的要早得多。①

发现钱币

第三天晚上，阿弗拉兹·古尔结束了对北部及东北部的调查，回到我们在楼兰 L.A 遗址的大本营。顺便说一下，他对东北方向重要遗存的描述真是令人鼓舞，为我寻找楼兰到敦煌的中国古道提供了线索。我对他的图和报告非常满意，说明考察楼兰 L.A 遗址周围的小组带回来的消息是可靠的。据他们的消息，他们遇到的两处遗址，与塔提型遗址或我已调查过的遗存有所不同，都距楼兰 6 英里，可以进行发掘。他们所说的东北部的古墓地可在以后进行发掘，故我应移到东北部更远的遗存上去。而东—南东方向居址上的调查工作只能放在 2 月 14 日，同时，可在楼兰 L.A 遗址做一些辅助性的工作。

调查结果

居址 L.D 距楼兰 L.A 遗址 2.5 英里。我们走近它时，风蚀影响渐不明显，雅丹地形高度降至 6～8 英尺，顶部时常

调查居址 L.D

① 参见《西域考古图记》第一卷 385 页，第三卷 1344 页。

能发现枯芦苇地（我要说明的是，在南部的一处古河岸的低沙脊上也可见到枯芦苇）。在近遗址处，我发现有几棵古红柳树干的顶部枝条还活着，这说明，相比北面的三角洲来说，这里的地下水可使植物存活得更长。

清理居址 L.D

居址 L.D 是一个大居址遗址，其房屋用胡杨木建成，篱笆墙用竖立的红柳条构成，木质均已朽，但现存高度仍有 1 英尺多，使我对房间的布局（如图版 II 所示）有了清楚的了解。这里的地面侵蚀深度仅 5~6 英尺。红柳篱笆墙使屋内的流沙面低于墙外，但清理屋后发现遗物极少。其中，最重要的是长方形佉卢文简牍（L.D.07），尽管已经褪色和腐朽，但其形状与尼雅和楼兰的许多遗址出土的那些佉卢文简牍相一致。因此毫无疑问，居址的使用时间与楼兰遗址相同。

居址 L.D 的发现物

除木器（L.D.02，图版 XXVI）、角质勺（L.D.06，图版 XXI）、铁锅残片（L.D.05）外，遗物多是铜饰残片、玻璃珠和石器，绝大多数小型器物是在废墟周围的斜坡上拾到的。值得一提的是，一块铜镜残片（L.D.09），背面有中国风格的装饰；最北面的屋外沙土中的一个大型陶器，高约 3 英尺、直径 2.5 英尺；一块陶器的肩部和残边（L.D.08），可看出胎的厚度与硬度（图版 XXIX）。阿弗拉兹·古尔在上次对地表的考察中，在居址附近捡得一枚奇特的中国铜币（图版 CXIX），保存良好，两面有不同的铭文，应属于元延（公元前 12—18 年）年间的钱币。这个年代的判断，也可被佉卢文完全证实。在居址 L.D 附近共拾到 20 枚铜币，均为五铢型，其中一半是较小的剪轮钱。[1]

---

[1] 参见附录 B。

由居址 L.D 向南 0.5 英里，排排或卧或立的干枯胡杨显示出大体呈西南—东北走向的干涸的风蚀古河道。图 145 显示，近河道的风蚀地上的一些红柳包，上面有一些红柳还活着。河床约 25 码宽，深不超过 7 英尺。河床内还有几处活着的低矮灌木，阿弗拉兹·古尔发现，地表特征（图 145 所示）和他向东直到他的营房 xciva 前进时所看到的一样。他在前往那里和更东北部的途中，拾到一些金属器、石器（L.D~L.G.02~04、017~020）和 12 枚中国钱币。后者包括一枚货泉（？），其余均为五铢型，有的有文字，另一些剪边。① 他在居址 L.D 以远没有遇到建筑物遗迹，直到离营房 3 英里处，才遇到在雅丹上完全风蚀的古居址 L.G。在此发现的木盘足（L.D~L.G.01），与古墓地出土的同类器物很相近，这在第三节中将讨论。

在居址 L.G 以远，地表由带有死植物的风化的黏土，变成了结有盐碱硬壳的土壤或粗沙。虽然我不能踏访此地，但我想，可以把居址 L.G 附近作为这一地区的东界。可以设想，在公元初的几个世纪中，这一地区的物质条件当与楼兰一样，因此是一个能够长期定居的遗址。在居址 L.G 附近，我们可以寻找到库鲁克河三角洲（以古河床的形式出现）的东端。结有盐碱硬壳的荒地向东延伸，也许构成了大盐泽的前滩；在此荒漠之地，正如另外讨论过的早期汉文文书所说明的那样，在贯穿楼兰的古道废弃之前，库鲁克河的水就已断流。② 我很快熟悉了此地的自然特征，它比古三角洲的风蚀沙漠还要荒凉。

古河床与居址 L.D 以远的遗迹

干涸了的盐泽前滩

① 参见附录 B。
② 参见《西域考古图记》第一卷 423 页以下有关郦道元的《水经注》所载的楼兰河止于"洈泽"的叙述。《水经注》中的"盐泽"或"蒲昌海"即"洈泽"。另参见《汉书》；本书第八章第二节。

图 149　楼兰 L.A 遗址西北的塔址

图 150　楼兰 L.A 遗址的西城墙遗存

图 151　楼兰 L.A 遗址的西城墙遗存

图 152　楼兰 L.A 遗址的风蚀台地，上有部分西墙

图 153　楼兰 L.A 遗址的风蚀台地，上有北墙的残段

图 154 楼兰 L.A 遗址的风蚀台地，上有东南城角的东墙残余

图 155 楼兰 L.A 遗址，起层的风蚀台地，上有南墙的残段

图 156　楼兰 L.A 遗址残塔 L.A.X

图 157　风蚀台地北端，上有楼兰 L.A 遗址东墙的残段

第二节　在楼兰 L.A 遗址及其附近发现的各种遗物

L.A.01　残陶器（三片拼合）。硬陶，口如喇叭状，有一个环耳（如完整，也许是双耳），耳的顶部与底部平整，显然意在用线绳悬系圆颈。粗刻三角锯齿形纹，肩上也有一条类似的纹饰。暗红色。（口）径 $4\frac{3}{8}$ 英寸，高 $5\frac{7}{8}$ 英寸。图版 XXVII。

L.A.02　方框形陶器。由几片拼合而成，残。（网）格状棂条，2 平方英寸方形孔，残存一角，三个方格完整，也许是红黄色，保存良好。长 12 英寸，宽 $4\frac{7}{8}$ 英寸，深 $1\frac{5}{8}$ 英寸。棂厚 $\frac{3}{8}$ 英寸（背），正面稍窄。图版 XXVII。

L.A.03　陶器。深红色，似烧得坚硬，保存良好。$3\frac{1}{2}$ 英寸 × $1\frac{3}{4}$ 英寸 × $\frac{1}{2}$ 英寸。

L.A.04　木鞍片。呈新月形，一角短，上部边沿已残。钻有四孔（两角各一孔，中间有二孔），一侧底边已磨损，表面光滑。木质坚硬。弦长 $11\frac{1}{4}$ 英寸，中部高 $3\frac{1}{4}$ 英寸，角末端 $1\frac{1}{8}$ 英寸，平均厚度 $\frac{7}{8}$ 英寸。图版 XVI。

L.A.05　铜镜。背（面）素面，厚沿宽 $\frac{3}{8}$ 英寸，沿内侧有波纹带和涡纹，中部残缺，保存良好。最大宽度 2 英寸。图版 XXIV。

L.A.06　砾石。（深）暗灰，底尖，侧面平，磨损。$1\frac{3}{4}$ 英寸 × $\frac{13}{16}$ 英寸。图版 XXI。

L.A.07　石纺轮。圆盘形，钻孔。直径 $1\frac{1}{16}$ 英寸，厚 $\frac{1}{4}$ 英寸。

L.A.08　石纺轮。深灰色，圆盘状，修补过（残）。直径 $1\frac{1}{8}$ 英寸，厚 $\frac{3}{16}$ 英寸。图版 XXI。

L.A.09　釉陶器。浅黄色，粗制，釉呈铜绿色，裂开，已黏合。$2\frac{1}{4}$ 英寸×$1\frac{1}{2}$ 英寸×$\frac{3}{16}$ 英寸。

L.A.010　杏仁形贝壳。长 $1\frac{1}{16}$ 英寸。

L.A.011　石器。坚硬，深灰色，软玉（?），有加工痕迹。2 英寸×$\frac{3}{4}$ 英寸×$\frac{3}{16}$ 英寸。

L.A.012　铜盘。形状与中国钱币相同，两面凹凸不平。（面）直径 $\frac{7}{8}$ 英寸，图版 XXIV。

L.A.013　铜片。折叠。$\frac{15}{16}$ 英寸×$\frac{1}{4}$ 英寸。

L.A.014　铜钉。圆头。头径 $\frac{5}{16}$ 英寸，身 $\frac{5}{8}$ 英寸。

L.A.015　加工过的石片。长 $\frac{1}{2}$ 英寸，宽 $\frac{3}{16}$ 英寸。

L.A.016　铜戒指。菱形嵌孔，角上有五个小圈。保存良好。直径 $\frac{3}{4}$~$\frac{7}{8}$ 英寸。图版 XXIV。

L.A.017　铜针或铜锥。粗端开裂，针尖微钝。长 $1\frac{7}{8}$ 英寸，厚 $\frac{1}{16}$~$\frac{3}{32}$

英寸。

L.A.018　**石片**。粉红色（燧石?）。$\frac{1}{2}$英寸×$\frac{1}{4}$英寸，长$\frac{1}{2}$英寸，宽$\frac{1}{4}$英寸。

L.A.019　**小铜线圈**。扁平，可能是纽扣。长$\frac{3}{8}$英寸，宽$\frac{1}{8}$英寸。

L.A.020　**长条形铜条**。一端渐细，弯曲。$1\frac{1}{2}$英寸×$\frac{1}{8}$英寸。图版 XXIV。

L.A.021　**玛瑙珠**。球形。直径$\frac{1}{2}$英寸，高$\frac{5}{16}$英寸。

L.A.022　**玛瑙珠**。球形，有缺口。直径$\frac{5}{16}$英寸，高$\frac{1}{4}$英寸。

L.A.023　**玻璃珠**。深蓝色，透明，表面有垂直凸纹，如图版 XXIV 中的 L.A.0110。直径$\frac{3}{8}$英寸，高$\frac{1}{4}$英寸。

L.A.024　**铁刀**。一侧有花纹，已生锈，边沿残，其余部分保存完好。长$9\frac{1}{8}$英寸，宽$1\frac{1}{8}$英寸，厚约$\frac{1}{8}$英寸。图版 XXI。

L.A.025　**圆形铜镜**。残。边沿突，宽$\frac{5}{8}$英寸，镜面无纹饰，最大直径$1\frac{5}{8}$英寸。

L.A.026　**铅纺轮**。扁平，钻孔。直径$\frac{11}{16}$英寸，厚$\frac{5}{32}$英寸。图版 XXIV。

L.A.027　**铜片**。$1\frac{1}{8}$英寸×$\frac{9}{16}$英寸。

L.A.028　**环形贝饰**。莲瓣纹。直径$\frac{9}{16}$英寸，宽$\frac{1}{4}$英寸，厚$\frac{1}{8}$英寸。图

版 XXIV。

L.A.029　铜片和铅片。最大宽度 $\frac{7}{8}$ 英寸。

L.A.030　玻璃珠、石珠和黏土珠。共 8 颗，包括两颗完好串珠，一颗绿色黏土质，不透明；一颗是玻璃珠，透明。玻璃珠直径 $\frac{1}{4}$ 英寸。

L.A.031　黏土饰（发现于 L.A 遗址东北 7 米处）。心形，扁平，中间钻孔。长 $\frac{9}{16}$ 英寸，宽 $\frac{1}{2}$ 英寸，厚 $\frac{1}{8}$ 英寸。图版 XXIV。

L.A.032　马镫形铜器（发现于楼兰 L.A 遗址东北 7 米处）。参见 L.A.0126 和《西域考古图记》第四卷图版 XXXVI 中的 L.A.VI.ii.010。长 $\frac{7}{8}$ 英寸，最大宽度 $\frac{1}{2}$ 英寸。图版 XXIV。

L.A.033　铜纽扣（发现于楼兰 L.A 遗址东北 7 米处）。顶圆拱，背面有大环，厚沿，纽顶中心凹陷。另一颗参见 L.C.014，直径 $\frac{3}{4}$ 英寸。图版 XXIII。

L.A.034　铁马衔。圈已断裂，部分锈蚀，跨度 $5\frac{2}{3}$ 英寸，杆粗 $\frac{1}{3}$ 英寸。图版 XXI。

L.A.035、036　2 块铜片。一块上有铆钉，另一块有穿孔。约 $\frac{3}{4}$ 英寸× $\frac{1}{2}$ 英寸。图版 XXIV。

L.A.037　玻璃器。浅黄色，透明，似为器足，圆边，表面有波形突起的小环。$1\frac{5}{8}$ 英寸×1 英寸× $\frac{1}{4}$ 英寸。图版 XXI。

L.A.066　铜钉。圆头。头径 $\frac{3}{8}$ 英寸，（钉）残长 $\frac{1}{4}$ 英寸。图版 XXIV。

L.A.067　石纺轮。圆盘状，有孔，如图版 XXI 中的 L.A.07、08。直径 1 英寸，厚 $\frac{1}{6}$ 英寸。

L.A.068　哑铃形胶泥饰。深灰色。长 $\frac{3}{4}$ 英寸，直径 $\frac{3}{8}$ 英寸。图版 XXIII。

L.A.069、070　2 块石片。深灰色。最大尺寸 1 英寸 × $\frac{1}{4}$ 英寸 × $\frac{1}{16}$ 英寸。

L.A.071、072　2 块铜片。071 为铜丝，072 为铜片。最大长度 $1\frac{3}{4}$ 英寸。

L.A.073　玻璃珠。蓝色，透明，球形。最大直径 $\frac{5}{16}$ 英寸。

L.A.074　铁棒。已锈蚀。$\frac{3}{4}$ 英寸 × $\frac{1}{8}$ 英寸。

L.A.075、076　2 块铅片。075 为弯曲的铅丝，$\frac{5}{6}$ 英寸 × $\frac{1}{6}$ 英寸；076 呈盘状，中心有孔，似 L.A.026，直径 $\frac{5}{8}$ 英寸，厚 $\frac{1}{8}$ 英寸。图版 XXIV。

L.A.090　薄铜环。末端扁平，一面裂开，表面波形。直径 $\frac{5}{8}$ 英寸。

L.A.091　玻璃片。断裂，呈浅黄色。$1\frac{1}{2}$ 英寸 × $\frac{1}{3}$ 英寸 × $\frac{1}{6}$ 英寸。

L.A.092（+0105）　铜器残件。两片拼合，正面微突，弧成 55°，一端尖，两边斜直，其余边沿已残。长 $2\frac{1}{8}$ 英寸，最大宽度 $1\frac{1}{2}$ 英寸，厚 $\frac{1}{32}$ 英寸。图版 XXI。

L.A.093　石球。有纹理，深灰色，开裂，钻有大孔。直径 $1\frac{1}{12}$ 英寸。

L.A.094~096　3个铜器残件。粗糙，锈蚀严重。最大片094卷沿似铜镜，（由）三层铜片叠制而成。外面两层宽 $\frac{9}{16}$ 英寸，中间一层宽 $\frac{1}{4}$ 英寸。沿外面两层的外边插入至距内边 $\frac{1}{16}$ 英寸处。长 $1\frac{5}{8}$ 英寸，宽 $\frac{9}{16}$ 英寸，厚（外沿） $\frac{5}{16}$ 英寸、（内沿） $\frac{1}{8}$ 英寸。

L.A.097　**金属球**。不规则形。直径 $\frac{1}{2}$ 英寸。

L.A.098　**铜戒指（残）**。卵形戒座，无镶嵌物。长径 $\frac{13}{16}$ 英寸，宽 $\frac{5}{16}$ 英寸。图版XXIV。

L.A.099~0104　**石片**。均为灰色石英。0104可能是玛瑙或透明石英。$1\frac{7}{12}$ 英寸× $\frac{5}{12}$ 英寸× $\frac{1}{10}$ 英寸。

L.A.0105　**铜片**。与092相连，参见 L.A.092。

L.A.0106　**铜器**。中空。$\frac{5}{8}$ 英寸× $\frac{7}{16}$ 英寸× $\frac{1}{32}$ 英寸。

L.A.0107　**铜镜**。完整（即规矩镜——译者）。圆形，素面，厚沿，镜背中心有纽，其外有双线的方形框，框的各边中点向外伸出双线的 T 形纹。再往外，在一条突起的圆圈纹的内边，有与 T 形纹相对应的 L 形纹，两者间距约 $\frac{1}{8}$ 英寸。

在 T 字纹和 L 字纹的左右，各有一简单的涡纹，也许是鸟。圆圈内还有与中心方框四角相对应的四个方角纹。详情参见《西域考古图记》第四卷图版XXIX中的 L.B.v.006。$2\frac{5}{8}$ 英寸× $\frac{1}{16}$ 英寸。图版XXIV。

L.A.0108　**长方形铜片**。两端铆接。1 英寸× $1\frac{1}{16}$ 英寸，铆长 $\frac{1}{4}$。图

版 XXIII。

L.A.0109 **圆形宝石铜嵌座**。背面有四个环，凹处残存粘宝石的紫胶。直径 $\frac{7}{8}$ 英寸。图版 XXIII。

L.A.0110 **玻璃珠（半爿）**。蓝色，透明，庵摩罗果形，似 L.A.023，直径 $\frac{1}{2}$ 英寸。图版 XXIV。

L.A.0111 **扁平石片**。深灰色，末端附近有两个穿孔，边沿残。$1\frac{1}{4}$ 英寸×$1\frac{1}{8}$ 英寸×$\frac{1}{8}$ 英寸。图版 XXI。

L.A.0112 **不规则形石片**。灰色石英。最大厚度 $1\frac{1}{4}$ 英寸。

L.A.0113~0123 **11 块石片**。深灰色燧石。0115、0116 呈黄色，最大片 $2\frac{1}{8}$ 英寸×$\frac{9}{16}$ 英寸（0117）。

L.A.0124 **铜镜**。残。半球形纽。纽旁浅浮雕四组成对的战斧（无柄）纹，中国特征，其外有一条素面条纹。最外即沿内为八瓣葵纹，外沿素面。边沿残。2 英寸×2 英寸×$\frac{1}{16}$ 英寸。图版 XXIV。

L.A.0125 **陶罐**。仅存口和肩部。灰陶，肩部刻有弦纹和三条平行线组成的月牙纹。口径 $5\frac{1}{2}$ 英寸，肩 $12\frac{1}{2}$ 英寸。图版 XXVII。

L.A.0126 **铜圈环**。梨形，两端相接（但没有实际相接），一端较宽。似《西域考古图记》第四卷图版 XXXVI 中的 L.A.VI.ii.0010 和 L.A.032。长 $1\frac{1}{8}$ 英寸，宽 $\frac{5}{8}$ 英寸。图版 XXIV。

L.A.0127 **陶片**。粗砂红陶，器外表面已脱皮，发现于 L.A 西北 7 英里处。$3\frac{1}{2}$ 英寸×$2\frac{3}{8}$ 英寸×$\frac{1}{2}$ 英寸。

L.A.0128 **陶片**。夹砂红陶，内外壁呈黑色。最大宽度 $3\frac{3}{8}$ 英寸，厚 $\frac{1}{4}$ 英寸。

L.A.0136 **铜钉头**。方块形，有凸棱向四角伸出，似四叶纹，每叶各有一个小孔。面积 $\frac{5}{8}$ 平方英寸，高 $\frac{3}{16}$ 英寸。图版 XXIII。

L.A.0137 **红胶泥印**。椭圆形，背面有两个同心圆，纹样为一立兽，圆点为兽足。印面 $\frac{9}{16}$ 英寸×$\frac{1}{2}$ 英寸。图版 XXIV。

L.A.0138 **铜环**。似 N.XLI.03。直径 $\frac{11}{16}$ 英寸，宽 $\frac{5}{16}$ 英寸。图版 XXIII。

L.A.0139 **石片**。孔雀石（?），深绿松石色。$\frac{9}{16}$ 英寸×$\frac{1}{2}$ 英寸×$\frac{1}{8}$ 英寸。

L.A.0140、0141 **铜器残片**。厚重，卷沿，有浅浮雕，也许是残镜，纹样已锈蚀。$1\frac{3}{4}$ 英寸×$\frac{3}{4}$ 英寸×$\frac{1}{8}$ 英寸。

L.A.0142 **铜球**。直径 $\frac{3}{16}$ 英寸。图版 XXIV。

L.A.0143 **陶器流**。呈不规则凹槽形，与肩相接。粗制灰陶，已磨损，两端残破。$3\frac{3}{4}$ 英寸×$3\frac{1}{2}$ 英寸×$\frac{1}{8}$ 英寸×$\frac{3}{8}$ 英寸，图版 XXVII。

L.A.0145、0146 **2 件玉斧**。分别为深绿色、浅绿色。$2\frac{5}{8}$ 英寸×（宽）$1\frac{7}{8}$ 英寸×（厚）$\frac{1}{2}$ 英寸；$2\frac{3}{4}$ 英寸×$1\frac{3}{16}$ 英寸×$\frac{7}{16}$ 英寸。

L.A.0147 **石片**。黑色，细长。长 $2\frac{1}{8}$ 英寸，宽 $\frac{1}{2}$ 英寸。

L.A.I~VI 遗址及附近出土的遗物

L.A.I.vi.01　玻璃珠。绿松石质,一根细线螺旋形缠绕玻璃中轴,形成透明圆柱形。长 $\frac{3}{16}$ 英寸,直径 $\frac{1}{8}$ 英寸。

L.A.I.vi.02　玛瑙珠(残半)。淡红色,球形。直径 $\frac{7}{16}$ 英寸。

L.A.II.01　2 块皮革。浅黄色,一端钻孔,干裂。长 14 英寸,宽 $\frac{3}{4}$ 英寸。

L.A.II.02　楔形木器。两翼向外突出,上沿与宽端的顶边平齐。整木制成,长翼钻一个圆孔,孔径 $\frac{5}{8}$ 英寸,用途不明,保存良好。中间的楔形块宽 $3\frac{1}{8}$ 英寸至 $1\frac{1}{2}$ 英寸,长 $2\frac{7}{8}$ 英寸,厚 $1\frac{1}{4}$ 英寸。穿孔的长翼 $1\frac{1}{2}$ 英寸×$1\frac{3}{4}$ 英寸×$\frac{1}{4}$ 英寸,短翼 $\frac{5}{8}$ 英寸×$1\frac{1}{2}$ 英寸×$\frac{1}{4}$ 英寸。图版 XVI。

L.A.II.03　皮件。也许为靴子上部的残件或短袜,底部缝合,内部上端有毛,保存良好。长 1 英尺 $1\frac{1}{2}$ 英寸,直径 $5\frac{1}{4}$ 英寸。

L.A.II.04　壁画残片。表面黄色,以几何形分布的粗暗线条,保存不佳。4 英寸×$5\frac{3}{4}$ 英寸。

L.A.II.05　刻花木框。突沿,沿内有突起的条带组成的菱形纹,每条带的中间偏下部有一条联珠。菱形角的内面各有一朵四瓣花。风蚀严重,开裂。1 英尺×$2\frac{1}{2}$ 英寸×$1\frac{3}{4}$ 英寸。图版 XVI。

L.A.III.i.01　长方形木简。右端方形,完整,左端大体切成楔形,似为后来所为。正面沿顶有一行佉卢文,下有四列竖写的佉卢文。反面有几个模糊的佉卢文字。木质坚硬，已开裂。$3\frac{1}{2}$ 英寸×$4\frac{3}{4}$ 英寸×（最大）$\frac{1}{2}$ 英寸。图版 XVIII。

L.A.IV.v.01 **一只皮鞋**。边沿开裂，鞋底周围缝扎。经多次修补，有不规则补丁，易碎。长 $9\frac{3}{8}$ 英寸，宽 $4\frac{3}{4}$ 英寸。图版 XXVII。

L.A.IV.v.02 **兽角**。中空，已残。长 $4\frac{1}{2}$ 英寸×$1\frac{5}{8}$ 英寸。

L.A.IV.v.03 **木印盒**。方形，有三道绳槽。底部及两侧钻孔，孔呈不规则形，参见《西域考古图记》第二卷 780 页的 T.XIV.Vii.004 和 771 页的 T.VIII.5，B 型。$1\frac{3}{8}$ 平方英寸×$\frac{1}{2}$ 英寸。图版 XVI。

L.A.IV.v.04 **2 块丝绸残片**。白色，素面，残损。最大尺寸 5 英寸×$3\frac{1}{2}$ 英寸。

L.A.IV.v.05 **木器**。双耳罐（瓶）形，上下透空。高 $1\frac{1}{4}$ 英寸，直径 $\frac{5}{8}$ 英寸。图版 XXI。

L.A.IV.v.06 **陶片**。深灰色，刻弦纹和曲折纹，一边钻圆孔，参见 Sh.04、05 及《西域考古图记》第四卷图版 XXXVI 中的 L.A.VI.ii.I。$1\frac{5}{8}$ 英寸×$1\frac{1}{2}$ 英寸×$\frac{3}{16}$ 英寸。图版 XXI。

L.A.IV.v.07 **皮革**。硬，磨损。最大周长 $3\frac{1}{2}$ 英寸。

L.A.IV.v.08 **几束植物纤维**。最大周长 3 英寸。

L.A.IV.v.09~012 **4 块羊毛织物**。素面平织。011 呈大红，其他呈淡黄色。010 与淡黄色丝绸缝合。最大尺寸 $7\frac{3}{4}$ 英寸×9 英寸（010）。

L.A.Ⅳ.v.013 **2块胶泥残片**。最大周长 $\frac{3}{4}$ 英寸。

L.A.Ⅳ.v.014 **鞘状丝质物**。长锥形，素面白色丝绸，缝合良好。长 8 英寸，宽 $\frac{7}{16}$~$2\frac{1}{2}$ 英寸。

L.A.Ⅳ.v.015 **丝织物**。白色素面。3 英寸×10 英寸。

L.A.Ⅳ.v.016 **丝绳**。淡黄色素丝缠结而成。羊毛纱束和条形淡黄色及大红丝绸缝合而成。长 $21\frac{1}{2}$ 英寸。

L.A. Ⅳ.v.017 **3块丝绸残片**。蓝色，素面，结有盐碱沙壳。最大尺寸 4 英寸×3 英寸。

L.A.Ⅳ.v.018 **小鱼鳍骨**。形状像鸟胸骨。长 $1\frac{3}{8}$ 英寸，宽 $\frac{5}{8}$ 英寸。

L.A.Ⅳ.v.019 **小鱼下颌骨**。细长。长 2 英寸，宽（分节处） $\frac{3}{8}$ 英寸。

L.A.Ⅴ.x.01 **角质马鞍**。扁平弓形，一端已残失，开裂处边沿有五个穿孔，说明曾经过修复。另一端断残，现已黏合，内侧边沿均匀地分布着三个长方形孔。另有横向的穿孔。制作精良。四角硬而无裂缝。参见 L.A.04，端头之间的间距为 $12\frac{5}{8}$ 英寸，拱高 $6\frac{7}{8}$ 英寸，中间宽 $2\frac{1}{4}$ 英寸，末端宽 $1\frac{1}{8}$ 英寸，最大厚度 $\frac{1}{2}$ 英寸。图版 XVI。

L.A.Ⅴ.x.02 **铜片**。略呈三角形，一角较厚，延伸出窄舌，上钻一孔。窄舌与肩相连。锈蚀，弯曲。5 英寸×$4\frac{3}{4}$ 英寸×$\frac{1}{8}$ 英寸。

L.A.Ⅴ.x.03 **拴畜木柱（？Chūluk）**。与《西域考古图记》第四卷图版 XXXV 中的 L.B.Ⅳ.ii.009 等类似。用树杈制成，一枝较细，V 形。下端尖圆，刻有绳槽，用作系绳。如《西域考古图记》举例，用作拴畜柱，长 5 英寸，横木长 $4\frac{3}{4}$ 英寸，柱径 $\frac{3}{4}$ 英寸。图版 XVI。

L.A.V.x.04　长方木块。一长边弯曲（断），在近末端处钻有二孔。长 $3\frac{11}{16}$ 英寸，宽 $1\frac{3}{8}$ 英寸，厚 $\frac{1}{2}$ 英寸（弯曲部分），最大 $\frac{7}{8}$ 英寸。

L.A.V.x.05～08　4 块粗制毛毡。粗羊毛织品，脏而破烂。最大尺寸 6 英寸×4 英寸。

L.A.V.x.09　羊毛团。褐色，半毛毡。约 4 英寸×3 英寸。

L.A.V.x.10　山羊毛织物。粗糙，淡黄和暗褐色，粗经、密纬毡。脏。 $3\frac{1}{2}$ 英寸×2 英寸。

L.A.V.x.011　3 股绳。植物纤维。长 9 英寸，直径 $\frac{1}{2}$～$\frac{3}{8}$ 英寸。

L.A.V.x.012　山羊毛绳。两股缠在一起，末端有扣眼，精美的羊毛纱布。长 $10\frac{1}{2}$ 英寸，直径 $\frac{3}{16}$ 英寸。

L.A.V.x.013　陶器。硬灰陶，胎质细，外施蓝（网）纹。最大宽度 $6\frac{1}{8}$ 英寸，厚 $\frac{1}{2}$ 英寸。图版 XXVII。

L.A.V.xi.01　毛毡。淡黄色，残破。最大宽度 $2\frac{1}{2}$ 英寸。

L.A.V.xi.02　羊毛斜纹布。横条淡黄色，竖条褐色，粗制，保存良好。最大片 7 英寸。

L.A.V.xi.03　木标牌。空白，一头尖。 $4\frac{3}{16}$ 英寸×1 英寸×$\frac{1}{4}$ 英寸。图版 XXI。

L.A.V.xi.04　石纺轮。深灰色，盘状，有孔，一面微突。直径 $1\frac{1}{2}$ 英寸，

厚 $\frac{5}{16}$ 英寸。图版 XXI。

L.A.VI.ii.01　长方形木牌。两角钻孔，空白。$4\frac{1}{2}$ 英寸×$2\frac{1}{4}$ 英寸×$\frac{5}{16}$ 英寸。

L.A.VI.ii.02　马鬃织物残件。边沿部分穿有绳子，用线缝补，也许用来过滤东西，与《西域考古图记》第四卷图版 XXVIII 中的 N.XII.018 和 L.M.I.iv.010类似。破碎。最大尺寸 $2\frac{3}{4}$ 英寸×$2\frac{1}{2}$ 英寸。

L.A.VI.ii.03　丝织物残件。浅黄色，平纹织法，有缝合处，磨损。$7\frac{3}{8}$ 英寸×$7\frac{3}{4}$ 英寸。

L.A.VI.ii.04　纸（片）。淡黄色，精制。空白，磨损。6 英寸×5 英寸。

L.A.VI.ii.05　机织物。交错的蓝色、淡黄色条纹，纹饰为细长三尖叶，半蓝半黄，双面织。$4\frac{1}{4}$ 英寸×$3\frac{1}{2}$ 英寸。撕裂，但保存良好。图版 XLIII。

L.A.VI.ii.06　大红丝袋。窄绿宽边。蓝色双面丝绸绳与袋口两边相连，以作提手。口较大，袋身为淡黄丝绸，也许是小饰物。磨损。$1\frac{3}{4}$ 英寸×$1\frac{1}{2}$ 英寸。

L.A.VI.ii.07　3 股麻绳。精制。13 英寸×$\frac{1}{4}$ 英寸。

L.A.VI.ii.08　U 形木器（轭?）。与《西域考古图记》第四卷图版 XXVIII 中的 N.XXIX.ii.001.b 类似。$3\frac{1}{16}$ 英寸×$2\frac{1}{4}$ 英寸。

L.A.VI.ii.09　木夹板。与 N.XLII.i.03 和《西域考古图记》第四卷图版 XXVIII中的 N.XIV.iii.017 等类似，也许是织机零件，用以支撑棕线。保存良好。$3\frac{1}{4}$ 英寸 × $\frac{5}{8}$ 英寸 × $\frac{1}{2}$ 英寸。

L.A.VI.ii.010　木勺。 粗制，和碗在一起。$6\frac{1}{8}$ 英寸 × $\frac{1}{2}$ 英寸 × $\frac{1}{4}$ 英寸。2 英寸×1 英寸（碗）。图版 XXIX。

L.A.VI.ii.011　圆形木器。 中间钻孔，类似纺轮。直径 $1\frac{3}{4}$ 英寸，高 $\frac{5}{8}$ 英寸。图版 XXI。

L.A.VI.ii.012　木圆盘。 粗制，有穿孔，一面黑绘，另一面有红彩。直径 $1\frac{1}{4}$ 英寸，厚 $\frac{5}{16}$ 英寸。

L.A.VI.ii.013　木棍。 一端圆形，另一端已折断，似有纵向穿孔。长 $2\frac{1}{2}$ 英寸，直径 $\frac{7}{16}$ 英寸。

L.A.VI.ii.014　条形木板。 素面。$2\frac{3}{4}$ 英寸 × $\frac{1}{2}$ 英寸 × $\frac{3}{16}$ 英寸。

L.A.VI.ii.015　树棍。 上面缠有纱线，似用作纺锤。长 $4\frac{1}{2}$ 英寸，直径 $\frac{3}{16}$ 英寸。图版 XXI。

L.A.VI.ii.016　玛瑙珠。 红色。最大直径 $\frac{7}{16}$ 英寸。

L.A.VI.ii.017　陶片。 表面施有部分绿釉，外壁呈鳞状。经盐碱腐蚀而褪色。细泥红陶质。最大宽度 $4\frac{7}{8}$ 英寸，厚 $\frac{7}{16}$ 英寸。

L.A.VI.ii.018　丝绸残片、毛布及羊毛团。 包括淡黄或大红的素面羊毛织品残片、一块大红素面丝绸、山羊毛辫（扁平，纽结）。大量白色羊毛。长（绳辫）3 英尺 2 英寸。

L.A.VI.ii.057　简牍盖板。 残。有印槽和绳槽。边沿圆弧。盖子的三分之二残留（宽度）。纵长完整。正面印槽（1 英寸×$\frac{3}{4}$英寸，不完整）。印封和绳子已残失。一端残存三行佉卢文。另一端残存一行佉卢文。墨迹清晰。木质坚硬，保存较好。$3\frac{3}{16}$英寸×$\frac{7}{8}$英寸（不全）×（最大厚度）$\frac{1}{2}$英寸。图版 XVIII。

L.A.Ⅵ.ii.058　长方形简牍盖板。形小，切角。正面有印槽（$\frac{7}{16}$平方英寸）和绳槽，已无印泥和绳子。正反面均未写字。$2\frac{7}{16}$英寸×1 英寸×（最大）$\frac{1}{8}$英寸。图版 XVII。

L.A.Ⅵ.ii.059　小丝袋。长方形，一端开口，一面写有四行佉卢文，另一面写有两行佉卢文。有（一些）穿孔，但字迹清楚。自然色，宽织。$2\frac{1}{4}$英寸×$1\frac{3}{4}$英寸。图版 XVII。

L.A.Ⅵ.v.01　木梳。弓背，粗制。高$3\frac{1}{2}$英寸，齿长$1\frac{1}{8}$英寸，宽$1\frac{11}{16}$英寸。

L.A.Ⅵ.v.02　木夹板。与 L.A.Ⅵ.ii.09 等类似，保存良好。长$3\frac{3}{8}$英寸，宽$\frac{13}{16}$英寸，厚$\frac{5}{8}$英寸。

L.D 居址附近出土、采集的遗物

L.D.01　圆形器盖。木质，边沿突出，上部球形拱起，中心钻孔，两侧已裂，褪色。直径$4\frac{3}{4}$英寸，厚$\frac{5}{8}$英寸。

L.D.02、03 木轭（？）。02与《西域考古图记》第四卷图版 XXVIII 中的 N.XXIX.ii.001.b 类似；03呈马蹄形。均破损严重。各长分别为 $3\frac{1}{2}$ 英寸、$3\frac{1}{8}$ 英寸，均宽 $3\frac{1}{8}$ 英寸。图版 XVI、XXVI。

L.D.04 木盖板残件。有印封和三道 V 形绳槽，残损严重。$3\frac{1}{4}$ 英寸× $1\frac{1}{8}$ 英寸。

L.D.05 铁锅残片。圆形，两边稍厚，与 N.XLI.01 类似，图版 XXVII，表面锈蚀。4英寸×$2\frac{1}{8}$ 英寸。

L.D.06 角匙。与刻花碗一同出土。有匙，长柄，已断残。长 $6\frac{3}{4}$ 英寸，匙最大宽度 $1\frac{1}{2}$ 英寸。图版 XXI。

L.D.07 楔形木板。有印槽，旁边有孔，褪色，裂开，腐朽。$13\frac{1}{2}$ 英寸×$2\frac{1}{8}$ 英寸。

L.D.08 陶片。口沿及肩部残片。坚硬，保存较好。

L.D.09 铜镜。厚沿，在两窄条纹间有汉字，有圆形突起部分，与图版 XXIV 中的 L.A.0124 类似，与内面相接，锈蚀。$1\frac{1}{4}$ 英寸×$1\frac{1}{8}$ 英寸×$\frac{1}{16}$ 英寸。

L.D.010 环形铜扣。扁平形，由半椭圆形和半长方形两部分组成，中间呈匙孔形。$\frac{3}{4}$ 英寸×$\frac{3}{4}$ 英寸×$\frac{1}{32}$ 英寸。图版 XXIV。

L.D.011 铜钉。圆头。头部直径 $\frac{1}{4}$ 英寸，长 $\frac{5}{16}$ 英寸。

L.D.012　铜板。长方形，有孔。$\frac{1}{4}$英寸×$\frac{3}{16}$英寸。

L.D.013　玻璃珠。蓝色，透明，扁平锥形。直径$\frac{1}{4}$英寸，高$\frac{5}{32}$英寸。

L.D.014　玻璃珠。蓝色，透明，球形。直径$\frac{7}{32}$英寸，高$\frac{3}{16}$英寸。

L.D.015　玻璃残片。蓝色，透明，扁平。$\frac{3}{8}$英寸×$\frac{1}{4}$英寸×$\frac{3}{32}$英寸。

L.D.016　玻璃容器。圆口或圆足的边沿，弧颈，绿色，浑浊，半透明。$1\frac{1}{2}$英寸×$\frac{3}{8}$英寸×$\frac{5}{16}$英寸。

L.D.017　玛瑙珠。橘红色，浑浊，喇叭形。长$1\frac{1}{16}$英寸，直径$\frac{7}{16}$英寸。

L.D.018　铜饰物。薄圆片，钻孔，一面突起，鸢尾纹。1英寸×$\frac{11}{16}$英寸。

L.D.019　铁丝。弯成环形，锈蚀。$\frac{3}{4}$英寸×$\frac{3}{8}$英寸，粗$\frac{1}{8}$英寸。

L.D.020、021　2枚铜指环。饰若干圆形嵌座（无嵌物）。嵌座直径$\frac{7}{32}$英寸，（最大残件）长$\frac{5}{8}$英寸，宽$\frac{7}{32}$英寸。

L.D.022　铜丝残段。扁平，每端不规则弯曲。$\frac{3}{4}$英寸×$\frac{1}{8}$英寸×$\frac{1}{16}$英寸。

L.D.023　铜玫瑰花饰。薄片，一边呈扇形，另一边有方孔。$\frac{1}{2}$英寸×$\frac{3}{8}$英寸。

L.D.024　铜钉。圆顶，与L.D.011等类似。长$\frac{3}{8}$英寸，头径$\frac{7}{16}$英寸。

L.D.025　残石片。与 L.C～L.G.012 等类似。$1\frac{1}{8}$ 英寸 × $\frac{1}{2}$ 英寸 × $\frac{1}{16}$ 英寸。

L.D.026～028　3 颗残玻璃珠。蓝色，透明，球状或环形。最大直径 $\frac{1}{2}$ 英寸。

L.D.029　玛瑙珠。球形。$\frac{9}{16}$ 英寸 × $\frac{5}{16}$ 英寸 × $\frac{1}{4}$ 英寸。

L.D.030　玻璃残件。透明，兽角色，不规则（形状）。$\frac{7}{16}$ 英寸 × $\frac{3}{8}$ 英寸 × $\frac{1}{4}$ 英寸。

在 L.G 及附近发现的遗物

L.G.01　陶器耳。夹砂粗灰陶。长 $2\frac{1}{2}$ 英寸，宽 1 英寸，厚 $\frac{1}{2}$ 英寸。

L.G.02　碧玉（?）核。褐色。$2\frac{1}{8}$ 英寸 × 1 英寸 × 1 英寸。

L.G.03　石器。斧形，软质灰片岩，顶部有一对穿孔。$2\frac{1}{8}$ 英寸 × $1\frac{3}{8}$ 英寸 × $\frac{1}{4}$ 英寸。

L.G.04　黏土珠。扁平长方形，黄色。$\frac{3}{8}$ 英寸 × $\frac{1}{4}$ 英寸 × $\frac{1}{8}$ 英寸。

L.G.05～08　各种石片。呈褐色或绿色。最大片 $1\frac{3}{8}$ 英寸 × $\frac{3}{8}$ 英寸 × $\frac{3}{32}$ 英寸。

L.G.09　刮削器（?）。黑色，硬。$1\frac{1}{8}$ 英寸 × 1 英寸 × $\frac{3}{8}$ 英寸。

L.G.010　铜扣。小圆形，带扣舌。直径 $\frac{15}{16}$ 英寸，扣环厚 $\frac{1}{10}$ 英寸。

L.G.011 **铜镞**。三菱形，似 L.J.01。保存良好。$1\frac{1}{8}$ 英寸，最宽为 $\frac{13}{16}$ 英寸。图版 XXIII。

L.G.015 **铜片残件**。$\frac{9}{16}$ 英寸×$\frac{5}{8}$ 英寸×$\frac{1}{32}$ 英寸。

阿弗拉兹·古尔在往返 L.G 途中捡拾到的遗物

L.D～L.G.01 **木盘足**。狮足形。似 L.C.x.06、07。$4\frac{7}{8}$ 英寸×$1\frac{1}{4}$ 英寸×$\frac{3}{4}$ 英寸。

L.D～L.G.02 **尖状石器残片**。也许是箭头或标枪头，参见图版 XXII 中的 L.C～L.G.011。$1\frac{1}{4}$ 英寸×$\frac{5}{8}$ 英寸×$\frac{1}{8}$ 英寸。

L.D～L.G.03、04 **2 块铜器残片**。03 为弯杆形。剖面呈圆形，长 $1\frac{1}{4}$ 英寸。04 为残直管，长 $\frac{3}{4}$ 英寸。

L.D～L.G.017 **玛瑙珠**。红色，球形。直径 $\frac{3}{8}$ 英寸。

L.D～L.G.018 **残石器**。用途不明。1 英寸×$\frac{1}{2}$ 英寸×$\frac{1}{16}$ 英寸。

L.D～L.G.019 **铁环**。一面裂开，锈蚀。$1\frac{1}{8}$ 英寸×1 英寸。

L.D～L.G.020 **铁钉**。楔形。长 $1\frac{1}{2}$ 英寸，最大宽度 $\frac{3}{8}$ 英寸，最大厚度 $\frac{1}{4}$ 英寸。

L.C～L.G.01～06 **铜片、铜条**。最大尺寸 $1\frac{1}{4}$ 英寸×$\frac{1}{2}$ 英寸×$\frac{1}{16}$ 英寸。

L.C~L.G.07、08　2块石器残片。浅灰色，呈不规则长方形。最长$2\frac{3}{4}$英寸，宽约$\frac{3}{8}$英寸。

L.C~L.G.09、010　2件燧石石核。灰色。010圆面，09一面平。09长$2\frac{1}{8}$英寸，010长$1\frac{7}{16}$英寸。图版XXII。

L.C~L.G 011　**碧玉镞**。呈小的矛头形，两端均残，褐绿色。长$2\frac{3}{8}$英寸。图版XXII。

L.C~L.G.012~014　3块石片。012橄榄色，双脊。013褐斑色，稍弯曲，双脊或部分三脊。014黑色，中脊。长度分别为$1\frac{1}{4}$英寸、$1\frac{5}{8}$英寸、$1\frac{9}{16}$英寸。

L.C~L.G.015　**陶片**。夹砂粗灰陶，两组平行直线相交，形成尖角的纹饰，似L.A.0143，图版XXVII。$2\frac{1}{8}$英寸×2英寸×$\frac{3}{8}$英寸。图版XXV。

第三节　古墓地出土的遗物

气候环境　　　　我们在楼兰遗址的营地停留了四天多。这几天，天气对我们的测量颇为有利。虽然气温很低（最低达零下44华氏度），但除稍有些刺骨的东北风外，几乎无风，我们并不感到特别寒冷。绝大多数时间空气比较清纯，向北望去，广阔的黄色雅丹和灰色的砾石缓坡以及上面的库鲁克山南部支脉的棕红色轮廓清晰可见，这对我们调查古河床十分有利。2月12日晚上和次日早晨，我甚至可以清楚地辨认出远在南方、从巴什库尔干延伸到江罕萨依源头的昆仑山雪峰。这使我大受鼓舞，我希望如有可能，在今年或明年冬天，用经纬仪从以前昆仑山山脉最北部支脉地区的三角测量点，引出几条测线，以此把我们的三角测量工作从那里向北推进，越过罗布沙漠边沿，直至库鲁克山的三角形地带。

遗憾的是拉尔·辛格没与我们在一起，没能享受到良好的天气条件及利用经纬仪进行测角定位的便利条件。他迟迟未到，使我着急万分。夜里，我们在废弃的佛塔上点起篝火，以期引导他从库鲁克河找到我们的营地，但这一切都是徒劳的。不知他未能按期来到的原因是沙漠之旅的艰难还是受到阻挠。由于他不能及时到来，我的计划也难以实施。

拉尔·辛格的
迟到

我虽然担心，但认为目前对阿弗拉兹·古尔调查过的东北部的古代遗存的发掘工作不能受到影响。我决定在 2 月 15 日出发前往那里。这时，在阿勒提米什布拉克休养的骆驼还没有归来（约需三天），交通工具非常缺乏，但时间已不允许我们再延迟。两个罗布民工因劳累和辛苦而感不适，因此被作为病号，留在营地中由忠厚的依布拉音伯克一个人照看（伯克还负责照看我的冰窖）。其余的人则带上随身行李和必需的食物、冰随我前往发掘地点。

开始在东北部
发掘

那天黎明，天气阴沉，有风，但我们的路线与雅丹地貌的总体走向大致平行，所以行进十分顺利。走了约 1 英里后，地面上升了 12 英尺多，风蚀现象明显加剧。再往前走，地面高度有所降低，但渐渐变宽变长。沙子很粗，说明风蚀十分强烈。一些石膏和白垩碎片变得常见起来，它们显然是来自更远的东北面。当来到距楼兰 L.A 遗址 2.5 英里的地方时，可看见散布的大量陶片，路上还捡拾到一些铜片和石器（L.A~L.C.01~09）。由此前行 0.5 英里，有倒伏的胡杨树，标示这里是古河床，雅丹地貌上仅存干枯的植物，偶尔也可

向 L.C 台地前
进

遇见陶片。最后走过 6 英里后，我们来到了阿弗拉兹·古尔所说的古墓地（图 158），陶片又多了起来。

台地特征 　　初看古墓地所在的台地（高出周围土地约 35 英尺），我便感到它在大小、特征、方向等方面均与熟悉的雅丹地貌有所不同。如附图 12 显示，台地长 56 码（东北至西南向），底最宽 32 码。与雅丹地貌相似的是，台地迎风的一端非常陡峭，而另一端则较缓斜。但是，它的高度、周围较平坦的地面及南北的长度，与常见的雅丹大为不同，足以证明它在地质构造方面与雅丹地貌不同，实际上是位置最西的台地（我们不久后在古罗布湖床北岸与东岸见到了许多类似的台地）。最初引起我注意的是，台地地面的盐碱土，比周围地面坚硬，因此风蚀主要发生在台地顶部边沿（雅丹地貌中，风蚀发生于雅丹的底部）。[①] 总的来说，台地顶部没有建筑遗存，显然，这块台地现存高度这么高，并不是因为它有厚重的建筑物保护，而是早在古代时就已高出周围的地面。

台地顶部的墓地 　　从一开始我就认为，正是因为这块台地较高的显著特征，所以在早期历史时期，当湿度与植物能保护邻近土壤时，它便被人们用作一块墓地。一些墓坑半露在台地顶部边沿，一眼便能认出。但在其下面的土坡上没发现什么遗物，大多数随葬品应仍埋藏墓葬之中。假如台地顶部的墓葬仅是原来墓地的剩余部分，那么，在台地斜坡及附近风蚀地面上，应能找到一些较坚硬的遗物，如金属器、人骨、棺木等（正如在其他风蚀居址附近总能发现建筑遗物那样）。然而，

---

　　① 我应指出，图 158 中前景地的风蚀现象，是在台地下面的黄土地上发生的，而并未在台地本身发生。把这幅图和《西域考古图记》第一卷中图 98、105 和图 146、149、153、156 相比较，可知（后者）台地上的风蚀是受建筑遗存保护的结果，这有助于解释上面所提到的差异。

紧邻的地面上却毫无塔提的现象。

根据搜寻小组的报告，我最初只希望在这里发现风蚀后第一件丝织物残余的一些遗物，但粗粗一看，我便发现高台顶上仍保留着许多墓葬，这使我感到格外高兴。有些墓葬位于台地边沿，已受到一些侵蚀，但其他墓葬未被破坏，几乎完整。墓坑的边沿均立有粗红柳杆作标记。接下来的考察表明，墓口有一层苇草（已几乎全部露出）。在背负沉重行李的人们还没有来到之前，我检查了台地边沿地区部分受侵蚀破坏的墓穴，对暴露出来的古物感到比较满意。我看到，人骨与腐朽棺木裂板之间，有一些精美的丝织品残片，其色彩虽长期暴露在阳光和风蚀之下，但仍非常灿烂，实在是令人欣喜的一个奇迹。

我希望在墓中发现其他一些未被腐蚀的丝织品。其中最可断代的纹样令人惊奇的是一块未被侵蚀过的丝织品残片（L.C.031.b，图丝绸版XXXV），我清楚地记得，它的图案和色彩（深黄、深蓝色），与敦煌长城 T.XV.a 烽燧遗址垃圾堆中出土的一小块纺织品（被大量的汉文纪年文书证明，属公元前 1 世纪中叶至公元2 世纪30 年代）[①] 非常相似。所以，L.C 墓地的这件发现物，使我立即意识到，墓地的使用年代可上溯到汉代。

我的愿望很快得以实现。民工们到达后，很快就开始清大量的织物理墓葬。起初是清理台地顶部边缘，然后是中部的墓葬。顿时，我的面前展现出了古代的宝藏，但印象深刻的是墓葬埋

---

① 参见《西域考古图记》第二卷700、781 页，第四卷图版 LV 有关 T.XV.a.002.a 的部分。T.xv.a. i、ii、iii 的几个垃圾堆属于三个不同年代，我非常后悔没有确记录小丝片 T.xv.a.002.a 的出处，因为它有助于更精确地断定它在上述时期（公元前53—公元 137）内的年代。

葬得十分混乱，令人困惑。除第一次快速检查的内有棺材及死者的稍规则的半风蚀墓葬外，其他墓坑出现的是散乱在一起的人骨及棺材的碎板，还有个人的生活用品，如与死者放在一起的有纹铜镜、木梳，放置供物的食用木盘和杯、木兵器模型等，在它们上面是各种各样精美的织物残片。其中，有纺织得非常精美的彩色丝绸、优雅的刺绣和绒绣残片、磨损的绒毛毯，还有大量的粗毛布、毡块及棉布。无疑，所有的织物材料均来自中国内地，或为汉人使用，纸和木简上的汉文文书可证明这一点。

早期墓葬遗物的混入　　我们不久就弄清了各种织物残片为什么附在同一骨骼上，这些布片是墓主人生前长期使用的衣服的碎片，墓主死后，被用作包尸布。所有织物都磨损撕裂，然而尽管被埋葬在沙土之中，但保存极好。与此相反，我们却没有发现一具完整的骨架，所有人骨架都因包裹得过于简单而未能得以很好的保存，显露出风化腐蚀的迹象，这表明人骨在最后放入墓穴前已经长期暴露过。不久，各种迹象使我意识到，这些墓穴中的遗存，一定是汉人在最后废弃楼兰之前，从风蚀、损毁或因类似原因面临毁灭威胁的旧墓中收集来的。

墓穴的位置　　其他遗址上的考察结果可证实上述的结论，并对此地文物的断代提供证据。但我在讨论它们之前要先说一下墓葬的分布。如附图 12 的平面图所示，台地顶上的墓葬分布很不规则。如上所述，一些墓葬已部分地暴露在长圆形台地边缘，其余则多位于台地中央。墓坑呈方形或长方形，挖入台地的盐碱生土，深 5~6 英尺。墓口清晰，长宽保存完整，面积从墓 v 的 40 平方英尺到墓 iii 的 70 平方英尺，大小不等。除了 2 月 15 日我到此后清理的墓葬 i~vii，两天后在返

回时又新发现了三座墓葬（viii～x）。此外，为寻找墓葬，我
们还在台地顶部的东北端做了较浅的发掘，这里除流沙外一
无所获，说明这里从来没有被用过。

墓口覆盖着苇秆，苇层厚 1～1.5 英尺，像是二次葬时放
入的。这些苇秆看似很脆（易碎），但足以保护墓葬不受风
蚀，这是我在塔里木与疏勒河盆地沙漠地带的古代遗址上经
常见到的现象。① 比芦苇层稍高几英寸，墓坑边上有间隔地
置放着几排红柳棍，固定这些芦苇层。从此可推断出，在这
些二次葬的地方没有大型建筑。如图 158 显示，台地顶部平
坦，这清楚证明这里在二次葬后没有进行过建筑，也完全没
有任何风蚀的潮湿（仅此就可毁掉建筑遗存）。

　　L.C 墓地的遗物无疑是从那些面临破坏或已裸露的早期
墓中收集来的。可以肯定，这与中国人至今广为流传的习俗
相一致。在涉及汉文文书之前，我可以用我所知的中国再次
收复新疆后在喀什、叶尔羌、和田等地汉人墓地建有停尸房
的参考资料，来支持关于台地墓葬的观点。至于原墓葬的埋
葬习俗，从我后来对楼兰和相邻地点的考察材料中可以
看出。

　　在使用年代应相当于楼兰的使用年代的 L.H 古墓地上，
我发现其中有用破衣片紧包着尸体的许多棺材，年代应在
L.C 墓地之后。② 那里也是以生活用品、明器等物居多，特
征与 L.C 墓地的器物相似，置于死者身旁。具有启示性的是
一些棺材，三具或多具归为一组，在高地（以防潮湿）浅坑

避免风蚀

收集墓葬遗存
的习俗

L.H 古墓和营
盘的埋葬习俗

---

　　① 参见《西域考古图记》第一卷 381 页，第二卷 570 页、605 页以下、677 页以下、687 页、717
页、736 页等。
　　② 参见本书第七章第八节。

图 158　从东南方向望台地 L.C 西面

图 159　台地 L.C 清理后的墓坑

第七章　古楼兰遗址

↓

图 160　从北面望古城堡 L.E 的内景（箭头所指的是大门的位置）

图 161　罗布沙漠古城堡 L.E 东南角的城墙

图 162　罗布沙漠古城堡 L.E 的西城墙

图 163　罗布沙漠古城堡 L.E 的东墙部分，从里向外望

埋葬后进行棚盖，与当地的典型房居相一致。① 当死者生前
的住房受到侵蚀时，浅坑埋葬后的棺材与随葬物（在 L.C 墓
地发现的那些）也开始受到同样的侵蚀，然后它们被集中到
公共的墓坑之中。我在 1915 年 3 月考察库鲁克河最上游的
营盘遗址时，发现了与楼兰大约同时期的汉人墓葬②，它们
由于位于库鲁克山缓坡上的砾石地上，因此免受风蚀。在这
里也一样用生者不再使用的破衣片紧包尸体，这种习俗在以
前考察的吐鲁番阿斯塔那（Astana）中国式土坑墓（属初唐
时期）中也有大量发现。③ 阿斯塔那墓地比我们现在讨论的
遗存要晚几个世纪，这表明，中国的这种埋葬风俗虽间断
过，但大体延续不变。

　　由此可知，墓葬覆有棚盖，原是用来保护墓葬，使之不
因灌溉或被淹没而受潮，但这样就使棺材和随葬品长期处于
无穷尽的流沙的破坏性侵蚀之下，因为自古代起周围赤裸的
荒地即任由风沙侵蚀。我在楼兰遗址和其他地方的观察表
明，未受保护的地表层，在风蚀下 100 年就会降低 1 英尺。
因此，原来年代在公元前后一个世纪的浅墓中的遗物，在公
元 3 世纪后半叶就面临完全毁灭的危险。这使人联想起平坦
沙地上隆起的台地及台顶上的各种遗物。这处台地之所以被
选择为埋葬地，是因为在楼兰附近的居住地周围的台地中，
这块台地位置最近、最方便。它无疑也是（我们现在正考证

在台地顶部进行二次葬的原因

---

　　① 在此指出把棺材置于棚屋并部分或全部埋入地下的方法很有意义。L.H 棚盖墓葬与中国文献上
记录的最早期的葬式十分符合。

　　格罗特在《宗教体系》第二章 374 页告诉我们，中国最古老的墓葬是从原始风俗发展而来的。这种
风俗是把尸体放在生前居住的简易泥木屋中，其古老的葬式对汉墓很有影响。引文如下：

　　"后来，甚至至今在帝国北部和中部的一些省份，还有些墓像古代的茅屋，起圆形的土堆，其中的
棺材多不埋入地里，人们甚至不会忘记铺上芦苇、灯芯草或席子。"

　　② 参见本书第二十一章第一节。

　　③ 参见本书第十九章第一至四节。

的）中国古道上一处显眼的标志。

二次葬的大体　　上述结论具有一定的考古学意义，它可使在 L.C 墓地发
年代　　现的遗物，特别是下文将讨论的许多重要的古代织物的年代
向前推，即在约公元 4 世纪后半叶。① 至于 L.C 墓地二次葬
的发生年代，目前仍不能确定。但从这里出土的、马伯乐仍
在释读的一些汉文文书残片，无疑将有助于我们准确断代。
必须指出，从楼兰出土的纪年汉文文书（公元 263—270 年）
来看，沙漠古道和它西端的交通站在那时，正处于繁忙的交
通全盛期。②

初葬年代　　由于年代的间隔，而且遗物已混于 L.C 墓地的墓葬中，
所以初葬的时间难以确定，但这些间隔不可能太长。通过直
接观察，L.H 遗址（如从遗物腐蚀程度、依旧使用原址、暴
露的人骨、布片的腐蚀等方面来看，与 L.C 墓地无显著差
异）的遗物一定是被收入了他们最终埋葬的墓地。显然，两
地遭受的风蚀破坏性差异很大。

不管怎样，墓葬的断代，可参见公元前 2 世纪最后 20
年间楼兰道开通的直接证据。③ 同样可以肯定，公元前 1 世
纪，即西汉后半期是帝国商业与军事西进楼兰的全盛时期。④
当玉门关直达后车师 [Posterior Chü-shih，即吐鲁番北的奇
台（或古城，Guchen）] 的新北道开通后，楼兰道的重要性
在公元 2 世纪时降低了。⑤ 无疑，汉朝在西域失去权威、汉
朝与匈奴间的长期战争及公元 9 年王莽的新政策，严重阻碍

① 参见《西域考古图记》第一卷 426 页。
② 参见《西域考古图记》第一卷 408 页。
③ 参见《西域考古图记》第一卷 336 页以下，第二卷 724 页以下。
④ 参见《西域考古图记》第二卷 730 页以下。
⑤ 参见《西域考古图记》第二卷 705 页。

了中原与楼兰的关系。① 当公元 73 年东汉向中亚再次扩张，再度有效治理西域长达四分之三个世纪，其扩张是由此道并经过新获取的哈密基地向前推进的。自此以后，这条虽远但无险的道路一直是中原与塔里木盆地的交通主线。②

如《西域考古图记》所论，楼兰 L.A 遗址出土的文书证明，尽管楼兰道的重要性大大降低，但仍有小队的中国驻军（在公元 3 世纪）。与敦煌的交通量无疑减少了许多，但一直维持到公元 4 世纪后半叶。③ 所以，L.C 墓地的年代范围只能宽定，即从公元前 2 世纪末至公元 3 世纪后期。为使年限更确切，我们需从文物本身寻找证据。幸运的是，证据不仅仅限于极少的汉文纸文书（纸是公元 105 年发明的，这些纸应晚于公元 105 年）。④ 我们还可以从考古材料中寻找证据。有些古织物（在墓穴中发现的古物）虽不是最常见、最重要的，但年代较早，这就是我们在分析发现物时最先看重这些遗物的原因。

L.C 墓地年代的上下限

在楼兰 L.A 遗址和 L.C 墓地之间发现的各种遗物

L.A～L.C.01　铅块。 $\frac{15}{16}$ 英寸× $\frac{13}{16}$ 英寸× $\frac{5}{8}$ 英寸。

L.A～L.C.02　铜戒指。 扁平，一边已裂开。 $\frac{3}{4}$ 英寸× $\frac{3}{8}$ 英寸× $\frac{1}{8}$ 英寸。

---

① 参见《西域考古图记》第二卷 731 页。
② 参见《西域考古图记》第二卷 732 页；本书第十五章第四节。
③ 参见《西域考古图记》第一卷 426 页以下；楼兰 L.A 遗址的纪年文书，见孔好古《斯文·赫定的发现》98 页、102 页、117 页、126 页以下、137 页、139 页。
④ 沙畹《亚洲学刊》5 页以下，1905 年 1—2 月；《西域考古图记》第二卷 650 页、672 页。

L.A～L.C.03 铜戒指。扁平，与 L.A～L.C.02 类似，但稍小。$\frac{9}{16}$ 英寸×$\frac{3}{8}$ 英寸×$\frac{1}{8}$ 英寸。

L.A～L.C.04 铜圆片。浅浮雕，可能不是铜币。$\frac{7}{8}$ 英寸×$\frac{3}{8}$ 英寸×$\frac{1}{24}$ 英寸。

L.A～L.C.05 铜圆片。中央钻孔。直径 $\frac{7}{16}$ 英寸，最大厚度 $\frac{1}{64}$ 英寸。

L.A～L.C.06、07 2 块石片。黑色、绿色，细长。分别长 $1\frac{1}{2}$ 英寸，宽 $\frac{3}{8}$ 英寸。

L.A～L.C.08、09 2 块铜器残片。厚，锈蚀。最大残片 $1\frac{11}{16}$ 英寸×$\frac{15}{16}$ 英寸×$\frac{1}{32}$～$\frac{3}{16}$ 英寸。

第四节 L.C 墓地出土的织物

尸体用破旧衣片包裹

通过对 L.C 墓地发现的死者遗骨和上述其他墓地的观察，我们可把 L.C 墓地发现多种多样的大量纺织物归因于用旧衣服包裹尸体的习俗。例如 L.C.iii.017、vii.07 是几种不同纹饰的丝绸缝合成的同一件衣服，这一事实表明它们在用作包尸布前已被使用了很长时间。

有关这种习俗的起源及意义的研究，我想留给更有能力的汉学家去做。不管怎样，没有这种习俗，我们就不能指望发现如此丰富的织物。其中汉代或年代稍晚的织物，多分布在中国人向中亚发展的古道沿线。事实上，对我们来说，这些破衣片曾属于哪件衣服（的特征）不很重要，重要的是各种织物的工艺、保存状况。

如果按质地材料对这些织物进行分类，我们立刻会注意到它们绝大多数是丝织品，或素面，或有纹饰。下面，在讨论丝织品的纺织技术、方法及纹饰主题等重要方面之前，我们将首先讨论 L.C 墓地其他材料的织物，其中包括毛、棉、羊毛织物。

羊毛织物不少，在数量上仅次于丝绸。鉴于塔里木盆地羊毛织物自早到晚始终占有重要地位，应有理由认为全部或大部分羊毛织品为当地所产。特别要指出的是，由于安德鲁斯先生已就纺织技术和纹饰方面，对千佛洞的纺织物作了有价值的分析和描述，所以我可据此直接辨认出 L.C 墓地出土的各种羊毛织物。① 除平纹织物 L.C.i.04、012、024（使人联想到 L.C.06.e、v.028 粗布的坚韧）外，有些织物应为棱纹（条花）平布（L.C.v.011、018、025；x.03）。有一种非常坚韧的绳类织物残片（L.C.i.01，ii.05.e、016，v.010），如同安德鲁斯在下文遗物名录中所述的那样，是缩绒厚呢，手感柔和光滑。

鉴于 L.C 墓地和楼兰 L.A 遗址的丝绸织物中总体上缺少斜纹，因此值得指出的是，L.C 墓地出土的羊毛织物中，除 L.C.v.02.b、026 的菱形花纹是用变化了的斜纹织法织成的外，至少还有两件一般的斜纹织物（L.C.037、038）。一些精美的花毯织物（L.C.iii.010.a、b；v.01、02.a、03～05、06.a、07、09、019，图版 XXX～XXXII）也同样重要。这些花毯的装饰图案，我们将在下面涉及它们与织锦的关系时进行

L.C 墓地出土织物材料

L.C 墓地出土的羊毛织物

羊毛织物的纺织法

————————————

① 参见《西域考古图记》第二卷897页。

讨论。

羊毛花毯的风格　同时，应当指出的是，这时候花毯的希腊化特征与后者（指织锦——译者）的非中国化显然不同。这两种织物的装饰风格的差异，有力地支持了关于上述毛织品从总体上来说为当地所产的观点。

毛毯残片　绒毛毯残片有 L.C.010；i.08；ii.05.c，09.a、b，014、017；iii.014、015；x.02（图版 XLIV、LXXXVII）。它们尽管数量很多，但装饰纹样无一清楚，无法确定其装饰风格。但是，在几块残片（L.C.010、i.08、ii.09.a）上可认出锁钩的纹饰带，在 L.C.ii.09.b 上可辨出菱形纹饰，在 L.C.iii.014 上可看出风格化的花朵纹。所有残片均有各种颜色。在结构方面，它们非常接近在楼兰发现的毛毯残片（L.A.I.ii.001、VI.ii.0046）[1]，很有可能也产于塔里木盆地。

棉织物的纺织　遗物名录表明，棉织物在数量上少于毛织物。因为无法像《西域考古图记》所载的汉诺赛克（Hanausek）博士的显微镜成分分析那样，所以无法确定有些织物是棉还是麻。麻在塔里木盆地非常常见，专家分析，楼兰遗址织物中应有麻织物[2]，但在那里发现的许多织物，经汉诺赛克博士鉴定，其质地为棉。[3] 所以，我们对 L.C 墓地出土的织物的分类总体上应不会有错。在棉织物中，流行平纹织法（L.C.04、036；i.02.a、b，06、07；ii.02.b、05.f；v.016、024）。但遗物名录中，有两块残片（L.C.06.c、d，035）被描述为斜纹棉布，估计应是一种斜纹纺织结构。L.C 墓地出土的少数绸缎上

---

[1]　参见《西域考古图记》第一卷 384 页、433 页、438 页，第四卷图版 XXXVII。
[2]　参见《西域考古图记》第一卷 384 页、433 页、438 页。
[3]　参见《西域考古图记》第一卷 432 页（L.A.0149）、433 页（L.A.II.002）、435 页（C.A.IV.ii.001）、442 页（L.B.II.018~020）。

的一种经畦组织的变体，似乎也见于上面有菱形纹饰的棉
（?）花布（L.C.i.011，图版 XLII）上。最后提到的标本是发
现于衣服内衬上的毛毡（L.C.04.a；i.06）。

　　不管怎样，更重要的是丝织物的质地、工艺、装饰艺术 丝织品的盛行
等方面。丝织物的盛行上面已经提到，也可以用遗物名录中
129 件织物中有多达 74 件不同的丝织品（其中 45 件为纹样
丝绸）的事实来说明。考虑到这些织物的发现地点及使用年
代，我们可以推测，这些丝织物无疑来自中国内地。[1] 事实
上，这些丝绸就发现于中国人首次开通的交通道的沿线（如
L.C 墓地集中出土各种典型的贸易丝绸标本，我们今后将很
难找到像它这样具有代表性的遗址）。通过这条重要的交通
道，中国人直接与中亚交往并同遥远的西方进行贸易，时间
长达数个世纪。可以说，丝绸在中国向西发展的过程中起到
过至为重要的作用。

　　同样重要的是这样一个事实，即这些丝织物的发现，翻 早期丝绸的意义
开了纺织工艺史上的一个新篇章。自从中国丝织品赛里斯
（Seres）首次到达古典西方以后，中国就以丝绸而著称，而
有关丝织品的更早的历史则鲜为人知。当这些丝织品初次从
荒漠中暴露出来时，我尽管只是匆匆看了一眼，但立即就被
它的绚丽多彩所打动。

　　在中国汉代丝织技术和艺术的研究方面，安德鲁斯先生 安德鲁斯先生对纹样丝绸的研究
曾精心考证并发表了他的重要文章《中国古代纹样丝绸》。
应我的请求，这篇文章于 1920 年发表在《伯灵顿杂志》上，
文中记录了他对一些典型织物的初步研究结果。安德鲁斯先
生还亲手绘制了详图，清楚地显示出那些织物具有强烈的中

---

[1]　与它们一起提及的还有废弃的丝织物，如 L.C.v.020；vi.06，也许是衣服上的补丁。

国风格，他还对织物中纹饰主题的起源与发展做了许多重要的研究。

检查丝织物的目的

虽然许多织物仍有待于清理并请经验丰富的艺术家进行鉴定①，但安德鲁斯先生在遗物名录中已经提供了足够的材料，所以我在此对 L.C 墓地出土的丝织品进行概括就有了坚实可靠的基础。遗物名录为楼兰丝织品的工艺研究提供了大量的信息，其中几种装饰法和具有奇异特征的图案以及对工艺及风格的观察，不仅为我解释某些考古材料提供了方便，而且也有助于确定这一遗址或其他地区织物年代的上下限。

丝绸的织法

对于楼兰丝绸的织法，安德鲁斯先生的检查引出了两个重要的方面。就素面（即无纹饰）丝绸而言，始终使用各种平纹织法，即技术上所谓的畦或条花织法②，这种织法所用的纬线比经线粗，由此产生横向的经畦效果。就 L.C 墓地出土的纹样丝绸而言，安德鲁斯先生在上述论文中已提到这样的重要事实，即除了有一块罗纱（L.C.iii.04.d）纺织得较为稀疏，其余织物用变化了的经畦组织法织成。简单地说，因为每平方英尺经线的密度远大于纬线，以及交织法的特殊次序（太技术化，此处难以详谈），织物横向起畦。这在扩大了的组织结构示意图（见本页右边——译者）上可以看得更清

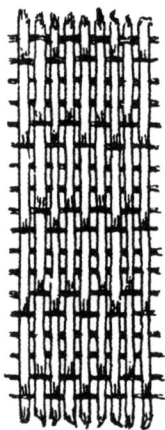

L.C 墓地出土的织物

---

① 在安德鲁斯先生的指导下，通过大英博物馆印刷物及绘画部协调，这些织物已由该馆收藏。

② 参见安德鲁斯《纺织品工艺注释》，《西域考古图记》第二卷897页。

楚一些。由于经线起花，表面缎纹暗而单调，因此畦不很清楚。[1] L.C 墓地出土的珍贵的锦缎上也用了这种织法。

经畦织法的垄断

楼兰纹样丝绸只用经畦织法有其特别的意义。斜纹织法最有用，非常适于织出花纹图案（无论是锦缎还是多彩织物），但在 L.C 墓地出土的大宗纹样丝绸中，完全不见经畦织法。不过，恰如安德鲁斯先生所述的“据设计者的观点，在所有织法中最有价值”的经畦织法[2]，在千佛洞和阿斯塔那墓地的大量中国纹样丝绸中却有丰富的表现。后者可以肯定属唐代初期[3]，而同样可以肯定的是，千佛洞的大量织物的年代不在公元 907 年唐朝灭亡至公元 11 世纪早期千佛洞最后封闭这一段时期内[4]。

在汉长城发现的经畦组织的丝织品

另一方面，我们有重要证据。我在敦煌汉长城发掘的所有纹样丝绸残片中，有两块均用经畦组织织成，其年代分别为公元前 1 世纪或公元 1—2 世纪。[5] 千佛洞宝藏中的一块织物(Ch.00118)也体现出这种织法（已记录在《西域考古图记》中[6]），它的图案特征与汉长城的那些织物非常相似。安德鲁斯在他的论文及《西域考古图记》中曾对这件织物进行过较详细的讨论。

斜纹织法的崛起

由上述讨论似可得出一个较为可靠的结论：斜纹织法在汉代及随后的一个时期内还不为中国纹样丝绸的织造匠们所知，随后各种经畦组织的织法渐渐被使用。至公元 4 世纪到

① 参见安德鲁斯《中国纹样丝绸》19 页。
② 参见《西域考古图记》第二卷 897 页。
③ 参见本书第十九章第五节。
④ 参见《西域考古图记》第二卷 820 页、827 页以下。
⑤ 参见《西域考古图记》第二卷 704 页、781 页、783 页、785 页，第四卷图版 LV 和安德鲁斯《中国纹样丝绸》14 页、19 页。
⑥ 参见安德鲁斯《中国纹样丝绸》14 页，图 10；《西域考古图记》第二卷 911 页以下、963 页以下。

6世纪后半叶（最早的阿斯塔那墓葬的年代）这一时期，更方便的斜纹织法兴起。由此可见，纺织技术的应用发展也可作为中国纹样丝绸的断代标准。

斜纹织法的引进

我们没有直接的依据来断定斜纹织法最先起源于何地。但根据至少4块毛织物（L.C.037、038，L.C.v.02.b，L.C.v.026）和几块棉织物所用的各种斜纹织法可以推测，这种织法可能起源于中国的西部地区。此外，塔里木盆地在各个时期均大量出产羊毛并用作纺织材料①，而且，从L.C墓地出土的所有羊毛花毯在其装饰风格上都显示出强烈的希腊化影响，这两点也可说明斜纹织法源于中国西部地区。② 因此可以这么认为，在中国丝绸手工业采用斜纹织法以前很长一段时间，塔里木盆地的织工们便已采用了斜纹织法。另一方面，我们要注意的是，在敦煌长城出土的中国匠人纺制的棉毛织物（年代比L.C墓地出土的同类织物早或同时）中，我未看出已用斜纹织法的迹象。

织锦（多彩的纹样丝绸）比单色锦缎更流行

在丝织物装饰技法中，图案或纹样的交织法是最普遍的。除几件单色锦缎外，所有的纹样丝织物均多彩。③ 在织物上使用的所有颜色（无论是只用两种颜色还是用更多色彩来表示背景与图案）都非常和谐、协调。这些优雅的丝织物最充分地体现了中国汉代或汉代以前的丝织工艺的高超水平

---

① 参见《西域考古图记》第三卷1578页，索引"羊毛织物"词条。1906年从楼兰遗址发掘出的羊毛织物中，织锦L.A.IV.004显示还有一种变体斜纹锦缎（《西域考古图记》第一卷434页；第四卷图版XXXVII）。类似工艺也可参见织锦L.B.IV.ii.0014、0016（《西域考古图记》第一卷445页以下）。

斜纹也常见于从安迪尔古城堡墙下垃圾堆中发现的羊毛织物E.Fort.0012（《西域考古图记》第一卷292页），其年代与楼兰遗址大体相同。

② 参见本书第七章第五节。

③ 为方便起见，下面所有纹样丝绸的叙述不同于文中各注，而按图案来罗列。织锦：L.C.01~03，07.a、b，08，031，a~c；06、07、09、010；ii.01、03、04、05.a，07.a~c、08.a，II；iii.01、02、04.a~d、011、012、016~020；v.014、017、023、027.a~b；vi.03；vii.02、07；ix.02；x.04。"绮"即单色纹样丝绸：L.C.033；ii.05.b；v.013，vi.01；vii.09。

及完美程度。L.C 墓地出土的纹样丝绸几乎都使用多彩装饰法，这和千佛洞的花绮和罗上大量出现的单色纹样形成了鲜明的对比。① 我们也许可以承认，这种差别是由于后来在单色锦缎的纺织中引入斜纹织法而引起。

在 L.C 墓地出土的大量精美的花毛毯的同时，我们发现，在 L.C 墓地出土的所有丝织物中不见缂丝（缂的织法技术最接近于机织技术），使人颇感奇怪。② 缂丝的缺乏可能纯属偶然，因为千佛洞少量的缂丝织物中有一两件标本明显具有早期风格。③ 或者是不是可以斗胆地猜测：这种在织机上用针编织的手工技术来自西方？因为公元前 6 世纪亚述浮雕和希腊花瓶装饰表明，这种技术在西方早已存在。④

最后来谈一下在成品织物上进行装饰的方法。我们发现，一些重要的丝织物上有刺绣⑤，其工艺是用链针法精细巧妙地在织物上钩刺出图案花纹。这种富有特色的中国针织技法自古一直延续至今。千佛洞和阿斯塔那唐代墓葬出土的许多刺绣织物多用具写实色彩的花草图案，这使得它们看上去带有一种奇怪的现代感。与刺绣技法相近的是大红丝绸 L.C.09.a 上缝缀有金属小珠。此外，我还要提到的两个小丝袋（L.C.iv.01.a、b，图版 XLIII）上，用许多彩色的小丝片拼缀出几何形的图案花纹。

（右侧旁注）缺少缂丝

（右侧旁注）丝绣

---

① 参见《西域考古图记》第二卷 901 页。

② 参见本书第七章第五节。

③ 参见《西域考古图记》第二卷 901 页；第四卷，图版 CVI、CXII。

④ 参见冯·法尔克《丝绸工艺》1 页。

⑤ 参见 L.C.032、033，v.013，vii.04、05。

第五节　L.C 墓地出土织物的装饰纹样

纹样丝绸上纹饰的重要性

　　L.C 墓地出土织物的质地、工艺与装饰手法具有重要的考古学意义，而研究丝织品纹样以及风格影响更有意义。因为摆在我们眼前的这些织物（有些颜色仍非常鲜艳）是目前已知最早的一批中国艺术织物标本（要不是敦煌长城出土的两三块织物，这一时期的织物装饰艺术我们就可能完全不知）。图版 XXXIV～XLIII 是安德鲁斯先生精心挑选的代表性织物及他细心描绘的花纹线图的照片，它们胜过任何注释和分析，充分体现了那个时期在构图与技艺方面达到的完美境界。

丝织物装饰纹样的风格

　　年代较早的织物及那时中国垄断丝织品的生产，使我们了解到纯正的中国装饰风格（就像认识稍晚时期大量的中国花纹丝绸那样）。然而，如安德鲁斯先生在关于丝织物文章的导言中所述，检查后的第一印象是这些织物"与我们熟悉的织物大不一样"[1]。然而，仔细一看，我们就会立即意识到它们"综合了不同材料上的装饰纹样，首先是汉代墓葬石雕纹饰"。所以，需做的有意义的工作是：一方面，我们需要找出这些织物与大体同时期的雕塑和早期中国雕塑艺术遗存的联系；另一方面，也需要寻找早期织物图案对正仓院（Shōsōin）藏品及千佛洞中唐代纹样丝绸纹饰的影响。但在这里我们并不奢望立即着手此事，或者对楼兰纹样丝绸的主题风格进行系统的研究。

丝织物纹饰的类型与组合

　　以下主要对丝织物图案的类型和组别进行区分，简要提示每件织物的主要特征并提供相关的材料。我主要依靠的是

---

　　① 参见安德鲁斯《中国纹样丝绸》4 页。

安德鲁斯先生在下面的遗物名录中提供的详细描述以及我多次所说的他在论文中对花纹、主题的指导性总结。[1] 我们在讨论发现的中国现存的最早的纺织艺术品时，有一个问题值得提出：当这些织物沿着几个世纪来中国与中亚以及遥远的西方之间最早的贸易路线转运时，它们的花纹图案是否对西域产生了影响？这个问题，凭我们目前掌握的知识还无法得出一个准确的答案。然而鉴于它们的考古重要性，我们在仔细观察 L.C 墓地出土毛毯上类型明显不同的花纹图案后，可对它们进行讨论。

L.C 墓地出土丝织物纹饰可分为三种主要类型。第一种类型是动物图案，周围饰大量的细涡旋纹（大多数从卷云纹、少数从花草纹演变而来），在丝织物纹样中最常见并占有统治地位；第二种类型是以风格化的涡卷纹和花草纹为纹饰；第三种类型以各种几何纹为代表，其中以菱形花纹为主。安德鲁斯先生强调在这些纹饰中未见斑点纹[2]，而尤其值得注意的是这种纹饰不仅在最早的西方丝绸中经常出现，而且在中国唐代千佛洞的中国织物中也很常见。

装饰纹样的类型

第一种类型的纹饰引人注目，不仅因为它的数量多，更在于其艺术价值在对动物形象的生动刻画中表现得淋漓尽致。这些动物形象展示出匠人高超的技艺，即对自然动作的准确观察和生动表达，而这些被认为是自汉代以来中国艺术的最大优点之一。丝绸纹饰上的动物种类繁多，但无论是写实的狮、虎、公羊或自然界其他的野兽，还是虚构的龙凤或其他怪物，其形象都体现出一种生活情趣。动物们或猫一般

动物纹

---

[1]　参见安德鲁斯《中国纹样丝绸》18 页以下。

[2]　参见安德鲁斯《中国纹样丝绸》18 页。

地悄悄潜行，或举足待跃，或跳跃，无不表现出艺术家特有的慧眼与手艺。同时，这些动作的生动刻画和围绕着动物的许多轻快自由的卷云纹，都表现出了欢乐与和谐的气氛。安德鲁斯先生论文中识别的各种纹饰类型①，像其他织物纹饰一样，与汉墓壁画的纹饰主题十分接近。另一方面，也奇怪地使人联想到洛可可艺术（Rococo forms），这种相似性绝非偶然，很明显，中国艺术对洛可可艺术有影响。②

成列的怪物纹 这里要简要说明的是，精美丝织物残片 L.C.07.a（图版 XXXIV）的质量，在安德鲁斯先生的论文图 2 中得到了充分的展示。其构图充分利用了材料的幅宽，而且幸运的是织物两边都完整地保存了下来。它表现的是六个怪物向左运动的情形，其形象变化很大，从右边翼虎至左边角龙，动作姿态迥异，但大都是猫科类动物。安德鲁斯先生认为："全部组合是从右向左运动（或移动），其动感不仅体现在动物生动的动作中，也表现在涡纹的线条上。每个动物各有特点，生动逼真。"在第一对和最后一对怪物之间有一只立鸭或立鹅，其面对的方向与怪物成直角。此外，还有一些有特征的纹样也应提及。据汉诺赛克的解释，在动物上面或侧面有汉字，右边提到的织锦"绣"，在一起的还有"韩"姓及人名"仁"，再后面是对子孙祝福的吉祥套语。③

类似这种精美构图还有织物图案 L.C.iii.011（图

① 参见安德鲁斯《中国纹样丝绸》4 页以下、18 页以下。
② 参见安德鲁斯《中国纹样丝绸》19 页。有关在法国洛可可风格的纹样丝绸上见到中国式图案的论述，参见米容《纺织艺术》81 页；冯·法尔克《丝绸工艺》47 页。
③ 参见《法兰西远东学院学报》1920 年第 20 期 175 页以下，安德鲁斯先生向我指出，文中（f）及（g）条目应删去，因它们提到的部分纹样不是汉字。吉列斯博士对汉文的释读，见附录 I。（据本书英文版"补遗和勘误"补入——译者）

版 XXXIV）和一些其他多彩织物上的图案①，它表现了一个骑士在陇山上冲向一只跃立作扑击状的独角兽，后面跟着两只翼兽和豹类动物，形象均怪异，跃立作扑击状。骑士和山的设计十分奇特，参见图版 XXXVIII 安德鲁斯先生的线图，它与公元 2 世纪早期山东汉墓的骑士画风十分相近②，卷云纹的处理法也与那些壁画墓的纹饰十分接近。之字形布局设计使动物呈角状排列，这样就形成了自然欢快的菱形图案，这是一个受人欢迎的一个中国式的满铺图案。骑士右边的四个汉字，我的朋友——汉文秘书蒋师爷识读作"长乐明光"（永远幸福和光明），这是早期卷云纹上常见的文字。

　　L.C.iii .017.a 上面的纹饰也是成组的：双翼怪兽旁有一奔狮，在蠕虫状卷云纹中。我们已经注意到 L.C.07.a 上附属的奇怪图案，即在成行的野兽的开头、末尾有一些鸟，这些鸟的头的朝向与怪兽的方向成直角。这种布局又一次奇怪地出现，其出现频率表明像前面所述的纺织物纹饰那样的系列图案已形成了装饰上的一个惯例。所以，在 L.C.ii.03（图版 XXXIV、XXXIX）的纹饰中，我们见到，在右边翼虎类野兽和左边有翼山羊或鹿之间，站着一只较大的鸭子。安德鲁斯先生指出，第一只野兽的颈圈，与西方和中东地区公元 6 世纪安托尼奥（Antinoe，安东尼）王朝以后各代织物上的有关纹饰相似。③ 还要补充说明的是三个汉字以及在左边丝绸烂边上的第四个字。蒋师爷解释，这四个字组成了云纹图

其他纹饰中的怪物

----

　　① 　参见条目 L.C.i.09；ii.07.a；iii.01（见图版 XXXIV）、017.c，019。所有这些文书的汉文释读，见附录 I。（据本书英文版"补遗和勘误"补入——译者）

　　② 　参见沙畹《考古纪行》第一卷图版 XXVI 第 47 号。

　　③ 　参见安德鲁斯《中国纹样丝绸》8 页，他提到了冯·法尔克《丝绸工艺》图 16 和斯特日若夫斯基《科普特知识》57 页，图 72。

案上的吉祥语"延年益寿"，意为"祝您长寿"。

成排的怪物之间插入的鸟

L. C. i. 06、07；iii. 04. c，012（？），017. b，018（图版 XLII）织物残片上的另一些图案也带有上述特征：从高处跳下的一只翼狗类动物，周围饰蠕虫状卷云纹；野兽的右角之前，站着一只鹑类肥鸟；一只奔跑着的豹和一只蜥蜴形怪物。保存较好的 L. C. 08（图版 XXXIV）运用了大量绚丽的色彩，一朵珊瑚树状的弯曲的云纹横贯织物。在云纹向上的弯曲处，一只翼狮猛扑向左，其身后云纹向下的弯曲处有只鸭子，屈伸着脖子向下急飞，鸟首的方向与怪物的走向呈垂直状。

相向的动物纹

同一布局在 L. C. vii. 09 绮的残片上也有出现（图版 XL），其纹饰有两点较重要。之字形长条纹饰在折角的左右两边作向上或向下的突出，与突出方向相应的饰条内有方折的纹饰。这是一种在中国早期丝绸上常见的主题，所以容易推出丝织物的年代和起源。此外，通过惯用的翻转方法产生对称图形，展现在设计者和纺织者面前。上下之字形条纹形成对称（折角方向相反），中间形成菱形，菱形内有成对相向的动物。中间菱形内的动物为一对鹤类鸟，均作后顾状，卷羽；上面菱形内为成对相向的狗类动物，两肢相靠，方向与鸟身呈垂直状；下面菱形内同样填满了成对相向的有翼兽和有角兽，作直立相扑状，头的朝向也与鸟身呈垂直状。

简化成几何纹

与上述组合相关的还有 L. C. v. 027. a（图版 XLIII）及另一块残片 L. C. i. 010 上的纹饰。成对站立的公羊，似在抵角，占满了菱形图案中的菱形块。竖列上的相同动物有些变化。而 L. C. v. 023、027. b（图版 XLIII）残片的图案则非常简化，似乎已变成了纯几何形，对兽在此退化成了生硬的云纹，菱形交角的玫瑰花饰则成了素面的方菱形。L. C 墓地出土织物常见到的几何纹的色彩，也由三色降为 L.C.v.027.a 上的两色。

在织锦 L.C.031.c（图版 XXXIV、XXXIX）上，面对面站立的形象组合出现了逆向的现象。其纹饰是一卷云纹中坐着一个奇怪的精灵鬼怪（侧身），稍上的前方有一只鸟，鸟首回顾。以此鸟鸟尾处作垂直线（实际无此界线——译者），在直线的另一边，图案做反向设计，故整个织物的成组图案为两只背向的鸟和两个相向站立的精灵。请参见安德鲁斯先生的论文中对构图中反向设计的重要细节的观察①。

安德鲁斯先生对 L.C.07.b（图版 XL）复杂奇怪的纹样的分析具有指导意义。其连续的图案表明，上面为两只相向伸颈的鸟，其下是一对相向的凤凰，再下是两个怪兽狰狞的头，最底下似为圆拱顶的房屋建筑，里面是一对相向跪立的怪兽。其旁边还有一对更小的圆拱顶房屋。上面间隔处有反向对称的卷云纹，形似生硬的带有几何形树叶的树。安德鲁斯先生解释道，这更加令人费解的构图是"使用反向处理法，对三四种不同云纹作对称组合，产生一种偶然的新形式"②。这一观点可能涉及某些奇怪纹样的起源，例如其特征使人想起萨珊人（Sasanian）的生命之树和其他一些近东地区的织物，这值得今后进行全面的研究。

在论及主要由花草或卷云纹为主的图案之前，我们应该注意到一些数量较少但很重要的图案。同是动物纹样，风格与过去见过的截然不同。L.C.ii.01（图版 XXXVI）和 L.C.x.04（图版 XXXV）两块残片为代表的饕餮纹，尽管尺寸大小有

（右侧旁注）背对背的动物形象

（右侧旁注）具有树状特征的融合性图案

（右侧旁注）古老的饕餮纹

---

① 安德鲁斯《中国纹样丝绸》8 页。
② 安德鲁斯《中国纹样丝绸》9 页。

所不同，但其构图、主题、处理方法和色彩组合都较一致。最明显的共同特征是纹饰中极为生硬地套用了具有中国特色的鬼怪——饕餮，令人莫名地联想到太平洋地区的工艺。安德鲁斯先生在论文中已详述过 L.C.ii.01（图版 XXXVI、XL）的饕餮纹①：不成比例的大头，六角形大眼，作龇牙咧嘴状，身下伸出弯曲的脚爪，脊椎从脚的弯曲处伸至耳部，上有张开的尖鬃。左边有一棵外形对称的树，再左边有一只翼狮，用简单的轮廓法勾画出来，作举足前行状，十分生动，使人不禁想起汉代的浅浮雕纹饰。翼狮左边的第二棵树形状不生硬，带茎、枝。最左边残边处是龙形动物。图案紧密，纵向重复，色彩丰富，但底呈暗（棕）黄褐色，图案则呈暗铜绿色。

L.C.x.04（图版 XXXV、XXXVII）混在大量破碎丝片中，难以打开，其花纹组合类型与 L.C.ii.01 织物残片的纹饰非常接近，但饕餮及翼狮形状较大，饕餮位于中间，翼狮在左右两侧卫护。此图案较密集地作垂直向重复，仅用深蓝与金黄两色。

汉长城出土的饕餮纹织物

单凭这两块残片的风格及处理手法，我们就可清楚地认出，它们是楼兰最古老的纹样丝绸。一块丝绸补丁（T.XXII.C.0010.a）的幸运发现给我提供了直接的考古证据，其风格和处理手法与 1907 年我在敦煌烽燧发掘出的一件织物相一致，织物的年代上限，可据出于同一垃圾堆、年代在公元前 98 年的汉文木简而较准确地断定下来。这一补丁早已由安德鲁斯先生在《西域考古图记》中详细描述并绘

---

① 安德鲁斯《中国纹样丝绸》12 页，图 8。

图①，因此这里无须对其图案进行细述。但应说明的是，该图案由一个菱形图案及高度风格化的四个对称的浮雕饕餮组成，菱形的周围是卷云纹。在菱形内有两对对角状交替出现的图案，为一对龙、一对凤和两对同形鸟②。此图案与上述L.C 墓地出土的两块织物有密切的联系，这可从风格化的饕餮头、来自传统的青铜器纹饰的轮廓式处理以及菱块中心也许是树的纹饰中清楚地辨认出来。无疑，前述三块织物的纹饰风格严格遵守了古代纹样与处理手法的传统。

在第二类织物纹饰中，首先要提到的是几块仅有卷云纹的织物。这种纹饰我们早已熟知，是一种附属性的图案。L.C.iii.02（图版 XXXIV）的纹饰是由几个不连续的云纹构成的珊瑚树的优雅变体，是从青铜器绚丽多彩的底纹中引用过来的。同样的花纹也应用于 L. C. vii. 07 的衣服上。L.C.v.014 织物上台阶式轮廓的涡卷纹，因图案太模糊而不能得出详情。但大量的图案由花叶主题构成，不管它们是风格化的卷形纹还是自然形。在卷叶纹图案中，我们有两个重要的例子，即 L.C.03（图版 XXXV、XXXIX）和 L.C.07.c 织锦，其纹饰组合作纵、横向重复，纹饰虽少但大量接合，主要由卷枝和花叶构成，一只小鸭立在花叶顶上，回首后顾。重复图案中间有单个汉字，蒋师爷把它读作"乐"。

L.C.02（图版 XXXV）的图案精美繁复，分析起来太复杂，但对我们有帮助的是，安德鲁斯先生在描绘线图时已作了很好的研究（图版 XLI），并且在遗物名录中作了充分的叙述。尤为重要的是，这一织物纹饰汇集了各种花形，如彩

卷云纹和花叶纹

风格化的花叶纹

---

① 参见《西域考古图记》第二卷 720 页、785 页以下，第四卷图版 LV、CXVIII；安德鲁斯《中国纹样丝绸》12 页以下，图 9。

② 参见格鲁伯《法兰西远东学院学报》第 20 期 173 页，暗示这些鸟是花虫鸟。

饰根茎的喇叭花和几何形花纹，如菱形花纹、稀奇古怪的兽形纹等。安德鲁斯先生独具慧眼，认为"图案非常优美，表明已完美地掌握了翻转法纹样的设计技术"①。格鲁伯先生也认为总体效果完美，但他喜欢在风格化的植物纹饰中寻找一些非经验化的迹象，他认为一种新的风格已经产生。②L.C.iii.020 及其精美花叶纹（包括风格化的蒲葵），因太小而不足以证明这一观点。

刺绣的花叶纹　　　　值得一提的是，花叶纹饰的主题趋向写实，这在唐代和唐代以后的汉文典籍中已明确记载，这一点也被 L.C 墓地出土的丝绣织物上的纹饰所证实。L.C.033 丝梳囊（图版XLV）及优雅的 L.C.vii.04、05 刺绣残片（图版XXXV、XLIII）已清楚地体现出来。L.C.v.013（图版XLV）徽章形补丁，因剪得太小而无法确定其刺绣的纹样。这些标本虽少，但已足以证实刺绣者可自由地用刺针来表现上述写实的花纹图案，在织机上表现则要受许多局限。③

几何纹　　　　在第三种类型的几何纹中，各种菱形组成了满铺的格子图案，这种纹饰最常见。有时，菱形纹饰间还被插入小方形或其他简单的几何图形，仅有几例只使用两种颜色。④ 在保存的几何形花纹的织物中可见到两种颜色的局限使用，其中 L.C.vii.02（图版XXXV）的之字纹带有方点和汉字，L.C.iii.04.d（罗）饰棋盘纹。L.C.v.017（图版XLII）有长方形的条纹，并与其他成排的简单图案的变化一起使用。

---

① 参见安德鲁斯《中国纹样丝绸》10 页。
② 参见《法兰西远东学院学报》第 20 期 173 页以下。格鲁伯认为，在奇怪特征中，描述的一串珠挂于一兽形物背上，可认作"星辰"象征性图案；前引书 174 页注 2。
③ 参见《西域考古图记》第二卷 904 页。
④ 参见 L.C.01（图版.XXXV）；ii.07.b（图版XXXIII），08.a；iii 04.b（见图版XXXVI）；vi.01（图版XLIII），03，素菱纹发现于 L.C.032（图版XLII）；ii.04。四色用于 L.C.01，三色用于 ii，07.b。

从古物角度看，L.C.031.b（图版 XXXV、XLII）比以前的更重要；L.C.ii.05.a 由多行之字纹组成，并延伸成八角形，与敦煌烽燧出土的纹样丝绸 T.xv.a.002.a 一致。伴出的汉文文书年代在公元前 53 年至公元 137 年之间，因此可以断言在 L.C 墓地发现的这块丝绸残片的年代，属公元前 2 世纪或楼兰古道开通之前的时期。纹样呈深金黄色，底为深蓝色（长城残片也是如此）。在几何纹中，这种有效色彩的组合占主导地位，这在 L.C 墓地及敦煌长城的织物中也经常见到，有助于进一步判断这两个系列的织物在年代上的关系。

黄、蓝色条纹

在见到上述这些绝对是中国产品的纹样织物后，我们被花毯上完全不同的图案纹饰所触动。图版 XXX~XXXII 的 10 块花毯残片中，花纹图案无疑具有希腊式艺术风格，而未见明显的中国风格。

在花毯上的非中国式图案

L.C.iii.010.a（图版 XXX）是最明显的例证，它大约是精美挂饰的残余。左边是一个人头像，直颈提肩，很有西方风格，面部处理采用阴暗对比法，用相应的颜色及传统的勾线填色法表示不同肤色，与米兰 M.III 和 M.V 佛寺壁画的绘法相一致，这可与《西域考古图记》的图版进行对比。[①] 在这件作品中，纯粹的希腊化佛教特征和米兰壁画中的希腊式艺术灵感得到了充分的体现。花毯和米兰壁画在风格及装饰手法上的密切关系及同在楼兰地区出土这几点似乎说明，花毯很可能产于塔里木盆地，而不是从遥远的西方传入的。

希腊式的人头像

精美花毯 L.C.v.01（图版 XXXI）也受希腊的影响，这件织物图案为纯几何形，用色繁复和谐，十分美观。卍纹和

花毯织物上科普特式图案

① 参见《西域考古图记》第四卷图版 XL~XLIV，有关这些蛋彩画的主题、技术等，参见前引书 497 页以下、514 页以下及图 133~143。

带有中脉的锯齿形花饰组成的网状纹饰，形成了中央的纹饰条带，使人联想到科普特（Coptic）即埃及晚期希腊艺术的常见主纹。① 其中心条带两边的颜色如彩虹那样作由浅至深的逐渐变化，这也是科普特人花毯织物上常见的装饰工艺。最起到古典效果的是织物上下两边沿装饰的波浪形叶纹和螺旋纹。几块残片拼起来的 L.C.v.06.a（图版 XXXI）上有用各种色彩作鳞状重叠的百合花饰及两翼的彩虹色条，设计非常美观，也同样使人联想到科普特式风格与技术。L.C.v.03~05（图版 XXXI）残片上的纹饰与 L.C.v.06.a 纹饰类似，但有变化，略显粗糙。L.C.v.019（图版 XXXI）花毯的条纹十分精美，但仅用强对比色的横向条纹和小方格条纹进行装饰。

花毯 L.C.v.02.a 上的西方纹饰主题

但比前几块更有意义的是精美花毯 L.C.v.02.a（图版 XXXI、XXXII），尽管破旧，但色彩依旧鲜明。安德鲁斯先生在文中已对其图案进行了描绘与讨论②，纹饰组合和大多纹饰主题取自西方的灵感与式样，对此，我们有充分证据。首先，全图的中间为一横向的宽装饰带，其上下各有三条用彩虹式明暗法处理的窄长条纹。中间的窄长条纹装饰心形花纹、未开的蒲葵及一对底部外卷的剪刀形叶纹，这些纹饰不断循环重复。单向重复心形纹，是后期希腊与埃及的科普特工艺中普遍的主题纹饰（例如安托尼奥或其他地区出土

---

① 参见斯特日若夫斯基《科普特知识》67 页第 7340 号，80 页第 7356（4）号，130 页第 8790 号；冯·法尔克《丝绸工艺》图 9、10。
② 参见安德鲁斯《中国纹样丝绸》16 页以下，图 15。因为疏忽，花毯的质地被误作丝绸，而实际上是羊毛。

的织物所示)①，也见于公元 6 世纪以后拜占庭和萨珊帝国的织物中。

　　其次，在中央宽装饰带的纹饰细节中，也可看到希腊影响。其主题是一对长着马蹄的鸟相向对视，两鸟间有巢，巢中有鸟，此组图案间断反复，其间装饰对称的涡卷纹。细节是莨苕形巢中露出鸟的头和胸部，对称涡卷纹分割重复。鸟巢两边长着马蹄、相向而立的一对鸟纹，起源明显不同，其类型和姿势及下面的卷云纹与汉墓浅浮雕中的云纹及上面的马蹄鸟有着密切的关系②，因这个复合性动物不见于其他地区已知的图案中，所以这种纹饰主题可肯定起源于中国。另一方面，考虑到与科普特式花毯织物或工艺的相似性，以及与科普特式和晚期希腊织物十分接近的其他织物纹饰细节，L.C 墓地出土的花毯织物及以后将要讲到的楼兰其他遗址上出土的花毯织物③，很可能是地方手工产品，或出自罗布泊地区，或出自塔里木盆地的其他地方。

　　因此，尽管希腊化佛教传统在当时的几个世纪内的西域文明和艺术中起着主要的作用，但我们也直接证实了中国艺术早在汉代就对塔里木盆地有影响的观点。我们有充分的证据来表明，中国艺术在唐代时对西域有着多么强烈的影响，而且它在很久之前就是如此。④　所以，在沿着中国至中亚的

> 中国式主题：长着马蹄的鸟

> 中国艺术对塔里木盆地的影响

---

　　①　参见斯特日若夫斯基《科普特知识》153 页第 7211 号；冯·法尔克《丝绸工艺》图 9、10、18、19、21、33、34、39、52、54、55。另参见斯特日若夫斯基《普鲁士知识集年鉴》152 页，1903 年。一对剪刀形叶从（卷）拱形底座上伸出，似为大英博物馆藏的科普特式织品的一种变体；米容《纺织艺术》37 页。

　　②　参见沙畹《考古纪行》第一卷，图版 LXX.134 号。安德鲁斯先生首先指出，L.C 墓地出土纹样丝绸主题和汉墓石雕之间有一定的关系，见《中国纹样丝绸》18 页。

　　③　参见本书第七章第八节。

　　④　参见《西域考古图记》第一卷 298 页。宋云于公元 519 年在且末所见的中国式像，据称年代早至吕光远征的时间，即公元 384 年。

贸易大道首先发现年代最早的纺织物证据时，我们丝毫不感到奇怪。纹样织物是历代艺术主题与装饰工艺最为方便的传播媒介，当地（指塔里木盆地）纺织工匠正是吸收了中国内地外贸纹样丝绸的装饰技法，并把它应用于花毯的织造。

我们最后要考虑的是中国纹样织物是否影响了塔里木盆地以西诸国的问题。随着中亚之路的开通至公元前 2 世纪末，兴旺的丝绸贸易把中国的纹样织物运至伊朗，然后输达地中海地区。斯特日若夫斯基教授在一篇富有启发性的论文中首先提出了上述的问题，他根据某些历史资料，着重比较了风格，在讨论伊朗和希腊式近东地区时以肯定的语气回答了这个问题（指中国纹样织物影响了塔里木盆地以西诸国这个问题——译者）①。我不准备在此讨论一个视野宽广的艺术史家在理论基础上得出的这些结论，即使我回到克什米尔的营地，整理与此问题有关的所有实物材料时也是如此。在楼兰发现的汉代外贸中国纹样丝绸虽提供了某些考古证据，但也不足以决定这一问题。因此我仅谈几个方面的一些观察。

首先，许多古籍提到遥远的赛里斯国的丝绸。其中，普林尼（Pliny）的记载最有说服力，他说，中国丝织物（不仅仅是纺过的生丝）曾运到叙利亚进行分解和加工。② 根据奥维德（Ovid）《阿莫里斯》（*Amores*）（著于公元前 14 年）

丝绸贸易把织物纹饰传到西方（左侧旁注）

古籍中提到的进口中国丝绸的史实（左侧旁注）

---

① 参见斯特日若夫斯基《恺撒弗里德里希（和平）博物馆的埃及丝织品》（*Seidenstoffe aus Aegypten im Kaiser Friedrich-Museum*）［副标题：铁器时代中国、波斯、叙利亚之间的相互影响（*Wechselwirkungen zwischen China，Persien und Syrien in Spätantider Zeit*）］，《普鲁士知识集年鉴》第二十四卷 147 页以下，特别参见 173 页以下，1903 年。

② 参见普林尼《自然史》（*Historia naturalis*）第四卷 54 页，第十一卷 76 页；赫尔格（Hirgh）《中国与东罗马》（*China and the Roman Orient*）258 页。同样事件也被卢肯（Lucan）《诗歌》（*Pharsalia*）第十卷 141~143 页提及；参见格德（Goedès）《与远东相关的纺织品》（*Textes relatifs à L Extrême Orient*）18 页（需把 filo 转译为 lin，因为"赛里斯国的织物"即丝绸是很明确的）。

中提到的 "vela colarati qualia seres hahent"①，我们也可得知丝绸在公元前就到达了地中海地区这一结论。此外，据利奥·迪亚科努斯（Leo Diaconus）的记述，可知早在拜占庭时期中国丝织物就在近东出现并被带到东罗马帝国（The Eastern Roman Empire）②。但多尔顿（Dalton）关于"西方现存的早期织物中未见中国风格的纹饰，这与中国影响很重要的假设恰恰相反"的见解也不容忽视③。冯·法尔克教授也由此说，他在讨论楼兰遗物的论著（第二版）中认为，像安德鲁斯图中表现的 L.C.07.a、iii.011（图版 XXXIV）的中国纹样丝绸的风格，就现存的古典艺术感而言，中国纹样丝绸的装饰风格对西方没有造成影响。④

斯特日若夫斯基教授着重强调，网格状菱形可能受到早期拜占庭和科普特的织物纹饰设计者们的偏爱（它也是希腊化雕塑品的纹饰主题），从中或可找到中国纹样丝绸的影响。⑤ L.C 墓地出土的中国早期丝绸上的满铺菱形纹饰实际上提供了斯特日若夫斯基教授正要寻找的例证。关于这一点，因为冯·法尔克教授证明早在公元前 6 世纪至公元前 4 世纪的希腊花瓶画上就频繁地出现菱形图案，所以目前我也得不出直接的结论。⑥

无论怎样，希腊化地区如果没有公元前 1 世纪至公元 3 世纪时期的直接证据，中国丝绸对该地区织物纹样造成直

织物纹饰中的网格状菱纹

---

① 参见《阿莫里斯》第一卷第十四节。冯·法尔克接受 colorata 读法。《丝绸工艺》（*Seidenweberei*）2 页。

② 参见多尔顿《拜占庭艺术和考古》（*Byzantine Art and Archaeology*）584 页。

③ 参见多尔顿《拜占庭艺术和考古》584 页。

④ 参见冯·法尔克《丝绸工艺》14 页。

⑤ 参见斯特日若夫斯基《普鲁士知识集年鉴》第二十四卷 174 页以下。柱上菱形纹饰，另参见斯特日若夫斯基《阿弥陀佛?》（*Amida*）图 78。

⑥ 参见冯·法尔克《丝织品》图版 3、4、5、6、8。

接影响的问题就不能肯定，因为这一时期是西方从中国进口
丝绸最繁盛的时期，而此时叙利亚和其他希腊化近东的丝织
业尚未得到完善的发展。

波斯帝国的丝
绸贸易通道

这一问题在伊朗方面则有些不同。我们知道自中国经中
亚向西的出口通道开通后，在帕提亚人（Parthian）和萨珊
人统治下的波斯帝国，因扼丝织品由中亚向西方贩运的唯一
通道而垄断了丝绸贸易，并一直延续到公元 6 世纪。而养蚕
术首次在东罗马皇帝查士丁尼（Justinian）时传入希腊。[①]
伊朗出现最早丝织品的可靠证据似乎是阿拉伯史学家马苏第
（Masūdī）的记载，他把萨珊帝国统治下丝织业的兴旺，归
因于公元 4 世纪中叶沙赫布尔二世（Shāhpūr II）统治时，
从希腊化的叙利亚劫掠了一批匠人，强迫他们在波斯从事丝
绸生产。[②]

萨珊的织物风
格

现存具有特别浓厚的萨珊风格的织物是公元 6—8 世纪
时的丝织品，它对西方的广泛影响可从 6 世纪以后的拜占庭
和安蒂尼奥（Antinoë）的丝织物中找见。这种萨珊风格有自
己的一系列特征，与 L.C 墓地出土的纹样丝绸装饰风格截然
不同，其中值得一提的是，偏好狩猎纹、给纹饰加框、或单
或双的动物主题纹饰、联珠的圆圈形纹饰。但所有形象都显
得很刻板。

萨珊和中国丝
绸纹样之间的
联系

然而萨珊丝绸不乏从 L.C 墓地出土的织物的某些纹样发
展而来的纹样特征。萨珊丝绸中经常出现的面对面的成对动
物在 L.C 墓地出土的织物纹中也很常见。[③] 早期中国丝绸纹
饰的设计者使用这样的纹饰不一定是图翻转纹饰在技术上的

① 斯特日若夫斯基《普鲁士知识集年鉴》第二十四卷 149 页；冯·法尔克《丝绸工艺》3 页。
② 参见斯特日若夫斯基《普鲁士知识集年鉴》第二十四卷 171 页。
③ 参见本书第七章第五节。

方便，因为它也出现在汉代雕刻品中。萨珊织物中树常处在动物或猎人之间，起分隔的作用，学术界一贯认为它是生命之树的象征。在 L.C.ii.01（图版 XXXVI、XL）、L.C.07.b（图版 XL）、T.XXII.C.001.a 以及汉墓雕刻中，树常与动物在一起。[1] 值得注意的是，某些萨珊织物中类似树的一种风格化的优雅纹饰，在千佛洞 Ch.00118 的纹样丝绸上也有所见。Ch.00118 纹样丝绸在纺织技术与纹样上与敦煌长城发现的 T.XV.a.iii.0010的丝绸非常相近，后者的年代因有同出的文书而可确切地定在公元前 1 世纪。[2]

中国对后期波斯艺术的影响

对更多的萨珊织物纹饰进行细察，可揭示出两者间关系的有关细节。但更重要的普遍问题是，在随后几个时期，中国艺术对波斯绘画、陶瓷以及纺织工艺都产生了非常明显的影响，这已被证明为基本事实。公元 14—16 世纪波斯出产的精美织锦明显地说明了这种影响[3]，甚至在公元 17 世纪的波斯纹样绒中也可认出源自远东地区的灵感和启发[4]。

波斯帝国时期中国与伊朗的关系

无论是在蒙古统治时的有利的政治环境下，还是在萨法维（Sefevide）王朝海上贸易繁盛时期，伊朗总是对东方的这种"艺术渗透"很快作出反馈。中国汉朝在伊毛斯（Imaos）和帕米尔以远的政治势力和商业的扩张，也为这种影响开了方便之门，《汉书》也记载朝廷与帕提亚（即安息——译者）及东伊朗诸小国间建立了联系。[5] 但遗憾的是伊朗艺术品和帕提亚时期的手工艺品保存下来的极少，尤其在

---

① 参见安德鲁斯《中国纹样丝绸》图 16。
② 参见《西域考古图记》第二卷 911 页以下、963 页，第四卷图版 CXI。
③ 参见冯·法尔克《丝绸工艺》33 页图 285~292、295。
④ 参见冯·法尔克《丝绸工艺》图 524~526，附图 273、274。
⑤ 参见魏利《西域记》，《人类学学会会刊》现刊第 10 期 39 页以下；沙畹《通报》177 页以下，1907 年。

中国丝绸出口最兴旺的几个世纪内的波斯织物完全无存。因此我们目前只能对中国丝绸在刺激波斯织物饰纹风格的发展方面（后期萨珊织物的工艺已非常成熟）所起的作用加以猜测。

第六节　L.C 墓地出土的各种随葬品名录

墓葬中随葬的个人用品

考察过 L.C 墓地出土的织物后，我们还需对墓葬内的各种出土物迅速浏览一遍。各种遗物，如织物与我在中国其他地方所见的保存完好的随葬品的特征很接近。与墓主人放在一起的小件生活用品中，首先要提到的是保存完好的两块铜镜（L.C.013、021，图版 XXIV）及一些残片（L.C.017、018、043、044）。L.C.013 有特别意义，因为它背面的浅浮雕饰带内，逆向地突起八个汉字铭文，各铭文之间用简单的装饰图案间隔开来。L.C.021 的背面也有浅浮雕纹饰，背面与正面似乎都镀银。另一块残片（L.C.020，图版 XXIV）（该图版上未见此物，可能有误——译者）有镀金痕迹。饰金箔的铜圆片（L.C.022，图版 XXIV）的用途不明。其他小件铜器有扣饰（L.C.041，图版 XXIII）、钩（L.C.042，与敦煌长城所出的一致）、纽扣（L.C.014、023）。梳妆品除铜镜外，还有梳齿非常细密的残木梳（L.C.x.012、013，图版 XXI）。

生活用品中，还有一个有纹饰的木盒盖（L.C.iii.03，图版 XXIX）、漆木盒残片（L.C.iii.07）、藤制的小容器（L.C.x.011、023，图版 XXI、XXVIII）（图版中均未见所列的器物，可能有误——译者）。保存完好的瓜形草篮（L.C.05，图版 XXVI)①，原来涂过油或上过漆，根据 L.E 古城堡遗址出土的类似的篮判断，可有把握认为是当地产品，用于给死者盛放食物。麻绳编席 L.C.ii.010 也可能产自本土，但织法与敦煌长城所出的 T.XIV.004.b 相一致②。四足木盘（L.C.x.015、016，图版 XXVII）与我发现的完好的汉人墓葬中出土的同类器一样，用于盛食，其上面大量的刻痕表明，木盘是实用器。其余类似的木盘有 L.C.i.016、iv.06～08、x.05～08（图版 XXIX）（图版中均未见所列器物，可能有误——译者）、024～026，仅足（呈常见的兽形）残存。单把杯（L.C.012，图版 XXIX）、高足杯（L.C.iv.09，图版 XXIX）或长柄勺（仅勺柄残存——译者）（L.C.x.027，图版 XXI）均为木制，原是实用器还是明器，无法断定。至于木刮铲（L.C.vii.03）可能是实用器。

一些木箭杆残段，如 L.C.iii.08、L.C.v.031～034（图版 XXVI）、L.C.x.018～022 和木头残块 L.C.ii.012（图版 XXVI），应为刀鞘残片，应是实用武器。但木制刀把 L.C.x.09（图版 XXI）显非实用品，而是明器。此外，木扣 L.C.i.015、L.C.iv.02（图版 XXIX）显然为马羁具。皮革马饰 L.C.iv.04、皮制品 L.C.x.010（图版 XXVI）（图版中均未见所列器物，可能有误——译者）应为马鞍饰。鞭子 L.C.iii.05（图版 XXVI），辫形皮带 L.C.iv.03。所有这些似为墓主生前所用，死后即随葬，以供死者在阴间使用。

最后，我需提及 L.C 墓地的出土物，也包括两枚品相好的五铢钱，似为死者提供的钱财。

L.C 墓地及其附近出土的遗物

L. C.01　纹样丝绸残片。有素面条形绸做衬里。纹饰：由一些小长方块（$\frac{1}{4}$ 英寸×$\frac{3}{16}$ 英寸）堆垒成大菱形。各菱形的中心有五个小方形，（四角各一，另有一个处中间）。正、反面纬色条的颜色依次为天蓝、棕红、青绿、

---

① 参见本书第七章第七节。
② 参见《西域考古图记》第四卷图版 XLVIII。

棕红色。一面纹饰呈金色。条纹分别设色，为经畦组织。

内衬为绿色素面薄绸（也许是蓝色）。精织，整体严重磨损，褪色，部分看似新鲜，或许是上衣的残片。保存得最好的残片 1 英尺 4 英寸×7 英寸。图版 XXXV。

L.C.02　衣服残片。似是腰带，外为纹样丝绸，内有绿色细织素绸做衬里，中间有粗硬的平纹麻布或素棉布，顶部与底边缝合一起，末端相接形成管状，还有一簇头发。

纹饰复杂，细节格式化，难以描述。最大的一组纹饰的组成叙述如下：一长条形纹饰，宽 $\frac{1}{4}$ 英寸，呈蓝色和淡黄色，顶部呈圆圈形，然后分肩，伸出两对黄色细枝条，一对在右，另一对在左。右边一对中的一枝弯曲外伸，枝头有一蓝色的花，外形像蓝铃花。另一枝短而无花。

另一对茎枝弯曲向下，一枝短，另一枝有与上述类似的花朵，半绿半黄。条纹从圆圈中向上延伸形成菱形条纹（折转一圈半），其中央封闭，内有黄绿色的小花（条纹折曲，整体形成回字纹——译者），类似其他花朵，因在菱形内而变形。方形涡纹开始部分为条纹，内饰黄色人字形纹，其余五个条纹内侧为淡黄色或绿色的中国式云纹，足部也有类似的折转。这些主题作横向反复，间距（最近点）$\frac{5}{16}$ 英寸 。

第二组纹饰：始于三组绿色与浅黄色的窝巢中。一蓝色曲枝横穿主纹底部后向上返，形状复杂，似一狮类猛兽。蓝黄两色的椭圆形头，身体呈黄色与绿色，臀部蓝色，从下身伸出三对六个尖刺状足，后面两足呈蓝色，中间两足呈淡黄色或绿色，前面一对足则呈淡黄色。另有一短小绿色和淡黄色的条纹从第一组纹饰底部蜿蜒到"狮"颈，颈下有一个 S 形枝条，属于蓝色豆荚（植物），裂开，露出种子（？）。

第三组纹饰位于上下反复的狮纹间。有两蓝一绿的三朵花，其枝条并于从龙颈伸出的曲茎上。

最后一个纹饰位于第一个主纹饰组与第二组纹饰间的平行线上，为青色和淡黄色的一条龙，面向左，似有黄色的翅膀。

其前后足上的纹饰很清楚。前足从腰间生出，星云纹状的后足从近臀处前伸，从肩到星云状足的黄色长颈向后向下弯曲，形成四分之一个角状涡纹，头部粗，前后作链状。

所有构图，除花外，都有些怪异，也很容易对各种花纹作出各种各样的解释。

棕红色底，淡黄色边线轮廓。色彩搭配极好。经畦组织。宽 11 英寸，（腰带）圆周长约 30 英寸。织物宽 18 英寸。图版 XXXV、XLI。

L.C.03　2 块纹样丝绸残片。同纹，拼接。一块存织边，与另一块的边沿折叠重合在一起。纹饰：铜棕底色，上有一黄色细管状从右向左弯曲的卷枝，一片向下弯曲的（细）长镰型叶从叶柄中发芽，叶尖又纵向分成三个细长拳曲的尖头。

叶的两侧延展，底部边沿内卷，在叶柄一侧形成螺旋形叶尖，底部又形成一螺旋形，随外沿尖向上拳曲，螺旋展开，露出内饰的卷涡纹，形成交错图案。

尖叶暗示出茎秆分出的根部，每对螺旋纹上侧有一条细直黄线连接茎，茎全长约 $\frac{7}{8}$ 英寸，稍内卷之后，末端接百合类花，在此形成一个淡黄中心，两侧，有两片碧绿的外卷花瓣。

根上部，茎向下向后弯细小黄色拳曲，接近正圆，约 330°（见附录 I，据本书英文版"补遗和勘误"补入——译者）。一朵百合蜷曲的淡黄萼片和绿色花向外向上弯曲，紧接其下，一片扇形绿叶或翼膜，纹饰每端点极尖，紧贴着茎，直到它变成螺旋形，花下方，根部凹处是另一附根，由三个分叉和一个涡纹构成，外沿尖头向上延伸形成涡纹，卷涡纹的上部弯曲使细黄枝弯曲，接着是一个弯曲封闭的大枝，两端弯曲，向内卷三圈。

枝上下都有立鸟，类鹅，向右顾或梳翼，除足肢外，绿色，头颈淡黄色，鹅前，向上各有一朵百合花，2~3朵百合分别旋转300°和180°，从底最后分出的是淡黄色小卷涡，最后是一朵无蕊的百合，像两片向外横卷的细叶。

整个纹样长方形，纵向或横向简单重复，根尖的一部分靠在外下侧的枝上，形成细长分隔区；重复区间内是单一的中国风格，根分叉的另一些例子，参见 L.C.07.a，L.C.ii.03（图版 XXXIV）和一种变体 L.C.02（图版 XXXV、XLI），有关鹅，参见 L.C.031.c。

边饰长六角形，淡黄色网格纹，邻接的三角形各角交错，施铜棕色和淡黄色，淡黄配铜棕色底，绿色部分外沿用淡黄色勾勒，绿色施在斜纹区，但用法常常不当。

多褪色，经畦组织。长边直角接缝，原来折叠为边沿，与折沿的淡黄菱纹丝绸衬里缝合，左右边烂，上下割裂，织物整体破碎，也许为腰带的一部分。最大片 12 英寸×11 英寸。图版 XXXV、XXXIX。

L.C.04.a　皮革残片。白色，淡黄色毛边，缝合在皮革弯边，毛边接着精美丝绸和几缕植物纤维，皮革用植物纤维线缝合。已残损。6 英寸×$5\frac{1}{2}$英寸。

L.C.04.b　毡片。与 L.C.04.a 的衬里类似，深褐色。$3\frac{1}{4}$英寸×$3\frac{1}{2}$英寸。

L.C.04.c　各种棉织物残片。平纹织法，无纹饰。厚度不均，褪成棕褐色，很脏。最大尺寸约 2 英寸×2 英寸。

L.C.05　草篓。瓜形，一端为篓口。经线为粗约$\frac{1}{16}$英寸的竹片（？），编织时尽可能地使之紧密。底部弧突，加有另外的经线。

口沿下$\frac{1}{2}$英寸处有一横"道"，上系一根捻绳做成的提手（已残），捻绳用深色山羊毛和麻制品拧成。

草篓的编织材料主要是细草，内外均涂漆，多已褪色。篓内有骨头（跖骨）和一些昆虫的蜕皮。保存良好。高 $5\frac{3}{4}$ 英寸，最大直径 $3\frac{1}{4}$ 英寸。图版 XXVI。

L.C.06.a　3 块布片。与 L.C.i.01 类似。绛色，残破。最大片长 $9\frac{1}{4}$ 英寸。

L.C.06.b　毡片。黄色，残破，虫蛀。最大长度 $8\frac{1}{2}$ 英寸。

L.C.06.c　斜纹棉布（？）。非常厚实，精美平织，淡黄色，已褪色。6 英寸×$4\frac{1}{4}$ 英寸。

L.C.06.d　斜纹棉布（？）。质地较薄，粉红，密织。破碎。6 英寸×4 英寸。

L.C.06.e　各种羊毛织物残片。一块淡黄色密织帆布；两块大红（褪色），粗织。残破但坚韧。最大尺寸 4 英寸×$1\frac{1}{8}$ 英寸。

L.C.06.f　皮革残片。白色（小山羊）熟皮，也许用来装粉色粉末。$2\frac{1}{2}$ 英寸×2 英寸。

L.C.07.a　纹样丝绸。衣服残片。与 L.C.02 类似，但稍小。横向布满纹样，纹样纵向重复。图案为怪兽在虫状云纹中互相追逐。在一条直线上大致分布有六种不同的动物，或扑或躲，姿态各异（虎类）。右边第一和第二两兽间站有一只鹅，与总体纹样成直角。叉刺纹（见 L.C.03，图版 XXXV、XXXIX）出现三次。每个动物上面有汉字（附录Ⅰ）（据本书英文版"补遗和勘误"补注——译者）。第二只鸟置于左边最后两头兽之间，也与总体纹样成直角。

色彩：棕黄、淡黄和深蓝色。棕红色底。动物饰黄色、杂色或其他颜色的斑点，云纹的外沿呈亮黄色，经条呈蓝色。织边有锯齿纹。经畦组织。

一边有不同纹样的补丁（参见 L.C.07.b）。精美绿绸作衬里（已脱离），残破，易碎。宽 $7\frac{1}{8}$ 英寸，周长 24 英寸。纹样丝绸原宽（两织边间距）18 英寸。色彩尚好。图版 XXXIV。

L.C.07.b　纹样丝绸残片。缝在 L.C.07.a 上，纹饰。中部环绕的云纹中，一对半鹰半兽的怪物，各举前足，回头顾视。两个兽头之间饰有树叶纹。半鹰半兽的怪物下为涡卷的纹饰，内有狰狞的兽（？）面。

丝片底部有两个大拱圈和旁边的一对小拱圈。小拱圈并排相连，是拙劣的仿云纹。大拱圈（残存一个）中间立有树或祭台，两侧各跪一只有翼的绵羊类动物。丝片顶部，是两只伸长脖子对视的鸟，再上面是云纹。色彩为浅蓝色、绿色和浅黄色。底色呈深红褐色。经畦组织。$8\frac{1}{2}$ 英寸×$3\frac{1}{2}$ 英寸。图版 XL。

L.C.08　纹样丝绸残片。满幅中国式卷云纹（应是珊瑚树形）。纹饰交替变化，为回头向下伸颈的雁（鸭子）和张着大口、奔向左面的翼狮。红线勾画轮廓，内填黄色、绿色。

树纹施黄、红、绿三色，轮廓线用红和淡黄色。汉字散见于纹样中。纹样纵向重复，横向交替。深蓝色底，有黄色和古铜色的残边，其余边沿断裂或磨损。经畦组织，色彩鲜艳，保存良好。13 英寸×6 英寸。图版 XXXIV。

L.C.09.a　平纹丝织物（取自 L.C.09.b 的一堆破布中）。边沿深红色，缝合。织物上附有四颗大小不等的穿孔方珠（表面是硬金属），珠子像赤铁矿。残破。10 英寸×1 英尺 6 英寸。

L.C.09.b　一团平纹丝绸。多为淡黄与白色，残破。保存最好的丝绸尺寸为 1 英尺 8 英寸×1 英尺 $6\frac{1}{4}$ 英寸（织边距）。

L.C.010　2 块羊毛绒毯。结构与 L.C.ii.09.b 类似。色彩为大红、粉红、绿色、褐色和黄绿色。黄—绿色底，上有条形褐色钩锁纹。已腐烂。最大片

$10\frac{1}{2}$ 英寸×（最大宽度）2 英寸。图版 XLIV。

L.C.011　皮革残片。（细）薄，白色（小山羊皮）。易碎。$3\frac{3}{4}$ 英寸×$1\frac{5}{8}$ 英寸。

L.C.012　木壶。小环形耳，耳上沿有平的指压，如常见的茶壶柄。非轮制，卵形，平底，短颈。

器表施红彩，多划痕，结沙碱，未破裂。高 $4\frac{5}{8}$ 英寸，器身最大径 $3\frac{5}{8}$ 英寸，口径 $2\frac{3}{4}$ 英寸，底径 2 英寸。图版 XXIX。

L.C.013　圆形铜镜。背面：素面宽平沿，宽 $\frac{7}{16}$ 英寸。沿内与中心半球形镜纽之间分别为一圈用短斜线表示的绳索纹；一圈铭文带，八个浅浮雕汉字（读法参见附录 I），各字间用小的涡纹或菱形纹间隔；一圈细凸弦纹；一圈宽凸弦纹。

镜面微突，保存良好。直径 $3\frac{1}{8}$ 英寸，边沿厚 $\frac{1}{8}$ 英寸。图版 XXIV。

L.C.014　铜扣。背有环形纽。正面半球形（莲花?），中心有穿孔，周圈为素边。保存良好。同类器参见 L.A.033（图版 XXIII）。扣面直径 $\frac{7}{16}$ 英寸，总厚 $\frac{3}{4}$ 英寸。

L.C.015　铜环。剖面呈圆形，锈蚀，其他部分完好。直径 $1\frac{1}{8}$ 英寸，剖面直径 $\frac{3}{16}$ 英寸。图版 XXIV。

L.C.016　钉形铁器。扁平，一端稍宽，锈蚀。长 $2\frac{3}{4}$ 英寸，宽约 $\frac{1}{4}$

英寸。

L.C.017~020 各种铜器残片。017、018 为铜镜小残片。018 上有条形装饰，可能是汉字。每片 $\frac{3}{4}$ 英寸 × $\frac{5}{8}$ 英寸。

019 为器物卷沿。$1\frac{1}{8}$ 英寸 × $\frac{1}{4}$ 英寸 × $\frac{5}{16}$ 英寸。

020 为小圆片。镀金。纹饰，厚沿突起，面低平，有一周凸弦纹。外沿上还有一对小凸瘤，可能是附着物的残余。直径 $\frac{9}{16}$ 英寸，剖面 $\frac{1}{16}$ 英寸。图版 XXVI。

L.C.021 圆形铜镜。似 L.C.013。背面宽沿，宽 $\frac{3}{8}$ 英寸，外沿为斜面，内沿饰锯齿纹。球形镜纽居背面中央。

沿内依次饰射线纹带、素面带、宽浮雕带（交替饰四个长方形和四个圆形）。

正背面镀银，有锈蚀斑痕。直径 $2\frac{13}{16}$ 英寸，最大厚度 $\frac{1}{8}$ 英寸。图版 XXIV。

L.C.022 金箔铁座盘。铁座，锈蚀。阴刻环纹。金箔直径 $\frac{7}{8}$ 英寸；铁座直径 1 英寸，厚 $\frac{5}{16}$ 英寸。图版 XXIV。

L.C.023 铜扣。或为钉饰。环形柄，圆顶几乎残失。高 $\frac{1}{2}$ 英寸。

L.C.024 石片。淡绿，透明，也许是玉，表面磨损，薄边。$1\frac{3}{16}$ 英寸 × $\frac{5}{8}$ 英寸 × $\frac{1}{8}$ 英寸。

L.C.025~027 各种青铜残片。025 为镜沿残片，素面，$\frac{7}{8}$ 英寸 × $\frac{5}{8}$ 英

寸 $\times \dfrac{1}{4}$ 英寸。

026 镜面饰突起的射线纹，$\dfrac{7}{8}$ 英寸 $\times \dfrac{3}{8}$ 英寸 $\times \dfrac{1}{8}$ 英寸。

027 为双钩形，由扁平的双根铜丝组成，一端向上并逐渐变细；一端有环，用于悬挂，参见 L.A.019。长 1 英寸。

L.C.028　**骨器**。中空，葫芦形，每面近口沿处对钻一孔，也许用作穿绳悬挂，保存良好。高 $\dfrac{3}{4}$ 英寸，最大径 $\dfrac{5}{8}$ 英寸，口径 $\dfrac{1}{2}$ 英寸，壁厚 $\dfrac{1}{16}$ 英寸。图版 XXIV。

L.C.029　**4 块铜片**。素面，最大片 $\dfrac{1}{2}$ 英寸。

L.C.030　**平纹丝织物残片**。绿色，精织，但破碎。1 英尺 3 英寸×5 英寸。

L.C.031.a　**纹样丝绸残片**。与 C.i.09 类似。经畦组织，破旧、磨损。最大尺寸 $8\dfrac{3}{4}$ 英寸 $\times 3\dfrac{1}{2}$ 英寸。

L.C.031.b　**纹样丝绸**。五行纹饰。首行各省去两个平行长八边形的一边，用一条短线连接两个长八边形，八边形内有两条与其长边平行的线段，与长八边形同边的六边形内有两点，两个六边形之间饰六个十字形点。

第二、第四行饰长条形。第三行饰细线勾勒外沿的长八边形，第五行饰马面形纹，其空白处饰两个十字形点纹。

深蓝色底，黄色图案。经畦组织。多处褴褛，已褪色。相似残片参见 L.C.ii.05.a 和《西域考古图记》第四卷图版 LV 中的 T.XV.a.002.a。4 英寸×4英寸。图版 XXXV、XLII。

L.C.031.c　**纹样丝绸残片**。珊瑚树形卷云纹。右边，一只精灵单腿跪坐，帽上带有垂肩的长尾。花萼形披肩和短裙，左边有一对相背的立鸟，回头对视。

纹饰是一种翻转的卷云纹，对称似洛可可风格。底蓝色，纹饰绛红色、绿色及两种淡黄色调，经畦组织，保存良好。5 英寸×2$\frac{1}{2}$英寸。图版 XXXIV、XXXIX。

L.C.032　刺绣丝绸残片。淡黄发白丝绸上绣有连续菱纹，每个菱形由同心的蓝、浅褐两色弧线构成，环绕形成各种纹饰。仅存一小部分，环形色彩组合无规律，在三色与浅褐色间变换，残破，易碎。10 英寸×1$\frac{1}{4}$英寸。图版 XLII。

L.C.033　刺绣梳袋。绛红色羊毛棱纹织物，与衬里缝于一起。用丝绸进行刺绣。长椭圆形（一面已完全损毁）。两面内各有一袋，一装有硬木梳子，另一袋中的梳子已佚失。内袋用素丝和锦缎制成，纹饰有方格纹、斜纹和人字形斜纹。麻（?）布为衬里，中间为毛毡，外覆绛红棱纹织物为面，边沿再用绛红色丝绸缝合。

面布是从（一块更大的）刺绣织物上剪下来的，有原来的角和两边。上面绣有蜷曲的纹饰，往内为带叶、果的葡萄纹。

刺绣用串针织成，呈深蓝色、绿色和黄色。但像梳袋的其他部位一样，因长期使用及年代久远而发黑。

梳子，用深褐色的木头精制而成。弓形背，似乎未使用过，但一边裂开。梳袋的一侧系有平纹丝绸，也许包过某种东西而使折叠层发灰变硬。

和梳袋在一起的还有两块与 L.C.07.a 的纹样丝绸类似。一块呈古铜色，另一块为深蓝色。梳袋（双折）长 4$\frac{1}{2}$英寸，宽 3$\frac{1}{4}$英寸；梳子高 2$\frac{13}{16}$英寸，宽 2$\frac{1}{8}$英寸；纹样丝绸残片 2$\frac{1}{4}$英寸×1$\frac{1}{4}$英寸和 1$\frac{1}{8}$英寸。图版 XLV。

L.C.034　木棍。圆形，施红彩。一端有黑圈。易碎。长 2$\frac{7}{16}$英寸，直径$\frac{3}{8}$英寸。

L.C.035　棉（？）布残片。与 L.C.06.c 类似。白色，破旧但结实。精织。7 英寸 $\times 3\frac{1}{2}$ 英寸。

L.C.036　棉织物。平纹组织。浅黄色，与一块白色丝绸相连，破旧但结实。6 英寸 $\times 3$ 英寸。

L.C.037　羊毛织物。深褐色，精织斜纹，衬里似法兰绒。上覆褐色丝绸，附有一块毛毡。4 英寸 $\times 3$ 英寸。

L.C.038　3 块羊毛织物残片。红色，一块平纹织法，两块斜织。全部精织，保存较好。最大残片 $7\frac{1}{2}$ 英寸 $\times 2$ 英寸。

L.C.039　各种织物残片。两块素面密织淡黄丝绸；一块毛毡，易碎。$4\frac{1}{2}$ 英寸 $\times 4$ 英寸；4 英寸 $\times 3$ 英寸。

L.C.041　铜扣残件。扣板上有扣舌及环形臂的残余。一端呈方形，有长方形大穿孔。另一端呈圆弧形，内侧有两个小孔，孔之间条杆的两边弯曲，为扣舌的残余。长 $\frac{7}{8}$ 英寸，最大宽度 $\frac{7}{8}$ 英寸。图版 XXIII。

L.C.042　铜钩或环把。用扁平铜丝制成，参见《西域考古图记》第四卷图版 LIV 中的 T.W.007。长 $1\frac{5}{8}$ 英寸，环径 $\frac{3}{4}$ 英寸。

L.C.043、044　2 块铜片。铜镜残片（？），锈蚀。最大尺寸 $1\frac{1}{2}$ 英寸 $\times$ $1\frac{1}{16}$ 英寸。最大厚度 $\frac{3}{16}$ 英寸。

L.C.i.01　缩绒厚呢残片。深红和淡黄色条，精线精织。缝合处宽折，部分织成暗蓝色。手感柔软光滑，表面缩绒厚呢。大残片参见 L.C.ii.016。磨损，残缺严重，色彩完好。9 英寸 $\times 10\frac{1}{2}$ 英寸。

L.C.i.02.a、b　2 块棉衣残片。浅黄色，平纹织法，垫有毡毛。多磨损，破碎。其余参见 L.C.i.06、07。1 英尺 2 英寸×6$\frac{1}{2}$英寸；1 英尺 6 英寸×1 英尺 6 英寸。

L.C.i.03　毛毡残块。黄色，叠放，看似软纸，残。6 英寸×2$\frac{1}{2}$英寸。

L.C.i.04　羊毛织物。红色，粗平织，如 L.C.038，表面结沙碱。8 英寸×约 1 英寸。

L.C.i.05　平纹丝绸。精织，浅黄色、绛色、蓝色，多褪色，多处缝合。残片，多磨损。最大片 2 英尺 6 英寸×约 2 英寸。

L.C.i.06　残棉衣。已残为几块。坚韧的素棉布，浅黄色，内填一层松散的毛毡，衬里为素面光亮浅黄色丝绸，正面用带有纵横纹样丝绸。

纹样丝绸纹饰：中国式虫状卷云纹，呈梯形，棱角不明显，附带怪兽和鸟纹，颜色大体已褪，仅存蓝色和浅黄色，也有绿色的痕迹。

右边为一只带翼狗状的野兽，张口向左扑去；兽前右角站着一只肥胖的鹧鸪类鸟。左面，一只奔跑的豹，身上有三块斑点，背面和前爪处有吉祥汉字。

另一个明显特征是右边的汉字；左边，怪兽的姿态像 L.C.07.a 的第三种形式，向左延伸；怪兽左右分别有两个汉字。除角状云纹外，其他纹饰已不可辨。

上述的花纹图案是由许多块丝绸碎片合并而成，参见 L.C.07（图版 XXXIV）和 iii.04.c、017.b、018（图版 XLII）。

此外，还有一些古铜色底、浅黄色、蓝色、暗绿色。与烧黑的骨头同出。残损，最大片 1 英尺 8 英寸×1 英尺 3 英寸。图版 XLII。

L.C.i.07、07.a　带衬垫的衣服。与 L.C.i.06 类似，似是它的一部分，纹饰可识的仅有似 L.C.i.06 的鹧鸪。褪色，磨损。约 2 英尺×9 英寸。图版 XLII。

L.C.i.08　绒毛毯。很粗糙。色彩：红色、褐色和暗黄色。纹饰仅可识别出两条锁钩纹，间隔 $2\frac{1}{2}$ 英寸，两钩反向弯勾。绒长 $\frac{1}{4}$ 英寸，绒条间有六根纬线。1 英尺×1 英尺 2 英寸。图版 LXXXVII。

L.C.i.09　纹样丝绸。3 块。纹饰：珊瑚树状卷云纹常衍生出写实花纹。近右边，翼豹显出迈锡尼式雄狮的姿势，回头右顾，豹身呈猩红色，黄色豹斑。张大口，细舌上卷（或这是另一只野兽的尾巴），口旁为一个汉字。

与豹头平行的是一只短翼独角绵羊，面向左站立，角或是耳朵（在头上直立）。羊身根据经线的变化而半绿半黄。绛色勾勒羊的轮廓和蹄。面对绵羊但与豹处在同一平面的一只大头、有角的翼兽，短尾下垂，其旁是一个汉字。是骑士纹的一种变体，L.C.iii.011（图版 XXXIV），参见该条。

颜色已褪，也许是黄色，侧翼（面）上有绛色圆点纹。兽后面的云纹中生出一朵两片叶子的细枝花，其余纹饰不存。

蓝色底，云纹呈黄色、猩红色和绿色。其余是浅黄色丝绸衬里。褪色，破旧磨损，颜色保存较好，参见 L.C.iii.011（图版 XXXIV）。最大片约 8 英寸×8 英寸。

L.C.i.010　2 块纹样丝绸残片。布满菱纹，与 L.C.v.027.a（图版 XLIII）类似。保存良好。$4\frac{1}{2}$ 英寸×$1\frac{1}{4}$ 英寸。

L.C.i.011　棉布残片。粉红色，密织。三块缝合在一起。底用小棱条编织，纹饰用斜纹编织，有棋盘纹的效果。

图案：重复的菱纹，似棋盘式。各菱纹内均有四个钻石样的小菱形，同类花布参见 L.C.v.02.b。

残破，但保存较好。$9\frac{1}{2}$ 英寸×$6\frac{1}{2}$ 英寸，菱形 $2\frac{3}{4}$ 英寸×$1\frac{7}{16}$ 英寸。图版 XLII、LXXXVII。

L.C.i.012　羊毛（?）织物。红色，平纹织法，残破，但颜色、质地良好。5 英寸×$4\frac{3}{4}$ 英寸。

L.C.i.013　平纹丝绸残片。浅黄色，精美质地，破碎。$3\frac{1}{2}$ 英寸×$2\frac{1}{4}$ 英寸。

L.C.i.014　木棍。砍削成圆棍，向一端微膨胀，然后砍削成扁平的三角形尖端。另一端类似。沿棍 $\frac{1}{2}$ 英寸处刻有槽孔（直径 $\frac{1}{8}$ 英寸）。长 1 英尺 $3\frac{1}{4}$ 英寸，直径 $\frac{1}{2}$ 英寸。图版 XXIX。

L.C.i.015　残木扣。木质马具，扁平，大体长方形，一端断开，另一端略延伸为 S 形头。长裂缝横向穿过这端，呈 D 形。表面多阴刻环线，中心有圆点。完整的例子参见 L.C.iv.02（图版 XXIX）。长 $3\frac{1}{2}$ 英寸，最大宽度 $2\frac{1}{2}$ 英寸，厚 $\frac{7}{16}$ 英寸。

L.C.i.016　木盘足。与 L.C.iv.07、08 类似。兽形。无细部纹饰，未上色，上端榫头残。高 $4\frac{7}{8}$ 英寸，宽 $1\frac{1}{4}$ 英寸，厚 $\frac{3}{4}$ 英寸。

L.C.ii.01　纹样丝绸残片。深黄褐色底。

纹饰呈暗铜绿色。自右向左纹饰依次为：

饕餮形兽纹，非常有特色，足膝向外曲，肩部长出放射状的脊刺，三角形尖齿，面目狰狞，大圆眼，环状耳，头上一排三角形代表鬣毛。风格令人联想到波利尼西亚工艺纹饰。

饕餮左边是一棵树，树枝对称内卷，树枝下是树根。五角形树叶，叶尖朝下，上面叶间有短竖线，代表树干延伸到树梢。

左边有一翼狮，张口，尾巴竖立，向左奔跑，身上斑纹与底色相同。在左边，又有一棵类似的树，树干分出三个向上弯曲的分枝，每个枝头上各有一个三刺形的花果。

再向左是一条长龙的尾部，拳曲分叉，仅有轮廓，龙尾上部有一条弯枝，枝头上方有三朵花。

纹饰高 $\frac{3}{4}$ 英寸，画面纵横重复，间距短，编织风格与处理手法令人联想到《西域考古图记》第四卷图版 CXVIII 中的 T.XXII.c.0010，参见 L.C.x.04。

一边（把纹饰对角状横切）缝有一块红褐色平纹编织的素面丝绸，出现衬填的丝绸残片。

经畦组织，全部残破，易碎。纹样丝绸残片 8 英寸×4 $\frac{1}{2}$ 英寸，平纹丝绸约 9 英寸×7 英寸。图版 XXXVI、XL。

L.C.ii.02.a　毡帽或毡袋。圆形，顶或底不存，衬有绿色丝绸，毡呈黄色，残破。直径 7 $\frac{1}{2}$ 英寸。

L.C.ii.02.b　各种织物残片。丝绸、棉和羊毛，平纹织法，呈暗褐、浅黄、红等颜色，又碎又脏。废绸片、丝毡和（人的?）黑发。9 英寸×7 英寸。

L.C.ii.03　纹样丝绸。纹饰有云纹、怪兽纹、鸟纹，地呈红褐色。右为翼豹，面左，跳跃姿态，前肢着地，后肢已残失（似腾空）。侧头，张口，正面见双眼和双耳，颈部为蓝色发亮的双线纹，短翼，绿色，蓝色边，狮身呈浅黄色。

豹的左上方有跃鹿（或山羊），与豹身呈直角状。亮蓝色底，浅黄边，夹杂三个圆圈。两兽间，豹头稍左下方是鹅（?），浅黄色轮廓，足呈蓝色。

山羊左侧与豹成一线的是挂于卷云纹上的浅黄色叉刺纹（或茱萸纹），下垂呈虫状云纹。蓝色轮廓线，内填浅黄色和蓝色，部分绿色轮廓线，内填蓝色和浅黄色。

在一个装饰层面上，豹前肢下、鹅与羊头之间及流苏状纹饰下各有一个汉字（各不同）。

经畦组织。精美棱纹，疏织。楔形丝片。保存良好。长 13 $\frac{1}{2}$ 英寸，最

宽处 $5\frac{1}{4}$ 英寸。图版 XXXIV 、XXXIX。

L.C.ii.04　纹样丝绸残片。黄底，蓝线纹饰。菱形 $\frac{11}{16}$ 英寸× $\frac{3}{8}$ 英寸，各角有小菱形。纹饰作横向重复，几乎相接。上下行纹饰相向错开约 $\frac{1}{2}$ 英寸，使宽 $\frac{1}{2}$ 英寸的宽带（上下行菱形连接带）形成锯齿形的交错状。色彩保存较好。经畦组织，经线磨损。5 英寸× $3\frac{3}{4}$ 英寸。

L.C.ii.05.a~i　大量碎布片。伴出残骨、炭块。a 为纹样丝绸残片。似 L.C.031.b， $3\frac{3}{4}$ 英寸× $2\frac{1}{8}$ 英寸。

b 为褐色锦缎。人字形方块和竖条纹方块组成的网格图案。最大残片 12 英寸×3 英寸。参见图版 XLIII。

c 为两块绒毯。纹饰消退。最大片 9 英寸×3 英寸。

d 为一块绿色棱纹平布。 $11\frac{1}{2}$ 英寸×8 英寸。

e 为鲜红色缩绒厚呢残片（参见 L.C.i.01）。带接缝，附有浅绿色和浅黄色丝绸残片。18 英寸×4 英寸。

f 为坚韧的棉布。一端缝成口袋状，另一端有浅绿色丝绸为边，宽 $3\frac{3}{4}$ 英寸。16 英寸×10 英寸。

g 为一缕人的（？）头发、钙化骨残块和泥。

h 为大量平纹丝绸残片，呈浅黄、绿、绛等色。

i 为丝绸、草、骨小残片。

L.C.ii.06　大团的丝绸残片。与 L.C.ii.05.a~i 类似，但没有纹样丝绸、毯子、缩绒厚呢或毛发等杂物。多残损。团块尺寸 $10\frac{1}{2}$ 英寸×8 英寸× $1\frac{1}{2}$ 英寸。

L.C.ii.07.a　成条的纹样丝绸。与 L.C.iii.011（图版 XXXIV）类似。纹饰稍展，豹的左边有一组三个汉字，长 43 英寸，宽 $4\frac{1}{2}$ 英寸。很脏，破碎。

L.C.ii.07.b　各种丝织物残件。其中包括边沿疏织的丝绸片条，黄底，绿色和红色纹饰，有三个交织的菱形，下方为两个分开的圆圈。

附有似红色法兰绒的残片。一块为素面暗绿丝绸，一块为废丝绸残片。破烂又易碎。边：5 英寸×1 英尺 4 英寸。图版 XXXIII。

L.C.ii.07.c　3 块纹样丝绸。与 L.C.03（图版 XXXV）类似。附有填衬和毡，也许为腰带的部分。腐烂，褪色。最大残片 6 英寸×7 英寸。

L.C.ii.08.a　纹样丝绸残片。与 L.C.ii.04.b（图版 XXXVI）类似。两块纹样丝绸间有层非常薄的毡片，很碎，褪色。$4\frac{1}{2}$ 英寸×3 英寸。

L.C.ii.08.b　大团的丝绸残片。呈浅黄、褐、绿色。平纹织法，磨损，褪色。一块精美的浅黄色丝绸，织成两个小方形袋，每个底角有流苏。破碎。袋宽 7 英寸。

L.C.ii.09.a　绒毛毯。同 L.C.iii.014，磨损严重。呈褐色、蓝色、绿色、黄色，结构与 L.C.ii.014 类似。纹饰呈条带状，含义不明。黄色底上有褐色锁钩，如 L.C.i.08，背面无绒。颜色尚好。1 英尺×$5\frac{1}{4}$ 英寸。图版 XLIV。

L.C.ii.09.b　2 块绒毛毯。结构如 L.C.ii.014。呈蓝色、红色、黄色。Z 形蓝条带约宽 1 英寸，构成菱形，饰以红色、黄色、蓝色圆点纹，蓝点 9 个。背面无绒，多磨损。9 英寸×9 英寸。图版 XLIV。

L.C.ii.010　2 张麻席残片。编法同《西域考古图记》第四卷图版 XLVIII 中的 T.XIV.004.b。精制，最大残片 6 英寸×3 英寸。

L.C.ii.011　2 块丝绸环带残片。部分坚韧，织成辫状。蓝线波形缝合。部分是纹样丝绸，黄色、绿色，纹样不可辨。

边上用线缝合，上面缝合有暗褐色羊毛织物及毛毡。织物一边与毛毡边对齐。

部分丝带呈圆尖状，也许是裂开的鞋边，参见 L.A.IV.v.01。易碎，褪色。长 1 英尺 5 英寸，宽 $\frac{1}{2}$ 英寸。

L.C.ii.012　木器残件。像一剑鞘，一端稍薄，为 $\frac{5}{8}$ 英寸，可能是金属器的座。

表面施角状线纹、圆点纹、云纹，可能是金属器上的浅浮雕纹饰压印出来的。底边还附有一块褐色残丝片。木器残长 5 英寸，宽 1 英寸，厚约 $\frac{1}{4}$ 英寸。图版 XXVI。

L.C.ii.013　丝绸残片。精织，浅黄色和蓝色。与毛毡缝合，也许是废丝绸片。长 3 英寸。

L.C.ii.014　绒毛毯。经线也许是麻线，纬线是棕色羊毛线。绒毛长 $\frac{1}{2}$ 英寸，呈红色、黄色和蓝色，绒间五纬。边沿素织，条状下折缝合，用于加固。沿侧边宽 $1\frac{3}{4}$ 英寸。背面起绒。参见《西域考古图记》第一卷 438 页；第四卷图版 XXXVII 中的 L.A.VI.ii.0046。

黄色底，边沿有绿色斑点。边内面为红色纹饰，因太小而纹样不清。腐烂，色彩较好。保存 $5\frac{1}{4}$ 英寸×5 英寸。

L.C.ii.015　皮革条。白色。裂成两条，长度几乎完整。两条上下相叠，末端钻孔处相接，用作皮圈。附有粗草绳。易碎。皮带长 9 英寸，双条宽 $\frac{1}{2}$ 英寸。

L.C.ii.016　毛布残片。色彩、织法和质地似 L.C.i.01。结实，浅黄色丝线作经线，表面似丝绒，似经梳理，起毛，各处缝合。鲜红底，暗紫色纬线，衬里为精织浅黄硬棉布，破碎且积沙。11 英寸×8 英寸。

L.C.ii.017　绒毛毯残片。绒毛呈粉红色、黄色、紫褐色、淡蓝色。浅黄色羊毛（？）底，纬线五股同时起织，经线间隔较宽，因此织物较松，残破，纹饰不可辨。4 英寸×$2\frac{1}{2}$英寸。图版 XLIV。

L.C.iii.01　纹样丝绸残片。与 L.C.i.09、L.C.iii.011 类似。存一织边。顶、底边沿剪开、缝合，第四边磨损，颜色保存良好。$6\frac{1}{4}$英寸×$3\frac{1}{2}$英寸。图版 XXXIV。

L.C.iii.02　纹样丝绸残片。经畦组织。纹饰：深蓝色，为不连续的珊瑚树状云纹，浅黄色和绿色两种调和色，深棕色底。

细长垂直条纹，两个主纹和另一个主纹部分纵向重复。最大一个是星云形云纹，两云尖相向拳曲，有枝节，一端似兽头。外侧弯颈上，细黄线向外向下勾勒云纹。

主纹间有一小卷云纹，向左延伸，远看像鸟，右角为动物，无真实动物或汉字。

卷纹一半呈深绿蓝色，枝节相连，另一半呈浅黄色。轮廓线呈发亮的浅黄色或蓝色，10 英寸×$2\frac{1}{2}$英寸。图版 XXXIV。

L.C.iii.03　木盒盖。长椭圆形，底边有嵌槽可与盒相合，器表突出。黑色边沿，宽$\frac{1}{4}$英寸。边沿内侧阴刻黑色细线。

黑线内的椭圆形面上有黑色图案。纹饰似星云纹，干枝两边伸出上下对称的分枝，枝内填有圆点。纹样也许像一棵树，但无法证实。

近长侧面的中央钻有两个小孔，其中一孔有一颗小木钉，明显是用来固定盒盖，粗制，保存良好。长$6\frac{3}{4}$英寸，宽$3\frac{1}{8}$英寸，厚（中间）$\frac{7}{10}$英寸。图版 XXIX。

L.C.iii.04.a **纹样丝绸残片**。残成多片，经畦组织。暗蓝色底，纹饰同 L.C.08（图版 XXXIV）。精美毡块作补丁，衬里为平纹织法丝绸。经线磨损。褪色。最大残片 $2\frac{1}{4}$ 英寸×$2\frac{3}{4}$ 英寸。有几处颜色保存较好。

L.C.iii.04.b **纹样丝绸腰带**。经畦织法，蓝底，上饰黄色菱形网格纹。网眼 $\frac{5}{16}$ 英寸×$\frac{7}{16}$ 英寸。菱形相接处呈小长方形。菱形内六个点围住中间一点。长方块中为一蓝点。精致的平纹织衬里。残破，脏。10 英寸×10 英寸。图版 XXXVI。

L.C.iii.04.c **纹样丝绸残片**。经畦组织。与 L.C.iii.018 类似。几块平纹织法丝绸小残片，蓝色，脏，褪色。腐烂。$4\frac{1}{2}$ 英寸×12 英寸。图版 XLII。

L.C.iii.04.d **丝绸残片**。疏织的纱罗。饰蓝色和黄褐色大网格纹，经纬以两色条带交替，宽约 $2\frac{1}{4}$ 英寸。底与纹饰色彩一致，两色混织则色彩被破坏。十分破碎，但色彩新鲜，纤维牢固。约 10 平方英寸。

L.C.iii.05 **皮鞭残件**。白色皮带，宽 $\frac{5}{16}$ 英寸，绕有粗毛线绳，带流苏，保存良好。长 1 英尺 $3\frac{1}{2}$ 英寸，最大直径 $\frac{7}{16}$ 英寸。图版 XXVI。

L.C.iii.06 **草绳残段**。两股相缠，粗，易碎。长 13 英寸，直径 $1\frac{3}{8}$ 英寸。

L.C.iii.07 **3 块残漆木盒残片**。为底部与侧壁的一部分。略呈椭圆形。漆直接施于木板上。红底黑条，硬，结沙。底 4 英寸×$1\frac{1}{2}$ 英寸，侧面 2 英寸×$1\frac{3}{8}$ 英寸和 $2\frac{1}{2}$ 英寸×$1\frac{1}{2}$ 英寸。

L.C.iii.08 **木箭杆接口**。有 V 形刻痕和羽毛（残）。残，长 4 英寸，直

径 $\dfrac{7}{16}$ 英寸。

L.C.iii.09　木头残块。或为手杖，两端残破，坚硬，保存良好。$2\dfrac{1}{2}$ 英寸 × $\dfrac{5}{8}$ 英寸 × $\dfrac{5}{32}$ 英寸。

L.C.iii.010.a　羊毛毯。人面的右半边，约真人脸的一半大。工艺传统和色彩运用与米兰壁画十分相近，色调和明暗变化也相像。

（轮廓）外沿暗褐色。嘴唇亮红色，面颊粉红为主，有紫灰色变化。双唇间呈蓝色。眼膜褐色，边沿呈黑色（参见米兰《天使》壁画，《西域考古图记》第四卷图版 XL 中的 M.III.Viii）。黑色和棕褐色头发，肩上有衣褶，呈暖灰色和黄色。

浅蓝色底。人面旁边是象征性黄色双蛇杖，头与主纹之间饰一条绿带。脸右侧也许是第二个人（形象），在紫色底上饰有粉红和黄色肩饰。

也许是挂毯，结有沙碱。易碎，色彩保存良好。5 英寸 × $5\dfrac{3}{4}$ 英寸。图版 XXX。

L.C.iii.010. b　3 块绒毛毯残片。原缝在 L.C.iii.010.a 上，现分离，似为一大毛毯的残片。因太碎而纹样已不详。但可能是 L.C.v.02.a 马蹄鸟主题的一种变体，如图版 XXXI、XXXII。

半蓝半褐色底，纹饰色彩变化常基于一两种底色上。三块残片的纹饰均是鸟翼形，有时仅勾勒轮廓，或内填对比色。三条简单的、带有尖端的卵形（叶？）纹，出现于鸟翼之间。

上下似被一个简单网格分成两半，网格末端尖细，色彩除底色外有亮红色、紫红色和绿色。最大残片约 $6\dfrac{1}{4}$ 英寸 × 6 英寸。图版 XLIV。

L.C.iii.011　纹样丝绸衣饰残片。三角形，四块整齐缝合，经畦组织。

地呈暗蓝色，连续珊瑚树状云纹中是动物纹。纹饰开始于卷云中间。右

（织边旁）为三个中间式形象，其中一个在上；左，狮类猛兽，鲜红长角，向左前进，后顾，身、肩为黄色，到后肢成为鲜红色，头和伸出的舌头也是鲜红色，前肢腾空；另两肢呈黄色，轮廓呈淡黄，狮子头以上是汉字。

向左，狮上方，一个骑士跨大头立鬃弓尾逸马向左飞奔，马黄、绿色，骑士绿装，下装浅黄色袍，软质尖顶小帽（额上），顶尖弯垂到项部。

左下方，有黄色巨首翼龙，张口垂尾，向右前进，一对犄角前倾，身有三个圆圈形饰，外沿（边线）呈浅黄色和红色。

从 L.C.ii.07.a 中发现纹饰循环反复，首先是三个汉字，其次是同样的卷云纹（这是云纹中的孤例），兽纹在织物中横向重复。

骑士下是一片具有洛可可艺术特征的卷云，卷云用大红轮廓线勾画，处于浅黄色和绿色之间，这是西方常见的一种处理手法（尤其是在洛可可式的装饰油画中惯用）。其余部分，大红取代绿色。

关于骑士，参见沙畹《考古学的使命》第一卷图版 XXVI 中的图 2a。骑士见怪物 L.C.031.c，此纹饰的变体，参见 L.C.i.09、L.C.iii.01。素烛花色丝衬里，残破。19 英寸×20 英寸。图版 XXXIV、XXXVIII。

L.C.iii.012　纹样丝绸残片。蓝色与浅黄色，角状中国式纹饰，部分可辨。与 L.C.iii.04.c 类似，经畦组织。易碎，褪色。最大长度 6 英寸。

L.C.iii.013　成团的平纹丝绸残片。呈浅黄色、猩红色、绿色和蓝色，磨损且褪色。一些残片缝合（横向）。绛色带 12 英寸×4$\frac{1}{4}$英寸。

L.C.iii.014　绒毛毯残片。与 L.C.ii.09.a 相同。结构与 L.C.ii.014 类似，纬线织物，金黄毛色。绒毛有品（肉）红色、浅褐色、淡红色、黄色、深蓝色、浅蓝色和灰色。沿一边分别饰条纹，红色、蓝色、淡蓝色、黄色降到浅黄色，再降至红色。其内是一红边大网格纹。后者深蓝色表面。菱形（？）内黄灰色，饰黄蕊红花。条带状蓝色、黄色、浅灰色、褐色。一蓝色底角，有深黄螺旋纹，色彩丰富。11 英寸×6 英寸。图版 XLIV。

L.C.iii.015　2 块绒毛毯。结构与 L.C.ii.014 类似，纹饰因太碎而不清楚。一块呈玫瑰红和浅紫蓝色；另一块呈深红色、黄色、深浅蓝色、灰（或绿）色、褐色和浅粉红色，磨损严重。5 英寸×4 英寸；7 英寸×$6\frac{1}{2}$英寸。

L.C.iii.016　2 块纹样丝绸残片。经畦组织。纹饰脏，纹样不可辨，易碎，最大残片 6 英寸×$\frac{3}{4}$英寸。

L.C.iii.017.a~c　纹样丝绸衣饰残片。由三块不同纹样的丝片缝合。

a 为最大残片，饰虫状卷云纹和兽纹。右边第一个是长颚竖耳（或角）龙形兽，栖身卷云，俯首，面向左。左边有$\frac{1}{2}$~1 英寸的空间，也许褪色。左边，卷尾狮脚踩卷云，后肢力蹬。再向左，是一只行走的有翼兽。除蓝色完整外，整幅画面褪成浅黄色。

b 为稍小的残片有似 L.C.iii.018 的鹧鸪纹，结有沙碱，褪色。

c 与 L.C.iii.011 类似。三边磨损，第四边下折，与淡黄色丝绸衬里缝合。丝绸衬里大部分已不存，极破碎，结沙，易碎。1 英尺 6 英寸×1 英尺。图版 XLII。

L.C.iii.018　纹样丝绸残边。与 L.C.iii.017.b 类似。但蓝色汉字不同一般（通常为浅黄色），多结沙碱，褪色，易碎。1 英尺 1 英寸×1 英尺 2 英寸。图版 XLII。

L.C.iii.019　纹样丝绸残边。织边纹饰与 L.C.iii.011 类似。保存良好，但颜色暗淡。1 英尺×$1\frac{1}{8}$英寸。

L.C.iii.020　纹样丝绸。经畦组织。纹饰由暗深黄色和暗蓝色交替变化。纹饰精美，部分不清。

一部分：蓝色条带形底，上饰黄色蒲葵，辐射出短枝，上有圆圈。旁边为反向的同样纹饰，蓝环。色彩尚好，$3\frac{1}{4}$英寸×$\frac{5}{8}$英寸。图版 XXXV。

L.C.iv.01.a、b　2 个丝袋。白边，覆盖有白色、绿色、蓝色、红色和黄色的小三角形补丁。口部为白色丝绸，并用同样的绳绑住。磨损较大，色彩新鲜。a 保存较好，深约 5 英寸，口径约 4 英寸。图版 XLIII。

L.C.iv.01.c　大团的平纹丝绸残片。小片，精织，主色调浅黄色与淡蓝色，小片为大红、暗蓝等色。也有小残片羊毛衣饰，红色，多磨损。均已腐烂和撕裂。样片 9 英寸×$3\frac{1}{2}$英寸。

L.C.iv.02　木扣。马具，与 L.C.i.015 类似，但完整。扁长方形，一端呈 S 形，另一端呈方形。木扣横向刻槽，用于系扁平绳索，绳在方端保存良好，并在此折叠，穿过环前，再向前经过木扣圆边，绳头穿过后形成常见系接。

饰阴刻线于扣面，形成安德鲁斯所说的交叉槽，线头继续不停环绕 S 形端点。S 形每一边有轻微 V 形刻痕，使曲线继续延伸。

绳为暗褐色麻类纤维，由四股（两折）拧捻而成。八根绳并排缝合，形成一宽带，上面套有两根宽绳并列而成的环圈。扣背微凹，木已腐朽但未裂，长（至 S 形端点）$3\frac{1}{4}$英寸，宽 $2\frac{1}{8}$英寸，厚$\frac{7}{16}$英寸。绳宽 $1\frac{1}{4}$英寸，长（断）3 英寸。图版 XXIX。

L.C.iv.03　3 个皮鞭残件。极像狗尾，白色，易碎。长分别为 4 英寸、3 英寸、$1\frac{1}{2}$英寸。

L.C.iv.04　皮马头饰。柄或皮带端头为圆盘形，白色，双面，边沿向前折，柄的中心和圆盘的边沿密扎一束绛色的毛，皮革白边有向外的绛色绒毛。

皮柄一直延伸到盘后，形成扁平环形，头饰带从此穿过可以固定圆盘。易碎。长 $6\frac{1}{2}$英寸，柄宽 1 英寸，圆盘径 $2\frac{3}{4}$英寸。

L.C.iv.05　麻绳段。辫状，易碎。长 5 英寸。

L.C.iv.06　木盘足。由两个不同大小的方形金字塔形（截顶，在较小一端）相接而成。小金字塔在角上切出斜面，底部有较大榫孔。褐色，坚硬，开裂，大端底 $1\frac{3}{4}$ 英寸×$1\frac{1}{4}$ 英寸，小端底 $1\frac{7}{8}$ 英寸×1 英寸，腰部 $\frac{5}{8}$ 英寸×$\frac{7}{16}$ 英寸。

L.C.iv.07、08　2 条木盘足。粗雕成狮足状，上端各有一个开裂的榫头，保存良好。$4\frac{3}{4}$ 英寸×$1\frac{3}{4}$ 英寸×$\frac{7}{8}$ 英寸；$4\frac{7}{8}$ 英寸×$1\frac{5}{8}$ 英寸×1 英寸。

L.C.iv.09　高足木杯。圆形，杯腹略下垂，厚沿，短柱形柄，锥形足，足底粗刻各种浅条纹，其中从一点分出三条线段，另五条线条形成半开花蕾状。杯身大部已残缺。素面，无彩绘，结有沙碱。高 $4\frac{1}{8}$ 英寸，底径（底）$3\frac{3}{4}$ 英寸。图版 XXIX。

L.C.iv.010　羊毛织物碎片。深褐色，平纹织法。1 平方英寸。

L.C.v.01　精美的绒毛毯残块。也许是腰带的残部。中部横穿一条带纹，宽 $1\frac{1}{2}$ 英寸。边沿为蓝黑色细线，条带被交替地分割成 $3\frac{1}{2}$ 英寸和 $3\frac{1}{4}$ 英寸，前者为蓝黑底上的红网格纹。

网格线相交形成四条卍纹，外沿继续相交成网格；四条卍纹与四方花纹交替，四方花纹用对角线分出八个三角形花瓣，红色、黄色交替，参见现收藏于大英博物馆埃及碗中心的第 4790 号碗。

在 $3\frac{1}{4}$ 英寸处，饰有黄色与紫褐色交替的锯齿纹或短线纹，锯齿间有一垂直中脊，中脊向后作方形螺旋拳曲（回纹）。这种纹饰在横长幅中重复出现。

从中央条带向外 $1\frac{1}{8}$ 英寸，红色逐渐变成紫褐色，最后变成精美的深绿色。在紫褐色的边沿，饰有黄色波形叶纹和螺旋纹的一条带，宽 $\frac{3}{16}$ 英寸。

整体纹样有晚期希腊风格，非常精美，科普特式绣毯工艺，双色并用于经线，每八条线相互交替，色彩精美，残破。15 英寸 $\times 8\frac{1}{2}$ 英寸。图版 XXXI。

L.C.v.02.a　3块长条形精美绒毯。纹饰分成七个纵向的条形，中间最宽，包括暗紫褐色底。莨菪形"颈"在薄卷云中，从胸、鸟头和鸟胸内侧伸出。

另一侧是鸟，向巢展翼，条状的鸟尾上翘。长着一对马蹄，呈奔跑状，背面有扇形云，蹄下小方形。纹饰反复出现，其间有对称卷云纹，每条花状云纹中央是一片细长绿叶。

鸟所在条带的色彩呈大红、浅黄（明与暗）、褐、绿色。这些色彩在整个纹饰中交替使用，但卷云纹总是使用褐色或暗黄色。鸟头与鸟身施不同颜色，鸟翼则再用不同色。

上面三条带或界线成一组，下三条带构成边沿至中间主纹饰带的带条，中间条上有心形花饰，位于一对剪刀形叶之间，花枝向两边分叉，成涡卷纹。

纹饰以中轴作对称状，横向紧密重复。色彩交替使用，粉红、蓝色调。绛色底。两侧颜色较淡，内部从蓝色经粉红到浅黄变化，外部从淡黄到深黄色变化。

外沿或明或暗，自由施色，两边均折沿缝合，右边短沿完整，左边短边残破且褪色。最大片 21 英寸 $\times 4$ 英寸（锦缎衬里，参见 L.C.v.02.b）。图版 XXXI、XXXII。

L.C.v.02.b　羊毛花布（L.C.v.02.a 为衬里）。深褐色，织法同 L.C.i.011，很疏松，纹饰以双短线构成菱形，内有为同心菱形，6 英寸 $\times 3$ 英寸。

两边缝合，类似的织物另参见 L.C.v.026。残损和腐烂。13 英寸 $\times 4\frac{1}{2}$ 英寸。

L.C.v.03　条形绒毛毯。纵向分成四个部分。深褐色底。饰一组四个浅黄色菱形，间隔 1 英寸重复一次。

另一组，一对弯长豆荚状物，一左一右，每对色彩不同，呈粉红色、蓝色、黄绿色。第二、四条带作虹式的颜色碱深浅的变化处理，有大红色、浅黄色、蓝色。第三条带，红底，纹饰基本以各色百合形为主。长条形，为轴心为对称。制作粗糙，是对 L.C.v.06.a 的稚拙模仿，易碎。7 英寸×4$\frac{1}{2}$英寸。图版 XXXI。

L.C.v.04　绒毛毯。与 L.C.v.03（图版 XXXI）类似。一端粗缝另一块毛毯。红底，上面或许有黄色和蓝色网纹。蓝边。7$\frac{3}{4}$英寸×5$\frac{1}{2}$英寸。严重磨损，但色彩保存较好。

L.C.v.05　绒毛毯。与 L.C.v.03 类似，但严重褪色，毛绒磨掉。4$\frac{1}{2}$英寸×3$\frac{1}{8}$英寸。极易碎。

L.C.v.06.a　精美的绒绣毯边沿（从衬里 L.C.v.06.b 中脱离）。也许是腰带或衣领部分，紫褐色底，各色百合花形重叠。红色、黄色、蓝色鸢尾形百合，两片在外面的叶瓣有颜色的对比中心线。中心叶瓣的顶上呈浅黄色。两邻近的百合花间装饰向外伸出的花瓣形卷叶，交替施以黄色与褐色，蓝色底。

一边饰彩虹式的渐变颜色，分别呈红色、蓝色、黄色，其他纹饰已不清，精制，两三片缝合，纹饰不相配。令人联想到科普特式纹饰。13$\frac{1}{2}$英寸×4$\frac{1}{2}$英寸。图版 XXXI。

L.C.v.06.b　毛布残片。粗糙的平纹织法，另一块稍好的毛布 L.C.v.06.a 作衬里。深灰褐色，腐烂，磨损。约 18 平方英寸。

L.C.v.07　绒毛绣毯残边。包括红色和黑色（褪色）的两个淡色条。边沿磨损、松散。9 英寸×1$\frac{1}{4}$英寸。

L.C.v.08　残麻绳。可能是头发（？）的挽绳。末端呈环形，由四小股捻绳并列缝合，环在中间一对捻绳之间。上覆羊毛毡片，可能是补丁，损坏。14 英寸×$1\frac{1}{2}$英寸×$\frac{1}{2}$英寸。图版 XXVI。

L.C.v.09 绒毛绣毯残边。也许是腰带残部，红底，八瓣花，中心用黄色，花瓣则分别交替使用蓝色、黄色。图案方形排列：左边，一朵百合形花，旁侧有三片黄色花瓣；外伸的两条蓝色弯曲茎枝，带有下伸出来的浅黄色枝梢。左侧大约是同样的花朵，形状稍变，最左边为浅黄色鸟，两翼上举。

在红条纹两侧，蓝色转为浅黄，上部有一组四方形，构成黄色菱形，其左右有一对红色和绿色的花瓣，更远一侧有一条黄带，此外有紫色的痕迹。

所有的纹样都风格化，同一类型参见 L.C.v.06.a（图版 XXXI）。色彩保存良好，极易破碎。8 英寸×$4\frac{1}{2}$英寸。

L.C.v.010 缩绒厚呢残件。与 L.C.i.01 类似，同色，保存良好。$2\frac{5}{8}$英寸×$1\frac{1}{4}$英寸。

L.C.v.011 毛织棱纹平布。与 L.C.ii.05 类似。经线为浅黄色线，精细光滑，有韧性。纬线呈淡绿色。坚硬，残破，褪色。约 6 平方英寸。

L.C.v.012 平纹丝绸残片。淡黄，精织，残破。8 英寸×6 英寸。

L.C.v.013 覆丝绸的毡垫。可能是徽章。用囊形毛毡块制成，上覆绛色的丝绸片（明显是从一块大装饰边上切下，部分显示出线纹与涡纹），并用红色和黄色的线缝扎。面为浅黄精织丝绸，边沿饰褐色菱纹锦缎，底部还有块菱形绵。

顶端系一蓝色条带，用于悬挂。精织，保存很好。徽章 $1\frac{5}{8}$英寸×$2\frac{1}{4}$英寸，边沿 $3\frac{1}{2}$英寸×$1\frac{1}{2}$英寸。图版 XLV。

L.C.v.014 纹样丝绸残片。阶梯状涡纹，呈蓝色、浅黄色和红色，磨损，褪色且易碎。6 英寸×1$\frac{1}{4}$英寸。

L.C.v.015 **大块的丝绸碎片**。残破、易碎。平纹丝绸，浅黄色、绿色、大红色等颜色。已褪色。两片缂丝纹饰不清。浅黄残片 1 英尺 3 英寸×10 英寸。

L.C.v.016 **棉布残片**。粗糙，平纹织，绛色，保存较好，但残破。1 英尺 8 英寸×11 英寸。

L.C.v.017 **2 块纹样丝绸残片**。呈铜绿色和暗绿色。纹饰：长方形、条形与其他纹饰（包括曲线、弧线、点、哑铃形、短横线等）交替。参见 L.C. ii.05.a 和《西域考古图记》第四卷图版 LV 中的 T.xv.a.002.a。色彩良好，易碎。4 英寸×1$\frac{1}{2}$英寸（洗过）；6$\frac{1}{2}$英寸×1$\frac{1}{2}$英寸。图版 XLII。

L.C.v.018 **棱纹毛布护腕（?）**。绛色，边上用绿色丝绸，并补有一块精美的褐色棱纹平布，结有沙碱。长 6$\frac{1}{2}$英寸，口径 6 英寸。

L.C.v.019 **条形绒毛毯**。呈深蓝色、红色、黄色、绿色。两边沿残破。中部有一道横栏，交替使用蓝色或红色，一边有黄色渐变成绿色与蓝色，其外面有蓝色、红色格子组成的小棋盘图案；外面另有一条红线和一道蓝色宽带纹，精美匀织，极易碎，褪色。9 英寸×1$\frac{1}{2}$英寸。图版 XXXI。

L.C.v.020 **平纹织毡残块及丝绸残片**。最大宽度 3$\frac{1}{2}$英寸。

L.C.v.021 **2 块浅黄色毯残片**。四瓣花纹，蓝色薄毛毡，有嵌花，并用针缝固，残损。3$\frac{1}{4}$英寸×3$\frac{1}{4}$英寸；花的尺寸为 2 英寸×2 英寸。

L.C.v.022 **丝（?）织物片**。厚纱状，蓝色，结实，线织，网状细工，每个宽$\frac{3}{16}$英寸。1$\frac{3}{4}$英寸×1 英寸。图版 XXXVI。

L.C.v.023 **纹样丝绸残片**。与 L.C.v.027.b（图版 XLIII）类似，破碎，

多褪色。约 3 英寸×$\frac{3}{4}$英寸。

L.C.v.024　大团的羊毛和棉织物碎片。粗织，平纹织法，呈红色、深褐色和浅黄色，一片为红色人字形织物。最大片 13 英寸×11$\frac{1}{2}$英寸。

L.C.v.025　3 块棱纹毛布残片。表面似法兰绒，呈红色和黄色，参见 L.C.ii.016 等，残损。最大片约 7$\frac{1}{2}$英寸×6 英寸。

L.C.v.026　羊毛花布。纹饰、织法与 L.C.v.02b 相同，但呈浅褐色，保存较好。7 英寸×5 英寸。

L.C.v.027.a　3 块纹样丝绸残片。蓝灰色底，黄绿色菱形纹饰，60°交角，交角处是蔷薇花，内有对羊，头与前肢相触，身体向后上方翘起，后肢达菱形上角。参见 L.C.v.027.b。残破，易碎。6 英寸×2$\frac{1}{2}$英寸；9$\frac{1}{2}$英寸×2 英寸；8$\frac{1}{2}$英寸×2 英寸。图版 XLIII。

L.C.v.027.b　7 块纹样丝绸残片。蓝灰色底，浅黄色菱形纹，与 L.C.v.027.a 同一主题，但菱形内对羊变为连续云纹，蔷薇花变为方形。绝大多数是不规则残片，残片约 7$\frac{3}{4}$英寸×3 英寸。图版 XLIII。

L.C.v.028　3 块羊毛粗布。粉红色，其余为绿色（?）和浅黄色。粗糙。最大片 4 英寸。

L.C.v.029　素面丝绸。小凸棱纹织物，深色（绛色），精织，虫蛀。2$\frac{3}{8}$英寸×2 英寸。

L.C.v.030　素面丝绸。精美，两边由暗赭色丝片缝合，残破，有污点。7$\frac{1}{2}$英寸×8 英寸。

L.C.v.031～034　4 支木箭杆。仅存尾端，饰黑、红色线纹。033（网状）红色棋盘纹，尾段端呈 V 形。034 在 V 形槽旁有绑扎的痕迹。长 $10\frac{7}{8}$ 英寸、$12\frac{3}{8}$ 英寸、$7\frac{3}{4}$ 英寸和 $3\frac{1}{4}$ 英寸，直径（均）$\frac{3}{8}$ 英寸。图版 XXVI。

L.C.vi.01　锦缎残片。白色或乳白色，小纹饰（包括 Z 字纹），间距 $\frac{1}{2}$ 英寸，其间是一排小菱形（雉眼或夜莺眼）。严重褪色，残破，磨损。2 英尺×约 1 英尺。图版 XLIII。

L.C.vi.02　素面丝绸残片。精织，原可能是粉红色，现已褪色。两边缝有黄色丝绸，易碎，损坏。长 12 英寸，宽 19 英寸。

L.C.vi.03　纹样丝绸残片。与 L.C.01（图版 XXXV）相同。纬线呈蓝色和褐色。带黄褐色斑点，颜色保存很好，（织物）已磨损。6 英寸×2 英寸。

L.C.vi.04　素面丝绸残片。蓝色，多褪色，精织，破碎，长约 10 英寸。

L.C.vi.05　素面丝绸残片。浅黄色或白色，与旁边丝绸折叠缝合，残破，易碎。6 英寸×约 4 英寸。

L.C.vi.06　废丝绸片。成团。6 英寸×$3\frac{3}{4}$ 英寸。

L.C.vii.01　各种织物残片。其中，一块较大且坚韧的棉布，一面分叉并拳曲，一角磨损，呈不规则形，似为衣服残片，褪色，腐烂。另有许多素面丝绸残片、毛毡残片。最大残片 27 英寸×3 英寸。

L.C.vii.02　纹样丝绸残片。精织，蓝色底，暗黄色波纹，波长约 $\frac{1}{2}$ 英寸，波谷上下有小方形。除第 7、14、21、26 条纹有汉字外，其余纹样作纵向反复，个别作横向反复。边沿有更多浅黄色的汉字，在波峰重复出现，对边纹样有所不同。

满幅，边沿黄色褪色，宽 $\frac{3}{16}$ 英寸，保存较好，但已被撕破，易碎，褪色，长 12 英寸，两边间距（宽）19 英寸。图版 XXXV。

L.C.vii.03　木器。泥匠抹刀（刮刀、铲），长方形木板，（腰）侧扁平，便于把握。末端平，另两面呈桨形，用于抹湿石膏。保存良好，长 13 英寸，腰 1 英寸×$\frac{3}{8}$ 英寸，锋刃 $1\frac{1}{2}$ 英寸和 $1\frac{1}{4}$ 英寸×$\frac{1}{8}$ ~ $\frac{1}{16}$ 英寸。

L.C.vii.04　大团的丝绣残片。深红色和朱青色底，棱纹丝绸，坚韧，针绣蓝色、褐色、浅黄色花叶及小花瓣（似为补丁）。

背面缝有蓝色、浅黄色素面丝绸，似为衬里，与少量不连续丝绣缝在一起，精制，色彩良好。部分结有沙碱。残片平均尺寸 3~4 平方英寸。图版 XXXV、XLIII。

L.C.vii.05　各种素面丝绸和人骨残片。与前一刺绣一样，蓝色及浅黄色丝绣残片，多片粘在一起，有些（丝绣）与骨头粘连。

一片素面丝绸挨着 4 块趾骨，另存一些散骨，似属于妇女或小孩，极易碎，最大片 8 英寸×3 英寸。

L.C.vii.06　2 块素面丝绸衣饰残片。破碎的腰带（?），呈浅黄色和绿色，有粗硬的褐色粗棉（?）布为衬。残破，很脏，最大残片 1 英尺 9 英寸×$9\frac{1}{2}$ 英寸，最小残片 1 英尺 1 英寸×5 英寸。

L.C.vii.07.a　纹样丝绸衣饰残片。由条带组成，经畦组织，古铜色、蓝色、浅黄色底，黄色虫状卷云，有毛毡补丁（补丁以素面薄丝绸为边）。衣饰边沿呈长椭圆形，一端稍尖，与一蓝色褶皱丝绸缝，素面丝绸条块缝入椭圆形的另一边，使之完整。而一小片锦缎与 L.C.i.06（图版 XLII）缝在更大的一块丝绸上。

L.C.vii.07.b　2 块条形锦缎。其中一片有蓝色卷花纹，古铜色底，有黄绿色彩纹，结有沙碱，残破，最大片 30 英寸×2 英寸。

L.C.vii.08　2 块素面丝绸。白色，两端打结，保存良好，但褪色。18 英寸×3 英寸。

L.C.vii.09　锦缎残片。暗黄色，精织，连续的双线之字纹，双线之间有不连续的小之字纹，类似简单的网格纹。双线之字纹道之间形成菱形（边不相连交）。菱形内有一对后顾之鹤。

对鹤所在的菱形纹饰下方是成对的半狮半鹰兽，四肢相对，身子与双鹤形成直角。上方饰两条狗（?），也与似双鹤形成直角。在狗（或羊）的上方及半鹰半狮兽下，是几何形线条，也许是树，但破碎。这些纹饰与鹤平行，残损严重。最大残片12英寸×6英寸。图版XL。

L.C.ix.01　丝绸碎片。 浅黄色和乳白色，部分缝成条状，平纹纺织。最大长度1英尺8英寸。

L.C.ix.02　纹样丝绸残片。 有似虎皮纹的深褐色和黄色纹饰，残破，易碎。约5英寸×$3\frac{1}{2}$英寸。图版XLIII。

L.C.x.01　大团的丝织物残片。 平纹织法，呈暗绿色、蓝色、白色、鲜红色和浅黄色。腐烂，缠在一起，最大长度1英尺4英寸。

L.C.x.02　绒毛毯残块。 不见纹饰。多磨损，褪色，但可辨出粉红色和暗褐色软毛。5英寸×$4\frac{1}{2}$英寸。

L.C.x.03　4块毛布残片。 粗糙斜织，呈红色、褐色和浅黄色，最大长度11英寸。

L.C.x.04　纹样丝绸残片。 若干片。经畦组织。纹饰有浅红色、金黄色。右边，残存怪兽右眼、口颚。再往右，为一个大饕餮怪兽的肢体和肩部，肢呈长条形，足伸向颚，三只爪。细身（脊柱）从肩向上延伸，三个同心环形构成椭圆形大眼，前额有V形线条，头上长有三角形鬃毛，尖耳，弯肩，材料与底色相同。

实际上，它的纹样和色彩十分接近L.C.ii.01的饕餮纹，同色，大体是其翻版。嘴角水平伸出一蓝色条纹，长约$\frac{1}{2}$英寸。向外伸出约1英寸，下垂约30°，再重新回到原来水平线或稍上翘。

在此曲线上饰一只立狮L.C.ii.01（图版XXXVI、XL），两翼为黄色有角曲线，肩上有一突出，呈蓝色，颈长又直，从头到肩竖立有鬃毛。身上饰黄色圆点纹，狮面对怪兽，张牙舞爪。

狮子左上方有珊瑚树状卷云，但有一条细线在轮廓上沿 $\frac{3}{32}$ 英寸处。立狮足下的弯枝原本是卷云的一部分，纹样已不完整。

纹饰紧密，垂直重复，极似 L.C.ii.01，饕餮头高 $3\frac{1}{2}$ 英寸。顶端与底大多存在。有一片较小但几乎完整，尺寸为 $\frac{5}{8}$ 英寸×$2\frac{3}{8}$ 英寸，未与大片相接。大片底边拳曲断残，另一边残破。

纬线残损，经线扭结，整个成为拧结的织物线团，难以打开。色彩鲜艳。最大片高 $9\frac{3}{4}$ 英寸，宽 $3\frac{7}{8}$ 英寸。图版 XXXV、XXXVII。

L.C.x.05　木盘足。剖面呈方形，束腰形，底边突出，切成方形。榫舌顶部断裂，保存良好。长 $4\frac{1}{4}$ 英寸（无榫舌），上端 $1\frac{5}{8}$ 英寸×$1\frac{3}{8}$ 英寸，下端 $1\frac{1}{4}$ 英寸×1英寸，腰 $\frac{3}{4}$ 英寸×$\frac{5}{8}$ 英寸，榫舌 $\frac{13}{16}$ 英寸×$\frac{5}{8}$ 英寸×$\frac{3}{8}$ 英寸。

L.C.x.06、07　一对木盘足。狮足形，边沿有雕槽，圆形榫头，保存良好。均长 $5\frac{1}{2}$ 英寸，最大宽度 $1\frac{3}{8}$ 英寸，厚 $\frac{7}{8}$ 英寸。

L.C.x.08　木盘足。狮足形，弯曲。圆形榫头顶部残断。保存较好。长 $3\frac{7}{8}$ 英寸，宽 $1\frac{7}{8}$ 英寸，厚 $\frac{7}{8}$ 英寸。图版 XXIX。

L.C.x.09　木制刀把。纵向开裂，有铆钉，遗有锈蚀的痕迹。柄头呈 T 形。所有刀锋均呈方形，表明刀非实用。保存良好。长 $4\frac{5}{16}$ 英寸，阔 $1\frac{7}{16}$ 英寸，最宽（夹处跨度）$\frac{7}{8}$ 英寸，厚 $\frac{5}{16}$ 英寸。图版 XXI。

L.C.x.010　皮革器件。软质牛皮，填满粗糙植物纤维，形状类似大鱼头，左上角突起似眼，中部上有蓝毛。皮革短厚，突出部分有鲜红的饰毛。右侧无"眼"，但纤维与皮革间垫有厚毛。皮革粗制但结实，现已毁坏，也许是马鞍或骆驼饰物。$7\frac{1}{2}$英寸×$4\frac{3}{4}$英寸×$3\frac{1}{2}$英寸。图版 XXVII。

L.C.x.011　弯木残片。也许是盒的侧壁部分。$1\frac{3}{4}$英寸×$3\frac{1}{2}$英寸×$\frac{1}{12}$英寸。

L.C.x.012　木梳残件。梳齿、弓背（保存）良好，$3\frac{1}{8}$英寸×$\frac{13}{16}$英寸×$\frac{3}{16}$英寸。

L.C.x.013　木梳。短梳齿，高弓背，深暗色。精制。$2\frac{7}{8}$英寸×$2\frac{1}{8}$英寸×$\frac{3}{16}$英寸。图版 XXI。

L.C.x.014　皮革残件。浅黄色，周围及横向有针刺痕迹。$6\frac{1}{2}$英寸×4英寸。

L.C.x.015　木盘。椭圆形，盘面浅凹，内有很多刀痕。原有四足，一足形状较粗短，为陶立克（Doric）式柱身，已与盘身分离。另两足的榫头尚在榫孔中。无突出的榫座。内壁似磨过，一边稍残。$16\frac{1}{2}$英寸×$10\frac{5}{8}$英寸×约$4\frac{1}{4}$英寸（带足高）。图版 XXVII。

L.C.x.016　木盘。扁平长方形，厚斜沿，四个方形突起，似足。用斧、凿子砍凿而成，底多刀痕，粗制，保存良好。1英尺$7\frac{3}{4}$英寸×$9\frac{1}{2}$英寸×$1\frac{5}{8}$英寸。图版 XXVII。

L.C.x.017　角器。形小，钩状，底填塞木料，厚壁处钻有两个 1 英寸的方孔。或是棍或鹤嘴锄的柄。长 $5\frac{3}{4}$ 英寸，直径 $\frac{3}{4}$ 英寸。图版 XXI。

L.C.x.018~022　5 支木箭杆。 019、021、022 粗端有 V 形凹槽，021、022 涂有黑、红漆（？），弯曲。019 长 $9\frac{5}{8}$ 英寸，直径 $\frac{7}{16}$ 英寸。

L.C.x.023　漆藤奁。 外表绘以黑色，上饰红线。边沿红底，上（施）饰黑色与暗红的反向的螺旋形纹，内侧红底黑边。6 英寸 × $1\frac{3}{8}$ 英寸 × $\frac{1}{8}$。图版 XXI。

L.C.x.024~026　木盘足。 三足，均素面束腰，瘦长形，顶部有方形榫头。026 仅存上半部足，榫高 4 英寸，顶部直径 $1\frac{5}{8}$ 英寸，腰 $\frac{7}{8}$ 英寸。

L.C.x.027　木勺。 形体小，直把（残）与勺碗形成锐角。同类勺参见 Ast.vi.3.05（图版 CVII）的纸画。长 $2\frac{3}{4}$ 英寸，勺碗 1 英寸 × $\frac{7}{8}$ 英寸。图版 XXI。

第七节　古城堡 L.E 和 L.F 台地遗址

从 L.C 墓地启程

虽然 L.C 墓地出土物非常诱人，但我们必须按期在中午重新开拔（清理工作留在回来时再完成）。在离台地东北约 1 英里的路上，也就是上次所见的缺少陶片的地方（迄今还是荒芜之地），我们捡到了一枚没有铭文的钱币。稍后，我们穿过了雅丹地带中部一条轮廓清晰的古河床。该河道自西南方蜿蜒而来，也许与我们前往台地途中所见到的是同一条河道①，我们在陡峭的风蚀河岸上测量出该河的河床宽 90

---

①　参见本书第七章第三节。

码，中部深 26 英尺。再往前走，胡杨渐渐减少，约距 L.C 墓地 3 英里时则完全消失，变成一片荒漠。

距台地 3.5 英里处，出现明显的雅丹地貌。我惊奇地在雅丹间平坦的风蚀地上发现低矮的红柳和极少量的芦苇，它们已全部干枯，但只要有水，相信这个风蚀地上很快会重新长出草木。继续前行约 5 英里，斜坡地的高度已降至 5 英尺或 4 英尺，我肯定这里近期内曾来过水。我们还常遇见表面几乎全被盐碱覆盖、坚硬而有裂缝的土地。这块雅丹地长达 7 英里，缓坡被盐碱侵蚀，很明显它在近期内被水淹过。

湿度回升的迹象

继续向前，雅丹地貌顶部的小片土地出现了枯苇枝，并露出盐碱及水蚀的痕迹，其间的低地常由干裂的硬泥块覆盖，表明不久前水曾到过这里。我想，这也许是库鲁克山最南的支脉乌兰铁门图（Ulun-temen-tu）山偶发的山洪所致（无疑，很少有洪水排泄到此）。雅丹间的红柳看上去刚枯萎不久，因为一些老红柳枝条的上部仍还活着。不久，我们从远处看见了阿弗拉兹·古尔所说的矮黑的古城堡（L.E），此时表面有干裂泥土的小片土地变得常见起来，道路也变得好走起来。那天傍晚，我们就赶到了那处古城堡遗址，此地离楼兰哨站近 19 英里。

有水蚀痕迹的雅丹地带

在夜幕下，我迅速地察看了一下城堡，感到很满意。城堡的城墙特征与汉武帝时在敦煌边境修筑的长城绝对相近。它也是用泥土垛筑，并用芦苇来加固的聪明的建筑法，挡住了强烈的风蚀（图 162）作用。而城外，原来的地面已被降低了近 20 英尺，这从墙基上就可以清楚地看出（图 161）。

到达古城堡遗址

次日，我们开始对古城堡做仔细的考察。此城堡的年代无疑与敦煌相一致，即从中国人初次向塔里木盆地的军事推进开始到公元前 2 世纪末叶。随后的调查更充分证实了我的

汉代古道上的桥头堡——古城堡 L.E

这一结论。它像以前敦煌长城是用来驻防西部边界那样，被当作沙漠古道上的桥头堡，当中国军队和使团穿过盐碱覆盖的干湖床，并沿着绝对贫瘠的北岸，前往楼兰居民区时，首先来到的是这处堡垒或驿站。我在过去的调查中，对中国古长城及其建筑技巧已非常熟悉，所以能在沙漠古道的西端发现同样的杰作，尤其感到惊喜。两千多年来，它成功挡住了对这个地区建筑威胁最大的敌人——风蚀的冲击，尽管城堡的墙体遭到了严重的破坏，但没有一处破裂，这与楼兰 L.A 遗址和 L.K 遗址城墙（这两者建筑得非常粗糙）形成了鲜明的对比。

古城堡的方向　　如附图 12 所示，古城堡为长方形，与中国建筑传统不合的是城堡的方向并未按指南针的基本方位（正东、正南、正西、正北）设计，而是略偏 8°~9°。这种偏差，尽管不如楼兰 L.A 遗址围墙及墙内建筑的偏差那么明显，但也起到了同样的效果。它使得北墙、南墙与东—北东主要风向相近，而其余的两道城墙则与风向相对。[1] 两座城堡建筑偏向的一致性，似乎证明了这样的结论，即像楼兰 L.A 遗址那样，古城堡 L.E 方向的特殊规划，是对传统建筑法则的有意接受，同时又可使建筑少受该地区最厉害的风蚀破坏。[2] 从外面测量，城堡的东墙、西墙长约 450 英尺，而南、北墙则长 400英尺。主门在南墙近正中（图 160），宽 10 英尺，极少有建筑木材遗存。另一道门在北墙，更窄，应是后门，外面有木材与编枝，有土坯垒砌的遗迹。

[1]　参见《西域考古图记》第一卷 388 页；本书第七章第一节。
[2]　值得一提的是，呈不规则方形的米兰城堡的建筑方法，也许源自吐蕃，其一墙面向东—北东，似是为了抵抗风力的侵蚀。
《西域考古图记》第一卷 456 页以下，第三卷附图 30。L.K 遗址一墙面向东北，内部残存部分也都朝东；重要的是，在最受风的东北墙下没有入口处，见附图 10。

古城堡遗址的最重要意义在于城墙异常坚固，如图 161、163 所示，城墙由交互间隔的束柴捆层（紧捆，厚约 1 英尺）和垛泥层（厚 5~6 英寸）交替间隔地层层垒筑而成。因为碱化，城墙坚固得和混凝土墙一样。在好几处有积沙或避风的地方可见保存下来、高及几层的束柴捆护墙，但也有一些地方已有松动或已被风完全侵蚀掉了。城墙各部分的建筑方法与我在敦煌长城各段所见非常相似，这已详载于《西域考古图记》。① 红柳层与垛泥层的厚度之比，也与我提到的敦煌长城的延伸段一致。在敦煌东北部烽燧 T.XXXV 附近保存较好的长城段②，也同样使用了邻近地区的红柳。两者均给人坚固的感觉，这种印象从一开始就使我确信，古城堡 L.E 的建筑年代当与汉武帝时敦煌长城的建筑时间相隔不远。

保存下来的城墙厚约 12 英尺，直接建在地面上。如图 163 所示，城墙内面仍几乎直立着，而外墙面经严重风蚀，原来较陡直的墙面已几乎成为一道连续的缓坡。所以现城墙顶部的墙宽已减至 5~6 英尺，东墙中部的高度可达 10 英尺，保存有完好的七大层（每大层由束柴捆层、垛泥层两小层组成）。其他地方磨损严重。西墙因地面受到侵蚀而向内沉陷、变形，但仍可数出十大层，可知城墙原来很高。③ 东南角附近、西墙中部的墙基处厚 18 英尺，似乎表明这里可能有台阶通到城墙顶部。城墙顶部还可能有胸墙，但也许是因长期受风沙侵蚀而荡然无存。

与汉长城相似的城墙

对城墙进行测量

① 参见《西域考古图记》第二卷 568 页以下、605 页以下、736 页。
② 参见《西域考古图记》第二卷 605 页，图 157。
③ 比较图 162 中的城墙与 T.XIV.a 附近一小段长城的相似的扭曲变形现象。参见《西域考古图记》第二卷图 189。

古城堡内的风
蚀

与敦煌长城相同，该城堡的城墙构筑得非常仔细而且较厚，这足以经得起匈奴或地方起义对它的直接打击。因此，对从中国内地来到楼兰居民区东界的使团、军队、商队来说，该城堡是在干旱、多砂石、盐碱的荒漠中的一个避风港。它是用因地制宜方法（就地取材）建造起来的，有效地抵挡住了缓慢而又长期的风蚀，从而得以幸存下来。如果这座古城堡的城墙没有被毁掉，那么堡内遗存被风蚀和流沙造成的破坏是非常明显的。围墙内的侵蚀状况非常惊人，地面被掏挖得凹凸不平，犹如雅丹地貌，特别是沿西墙和北墙的地面，被蚀出许多连续的深坑（图 162）。无疑，由于城墙对风蚀起了很大的抵抗作用，所以使风蚀对堡内地面的破坏力更加剧烈。第二天晚上，我亲身体验了来自北方的强烈沙暴。我们在北墙下的坑中露营，沙漠旋风使我们根本无法点火。

古城堡内缺乏
建筑遗存

在这种情况下，就很容易理解墙内没有建筑遗存下来的原因。大量红色硬陶片散布在城内原来应是沙地的风蚀土地上，墙外也有陶片，证明此城的沿用时间较长。雅丹隆脊平顶上处处可见的黏土，很可能曾是古代的房屋居址，只不过现在已完全毁坏。距北城墙约 24 码的地方，在高出邻近风蚀坑约 20 英尺的一块台地的顶部，我们仅勉强地看出 ii 号建筑的土坯墙基。据其北墙与东墙线判断，可辨出其使用面积约 70 英尺×35 英尺。地上有一根已裂缝的大木梁，长达 26 英尺，横截面约 1 平方英尺，它躺卧之地一片杂乱，说明房基与屋顶可能都很厚重。而其他木头等小碎片现已完全风化，被吹刮得无影无踪。

另一方面，北门内未被侵蚀的一块高地上，残留着几小段由木材和红柳编枝构成的一座建筑的残墙。其垃圾堆构成大多是芦苇和粪便，保护了墙基、柱足以及高出的墙体。散布于斜坡上的残木，是已完全毁坏的另一些墙的遗物。在清理我们挖出的遗物时，我发现了三枚简牍（L.E.i.01、02、06）、一张完整的纸文书（L.E.i.03）及两张残坏的纸文书，它们上面都写有汉字。简牍为楔形简牍盖板，方端有突起的长方形印槽，尖端砍去，表现出一种新的类型（据马伯乐先生注解，这些木简应为官方信函的地址牌，L.E.i.01、02 上均标有年代，分别相当于公元 266 和 267 年）。因此，从这两枚木简和纸文书可知，古城堡 L.E 的年代下限与楼兰 L.A 遗址大体同时。除这些记录和中国五铢型钱币外，该遗址只发现了两枚铜镞（L.E.01、02）（图版 XXIV）及一些小型石器，其中包括一件叶形尖状小石器（L.E.05，拾于城堡附近，图版 XXII），是新石器时代的遗物。

北门出土的文书

2 月 16 日晨，在城堡拍了几张照片（图 160~163）、作了基本的记录后，我又向东北方向的台地（阿弗拉兹·古尔在那里调查时发现有古代居住遗迹和墓葬）出发了。走了 2.5 英里，穿过雅丹低地及两小块碱地后，我们到达了台地。盐碱壳的表面较松软，似形成时间不长。雅丹垄脊之间芦苇和红柳丛的死亡时间似乎也不会太久。

近观 L.F 台地，它是一座令人难忘的红土垄脊（或高台），极陡，高达百余英尺（图 164）。与此地区其他台地不同的是，它呈东北—西南走向。这块台地除西南坡外，各坡均被切割成台阶状的几层，顶部很难达到，到达东北点几乎不可能，这一点与雅丹地貌也略有差别。我立刻意识到古代

L.F 台地上的哨所遗址

在此据守的原因可能是该脊岭易守难攻。台地西南坡较缓，呈尾状（附图 12）。从此爬上去，我首先来到了一处低地——用木板围起来的墓地。清理后发现是空墓。再向上走约 15 英尺，在岭脊的中部（图 170）有一些墓，有些因风蚀而半露在外，其他则完好。

台地顶部东北端的城堡这块小墓地与台地东北端之间有一条约 6 英尺宽的沟。台地顶部平坦，两翼为小冲沟，台地因风蚀宽度缩至 50 英尺。因为沟中有沉积，所以它原来的深度已不可知。再往前，如图 166、170 所示，台地顶部有一座小堡垒，遗有厚 5~6 英尺的一段垛墙，垛墙用硬泥块（类似今天用的土坯）构筑。这些泥块显然是从干涸的沼泽、潟湖的边沿挖来，或采自台地的泥层。小堡垒呈不规则长方形，长约 200 英尺，最宽达 80 英尺，中部有一个小土墩，高出墙基 15 英尺，阿弗拉兹·古尔认为是佛塔，但它是由原生土形成的，因此可能是在筑城时，就有意把它留在城圈里边，以供瞭望之用。

小堡垒有小水沟通入。其围墙有一道豁口，约宽 5 英尺，如图 166、170 所示，入口内右侧有两个房间，依围墙内壁而建（附图 12），胡杨木架依然竖立。两房间内均有大量废弃物，主要是芦苇和牛马的粪便。清理时在房间 i 发现楔形佉卢文木简（L.F.i.05）、汉文木简（L.F.i.06）[①] 以及汉文文书残片（L.F.ii.07）。在目录中值得一提的其他小发现是一枚金戒指（L.F.i.02，图版 XXIV），嵌有小的圆形红宝石或玛瑙；三支木笔（L.F.ii.02.a~c，图版 XXIX）；一块取火钻木（L.F.ii.06，图版 XXIX），与尼雅遗址、楼兰 L.A 遗

---

① 马伯乐对它进行了注释，木简中提到名叫政胡（Chêng-hu）的单独一个哨所（L.F.06 木简原文：翟政胡蓬樟驯——译者）。

址或其他遗址发现的非常相像。有花纹的木针（L.F.ii.04，图版XXIV）与随后清理的墓中的木针类似；一条小孩的腿，曾被认作鹿腿。

在入口内左侧的房间 iii 里，如图 165、170 所示，厚重的顶梁仍在原位。这里除一枚无铭文的五铢型中国钱币和一些燕麦和麦草外，没有发现什么遗物。但燕麦和麦草的发现较重要，它显示这里曾有过农耕（或许就像塔里木河下游河间植物地带那样进行的是间断性的耕作），所以楼兰地区的这处外围哨所当距农田不远。正如 L.C 墓地和古城堡 L.E 遗址的位置，这处哨所位于楼兰东北方向的中国古道上，这表明，因为易防守，易瞭望，所以这块台地被选作大漠交通线上的一处哨所。

哨所遗址上的发现

但谁是这块台地的使用者？在调查了围墙外面的小墓地后，此问题就不难回答。三座位于或接近小圆丘的小墓（附图 12、图 170）已被完全风蚀，仅见碎裂的木头和骨头。小圆丘东部低地上的一组四座墓葬似乎和前面几座墓有所不同，因 20 码外城堡所在的脊岭阻挡了部分风蚀，而保存得较好。我们打开了最东头的一座墓葬（L.F.2），如图 171 所示，该墓近地表处已被风蚀，墓内仅存一具几乎只剩骨架的妇女或儿童的腐尸，尸体被置于两块长木板之间，其上有交叉放置的红柳枝，构成一副最简易的棺材，未见衣服或葬具。[1] 但我们打开另一座精心埋葬的墓葬（L.F.1）时，对其在严重的风蚀条件下保存得如此之完好感到十分惊讶。

哨所外面的墓葬

---

[1]　图 171 是发掘后的前景地。

图 164　从西望 L.F 台地的东北面

图 165　L.F 台地哨所门附近的房间 iii

图 166　L.F 台地顶部哨所的门道

图 167　罗布沙漠 L.H 墓地东南的风蚀居址

图 168　罗布沙漠 L.F 哨所外面 L.F.4 号墓葬的木围栏

图 169　罗布沙漠 L.H 墓地暴露的棺木

图 170　罗布沙漠 L.F 台地顶部，哨所门道及后面的墓地

图 171　罗布沙漠 L.F 台地，清理出的第一座墓葬以及参加发掘的罗布里克民工

图 172　罗布沙漠 L.F 台地 L.F.4 号墓内的死者头部

图 173　罗布沙漠 L.F 台地 L.F.I 号墓内的死者

　　该墓有狭窄的围栏，其密集的木板高出现地面约 3 英尺。去掉这些木板，挖到 4 英尺深时，发现五张保存良好、包裹着棺材的厚牛皮，棺材由两块凿空的坚实胡杨木及两端的端木构成，棺盖是用七块排列紧密的硬木板拼合而成。当年轻、胆大的罗布民工萨迪克揭开棺木后①，出现了一具脚穿皮靴的年轻光头男尸，他的身体裹着结实的粗织毛织品（图 173）。当我俯视这个形象时，我面对的就像是一个正在熟睡的当地老乡（有着干枯的皮肤和深陷的眼睛）。无疑，这是公元初干燥的罗布地区的居民形象。

揭露第一具保存完好的尸体

　　从葬式可以看出，死者是土著居民，而非汉人。而从死者头部来看，更可确信其显非蒙古人种类型。死者脸型较窄，鹰钩高鼻，深目。头发、胡须呈波浪形，黑色。头部未经测量（现场也无工具可用）就知是长颅型，其头部和脸部特征表明死者为高山白人（阿尔卑斯）类型（兴都库什山和帕米尔地区常见这种人种）。另从图片中可清楚看出，其左眼有一斑痕，无法判断是否是伤疤。因为尸体已经干枯，所以皮肤紧贴于骨骼上，散发出刺鼻的气味。

死者的人种类型

　　死者头戴褐色毛织帽（L.F.01），有角（尖）状耳罩，左边装饰用交叉的木签分开的五根立羽。帽上扎有一些啮齿类的动物皮，也许被当作一种头饰，与 L.F.4 号墓出土的 L.F.04 帽子（图版 XXIX）相似。除脸和脚外，整个身体用粗布（似是麻，与 L.F.03 相似）包裹。衣服的边沿系有一小包折断的小树枝（L.F.I.03），横放在胸前，供死者在阴间

死者服饰

----

① 图 171 中，他正蒙住脸，以抵挡墓中散发出来的恶臭。

使用。① 除了用深褐羊毛织成的齐腰的衣服包裹、脚上套穿素面红皮短靴，尸体几乎赤裸。

墓内随葬品　　三只由藤草织成的草篓，置于棺内，显然用来盛装食物，但已被啮齿类动物或虫子破坏。其中一只篓子（L.F.I.04，图版XXIX）保存完好，上端饰之字纹，另两只篓子（L.F.012、L.F.I.01）已损坏严重。

年轻女子墓　　随后，我们打开了L.F.3号墓死者脚端附近的L.F.2号墓。此墓已遭风蚀破坏，未见围栏，所剩只有牛皮包裹着的棺材。与上述墓葬相似，棺材制作得较为粗糙。墓内死者是一名年轻女子，身裹粗布衣服，其质地与织物L.F.03相似。头戴素织的毛线帽，额前剪发呈黑色，与约特干（和田）红陶女头像的时髦发式一样。② 脸呈卵形，深目大眼。两根硬木花纹针（L.F.3.01、02，图版XXIV）和精制的骨针（L.F.3.03，图版XXIV），死者生前也许用过，死后被用来固定尸衣。一颗大玉珠（L.F.3.04，图版XXIV）。死者头右部置一

---

① 兰德勒认出这些树枝属麻黄类植物枝条。这种植物从西藏到波斯有广泛的分布。楼兰地区L.F.1、L.F.4、L.Q.、L.S.2、L.S.3、L.S.6号墓中，死者毛衣边沿发现的小束残断植物茎梗，参见本章及本书第二十章第三节。

在1925年8月4日，皇家学会会员、大英博物馆植物部主任兰德勒博士就上述标本，给我写了封信，内容如下：

"这些标本（它们都一样）无疑是麻黄的残段。麻黄是一种低矮的灌木，多见于喜马拉雅和西藏的干旱地区，中亚和西亚地区也常见。麻黄有瘦长的绿枝和小叶，茎节处都有一个膜状的小叶鞘。

"瓦特的《印度经济作物词典》'麻黄条'注，麻黄是印度帕西人（Parsi，为逃避迫害而自波斯移居印度的拜火教徒的后裔——译者）的圣护摩（Homa，梵语，意为焚烧、火祭，又译护魔、呼魔等，或意译作火祭祀法、火供养法、火食等——译者），它很少被用作调料，茎秆有苦味，据迪木克博士解释，'帕西人拜火教徒说它从不腐烂'。"

现在，麻黄在琐罗亚斯特教（Zoroastrion，即拜火教——译者）礼仪活动中被用作古代豪麻（Haoma，琐罗亚斯特教的神圣植物，被奉作神明，给予人健康和生育，甚至使人永生——译者）代表物。这种植物在楼兰土著人的墓葬中也有发现，因此具有明显的含义。不管怎样，我将在别处对它进行详细的讨论。

② 参见《古代和田》第二卷图版XLIII中的Y.0030；图版XLV中的B.001.g、Y.0031；《西域考古图记》第四卷图版I中的Yo.009.h.10、0041.g；图版II中的Yo.I。

只精织的篮状小壶。

最后清理的是 L.F.1 号墓旁边的 L.F.4 号墓，该墓有如图 168 右边一样的木围栏，胡杨木板虽未置于棺木之上，但仍表明了棺木的方位。棺木由两棵挖空的胡杨树干做成，两端有挡木，顶有像 L.F.01 那样的盖板（但后者顶板没有连接，而是在左边留了几英尺的空间）。整个棺材由两张牛皮紧紧裹住。在他们的下面发现有三四支带羽毛的芦苇秆，也许是箭杆，也许是给后面的狩猎场预备的。

L.F.4 号墓中的死者埋得较深，比 L.F.1 号墓低约 2 英尺。死者是一名中年男子，完全包裹于粗布衣之中。揭开尸衣，如图 172 所示，可见其头部朝正北方向，保存良好，非蒙古人种。他有着突出的鹰钩鼻，须发浓密，呈黑色，头戴与 L.F.01 同型的黄色毛织帽（L.F.04，图版 XXIX），但装饰要更丰富一些。除羽饰外，帽上有 17 圈缝制的红线，另用啮齿动物皮作为冠饰，还在冠顶插一束鲜艳的羽毛。整个头饰看起来非常华丽。死者头右侧随葬有编织得较整齐的草篓（L.F.05，图版 XXIX）。近头处的衣服边沿系有两个小袋，其一如篓子（L.F.05）那样，装的是麦粒，而另一袋则盛有小树枝。用来固定衣服的带有桶形头的木针（L.F.05.a，图版 XXIV）及短而尖的茎秆，在遗物名录中与草篓同列于一条。

这些墓葬内的随葬品很少，但都保存得很好，这完全是因为干燥的气候和高敞的地势。从死者来看，这些居住在台地顶部中间瞭望台上的人应是楼兰土著居民。死者相貌、衣服和随葬品揭示了这些人的人种类型及其文明程度，与《汉书》关于楼兰人的记载惊人的一致（当时汉人首次开通沙漠

L.F.4.号墓中的棺木

L.F.4 号墓死者的头饰和尸衣

楼兰土著居民类型

之路并发现他们)①。无疑，这些死者与当今的罗布人一样，生前也过着狩猎、打鱼、放牧的半游牧生活。尽管当时通过交通和贸易，汉人已来到他们生活的丛林和沼泽之中，但他们仍坚持自己固有的生活方式，保持着他们富有特色的原始文明。遗憾的是，我未能带走这具代表古楼兰人的干尸，因为即使我有足够的时间临时用手头的古木做一个合适的箱子，也没有富余的交通工具把它运送到有人居住的地方。所以，我不得不小心地重新合上棺材，盖上大块泥土，尽可能不让它受到风蚀侵扰。

石器与铜器　　　　在小堡垒下的斜坡上和高台附近捡拾到的铜器和石器（L.F.06~010、015~027）证实了干尸给我留下的上述印象。前者为两块铜镜残片（L.F.06、07，图版 XXIV），无疑出自中国工匠之手；几枚青铜环［L.F.09、010（图版 XXIV）、015］等。石器包括碧玉片（L.F.024）、用途不明的 L.F.026、做工精良的玉（？）斧（L.F.025）。根据这些发现及其他地方的类似发现，可知楼兰地区新石器时代最晚期与汉人到来的时间一定不会相隔得太长。此外，九枚中国铜币全是五铢钱，其中在台地脚下拾到的几枚是剪轮钱。L.F 台地使用年代的下限很可能是通向敦煌的沙漠古道废弃的时间。

L.I 台地上的　　　　在我们发掘 L.F 台地的同时，我派阿弗拉兹·古尔带着
遗存　　　　两人去调查雅丹东北 4 英里及盐碱地之间的一块孤立的台地。阿弗拉兹·古尔在那里拾到了小件文物，包括石器、铜器和陶器残片。虽然这处遗存容易被混淆为游牧人的临时栖身之地，但无疑它是一处古代居住地。在平板仪上所作的平面图表明，楼兰 L.A 遗址、L.C 墓地、L.E 汉人城堡、L.F 小

① 魏利《西域记》，《人类学学会会刊》第十卷 25 页；《西域考古图记》第一卷 335 页。

城堡以及这块曾经住过人的台地（我后来把它标作 L.I），实际上全位于一条正东北向的直线上。

它似乎表明，我从前急切寻找的中国古道与这条直线是同一方向。因此，离开大本营楼兰遗址后的发现，除它们本身的意义外，还为我们以后的艰难考察提供了一个可靠的导向或出发点，即沿着这个方向可以寻找穿越荒漠的古中道。

古道的方向

但要立即出发去寻找此道，从物质条件来说不太可能。一方面，在穿越漫长、艰险又完全陌生的土地之前，我已安排骆驼去阿勒提米什布拉克的碱泉吃草休息，然后预定 2 月 17 日在楼兰大本营会合。另一方面，我们不停地在干旱的荒漠和凛冽的寒风中跋涉，罗布民工已筋疲力尽，很难再用丰厚的报酬来提起他们的精神，急需在进一步考察前休息一阵。因此，我们必须立即返回大本营楼兰 L.A 遗址。回去以后，我准备利用白天的剩余时间去清理北门附近的垃圾层。

准备返回楼兰 L.A 遗址的大本营

就在那天傍晚，这个季节的第一次狂风沙暴从东北方向刮来。整个晚上狂风大作，风暴因受古城墙所阻，在古城堡内变得更加肆虐（直到次日午前才停息，我们完全不能工作）。我们露营的地方，不时地遭到夹沙的旋风的袭击，想尽办法也未能把御寒的火点燃起来，就这样我们在寒冷中度过了漫长的黑夜。罗布民工虽常遭遇风暴，但对这次荒漠中遇见的风暴也印象深刻，他们认为这场大风暴与墓葬被惊扰、鬼魂发怒有关。本来很勇敢地清理尸体的萨迪克，更是感到惊恐。于是，带着惊恐，想象着打开棺材时闻到的腐烂气味，他和他的同伴都剧烈地呕吐起来。

在古城堡里过夜

熬过了这艰难的一夜，我们迎来了轻松的清晨。但在这种条件下，不可能再去调查北—北东面 2 英里处平台顶上阿弗拉兹·古尔搜寻出的一些墓葬以及他认为的一座风蚀较严

在沙暴中前进

重的烽燧（这些遗存在地图上标作 L.Q），故这项任务只能留待以后再说。① 因为浓雾弥漫，给古城堡拍摄照片的想法也只能放弃。返回楼兰大本营的计划，因气候条件也不得不推迟执行。如果是逆风而不是顺风，我们的行进就只能完全停止。尽管如此，我们仍很难按预定的方向行进，不时要停下来寻找落队的人，后来我只得命令他们排成一长列，以防有人掉队或迷失。

回到楼兰 L.A 遗址的大本营　　最后到达了上次提到的古河道，我才放下心来。不久，风暴就减弱了。经过五个小时的跋涉，我们终于看到了台地上的 L.C 墓地，那里一直是我的目标。我们在那里进行了三个小时的辛苦发掘，民工们虽然累得手脚不听使唤，但最终完成了墓坑（图 159）（据本书英文版"补遗和勘误"加此括注——译者）的清理工作。天气又一次迅速转晴，使我们可以看到 L.A 佛塔。沿着佛塔的方向，我们在傍晚时分回到了大本营。这时，我们都脏得难以形容，我的罗布人队伍也已累得筋疲力尽。

在 L.E 遗址发现的遗物

L.E.01　**青铜镞**。三角形，属 L.J.01 类型。长 $1\frac{1}{8}$ 英寸。

L.E.02　**残青铜镞**。剖面呈菱形。$\frac{5}{8}$ 英寸 × $\frac{3}{8}$ 英寸 × $\frac{1}{8}$ 英寸。图版 XXIV。

L.E.03、04　**2 块燧石片**。窄长形。03 呈浅灰色，04 呈紫色。均有中脊。长分别为 $1\frac{1}{4}$ 英寸和 $2\frac{7}{16}$ 英寸。

---

① 参见本书第二十章第四节。

L.E.05　碧玉镞。叶形，绿灰色，制作精美。长 $2\frac{1}{2}$ 英寸，最大宽度 $\frac{5}{8}$ 英寸。图版 XXII。

L.E.06　碧玉尖状器。不对称形，蓝绿色。长 1 英寸，宽端 $\frac{7}{16}$ 英寸。

在 L.F 遗址发掘和采集的遗物

L.F.01　男帽饰。褐色，毛质，无帽檐，背有角状耳罩。左边有五根羽饰，其中四根用白线系在 10 英寸长的树杈上，再用大红羊毛细线捆扎。第五根或最前的一根是长羽，以短杈枝为柄。羽饰的底部均穿入帽中，向后倾斜而立。

在高 4 英寸的地方，有一根树枝横连于树枝间，与五根羽饰相连。帽上用红线系有啮齿类皮（也许是狐猴）。（帽）破烂，脏，虫蛀，更好的例子参见 L.F.04（图版 XXIX），另参见 L.Q.iii.03。帽长（从顶到底）9 英寸，羽饰长 10 英寸。

L.F.02　滑石块。略呈方形，两角及边呈圆形，两面钻孔。$1\frac{1}{4}$ 英寸× $1\frac{3}{8}$ 英寸× $\frac{9}{16}$ 英寸。图版 XXIV。

L.F.03　粗布。粗糙，平纹织法。明显是麻或类似的纤维。残破。1 英尺 10 英寸×1 英寸。

L.F.04　帽饰。毛质。黄色，与 L.F.01 类似，几乎完整，耳罩较长，有线把下颏系住。约 17 行红羊毛线沿帽横向穿过羽饰杆部，这似仅见于左面，明显为两细线，每组 2~3 根，组间出现折叠的毛毡，一根羽饰横系各枝上，上有狐猴皮作为祭品，一束深褐色羽毛及极精美的丝物也系在冠顶，保存良好。参见 L.F.01。从平沿中到帽顶长 $10\frac{1}{2}$ 英寸。图版 XXIX。

L.F.05　草篓（从 L.F.4 墓中出土）。与 L.C.05（图版 XXVI）类似，但

底部稍细，提手在上部，为双绳。

上面有一块帆布，包着麦粒；一些短枝；一根木针（L.F.05.a，图版XXIV），桶形针头，环刻有13个三角形纹饰，类似的针参见L.F.ii.04（图版XXIV）。保存良好，篓深 $6\frac{1}{2}$ 英寸，口径 $3\frac{1}{2}$ 英寸。针长5英寸，头 $1\frac{1}{2}$ 英寸×（径）$\frac{5}{8}$ 英寸，图版XXIX。

L.F.06 铜镜。仅残块，边残。如L.A.0124那样，边沿突起，向内作葵纹浮雕。纹饰间有汉字及浮雕的圆点。外饰阴刻条纹。由两块残片拼成。$2\frac{3}{4}$ 英寸×$\frac{13}{16}$ 英寸×$\frac{1}{16}$ 英寸。图版XXIV。

L.F.07 铜镜残块。厚沿，辐射形条纹，浅浮雕。$1\frac{11}{16}$ 英寸×$\frac{9}{16}$ 英寸×$\frac{1}{16}$ 英寸。

L.F.08 青铜套。刀或剑鞘底，一面开裂。1英寸×$\frac{9}{16}$ 英寸×$\frac{1}{4}$ 英寸。

L.F.09、010 2枚铜环。剖面呈圆形。有一处断口，锈蚀严重。直径分别为 $2\frac{3}{16}$ 英寸和 $1\frac{3}{16}$ 英寸，厚 $\frac{3}{16}$ 英寸。图版XXIV。

L.F.011 长方形骨片。也许是烧焦的骨头（？）。一面中心作圆形凹陷，$1\frac{5}{16}$ 英寸×$\frac{7}{8}$ 英寸×$\frac{3}{16}$ 英寸。

L.F.012 草篓。与L.C.05（图版XXVI）等类似，篓口全部损坏，深5英寸，直径约 $4\frac{1}{2}$ 英寸。

L.F.013、014 2枚木针（素面）。针头粗而尖锐，原在尸衣上，参见L.F.ii.04等。长分别为4英寸和 $3\frac{3}{8}$ 英寸，图版XXIV。

L.F.015 **4 枚铜环。**粗，剖面呈圆形，有磨损痕迹和绿铜锈，直径 $\frac{9}{16}$ 英寸，厚 $\frac{1}{8}$ 英寸。

L.F.016 **残铜条。**弯曲，剖面呈楔形。$1\frac{3}{4}$ 英寸 × $\frac{3}{8}$ 英寸 × $\frac{1}{16}$~$\frac{1}{8}$ 英寸。

L.F.017 **残铜棍。**弯曲，剖面呈圆形。长 $1\frac{15}{16}$ 英寸，直径 $\frac{1}{4}$ 英寸。

L.F.021 **青铜连接物。**由两根铜棍组成，结构如车辖，两头相接，端头粗糙，长 $1\frac{1}{8}$ 英寸。图版 XXIII。

L.F.022 **铜扣舌。**脱落，上部表面有刻痕。长 $1\frac{1}{16}$ 英寸。图版 XXIII。

L.F.023 **铜螺母或垫圈残件。**椭圆形，端头呈斜面，中穿小孔。$\frac{9}{16}$ 英寸 × $\frac{1}{4}$ 英寸 × $\frac{3}{32}$ 英寸。

L.F.024 **碧玉叶。**细长，一端略弯，黄褐色石料，长 $1\frac{11}{16}$ 英寸，宽 $\frac{9}{16}$ 英寸。

L.F.025 **石（玉?）斧。**黑色，刃部磨光。长 $3\frac{1}{2}$ 英寸，最大宽度 $1\frac{3}{4}$ 英寸，最大厚度 $\frac{3}{4}$ 英寸。

L.F.026 **石器（?）。**用途未定，带状，灰红杂色石，长 $2\frac{1}{4}$ 英寸，最大宽度 $1\frac{1}{4}$ 英寸，最大厚度 $\frac{5}{16}$ 英寸。

L.F.027 **白玉（?）。**坚硬，约 $1\frac{1}{2}$ （平方）英寸 × $\frac{1}{4}$ 英寸。

L.F 墓出土的遗物

L.F.1.01 草篓。与 L.C.05（图版 XXVI）类似，已残，易碎，最大残片 $4\frac{1}{4}$ 英寸×$2\frac{1}{2}$ 英寸。

L.F.1.03 小树枝。细碎。置于胸前布袋中。参见 L.Q.iii.01 和 L.S.3.01。

L.F.1.04 草篓。与 L.C.05（图版 XXVI）类似。完整，保存良好。腹上部有垂直的之字纹。草编，深 $5\frac{1}{4}$ 英寸，口径 $3\frac{1}{2}$ 英寸。图版 XXIX。

L.F.3.01 木针。与 L.F.ii.04 等类似。长筒形头部，如 L.F.05.a 那样环刻四圈三角形和三圈环线。多纹硬木质，保存良好。总长 $3\frac{5}{8}$ 英寸，直径（针杆）$\frac{3}{16}$ 英寸；针头长 $1\frac{1}{4}$ 英寸，直径 $\frac{7}{16}$ 英寸。图版 XXIV。

L.F.3.02 木针。一头渐细，似前一根，但头未加粗，留有 1 英寸硬木树皮，非常光滑。保存良好。长 $3\frac{1}{8}$ 英寸，最大直径 $\frac{3}{16}$ 英寸。

L.F.3.03 骨针。针头两面突起，精制，光滑。参见木针 L.F.05.a，013、014；3.01、02，保存良好，全长 $2\frac{13}{16}$ 英寸，最大直径（杆）$\frac{5}{32}$ 英寸；头长 $\frac{1}{2}$ 英寸，最大宽度 $\frac{5}{8}$ 英寸，最大厚度 $\frac{3}{16}$ 英寸。图版 XXIV。

L.F.3.04 玉（?）珠。绿色，透明，玻璃状，管形。长 $\frac{9}{16}$ 英寸，直径 $\frac{3}{8}$ 英寸。图版 XXIV。

L.F 围墙内出土的遗物

L.F.i.01　2根漆（棍）棒。一根弯成半环形，直径 1 英寸，曲高 $\frac{1}{2}$ 英寸，粗 $\frac{1}{16}$ 英寸；另一根呈椭圆形，1 英寸 × $\frac{3}{4}$ 英寸 × $\frac{1}{4}$ 英寸。外表面有红底黑线痕迹，已断残。

L.F.i.02　金指环。环形嵌座（周围小圆粒），嵌有红宝石或玛瑙。细环，有（阴）刻线，嵌座残。直径约 $\frac{5}{8}$ 英寸，环宽 $\frac{1}{16}$ 英寸。图版 XXIV。

L.F.i.03　残纸片。粗糙，空白无字，保存良好。$1\frac{7}{8}$ 英寸 × $1\frac{1}{8}$ 英寸。

L.F.i.05　楔形简牍底板。或很短的楔形板，纵长完整。一边破裂，一端砍削。正面有三行佉卢文，已模糊。反面有两行模糊的字迹。木质坚硬。$2\frac{3}{16}$ 英寸 ×（最大）$1\frac{1}{16}$ 英寸 × $\frac{1}{4}$ 英寸。

L.F.ii.01　木片。一面加工，两面均有粉色彩绘的痕迹。边沿均残破。$5\frac{3}{8}$ 英寸 × $1\frac{3}{4}$ 英寸。

L.F.ii.02.a~c　3支木笔。精制，保存良好。a 曾涂有红颜色，长 $7\frac{1}{2}$ 英寸，直径 $\frac{5}{16}$ 英寸；b 有树皮，似是樱桃树，长 $11\frac{1}{2}$ 英寸，直径 $\frac{3}{8}$ 英寸；c 从粗木块中粗劈而成，长 $6\frac{7}{8}$ 英寸，直径 $\frac{1}{2}$ 英寸。图版 XXIX。

L.F.ii.03　树枝。一端切成四个侧面，中钻小孔，木质硬，保存良好。长 13 英寸，直径 $\frac{9}{16}$ 英寸。图版 XXIX。

L.F.ii.04　木针。锥形，整木制成，有螺旋形刻纹，保存良好。类似

L.F.05.a，013、014，L.F.3.01、02；L.Q.iii.04～06；骨针 L.F.3.03、L.S.2.05（据本书英文版"补遗和勘误"补入——译者）。全长 5 英寸，头长 $1\frac{1}{4}$ 英寸，针身直径 $\frac{1}{8}$ 英寸，头直径 $\frac{1}{4}$ 英寸。图版 XXIV。

L.F.ii.05 婴儿干尸的下肢骨。 跖骨裂，胫骨断于中间，小石子嵌入下肢开裂处的组织中。长 $11\frac{1}{2}$ 英寸。

L.F.ii.06 取火钻木。 粗糙，不成形，一边有三处钻痕，另一边有一处浅的灼痕。参见《西域考古图记》第一卷 233 页以下、263 页、266 页等。有沙碱壳。7 英寸× $3\frac{1}{4}$ 英寸×1 英寸。图版 XXIX。

L.F.iii.02 燕麦和麦草。 从西南角出土。

第八节　从楼兰到阿勒提米什布拉克

拉尔·辛格回
到楼兰

　　我回到楼兰遗址时，拉尔·辛格和驼工［他赶着骆驼到阿勒提米什布拉克南的阿斯汀布拉克（Āstin-bulak）泉去休养一个星期］都已安全返回，对此我甚为高兴。由于拉尔·辛格一直远离大队，因此我非常担心，怕他遇上麻烦，特别是怕他在塔里木的铁干里克（Tikenlik）东进沙漠时受到中国官方的阻挠。幸运的是，如我在米兰遇到的情况一样，从官署发来的阻止命令一直没能在铁干里克生效。[①]

在铁干里克得
到阿布都热依
木

　　我的计划是让拉尔·辛格沿着库鲁克山麓和库鲁克河岸进行调查，然后加入到围绕并横穿古罗布泊湖床的考察。他从事这些活动，完全得益于他能得到骆驼和大胆的猎手向导

---

　　① 参见本书第五章第三节。

阿布都热依木（Abdurrahīm）（图 203）。阿布都热依木原来
是库鲁克山辛格尔（Singer）人，1907 年时曾陪同拉尔·辛
格调查过西部库鲁克山，此后他搬到了铁干里克。我刚到喀
什时就通过他所在地区的县官告知阿布都热依木，在即将到
来的冬天考察里我将需要他的骆驼和他的帮助。拉尔·辛格
到达铁干里克时，阿布都热依木早已准备好了骆驼及一切备
用品，时刻准备出发。他也接到过三个月前从地区首府喀拉
库木（Kara-kum）官署签发的命令（幸运的是命令并没有执
行）。一年后我才知道，当我们到达时，乌鲁木齐官方早已
对我们下了禁令。禁令失效的原因，不知是出于疏忽，还是
因为回民辖区长官（是乔治·马继业爵士的熟人，为人通情
达理）的仁慈、网开一面，至今仍然不明。

　　阿布都热依木的地方知识和沙漠生活经验以及饲养的
五只库鲁克山骆驼，对我们顺利前进有很大帮助。除 1907
年曾给斯文·赫定博士做向导外，他不止一次地进入阿勒提
米什布拉克围猎野骆驼。因此，赖于他的帮助，拉尔·辛格
顺利地完成了我分配给他的主要任务，在地图上标出了营盘
干涸的古河道（此河道位于铁干里克—辛格尔的路上，距楼
兰遗址不远）。据地图显示，他调查的路程约为 150 英里。
路上，距他的 78 号营地不远的雅卡雅丹布拉克（Yaka-
Yārdang-bulak，雅丹边缘的泉水——译者），可大致确定为
古代库鲁克河三角洲上部，除此之外都是沙漠地区。

　　按我的指示，他在沿路对古遗存作了仔细的搜寻，在沿
古河边地带的一处砾石戈壁调查时，发现了四处墓地以及两
块散布有粗陶片的小塔提遗址（有些也许是史前时期的遗

对库鲁克河的
考察

拉尔·辛格赶
往阿斯汀布拉
克

物）。① 后来，我对拉尔·辛格调查的四处墓地中的三处做了考察。② 虽然他们小队所走的路线实际上离楼兰 L.A 遗址仅 17 英里，但考虑到在从米兰出发进行 400 英里的环行之后，他们能否在平板仪上准确地对准拉尔·辛格自己和阿布都热依木都从未去过的风蚀沙漠中的特定地点，无法肯定。因此拉尔·辛格决定转向东北，在进一步冒险之前，先找到阿斯汀布拉克泉水再说。他在那里只待了一天，托乎提阿洪和驼工就从南方赶来了。我们终于接上了头。因为两个小队并没有预先约定会合，所以阿布都热依木的骆驼在碱水泉刚走失，就差一点被托乎提阿洪当作野骆驼打死。

阿布都热依木的骆驼

从营盘到阿斯汀布拉克的七天旅途中，拉尔·辛格经过的大部分地方，斯文·赫定博士在1900—1901年都已踏访过③，他有关此地的详细报告和平板仪上绘的地图，一定程度上弥补了该地缺少有关地貌材料的遗憾。惯于忍受冷酷的沙漠的阿布都热依木和他出色的骆驼的到来，加上拉尔·辛格的安全到达，极大增强了我们的信心，足使我安心地制订出下一步行动计划。最重要的是加强运输能力，从阿斯汀布拉克租来的骆驼在归来后发现并不适合较远的沙漠工作，所以这些骆驼除留下五只外其余都遣送回米兰，以确保在合适的时候把厚重的行李运往敦煌。至于阿布都热依木的骆驼，

① 在塔提地区及附近，拉尔·辛格小队拾到的（大）多数小器物（主要是陶片，但也包括两颗玻璃珠和两片石刀）在遗物名录中均冠以"Lal.s"。精制铜镞（Lal.s.015，图版 XXIII）与在楼兰 L.A 遗址西北发现的其他同类器十分相像；见 C.xcvi.013、016 和尼雅遗址出土的一枚（《西域考古图记》第四卷图版 XXIX 中的 N.XIV.008），年代大约是公元 1 世纪。

② 参见本书第二十章第三节。

③ 从斯文·赫定博士 1900 年所作的棱镜罗盘观测来看，其探险路线为：从新湖（yangi-kol）到罗布荒漠，大体是同一条线，与拉尔·辛格远至 75 号营地的考察路线差不多是同一条路线；又，在雅卡雅丹布拉克 C.76 和 C.78 之间亦是如此；从最后提及的地点到阿勒提米什布拉克的路线有点偏北，离开了库鲁克河。1900 年和 1901 年他从阿勒提米什布拉克前往楼兰遗址的路线，与拉尔·辛格的 L.A.81 号营地和 83 号营地间的路线也相距不远。

在此要特别说明的是，在楼兰遗址出生的一只小骆驼（也许是几个世纪来第一只在这里出生的动物，见图 176），跟随着我们穿越了净是盐碱、碎石的难以克服的沙漠。在艰难的旅途中，它没有受伤，几乎全凭自己走了下来。

那天晚上的重聚，使我着手准备下一步方案，西北的一个便道可使我考察最东部的古墓地（拉尔·辛格在库鲁克山冰川脚下发现），所以我们在前往阿勒提米什布拉克时不用另费一天时间。前些天获得的文物得用木箱来装运。木箱由奈克·夏姆苏丁连夜去做（他不畏疲倦和寒冷，多次申请做这项工作），所需材料均采自遗址中的古木。2 月 18 日，早在天亮以前我就起来了，包装好所有精美的织物和其他文物，出发前告诫民工长途旅行须知的事项，做好我们分别、会合和把重行李从米兰运到敦煌的各种安排。几个星期以来艰辛劳动的所有罗布民工，在依布拉音伯克的带领下将返回米兰，重新回到他们正常的生活。我给他们发了充足的银两作为报酬。于是他们带着驮运着他们自己物品及冰块的大队骆驼，满意地走了，神情与他们那天在 L.F 台地发掘墓葬及接下来的沙暴中表现出的执拗的态度截然不同。

及时地运走留在米兰的营地所有厚重行李和供应品是依布拉音伯克的任务，他们将适时地在去敦煌的商路上加入我们的队伍，我们约定在库木库都克会合。我知道，我的倒霉的汉文秘书李师爷，可能会在运输这些辎重时有一些麻烦，我也很担心中国方面会在若羌进行阻拦。因此，尽管那个尽忠尽责的总管已经伴我进行了三次旅行，我对他完全信任，但我一点也不轻松。一个沉重的邮包装着我半夜向西方写的关于最新发掘信息的信件，也委托依布拉音伯克把它们转发到喀什。

安排分队

从米兰运走沉重的行李

从楼兰遗址出发

我们向楼兰 L.A 遗址西北进发，首先经过的是到达佛塔前的风蚀很深的土地（图 149）。我第一次来到该遗址是在 1906 年 12 月，这在以前的发掘报告中已详细叙述过①。在这附近发现大量的小件铜器，如三棱形铜镞（C.xciv.011～013，图版 XXIII）、一对完整的镊子（C. xciv. 06，图版 XXIII）以及小石刀（C.xciv.01.a～u、07～09，图版 XXII）等，除此之外，我们还发现了大量的中国五铢型铜币。佛塔及距楼兰 L.A 遗址 6 英里的距离内散布有大量质量甚好的陶片，表明此地在历史时期曾频繁地被使用过。抵达佛塔前，我们穿过了一条宽约 90 码、深 20～25 英尺的古河床，岸上有许多干枯的胡杨。从方向上看，似与 L.C 墓地附近和更远的蜿蜒河床相连。②

风蚀

陶片在哪里绝迹很容易看出，因为这里雅丹沟壑少见，宽敞的洼地相对平坦，骆驼行走起来比较容易。洼地里还不时发现一些布满枯苇的平坦的小河床。走过 7.5 英里后，我们穿过另一条分出两三条支流的自西而来的弯曲河床。在我们穿过主支流河道的地方，河道拐了个急弯，其西岸顶风处如同安西、桥子（Chi'iao-tzǔ）附近的城墙那样被吹刮出裂口。③ 它使我突然想到前面提到的宽敞的洼地可能是由库鲁克河支流灌注而成的潟湖的湖床。洼地因为底部比周围地面低 20～25 英尺，所以受风力的直接侵蚀较少。湖床里可见大量的螺壳。就在洼地附近，我发现一对红柳包顶上还有活的茎枝。

---

① 参见《西域考古图记》第一卷 394 页。

② 我们在佛塔附近穿越的河床的方向是东—北东。地图中推测的向北延长线值得怀疑。拉尔·辛格在平板仪上绘图的时候，未曾注意到阿弗拉兹·古尔和我在 L.C 墓地附近找到的延长河道。

③ 参见《西域考古图记》第三卷 1095 页以下、1102 页以下；见图 239、240。

与我们前进方向成直角、难走的雅丹地带，影响了骆驼的行进速度。傍晚，我们不得不在狭窄弯曲、岸上有大量枯胡杨的小河床边扎营。在抵达营地前 2 英里处，我们在远处发现西边有一座小丘，也许是一座佛塔。其右边是低矮的地埂，也可能是墙址。因为在这样的土地上，暮色往往会误导人，如 1906 年我们在楼兰 L.B 遗址曾搜索过类似的遗存，结果什么也没有发现。而如果为此一转向，可能要花掉我们一天的宝贵时间，因此我不愿为此浪费时间。当然，观察必须记录下来，以此引起后来的探索者的注意。我们每天都能远远见到库鲁克山最南部贫瘠的支脉，阿布都热依木首先看见一条泛红色的小脊岭，我们便直接往那里走去，那里有拉尔·辛格所说的第四块墓地。

穿越艰难的雅丹地带

行途中初次与阿布都热依木在一起，我抓住机会同他长谈起有关他在狩猎时的观察和经验。他从小就在库鲁克山边荒僻的辛格尔中长大，他的父母是吐鲁番盆地迪坎尔（Deghar）的猎手，初次开拓了一片荒地。他似融吐鲁番人天生的礼貌智慧和荒漠猎手勇敢自立的精神为一体，我发现他既聪明又善交际，且富有责任心，在我们后期的旅行中我们从他那里得到了不少帮助。阿布都热依木有敏锐的地形意识，凭他在库鲁克山中西部遍布石头碎石的荒漠地上长期活动的经验，他告诉我这里的大片土地除一些盐泉外净是无水的沙漠，这对我制定考察计划帮助极大。1914 年冬和 1915 年春，拉尔·辛格完成了我制定的这个考察计划，他沿着计划的路线，考察了库鲁克山地区从未考察过的地方，进行了从罗布沙漠到库尔勒（Korla）的三角测量。[①]

阿布都热依木在库鲁克山的经历

---

① 参见本书第二十章第一节。

像过去的羚羊猎人熟悉与世隔绝的高山山谷一样，阿布都热依木对沙漠地带（东西向延绵 250 英里、横宽 120 英里）的赤裸、荒凉早已习以为常。我和拉尔·辛格都知道，他的话总是真实又准确，这就是为什么要记录第一天他告诉我们的一条准历史消息。这条消息似乎与楼兰遗址有一定的历史联系。除了在 1900 年 3 月作为斯文·赫定博士的向导去过阿勒提米什布拉克和离我标记的 L.B.iv 附近居住遗址，他从未到过罗布沙漠的这一部分。正是在那里，斯文·赫定博士第一次（1900 年 3 月 28 日）遇见了古代居址。[①] 从那里他就返回，因此对斯文·赫定博士后来在 1901 年考察过的遗址的情况，他并不知悉。但阿布都热依木年轻时从塔里木的罗布老猎手鲁斯塔木（Rustam）处曾听说过一个"古城"（Kötek-shahri）的故事（传说该城位于库鲁克河南部沙漠中）。在跟随斯文·赫定博士第一次前往库鲁克河和阿勒提米什布拉克时，阿布都热依木曾把这个故事告诉他。

阿布都热依木的话对我来说多少有些重要，它说明第一次发现楼兰遗址并非偶然，它也证实了我原来（从恰依奴特库勒湖到城堡 L.K 遗址途中）从托乎提阿洪那里听到的消息，即他在年轻时听一个阿布旦老猎人艾格尔阿詹（Egir-ajan）说起，那时沿库木巴勒塔格山（Kumbal-tāgh）南麓［或更准确地应为库木勒塔格山（Kumul-tāgh）］，有一条从塔里木到敦煌的道路。此"路"应位于沙漠北部，阿布旦猎手应对它比较熟悉。但托乎提阿洪没有告诉我艾格尔阿詹是怎样知道此路的。不管怎样，他认为这位老人可能到过铁干里克，因为当地猎手为追野骆驼时常常深进入库鲁克山。

---

① 参见斯文·赫定《中亚和西藏》第一卷 376 页。

1895 年，艾格尔阿詹被当时从西宁叛逃出来的凶犯杀死。

阿布都热依木和托乎提阿洪完全独立的陈述十分一致。无疑，关于这个地区存在古楼兰遗址的一些模糊传说，在斯文·赫定博士的发现之前，就流传于追赶野骆驼而进入库鲁克山脚泉水的猎人间了。而对我来说，更加难以确定的是，那个从塔里木到敦煌有一条古道的传说是否意味着它正是古代的中道？或者是否可从中推理出或解释为库鲁克山脚南部沙漠中存在古城？传说的楼兰遗址也许有人去过或冒险的猎人进去找过宝藏（楼兰 L.A 遗址的佛塔明显有"寻宝人"到过的痕迹）①，一方面，这很难说是交通站被废弃后不久发生的；另一方面，也应注意，塔里木盆地居民关于沙漠中存在古城的传说根深蒂固，他们自古以来就对宝藏有着强烈的兴趣。②

2 月 19 日早晨，我让阿布都热依木带着所有骆驼与行李向东北方向进发，目的是要把我们的营帐搭在原来他与拉尔·辛格穿过的一条宽敞的峡谷口。这处峡谷从库鲁克山脉外围乌兰铁门图山（Ulan-tementu）上延伸下来。我、拉尔·辛格、阿弗拉兹·古尔和其他几个人因不用驼运，只能继续沿原来方向朝着所说的墓地前进，计划在发掘后的当晚再回营地，这样骆驼可少走一段绕远的长路，同时我们前往阿勒提米什布拉克的路上也可缩短一天时间。

我们出发 6 英里后，雅丹地貌上升到约 10 英尺的高度，方向仍未变，正好横贯在我们的道路上，使我们行走起来很费力。但这也证实我们的安排非常明智，骆驼可从此直行至

---

① 参见《西域考古图记》第一卷 389 页、391 页。
② 参见《古代和田》第一卷 236 页、455 页等；《西域考古图记》第三卷 1234 页、1301 页等。

预期的营地，以在那里过夜，所以路线必须保持与风蚀脊岭沟壑平行。前一天的后段行程中，没有发现任何居址，而在我们走了4英里后，我惊喜地发现，精制的陶片逐渐多了起来，类型与楼兰 L.A 遗址周围发现的那些相似。我们还从地上捡拾起几件铜镞和各种金属残片（如遗物名录所示）。除两枚五铢型铜币外，精制的三刃、有倒刺的铜镞（C.xcvi.016，图版 XXIII）也值得一提。拉尔·辛格发现的（Lal.S.015，图版 XXIII）和出自库木库都克的（Kum.01，图版 XXIII）铜镞类型也相同。与三棱形铜镞截然不同的是，上述类型的铜镞与汉代常备武器弩机配用，在楼兰地区及敦煌长城内都有大量发现。①

居址上的遗存 　　在距上一个营地约7英里的地方，我看到在高约8英尺的雅丹顶部，有一处被严重破坏的居址（图167），面积为25英尺×15英尺，上面散落着加工得很粗糙的胡杨木柱和横梁。其地表风蚀得非常严重，仅南部覆盖着一层麦草和马粪（也许是掉落下来的部分屋顶），保护住了一小部分泥墙，残存木柱用尖细树枝做成，表明此居址的主人是一个农耕者。地上散布的陶片很精致，年代与楼兰遗址明显相同。另在居址附近的塔提遗存中，还捡拾起几颗玻璃珠子和石质珠子及小青铜残片等（C.xcvi.01~05、07~012，图版 XXIII）。

古农耕地带 　　这些发现地及以前记录的遗物地点与仅几英里外的C.84号营地（或 C.xcvi）一起②，明显属于一个古居住地带，年代与楼兰其他遗址大体同时。从地图显示的位置判断，这个地带沿着古城堡 L.E（敦煌沙漠捷径上的一座桥头堡）至库

---

① 参见本书第八章第一节；《西域考古图记》第一卷358页、428页以下；第二卷599页、604页、704页等。另参见本书第十章第一节、第十二章第一节，T.XXII.f.02、03。

② C.84号营地取自拉尔·辛格的平板图，C.xcvi 是我和阿弗拉兹·古尔命名的。

鲁克山缓坡的道路延伸，从此有条清晰的库鲁克河主河道一直流向营盘和现在的孔雀河河床。关于营盘，我将进一步证明它是楼兰地区和库尔勒及天山山麓串状绿洲之间的一个重要站点，这条连线就是我们所说的塔里木盆地北缘的天然北道。[①] 而刚才提到的这一耕种带正好位于古城堡 L.E 遗址、库鲁克河最北支流的尽头及地图标出的第 29.C.3 号塔提区的直线上。

沿库鲁克河的古道

　　从（上述居址）那一地点向西，根据地形地貌来看，我可肯定那条古道一定靠近库鲁克山脚缓坡，这是因为如同现在一样，古代人也要考虑到人畜的饮水、食草和燃料的供应问题，他们也会考虑山麓缓坡边上的碎石戈壁比较平坦，交通比较便利，还可免遭洪水、决堤和流沙的困扰。塔里木盆地周围的道路都很靠近河水[②]，从楼兰 L.A 遗址到营盘的道路，没有与沿库鲁克山缓坡边缘的自然大道相接，其旁边的河道比另一条流向西北、沿砾石戈壁（在拉尔·辛格标为"塔提"的地点附近）的河流要短得多。我在 1906 年考察过的、位于楼兰 L.A 与 L.B 遗址之间的一系列佛塔、佛寺和居址，很可能就是沿着这一条大道分布的。[③]

从古城堡 L.E 遗址到库鲁克河的道路

　　从楼兰 L.A 遗址发现的遗存和记录表明，该地点在使用末期，应是中国中道的必经之地和行政中心。关于这一点，有许多充分的理由可以证明，如灌溉的便利、农业资源的开发等，但无论如何都不可排除这样一个事实，即从古城堡 L.E 遗址向西南至楼兰 L.A 遗址，再向西北到最近的库鲁克

---

①　参见本书第二十一章第一节。

②　从营盘沿库鲁克山西部缓坡到库尔勒的古道可能更长，沿线至今仍有汉代烽燧遗存。我相信，这些地理因素是决定从库鲁克河到营盘东部的路线的决定因素。参见本书第二十一章第三节。

③　参见《西域考古图记》第一卷 394~405 页。

山脚缓坡的道路，明显是一条迂回的道路，因此，在某种程度上，从起点到终点的捷径很可能经常被使用，这就可以解释在库鲁克山脚缓坡边和 84 号营地间我们会遇到古居址的原因。

前往缓坡脚下　　从上文叙述过的古代居址遗存继续向西北行走，雅丹脊岭渐低，许多小平地显然是风蚀所致。我在到达废墟前已注意到这种现象出现更加频繁，到达戈壁边缘时，沙粒渐渐变粗，这说明风蚀力度明显增强，因为地面越宽广侵蚀力就越大，因而造成地平面凹陷。距营地 8.5 英里的一片泥底的洼地，有洪水（北面山坡的排水）积蓄的迹象。我还遇见被风吹积来的一些奇怪的荆棘球果夏普（shap）。这种球果似无根，稍有水汽即可存活，它们可能是从库鲁克山缓坡更高处吹来的。

古墓室　　缓坡最低处实际是砾石戈壁，距刚提到的洼地约 1 英里。在接近拉尔·辛格的 80 号营地北面 2 弗隆的地方，出现了一块隆起的宽阔泥地，在遍布碎石的戈壁上，这是更古老的地面的证据，它没有被山麓碎石沉积掩埋。在这块地面上，拉尔·辛格小组中一个聪明的和田人艾则孜，向我指出他以前经过时注意到的一座棚盖墓。它实际上是一种在硬泥地上挖出的竖穴墓，大小约 20 平方英尺，大体朝东，墓顶有胡杨木粗制的双椽，上面覆盖着密集的小胡杨枝，顶上还铺有一张由成捆荆棘灌木交叉制成的席子（现称 yiken）。席子上又铺了一层麦草和 1 英尺厚的硬泥。

墓内棺材　　墓顶东面的泥土已被风吹走，所以我能直接看到墓内，它深 4~5 英尺，内置三具棺材。棺材由胡杨树干粗挖而成，两头封以木板。打开靠北的一具棺材后，发现里面填满了硬泥。棺材里的泥土是原来葬入还是由于风吹而填入的，棺内尸骨已在温度等的影响下完全风化，现已无法弄清。位于中部的另一具棺材内，发现有腐朽的人骨和难以打开的大团碎布片（L.H.i.01），碎布片中许多是旧衣服上的丝绸碎片。第三具棺材位于墓室的南边，我们怕浪费时间而没有打开。墓内成团的泥土，可能是由于细尘吹入墓内逐渐堆积并随潮气影响变硬而形成的。

极少的墓内遗物、粗筑的墓室，本身提供了有益的证据材料。其墓葬结构与 L.F 台地遗址楼兰当地居民的墓葬截然不同。但它埋葬破旧衣服及残存丝片的方法，与我在 L.C 墓地发现的埋葬各种遗物的方式相同。最后，随葬的麦草清楚地表明，墓地附近地区从事过农业生产。此外可以肯定，墓地位置选在那里是为了防潮、防风蚀，以免尸体腐烂。

墓葬的证据材料

这些推测在我检查 L.H 墓地时得到证实。据拉尔·辛格报道，L.H 墓地位于西北 1 英里处。我们在下午两点到达，因考虑到后面的跋涉及我们如果晚归，在黑暗中会找不到营地，因此我们匆匆地做了检查。该墓地位于缓坡戈壁上的一片低洼地，有四具棺材南北向紧排在一起，半露在碎石地表之上（图 169）。一根胡杨木柱仍直立着，其山字形顶端仍支撑着一根大横梁，无疑上面曾有过棚盖。篷顶和墙已被风蚀，只剩下碎片和朽木。棺材也一样或多或少受到了风沙的侵蚀。由许多胡杨木拼成长方形的一具大棺材位于最南端，已完全破碎，遗物散布于地。另一具棺材用胡杨木凿成，棺盖已无。

L.H 墓地

最北边的棺材全长 9 英尺，损坏较大，用来装殓尸体及其他东西。尸体用各种丝绸和毛织物残片紧紧包裹，与 L.C 墓地的埋葬方式一样。在棺材顶板附近有椭圆形木盘（L.H.013，图版 XXVIII）及另一件盘的残足（L.H.028，图版 XXVI）。

L.H 墓地棺材内的随葬器物

另一副棺材的顶部也发现有食用木盘（L. H. 02，图版 XXVII），圆形，下有短足支撑，足形与尼雅和楼兰遗址的传统狮足样式相同。① 各种纺织物残片多为丝绸，显然是用来包裹尸体的破旧衣服残片。在尸体侧面，还发现两个木杯（L.H.01、012，图版 XXVII、XXIX）和五支木箭（L.H.023~027，图版 XXV）。木箭箭杆上虽有羽毛，但无箭头，而仅把箭杆一端修整成一个光滑的尖，故显然是明器。第三副小棺材中填满了流沙与碎石，有一件很明显被用于包裹整具尸体粗制的毛织衣服，对包裹四肢的丝织品和羊毛织品残片的保护起了很大的作用。特别重要的发现是一只精织的羊毛鞋（L.H.04，图版 XLII、LXXXV）（图版中无此物，可能有误——译者），用非常精美的绒绣图案装饰，脚趾部分的纹饰为猛狮、飞鸟，颜色交替，中间饰几何纹，整体做工精湛，其工艺和图案使我回忆起我 1906 年从楼兰遗址居址中得到的一件精制拖鞋（L.B.IV.ii.0016）。②

L.H 墓地发现的织物

这只鞋子及另一只鞋的残片（L.H.015）上的装饰风格，与 L.C 墓地出土的织绣残片一样，可以肯定源于本地。但所有的丝绸物无疑均从中原输入，它们大多是平纹编织的纹样丝绸（L.H.06、08、010、014、016、017、020）；此外有一块纹样丝绸残片 L.H.09，为经畦组织，卷云纹。还有一块绛色绮残片 L.H.011，上面有主要由菱形组成的斑点型几何纹的装饰。

墓葬的年代

尽管小墓地没有发现可断代的物品，然而，就像 L.C 墓地出土的遗物一样，该墓地织物的总特征足以证明织物的使

---

① 参见 N.XXVI.01（图版 XV）和《西域考古图记》第四卷图版 XLVII 中的 LB.III.1。
② 参见《西域考古图记》第一卷 401 页；第四卷图版 XXXVII。

用时间正是中原王朝控制楼兰的时期。从墓葬位置来说，埋葬位置较高，显然是为了防潮，而位置选在砾石地，也是为了使墓葬不至于直接受到风蚀。但棺材的保存状况也足以体现出 16 个世纪或更长时间以来风蚀的持久有力。尽管墓葬选在似乎安全的地点，但风蚀对低处沙化泥土的作用更加迅速，这就有助于解释许多棺材中受风蚀的遗物被收集起来再次埋葬的原因。即使是在楼兰地带仍在利用、向东的沙漠道路仍畅通的时期，这种收集、重埋的现象仍然存在。

　　两处墓葬区的考察使我们耽搁到下午很晚才开始向营地走去。夜幕笼罩，我们沿着一道严重风化、发红的山岭底脚前进。来的时候，我们曾以拉尔·辛格的骆驼足迹为路标，但现在骆驼足迹已看不见，我们只能依靠灰暗夜幕中的星光及关于河床（峡谷）的粗浅知识来判断方向。我们不知道，阿布都热依木会不会在我们过夜的峡谷处引导我们到达营地。

在黑暗中向营地前进

　　傍晚 7 时许，我们终于听到了回应，总算松了一口气。那正是阿布都热依木，他估计我们可能找不到营地，所以出来寻找我们。一路上，尽管我们尽力不让队员掉队，但不料还是有一个人在黑暗中走失。于是，阿布都热依木把我们安全送到营地后，又带着搜寻队出发了，但最终还是没有找到那倒霉的和田人。幸亏他当时穿着拉尔·辛格的皮衣，才挡住了夜间的寒风。第二天，他终于归队，情况还不算太糟糕。

　　第二天，我们继续向西北方向前行，穿越了一连串较浅的洪积河床及沿路稀疏的荆棘灌木。走了 2.5 英里，我们到达一处凹陷的洪积湖床。此湖床从乌兰铁门图山下一直延伸到遥远的北方，看上去它已长期不曾蓄水，但它陡峭多石的

穿越风化的脊岭

斜坡，骆驼穿越时还是比较困难。我们爬上了一条岩石裸露的横向小山脉，到达了地图上所标示的损毁的敖包（Obo）或锥形石堆。此时我们走上了一条小道，它是猎取野骆驼的猎人前往阿勒提米什布拉克时经常走的一条路。我们在行进时注意到，沿路有很多小石堆和其他标志。我们先通过一处风化的平缓岩坡，穿过由风化的连绵岩石覆盖的高原，最后从高出高原约上百英尺的横岭顶上通过。我们看见，阿勒提米什布拉克绿洲正位于一片宽阔的水蚀洼地的西缘。

到达阿勒提米什布拉克　　我们在走了 18 英里的路程后，终于到达了目的地。那里茫茫一片繁茂的芦苇和红柳（图 176）似在欢迎我们。四处主要的水泉均结着厚厚的冰层，要用大量的燃料才能把它们融开。但最西面的泉眼有水可供骆驼直接饮用，足够缓解它们几个星期来的干渴，免得人们烧火融冰。我们的人马将在这里好好休息几天，然后才进一步出发，穿过古湖（指罗布泊——译者）那毫无生命的干涸湖床。

在楼兰 L.A 遗址西北风蚀地（C.xciv）发现的遗物

C.xciv.01.a~u　20 件残石器。包括 18 件细长石叶和两件石核，用压剥法制成，深灰、绿色和紫色石料。石叶 a 最大，最大长度 $2\frac{1}{16}$ 英寸。

C.xciv.02　玻璃残片。透明，浅橙黄色。残，$\frac{9}{16}$ 英寸 × $\frac{9}{16}$ 英寸 × $\frac{1}{8}$ 英寸。

C.xciv.04　玛瑙珠。圆形，红色，直径 $\frac{3}{8}$ 英寸，高 $\frac{1}{4}$ 寸。图版 XXIII。

C.xciv.05　陶器耳。环形，与器身相连，粗陶质，风化严重。$1\frac{5}{8}$ 英

寸 $\times 1\frac{1}{4}$ 英寸 $\times 1\frac{3}{8}$ 英寸。图版 XXIII。

C.xciv.06　铜镊子。完整。参见 Kao.III.0164，长 $2\frac{7}{8}$ 英寸，夹（钳）跨度 $\frac{1}{4}$ 英寸，环宽 $\frac{1}{8}$ 英寸。图版 XXIII（图版中该器号可能误为 C.xclv.06——译者）。

C.xciv.07~09　3 块石片。细长。07 呈（粉）红色，玉质，半锥体明显。08、09 呈灰色，最大长度 $2\frac{3}{4}$ 英寸（07）。图版 XXII。

C.xciv.010　铜戒指。刻饰双行圆点。直径 $\frac{3}{4}$ 英寸，宽 $\frac{1}{4}$ 英寸。图版 XXIII。

C.xciv.011~013　3 枚铜镞。L.J.01 型，三棱形剖面，六角形铤。011、013 有铁铤。012 尖已磨损。011、013 已锈蚀。012 保存良好。最大长度 $1\frac{1}{4}$ 英寸（013）。图版 XXIII。

C.xciv.014　铜环和铜銎。整体铸成，修补处有绿锈。长 $1\frac{3}{8}$ 英寸，环径 $\frac{11}{16}$ 英寸。图版 XXIII。

C.xciv.015　石叶。细长形，墨色，裂成两片，全长 $1\frac{3}{4}$ 英寸。

拉尔·辛格在 77~80 号营地之间的库鲁克河沿岸发现的遗物

Lal.S.01　残石。粉红色。2 英寸 $\times \frac{7}{8}$ 英寸 $\times \frac{1}{4}$ 英寸。

Lal.S.02　铜器残片。不规则形。1 英寸 $\times$ 1 英寸 $\times \frac{1}{8}$ 英寸。

Lal.S.03　**胶泥球**。黑色。与 L.K.047 等类似，直径 $\frac{3}{16}$ 英寸。

Lal.S.04　**玻璃珠**。卵形，暗蓝色，透明。长 $\frac{1}{2}$ 英寸，最大直径 $\frac{5}{16}$ 英寸。

Lal.S.05　**玻璃珠**。管形，不透明，淡黄色。长 $\frac{1}{4}$ 英寸，直径 $\frac{1}{8}$ 英寸。

Lal.S.06　**陶片**。粗砂红陶。最大长度 $3\frac{1}{8}$ 英寸。

Lal.S.07　**植物纤维（?）绳段**。两股交缠，纤维好。长 $2\frac{1}{4}$ 英寸，直径 $\frac{3}{8}$ 英寸。

Lal.S.08　**陶片**。粗砂黑陶。最大长度 $2\frac{1}{4}$ 英寸。

Lal.S.09　**陶片**。灰陶，表面有棱。最大长度 $2\frac{3}{8}$ 英寸。

Lal.S.010、011　**2 块陶片**。磨光红陶，表面黑色。最大长度 2 英寸。

Lal.S.012　**陶片**。夹砂黑陶，似 Lal.S.08。最大长度 $1\frac{1}{4}$ 英寸。

Lal.S.013、014　**2 把石刀**。细长，灰绿色。014 仅残片。最大长度 $1\frac{5}{16}$ 英寸（013）。

Lal.S.015　**铜镞**。中脊突出，边刃锋利。翼有穿孔，也许是为了固定箭杆。翼薄而带倒刺（一刺已折断）。保存良好。铸造精良，参见 Kum.ol、C.xcvi.013、016 和《西域考古图记》第四卷图版 XXIX 中的 N.XIV.008。长 $1\frac{5}{16}$ 英寸，最大宽度 $\frac{5}{8}$ 英寸。图版 XXIII。

Lal.S.016　**残陶器**。残存部分平底及腹片，细泥灰陶。最大长度 $4\frac{3}{8}$

英寸。

Lal.S.017、018　**陶片**。粗制，灰红、灰陶片。最大长度 $2\frac{1}{4}$ 英寸。

Lal.S.019~021　**3 块矿渣**。最大长度 $1\frac{3}{4}$ 英寸（019）。

Lal.S.022~024　**3 块陶片**。夹砂灰陶。最大长度 $3\frac{3}{4}$ 英寸（023）。

在 84 号营地（C.xcvi）西北侵蚀地上发现的遗物

C.xcvi.01　**陶片（在营地西北 7 米处发现）**。轮制，厚，表面灰红色，器表阴刻四个圆圈及直线纹等。$2\frac{1}{2}$ 英寸×$1\frac{7}{8}$ 英寸×$\frac{1}{2}$ 英寸。图版 XXIII。

C.xcvi.02　**粗泥质红陶片（在营地西北 7 米处发现）**。残。$1\frac{3}{4}$ 英寸×$1\frac{3}{8}$ 英寸×$\frac{1}{6}$ 英寸。

C.xcvi.03　**铜环形器（在营地西北 7 米处发现）**。环呈椭圆形，有柄。$1\frac{7}{8}$ 英寸×$1\frac{1}{8}$ 英寸。柄长 $\frac{3}{4}$ 英寸。图版 XXIII。

C.xcvi.04　**残铜片（位于营地西北 7 米）**。有一个穿孔。$\frac{3}{4}$ 英寸×$\frac{1}{2}$ 英寸×$\frac{1}{16}$ 英寸。图版 XXIII。

C.xcvi.05　**玻璃珠（西北 7 米）**。淡绿色，透明。庵摩罗果形。高 $\frac{3}{8}$ 英寸，直径 $\frac{7}{16}$ 英寸。图版 XXIII。

C.xcvi.07　**残铜片**。上有部分浮雕图案。1 英寸×$\frac{1}{4}$ 英寸×$\frac{1}{32}$ 英寸。

C.xcvi.08　**玻璃珠**。粗管形，黄绿（黄）和暗灰色，绿色处半透明，黄色处不透明。长 $\frac{5}{8}$ 英寸，直径 $\frac{3}{8}$ 英寸。图版 XXIII。

C.xcvi.09　**贝珠**。管形。$\frac{1}{4}$ 英寸 × $\frac{1}{4}$ 英寸。图版 XXIII。

C.xcvi.010　**玻璃珠**。蓝色，透明，管形。$\frac{5}{32}$ 英寸 × $\frac{3}{16}$ 英寸。图版 XXIII。

C.xcvi.011、012　**2 颗玛瑙珠**。球形，橙黄色。直径 $\frac{1}{4}$ 英寸。图版 XXIII。

C.xciv.013　**铜镞**。似 C.xcvi.016，锈蚀。长 $1\frac{3}{16}$ 英寸。图版 XXIII。

C.xcvi.014　**铜镞**。三棱形，圆尾，翼之中上部有方孔，锈蚀。长 $\frac{15}{16}$ 英寸，最大宽度 $\frac{1}{2}$ 英寸。图版 XXIII。

C.xcvi.015　**大头铁钉**。多锈，长 $1\frac{1}{16}$ 英寸，头 $\frac{7}{8}$ 平方英寸。图版 XXIII。

C.xcvi.016　**铜镞**。与 Lal.S.015、Kum.01 等为同一类型，参见有关详述。中脊中空，三叶翼片，三棱形孔，锈蚀并开裂。同类残片参见 C.xcvi.013。长 $1\frac{7}{16}$ 英寸，最大宽度 $\frac{11}{16}$ 英寸。图版 XXIII。

C.xcvi.017　**铜丝残段**。一端较宽，扁平，另一端残。也许是镯饰的一部分。长 $1\frac{1}{2}$，最大宽度 $\frac{1}{8}$ 英寸。图版 XXIII。

L.H 遗址南墓地出土的遗物

L.H.I.01 成团的丝绸和粗布片。与 L.C.09 类似，脏，易碎，最大片（衣饰残片）1 英尺 5 英寸×1 英尺 1 英寸。

L.H 遗址北墓地出土的遗物

L.H.01 木杯。圆底，环形单耳，耳上沿平。器表有斧砍痕迹，内壁有凿痕，完整。直径 $4\frac{5}{8}$ 英寸，高 3 英寸。图版 XXIX。

L.H.02 木盘。圆形盘面，三足（一足已残缺）。凸沿高 $\frac{5}{16}$ 英寸，宽 $\frac{3}{8}$ 英寸。坚硬，裂开。背面中央引出三个用于加固的脊状突起。边沿钻孔，以接传统狮足形盘足。似 N.xxvi.01（图版 XV），《西域考古图记》第四卷图版 XLVII 中的 L.B.III。已变形，保存较好。盘面直径 $11\frac{5}{8}$ 英寸，厚 1 英寸，足长 $6\frac{7}{8}$ 英寸。图版 XXVII。

L.H.03 木盒。椭圆形，底部为一块板，折沿。长 $7\frac{3}{4}$ 英寸，宽 $3\frac{1}{4}$ 英寸，高 $2\frac{3}{8}$ 英寸。图版 XXIX。

L.H.04 羊毛绣鞋。用坚韧的精羊毛织成，正面和侧面淡黄色，无花纹。鞋帮中央有一深色条纹，近脚趾处变成细线。侧面黄底圆边，如一窄长条带紧贴在鞋底上，上部边沿用粗线密织。

脚趾处用黄红色条状交替装饰，条带上饰飞鸟，鞋面边上和中间有五对猛狮，浅黄、大红色交替，其下为浅黄条状纹。红底，两条带（第一、二）间各伸出一红色细线，止于中部绿色显眼处。

织物上部为精美羊毛，已残。衬里为粗布。鞋底精美线织。织物成分是植物纤维，也许是麻，已损毁。工艺精湛。$9\frac{1}{2}$英寸×$3\frac{3}{8}$英寸。工艺和纹饰参见《西域考古图记》第四卷图版 XXXVII 中的 L.B.IV.ii.0016。图版 XLII、LXXXVIII。

L.H.05　铁条残段。扁平，曾有铜片附着，严重腐蚀，有硬结的土。$4\frac{3}{4}$英寸×$\frac{15}{16}$英寸。

L.H.06　成团的丝绸残片。浅黄色、绿色、蓝色，素面织，（大堆）8英寸×$5\frac{1}{2}$英寸×2英寸。

L.H.07　羊毛毯。毛色呈绛色、浅黄色和粉红色，每隔10条纬线出现一次，几乎完全损坏。残存粗布衬里。8英寸×5英寸。

L.H.08　丝织物。素面，绿色发亮，严重残损。长约7英寸。

L.H.09　纹样丝绸。残损，现存浅黄和蓝色，云纹，经畦组织。6英寸×$3\frac{1}{2}$英寸。

L.H.010　丝织物。素面，绿色，精织。$4\frac{1}{2}$英寸×5英寸。

L.H.011　锦缎残片。（淡）暗红，磨损、破裂成许多碎片。斑点纹不清，有菱形纹，短角相交。小涡卷纹也常见，平均尺寸（片）约$1\frac{1}{2}$英寸×1英寸。

L.H.012　木杯。圆形，无柄，小圆底，粗制，保存较好。高$3\frac{3}{4}$英寸，口径$3\frac{1}{2}$英寸。图版 XXVII。

L.H.013　木盘。椭圆形浅盘，四足（残失一足），底盘有四个方形突出。下接兽蹄形榫足。盘内粗制，有刀痕，长1英尺5英寸。最大宽度$10\frac{3}{4}$

英寸，高 6 英寸。图版 XXVIII。

L.H.014 丝绸残片。素面，浅黄色，易碎。最大长度 6 英寸。

L.H.015 鞋面。残，精制，与 L.H.04（见该条）类似，呈绛色和浅黄色。最大长度 7 英寸。

L.H.016 大团丝绸残片。素面，浅黄色，已残。

L.H.017 大团丝绸残片。素面，蓝色，残损。

L.H.018 植物纤维织物。可能是鞋，双线左右交织，表面呈辫状线纹，残碎。最大（片）尺寸 $\frac{3}{4}$ 英寸 × $\frac{1}{2}$ 英寸。

L.H.019 草编物。如前一件，较粗糙，与沙凝结在一起，易碎。最大尺寸 1 英寸 × $\frac{1}{2}$ 英寸。

L.H.020 丝绸残片。精美，平纹织法，（浅）黄—淡红色。约 $4\frac{1}{4}$ 英寸 × 2 $\frac{3}{4}$ 英寸。

L.H.023~027 5 支木箭杆。木质，上缚羽毛，无镞，木杆简单削尖。023、024 完整，其余箭杆尖头折断。

如 027，所有杆上都有羽毛，羽毛经削短，沿杆成束捆扎，长约 3 英寸，形成短硬的刷形，两束或少量羽毛仍存于杆上。除 025 外，一支箭头被包住，另一支长 6 英寸，用肠线捆扎（有时顶上用红羊毛绳捆扎）。

023（完整）和 026 从有羽的一端往上距箭头 $5\frac{1}{2}$ 英寸处（这里有捆扎痕迹），阴刻螺旋形纹（每支上三条）。再往上，螺旋纹继续，但其左边有与箭杆呈垂直状的齿道，参见木针饰 L.F.ii.04 等（图版 XXIV）。

025 上捆有一张鹿皮，羽毛捆扎于底下 3 英寸处。肠线从这点环绕到杆尖（已折断）。

023 和 024（完整）长 29 英寸，025 长 22 英寸，026 长 $14\frac{1}{2}$ 英寸，027

长 $20\frac{1}{2}$ 英寸；直径 $\frac{5}{16}$ 英寸（025）至 $\frac{7}{16}$ 英寸（023）。图版 XXV。

L.H.028、029 2 条木盘足。似 N.XXVI.01（图版 XV），狮形足。

不成对，029 大于 028，上有两道刻槽，足底呈斜边形，每条足上均有

长方形榫头。028 精制，保存完整。$4\frac{1}{4}$ 英寸×$1\frac{1}{2}$ 英寸×$\frac{1}{2}$ 英寸；5 英寸×$1\frac{13}{16}$

英寸×$\frac{3}{4}$ 英寸。图版 XXVI。

L.H.030 木盘足。锥形腰，粗制，顶有榫头，高 3 英寸（榫头 $3\frac{3}{4}$ 英

寸），头径 $2\frac{1}{2}$ 英寸。

L.H.031 陶器耳。半环形，陶器残件。泥质红陶，黄色泥釉（？），高

3 英寸，最大长度 $1\frac{5}{8}$ 英寸。图版 XXVI。

第八章　追寻中国古道

第一节　到楼兰最东部的要塞去

2月21日到24日，我们在阿勒提米什布拉克停留了四天。对于已在沙漠中疲惫不堪并饱经物资匮乏之苦的人畜来讲，这次休整是十分必要的。借此，我们也好为即将面对的艰苦探险做些准备。小绿洲的芦苇滩在冬天看起来一片干枯，不太诱人。但对骆驼来说丰富的苇草很重要，因为它们已长期缺乏食物，相比之下，水还算是比较充足的。我深知，我们的探察要到无水的沙漠深处，并同时保证全部人员的安全，主要得依赖骆驼的忍耐力。现在，骆驼正快活地吃着草，我手下的人也得以抽出空闲做一些必要的修理活动，比如整理一下马鞍和所带的物资等。拉尔·辛格正聚精会神地为以后的勘察绘制地图，我则忙于撰写尚未完成的著作，并筹划着今后的探察。

虽然我们在死气沉沉的世界中跋涉之后，看到这片小绿洲不免高兴，但阿勒提米什布拉克的环境却实在没什么吸引我的地方。小绿洲最宽处也只有约1.5英里。它接近于库鲁克山脉最南端一条寸草不生的山谷，并处于连接楼兰遗址与吐鲁番盆地的要道上。在楼兰遗址有人定居的时候，这片绿洲可能偶有商旅经过，但目前找不到任何古代遗迹。无论是

在阿勒提米什布拉克停留

阿勒提米什布拉克的位置

一小块长着沙漠植被的细沙地，还是附近荒凉破碎的山岩及铺满砾石的萨依，都没什么特别之处。何况，斯文·赫定博士已对这里进行过详细描述。①

阿勒提米什布拉克北边的山脉

微微的东北风吹起了尘沙。空气中虽然已透露出一点春天的气息，但在我们停留期间，最低气温仍只有华氏 11 度。尘沙使我们根本无法望见沙漠以南的昆仑山，我计划下一个冬天对库鲁克山进行三角测量，昆仑山是能将勘察点连接起来的一环。但在我们停留的最后一天，天空变得比较明朗，于是我们望到了北方和东北方相当一部分荒凉的山脉。拉尔·辛格看到这是一个进行平面测量的好机会，就爬上了正北方的一座小山。这座小山后来被用作三角测量中的一个点，在地图上的标高为 3 960 英尺（实际上是 4 247 英尺)②。从那里向北，他第一次看到了一条不太连贯的山脉，以前阿勒提米什布拉克的水就是从那流来的。那条山脉光秃秃，风蚀得很厉害，山与山之间是宽阔无水的山谷。冬天再次来临的时候，拉尔·辛格的工作主要就在那条山脉中进行。

为考察做准备

那一天我们的实际准备工作已经就绪了。我们又补充了一些冰，并精心储备了燃料。我手下这一组人中有阿弗拉兹·古尔、夏姆苏丁、托乎提阿洪，还有一个年轻的罗布泊猎手。我们有二十只骆驼，其中八只驮冰、四只驮燃料，剩下的驮足够让我们维持到敦煌的必要行李和给养。拉尔·辛格手下则有三个人，阿布都热依木那五只健壮的骆驼可以给他们提供可靠的运输保障。

---

① 参见斯文·赫定《中亚》第二卷 74 页、222 页。
② 地图中库鲁克山上所有经三角测量得出的高度都应该加上 287 英尺。参见梅杰·梅森《地图备忘录》112 页注。

　　我分配给拉尔·辛格的任务，是勘察大盐泽的北岸和东北岸（这片大盐泽代表的就是古代罗布泊最大时候的面积），并勘察罗布泊东岸库鲁克山脉的那些荒寒的小山。好在头两天，他能在依提木布拉克（Yetim-bulak）和考鲁克布拉克（Kaurük-bulak）的咸水泉里找到冰和一些牧草。据阿布都热依木称，那已是东边最后的咸水泉了，这在一定程度上会缓解他面临的困难。完成勘察任务后，他应该在库木库都克（库木库都克是敦煌—米兰沙漠道上的一口井）与我会合。

　　我的任务则是要寻找通往敦煌的中国古代商路，即《魏略》中所说的"中道"①。这个任务我酝酿已久，现在终于到实现的时候了。我们将从一度有人居住的楼兰地区边上开始，追寻这条道可能经过的任何地域，一直到它与如今的车马道相交的地方为止。如今的车马道起于敦煌及敦煌古长城的西端，通向罗布泊南岸，并延伸到米兰和若羌。这个任务无论是在地理上还是在历史上都很有价值，它深深地吸引着我。我知道完成它有很大困难，甚至要冒很大风险，但这丝毫没有降低我的热情。

计划寻找古代的中道

　　楼兰东北部的考古发现使我觉得，可以把那里作为追寻这条沙漠道的起点，尽管这条道已废弃了 1 600 多年。但在那里我就预料到，在到达库木库都克附近的当今敦煌道之前，我们是别想找到水的，大部分地方也无法找到燃料来融化我们带的冰。凭以前探险的经验，要走完这段距离，约需 10 天的艰苦跋涉。我们的骆驼虽然勇敢，其忍耐力也是有限度的。它们驮着冰、燃料和其他为安全起见携带的沉重物

将面对的困难和风险

①　参见《西域考古图记》第一卷 418 页及第二卷 555 页，这两处文字分析了《魏略》关于"中道"的记载，并叙述了以前寻找这条道的考察所得出的主要成果。

资，加之在此前的几个星期里它们都已经非常劳累。如果没有牧草和水，我想它们是撑不了比 10 天或 12 天更长的时间的。我无法预知在这片严酷的荒野中会有什么样不期而遇的困难使我们意外耽搁下来。现在，由于滴水俱无，这片旷野似乎显得比地球上的任何类似地方都更加荒凉。

能引导我们的
古迹将很少

还有许多其他令人不安的因素。我们能恰好找到这条古道吗？能沿着它一直追踪下去吗？古道经过的地区早在史前就不可能有人居住了。由于强烈的风蚀，即便有人类经过这里的痕迹留下，这样的痕迹也必定是极少极少的。此外，我们也会来不及在大片区域内仔细寻找古代交通的任何遗物。虽然一旦找到古道后，我们便有可能确定下来中国古书中提到的古道沿线几个地点的位置，但关于这条古道路线的记载又太少、太含糊不清了，无法给我们提供明确的指导。因此，尽管对这个问题投入了大量心血，我却深知，成功与否主要靠天意。

沿干涸河床下
来

我们于 2 月 25 日早晨离开了这片宜人的小绿洲。当时天空比往常更昏暗，前一个晚上的气温降到了 28 华氏度，还不是太冷。拉尔·辛格在向导阿布都热依木的引导下，向着东边的依提木布拉克出发了。我则大致沿着南—南东方向前进，从我们以前画的地图判断，古代要塞 L.F 应该在这个方向附近。找到这个要塞之后，我就可以查看一下古道的路线了。我们沿着阿勒提米什布拉克下面那条宽阔的浅谷西边下来，走了约 4.5 英里的路程，沿途几乎都是风化的岩石。然后又沿着一条清晰的水道走了约 2 英里（水道虽已干涸，但生着一些小灌木）。之后我们来到了一条大河床。河床位于铺满砾石的缓坡上，足有 0.5 英里宽。我们在这里发现了大量的黄杨木，它们都是沿着库鲁克山脉中偶尔发的大水漂到这里的。然后我们又来到了东边一条较小的河床。之后，在离前一个营地约 10 英里的地方，我们到了缓坡的脚下。凭空盒气压表判断，我们下降了 350 英尺。

下了山脚，我们过了一片狭窄的潟湖状的洼地。洼地表面的土裂成大块，上面结着一层盐壳，有一处地方还有一小片咸水。无疑，当罕见的雨水降落到库鲁克的外缘山脉时，我们刚经过的那几条河床的水会泛滥到这片洼地中来。[①] 阿弗拉兹·古尔后来在 1914 年的勘察表明，这片洼地继续向西南延伸并变宽了。过了东边的那条小河床后就没有什么灌木了。但当我们穿过这片洼地，并经过了一系列陡峭的土台地（这些土台地被风蚀成了各种形状，高达 60 英尺）之后，我们又发现了一片洼地。它比前一片洼地要宽些，土上也结着一层盐，边上还有一行稀疏的干枯灌木。可以肯定，这里是近期来自库鲁克的洪水能到达的最远的地方了。

过了这片洼地我们又走了一段路。在离阿勒提米什布拉克约 11.5 英里的时候，我们进入了一片区域。在这里一系列困难阻碍了骆驼前进的步伐。我本打算第一天多走些路，看来这个愿望是无法实现了。先是在约 2 英里的距离内，我们不得不穿越一系列小风蚀雅丹，它们有 15 英尺高。像平常一样，它们的走向也是从东—北东到西—南西。光是这一点就足以造成障碍了，因为我们的路线正好和它们成直角。而且它们都覆盖着发白的盐渍硬土，严重影响了骆驼的行进速度。对骆驼来说，这真是一个新的考验。

缓坡脚下的洼地

遇到了艰难的障碍

---

① 1901 年从阿斯廷布拉克（Āstin-bulak）向楼兰遗址进发的途中，斯文·赫定博士也在最开始注意到"有明显的流水的迹象，说明这里的确偶尔也有降水"。参见《中亚》第二卷 233 页。

结着盐壳的雅
丹

　　这些奇怪的风蚀雅丹全是圆圆的缓坡，这是土层先被风蚀切割，又经水的作用的结果。这使我觉得，这里之所以形成了风蚀缓坡，以及缓坡上之所以覆盖着厚厚的一层盐，都是因为它们靠近北边洼地。先前，洼地中可能是常年有水的，洼地同这里相比位置比较高，所以那里的水不时会泛滥到这里来。这些风蚀雅丹的形状和颜色，使我很自然地想起了《汉书》和《魏略》关于楼兰道的记载中所说的白龙堆①。显然，这里不是白龙堆。因为，不管我急于寻找的古道路线如何，这里离古道都是很遥远的。后来，当我们过了 ci 号营地后沿着古道继续前进时，又遇到了与此十分相似的一系列风蚀雅丹，对此我毫不感到意外。有足够的文物证据表明，那里就是中国古书中说的白龙堆②。

遇到了墙一般
的台地

　　风蚀雅丹的高度越来越小，上面覆盖的盐越来越少，其斜坡也逐渐恢复了因风蚀形成的陡峭形状。值得注意的是，在这种变化十分明显的地方，即离出发点 14.5 英里的地方，我们第一次遇到了软体动物的壳，低矮的风蚀雅丹上还有已死的红柳。这都表明，此地曾有过淡水。风蚀雅丹之间的沟底则是一些粗沙。我们已过了一些孤立的台地，在前进路线的左右也不时能看到其他台地。但这时，一块墙一样的 50 英尺高的大台地挡住了我们的去路，使我们不得不向东边绕了一大段路，才找到骆驼能通过的豁口。过了台地后 1.5 英里的距离内，又是风蚀雅丹，但这里的风蚀雅丹只有 15 英尺高。在一座风蚀雅丹顶上，我们不仅拾到了一些燃料，还看到了一棵被风严重侵蚀的已停止生长的红柳沙堆（柳冢）。

---

① 　参见《西域考古图记》第一卷 340 页、418 页；沙畹《通报》529 页，1905 年。
② 　参见本书第八章第三节、第四节。

此后又是一连串 60 英尺高的台地。这串墙一般的台地上有一道豁口，骆驼没费多大力气就得以通过。但自从我们离开石萨依的边上后，这些难行的路已使骆驼经受了严峻考验。考虑到它们已经很疲乏，夜晚也即将降临，我们不得不在总共走了 17 英里后安营扎寨。附近有少量死红柳的枯枝败叶，使我们能够把所带的燃料节省下来。

这一天的行程给我的感觉是，从前当库鲁克河三角洲的最东端仍有一些水，过着半游牧生活的牧人等仍能在那里居住的时候，从石萨依脚下到库鲁克河边植被带之间，是一条完全荒芜的风蚀地带，部分地面上还结着盐壳。在这块地面上，我们没有发现任何人类生存过的迹象。考虑到先前已勘察过的 L.E 古城堡遗址和 L.F 台地遗址的位置，我认为必须再朝南边走，才能找到那条古道。

没有人类留下的痕迹

2 月 26 日早晨，我们天不亮就起来了，把物资放到骆驼背上。天一亮我们就出发了。我们向南走，从 xcix 号营地起，在不足 1 英里的距离内，我们穿过了一系列 80 英尺高的台地。台地均为土质，被风侵蚀成了千奇百怪的形状，常常使人想起废弃的要塞、烽燧或佛塔（图 177）。前一天的风是从东南吹来的，这极为罕见。而在夜间，刺骨的寒风平息了，空气变得明净了一些。因此，当我们爬上附近矗立的一块台地顶上时，很快就认出了南边远处那条长长的孤立的山脉——L.F 台地遗址就坐落在那里。由此我确信，我们所转的方向是正确的，也就是说，我们的确应该向先前勘察地区的最东端走。过了台地带之后，地面要好走一些，其中的风蚀雅丹只有 4~10 英尺高。但走了约 2 英里之后，地面变成了盐渍的起伏不平的硬土。这又给驼队出了一道新难题，因为在前一天的跋涉中，大多数骆驼的脚已经疼痛不堪了。

看到了 L.F 要塞

就在进入这一地区之前，我们发现了一些已经枯死的红柳。在一处红柳丛附近，我们还拾到了一枚五铢钱，说明这里曾经有人来过。

没有前去考察 L.Q 台地

离 xcix 号营地约 4.5 英里的地方，我们发现自己恰好来到了西边的 L.Q 台地和东边的 L.I 台地之间连线的中点上。阿弗拉兹·古尔在第一次勘察中就发现，L.Q 台地上有一些墓地。根据我在 L.F 台地所做的指示，他已于 2 月 16 日又勘察了 L.I 台地。[1] 他在那里发现了古代的垃圾堆，并在附近拣取了几件小文物。这些都表明，这块台地历史上曾有人居住过。它在平面图上的位置是在楼兰的东北方。而相对于楼兰来说，L.C 墓地、古城堡 L.E 遗址和 L.F 台地也是在东北方。由此我猜想到，那条中国古道的路线应该在东北方。于是我决定直奔 L.I 台地而去。骆驼已经遭遇过考验，这使我更加急于避免任何不必要的行动，以节省时间来实现我们的主要任务。我决定这次就不去 L.Q 台地了，这样就能节省下一天的时间。阿弗拉兹·古尔在汇报中告诉我，L.Q 台地的墓葬与 L.F 台地的墓葬属同一类型，但保存得没有后者好。这多少减轻了我的遗憾。一年后，我才仔细勘察了那里的墓葬。[2]

被迫在 L.I 台地休整

在我们向 L.I 台地进发的途中，地变得越来越多沙，低风蚀雅丹上也出现了越来越多的已死的红柳。虽然地面的状况有所改善，但驼队却没精打采地落在了后面。当它们总算到了 L.I 台地的时候，我得知一只骆驼已筋疲力尽，几乎走不动了。人们不得不卸下它驮的东西，让它跟在后面。哈桑阿洪强烈要求我马上就地休息——在我的全部三次勘察活动

---

① 参见本书第七章第七节。
② 参见本书第二十章第四节。

中，都是由他来负责骆驼的。这次艰难的沙漠之行，他更成了我运输队伍中的顶梁柱。[1] 他和其他的人需要用这个白天中剩下的时间和晚上来给骆驼换脚底板。由于在结着盐壳的硬地面上行走，骆驼的脚已经龟裂并起了泡。哈桑阿洪急切地请求我在台地脚下扎营，这样他也能有机会把那只落后的骆驼带过来，而那只骆驼本来我已经觉得不得不命人开枪把它杀死了。后来发生的事表明，我这次作出就地休息的决定是完全正确的。

我们的 c 号营地附近共有三块台地，在地图上我把它们一起标作 L.I。迅速检查了这几块台地后，我发现有确凿的证据表明，当中国商旅出入楼兰之时（甚至更早），这里是有人居住的。台地约 60 英尺高，上面的确没有什么建筑遗迹。但在最北边那块台地的背风坡上，我们发现了大量苇草，其中掺杂着牛粪。这块小台地顶上有一条小沟，把台地顶部分成了两部分。在小沟里我们也发现了类似的垃圾，还有几块用苇草简单编成的垫子。东南的那块台地顶上也有这样的垃圾层。在它的西北坡上，我们拾到了几块破碎的羊皮，衬着编织很稀松的、粗糙的羊毛里子。这一切均表明，这些台地曾是当地牧民的营地。牧人可能只是在夏季才宿营在这里。底下的地面接近河流终端的沼泽，昆虫肆虐。因此，牧人会乐于栖身在较高的台地顶上。1907 年 5 月，当我们在古长城（那里的长城就在疏勒河尾闾的边上）最西端勘察时，为了躲避昆虫的侵扰，我们也曾高兴地爬到受蚊虫侵扰少些的类似台地顶上。[2]

在 L.I 台地发现的垃圾

---

[1] 哈桑阿洪的性格特点使他成为我艰苦的沙漠工作中极有价值的帮手。关于他先前所做的工作以及他的性格，参见《沙漠契丹》第一卷 112、373 页。

[2] 参见《沙漠契丹》第二卷 134、157 页。

我在最北边的那块台地脚下拾到了一枚精致的石箭头，
即 L.I.012（图版 XXII），箭头属新石器时代的物品。在箭头
旁边，我还拾到了一颗玻璃珠子（L.I.013）。这颗珠子表明，
历史上曾有人定期在此居住，甚至可能一直到人们最终废弃
了楼兰，这里才荒废下来。早在 2 月 16 日，阿弗拉兹·古
尔就带着几个人初次探访了这些台地。他们仔细搜寻了地
面，发现了一些青铜制品的碎片（其中包括一根青铜标枪
L.I.05，图版 XXIII），还有一些石器（包括玉斧 L.I.015，图
版 XXII）、粗糙的彩绘陶器（L.I.01 ~ 05，图版 XXIII、
XXVI）（疑图版页码有误——译者）。在这里如同在楼兰其
他地区一样，风蚀把石器时代的遗物带到了地表，与公元后
几百年内的遗物出现在一起。

我迅速查看了这几件遗物，了解了一下它们的性质，便
着手那件重要得多、急迫得多的任务，即寻找沙漠古道的迹
象。从 L.I 台地的顶上，我在望远镜里看到了北 60°东的地
方有一块孤立的台地，就与托乎提阿洪向这块台地进发。同
时，我还派阿弗拉兹·古尔去勘察一下北—北东方向的台
地，它们看起来似乎近些。由于我前进的方向与那些 10 ~ 15
英尺高的风蚀雅丹是平行的，所以路比较容易走。起初我们
看见了不少已停止生长的红柳沙堆，说明来自库鲁克河的地
下水曾到达过这里。离开 L.I 台地 2 英里后，我们来到了一
片轮廓清晰的洼地。后来的勘察表明，这片洼地是一条干涸
的河床，河是从西北方向流来的。在约有 160 码宽的河床中
部，我发现了一块低矮的台地，上面覆盖着缠结在一起的枯
死的苇草，还有一丛已经枯死的红柳。红柳丛保存完好，这
表明，在不太久远的从前，水曾经流到这块小台地上，而河
床的年代可能要古老得多。小台地顶部要比洼地的岸低 10

英尺，这似乎更支持了我的上述结论。河床中有一棵已开裂的黄杨树树干，看起来已受风沙侵蚀几百年了。

穿越了一系列分布紧密的陡峭风蚀雅丹之后，我们来到了更加开阔的地面上，这里受风蚀的作用也更大。最后，我们终于到达先前看见的 L.J 台地（见图 178 及下图）。这块台地长约 105 码，走向是从东—北东到西—南西，同 L.I 台地之间的直线距离有 4 英里。相对于附近的平地而言，它的高度约有 40 英尺。当我走近它的时候，台地东北部顶上的一座小丘吸引了我的目光。我发现，这座小丘上有一层厚厚的柴捆，柴捆层底下是因受风侵蚀而凹陷进去的土壤。这番景象我太熟悉，因为我在敦煌长城和其他地方曾多次发现，尽管建筑物地基四边底下的土已被风侵蚀掉了，但地基中的柴捆却保留了下来。[①] 爬上了台地极窄的顶部后，我发现我刚才下意识的猜想完全得到了证实。

在 L.J 台地看到的灌木层

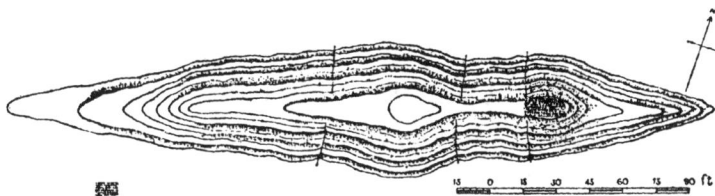

L.J 台地平面图

台地东北面的小丘上，有长达 20 英尺的地方都铺着一层夯得很紧密的红柳枝。至今红柳枝层仍高达 3 英尺，宽 8 英尺。在台地逐渐变细的末端，凡是经受住了风蚀严峻考验的地方，上面都覆盖着红柳枝。我如今可以确信了，这里的

烽燧地基

---

① 参见《西域考古图记》第二卷 169 页、170 页、177 页。

确是一座烽燧的地基。被风蚀变得疏松的红柳枝从顶上落了下来，散落在底下的斜坡上。这些迹象表明，烽燧地基原来要比现在宽得多。红柳枝层中间有一根用黄杨树做的大柱子，以使地基更加坚固。要塞 L.K 的墙上和大多数长城烽燧中都有这样的木质结构。① 沿着台地的横轴，有 20 多英尺长的柴捆保留了下来，这是因为除四边外，现在盛行风的侵蚀作用在其他地方还未能完全施展出来。烽燧原来是正方形的。烽燧地基的四边之所以已剥落，也正是由于风蚀的作用。我们可以举一个类似的例子，同样是在盛行风的侵蚀下，楼兰 L.A 遗址的围墙面对盛行风的墙体已彻底裂开，甚至完全消失了。②

有证据表明，烽燧曾有人驻守

现存的红柳枝层在横向上约长 20.5 英尺，这恰好与大部分敦煌长城方形烽燧的底部边长相同。③ 长城的墙体和烽燧中也用了类似的成捆的红柳枝，因为中国古代工匠们很乐于把当时附近地面上生长的任何材料应用到自己的工程中去（这类材料一般现在也能找到）。④ 所有这些证据都使我推断 L.J 这座烽燧是中国人建造的，并与敦煌长城大致建于同一时期。我发现在现存红柳枝层东南角底下 4~5 英尺的地方，掉落下来的泥土下半埋着一小堆垃圾。证明这座烽燧曾是一个瞭望哨，有人在此驻守过。在这个垃圾堆中，我发现了烧过的红柳、灯芯草垫子的一堆残片 L.J.02（图版 XXVI）、一小堆苇草、一种草即 L.J.09（托乎提阿洪称之为 yiken，多生

---

① 参见本书第六章第一节；《西域考古图记》第二卷 737 页，图 150、169。

② 参见《西域考古图记》第一卷 386 页。由于同样原因，安西和桥子的烽燧墙体也开裂得很严重，参见《西域考古图记》第三卷 1095 页、1102 页。

③ 参见《西域考古图记》第二卷 737 页。关于底部为 20~21 平方英尺的烽燧，见该书第二卷 591 页、597 页、600 页、603 页、635 页、644 页等。

④ 参见《西域考古图记》第二卷 736 页。

在河湖的边上①）、大量黄杨木片。在斜坡往下的地方还拾到了粗糙的陶器残片（L.J.04～06）。

　　尽管这些东西不算起眼，烽燧遗存也很不醒目，但在L.J台地上发现了它们，这一点具有重要意义，令我兴奋不已。从平面图上看，把从楼兰 L.A 遗址到 L.E 古城堡遗址等连起来，就是一条向东北延伸的线，L.J 台地也位于这条线上。这不仅表明中国古道曾从这里经过，而且要想追寻古道，我们应该继续向东北方向前进。诚然，如果朝这个方向走，我们就会离拜什托格拉克（Bēsh-toghrak）和库木库都克之间那片山谷状的洼地越来越远。那片洼地里有井和牧草，现在从罗布泊到敦煌的道路就经过那里，因为只有在那里，人们才能指望找到水。楼兰古道上的人们也必定意识到了那里自然环境的优越之处。因此，我们有意背离能将我们带到那片洼地的路线，这一决定最初看起来冒了很大的风险。

　　但我在 1907 年 2 月的考察中，已经对罗布泊那结着盐壳的大湖盆有了不少了解。亨廷顿教授一年多前曾从阔什兰孜（Kōshe-langza）出发，勇敢地穿越罗布泊，到达了阿勒提米什布拉克。② 从他的生动叙述中我也知道，从古楼兰向东南方去的道路，如果直接穿过结着硬盐壳的罗布泊，会遇到很多困难。我还记得，在先前的探险中我发现，中国的工程都极为适合地形上的主要特征，这样不仅能节省劳动力，还能避免不必要的风险。③

在 L.J 台地我猜到了应该朝哪个方向走

前头的障碍

---

①　在肖（Shaw）编的《突厥语概述》（*A Sketch of the Turki Language*）第二卷 226 页中，斯加里（Scully）先生列了一张表，表的题头是"突厥语中的植物名称"。在那里，斯加里先生写道："yakan，香蒲属科（Typha angustifolia）。"

②　参见亨廷顿《亚洲脉搏》251 页。

③　参见《西域考古图记》第二卷 583 页、632 页、663 页等。

为什么继续向
东北走

在中国古代，"中道"的设计者们只要让"中道"继续向东北延伸并接近库鲁克山脚，就可以缩短在最难走的地面上的距离（这最难走的一段，也就是那结着起伏不平硬盐壳的干涸罗布泊）。如果绕道而行，他们就可以避免很多困难，并躲开地形上的障碍。且不提沙漠中的其他艰难情况，单是这些地形障碍，就是当时和今天的商旅们都无法克服的。现在，我们也遇到了类似的困难。实际上随着时间的推移，由于楼兰地区已不再有水，也不再有生命存在，这些困难已变得越来越难以克服了。综上所述，当我断定了台地上文物的性质，我很快就作出了决定：我最好根据文物给予的启示来确定路线，即向东北方前进。

发现古代河床

我曾嘱咐阿弗拉兹·古尔注意我的行踪。于是，我们没费多大力气就在各自所在的台地顶上取得了联系。当我从L.J台地折回来，向他那个方向走去的时候，我再一次经过了上文说过的那片洼地，但这次所经的地点要高些。从这个地点很容易看出来，洼地的确是一条古老的河床。河床岸的轮廓分明，高20~25英尺。河床宽约160码。有趣的是，河床中间有一排红柳沙堆，上面盖着厚厚的一层枯死的树根和树枝。除此之外，宽阔的河床底部已遭风蚀，形成了沟壑纵横的风蚀雅丹（它们也是常见的东—北东到西—南西走向）。

河床中红柳沙
堆的生长情况

红柳沙堆的顶部比河床堤岸约低10英尺。这表明，在红柳沙堆开始长高（因红柳不定根的作用，在沙埋后仍能长高，于是沙堆也"水涨船高"——译者）的时候，河床已经干涸，但距离河床底部不深的地方是有地下水的。在尼雅遗址南端的古代河床中，我也曾见过同样的一行红柳沙堆。但从我的全景照片中可以看到，那里沙堆顶部的红柳仍是存活的，并且沙堆顶部比古代河床堤岸要高出很多。[①] 似乎可以作出如下解释：尽管两条河床的流水大约在同一时期均已干涸，但尼雅遗址的地下水离地表很近，使红柳得以一直生长至今（红柳沙堆的顶部已比周围的岸高出了 20 多英尺）。而此地是位于古代库鲁克三角洲的最东北端，在河床已干涸之后五六百年，地下水也完全消失了。当然，我所说的五六百年的时间也只是个臆测罢了。因为此地红柳沙堆每百年内增高的速度，很可能与塔克拉玛干沙漠以南有所不同。[②]

　　这条河床位于 L.J 台地的西面。于是人们大概会觉得，原来流经这里的那条河与库鲁克河最北端的支流有关联。从地图中可以看出，我们把库鲁克河最北的支流一直追踪到了北纬 40°40′附近。但我们从阿勒提米什布拉克到 L.I 台地的途中，并没有经过什么河床。而另一方面，这条河床的方向，与上文曾说过的位于石萨依边上并出自阿勒提米什布拉克的那条大河床是吻合的——它位于此河床西北约 10 英里的地方。这两条河床之间存在着什么联系呢？曾流经 L.J 台地附近的这条河，是否继续流到了阿弗拉兹·古尔在 1915年 2 月穿越的那块结着盐壳的宽阔谷地呢？（那里位于此地东南 11 英里，当时阿弗拉兹·古尔正沿着古罗布泊湖床的西边前进）要回答这些问题，只能依靠将来的详细勘察了。我还要指出，从 L.J 台地折返途中，经过靠近古河床右岸的一点时，我拾到了一些陶器残片。它们与在 L.I 台地发现的陶器一样粗糙。

河床可能与哪里联系在一起

---

① 参见《西域考古图记》第一卷图 75；本书第二章第二节；《沙漠契丹》第一卷图版 III。
② 参见《西域考古图记》第一卷 199 页、284 页，第三卷 1251 页。

L.I 台地北—
北东方向上的
古墓

和阿弗拉兹·古尔会合后，他带我来到 L.I 台地北—北东方向约 1.5 英里处的一块大台地。这块台地有 70 多英尺高。在它西北坡上一块较平的地面上，阿弗拉兹·古尔发现了一座墓葬。墓葬因风蚀已露出了地面。尸体原来是放在用粗糙的黄杨木树干做成的棺材中的，腐烂得极为厉害，但头上仍有金色的头发。尽管除尸骨外再没有别的东西，但我却看得出，这一定是一处当地人的墓葬。地面上没有发现任何文物。

给骆驼换脚底
板

回到营地后我才欣慰地发现，早晨那只因疲惫而掉队的骆驼已经被哈桑阿洪带了回来。在把它带回来之前，哈桑阿洪先让它吃了些它背上驮的草料，又给了它一大块面包。人们当场就给它造成痛楚的脚换脚底板。这种做法是很难受的，但总是很有效。别的骆驼也依次接受了这种治疗，因为它们的脚也都划伤了，并裂了口子。要按住一只可怜的骆驼，得需要六七个人才行。在骆驼痛苦挣扎的时候，人们把一块结实的牛皮缝在骆驼脚的肉上，以便遮住受伤的部位。夜已经很深了，但人们仍在忙于这件艰苦的差事。所幸附近还有一些枯木，我们于是生起火来。晚上，借着火光，哈桑阿洪和他训练有素的助手们还给骆驼灌了第一遍菜籽油（据说，这样会使它们在疲乏、饥渴的时候仍能保持体力）。菜籽油气味浓烈，骆驼都不愿喝，所以只能沿着它们的鼻子灌下去。我们几乎整夜都能听到骆驼在被灌油时发出的哀号声，使别人简直无法入睡。

1914 年 2 月 16 日阿弗拉兹·古尔在 L.I 台地及其附近发现的文物

L.I.01　陶器残片。淘洗得不好，陶器中有粗糙的深灰色石粒，外表有两条带纹。烧得不太坚实。2 英寸×$1\frac{5}{8}$英寸。图版 XXVI。

L.I.02　陶器残片。质地与前一件类似，外表有三条链状带纹。$1\frac{3}{4}$英寸×$1\frac{1}{8}$英寸。图版 XXVI。

L.I.03　陶器残片。质地与第一件类似，外表有三条链状带子。$1\frac{1}{4}$英寸×$1\frac{1}{8}$英寸。图版 XXVI。

L.I.04　陶器残片。质地与第一件类似，外表留有工具画下的粗糙痕迹。$1\frac{7}{8}$英寸×$1\frac{5}{8}$英寸。图版 XXVI。

L.I.05　2 个青铜器残件。标枪或大箭头的一部分，圆头。中间是较厚的脊，脊的下半部分钻了孔用来装杆。刃上有缺口。两个残件加在一起的尺寸为 $3\frac{1}{8}$英寸×1 英寸×$\frac{3}{8}$英寸。图版 XXIII。

L.I.06　青铜片残件。1 英寸×$\frac{3}{4}$英寸。

L.I.015　玉斧。长 $3\frac{1}{4}$英寸，最宽处 $1\frac{3}{4}$英寸。图版 XXII。

L.I.016　加工过的石头残件。一角上钻有一孔。最大长度 $1\frac{1}{2}$英寸。

L.I.017、018　2 块带尖的石头。不太规则的菱形，菱形的一条边要比另一条边长得多。边较厚，017 不对称。017 长 $1\frac{5}{8}$英寸，最大宽度 $\frac{7}{8}$英寸。

018 长 $\frac{13}{16}$ 英寸，最宽处 $\frac{11}{16}$ 英寸。图版 XXIV。

1914 年 2 月 27 日在 L.I 台地发现的文物

L.I.010 石头残片。灰色，由薄片构成。$1\frac{1}{8}$ 英寸 × $\frac{1}{2}$ 英寸 × $\frac{1}{2}$ 英寸。

L.I.012 碧玉箭头。头为叶状。箭头较长，加工精致。玉石为深棕色。参见 L.M.0155 号。长 $2\frac{7}{8}$ 英寸，最宽处 $\frac{7}{16}$ 英寸，厚 $\frac{3}{8}$ 英寸。图版 XXII。

L.I.013 玻璃珠子残件。白色，有点发绿，半透明。直径 $\frac{7}{16}$ 英寸。

在 L.J 烽燧遗址及其附近发现的文物

L.J.01 18 枚青铜箭头。在 L.J 烽燧东—北东 $\frac{3}{4}$ 英里处的中国古道上发现，其出土地点均在 $1\frac{1}{2}$ 平方英尺的范围内。箭头形状都是一样的，与 L.G.011（图版 XXIII）和《西域考古图记》第二卷 767 页 * T.007 下所述的例子类似，另参见该书第四卷图版 LIII 中的 T.XIV.a.007。箭头的刃为实心，横截面呈三角形。侧面也是三角形，但接近箭头的地方微秃，侧面上无凹陷。铁柄（铤）为六边形。除一根柄外，其他铁柄均已烂掉了。由于已生锈，这个仅存的铁柄和另一枚箭头连在一起。保存良好。平均长度 $\frac{15}{16}$ 英寸，最宽处 $\frac{1}{4}$ 英寸。图版 XXIII。

L.J.02 灯芯草做的垫子残件。与今天克什米尔人用的垫子式样完全一样。草的厚度有三种。很不结实。所有残件加起来总长 24 英寸，平均宽 $9\frac{1}{2}$ 英寸。图版 XXVI。

L.J.03　木器残件。一面刨平过，其他面均不平整。2 英寸×1$\frac{1}{8}$英寸×$\frac{3}{4}$英寸。

L.J.04~06　3 块陶器残片。陶土不纯，很粗糙，为发灰的红色。最大残片 2$\frac{1}{2}$英寸×1$\frac{3}{4}$英寸×$\frac{1}{4}$英寸（04）。

L.J.09　草和小树枝。在烽燧下发现。

第二节　"龙城"的位置

2 月 27 日早晨，人们很早便动身出发了，并不需要我像往常一样费好大力气催促。这是因为，大家晚上虽然仍在劳作，却都已经认识到，要想赶在骆驼还能勉强支撑之前找到水和牧草，就必须每天走更多的路。我们先朝 L.J 台地进发，前一天我们在那里发现了古代烽燧遗址，因此可以把它作为下一步的起点。在大约走到一半的时候，眼尖的阿弗拉兹·古尔发现，离我们所走的路不远的地方有两枚五铢钱。钱上的字迹虽然被磨掉了不少，但仍保留了下来。走过上文说过的那条干涸河床之后不久，我注意到连古代植被的最后迹象也消失了。显然，我们已经来到了库鲁克河的河水曾到达的最东段，而有水的地方才会有植被。烽燧 L.J 无疑是一度守卫着古道的前哨。过了烽燧 L.J 后，古道上将不会再有任何古代遗址来为我们指引方向了。一切迹象都表明，再往东去，前方的沙漠在古代和今天是一样荒凉，没有任何植物或动物。结着盐壳的土壤上枯萎、发白的最后几株红柳树干也被我们抛在了身后。身后的这个世界本来有生命，但生命已经都死亡了。而我们将要进入的地区，则是从未有过生命

以烽燧 L.J 作为起点

的（古道上偶尔走过的旅客除外）。

从 L.J 台地顶上，我们望见远方有一块较长的深色台地。从楼兰 L.A 遗址开始，我们发现的所有遗址都是大致朝北 60°东这个方向延伸的，于是我决定向那块台地进发。我们走过了一片含盐的硬土地，进入了一块风蚀雅丹带。这些风蚀雅丹只有 4~6 英尺高，雅丹之间小沟的盐层上铺着粗沙。当我们离 L.J 台地不到 1 英里远的时候，走在我前面的一个名叫吐尔逊阿洪的赶骆驼的人突然向我报告说，离我们的路线约 5 码的地方，有一些散落的钱币。（从楼兰遗址出发后我就立下了严格的规矩：任何人在途中发现任何文物，都应该向我报告，在我把文物拾起来之前，谁都不能动它们。）我发现了很多中国铜钱，20 多枚成一堆地散落在含沙的土壤中。它们大致分布成一个条带状。条带的走向与我们的行进路线是平行的，延伸了约有 30 码长。

我快速研究了一下这些铜钱。它们共有 211 枚，分成很多组或很多小堆，其分布成的条带宽不足 3~4 英尺。它们都是大五铢钱，上面有字（图版 CXIX）。除少数破裂外，绝大多数都保存完好。这些古钱一样大小、一样形状，既无磨损，也无缺口，仿佛刚造出来一般。看了指南针后我发现，它们连成的这条轮廓清晰的线是东北—西南走向。可以肯定的是，这些钱币是一个车马队遗落的，车马队行进的方向正是我猜测的古道的方向。系钱币的绳子松了，钱币就从那些人包袱的破洞中神不知鬼不觉地掉了出来。装钱的包袱很可能是放在骆驼背上或车上。骆驼和车的左右摇摆，使得散落的钱构成了有一定宽度的条带状轨迹。

负责殿后的奈克·夏姆苏丁和驼队赶上来了。他查看了附近的地面，结果在一座小风蚀雅丹后面发现了一小堆青铜

箭头。箭头所在的地点，位于铜钱轨迹末端南 50° 西方向约
50 码的地方。这一发现揭示了遗落钱币和箭头（L.J.01）
（据本书英文版"补遗和勘误"补此括注——译者）的那个
车马队的本质。箭头都保存完好，所堆成的堆直径约有 1.5
英尺。有两枚箭头由于生锈已经粘在一起，说明原来箭头是
很紧密地放在一个包裹中或箱子中的。从图版 XXIII 中我们
可以看出，所有箭头都是一种形状，实心刃都是三角形。它
们与中国汉代武器中最常见的那种箭头十分相似。我沿着敦
煌长城勘察的时候，发现了许多这样的汉代箭头。① 从敦煌
长城获得的文献证据以及箭头的重量都表明，这种箭头是和
弩（cross-bows）一起使用的。箭头和钱币相距不远，而且
位于同一条直线上。这说明，它们很可能是汉代从中国内地
给驻军运送物资的车马队遗落的。钱币和箭头就丢在地面
上，当时车马队中的人以及后来的过路人都没有把它们拾起
来。从这一点判断，那个向楼兰前进的车马队是在夜间经过
此地的，并很可能离主路有一段距离，但方向仍是正确的。
当时地面上盖的沙子可能比现在要厚（因为后来风已把沙子
吹走了很多）。如果是那样，即使附近的古道上几百年中仍
有人员往来，这些小物件也有可能逃过人们的视线。

　　在行程的一开始我们就幸运地发现了这些东西，这对完
成我的任务来说是极为重要的。它们更加证明了我先前在烽
燧 L.J 确定的路线，的确就是那条中国古道的路线。在几百
年的时间里，中国的政治使节、军队、商旅都是沿着它穿越
这片荒无人烟的地区。这些钱币和箭头还有一个好处，对此

（旁注）文物指出了古道的方向

————————

　　① 参见上文的文物目录；《西域考古图记》第二卷 759 页、767 页（＊T.007 号文物下的文字），
第四卷图版 LIII。

我十分感激：它们极大地鼓舞了我手下人员的士气，令他们迷信地充满了信心，觉得有神灵在保佑着他们。即便是我本人，当我把那条从西南向东北延伸的清晰的线指给哈桑阿洪和我的其他当地仆人们看的时候，也不免感受到一种奇异的振奋。就仿佛在古代，沿这条沙漠道行走的吃苦耐劳的那些中国人中，有一个善良的人，当时他曾吃了数不清的苦，现在他通过这些文物来给我们鼓劲，告诉我们："你们走的方向是正确的。"我小时候曾经读过朱列斯·凡尔纳（Jules Verne）的小说，其中有一些扣人心弦的故事我现在还模糊记得。这次经历以及下文即将说到的几个类似事件，使我有时候觉得，自己仿佛生活在凡尔纳的小说里。

接近了布满台地的区域

过了发现钱币的那一点后，有 1.5 英里的地面仍是结着盐壳的土壤，并分布着低矮的风蚀雅丹。之后，我们穿越了一个微洼的地方。这片洼地只有约 0.25 英里宽，结着一层光秃秃的发白的硬盐壳。此后的地面上，盐壳逐渐让位于风化的土壤，土壤中掺杂着不少片状石膏，时不时还有一层很薄的粗沙。骆驼在这种地面上能走得很快。离开 c 号营地7.5英里后，我们到达了从 L.J 台地看到并被定为目标的那块又长又窄的台地。站在这块台地顶上向东北望去，相当一段距离内仍是平坦的地面，台地北边则连着一行行其他台地。我们继续沿着从 L.J 台地以来所遵循的方向走，逐渐走近了一行外形很粗犷的台地。它们位于我们的左面，质地是红土。向南方和东南方，我们只能看见几块孤立的台地耸立在广阔的平地之上。平地一直延伸到地平线上，从远处看像是盐碱。那块平地就是古代罗布泊的西湖滨。

台地看起来仿佛是建筑废墟

这样在 10 英里的距离内，我们都是沿着一块台地区的南部边缘走的。风把那些台地塑造成了千奇百怪的形状，看

起来就像是大厦的废墟、棱堡状的城墙、塔或佛塔。它们全
是红色的，仿佛是砂岩构成的。台地分布得很紧凑，我估计
它们该有 80 多英尺高。我努力确保我们的方向是朝着东北，
即便是为了骆驼，我们也该向这个方向走，因为这个方向是
没有台地的。台地区外层是一些雅丹，实际上就位于路边。
它们高约 20 英尺，比较窄。一律是南 20°西到北 20°东走向，
与楼兰地区的所有风蚀雅丹都明显不同。从路上用棱镜罗盘
来看，那一排排台地与这些雅丹是同一走向的。① 我们从阿勒
提米什布拉克出发后，在 xcix 号营地附近曾经路过一些台地，
它们可能与这里的台地是相连的，但它们的方向却与楼兰地
区的风蚀雅丹基本吻合。因而，这里台地的走向就更引人注
目了。我们实地勘察了一些台地的斜坡，发现那里与附近的
地面一样，覆盖着已裂开的片状石膏。

　　走了 15.5 英里后，我登上一块台地以确定方向。从那
里我向北眺望，发现北边的地势似乎高了些，台地也逐渐变
少了。但当时刚好刮起了西南风，地平线被风沙遮住了，使
我没有看见北边的砾石缓坡。在离 c 号营地 18 英里的时候，
我们终于到达了最后一块台地，这块台地有 40 多英尺高，
还有一个佛塔一样的圆顶。现在出现在我们眼前的，是一块
向东和东北延伸的光秃秃的平原，几乎是一马平川。在北—
北东方向，台地区呈弧形向一某点弯过去。后来，阿弗拉
兹·古尔于 1915 年 2 月 15 日（据本书英文版"补遗和勘
误"，应为 2 月 21 日——译者）进行的勘察中，就是在那一
点到达了依提木布拉克底下的石萨侬的最低点。为了让骆驼

在光秃秃的平
原上前进

---

　　①　1901 年 2 月 17 日，在一片结着盐壳的洼地西边——这片洼地可能形成了罗布泊湖床最东北段的
一片小水湾，斯文·赫定博士也注意到，他所穿越的雅丹的方向与常见的风蚀雅丹不同。参见斯文·赫定
《中亚》第二卷 114 页。那片洼地的位置，大致相当于拉尔·辛格的 90 号营地以北的那片结着盐壳的水湾。

尽量在这良好的地面上多走些路，我们又往前赶了 4 英里。在这 4 英里中，土壤和以前差不多，只是有些地方因为覆盖了一薄层盐而变得稍微有点硬。当天一整天骆驼的状态都极好。前一天受苦最多的那只骆驼被牵在驼队的最前面，并且没有让它驮东西。从早晨出发走了 11 个小时之后，驼队终于到达了一小块较软的地面。我决定在此宿营。

郦道元提到
"龙城"

在这一天的行程中，除在过了 L.J 台地后发现了钱币和箭头外，我们没有找到中国古道上的其他遗物。但我们所穿越地区的自然特征，却有助于澄清一个关于楼兰地区古代地形的有趣问题。在《西域考古图记》中，当述及提到楼兰的中国史书时，我曾详细地叙述了见于《水经注》中的那些重要细节。这本书是郦道元于公元 527 年之前的某些时候写的，沙畹先生第一个翻译了其中的一些段落。① 在《西域考古图记》中我说到，郦道元记述的内容是来自年代更早的书籍。他说，"北河"向"楼兰城"流去，并最终流向"蒲昌海"。这一记载与我们观察到的库鲁克河曾流经地区的水文状况十分吻合。② 我在《西域考古图记》中还指出，我认为郦道元《水经注》最后部分提到的"龙城"，应该就在我们今天经过的那块宽阔的台地区中。下面我就引用一下郦道元关于"龙城"的记载，并说明我是如何确定"龙城"的位置的。但在此之前，我应该再简单总结一下在此前走过的路上获得的资料。

郦道元说的
"北河"的路线

从一开始我就看出，郦道元提到的"北河"就是库鲁克河。这是因为《水经注》中说："河水又东，迳墨山国南。"

① 参见沙畹先生《〈魏略〉所记西域诸国》的"补遗"部分，见《通报》563 页，1905 年。另参见《西域考古图记》第一卷 324 页以下、419 页以下。

② 参见《西域考古图记》第一卷 420 页以下。

（见《水经注·河水》——译者）"墨山"在《汉书》中又被称作"山"。我们已断定，墨山就是库鲁克山的最西段①。《水经注》中还说"河水又东，迳注宾城南"。我在别处已经说过，"注宾"就是现在库鲁克河上游的营盘遗址。②《水经注》中接着是这样说的："又东，迳楼兰城南而东注。"在此，郦道元提到了驻扎在楼兰城的中国兵营的故事。我在《西域考古图记》中澄清了这个故事。它表明所谓的"楼兰城"，指的就是楼兰 L.A 遗址和其附近地区。③《水经注》中说河水从城南流过，这与我们的勘察结果完全吻合。我在本书第六章第五节中叙述过，在我们从南边朝楼兰 L.A 遗址前进的途中，经过了一系列古代河床。它们都是库鲁克河的分支，都呈三角洲形状，有几条还很宽。而在楼兰 L.A 遗址的北面，我们只遇到了几条很小的干涸河床。

《水经注》中的下一段是我们此处要集中讨论的地方，我最好把它的全文摘录下来：

"龙城"的传说

> 河水又东注于泑泽，即《经》所谓蒲昌海也。水积鄯善之东北，龙城之西南。
>
> 龙城，故姜赖之虚，胡之大国也。蒲昌海溢，荡覆其国，城基尚存而至大。晨发西门，暮达东门。浍其崖岸，余溜风吹，稍成龙形，西面向海，因名龙城。

要想解释郦道元提供的这些地形学上的重要信息，可以从我们 1914 年和 1915 年勘察基础上绘制的两幅地图（29 号

如何理解郦道元记载的传说

---

① 参见沙畹《通报》552 页注 7，1905 年；《西域考古图记》第一卷 334 页、420 页。

② 参见《西域考古图记》第一卷 420 页；本书第二十一章第二节。

③ 参见《西域考古图记》第一卷 421 页以下。

和 32 号）中得到帮助。从地图上可以看出，我们在楼兰遗址以南经过的那些古代河床构成库鲁克河三角洲的一部分，它们必定向东终止在沼泽之中。这些沼泽是一条结着盐壳的大湖床的西段，此湖在《水经》和《汉书》中有时被称作"蒲昌海"，有时被称作"盐泽"。大湖床早在沼泽干涸之前就已干涸很久了。沼泽也就是泐泽，古楼兰河床中的水就流进了这里。与此极为相似的一个例子是，如今在同样结着盐壳的罗布泊湖床的最西南端，也有淡水沼泽喀拉库顺，那里是塔里木河的尾闾。

库鲁克河已干涸的尾闾

1915 年 2 月，我让阿弗拉兹·古尔勘察了 ccxxxix.a 号和 ccxli.a 号营地之间的地区，这次勘察是在流进罗布泊沼泽的古河道沿线进行的。从沿线的地貌以及阿弗拉兹·古尔的日记中可以看出，他接连遇到了几条干涸的河床，有些河床中还有从高处岸上冲下来的已经枯死的黄杨树干。河床最后消失在东南方那结着盐壳的大泽之中（盐很坚硬，并起了皱），这片大泽就是从前的罗布泊湖床。河床终端 40 英里的范围内，从东北向西南伸展着一片结着盐壳的土地，有些地方还有已死的芦苇和红柳。这块土地古代就是河水流进的沼泽。当楼兰地区仍有人居住的时候，这片沼泽形成了古代罗布泊湖床的西湖滨。今天的旅行者如果沿车马道从阿布旦向敦煌去，头两天内，他就会经过喀拉库顺那些湖滨沼泽。他可以看到，那里盐化的过程仍在继续。由于那些沼泽离塔里木河尾闾很遥远，在从前很长时间内，注入沼泽的水越来越咸，即便这样的水也是偶尔才有。最后，由于塔里木河收缩，或改了道，沼泽便大部分干涸了。①

　　关于库鲁克河注入的渤泽，郦道元告诉我们："水积鄯 渤泽的位置
善之东北，龙城之西南。"（《水经注》）米兰和若羌是古代
鄯善仅有的可从事农耕的地区②。如果对照一下地图中米兰、
若羌的位置，与上文说的库鲁克河尾闾的位置，我们一眼就
可看出，说渤泽在鄯善的东北是完全正确的。既然渤泽也是
在"龙城"的西南，我们自然应该继续向鄯善的东北方寻找
古代的"龙城"。

　　但我可以完全肯定地说，不论在有记载的时期还是在史 "龙城"并不
是一个遗址
前，这个方向上都不可能有任何实际意义上的城存在。我们
已经知道，当楼兰道仍有人行走的时候，楼兰遗址（即
L.A）东北面大概只能给散居的当地牧人和猎人提供极少的
生活资料。走到 L.C 墓地附近时，最后一棵死树也被我们抛
在后面了，这棵树说明以前河畔曾有过树林。过了接近 L.I
台地的一点后，所有古代植被的迹象便完全消失了。同样，
拉尔·辛格他们向北经过的地区也只有光秃秃的土、盐和砾
石，完全是一片荒芜景象。附近地区库鲁克山的荒寒山岭里
也根本不可能存在过大的居民区。由此而来，我不得不得出
这样的结论：郦道元所说的"龙城"实际上并不是一个遗
址，而只是一个地点。在地貌特征的激发下，人们凭想象以
为那里曾有座城。

　　《水经注》中模糊地提到姜赖国这个胡人（即野蛮人） "龙城"的故
事起源于民间
传说
的大国，还说此国都城被泛滥的蒲昌海淹没，但仍保留着广
大的地基。这一切都使人觉得，"龙城"不过是传说的产物。

---

　　① 1907 年 2 月 21—22 日，当我从阿布旦向东，沿着喀拉库顺沼泽的南岸走的时候，有幸目睹了
这一过程。参见《沙漠契丹》第一卷 504 页以下。
　　② 参见《西域考古图记》第一卷 311 页以下；本书第五章第三节。

有一个重要事实证实了我们的这种印象。郦道元对地形清晰可靠的描述，将我们引向鄯善东北。在那片土地上，我们发现了一种引人注目的地貌，可以用它来解释，为什么会有上述传说。

台地仿佛是城墙、大厦等一样

这个地貌就是那片广大的带状区域，其中全是高大的台地。我们在古城堡 L.E 遗址的北面第一次经过了这块台地区。而 2 月 27 日我们沿中国古道前进时，就是沿着台地带边上走的。台地都很陡峭，仿佛墙一般，顶部被风塑成了千姿百态的形状。古代的行人很容易就把它们想象成某个大城废墟中的墙、塔和大厦。当我们作为几百年来的第一批行路人，从这片沉寂而荒凉的台地带旁走过的时候，心中也产生了同样的想象。我的新疆仆人就把它们当作了废城。他们总是让我看那些台地的圆顶，以为那是佛塔，还觉得我们应该去那里勘察勘察。我曾反复指出，从很早时候起，塔里木盆地中的人们就总是想象沙漠中有废城①。在乌什地区就流行着一种传说，认为在喀卡亚德（Kaka-jade）那些奇怪的锯齿状石峰中有座古代城堡，城堡里全是珠宝。② 这个传说表明，人们很容易根据地貌特征而杜撰出传说来。西方的民间传说中也有类似情况，在山区尤其如此。

传说中的"龙城"是极大的

还有一段记载乍看起来似乎荒诞不经，事实上却直接支持了我们给"龙城"的定位。我指的是《水经注》中称，龙城极大，从西门到东门的距离相当于人一天中所走的路程。实际上，我们从 L.I 台地沿直线足足走了 18 英里，才走完了台地区的南部边缘。而且，从地图中看得出来，台地区

① 参见《古代和田》第一卷 455 页、460 页；《西域考古图记》第三卷 1234 页（该页的注 11 中记录着以前曾提到这个问题的文字）。

② 参见《西域考古图记》第三卷 1301 页以下。

向我们的出发点 L.I 台地的西南方还延伸了约 4 英里①。

郦道元提到的
当地地貌

　　既然已认清了古道的路线，我们就必须快速前进，所以我无法对台地区进行详细勘察，对此我感到十分遗憾。因而，我无法知道《水经注》中说的"龙城"的那条运河在什么地方。《水经注》中称，运河位于陡峭的"龙城"脚下，其遗迹还保存了下来（运河之说，实际是作者的误译所致——译者）。郦道元最后说"龙城"似乎是因一条土岭的形状而得名。我更加无法确定这条土岭的位置了。

　　但有趣的是，郦道元说"余溜风吹，稍成龙形"。在这一点上，他认识到，风蚀是当地地貌的主要成因。他说龙头转向西方，望着蒲昌海。而每块台地一般都是呈北—北东到南—南西走向。这两者之间是不是有什么联系，还是一个悬而未决的问题。即使重新考察这块奇异的台地区，也未必能对这个问题作出明确的回答。但下文我们会详细说到。我的亲身体验表明，郦道元关于"龙城"附近地区地理状况的描述是完全正确的。这使我们更加相信，上文引用的郦道元的文字以及他对楼兰地貌的其他描述，都是引自某个权威性资料，这个资料的作者对当地情况是十分了解的。

第三节　穿越罗布泊

　　在 ci 号营地，展现在我们面前的是一块很容易走的土质平原。于是我起了个念头，想不再继续向东北走（我们一直认为古道是向东北方去的），而是大致取正东方向。我知

向东边走

---

　　① 在《西域考古图记》第一卷 423 页中，错误地把古城堡 L.E 遗址东北的台地的总长度估计为"接近 30 英里"。在写作该书时，几个平面图还没有正确地汇编在一起。

道，前面就是古代罗布泊的湖床，湖床上将是坚硬的盐壳。我希望尽量缩短不得不在盐壳上行走的距离。而另一方面，我们也不应该向库鲁克山的陡坡靠得太近，以免偏离去往目的地的最近的路线，因为我们的最终目的地是东南方库木库都克的水井。2 月 28 日清晨我们动身的时候是多云天气，北面的库鲁克山脉显得异乎寻常地近。犹豫了一阵后，我最终决定，把东边平原上一个孤立的突出地点（它显然是一块台地）作为我们最近的目标。

向孤立的台地走

走了还不到 0.5 英里，我就亲手拾到了一枚五铢钱。它说明虽然我们改变了方向，但离那条中国古道的路线还不是太远，我这才放了心。然后，我们一口气向前走了 5.5 英里。地表虽然仍是一层土壤（其中含着大量的页状石膏），但由于盐分越来越多，地面也越来越硬。对此我并没有太在意。终于，我们到达了那块台地。它比周围的风蚀地表要高出 25 英尺，上面也结了一层盐壳。

在台地上发现的文物

在这块台地上，有一个奇特的发现正等待着我们。我正想爬到台地顶上眺望一下前面的路，手下的一个人却在台地的西边脚下发现了 3 枚五铢钱。这 3 枚古钱排成一条线，彼此相距约 1 码。我把它们拾了起来，发现它们在含盐的土上留下了清晰的痕迹。然后，在台地东北坡距地面约 5 英尺的地方，我们发现了一个精美的铜钩（C.ci.05，图版 XXIII），它很可能是某个扣环的一部分。同一地点还发现了一个钻了孔的装饰性铜球（C.ci.04，图版 XXIII）以及一块已生锈的小铁片（C.ci.06）。之后大家立即仔细地寻找起来，并在台地的南坡离地面约 10 英尺高的地方，发现了一件马衔铁的大部分（C.ci.02，图版 XXIII）以及一根带环状柄的小铁钎（C.ci.03，图版 XXIII）。隔不远发现了铁匕首（C.ci.01，图版 XXIII），它虽然已生锈，但保存得较好，原来是护手盘的地方保留着一部分横档。匕首从刃到柄长 9 英寸多一点。对我来说，这次发现最引人注目的东西莫过于这把匕首了，它使我突然想起了凡尔纳小说中一名探险者的类似经历（那部小说还是我 40 多年前读的）。① 最后，我们在北坡离地面约 8 英尺高的地方，又发现了两枚保存良好的带字的大五铢钱，还有一颗精巧的淡绿色玻璃珠子（C. ci. 08，图版 XXIII）。

在这块小地方发现了这么多文物，这真是个出乎我们意料的戏剧性事件。毫无疑问，这些文物都属于通向楼兰的中国"中道"仍有人行走的时期。不仅五铢钱给我们提供了年代上的启示，而且那根小铁钎的形状和质地，也与 1907 年在敦煌以西和以北的汉长城几座烽燧中发现的两根铁钎完全一样。② 在这里发现了这么多文物，这说明，虽然我们偏离了依据以前发现的东西所确定的那个方向（东北方向），但是好运气（也可能是潜意识中对古文物的直觉）却把我们带到了这里。这正是我要追寻的那条古代沙漠道上人们歇脚的一个地方。

> 古代交通的证据

虽然我对这件幸事及其能提供的启示感到欣欣鼓舞，但还有两个令人大惑不解的问题没有解决。第一个问题与当地有关。除前 3 枚五铢钱外，所有的文物都是在台地的坡上发现的。起初我想当然地以为，它们是在风蚀的作用下才到了

> 在坡上发现的东西的位置

---

① 参见朱列斯·凡尔纳《地心旅行》，54me 版本，306 页以下。在这部小说中，探险者发现了老诺斯曼的匕首，这把匕首为他指引了方向。在这位小说巨匠的想象里，这一事件发生在地下瀚海的岸边。而在这个地球上，没有哪个地方比我们现在正接近的这可怕的古湖床更像地下瀚海了。这种种奇怪的巧合都在我脑海中留下了深刻印象。

② 参见《西域考古图记》第二卷 768 页 T.W.005、007（该书图版 LIV），775 页 T.XII.a.0026（图版 LIV），784 页 T.XVIII.ii.9.b，788 页 T.XXVIII.0019。

那里的。它们可能原来是在台地顶上的，但风把顶上的泥土吹走了。我们在 L.C 墓地所在的坡上发现的金属器具就属于这种情况。但我极为细致地查看了这块狭窄台地的顶部后，并没有发现任何建筑物的遗迹。按说，风今天依然应该有效地发挥着剥离、挖削作用，但结着盐壳的山坡却是浑圆的，否定了这个假设。我于是猜想，台地坡上可能曾有过不深的洞穴或不大的小平地，可以作为简陋的藏身之处。我在与此类似的 T.XIV 孤立小土山上就发现过这类结构，那座土山曾是长城上古代玉门关驻军的所在地。[①] 文物可能是在这里歇脚的行路人遗落的。土逐渐分解，那些半洞穴似的小屋于是渐渐不复存在。而同时，风蚀的过程虽然很缓慢，仍足以使小屋地面上的任何硬东西都露了出来。当然，这些都只是猜测而已。

台地是人们歇
脚的地方

另一个问题是我在台地上眺望到的景象引发的，当时它比前一个问题远为吸引我的注意。在台地顶上，我很自然地把目光转向东方，想要看一下预想中的那条路线将把我们带到什么地方。但 0.5 英里远的地方，无数连绵错综的平行高岭阻挡了我的视线。这些山形状都像风蚀雅丹，但都覆盖着一层白色盐壳，闪闪发光。我所要寻找的那宽阔的干涸湖床完全被它们遮住了。这结着盐壳的骇人山岭立即使我想起了令人们谈虎色变的"白龙堆"，所有关于楼兰道的中国早期史料中都提到了它。我还不知道该怎样穿越这片山岭，但有一点是明确的：人们之所以把我站的这块小台地当作歇脚的地方，很可能是由前面的地形决定的。当古代的行路人艰难

---

① 参见《西域考古图记》第二卷 684 页。另参见该书 721 页，那里提到了烽燧 T.XXIII.a 上的一间类似的切入土中的小屋。

地穿越了覆盖着硬盐块的干涸罗布泊朝西走时（郦道元在书中描述过这条湖床，下文我将引述他的文字），这块台地脚下是他们过湖床后遇见的第一块含盐较少的平坦地面。而东去的人们会像我们现在一样，面临着结着盐壳的白色山岭。那些错综的山岭明白地标志着硬湖床已临近了，而两者几乎一样可畏。在过湖床之前，人们需要舒舒服服地宿营休息一下。

我们有幸在台地上发现了文物，这鼓舞着我们继续向正东方向前进。土壤很快被盐取代了。过了最外边的那条结着盐壳的岭后，我们来到了被这条岭遮住的一片洼地。洼地中的盐结成带褶皱的硬块，就仿佛这片洼地是那干涸罗布泊边上的一片小水湾，而水湾中微微起伏的波浪都在刹那间凝固成了盐似的。对骆驼来说这个地方实在是太难走了。离台地1.5 英里时，我不得不下令把前进方向改成北 80°东，这样就能到相对好走的地方去。所谓相对好走的地方，就是结着盐壳的山岭之间那一块块柔软的棕色肖尔（shōr），即浸着盐的土壤。我注意到，在这些肖尔之间，有一些湖状的小洼地，洼地中是一大块纯盐形成的平坦的表面。但盐裂开了缝，形成了很多比较规则的五边形。这些盐面的位置和平坦程度，说明它们可能是在水汽的作用下形成的。这个过程的起因和性质大概是这样的：在脱水的过程中，盐分解成了块（盐块的边是皱起来的）。后来又出现了水汽，盐块在收缩的过程中就形成了凹凸不平的形状。如果把这一过程的作用时间加长、作用范围加大，它就会把宽阔的古代罗布泊湖床底部都盖上盐。坚硬的盐将结成起伏不平的块，有的地方收缩成无数个水泡状结构，有的地方则因挤压而形成错综复杂的

起伏不平的盐壳的起源

岭状结构。① 下面我们就将遇见这种地貌。

在结着盐壳的小丘之间艰难跋涉

这样，我们穿越一行又一行结着盐壳的小山，艰难跋涉了 2 英里。小山都像风蚀雅丹一样是平行的，但它们的走向是北—北东到南—南西，与我们向东的前进方向几乎成直角。风蚀雅丹都是很陡的，但从图 175 中我们看得出，这些小山却比较圆，坡也比较缓。开头几座小山高只有 10～15 英尺，但即便如此，骆驼也翻不过去。山与山之间的豁口上又一律覆盖着支离破碎的硬盐块，比山间小谷地上那起褶皱的肖尔更难走。驼队远远地落在了后面。在离前一个营地 9.5 英里的时候，我爬上了一座约有 30 英尺高的结着盐壳的大山。这时，仆人们向我报告了令人不安的消息，说骆驼遇到了巨大困难。我从山顶上向前方看，满目荒凉景象，其他方向也都是如此。目之所及都是结着盐壳的错综小山。它们形状扁长，不像风蚀雅丹那样棱角分明、轮廓清晰，而是奇怪地扭曲着。一行行山与山之间是盐结成的凝固的河流。盐表面因挤压而形成突起部分，不禁使人想起小冰川来。我根本看不见罗布泊那开阔的大湖床，尽管这个湖床的表面很难走，但我现在却热切地寻找着它。

不得不改变路线

我并不知道这令人发愁的"白龙堆"（"白龙堆"是它们的古名）究竟何时是个尽头。如果仍向正东去，就得强行翻越这座山岭。那样一来，不等走到辽阔而坚硬的罗布泊上，某些骆驼就有可能支撑不住了。而且，看起来即便在古代也根本不存在横穿这些可怕山岭的路。因此我确信，我们能走的唯一方向，就是沿着北 20°东—南 20°西一线走，直

① 上面观察到的这些现象证实，结着盐壳的平原（即古代罗布泊）表面为什么这样凹凸不平，亨廷顿教授的解释是完全正确的（他在从阔什兰孜到阿勒提米什布拉克的时候穿越了罗布泊）。上述解释载于他对穿越过程所做的极为生动而准确的描述中。参见亨廷顿《亚洲脉搏》251 页以下。

到走到较易行的地面为止。结着盐壳的小山就是沿这个方向伸展的。

要达到这一目的，我们既可以把方向转向北—北东，也可以转向南—南西。考虑到古道路线比较明确的地方大致是朝着东北去的，因此我决定转向北—北东方向。但如果当时有时间勘察一下南—南西方向，我很可能会更愿意走那个方向。因为一年后，出于下文将说到的原因，我派阿弗拉兹·古尔回到这块令人生畏的地面上进行补充考察，根据我的指示，这位年轻能干的助手从上述那一点向南—南西进发，走了约 2.5 英里后，就来到了覆盖着柔软肖尔的开阔地。他甚至发现了一小块裸露的泥土地，土中含有石膏。如果他在那里宿营，就可以望见罗布泊那海一般辽阔的盐面。① 下文中当讨论到中国古道究竟是从哪条路线穿越罗布泊湖床这个奇异的"海洋"时，我们还将提到这一点。②

于是我回到了驼队休整的地方，带着它们向东北前进。我们尽量贴着雅丹的脚下走，因为那里的盐壳不像"盐河"中间地带那样支离破碎（图 174）。我注意到，每到成行的雅丹出现缺口的地方（即两条"盐河"交汇的地方），由于压力变大了，硬盐块形成的"波浪"的波峰是最高的（比周围地面要高出 2 英尺）。这种地方也是最难走的。从我们发现钱币等物的那块台地走了约 6 英里后，结着盐壳的山岭高度逐渐变低，岭与岭之间的"盐流"中也开始掺杂着泥土和粗沙。又走了 2 英里后，我们来到了渗透着盐的一长条柔

（右侧旁注）1915 年又重访了这一地区

（右侧旁注）沿结着盐壳的雅丹脚下走

---

① 参见本书第二十章第四节。"土"和"云母"（石膏片）这样的词条应该局限于 ccxxxviii.a 号营地附近。在这个营地以北，结着盐壳的风蚀雅丹带宽达 4~5 英里；以南的风蚀雅丹带则越来越窄，直至消失。

② 参见本书第八章第四节。

图174　在 cii 号营地（位于罗布泊干涸湖床边）东南的雅丹地貌中前进

图175 ci 号营地和 cii 号营地之间起伏不平的盐壳，出土汉代古币等

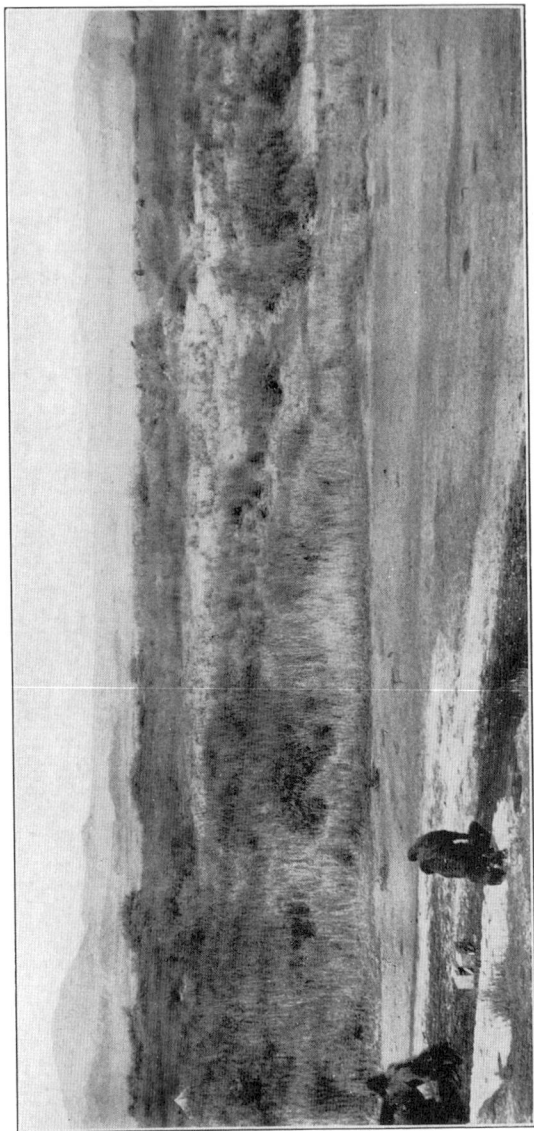

图176 阿勒提朱什布拉克最西部泉象水上方的芦苇

软的棕色地面，这对骆驼来说真是一种解脱。

在离发现钱币等物的那块台地 9 英里的地方，我们进行了平面定位。这里看起来更开阔些，于是我们重新把方向定在了北 55°东。向北只能看见风蚀雅丹般的小山，而东北则是成行的发红的台地。台地像塔一样高大，与小山形成强烈对比。台地看起来很遥远，我们看见的可能只是它们的顶部。再往前走又看不见它们了，因而无法确定它们究竟有多远。我总是觉得这些台地可能与拉尔·辛格勘察的位于他 89 号营地以西的那一带风蚀台地类似。[1] 越往前走雅丹越矮，最后便只是地面上的小鼓包了。小鼓包分解的土壤中掺杂着大量页状石膏，这表明鼓包所在的地方以前也是风蚀雅丹。

从拾到钱币的那块台地走了约 10.5 英里后，我们来到了与那块台地所在的地方类似的地表。这里一马平川，上面稍微结了一层盐壳，还有一薄层粗糙的流沙。又过了 2 英里，有一座孤立的小山丘。我登上小山丘向东眺望，看到又有一行熟悉的结着盐壳的白色山岭向东北方远远地蜿蜒而去。我认为它可能与拉尔·辛格标在平面图上的风蚀雅丹带是相连的，那片风蚀雅丹带位于他的 89 号营地东南约 5 英里的地方。眺望看到的景象使我决定放弃继续向东北走的计划，改向正东方向走。看起来在正东方向上，结着盐壳的山岭形成的屏障是最薄的。我们又向前走了约 1 英里，所经地面仍是很好走的分解的土壤，然后是一片较浅的洼地，洼地中是结着盐壳的成行的低矮小丘，小丘之间是平坦坚硬的肖尔。幸运的是，在风力作用下，肖尔上覆盖了一薄层深色的

望见了东北方的台地

在比较容易走的地面上前进

---

① 拉尔·辛格把凡是风蚀形成的地貌都标上了风蚀雅丹的记号。由于缺乏进一步的资料，这些符号在地图中保留了下来。

粗糙砾石，走起来就不那么困难了。

到了干涸罗布泊边上

在这里结着盐壳的成行的风蚀雅丹，也是北20°东—南20°西走向。又走了约1英里后，风蚀雅丹带变薄了。当我们在傍晚来到风蚀雅丹带东边时，我终于看到了那辽阔的结着盐壳的平原。这就是古代罗布泊的真正湖床。我知道，楼兰古道一定穿越了这处湖床，而明天我们将面临同一个艰巨任务。我在风蚀雅丹带边上找到了一个能扎营的地方。既然明天要面临严峻考验，能找到这个地方我很高兴。那里也有盐，很硬，但比较平坦。人和骆驼这一整天走了将近21英里，现在终于可以比较舒适地躺下了。但我们在把帐篷的铁钉钉进地面的盐层中时，却着实费了不少力气。

眺望那海一般浩瀚的湖盆

人们晚上大部分时间都用来给骆驼换脚底板，骆驼的脚又在风蚀雅丹之间坚硬的肖尔上走破了。前面走过的那段地面非常荒凉，所以，3月1日，当我们在晨光中，从最后一行风蚀雅丹的顶上看到东方和东南方平坦辽阔的古代大湖床时，大家不禁长舒了一口气。湖床上只有远方有几座低矮的孤立小丘。通过高倍望远镜我只能看出，它们是一些小山的山顶，小山应该是那条叫北山的低矮沙漠山脉的最西段与干涸大湖床相接的地方。不论我们将要穿过的古湖床有多大，行程有多艰难，看到远处这些小山，我们就知道，早晚我们会到达对面的"陆地"。北面和东北的地平线上也是连绵的小山，看起来遥不可及。这些小山证实了我的判断。从上文已说过的证据我就知道，古道必定穿越了古湖床，而且其路线不会在离我们现在站的地方太朝北的地方。在现在这样的地面上，即使在不影响安全的情况下我们有时间寻找古道，但在这里找它又有什么必要呢？

古罗布泊的湖滨很容易分辨出来，那就是从最外边的风蚀雅丹脚下一直向平原倾斜下去的含盐的土壤（倾斜的坡度不大）。由于坡度极缓，所以很难判断完全成水平一线的湖面比湖滨低了多少，但这个相对高度的下降不少于 30 英尺，甚至更多。我本打算朝东南方那遥远的山顶去的，但当我们从风蚀雅丹脚下往下走的时候，小山顶却看不见了。而南 94°东那个方向上却可以看见不长的一行小山的轮廓，像岛屿一样矗立在地平线上。这行小山可以作为我们的短期目标，因此我们便朝它进发了。从离开湖"岸"起 0.5 英里的距离内，盐面比较平坦，走起来还可以。但此后便是似乎永无尽头的皱起来的硬盐块。盐块的边是斜着翘起来的，一般比压在底下的盐块高出逾 1 英尺（图 179）。这参差不齐的边一律是纯白色的盐，但盐块的表面一般有点发灰，大概是掺杂了尘土的缘故。

　　即便穿着结实的靴子，走在这片凹凸不平的盐壳上，脚依然会很疼。但最开始的时候，骆驼的状况比我预期的要好。这是因为骆驼步子大，可以选择不太突起的地方放脚，避免踩在最尖利的盐块边上。走了约 8 英里后，早晨我在营地看到的东南那行低矮的小山顶，又出现在模糊不清的地平线上了。由于东边的小山看起来仍和以前一样遥不可及，我决定改方向，向东南的小山前进，以便缩短与这片"死海"东南小水湾的距离。从米兰到敦煌的车马道就是沿着这个小湾的边上延伸的，那条道上有水井。我们很快看到，在南—南东方向更遥远的远方，似乎是一个孤立而突兀的岬的顶部。我认为那是小水湾岸上的荒山突出到干涸湖床中的一角（后来证明我的判断是正确的），这个岬我在 1907 年考察的

从古湖床的岸上下来

在起伏不平的盐壳上艰难跋涉

途中曾见到过。①

**干涸湖床北边
的低山**

现在我们知道了，早晨在营地看到的东北方那些岛屿般的小山顶，与干涸湖盆最北端岸上的低山是连在一起的（湖盆最北端位于考鲁克布拉克以东）。在这里可以看到，越向东去，山似乎越矮（拉尔·辛格曾从那条沙漠山脉脚下不远的地方经过，他用测角仪测量得出的结果证明我们的判断是对的）。我们的平面交叉图清楚表明，那座山脉向东北方弯了一下，可能围住了与罗布泊这个古代盐湖相连的一片"水湾"，拉尔·辛格后来所走的路线正经过这片"水湾"。这证明我们继续向南走避开这片"水湾"是完全正确的。

硬盐块

我们沿着新方向（即南120°东）跋涉了2英里后，走起来更加艰难了。盐面看起来就仿佛是一片波澜壮阔的大海，上面奔驰着数不清的"白马"（每匹马高2英尺），马突然之间都变成了坚硬的盐。② 有些突起的盐块不大，边像锯齿一样锋利。骆驼腿虽长，却无法避开这些小盐块，因而脚都划破了。我真不知道它们还能坚持多久。实际上，每次当我定好平面方向后跟着驼队匆匆前行的时候，都注意到它们走过的路上留下了斑斑血迹。这一景象着实令人痛心。而且，从这里往前，骆驼还遇到了一个新难题。这里的盐面上嵌满了奇怪的挨得很近的孔洞，孔洞一般深3~4英尺，开口处的宽度比3~4英尺稍小些。孔洞边上一律堆着颜色较深的盐块，看起来就像是浮冰（图180）。"浮冰"块参差错落，仿佛底下有什么力量把它们扯开了似的。关于它们的成因，我没能得出任何明确的结论。

---

① 参见《沙漠契丹》第一卷520页以下。

② 参见亨廷顿《亚洲脉搏》250页。在那里，亨廷顿教授真实生动地描述了在他从科什兰到阿勒提米什布拉克的那次英勇考察中所见到的古湖床的这种盐面。

艰难跋涉了 12 英里后，我们看见远处有一行白色的风蚀雅丹，风蚀雅丹的背景是颜色较深的突起的地面。这时大家真是松了口气。这些结着盐壳的雅丹虽然也不好走，但表明"陆地"已经不远了，大家如何能不高兴？此后，我们又强拖着疲惫的身体往前走了 5 英里。过了这段后，盐壳变得不那么坚硬也不那么凹凸不平了。夜幕降临时，我们终于到了结着盐壳的风蚀雅丹带边上。这一天我们总共走了 19 英里。我高兴地发现了一小块松软的地面，那里棕色的肖尔下是由粗沙构成的土壤，人畜都可以扎营歇息。我对上天的厚爱深为感激。当后来骆驼在夜色中姗姗走来的时候，我的感激之心更重了。我意识到，有了这块地方，人畜就避免了在无处安歇的地面上过夜的厄运。后来几天的行程证明，我们越过罗布泊盐壳的地方正是它最窄的地方。因此，我十分庆幸有那些迹象引导我选择了这条路线。

有一只租来的骆驼在离营地还有几英里的地方就无力行走了。我派人从营地走回去，把它带来。但在黑夜中人们没能找到它，直到第二天早晨它才被带上来。大多数骆驼的脚也裂开了，一碰就痛。人们整夜都忙着给痛得最厉害的骆驼换脚底板，凛冽的西北风使这项工作进行得极为艰难。现在，同其他苦痛相比，骆驼感受最深的似乎是饥饿，人们费了很大的劲才阻止它们在跋涉途中啃吃彼此背上驮的苇草。一到营地，背上的重物刚卸下来，它们就急不可耐地啃吃含盐的柔软土壤。当那只中途掉队的骆驼第二天早晨被带上来时，我们从应付紧急状况的骆驼食物中拿了油糕给它吃，还让它喝了不少融化的冰水，尽管如此，它的体力仍无法恢复。最后，它虽然没驮东西，仍然跟不上队伍。走了几英里后，我不得不用枪射死了它。这是我在所有沙漠探险中损失

到了东边那一行结着盐壳的雅丹

骆驼在穿越盐壳时遇到的困难

的唯一一只骆驼。

3月2日早晨，队伍继续沿着先前的东南方向前进。我们先是穿越结着盐壳的风蚀雅丹。它们与湖盆对岸的风蚀雅丹属于同一类型，高20~25英尺，最初2英里内排列得很紧密，使我们不得不老是绕道。雅丹间的小谷上覆盖着一层坚硬的盐，但这里的盐块比较大，而且相对比较平，同前一天相比，似乎容易走些。再往前风蚀雅丹之间的地面越来越宽，有100到200码宽，结着盐壳，比较平坦，上面只看得见微微突起的含盐的小土丘，或是些坡度很缓的小丘。雅丹本身仍形如墙一般，一律是北30°东—南30°西走向。在从营地开始的前4.5英里内，雅丹上都结着厚厚的盐壳，仿佛它们很久以来一直沉没在盐海中似的。但雅丹之间的盐渐渐变得没那么硬了，有些地方的盐上还覆盖着粗沙和一薄层砾石（砂石无疑是从东边的萨依吹过来的）。雅丹末端仍然紧密相连，要想让骆驼通过只能绕行。

过了这4.5英里后，雅丹之间的距离越来越大，雅丹上覆盖的盐层也没那么多了。由于这个原因，雅丹受到的风蚀也要大得多。风蚀留下了清晰的痕迹，把雅丹顶部塑造成了千奇百怪的形状，看起来就像教堂的圆顶或尖顶等似的。越向东南走，雅丹就越矮。从 ciii 号营地走了近9英里之后，我们终于来到了一块广阔平原的边上，不由得宽慰地舒了口气。平原表面由分解的软土构成，还含有很多片状石膏。对我们疲惫的脚来说，能在这样的地面上走简直是太好了。

在离营地12.5英里的地方，我登上一座小丘做了次平面定向。小丘上的视野十分开阔，这使我心中生出了这样一个疑惑：为什么这块平原不像刚才经过的那宽阔的风蚀雅丹带一样遭到风蚀的影响呢？或者，如果它受到了风蚀的影响，为什么风蚀会使它如此平坦呢？空盒气压表上的读数持续上升，支持了前一种假设，即平原没有受到风蚀的影响，却未能对此提供解释。这个问题以及与古代湖盆如今的环境有关的其他类似的地理问题，我下文中会很快再说到。我们现在可以清楚地看到，在东面和东南面，至少有两座小山脉的末端部分突向大湖盆，山脉脚下是一条宽阔的砾石缓坡。向西看就是结着盐壳的浩瀚的罗布泊，它一直延伸到地平线上。湖床边上就是我们刚刚横穿过来的风蚀雅丹带，它似乎终止于西南方向。雅丹带离我们现在所站之处最近的地方有4~5英里远。在这条雅丹带以南，无论是当时还是在后来的途中，我们都再没有看见过别的雅丹带。

前一天我们只用了一天的时间就穿越了结着盐壳的湖盆这道可畏的障碍。这充分说明，为什么在 L.J 台地和发现钱币、匕首的那块台地之间，我们发现古道的路线是向东北方去的。这个方向开始颇令人困惑不解。因为，楼兰—拜什托格拉克谷—敦煌道的最短路线该是朝东南方向去，最初古道的实际路线却与这条最短路线成直角。但事实证明，最初向东北方向走虽然绕了个大弯，却得到了充分补偿，因为这样减少了在穿越干涸湖床时所面临的极为严峻的困难，把这些困难降低到了中国人的耐力和在组织交通上所能应付的范围之内。

古道为什么绕向了东北方

还有一个令人不安的问题：在我们现在走过的这片全无生命的荒野里，能否找到直接的考古学上的证据，证明古人的确在我所设想的古道穿过的这块地面上经过呢？我们这支疲惫的队伍已经在无任何食物和水的地区进行了艰难的长途跋涉，还要走相当一段距离才有望找到可饮用的水。因此，

古道的路线问题

为了队伍的安全起见，我无法抽出几天工夫仔细而系统地进行查找（只有进行这样的查找才有希望发现小文物）。在古湖床西岸时，正是这种文物帮助了我。但上天又一次惠顾了我，赐予我一些文物。它们虽然不起眼，却足以证明我们离古代那条沙漠道不远。

发现汉代古钱币

我们从上文说过的那条小丘向南—南西方向走了还不到0.5英里，我手下一个赶骆驼的人就当着我的面拾起了一枚中国铜钱（这枚古钱很大，刻着字，属于五铢钱类型）。又朝同一方向走了 2 弗隆后，眼尖的阿弗拉兹·古尔就看到，覆盖着一薄层粗沙的土壤上有一颗半透明的白色圆形玻璃珠子（即C.ciii.05号）。在行程中拾到了这两个小物件，让我们觉得它们很可能是古人失落的，而古人的行走路线与我们的前进方向是相同或基本一致的。在离发现第一枚古钱不足1.75英里的地方，又发现了第二枚古钱，这完全证实了上述结论。但与这枚古钱同时发现的另一样怪异东西，却令我们颇为不解。事情是这样的：队伍中的罗布泊人之一尼雅孜帕万（Niāz Pāwān）在沿着我们前进的方向巡查地面时，突然发现了一个人的脚印，这些脚印向我们的路线西面不远的一条小丘延伸过去。我和他沿着这些脚印走时，在离小丘脚下不足 8 码远的地方，发现土壤中嵌着一枚大五铢钱。如此看来，在干涸湖床东边第一天的行军，就已将我们重新带回到汉代古道经过的地面上来了。

发现了奇怪的脚印

在浏览一下中国早期古书对我们刚刚穿过的这片盐海的记载之前，我顺便说说发现脚印这件事。这个发现是如此突

---

① C.ciii.05 **玻璃珠子**。半透明，白色，圆形。直径$\frac{1}{4}$英寸。图版 XXIII。

图 177　在罗布沙漠 xcix 号营地以南的台地中前进

图 178　罗布沙漠 L.J 台地，上面有古烽燧遗址

（台地顶上人所站的位置就是古烽燧）

图 179　驼队穿越起伏不平、结着盐壳的罗布泊干湖床

图 180　罗布泊干湖床上堆积的盐块

然，如此奇异，似乎又把我们带回到了活人的世界里。最初
我吃惊的程度与我的同伴们相比，简直有过之而无不及。因
为从目前在平面图上的大致位置可以知道，我们与阿其克布
拉克（Achchik-bulak）的直线距离还有40~50英里（阿其
克布拉克是去往敦煌的车马道上离我们最近的一点），而这
段距离中有相当一部分还得经过湖床东段的大"水湾"，去
往敦煌的车马道就是沿着那片大"水湾"边上延伸的。既然
存在着大"水湾"那道可畏的障碍，那条车马道上的任何旅
客即便迷了路，也不可能误打误撞到北边这么远的地方来。
这些脚印也不可能是很远的古代留下的，因为虽然某些受风
蚀特别厉害的地方已经被抹去了，但总的来说脚印是再清晰
不过的。留下这些脚印的人在登上小丘之后又下来了（他登
丘是想眺望一下）。凭着猎手的那一双敏锐的眼睛，托乎提
阿洪沿着这些脚印一路追踪下去。他很快发现，脚印回到了
一条线上，走在这条线上的还有另外两个人以及一匹马驹、
一头驴。这支从南方来的神秘队伍，显然在向北走。

　　天色已晚，我们已经没有时间继续追踪他们的脚印了。
于是，在离最初发现脚印的那条小丘2.25英里远的土质平
原上，我们扎了营。人们点起一小堆火，把冰烧化了泡茶
喝。当大家围在火边，谈起毫无生命的荒野中居然出现了人
的踪迹这个谜时，他们终于找到了能解开这个谜的一条线
索。年轻的驼工马合木提（Mahmūd）去年12月曾跟随拉
尔·辛格到南湖去，回来的时候，他们走的是从敦煌长城末
端到米兰去的车马道。他记得曾听在我们1907年的155号
营地附近放牧的东干人说过，不久以前，大概在11月，有
一个中国商人在路上损失了所有的运载工具，于是他在和田

人们告诉我曾
有一支驼队被
劫

租了几头驴。谁料想，那订下契约并答应把他和他的货物带到敦煌的三个和田人，却抢了他的三个马蹄银（当地称延卜，yambu）和一匹很贵的马驹。据说，这几个无赖带着马驹和剩下的最后一只骆驼逃走了，把那个中国人丢在沙漠道上不管死活。这个中国人艰难地向前跋涉，直到那些东干人把他救了起来（此时他已接近崩溃的边缘了）。拉尔·辛格在当年的 12 月末证明，这个故事是真实的，他在玉勒衮布拉克（Yulghun-bulak）的咸水泉（位于阿其克布拉克以东约7 英里的地方）发现了被遗弃的货物和 15 头死驴。①

抢劫者企图逃脱

现在总算是真相大白了，我们遇到的这些脚印就是那几个渎神的卖驴者留下的。他们知道，沿沙漠道来往的车马队必定会发现他们的抢劫行径。他们如果在若羌露面，也一定会引起人们的注意和怀疑。这样他们早晚都会被抓获。于是他们携着抢来的财物向北逃窜，企图逃到吐鲁番去。在拉尔·辛格几个星期后经过玉勒衮布拉克的咸水泉时，那里还没有结冰。即使在抢劫发生的时候已结了冰，劫匪除了食物、草料和行李外，所带的水或冰也必定十分有限。在我们发现脚印的那个地方，他们的牲畜至少三天没水喝了。即使有地图的帮助，匪徒们要想到达考鲁克布拉克（那是东库鲁克地区离他们最近的咸水泉），也得走三天以上的路程。在到达之前，牲口早就已经倒毙。而且，在 11 月，考鲁克布拉克或是北边的任何一处咸水泉，他们都是不可能找到冰的（第二年冬天，拉尔·辛格考察了那些咸水泉）。

---

① 地图中标出了咸水泉的位置，但没有标上玉勒衮布拉克的名字。我本人在 1907 年经过时还没有听说这一事件。

因此，这群强盗在无情荒漠中遭到的报应，很可能要比人间法律的定罪量刑严酷得多。1914 年 1 月，阿布都热依木跟随拉尔·辛格来到了考鲁克布拉克及其以北的咸水泉（从前只有少数猎捕野骆驼的大胆的猎人知道这些咸水泉），并未发现那些强盗经过的迹象。但在紧接着的两天行程中，我们又遇上了他们的脚印。循着这些脚印，我们一直来到了他们穿越罗布泊那片大"水湾"之后上"岸"的地方。有两次我们都发现了他们宿营或休息的迹象。我不知道，这些强盗是不是已经预感到了等待他们的厄运即将降临。

> 强盗们大概遭遇了怎样的命运

在 ci 号营地以东 6 英里的台地脚下发现的物品

C.ci.01　铁匕首的刃和铤。铤顶部有一个残破的横档。匕首两边是钝的，尖比较锋利，横档可能是护手盘的一部分。已生锈，但仍很结实。通长 $9\frac{1}{8}$ 英寸，刃宽 $\frac{3}{4}$ 英寸。铤长 3 英寸，厚 $\frac{5}{16}$ 英寸 × $\frac{1}{4}$ 英寸。图版 XXIII。

C.ci.02　马嚼子的铁制链环（已断）。还有另一块已锈蚀的链环粘在上面。一端原有的圆环约有一半已锈掉，另一端大致呈方形。虽已生锈，但仍很坚硬。参见图版 XXI 中的 L.A.034、图版 XLVII 中的 T.XXII.f.01。长 $3\frac{1}{4}$ 英寸，杆厚约 $\frac{3}{16}$ 英寸。一端圆环的直径约 $1\frac{1}{4}$ 英寸。图版 XXIII。

C.ci.03　铁钎。带圆环状把手，与《西域考古图记》第二卷 775 页中的 T.XII.a.0026（图版 LIV）类似，并参见该书中的 T.W.005、007 和 T.XVIII.ii.9.b、XXVIII.0019。铁钎断成了两截，生锈较严重。长 $2\frac{1}{2}$ 英寸，厚约 $\frac{3}{16}$ 英寸，圆环直径 $1\frac{1}{4}$ 英寸。图版 XXIII。

C.ci.04　**实心铜球**。钻一矩形孔。保存良好。直径 $\frac{3}{4}$ 英寸，孔 $\frac{9}{16}$ 英寸×

$\frac{3}{8}$ 英寸。图版 XXIII。

C.ci.05　**铜钩**。曲线优美。没有钩的较低的一端呈铲形，铲形反面是一个大头钉状装饰。弯曲的末端较窄，但稍厚。铸造而成，有一边已烂，也可能是铸造时产生的气孔。大体保存较好。参见《古代和田》第一卷 464 页 D.K.001 和第二卷图版 LI。宽的一端为 2 英寸× $\frac{3}{8}$ 英寸，窄的一端宽 $\frac{3}{16}$ 英寸。图版 XXIII。

C.ci.06　**小铁片残件**。已生锈。$\frac{3}{4}$ 英寸× $\frac{7}{16}$ 英寸。

C.ci.07　**大理石（？）残片**。大致为长方形。为深粉色和浅黄色，纹理为灰色。$\frac{3}{4}$ 英寸× $\frac{5}{8}$ 英寸× $\frac{7}{8}$ 英寸。

C.ci.08　**玻璃珠子**。淡绿色，半透明，大致为长方形，四边有不规则的槽。$\frac{13}{32}$ 英寸× $\frac{3}{8}$ 英寸× $\frac{1}{4}$ 英寸。图版 XXIII。

第四节　白龙堆

古道的大致去向

3 月 2 日傍晚，我们来到了一块开阔的土平原。它位于一条砾石缓坡脚下，我们将 civ 号营地就扎在了那里。这时我已知道，在寻找古代楼兰道的跋涉中，最困难的部分已经被抛在身后了。我们在地面上发现了一些古代交通的迹象，说明古道从荒凉的干涸罗布泊上来后，可能便来到了这块地面上。从前面南方和东方的地形看，我们几乎可以断定以下的古道是沿什么路线到达其最终目的地敦煌长城的最西端的。从平面图和 1907 年我们绘制的地图中几乎可以断定，中国早期奠定这条道路的人只需沿着干涸湖床最东岸那片向南延伸的"水湾"走，就可以走到一条宽阔谷地的入口处。那条谷地形如山谷，一直延伸到拜什托格拉克和疏勒河尾间。不管盐湖东端的大"水湾"向谷地中伸展了多远（1907 年我们虽然沿着通往敦煌的车马道做了考察，对此却未得出确切结论），有一点是清楚的：根据我在谷地南侧观察到的情况看，谷地北侧也可能曾有过足够骆驼沿路啃吃的沙漠植物，并可能有过水。阿其克布拉克和拜什托格拉克之间的这条谷地北侧就是光秃秃的荒山。来自楼兰的古道要想到达疏勒河尾间和那附近的敦煌长城末端，最自然、最易行的路线莫过于沿着那座荒山的山脚走。的确，要想从 civ 号营地到拜什托格拉克去，最直接的路线应当是从北山的最南端穿过。但那里是一片荒漠，只有石块和砾石，既没有牧草也没有水，况且节省下来的距离也很有限，不足以补偿经受的不必要的苦楚。因此，显而易见古道是沿着拜什托格拉克谷地北侧的荒山脚下延伸的。

　　但在描述在这条路线上的经历之前，我要先回顾一下前三天穿过的那片结着盐壳的荒野。让我们对照着观察到的现象，来看一下中国古书中是怎样描述楼兰道越过蒲昌海（或称盐泽）时的情况的。这些记载中，有一段虽不是年代最早却最能给人启发，它就是郦道元《水经注》中紧接着描述"龙城"那个段落下面的文字。"龙城"那段中有明确的地形记录，使我们较有信心地认为，"龙城"就是我们 2 月 28 日在向楼兰东北方向进发时经过的大台地区。[①] 紧接着郦道

中国文献是怎样记载古道穿越罗布泊的情况的

---

① 参见本书第八章第二节。

元对"龙城"地区进行了详细描述，可以证明这段描写和上一段一样也是来自对当地情况有准确了解的权威。因此，我们在此先说一下这段话。在沙畹先生摘译的《水经注》中，这段文字①是这样的：

郦道元对"盐泽"的描述

地广千里，皆为盐而刚坚也。行人所逐，畜产皆布毡卧之。掘发其下，有大盐，方如巨枕，以次相累，类雾起云浮，寡见星日，少禽，多鬼怪。

西接鄯善，东连三沙，为海之北隑矣。故蒲昌海亦有盐泽之称也。

郦道元的描述是准确的

以前当我述及关于楼兰地区的汉文记载时，曾提到过这段文字。② 当时我简要地指出过，这段关于"龙城"附近地区的概述，与我们1914年到1915年对罗布泊古湖床及其邻近荒野的考察结果十分相似。文中说地面"皆为盐"，这与我们在穿越湖床底部时观察到的现象完全吻合（见上文）。拉尔·辛格所走的路线更是在大北边，在那湖床北段的广大地区，他遭遇到的也是可怕的起伏不平的盐面。亨廷顿教授是从南向北穿越这片浩瀚盐海的（他走的距离更长），他也非常生动地描述了途中遇到的种种困难。③《水经注》中称堆叠起来的盐块"如巨枕"。任何曾经在那些连绵不绝的盐丘、翘起来的大硬盐块之间和上面择路而行的人，任何曾经目睹过上文提到的那难以计数的裂缝和孔洞以及孔洞中像浮冰般高下堆叠在一起的盐块的人（图180），都知道这个比

① 参见《通报》571页，1905年。
② 参见《西域考古图记》第一卷424页以下。
③ 参见亨廷顿《亚洲脉搏》251页以下。

喻是生动而切合实际的。

　　由于在穿越湖床时采取了恰当路线，我们有幸不必在铺满硬盐的湖床上过夜。但根据对湖面的观察，我明白，即使是强悍的骆驼，在盐面上休整时，也无法获得哪怕一点点舒适的休息，更不要说其他用作运载工具的牲畜了。亨廷顿教授就提到过，为了平整出一块稍微平坦、能够睡觉的地方，他那一小队人不得不动用了斧子，将 1 英尺高的盐丘砍平。①拉尔·辛格那队人马在他们的 89 号营地也经历了同样的遭遇。因此，当古代的行路人不得不在这样的地面上过夜时，他们很容易会想到先铺上毡子，再让牲畜躺下，中国人在旅行时是很善于安排这类事情的。《水经注》中提到的这个做法还给我们另外一个启示：这种方法之所以流行起来，是因为楼兰古道是从干涸的湖床上面穿过去，而不是沿着湖床北面绕过去的。

　　郦道元在文中说，当地的云雾使人们很少见到太阳和星星。这也完全符合整个罗布盆地一年大部分时间的天气状况。12 月和 3 月之间，我们在那里看到的天空都是灰蒙蒙的。这主要是因为这片广袤的荒野几乎常年刮风。不管从其最常见的方向（东—北东）吹来，还是从其他任何方向来，风中都夹带着细尘土。这些细尘土是无休无止的风蚀在邻近地区的土壤上刮下来的。因为，北边和东边的荒山以及西边沙质平原的绝大部分土壤，都是全无植被保护的。在春夏两季，常有猛烈的大风光顾罗布盆地的中心地带，卷来大片尘沙。降雨或降雪可以使空气干净一段时间，但雨雪天气在那里是极为罕见的。

在硬盐壳上过夜将遇到什么困难

多风沙的地区

---

　　①　参见亨廷顿《亚洲脉搏》251 页。

可怕的无生命的荒野

　　尤其使穿过这片荒凉原野的中国古代商旅吃惊的是，这里没有任何动物。他们的这种反应是很容易理解的。即便对我们这些曾在楼兰地区穿过了一段"死亡地境"的人来说，这没有生命的地区也给我们留下了深刻印象。因为楼兰的那块"死亡地境"在古代有商旅经过时，河边的林带以及几块垦殖区中仍是有生命的。中国古代商旅在想象中觉得这个可畏的盐海中有很多鬼怪，这一点也同样不难理解。我曾经指出过，在玄奘和马可·波罗的时代罗布盆地南面的古道上，迷信的人们也觉得这类地面上有鬼怪出没，威胁着人们的安全。今天这种迷信心理依然存在着①。

郦道元对地形的描述是正确的

　　现在来看郦道元文中的结尾部分。我们一眼就看得出，那里记载的地形是准确的。我们已知道，"龙城"所在的这一地区包括结着盐壳的整个罗布泊古代湖床，还包括湖床岸上的沙漠地带。考虑到这一点即可证明，郦道元所说的此地"西接鄯善，东连三沙"是完全正确的。看一下地图就知道，罗布泊湖床最西端连着现在的喀拉库顺沼泽邻近米兰地区，而古鄯善国的一个主要居民区就在米兰。

"三沙"的位置

　　关于"三沙"，我曾在别的书中证实过，它就是《魏略》关于"中道"的记载中提到的"三陇沙"。②《魏略》中明确指出，"三陇沙"指的是一条很高的沙丘链的最北段。来自敦煌的车马道以及楼兰古道，在拜什托格拉克东北不远的地方经过了这条沙丘链。我们1914年的考察证实，罗布泊古湖床东南的大"水湾"一直延伸到了拜什托格拉克谷地中的羊塔克库都克（Yantak-kuduk）附近。然后，这片谷地

---

　　① 参见《西域考古图记》第一卷293页，第二卷560页。另参见尤尔和科尔迪耶合著的《马可·波罗》第一卷196页以下、201页以下。

　　② 参见《西域考古图记》第一卷418页、425页，第二卷555页以下。

中又出现一系列结着盐壳的沼泽，延伸到了拜什托格拉克井以西的地方。因此，明确的地形学事实告诉我们，《水经注》中关于"龙城"的界线的描述是正确的。

那段文字开头称"地广千里"，我们无法用明白无误的方式检验这句话的正确性，因为文中并没有明确说出这指的是哪个方向上的长度。但很值得注意的是，一个旅行者如果从拜什托格拉克以东的"三沙"最北端走，无论沿着两条道中的哪一条，走到罗布泊湖床以西最近的居民区，其距离都和文中记的"千里"非常吻合。当库鲁克河的水能流到楼兰地区，因而那里某些地方有人居住的时候，人们可以在不同的两点到达大盐海（即中国人所称的蒲昌海或盐泽）西岸。就是说，既可以沿着"中道"（楼兰道）走，也可以沿着湖床南岸上更易行的去往米兰的车马道走。

> "盐泽"的界线

根据路码表，我从楼兰的最后一个要塞 L.J 出发，沿着据我估计大致是"中道"的那条路线走，到达拜什托格拉克以东、三沙的最北段，共走了 199 英里。① 如果旅行者从拜什托格拉克以东的那一点出发，沿着南道走（至今敦煌和米兰之间的车马队仍走这条道），走上大约同样的距离，他就会来到我们第二次探险考察时的 143 号营地，据我们 1907 年 2 月用路码表所测的结果，这段距离是 198 英里。在 143 号营地附近就是覆盖着硬盐的古罗布泊的东南边缘了。从那里再向西朝米兰走，沿途的沙漠植被会逐渐增多，那片只有

> 郦道元所估计的距离

---

① 我们从 cvii 号营地没有直接到拜什托格拉克去，而是绕了个远，先到了拜什托格拉克谷地南侧的道路，并沿着它一直走到了羊塔克库都克。这个计算结果把这段绕远的路程排除在外了。见本书第九章第一节。

《西域考古图记》第一卷 425 页注 38 所说的 230 英里，指的是从 c 号营地到 cxii 号营地所走的距离（后者位于拜什托格拉克以东很远的地方），并把在 cvii 号营地和 cx 号营地之间绕远的距离也计算在内了。

盐、土和砾石的地区算是被甩在身后了。根据我在塔里木盆地及其附近地区的探险经验，那里平地上的 1 英里如果换算成中国长度单位，约合 5 里。① 因此，无论沿哪条道算，都可以得出郦道元文中记述的"千里"的结论。他对距离的估计简直准确得使人吃惊。

郦道元说湖的北部边界在哪里

在我看来，郦道元的估计是从楼兰道得出的。我这样说有两个原因。首先，郦道元书中所载的全部地形资料都与这条道经过的地面有关②。其次，其结尾的文字明确指出，所述地区构成湖的北界（"为海之北隘矣"）。我们应当记住这个事实：古代罗布泊湖床那仅有的几片含盐的沼泽（有的地表是软而泥泞的，有的还有一汪一汪的咸水）都分布在湖盆南岸附近，而盆地其他部分都是干涸的。③ 还应该记住的是，塔里木河尾间沼泽（即今之喀拉库顺）很久以前便出现在盆地的西南端了。而且，库鲁克河三角洲的那些沼泽（即郦道元所说的"渤泽"）也延伸进了盆地的西南段。因而，我们就完全可以理解，为什么郦道元称"龙城"地区及其东边那覆盖着硬盐的大片荒凉地面是湖的北界。

《魏略》中提到的"中道"

现在我们可以从郦道元那有趣的记载转到另一段文字。这段文字不太长，但时间上却是离我们最近的，而且它清楚地记下了各地点的先后顺序。这段文字包含在《魏略》（成书于公元 239—265 年）关于"中道"的记载中（"中道"起于敦煌，经过故楼兰，到达塔里木盆地北部）。这段重要记载是由沙畹先生第一个翻译出来的。对此我在《西域考古

---

① 参见《西域考古图记》第二卷 735 页及该页注 28a 中的引文。
② 文字中明确指出，旅客是穿越了覆盖着硬盐壳的湖床，而南道只是绕着湖床的边延伸。
③ 参见本书第九章第一节；《沙漠契丹》第一卷 507 页以下。

图记》中已经详细分析和讨论过①，因此，除引用有关"中道"的文字外，我将只详细讨论那些直接使我们感兴趣的地点。其他地点，我将只简单提一下它们已被确认在什么地方，或者有可能在什么地方。这段文字写道，中道"从玉门关西出，发都护井，回三陇沙北头，经居卢仓，从沙西井转西北，过龙堆，到故楼兰"。

　　这个行程表没有指出各个地点之间的距离（如果是那样对我们将是十分有益的），但由于我在考察过程中已将其起点和终点确定了下来，加之文中记载了方向，我便能够比较准确地确定起点和终点之间那些地点的位置（见《西域考古图记》）。"中道"的起点是著名的玉门关，汉代玉门关无疑就在敦煌西部长城上的 T.XIV 遗址附近。此后，"中道"沿着长城西去（今天的车马道也是这样的），一直到达长城的最末端，即烽燧 T.IV.a、b 附近，我认为"都护井"就在那里。关于"三陇沙"地表的实际构造，古文中关于中道在此折回的那段记载以及"三陇沙"这个名称本身，都使我非常肯定地认为，它就是拜什托格拉克以东那一带高丘的最北段，现在的车马道也经过那里。我认为，"居卢仓"很可能就是拜什托格拉克这个重要驿站。

　　关于"沙西井"的位置，《魏略》中说，"中道"在过了沙西井后转向西北，这个记载给了我们很多帮助。看看地图就知道，从拜什托格拉克来的"中道"正是沿着拜什托格拉克谷地北边延伸的，这样便不必穿越干涸大湖床东边的那片难走的大"水湾"。之后，这条道要想到楼兰去，就必须

《魏略》行程表中的地点

"沙西井"的位置

①　参见沙畹《通报》1905 年 552 页以下；《西域考古图记》第一卷 417 页以下，第二卷 555 页以下。

在谷地和"水湾"北边的那条山脉的最西端折向西北。在下文描述我们沿那条山脉脚下向东走的实际情况时，我会提到有直接的考古学证据表明，古代的中道就是沿着山脚延伸的。在结着盐壳的干涸的"水湾"边上和土山、土高原之间（土山和土高原是罗布泊更为古老的湖岸线），是一块逐渐变宽的地面。在那里，我们于 cvi 号营地附近的沙质土壤中第一次发现了植被。过了这个营地几英里后，植被就越来越多了。而且，离地表不深就可以找到水（尽管水是咸的）。我们显然应该在这附近寻找"沙西井"的位置。从敦煌方向来的旅客在那里可以找到牧草。以前干旱化过程还不太明显的时候，他们甚至可以找到可饮用的水。然后他们才鼓足勇气，去面对接近楼兰时的那一片荒野——那里只有盐和光秃秃的地面。在此地之前，他们一直会看到山脚下有流沙。过了此地，流沙就没有了。我在《西域考古图记》中曾指出，这个地形学特征大概可以解释"沙西井"地名的由来。[1]

《魏略》行程表中的"白龙堆"

在《魏略》的行程表中，沙西井和终点楼兰之间只有一个地点，但这唯一的中间站却使我们特别感兴趣。《魏略》中说，中道在沙西井折向西北后，"过龙堆，到故楼兰"。在《西域考古图记》中我曾指出过，就我们在 ci 号营地到 civ 号营地之间的考察来看，"龙堆"指的必定是干涸罗布泊东北部两岸那些结着盐壳的风蚀雅丹。[2] 从罗布盆地东岸的山脚下，到离得最近的、曾有人居住过的楼兰地区之间，是一片广阔的荒凉地带，而从地形学上来说，那些风蚀雅丹是这一地带中最引人注目的地方。《汉书》中有一段有趣的记载，

---

[1]　参见《西域考古图记》第二卷 557 页注 20。
[2]　参见《西域考古图记》第一卷 340 页、419 页。

其中包含的地形学因素可以直接证明那些风蚀雅丹就是《魏略》中的"龙堆"。

《汉书·西域传》中述及了汉朝同鄯善（即楼兰地区）的关系。其中在谈到公元前 92 年之后发生的事时，《汉书》提到了从鄯善到中国内地的沙漠道。① 这段颇能给人启发的文字这样写道：

《汉书》中提到"白龙堆"

> 楼兰国最在东垂，近汉，当白龙堆，乏水草，常主发导，负水担粮，送迎汉使。又数为吏卒所寇，惩艾，不便与汉通。

沙畹先生指出，"白龙堆"即《魏略》中的"龙堆"。《汉书》记载表明，中国人所说的"龙堆"，指的是对着楼兰国最东部边界的一个沙漠地区，这个地区还位于直接从楼兰通往中国的道路上。根据直接的考古学证据，我们已经成功地从楼兰最东端可供人居住的地区，将古道一直追踪到了罗布泊湖床西北岸上那结着盐壳的风蚀雅丹带。我们现在就完全可以明白，为什么中国使节到了"白龙堆"后，必须让楼兰的向导来接他们，并给他们带来给养（尤其是水），因为古代的"白龙堆"同现在一样没有任何生活物资。我们也可以理解，楼兰地区那为数不多的居民为中国使节安全到达提供了大量物资，这对他们来说是多么大的一个负担。沙畹先生在对《魏略》关于中道的记载所做的注中，引用了公元 3 世纪的孟康对《汉书》的评论："龙堆形如土龙身，无头

"白龙堆"就是结着盐壳的雅丹

① 参见魏利《人类学学会会刊》第 10 卷 27 页以下。关于"白龙堆"这个地名的起源，见沙畹《通报》529 页、531 页，1905 年。

有尾。高大者二三丈（20~30英尺），低者丈余（10英尺）。皆东北向，相似也。"① 这段话对这些奇怪的白色雅丹进行了生动而准确的描述。即便今天，一个有知识的中国旅客的描述也不过如此了。我在上文中说过，这些风蚀雅丹形体扭曲、千奇百怪，却向同一个方向延伸。这样我们就完全可以理解为什么在中国人眼里它们很像白龙了（中国人一向对奇特地貌有敏锐的观察力）。孟康提到的雅丹的东北走向及其平均高度完全正确，他的信息显然来自对当地地形很熟悉的人。

古代交通遇到的障碍

《汉书》中那段文字之所以特别有价值，还因为它充分表明，对大规模的中国使团、辎重、军队来说，走这条道要穿越如此广阔的一片全无生命的地面，面对那些可畏的地理障碍，这将是多么艰难的一桩事。我在本书下文中将说到，面对所有这些困难，规模庞大的交通是如何在这条道上维持了几百年的。② 在此我们应该注意到，《汉书》中还有一次曾提及"白龙堆"。这段文字直接说明，楼兰道开通后，人们已深深感受到这条道上的困难有多么严重。

开通"北新道"的原因

这段文字就在《汉书·西域传》接着上面的引文的地方，文中说到了元始年间（公元1—5年）开辟的一条新道。这条道起于车师后国（即今吐鲁番以北的古城），"出五船北，通玉门关，往来差近，戊己校尉徐普欲开以省道里半，避白龙堆之厄"③。《魏略》中所记的"北新道"（北新道是取代中道或称楼兰道的）的行程表中，也提到了避开龙堆和

① 参见沙畹《通报》529页注7，1905年。
② 参见本书第九章第五节。
③ 参见沙畹先生的译文，《通报》533页注1，1905年。另参见魏利《人类学学会会刊》第十一卷109页。

三陇沙。①

"北新道"从玉门关出发，向东北去，穿过北山西段的沙漠山脉，最终到达西域。在《西域考古图记》中，我详细考察了这条道所经地区的地貌②。在该书中，我还提请大家注意：由于完全缺乏或者只有极少的水或牧草，即便在古代，北新道上的人们也同样面临着极为严峻的困难。很可能随着干旱化的加剧，困难也加剧了，使得现在一般的交通都无法在这条道上经过。人们之所以开了这么一条道来取代楼兰道，主要是为了避开白龙堆这个障碍。这大概可以最生动地说明，对那一条条结着盐壳的骇人的雅丹以及雅丹之间同样可怕的湖床，中国古代的行路者是何等恐惧。

中国人对"白龙堆"的畏惧

"白龙堆"这个名称，也适用于比那些白色龙形雅丹占据的地方更广大的一个区域。沙畹先生在述及《魏略》中提到的"白龙堆"时，就正确地意识到了这一点。但由于缺乏充足的地理资料，他无法准确界定"白龙堆"的界线，他还引用了《汉书》中的一段话来证明"白龙堆"的这种用法。《汉书》记载，敦煌郡"正西关外（玉门关和阳关），有白龙堆沙，有蒲昌海"③。这说明，汉代的地理学知识中是把"白龙堆"和"蒲昌海"并提的（事实上这两个地方也的确是并列的）："白龙堆"对应的是古湖床已干涸的部分，"蒲昌海"对应的是古湖床中仍含有沼泽的部分。但这段文字本身不能帮助我们确定"白龙堆"的位置，而我手头再没有其他提到"白龙堆"的文献了。所以就让我们转到下面这个悬

"白龙堆"的广义

---

① 参见《通报》533 页沙畹先生的文章，1905 年。顺便应该提一下，《魏略》中提到的"龙堆"与《汉书》中提到的"白龙堆"其前后文字都差不多，表明这两个名称指的是同一个地方。

② 参见《西域考古图记》第二卷 705 页以下。

③ 参见《通报》531 页注 7 的结尾部分，1905 年。

而未决的考古学问题："中道"究竟是从哪里经过白龙堆的呢?

古道是在哪里穿过"白龙堆"的

要想解决这个问题,文献资料是毫无裨益的,而目前我们手头的考古学证据也同样无法给出确切的答案。但如果把考古资料同我们考察所得的地貌情况比较一下,我想我们会得出某些结论,可以缩小古道可能经过的地区的范围。幸运的是(也许不只是幸运),我们恰在两处地点发现了文物,它们无疑表示古代曾有交通道经过。一处正是从楼兰来的古道进入风蚀雅丹带西面的那一点,另一处是古道从风蚀雅丹带东边出来的那一点。前者我指的是,我们在 ci 号营地以东的台地发现了汉代古钱、匕首及其他小物件。后者指的是,我们从干涸湖床东边的风蚀雅丹带出来后,在邻近 civ 号营地时也发现了东西。

走更直接的路线将会怎样

看一下罗布泊湖床两岸那两条风蚀雅丹带的地貌,我们就很容易知道,如果从上文说的那块台地继续向东走,走到风蚀雅丹带的边上,然后大致沿着东南方向穿越湖床,这条路线就会直接把我们带到湖床东岸发现第一枚古币的那个地方。沿这条路线,可以到达对岸那一带容易走得多的风蚀雅丹,而在广袤难行的硬盐壳上所走的距离,只比我们穿越湖床的实际距离(即 cii 号营地和 ciii 号营地之间的距离)多2英里。同时,与我们向北去的迂回路线相比,总里程要大大缩减(从地图上明显看得出来,缩减的里程不会少于15英里)。另一方面,以上述的那块台地为假设的出发点,如果采取更偏南的方向,古代旅客在那片难行的盐壳上的跋涉将不得不大大延长。因为我们的考察表明,东岸的"龙堆"(那里雅丹之间的盐面要软得多),在本段说的第一条假想路线以南不远的地方就终止了。再往南又是那结着盐壳的无尽头的湖床。

　　出于现实考虑，我几乎不可能从 civ 号营折回去，从我们最后发现古币的地方往西边或西北边（即可能是古道进入风蚀雅丹带的地方）去追寻古道的踪迹。但一年之后，当我有机会让阿弗拉兹·古尔向楼兰遗址的东方和东南方进行补充考察时，我特意命他重访干涸湖床西岸我们第一次接近结着盐壳的风蚀雅丹的那个地点。我告诉他，要仔细考察那附近的地区，看是否能找到什么迹象说明古道在那里走的是什么路线。

　　据阿弗拉兹·古尔的日记记载，他从阿勒提米什布拉克出发后走了两天，于 1915 年 2 月 22 日到达那块台地以东的风蚀雅丹带，我们就是在那里发现了汉代钱币、匕首等古代遗物。他沿着东南方向在结着盐壳的风蚀雅丹带之间行走，来到了一块开阔的土质地面。那里离轮廓清晰的湖床西岸有 0.5 英里远，于是他便将 ccxxxviii.a 号营地扎在了那里。为了准确地得出营地的相对位置，当天他还向西北探察，一直来到台地附近去年我们发现文物的那个地方，那个地点离他的营地有 3 英里。第二天早晨离开营地后，他只带了一个伙伴朝北—北东方向走，并在离那块台地以东约 3 英里的地方，发现了我的骆驼的脚印，我们就是在那里把前进方向改向东北的[1]。从那他又转向东方，以便到达广阔湖床的东岸。他沿这个方向只走了 1 英里，就在结着盐壳的地面上发现了几小块已经氧化的铁（C.ccxxxviii.a.02、06），它们是某个已完全腐烂的器具最后残余下来的东西。这些铁片的方向相对于 ci 号营地的方向，与发现汉代古币、匕首等物的那一地点的

阿弗拉兹·古尔寻找古道穿越湖床的地方

---

　　① 参见本书第八章第三节。

相对方向是一样的。铁片虽不起眼，却是古代旅行者的遗物，证明古道的确是从那里经过的。

阿弗拉兹·古尔又朝东走了 2 英里，来到了开阔硬盐泽东岸的最后一行风蚀雅丹带。结着盐壳的风蚀雅丹带所在的那座高原到盐壳之间，有一条很明显的坡。根据阿弗拉兹·古尔后来的估计，在这一点上，雅丹带所在的平地与干涸湖床湖岸线之间的高度差约有 70 英尺。在这个地点他注意到，与他经过的那些有 20~30 英尺高的结着盐壳的雅丹不同，湖床岸上东北方向远处的雅丹都很小，上面也没有盐。当时他并没有想到，古道有可能沿着那段好走的湖岸线向东北先延伸一段距离，然后再穿越盐面。因而他本人并没有朝那个方向勘察一下，而只是让他的伙伴阿布都拉马里克（Abdulmalik）去了那里。他自己则忙于绘制平面图，然后又为向西南方向的考察做准备，他们后来就是朝那个方向去的。阿布都拉马里克不久便与他会合了，他并没有找到古道的任何踪迹。他究竟往东北走了多远，这还是个疑问。因此，到目前为止，要想确定楼兰道在穿越干涸湖床之前究竟走的是什么路线，那几块铁就成了最后的证据了。① 现在就让我们结束对"白龙堆"的讨论，再回到我们在东边较易走的地面上寻找中国古道的经历上来吧。

---

① 这里我要提一下，根据我的指示，阿弗拉兹·古尔在他开始考察干涸湖床湖岸线的那一点上，放置了一个圆锥形石堆，石堆底下放了一份记录。这可能有助于未来的考察者来验证细节上的问题。

第九章　到疏勒河三角洲去

第一节　在干涸湖床的东岸附近

在 civ 号营地度过的一晚，人们大部分时间都在给骆驼疗伤。由于长期缺乏食物，现在所有的骆驼都显露出十分痛苦的迹象来了。考虑到它们状况不佳，我们得时不时给它们换脚底板，所以我很乐于继续朝南—南东方向走。走这条路线，我们大概能避开湖床的那些结着盐壳的"水湾"，并能指望一路都是稍高的地面，这种地面比较好走。在含有片状石膏的分解土壤上走了约 5 英里后，我们穿越了一片宽阔的洼地（洼地里都是结着一层盐壳的砾石），来到了一片石萨依。石萨依上是一块块突兀的风化岩石，显然它们是由发红的白垩和石英构成的。地面变得越来越石质化。走了 8 英里后，我们走近了一座虽然不高却很醒目的小山。它是一条小山脉的最后一支，小山脉是从北—东北方向来的，向着湖床延伸过去。向前可以望见类似的风化小山，山间是洼地。

显然，古道肯定要避开这样支离破碎的地面。于是，我现在把方向改成南—南西，这样就又会贴近干涸湖床的岸，古道很可能是贴着湖岸伸展的。上文说的那座石山比附近的石萨依高出约 100 英尺，当我们沿着它脚下走时，在地图上所标的那一点上发现了两个粗陋的圆锥形小石堆，其中较大

在石萨依上行走

在山上发现圆锥形石堆

769

的那个上面放着某种动物的角的残骸，由于饱经风霜，几乎已不可辨识了。石堆附近的地面上有一个用石头排成的小三角形指向西方，这个简陋的路标年代似乎不太久远，很难解释为什么它会出现在这里。在过去的几百年间，这里的地面上已经既没有旅客也没有猎人了。从山顶上眺望时我们可以看到，那发灰的结着盐壳的"平原"仿佛海面一样辽阔，向西一直延伸到了地平线。在不到 2 英里远之外就是它的湖岸线，那里是没有风蚀雅丹的。① 朝东现在可以看见一组挺拔的山峰，向着东—北东方向延伸。那就是那个岬，从风蚀雅丹带出来后，我们的路线就是朝那里去的。根据测角仪来看，它的海拔在 3 210 英尺到 3 840 英尺之间。我原本就觉得，它是俯瞰着东边大"水湾"连着的谷地的，我们应该沿着那条谷地到拜什托格拉克去。看到了和岬形成一线的高峻山峰，证实了我的结论。后来根据我们的测量，那些山峰高约 4 700 英尺。

沿湖床岸上的
萨依边上走

　　从那个带圆锥形石堆的山脚下，我们沿着石萨依的缓坡下来。在离营地 12 英里的地方，我们来到了湖床的一片小"水湾"。过了小"水湾"后，我们发现自己又在那些盗贼的路线上了。原来，离开营地不久我们就失去了他们的踪迹。他们的脚印是直接从上文提到的那个岬来的。这踪迹指向玉勒衮布拉克方向，那群无赖就是从那里离开车马道的。对我的手下人来说，这条"盗贼之路"似乎给了人不少信心。过了 2 英里后，我们又穿过了古湖床的另一道窄湾，这道窄湾似乎还朝陆地延伸了一小段距离。此后，我们又走了

---

　　① 在地图中，制图者的一个疏忽之处没有被我们发现。civ 号营地以南的湖岸线画得太往西了，实际上那条线应该绕着砾石洼地（砾石上结着盐壳）画。标着盐壳符号的那个区域应该再朝东延伸 2 英里。

21 英里。这段路程经过的是渐渐变高的碎石地面，地面上不时突起一块块分解的低矮的石块，形成小丘。我们西边 4~5 英里远的地方，可以看见那平坦的巨大盐壳的边缘，盐壳一直延伸到地平线上。我们曾两次遇到一只野骆驼的脚印，脚印似乎是从小山脚下向干涸湖床延伸的。据托乎提阿洪说，在发情期野骆驼能奔走很远的距离，即使干涸湖床那样难走的盐壳也挡不住它们。

　　3 月 4 日早晨，空气沉闷而迷蒙，预示着一场大风就要到来了。令我们苦恼的是，很明显我们必须尽快把骆驼带到它们能找到食物缓解饥饿的地面上去。最后几副有限的鞍子上驮的饲草，也于瞬间便消失在骆驼们大张的嘴中了。在一块石萨依上走了 3 英里后，我们来到了一片洼地，其中有两个红柳沙堆，这使我们很受鼓舞。沙堆尽管不高，但上面的红柳仍活着。显然，那群盗贼曾宿营于此，并从红柳枝中获得了一些燃料。我们又往前走了 3.5 英里，发现盗贼的踪迹改向南—南西，朝石萨依的最后一个尖锐的突出部延伸而去。当他们穿越干涸大湖床时，曾把那个突出部当作路标用。

　　从这里望去，西边的那个盐海尽收眼底，尽管它的岸（古道可能就在岸边）以及南面的大"水湾"被岬遮住了。我知道，现在大"水湾"离我们不太远了，加之我希望缩短沿"水湾"北岸行走的距离，所以我现在把路线改向了东南方向。此后，在 2 英里的距离内，我们穿越了一道布满白色砾石的缓坡，这道缓坡很奇怪地使人觉得仿佛接近"海"边。接着我们突然发现，自己置身于高出湖床有 120 英尺的陡峭土崖之上。在南、东南、西南方向，都是一眼望不到边的湖床，仿佛一片凝固了的棕灰色海洋。"水湾"对面阿其

来到了大"水湾"的北岸

克布拉克附近低平的湖滨沼泽（距此约 20 英里）此时是看不见的，表明那里处在地平线以下。而且，我用望远镜也无法找到那一串高大的台地。我从 1907 年的考察中知道，那串台地位于阿其克布拉克和库木库都克之间。

在涨滩上走　　有一条坡度较缓的小谷切入到悬崖上。沿着这条小谷，我们把骆驼安全地引到了一条砾石带上。这条砾石带位于悬崖脚下，约 100 码宽，形成干涸"水湾"的涨滩。沿着这条地带向东去，比较好走。那起伏的硬盐壳一望无际，给人的感觉就像真的是走在大海边似的。下了悬崖后，我们走了 3 英里，经过一段从悬崖带上突出的陡峭岩壁。过了这段峭壁后，我们上方的山脉高度逐渐增加了，岸上的悬崖带上也时不时出现流水冲出的干沟，但所有干沟里都没有植被的迹象。在离那道峭壁约 2.5 英里的地方，我们第一次发现了证据，表明古道的确是沿着这片好走的涨滩延伸的。这个证据是一颗光玉髓的珠子（C.cv.02）。在这块地面上，它遭受了长期的风蚀。它是在我的目击下，由托乎提阿洪拾到的。

注意到一条窄窄的踪迹　　当我们沿着这片涨滩继续向东走的时候，砾石上有一条狭窄的踪迹，引起了阿洪这位猎手和我的注意。这条踪迹旁可以看到一只野骆驼不久前留下的脚印。我们不费吹灰之力便将这条踪迹追踪了 1 英里多远——它不仅出现在砾石上，而且出现在一小块一小块的肖尔上。在离营地 17 英里的地方，悬崖带向东北折去，因为这里的湖床出现了一片小"水湾"，那条踪迹在此消失了。但在当天的行程接近尾声的时候以及后来，这条奇怪的踪迹又多次出现过。起初，这使我们大惑不解。但后来我们发现，踪迹上的骆驼脚印越来越多。这使托乎提阿洪和我都确信，这条踪迹是过去很长时间里，沿此线往来的野骆驼踩出来的。目前野骆驼多出没于疏勒河尾闾和拜什托格拉克山谷。而这条踪迹表明，它们以前是常到东库鲁克去的。

但是，托乎提阿洪说，他从未见过野骆驼的踪迹有这么规则的。唯一的解释是，这条踪迹是引向一处水源的，而目前我们离这处水源还很远。我还清楚地记得以前沿敦煌长城巡逻的中国士兵在砾石上踩出的小道，那条小道直到今天仍清晰可辨。① 于是我常想，野骆驼留下了如此规则的一条踪迹，而离此地最近的地表水源也有 60 英里远，这会不会是因为先前这里便有一条由人踩出的小道，在后来的漫长年月里，野骆驼为了图方便而用了这条小道呢？当然，这种解释只是猜测。但我应该说一下，当我们在库木库都克与拉尔·辛格率领的小分队会合后，我向阿布都热依木问起这个问题。他和拉尔·辛格的小分队到了大"水湾"北边时，也注意到了这条古老的踪迹。他对此作出的解释和我的解释是一样的。

但还有一个更奇怪的发现在等待着我们。我眺望到东边远处有一个岬。这使我意识到，接下去如果沿着上文提到的小"水湾"岸边走，就会绕很远的路。而离此 0.5 英里远并与远方那个岬成一条线的地方，在小"水湾"的硬盐壳上有一座小丘。我决定直着朝这座小丘走。我本指望过了这座小丘地表会好走些，但这个预想落空了。然而当我与阿弗拉兹·古尔、托乎提阿洪登上这座高约 20 英尺的结着盐壳的小丘时，我马上看到硬盐壳上有一条宽宽的直线，从"水湾"西端向我先前看见的那个岬延伸而去。我的同伴们也清晰地看到了这条从小丘南边不远的地方经过的线。显然，这

踪迹大概是怎样形成的

发现古道的痕迹

---

① 参见《西域考古图记》第二卷 656 页、682 页。

便是汉朝楼兰古道的路线。为了避免沿着"水湾"边上走绕远，古道抄了近路。只有在这样特殊的地表上，古道的踪迹才会保存得如此清晰。

沿古道走　　我派托乎提阿洪回去，把骆驼沿岸边带过来。在确定了我们的平面位置之后，我很容易便沿着古道的踪迹追踪下去，因为盐壳上凹陷的部位很清楚地标出了古道的路线。它使我想起，如今到敦煌去的车马道在穿越钦达里克（Chindailik）以远的罗布泊南岸大"水湾"时的样子①。我同阿弗拉兹·古尔一起，反复测量了古道，发现它的宽度为20~21英尺，十分规则，古道表面比附近的起伏盐块平均要低约1英尺。道上比较好走，因为盐块要么已经被踩平了，要么上面覆盖了一层较软的肖尔。路面相对平坦，其主要原因是大量交通工具（其中不少是车）的碾压。但我们也有另一种解释。在这段湖岸线的其他地点，山的一侧有一些水流冲击而成的浅谷一直通到盐泽中。察看浅谷之后，我们受到了启发：这条车辆来往的古道上以前大概会偶尔存积一些雨水（尽管这种情况十分少见），这也在一定程度上造成了它如今的面貌。

古道很直　　我们有幸在这里找到了古道，便一直沿着它笔直的路线走了2英里，来到了上文提到的那片"水湾"东端的土岬。走近了我们才发现，这个土岬破碎成了一系列台地，样子很有点像石萨依末端突出到疏勒河尾闾中的那部分。② 过了这个岬后，悬崖带的高度逐渐降低。悬崖上方的地面形如高原，高原上有一些窄谷，它们都是由水流的侵蚀作用形成。

① 参见《西域考古图记》第二卷 549 页；《沙漠契丹》第一卷 507 页。
② 参见《西域考古图记》第二卷 576 页、589 页。

沿这段地面延伸的湖岸线弯度很小，在其附近的大块硬盐壳
上，也无法再追踪到古道的迹象了。但在古道快穿越完"水
湾"的地方附近，我手下一个赶骆驼的人在悬崖底下拾到了
一件很精致的青铜箍（C.ci.01），上面还有铆钉，曾钉在某
条皮带的末端。这又是个令人鼓舞的证据，表明古道的确曾
从这里经过。我们还观察到一个奇怪的现象：从这一点起向
东0.5英里的距离内，沿台地脚下有一条很明显的高堤。这
条堤约20英尺宽，比湖岸高出约3英尺，很直。关于这条
堤，我还不能得出任何确切结论。但应该提一下的是，大部
分堤旁都是上文说过的那条野骆驼踩出的小"道"，小
"道"与堤平行得令人吃惊。

　　我手下赶骆驼的人们，信心十足地走上了这条看起来踩
得这么平坦的小"道"。走过了足足22英里后，我们来到了
一块窄条状沙质土壤的最末端（这块土壤是沿风蚀高原脚下
伸展的），那里稀稀落落地长着一丛丛芦苇（图183），于是
我们那些已筋疲力尽的勇敢骆驼终于得到了报偿。尽管芦苇
长得很稀疏，对骆驼来说却极为有用。我们刚扎好营，就有
一阵猛烈的大风从西南吹来，因此这一晚对我们来说很难
熬。但令我欣慰的是，在寻找古道的行程中，我们总算安全
穿过了干涸的湖床及湖岸附近那些可怕的障碍。

　　3月5日早晨，大"水湾"上一片迷蒙，起初我们几乎
看不到附近山脉上离我们最近的山峰。由于不知道往前走在
哪还能找到植被，为骆驼着想，我们出发得较晚。在岸边的
悬崖脚下走了2英里后，我们注意到芦苇丛越来越宽了，这
真令人长舒了一口气。此后，南边一些孤立的沙丘上出现了
几个红柳沙堆，沙堆上的红柳有的已经枯死，有的还活着。
在离营地3英里的地方，我们还发现了一些带刺的灌木。又

到达了第一丛
芦苇

植被以及离地
表很近的地下
水

往前走了 0.5 英里，沙质土壤的表面开始出现了水分的迹象。在一座长着芦苇的小沙丘附近，我让人往下挖一口井。只挖了 4 英尺深，井中就出现了大量的水，但水很咸，我们大概是挖到了硬盐层。由于骆驼缺食物远甚于缺水，加之我们带的给人准备的冰还足够，在别的地方我们便没有重复这个挖井的实验。对此，我现在是颇有悔意的。因为，沿谷地的这一边再走约一天的路程，拉尔·辛格就挖到了淡水，而在东面的其他地点，水又变成了咸的。拜什托格拉克谷地中水的含盐量很可能主要是由邻近地区的土壤状况决定的。

在高原脚下休息

再往前，我们在岸边高原的脚下发现了大量芦苇，还有很多带刺的空古尔查克（Kongurchak）灌木。这种灌木可以用作燃料，而现在我们的燃料已经十分短缺了，所以我们决定在此扎营。我们原定与拉尔·辛格的小分队在库木库都克会合。从我以前画的地图看，库木库都克在此地的南—南东方向。显然，要到那个会合点去，我们就不得不穿过湖床东部的硬盐壳，而那里的盐壳还是很宽的。骆驼必将因此疲惫不堪，所以有必要让它们事先休息一下，并饱餐一顿。这一天走的路虽不长，但饱受了旅途劳顿和焦虑之苦的人们听到休息的命令，也都很高兴。我们在 cvii 号营地（图 182）早早扎营，是一件很幸运的事。因为在那附近有一个有趣的发现，若不是这么早扎营，我们很可能就会错过这个发现。

零碎的古代文物

托乎提阿洪在搜寻营地东北面的土台地时①，在其中一块台地的陡坡上发现了一些陶器碎片。他回来带我到那个地点去。途中在一个浅石洞外面的大土块之间，我发现了一些

---

① 在图 182 的右边可以看到这些台地。该图前景中的树丛是空古尔查克。在地图中，营地符号本应该放在数字 cvii 结尾处的紧底下，结果却画到西边去了。

陶器碎片（C.cvii.02~06、08、09），还有一个大铁扣环残件（C.cvii.07，图版XXIII）。石洞以前可能还要大些，后来顶上的某些石头落下来了。这个洞使人想起玄奘提到的印度圣地的"石屋"，不管怎么说，它曾为路人遮风挡雨过。陶器碎片全发灰，可能是手工制成的。其中C.cvii.08号（图版XXIII）上有突起的犬牙状装饰，这种装饰我在楼兰L.A遗址的陶器碎片中经常见到。因此似乎可以得出这样的结论：这些不起眼的古物属于楼兰尚有人居住的那一段时期，被旅行者遗落在通往楼兰的古道上。在此还应该提一下，在从cvi号营地来的路上，我们在沙质土壤中曾发现了小石块（C.cvi.01~03），其中有些石头可能加工过。这些石块虽然年代要早些，但可能也是由旅行者带到那里的。

3月6日早晨，我们顶着凛冽的东北风一大早就出发了。大风刮了一整天，空气比较明朗。我们看到东边有一块孤立的大台地，就朝着它前进。我希望在它顶上能看到"水湾"南岸的某个突出地貌，从而确定方向，以便到库木库都克去。越往前走，芦苇丛越稀疏，红柳沙堆也越少。但在铺着砾石的硬土壤上，我们更清晰地看到了那条踩得很深的奇怪的踪迹，旁边还有野骆驼的脚印。自从到了"水湾"北岸后，我们曾多次遇见过这条踪迹。走了2英里后，我们发现有人类的脚印穿越了这条踪迹。沿着这些脚印，我们来到了高原脚下。我们很快证实，拉尔·辛格曾于4日晚宿营在那里。这使我一块石头落了地，不用再为我那位无畏的伙伴担心了。

又走了0.5英里，我们到了那块台地。它高约100英尺，直到距附近地面约15英尺的地方都结着盐壳。在台地顶上，我望见湖床延伸出来的大"水湾"上一片白雾茫茫。在南

清晰的古代踪迹重新出现了

望见了库木库都克的台地

777

150°东方向的白雾上方，我可以眺望到一带高大的台地。从方向上我认出来，它们就是我 1907 年在库木库都克以西经过的大台地群（后来证明我的判断是正确的）。东—南东方向的远处有一些白色悬崖，我认为那应当是属于羊塔克库都克高原的。西南方阿其克布拉克附近还有其他台地。这些地貌都确定了我们目前的位置。但考虑到我们离"水湾"南岸还有很远的距离，在这里能望到东—南东和西南方向的地貌，应该只是光折射作用的结果。

穿过结着盐壳的干涸"水湾"

我们从台地脚下取南 150°东方向前进。在 1.5 英里的距离内，地面先是含盐的松软的土壤，接着是一长条坚硬的盐壳，盐壳上有许多窄缝，形成小咸水沟。幸运的是，我们没费太大力气就绕过了这条盐壳。在距离营地 7 英里的地方，我们还碰到了一块块棕色的肖尔。过了那里之后，我们又走了 5 英里的路。路上都是凹凸不平的硬盐块，盐块的边也是翘起来的，盐块中心的凹陷部分就像杯子似的。但由于边只比中心高出 6~8 英寸，因此这段盐壳比我们在罗布泊古湖床上遇到的要好走些。途中我们遇见了三四条小水沟，沟中似乎是含盐的死水。沟都不足 4 英尺宽，看起来曲曲折折的，但大致走向是从东北向西南。沟两岸都结着纯白色的硬盐壳，这方便了我们赶路。我注意到，沟北岸一般要比南岸高出 1~2 英尺。向南望去，盐壳上是一片茫茫的雾霭。在雾霭之上，由于海市蜃楼的作用，对面的台地看起来千奇百怪的，像大佛塔或尖塔一样。奇怪的是，那最高的一块台地位置却不变。通过在平面图上的交叉测量我们测知了它的距离，后来证明这个结果是正确的。

一条盐沼

在离营地大约 15 英里的一个地方，我们面前出现了一长条结着盐壳的沼泽般的地面，沼泽中间是一条曲曲折折的咸水（图 181）。沼泽宽 12～15 英尺，我们花了很长时间才找到一个地方，把毡子铺在地面上，将骆驼一只一只安全地带了过去。此后，地表是起伏不平的土壤，上面结了一层特别硬的盐壳。盐块的边很锋利，于是在 2.5 英里的距离内，我们走得十分艰难。但是，在离沼泽般的长条地带不到 1 英里的地方，我们第一次遇见了存活的苇秆，而生长苇秆的那片地面看起来似乎根本没有任何生命存在。大概是因为浸着盐的土块（这些土块和石头一样硬）之间落了些黄土尘埃，所以才出现了这一丛稀稀落落的芦苇。

最后，我们总算到了离台地带最北段不远的一块沙质地面（我们就是朝这块台地带前进的）。不出所料，这块台地带就是我们在 1907 年的考察中，于库木库都克以西 4 英里处所标示的那一串风蚀雅丹。又走了 0.5 英里，我们就来到去往敦煌的那条荒凉的车马道，这真令人欢欣鼓舞。但当我们到达那行点缀着灌木的低矮沙丘时（我记得，1907 年我们的 149 号营地就在这里的一口浅井旁边），不免略感失望。因为，拉尔·辛格的路码表的轮子留下的痕迹仍在朝前延伸，我们本来热切地追踪着他的路码表的痕迹，指望着能尽快与他会合。于是，我们只好拖着疲惫之躯在硬沙地上又往前走了 5 英里，这才发现拉尔·辛格和他的小分队已在长着芦苇的开阔平原上扎了营，营地旁边是一口刚挖好的水井。去年 12 月他曾在此宿营。他更相信自己的地图，觉得在那里等我们比 1907 年考察中确定的地点更好！好在他的这个想法是可以原谅的。

骆驼已经疲惫不堪了，加上我们必须等人从米兰带来马匹、沉重的行李和物资，这都使我们有必要在库木库都克停留一段时间。第一天我和拉尔·辛格详细研究了他的路线的

与拉尔·辛格在库木库都克会合

拉尔·辛格是沿怎样的路线穿过干涸湖床的

平面图（他的路线在我的路线以东、以北）。按照我的指示，他就是沿着这条路来的。他先是沿着阿勒提米什布拉克以东的山脉脚下走，来到了依提木布拉克和考鲁克布拉克的咸水泉。那些咸水泉阿布都热依木自幼就熟知，斯文·赫定博士1901年也去过那里。从考鲁克布拉克的咸水泉出发，他们沿东—南东方向下了石萨依，走了约10英里后，便来到那结着盐壳的宽阔的大湖床。他看到的是湖床的最北端，那里比我们穿越湖床的地方要宽得多。他的小分队在穿过了一带结着盐壳的风蚀雅丹后（这带风蚀雅丹是"白龙堆"的外缘部分，我们则是在 ci 号营地和 cii 号营地之间碰到"白龙堆"的），不得已将89号营地扎在了湖床上的硬盐块之间，度过了十分难熬的一晚。他的空盒气压表表明，风蚀雅丹带比89号营地所在的平坦盐壳要高出约100英尺。第二天，他们不得不在这盐壳上艰难跋涉了24英里，这才过了东边的风蚀雅丹带，来到较松软的肖尔上。

拉尔·辛格穿越山脉的末端

在此他们遇到了一行行台地，这些台地似乎和我们在 ciii 号营地东南面穿越的台地属于同一类型。但可能由于那里的地面越来越高，结着盐壳的地区很快便结束了，在离90号营地不到9英里的地方，他们来到了一片铺满砾石的开阔的萨依。从地图上看，从那里开始，拉尔·辛格的路线穿越了一系列低矮荒山的最西段，这些山与从北面俯瞰拜什托格拉克谷地的山脉是平行的。这与我们沿东边的湖岸线行走时观察到的现象是一致的，也证实了斯文·赫定博士曾表述过的一个观点，他认为在湖床东岸上并没有一条连绵的山脉。[①] 在93号营地（我们曾发现了这个营地）附近，他们才下到

---

① 参见斯文·赫定《中亚》第二卷114页。

图181　前往库木库都克途中，穿越（结着盐壳的）罗布泊干湖床上的条状沼泽地

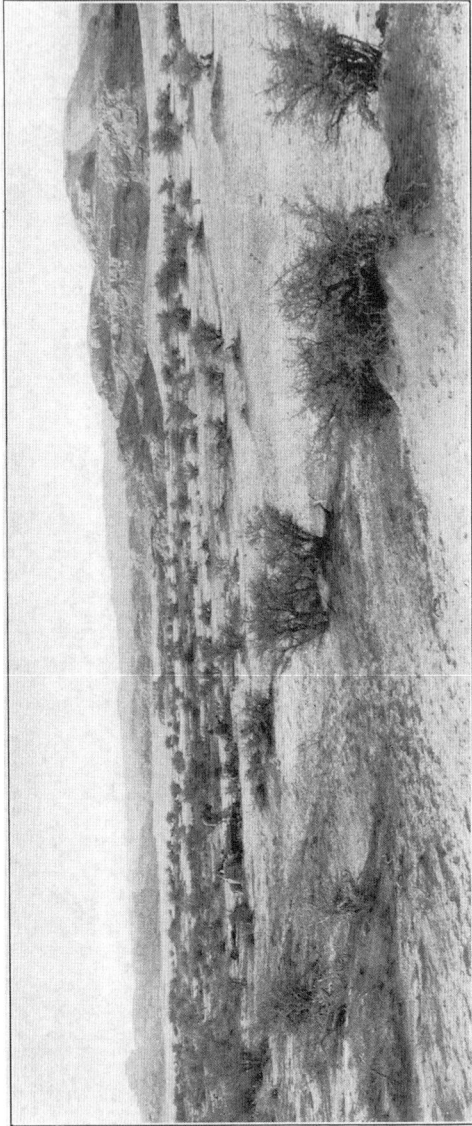

图182 黏土台下的 cvii 号营地，俯视着罗布泊干湖床最东边的"湖湾"

图183　罗布泊干湖床北岸的 cvi 号营地及首次看到的植被

了拜什托格拉克谷地，在此之前他们未曾遇见过任何植被。但当他们从 91 号营地走了 6 英里，在荒山外缘的两座小山之间行进时，曾两次发现一群骆驼和一个单独的骑马者的脚印。脚印出现在砾石上，一半已被磨光了。在富有经验的阿布都热依木看来，这些脚印似乎是多年以前留下的。他认为，这些脚印说明曾有某些蒙古人从库鲁克山西段到敦煌去。

蒙古人经过库木库都克到敦煌去

当我向阿布都热依木询问这件事情时，他向我提供了一些有趣的信息来支持他上述的那个推断。他的父亲来自迪坎尔（Deghar），在库鲁克地区的辛格尔建立了一个小居民区，并以 80 多岁高龄在那里逝世。他父亲和他的祖父一样，是一个追捕野骆驼的猎手，对库鲁克荒山也十分熟悉。阿布都热依木记得曾听他父亲说过，他祖父依稀知道一条穿过库鲁克山到敦煌那边去的路。据他称其祖父死的时候有 100 岁。在东干人叛乱之前的一段时期里，常有来自焉耆山区的蒙古人，到辛格尔以西的库鲁克谷地去。[①] 我认为阿布都热依木所说的家族传说，可能最初是从某个蒙古人那里听来的。即便在今天，也常有蒙古族家庭从天山中部迁徙到敦煌和安西以南的山区。这些强悍的游牧部落一般喜欢远离主要交通线。近些年他们中某些大胆的人很有可能是沿最直接的路线走的，即穿越库鲁克和北山最西段的沙漠地区。以前也存在着这种可能性。

运送物资的人从米兰来与我们会合

在休整的第一天里，我们用了很长时间来给勇敢的骆驼饮水喝。从井里流出的水很咸，而且水量很小，一度差点被骆驼喝干。一直到 3 月 7 日下午，这项工作仍在进行。正在此时，我们看到一团烟尘沿着路从西南奔来。这正是从米兰

---

① 参见本书第二十章第二节。

给我运送物资的队伍的先遣部队，他们带来的马匹上驮着饲料。我那不幸的中国秘书也坐在马背上来了，他虽然还活着，却仍像以前一样沉默无力。天黑之前，在忠诚的依布拉音伯克的带领下，租来的骆驼驮着我们沉重的行李也赶到了。尽管罗布人一向很懒散，租来的骆驼状态也不佳，但依布拉音伯克凭着他一贯充沛的精力，不仅督促队伍及时从米兰出发，还将其安然无恙地带到了这里。我们是在不到三个时期前在楼兰分开的，现在几支小分队终于又成功地会合在了一起。

　　我们的骆驼以前休息过，此时并不是太急需短暂的休息，但大家仍不得不又在库木库都克停留了两天，因为物资运送队同时还带来了一大包一大包的邮件。最大的一包邮件直接来自和田，是由巴德鲁丁汗的老邮差吐尔迪负责带过来的。（在我的第二次探险考察中，这位邮差曾以戏剧性的方式在罗布沙漠中遇见了我①。）信件很多，有些还是五个月前发出的。我得在继续赶路之前看完这些信。

　　其中最令我欢喜的莫过于乔治·马继业爵士最近写来的一封信了。这封信是 1 月 23 日通过中国邮政从喀什寄出的，经过了库尔勒，带来了特别令我欣慰的消息（消息的来源是驻北京的英国公使馆发来的电报）。信中说约翰·乔丹爵士已成功地让中国外交部给位于乌鲁木齐的新疆省政府发来电令，要求好好地对待我，不要干扰"考古学考察活动"。这样由于马继业爵士一贯的关心并及时行动，取得了大英王国驻华大臣的大力帮助，要干扰我考察的那些活动终于被挫败了（此前，只是由于若羌出现了"革命"暴动，我才暂时

右側註：在库木库都克休息

右側註：战胜了来自官方的障碍

① 参见《沙漠契丹》第一卷 407 页。

从那些干扰中解脱了出来）。两个月来我最大的一块心病总算是解除了。

考察高沙丘

我忙于处理来自喀什、欧洲和印度的信件（它们都是吐尔迪从和田带过来的），并重新整理箱子（箱子里面装的是在罗布沙漠遗址发现的文物）。在这段时间里，拉尔·辛格考察了东南方高高的沙丘。在从阿其克布拉克到拜什托格拉克的车马道上，一路都可以看见一条巨大的沙丘带。他证实我们所在地的沙丘带是由一系列轮廓清晰的小山（或称达坂）构成的，小山都与谷地走向平行，比我们扎营的地方要高出约 200 英尺。

高达坂与河道平行

这些高沙丘的走向是很有趣的。我曾反复说过，在塔克拉玛干沙漠和罗布沙漠中，大沙丘总是与离其最近的河床平行，不管河床里有水还是没水。[①] 这里的沙丘也符合这个规律。我们从拜什托格拉克谷地的地貌和水文状况以及东边疏勒河盆地的地貌、水文状况中得出这样一种印象：罗布泊湖床向东延伸的那个逐渐变窄的部分（它占据了大部分谷地）是古代疏勒河的河口，在距今不是太久远的地理年代之前，疏勒河是注入罗布泊的（下文我们还会提到这个猜想）。这里的沙丘走向也与这种印象相吻合。

从 cv 号营地出发当天在古代"水湾"边上发现的文物

C.cv.01　青铜箍。用矩形薄片制成，折成双面，边角上有两颗铆钉，可以将其固定在织物上。$\frac{9}{16}$ 英寸 × $\frac{7}{16}$ 英寸 ×（铆钉长）$\frac{3}{16}$ 英寸。图版 XXIII。

---

① 参见《西域考古图记》第一卷 241 页。

C.cv.02　光玉髓珠子。浅红色，球形，有染色打底的痕迹。直径 $\frac{1}{4}$ 英寸。

C.cv.03～08　石化的红柳残片。其发现地是从古湖岸上的台地顶上到 cv 号营地以东几英里的范围内。最大残片 4 英寸 × $\frac{1}{2}$ 英寸 × $\frac{5}{8}$ 英寸。

从 cvi 号营地到 cvii 号营地途中发现的文物

C.cvi.01、02　2 块凿子状硬石头。深灰色。02 较大，长 $3\frac{7}{8}$ 英寸，厚 $\frac{1}{4}$ 英寸 × $\frac{1}{8}$ 英寸。

C.cvi.03　硬石片。浅绿色，可能曾被用作刮削器。3 英寸 × $\frac{3}{4}$ 英寸 × $\frac{1}{8}$ 英寸。

在 cvii 号营地东北面的悬崖下发现的文物

C.cvii.01　一截未加工的木棍。表面有烧焦的迹象。长 $5\frac{1}{4}$ 英寸，直径 $\frac{7}{8}$ 英寸。

C.cvii.02～06　5 块陶器碎片。粗糙，含砂，灰色。烧制较差。03 为一个器皿的底部，其余的都是器皿的侧面。03 和 04 较硬，其余的都较薄。可能是手工制成的。最大片 $3\frac{1}{4}$ 英寸 × $2\frac{1}{8}$ 英寸 × $\frac{7}{16}$ 英寸（04）。03 厚 $\frac{3}{4}$ 英寸。

C.cvii.07　铁扣环残片。一侧已缺失。$2\frac{1}{8}$ 英寸 × $1\frac{1}{2}$ 英寸 × $\frac{1}{4}$ 英寸。图版 XXIII。

C.cvii.08　陶器残片。灰色，较粗糙，性质与 C.cvii.02～06 类似，装饰着突起的犬牙状花纹。$2\frac{1}{4}$ 英寸×$2\frac{1}{4}$ 英寸×$\frac{1}{4}$ 英寸。图版 XXIII。

C.cvii.09　陶器残片。某个器皿的口沿。粗糙，为发灰的棕色，微微反卷。可能是手工制成。$3\frac{5}{8}$ 英寸×2 英寸×$\frac{3}{16}$ 英寸。

C.cvii.010、011　2 块木炭。约 $\frac{3}{4}$ 英寸见方×$\frac{3}{8}$ 英寸。

第二节　拜什托格拉克谷地

遣返租来的骆驼

　　3 月 10 日早晨，我遣返了从米兰和且末租来的骆驼（这些骆驼极大地帮助了我在楼兰地区和沿中国古道进行的考察），并允许它们的主人向西回家去。同时，忠实的托乎提阿洪和他年轻的罗布族伙伴尼雅孜（Niāz）也离开了，他们的得力帮助获得了令他们满意的报酬。我让他们照顾吐尔迪一直到若羌，因为吐尔迪要把我给别人的回信和文物运到和田去（图 189）。

安排考察活动

　　眼下我们要完成的任务是，继续考察楼兰古道，直到疏勒河尾闾以东。为此，我们需要勘察谷地北边山脚下的地面，直到位于拜什托格拉克的谷地入口处。我之所以认为这块地面有特别的地理价值，是因为拜什托格拉克谷地和谷地以东布满台地的地区之间是有一定联系的（下文中我将说到这一点）。我认为在拜什托格拉克谷地成为疏勒河尾闾之前，那个布满台地的地区在很久以前本是疏勒河的尾闾。我先前就是基于这种考虑，才派测量员穆罕默德·亚库卜从米兰到库木库都克去，让他沿着谷地底部一直到疏勒河早期河床离他最近的地方，一路都进行精确的水平测量。为了全面细致地了解谷地北边的地形，也为了证实延伸到谷地北部洼地中的罗布泊古湖床在东边究竟止于何处，我觉得还是应该把队伍再分成几个小分队。于是，3月10日早晨，我让拉尔·辛格从库木库都克直接向东北方向去。我把阿弗拉兹·古尔也派在了那一队中，因为我相信，任何文物的迹象或地形上的特别之处都逃不过他警惕的眼睛。

同一天我自己则押运着沉重的行李，沿车马道一直来到了曲折高原的最东端，那几口被称为羊塔克库都克的水井，就在这座高原脚下。在《西域考古图记》中我曾说过，我有理由认为，拜什托格拉克谷地里南部的道路（即现在从米兰到敦煌去的车马道），早在汉代就已经投入使用了。① 公元400年的法显、公元645年的玄奘以及又过了六个多世纪之后的马可·波罗，走的都是那条道。② 因此，有一件事在此应该记下来。在离开库木库都克之前，阿布都热依木交给我一枚保存完好的青铜箭头（Kum.01，图版XXIII）。它不同于中国汉代的箭头。从它带倒刺的窄刃、刃之间三角形的凹陷处看，它很接近LālS.015和C.xcvi.016（图版XXIII）号箭头。那两个箭头是在库鲁克河附近发现的，大概产自本地。还有一枚在尼雅遗址发现的箭头也属于这一类。③ 阿布都热依木说，这是他在离库木库都克营地不远的地方照看骆驼时，在粗糙的沙地上发现的。他在同一地点附近还拾到了一块陶器残片（Kum.02），但从这块残片上找不出什么年代线索来。

现在的车马道很早就已被使用了

---

① 参见《西域考古图记》第二卷555页。
② 参见《西域考古图记》第二卷558页以下。
③ 参见本书第七章第八节；《西域考古图记》第一卷250页；第四卷图版XXIX中的N.XIV.008。

罗布泊干涸湖床的最东端　　我让大驼队继续沿着车马道走，自己则轻装上阵，朝北—北东方向出发了。在开始的 2 英里内，穿过的都是茂密的芦苇丛。之后，我们来到一块地面上，地上布满了浸盐的硬土块。当我们穿越这片"盐泽"时，我看到它向西延伸，形成一条逐渐变宽的连续带子，向东则延伸了不足 1.5 英里便结束了，那个结束地点周围都是芦苇丛。可以明确地说，这就是湖床罗布泊延伸出来的最东的部分。在我们穿越的地方，这条"盐泽"约有 2 英里宽。① 过了"盐泽"后，地面上都是细沙，生长着茂密的芦苇、红柳和灌木。

证明有地下水　　当我们穿越这片地面，向缓坡脚下的低矮土堤走时，在距离营地约 6 英里远的地方，我看到了湿润的土壤。这表明，离地表不深处有地下水。我们挖了一口井，只挖到 3 英尺深水就汩汩而出。水完全是淡水，远胜于库木库都克和羊塔克库都克的井水。谷地两边的山都是荒芜的，山峰也不高，从山上缓坡的短沟中曾流下来的水必定极少。考虑到这些因素，我认为，在这里以及谷地北部其他地点发现的水，只能是从拜什托格拉克附近的谷口流来的地下水，除此之外不会有任何其他水源。此处地下水的源泉是个有趣的问题，下文讨论东边疏勒河的古代尾闾的水文状况时将详细说到这个问题。②

古代小道　　越往前走沙子越粗糙，直到我们来到铺着砾石的萨依上。萨依上方有一行低矮的土堤，看起来就像河两边的堤岸，由水蚀形成。在这里我很清楚地看到一条古代小道。小道是从西—南西方向来的，虽然不深，却很清晰。小道附近

---

① 由于汇编多条路线时发生了错误，在地图中，表示我在库木库都克以北穿越的那条"盐泽"的符号以及在"盐泽"以远挖的井的符号，都应该朝南移 2 英里。

② 参见本书第九章第四节。

没发现任何野骆驼的脚印。这就是拉尔·辛格和阿弗拉兹·古尔在从他们的 96 号营地来时追踪了很远的那条小道。实际上，他们还发现，小道上有一些圆锥形小石堆标记。我在这里得出的印象是，这条小道最初是由人踩出来的。他们的汇报（下文将述及）也完全支持我的判断。沿着那条土堤向东走的时候，小道很快便消失在一片长满芦苇的洼地中。过了这片洼地，在离羊塔克库都克约 14 英里的地方，我们遇到了一块约 80 英尺高的陡峭台地。它本是突入谷地的那条山脉的一条小分支，因风蚀与山脉分开了。为了确定平面方向，我费劲地爬到了台地顶上，却意外地发现那里有已死的红柳树的残迹。① 考虑到台地的位置，这些遗迹必定十分古老。它们表明，从前的空气明显比现在湿润，因为在那么高的地方，无论是地下水还是地表径流都到不了，都无法给这些古代植被以水分。

在台地顶上，我看到有一处地方似乎是可以存积地表水的，于是我现在改朝那里，即东—南东方向前进。在芦苇丛中走了约 2.5 英里后，我们来到了一片盐沼，它朝东—南东方向还延伸了很长一段距离。我们是从它的西边绕过去的，在那里盐沼足足有 70 码宽。我们发现，挨着盐沼北边的结着盐壳的土壤之下是有水的。骆驼陷在其中，我们费了好大的劲才把骆驼解救出来。北山外缘的那些低矮山脉完全荒芜，但山脚下却出现了这样一片轮廓清晰的盐沼，这表明，从东边的谷口流过来许多地下水。下 1 英里的路经过的是细沙地面，之后我们就扎了营。我们挖了不到 4 英尺深就找到了水，水虽然微微发咸（井眼穿透了细沙底下的一薄层盐），

泥泞的地面

---

① Kum.03 就是这样的一截红柳树枝（见本节末尾的文物目录）。参见本书第九章第二节 C.cvi.03。

但能喝。

第二天早晨，我们顶着凛冽的寒风向东—北东方向出发了，经过的地面上大部分是浸了盐的硬土。走了约 3.5 英里，我们来到一带台地的南端。这带台地的走向是从北—北东到南—南西，连着北边山脉的缓坡，突入开阔平坦的谷地之中。台地的平均高度为 40~50 英尺。

笔直的"堤坝"

在台地顶上定好了平面方向后，我向四周眺望，不觉吃了一惊。有一条奇怪的笔直的线，向东北延伸了 0.75 英里，看起来就仿佛是两行堤坝。抬高的"堤"上长着芦苇，而两条"堤坝"之间的空地（约 20 码宽）则没有植被覆盖。这条线就在我所站的台地北边穿越了台地带，并拐了个直角弯，向西北方向延伸而去。1907 年，当我沿敦煌长城考察时有这样的经验：从高处看时，废弃的长城土墙清晰可辨，但想在长着灌木的地面上追寻它的踪迹便很困难。[1] 这样的经历我至今记忆犹新，所以我现在就没有走近这条奇怪的线去看。

阿弗拉兹·古尔发现了圆锥形石堆和"堤坝"

第二天我便为此而后悔了。我看了阿弗拉兹·古尔在跟随拉尔·辛格时做的路线报告。我从报告中发现，他本人在此地以西约 14 英里的地方也恰恰看到了这条线。他们是从 96 号营地出发的。沿着砾石萨依边上走，他们遇到了一组古老的圆锥形石堆，还有一条奇怪的"堤坝"延伸在低处那长着芦苇的地面上。阿弗拉兹·古尔沿着这条"堤坝"一直走了约 0.33 英里，那里两"堤"之间无植被的空地有 21 英尺宽，而长着芦苇的"堤"至少要高出 1~2 英尺。他沿着走的那段"堤坝"是笔直的，几乎呈正东—正西方向，但东

---

① 参见《西域考古图记》第二卷 637 页。

边有一个转弯，说明"堤坝"是从东北方向来的。圆锥形石堆共有三个，出现在 0.75 英里的距离之内，呈一条直线。石堆是粗略地用石头堆成的，看起来很破败。此前，他们在西南方约 1.5 英里处也曾遇到一个类似的圆锥形石堆。

　　阿弗拉兹·古尔和我都认为这条线更有可能是一条引水渠而不是道路。在相距遥远的两个地方都发现了它，这让我认为，人们可能想沿着谷地，然后再沿着楼兰道把水引下来，以方便道上的交通。但收集到的证据太微不足道了，所以这完全是个假设。

　　过了上述那块台地后，我们向东—北东方向走。地面的沙质土壤上和偶尔出现的松软盐碱地上都长着茂密的芦苇。之后，矮沙丘越来越多，它们上面长满了芦苇，已被完全固定住了。到离前一个营地约 14 英里的地方，我折向东南，走到了两座长长的土山那里。台地约 120 英尺高，车马道在到达拜什托格拉克之前，就是从这两座土山之间穿过的。[①]我还清楚地记得，1907 年我经过这里时，觉得在此变窄的谷地真像一扇大门。在覆盖着沙子的长长的土山上，南边的台地突现出来。登上这块台地的最高点后，我清晰地看到，对面也有一个类似的岬从陡峭的土崖上突出来（那一行土崖位于从北面俯瞰着谷地的山脉脚下）。

　　从我用望远镜看到的情况和拉尔·辛格的平面图、阿弗拉兹·古尔的路线报告来看，这两个南北相对的岬性质和形状似乎完全相同。考虑到它们之间相距只有 3 英里，似乎可以得出这样的结论：它们是一座土山的残余部分；土山本是横在谷地中的，后来被水流冲开了。从此处向东，谷地越来

横亘在谷地中的台地

水蚀的结果

----

①　参见《沙漠契丹》第一卷 527 页。

越宽。盆地状的谷口两侧是两行陡峭的悬崖。从这些悬崖的形状上也可以看出很大一股流水的侵蚀作用。这个现象很有意思，因为根据下文即将提到的穆罕默德·亚库卜的水平测量结果，从拜什托格拉克以东的疏勒河早期尾闾，一直到库木库都克附近的干涸湖床，地面是逐渐降低的。这表明，在不太久远的地理年代之前，这两地之间是存在着联系的。

砾石土壤上仍
保留着脚印

1907 年，我和我那位不幸的汉文秘书蒋师爷曾把这两块台地命名为"开门关"，即通往中国最西部的大门。这次我登上台地，还有另一个小有价值的发现。在两块台地中靠北那一个脚下的一窄条砾石上，我看见了一条清晰的古老踪迹。这踪迹显然是野骆驼踩出来的。野骆驼本来生活在谷地南侧，后来车马交通把它们吓跑了。但还有另一个证据可以证明，在这个极为干旱的地区，即使偶尔路过的某个人的踪迹都会在砾石土壤上清晰地保留下来——在北面台地的砾石坡上，还很清楚地保留着七年前我骑马留下的脚印。当时我骑马上坡，眺望了一下东边的谷地，并看到了拜什托格拉克的几棵杨树。后来我还多次发现类似的证据，说明中国这些荒寒的沙漠土地有多么强的保存力。

到达拜什托格
拉克

我们又向前走了 6 英里，便到了拜什托格拉克水井。这 6 英里的地面状况是我在第二次探险考察中早已熟知的那种，在此就不需多说了。值得一提的是，谷口的沙地上生长着相对茂密的沙漠植被，谷口南侧的悬崖也是水蚀作用形成的，这些都再次给我留下了深刻印象。再往前便有高高的沙丘，遮挡在谷地南边那座辽阔高原的脚下（高原可能是土质的）。测量员穆罕默德·亚库卜已先我们之前在拜什托格拉克扎了营。完成水平测量任务后，他已经在那里待了几天了。他测量的地区约有 60 英里远，共测了 526 个点。在如此恶劣的地表环境和天气状况下圆满完成了任务，充分表现了他的耐心、敬业精神和耐力。

3月13日，我们休息了一天，当天拉尔·辛格和阿弗拉兹·古尔也与我会合了。他们从库木库都克出发，直接向北穿过了罗布泊古湖床那结着盐壳的伸长部分，之后便紧挨着山脉覆盖着砾石的缓坡边上走。我上文中已经说过阿弗拉兹·古尔的一个重要发现①（他是一个有考古学天分的人）。我可以在此顺便提一下他们在沿途发现的其他东西，然后再来看穆罕默德·亚库卜的水平测量路线以及从他的结果中能得出什么地理学结论。阿弗拉兹·古尔和拉尔·辛格从库木库都克出发后，走了约2.5英里，就到了古湖床那结着盐壳的坚硬表面。这一段湖床连续向北伸展了足足6英里，只是在靠近中间地方的盐上长了一小丛芦苇，芦苇以远还有一带约30英尺宽的咸水。对岸是一块长着芦苇和灌木的沙土，几乎和库木库都克附近的一样宽阔。

在当天的余下时间以及第二天，他们都沿着长着灌木的沙土带与土高原脚下的砾石萨依相接的地方走。有几处地方，他们都发现高原的边上因风蚀被切割成了一连串孤立的小土台地或小山。在96号营地以东5英里处的一座长着芦苇的小山上，他们进行了定向。就在这座小山脚下，眼尖的阿弗拉兹·古尔发现地上有水的迹象，于是命人挖了一口井。从地表只挖了2.5英尺就发现了丰沛的水。照阿弗拉兹·古尔的话说，水"同河水一样新鲜"。这和我在那口井看到的情况完全一致（那口井离他们的井有8英里多远）。这使我觉得，即便今天，在谷地北边一直到我们的cvii号营

拉尔·辛格与阿弗拉兹·古尔所走的路线

挖到了水

① 参见本书第九章第二节。

地，只要选点正确，挖井大概仍能获得饮用水。

清晰的古代小道

后来他们遇到了上文提到的那行形如古引水渠的"堤坝"。在"堤坝"之前 1.5 英里的距离内，他们都是沿着一条很清晰的古代小道走的。此后他们还断断续续沿着它又走了 6 英里。在发现古代引水渠的那一点的附近地区，在小道旁边稍高些的地方，他们还发现了三个圆锥形石堆，而且在西南 1.5 英里远的小道旁边也发现了圆锥形石堆。所以大致可以得出这样的结论：这条小道要么是人踩出来的，要么曾被人用过。至于那是在多久以前的事，我们很难猜出来。再往南在长着灌木的地带上，有吃草的野骆驼留下的脚印。但小道上和两边却没有野骆驼的脚印。

风蚀形成的台地带

此后，他们在到拜什托格拉克的途中观察到一些现象，其中下面这个现象值得简单提一下。在 97 号营地东北面，他们穿越了两条宽谷。这两条谷是从北边的山脉延伸过来的，切进了那覆盖着砾石的土高原，类似于我在如今的疏勒河尾闾以东看到的情况。[①] 高原伸出来的末端的相对高度有 120~125 英尺。过了第二条谷的谷口，在约 2 英里的距离内，他们走过的地面上都是形如风蚀雅丹一样的土台地，其高度从 6 英尺到 20 英尺不等。这些台地全是从北—北东到南—南西走向，和我在西南穿越的台地带走向一样。无疑，这些地貌都是因风蚀形成的。台地是前面说的那座高原伸展部分的最后残余。起初，水流作用把它们从山脉上切开来，后来风蚀又把它们塑造成现在的模样。它们的成因，和 1907 年我在疏勒河尾闾以南的几处地方看到的土山和台地完全

---

① 参见《西域考古图记》第二卷 642 页；《沙漠契丹》第二卷 139 页以下。

一样。①

过了这一带雅丹还有一块孤立的台地。过了这块台地，　　　谷口的地下水
他们遇到了一大片沼泽地，这片沼泽地与我在 cx 号营地附
近经过的沼泽地类似。这片沼泽再次说明，在拜什托格拉克
谷地的谷口附近有丰富的地下水。在 98 号营地（位于"开
门关"附近的山崖西南约 2 英里处），他们从地表挖下 2 英
尺便找到了水。水虽然很咸，但可以饮用。之所以这样，是
因为那个营地南边的地区曾是片大沼泽，"沼泽"的地表是
硬盐，偶尔也出现一块块浸了盐的土壤，土壤上生长着芦苇
丛。他们在"沼泽"中足足走了 4 英里，才来到了植被丰富
的沙土地上。当人们穿越沙漠去敦煌时，之所以喜欢在拜什
托格拉克停留，就是因为这些丰富的植被。

我们已描述了楼兰古道在出了疏勒河尾间后向西所经地　　水平测量
区的地貌。根据穆罕默德·亚库卜所做的水平测量，我们还
可以对此做一些补充。我之所以让他做水平测量，是因为我
想证实一下，拜什托格拉克谷地的地表状况是不是像我猜想
的那样。根据 1907 年我去敦煌的途中观察到的现象，我觉
得很久以前疏勒河尾间和古代罗布泊湖床之间是有联系的。②
因此，早在我们从米兰出发之前，我就命穆罕默德·亚库卜
用蔡司（Zeiss）水平测量仪进行连续测量。在锡德尼·布拉
德爵士的建议下，我们配备了这个仪器。测量的地段从库木
库都克以北开始，一直到拜什托格拉克以东我们能遇到的第
一个干涸湖盆。

---

① 参见《西域考古图记》第二卷 576 页、589 页。
② 参见《西域考古图记》第二卷 551 页以下；《沙漠契丹》第一卷 533~537 页。

水平测量的路
线

我曾告诉穆罕默德·亚库卜，测量点应该尽量选在谷地里洼地的最低处（这片洼地把北面的山脚同南边的高大沙山隔开）。但他从库木库都克出发后不久，便遇上了那一条宽阔的硬盐壳，即干涸的罗布泊古盐泽向东伸出来的那部分。他意识到，盐壳对长期的工作来说将是一道可怕的障碍。于是他把开始测量的地方选在了盐壳北边长着灌木的沙地上。从他的 xcviii 号营地开始（这个营地位于经过库木库都克的经线东边一点），连接他的 xcix 号营地到 cii 号营地便是他的测量路线。这条路线最初是沿着盐壳的北边，之后便更接近谷地的中心线。出于一种误解（这并未影响测量结果），这条路线穿过了谷地先到了拜什托格拉克水井，然后才向东北折了一下，到了"湿润的沙质盆地"。这一系列水平测量的总距离是 59 英里 6 弗隆。在 526 个测量点中，每两个相邻点的距离始终是 600 码。

把拜什托格拉
克作为基准点

我在《中国新疆、甘肃地图备忘录》的附录 C 中收录了一张测量图。这张地图比例尺为 1∶500 000，将海拔2 340 英尺的拜什托格拉克（穆罕默德·亚库卜的 cii 号营地）选做基准点。在编制地图时，是把 1907 年和 1914 年所获数据的平均值作为拜什托格拉克的海拔高度的。考虑到这两个结果之间出入很大，这个高度值是不太准确的。①

---

① 在《西域考古图记》第 70 号 0.25 英寸地图（quarter-inch map）中，拜什托格拉克的标高是 2 620 英尺，这个数据是以拉姆·辛格（R.S.Ram Singh）在我第二次旅行中的空盒气压表的读数为基础的。而拉尔·辛格曾分别于 1913 年 12 月 22 日和 1914 年 3 月 14 日在同一地点扎营。根据他的空盒气压表的两次读数，得出来的高度分别是 2 012 英尺和 2 260 英尺。

在计算拉尔·辛格的空盒气压表的第一次读数时，还同时考虑到了当天用水银气压表得出的读数（参见亨特博士在《地图备忘录》153 页做的表格）。由于 1913 年 12 月 22 日水银气压表显示的气压只与空盒气压表相差 0.03 英寸，即相当于 32 英尺，所以那个较低的高度 2 012 英尺大概更接近于真实的高度。

但这毫不影响我们从水平测量图上看出这样一个不容置疑的事实：从拜什托格拉克以东的干涸湖盆，一直到库木库都克以北结着盐壳的古湖床（后者是水平测量的起点，比前者要低 250 英尺），谷地是一直逐渐下降的。下降的坡度虽缓，却是持续的，平均降幅约为每英里 4.2 英尺。从图上看，这道连续的缓坡中偶尔也有不规则的地方，但都不超过 5 英尺。之所以有这些不规则之处，是因为当测量点大致呈直线而不是沿着以前地表径流的实际路线分布时，地面上难免会有一些小的起伏。

如果只用空盒气压表或沸点测高器，得出的所有高度值未必准确。而且，当放眼望去，地面看起来和古罗布泊湖床及其向东伸进拜什托格拉克谷地的那部分一样平坦的时候，是很难看出地面有什么坡度的。出于以上两点，水平测量得出的明确结果就显得尤为重要了。它证明，整个谷地都是罗布盆地流域的一部分。在下文中，当我讲到在紧挨着拜什托格拉克以东观察到的现象以及罗布盆地流域与目前疏勒河尾闾以北的那些干涸的风蚀盆地之间的关系时，我们会更深刻地认识到这次水平测量的地理学价值。

在库木库都克发现的文物

Kum.01　青铜箭头。 与 LālS.015 号属同一类型，但稍微大些。保留着铁铤。刃之间、脊两侧有长三角形的凹陷，但并没有穿透。参见 C.xcvi.016（图版 XXIII）和 T.XXII.f.02、03（图版 XLVII），以及《西域考古图记》第四卷图版 XXIX 中的 N.XIV.008。保存极好。长 $\frac{17}{16}$ 英寸，最宽处 $\frac{11}{16}$ 英寸。图版 XXIII。

Kum.02 **陶器残片**。发红的黑色，已被腐蚀。最长处 $2\frac{1}{2}$ 英寸。

Kum.03 **红柳树枝残片**。已发白并已裂开，但仍很硬。长 5 英寸。

第三节　古代疏勒河的尾闾

拜什托格拉克
以东的中国古
道

　　如今我们离敦煌最西端的长城只有几天的路程了。在拜什托格拉克歇息了一天后，3 月 14 日一早我们就出发了。考虑到我七年前经过此地时获得的信息以及那之后我在古代边界线上进行的考察，我确信在这个地方，到楼兰去的中国古道肯定和现在的车马道是合一的（1907 年我曾考察过这条车马道）。在《西域考古图记》中，我已经陈述了这样认为的理由。① 在该书中也已证明，《魏略》行程路线中所称"中道"横穿了"三陇沙"的最北端，就是人们沿现在的车马道从敦煌向西走的第一天行程中，在拜什托格拉克以东所穿越的那一系列沙丘带。而《魏略》紧接着"三陇沙"提到的是西边的"居卢仓"，那很可能就是拜什托格拉克或其附近。1907 年，我在古代烽燧 T.I、T.II（我认为那两座烽燧是戍卫楼兰道的前哨）发现了一些文物。它们证明，楼兰古道出了由敦煌汉长城保卫的地区后，实际上最初与现在去罗布泊的道路是合一的。②

由古湖盆引发
的问题

　　因此，当我再一次沿着楼兰道这最东边一段走时，已没有什么关于古道路线方面的问题需要解决了。但在 1907 年，我曾经到过拜什托格拉克以东一个看起来明显是古代湖盆的地方，在那里我观察到一些现象，并由此引发了一个关于当

① 参见《西域考古图记》第三卷 555 页以下。

② 参见《西域考古图记》第二卷 638 页以下。

地地理状况的重要问题。我在前一次考察的"旅行笔记"中曾简单提过①，那些现象表明，那个湖盆和疏勒河尾水之间以前曾有过直接联系，而如今的疏勒河则是在南边终结的。那些现象还使我觉得，即便在今天，南边来的地表水或地下水仍有可能到达那个盆地。上一节中说到的水平测量已明确告诉我们，这个湖盆是包含在古代罗布泊流域之中的。如果能证明它与南边的疏勒河也有过联系，那将使罗布泊流域的面积向东大大扩展。考虑到以上问题，我们有必要更细致地考察一下这片地区，同时也证实一下现在的疏勒河究竟是在南边什么地方终结的。

骆驼和马都已十分疲乏了，水也有可能发生短缺，时间很紧迫。所以，为了达成上述目标，我又把队伍分成了几个小分队。穆罕默德·亚库卜将再进行一天的水平测量，一直到拜什托格拉克东边的那个干涸盆地离他最近的地方。之后，他将押运着沉重的行李，沿车马道走，直到车马道东尽头附近的一个集合点。车马道在湖盆南边穿越了一条宽阔的沙丘带，拉尔·辛格将在那个沙丘带中部离开车马道向东南走，并寻找来自托格拉克布拉克（Toghrak-bulak）的疏勒河下游河道，并一直追踪到河水终结的地方。我自己则带着阿弗拉兹·古尔向 1907 年已勘察过的道路的南边和北边考察，以便更仔细地看清那个干涸湖盆里的地面状况。

关于穆罕默德·亚库卜的工作，我只需说以下的情况就够了。他从拜什托格拉克先是向东北走，然后折向东边，成功地把水平测量工作一直进行到了下文要说的那个干涸盆地的西部边缘。那里横亘着一条高大的沙丘链，他是从沙丘链

考察计划

穆罕默德·亚库卜的工作

---

①　参见《沙漠契丹》第一卷 533 页以下。

上的一条小豁口穿过的，因此，在最后的水平测量图上，沙丘的高度没有标出来。① 后来，他同我在 cxiii 号营地会合了。之后我又派他穿过南边的石质高原到疏勒河尾闾去。他后来把疏勒河终端河道图一直画到了一个小盐湖那里，那个盐湖就是河水终止的地方。

接近干涸湖盆　　3 月 14 日，我先是沿着车马道走的。即便在车马道上，我也观察到一些有趣的现象。在离拜什托格拉克约 3 英里远的时候，我发现了两口井，井深只有 3 英尺。这两口井既表明那里是个新的歇息地，也说明地下水面离地表不远。② 谷地底部平坦的沙地上生长着茂密的芦苇和灌木，一直长到横亘在谷地中的一条高大沙丘链那里。我在 1907 年就已知道，它就是那个干涸湖盆的西部边缘。沙丘带从拜什托格拉克一直延伸了约 5.5 英里远，高达 40~50 英尺。沙丘横在谷地底部，好像还一直向谷地北边荒凉山脉的砾石缓坡上延伸了一段距离。车马道经过了一座宽广的沙山的顶部。从那里向东望去，那片辽阔平坦的湖盆尽收眼底，湖盆边上结着一层又薄又亮的白色盐霜。向湖盆以远，我可以眺望到那一带雄伟、高大的台地。早在 1907 年我就认为，这些台地是在湖泊的作用下形成的。

有迹象表明最近发生过泛滥　　一下到平地上我就惊奇地发现，有迹象表明近期曾有水泛滥到这里。即便走在低矮的沙丘之间，我也已注意到，那里的芦苇比我记忆中1907年的芦苇要茂密得多。当我们在

---

① 参见《地图备忘录》附录 C。穆罕默德·亚库卜的水平测量路线本来到了盆地西边就终止了，但在地图中，他的路线同我的路线被错误地连在了一起。

② 在地图中，由于制图人的错误，这两口井被画得朝东移了 1 英里。

图184　疏勒河尾闾以北古湖盆中的台地，从 cxii 号营地向西南望

图185　疏勒河尾闾以北古湖盆中的台地，从 cxii 号营地向西望

图 186　疏勒河尾间以北古湖盆中的台地，从 cxii 号营地向西—北西方向望

图 187　拜什托格拉克以东俯瞰古湖盆的垄脊

（远处是库鲁克塔格山脉的最东段）

图 188　越过疏勒河尾闾后面的干湖盆中部向西望

图 189　从库木库都克返回的（左起）托乎提阿洪、尼雅孜、
穆罕默德·善（以上为车尔臣人）、吐尔迪、达克曼

距拜什托格拉克 6 英里多一点的地方到达平坦地面时，发现
了一圈稀疏的小芦苇芽。显然，这圈芦苇芽生长的地方就是
去年夏秋时节暂时形成的一条湖的湖岸线。沿着"湖岸线"
结了一层薄薄的盐霜，就像在灌溉新开垦的土地时出现在地
表的盐霜似的。过了有盐霜的地方，沙子很湿润，沙子中的
盐也逐渐消失了。宽阔的洼地中并没有芦苇，因为那里以前
的水太深，芦苇无法生长。

　　1907 年的时候，这块地面上是干燥的沙子，那时车马道
的痕迹很容易被抹平。而现在车马道的痕迹在这片湿润的地
面上又宽又清楚。我们沿车马道走了约 2 英里，来到了第一
组舌状山岭。这些山岭偶尔从南面突入湖盆中，山上全是流
沙，山两边有一些孤立的土台地。在这里我们与拉尔·辛格
分别了（他继续沿车马道又走了约 4 英里），并折向了北
60°西方向。

穿过湿沙地　　　在这个方向上我们看到的地貌特征，表明那里是一处湖
床，不久前湖床中还有水。湖床较低的部分曲曲折折，就像
我们在阿布旦东北部容易被塔里木河水泛滥到的地区看到的
潟湖似的。[①] 这些部分几乎没有芦苇生长，走在上面，脚会
深陷下去，脚下的沙子中显然饱含了水（应该是淡水）。稍
高些的地面上则稀疏地长着小芦苇，沙子表面像结了层硬壳
似的，湿沙子在烈日下曝晒时就会产生这种现象。那里地表
下的沙子也是湿的，而且没有一点盐的迹象。这给人的印象
很深。我们只能认为，偶尔出现在这个湖盆中的水还没来得
及蒸发就通过地下径流流走了，否则就没法解释为什么很少
有盐。在前进的途中，可以很清楚地看到湖盆的西岸到处都

[①]　参见本书第六章第一节；《西域考古图记》第一卷 351 页以下。

是上文提到的沙丘带。西北方接近砾石萨依脚下的沙丘带似乎是最低的。这使我猜想，水有可能从那里流到了那块松软的盐碱地中。穆罕默德·亚库卜从拜什托格拉克出发进行水平测量时，曾在他的前进路线之北看见过那块盐碱地。

在这块辽阔平坦的湖盆中走了5.5英里后，我们来到了一块大台地脚下。它是一行土台地的北部边缘，这行台地在我们的右边，矗立在湖盆之中（图187）。这块台地很陡，约有120英尺高。可以看出，它由7层发红的土壤构成，每两层相邻的土壤之间夹着不厚的一层发黄的沙子。从台地顶上眺望，南面和西面的干涸湖盆尽收眼底，还可以看到北面那缓缓抬升的极度荒凉的深色砾石萨依。湖床北岸很清晰，岸边是一行不宽的小沙丘。沙丘高只有4~6英尺，上面长着带刺的灌木。

在高大台地上眺望到的景象

向东，目之所及的地方是一行行排列紧密的高大的风蚀土台地。1907年我从南边经过时就已经觉得，它们算得上是这一地区最引人注目的奇观了。[1] 后来我曾多次注意到，它们排成的行都是北—北东到南—南西走向，和罗布沙漠中常见的雅丹走向规则一样，但方向与它们却不同。这些大台地高度从80英尺到120英尺不等，一律又长又窄，一行中相邻台地之间的豁口不太多。这些都表明，就性质和成因而言，它们和罗布沙漠中的雅丹没什么两样。

排列紧密的成行的台地

相邻两行台地之间是空地。在我们所在的这个位置，空地宽不到0.25英里。这一行行的大台地表明，以前这里的风蚀是何等强烈。唯其如此，辽阔的盆地之上和成行台地之间的空地上没有任何山岭沟壑，就显得越加奇怪了。我认为

湖盆中没有雅丹

① 参见《沙漠契丹》第一卷533页。

之所以有这样鲜明的对比，是因为近期不时有水泛滥，再加上地下水离地面很近，地面上可以生长一些植被，保护了土壤。

在台地脚下挖的一口井　做完平面定向后，我们在台地脚下挖了一口井。只挖到3英尺深就流出来新鲜的淡水。这充分说明，盆地北边的这块地方也常有水流来。无疑这也可以解释为什么上文提到的湖盆北边砾石缓坡脚下的那些小沙丘上长着大量灌木。我们继续向东北曲折而行，在奇形怪状的台地间走了3英里，一路上都能看见北岸那些小沙丘。在台地上，风就近用砾石做武器，最充分地施展了它的磨蚀本领。出了台地区后，我们总算来到了石萨依辽阔的坡上。①

北边的砾石缓坡　我在坡上走了很远，这才看清楚，大土台地群（和我们刚绕过的台地相似）同萨依脚下连在了一起，并一直向东延伸了至少4英里。在宽阔的砾石缓坡上，则只有几块不太高的发红的土台地。从这几块台地上看得出，此处地表的粗砾石之下也是土壤，和湖盆中靠南的台地构造一样。这片荒凉的萨依上看不到任何活的或死的植被的迹象。我们用望远镜巡视它的表面时，也没有发现什么可辨的水沟。我们登到台地顶上眺望，看到在东北方向，砾石坡以十分均匀的倾斜度一直延伸到了地平线。向北望时，远处的坡上也只有几座孤立的小山。显然，在这两个方向上，即使有一点水流到盆地中去，也全然不足以说明为什么盆地表面那么湿润。

台地带的长度　勘察了盆地北岸后，我们折向南—南东方向，沿着两行高大台地之间布满砾石的沟走，看得出台地是纵向排列的。

---

①　地图中，在我们路线靠北的那个转弯处画了两块台地的符号，这是绘图者犯了错误，这个错误当时没有被发现。

因为在 2 英里多长的路程中，左边的那行台地中只出现了一条豁口，我们这才能把骆驼从豁口中带了出来。过了这段路后，植被又出现了，是一些生长在小沙丘上的带刺灌木。我们就在那里扎营过夜。我们试图挖一口井，挖了几英尺就发现这里的地面是由大小不一的砾石和沙子构成的，没有水的迹象，于是就放弃了这个努力。

3 月 14 日晚上刮起了猛烈的西南风，把空气中的尘埃全吹走了。15 日一大早，我们登上营地南边一块高约 150 英尺的醒目大台地，看到的景象极为辽阔。我们四周全是排列紧密的一行行台地，由一层层红棕色土构成，土层之间是薄得多的黄色沙岩层。在全景照片（图 184~186）中，不仅看得出台地的各种形状，也看得出风对较松软的沙岩层的作用比坚硬的土层厉害，于是渐渐就把山岭切割成了一块块不大的平台和一座座小丘。

台地的成因

除我们所在的这块广阔的台地区外，在东边还能望到两行台地。那两条台地带没这么宽，但是更长。显然，它们也位于这个湖盆之中。湖盆向北伸展到砾石坡脚下，向南伸展到那一行高大的沙丘。从现在这个很高的观测点上我可以清楚地看到，那行大沙丘向西南连着一座长而平坦的萨依高原。我们在 1907 年的考察和绘制的地图表明，高原后面就是疏勒河尾（当时我们还考察了这段河水）。当时我猜想，高原上应该有一条豁口，那样已越来越少的疏勒河河水才能流到这个湖盆来。但现在我看不到什么豁口。

湖盆南岸

南方极远的地方，矗立着从敦煌一直延伸到安南坝乌拉（Anambar-ula）的高峻山脉，山顶的雪闪着白光。这是一派壮丽的景象。沿敦煌长城考察时，如果空气明净，就可以看到这幅景象，它深深地留在了我的记忆中。由于昨夜的暴

望见了雪山

风，北边那暗色砾石缓坡上矗立的几座低矮的沙漠小山上，也微微闪烁着雪光。但太阳一升高，那里的雪光就消失了。我周围的景象辽阔宏大，虽然极为荒凉，却比我在中亚任何平原上看到的景象都要丰富多样。

湖盆东南面　　　　现在我已知道了盆地西北面的状况和边界，于是我决定考察它的东南方。在台地带中向南走了约 2 英里后，我们来到了一块平坦的沙地上。沙地周围的土台地在风的作用下都变成了各种奇形怪状的小残块，残块之间又出现了一丛丛的芦苇和灌木。我们在沙中挖了一口井，水从地下 3 英尺的一层硬红土中缓缓流出。这里的水是咸的，但牲畜还能喝。我们穿过这块平地向东南走，地表的沙子中很快便浸足了水分。这样走了约 3 英里后，我们到了一条宽阔的沙丘带，沙丘高 40~50 英尺，车马道就是在这附近穿过沙丘带的。

湖盆边上的沙
丘链　　　　　　像我们昨天经过的沙质平地一样，这块平地上也没有长芦苇。显然这是湖盆的一个低洼处，以前不时有水的。这里也看不到任何盐霜。这验证了我们的想法，表明这里的水之所以消失，并不是蒸发的缘故，而是从地下流走了。从沙山顶上眺望到的景象，几乎和 cxii 号营地附近的那块台地一样辽阔（图 188）。它证实了我们在那块台地顶上看到的现象是正确的，即的确还有两行台地延伸进了盆地东部；东北的砾石坡是连续的，从那里应该不会有多少地表水流到盆地中来。

在考察这个古代湖泊的过程中，还有一个重要问题悬而未决。那就是如今疏勒河的尾水（1907 年春我们看到了疏勒河尾水）在泛滥时，有没有可能从南边流到这片湖床中来。1907 年 4 月，由于我忙于在东边的长城烽燧上进行发掘工作，就只能派拉姆·辛格考察一下托格拉克布拉克（榆树

泉）下游的疏勒河尾水，车马道就是在托格拉克布拉克越过
疏勒河的。他沿着河床往下游走，来到了标为 174 号营地的
那一点。粗略看了以下的河道后，他在平面图上是这样标
的：疏勒河在 174 号营地下游约 3 英里的地方，显然是折向
西北方向了。

上述情况，加上拉姆·辛格给我提供的某些信息，使得
我在画《西域考古图记》的地图时，把疏勒河尾间就画在了
我们从拜什托格拉克来的路上经过的这个古代湖盆附近。在
撰写关于第二次探险考察的"旅行笔记"时，我写下了这样
的猜测：疏勒河水仍能流到这个古湖盆的南部①。后来的情
况表明，我的这个表述很轻率。反复思考后，我开始怀疑这
种表述的正确性，并提出必须再往西去才能真正找到疏勒河
的尾间。因此，我现在不仅让拉尔·辛格考察疏勒河河道一
直到它终结的地方，我自己还急于亲自看一看这个古代湖盆
的西南部分。

为了达此目的，我朝南—南西方向走，有时是沿着大沙
丘链的三条分支，有时则越过这三条分支。从地图中可以看
得出，沙丘链正是从南—南西方向突入到湖盆中来的。沙丘
链的这几条分支都比它们之间长着芦苇的窄谷地高 40～50
英尺。走了约 3.5 英里后，我登上一条分支。我看到南边绵
延着那条砾石萨依，它逐渐抬升，与一座大致呈东西走向的
辽阔高原连在了一起。我想证实一下，这道屏障上是不是像
以前我画的地图上那样有一条豁口，如果那样，疏勒河尾水
就可以穿过豁口流进湖盆中。为此，我折向西南方向，一直
来到了萨依高原边上。高原比紧挨着的长着灌木的地面要高

右栏注：疏勒河的实际尾间

右栏注：阻隔在湖盆和疏勒河尾水之间的障碍

----

① 参见《沙漠契丹》第一卷 535 页。

出约 80 英尺①，向东绵亘而去。我们沿着高原边上向东走了约 3 英里。高原上有一座破碎的小石山，其相对高度约 200 英尺。登上这座小山我看到，横亘在北边的湖盆和南边的疏勒河河床之间的这道屏障是没有豁口的。实际上，这道屏障使我们根本看不见疏勒河。这座小山显然曾被当作路标，因为我们在山顶上发现了一个圆锥形石堆，其年代和起因都不得而知。②

返回车马道

解决了这个重要的地形学问题后，为了能找到燃料和牧草，也为了与测量员穆罕默德·亚库卜和驼队取得联系，我们又下到了湖盆中。我们在不太高的台地中向东北走了约 3 英里后，来到了一块长着灌木的小平地，平地上还有些覆盖着红柳的小丘。我们在那里扎了营。我们发现车马道就在北边约 0.5 英里远的地方，在台地区北面的一片轮廓清晰的洼地中穿过。拉尔·辛格在从敦煌来的路上也曾在此安营，根据他的气压表的读数，这一点比拜什托格拉克要高约 90 英尺。

出发到敦煌长城西端去

第二天早晨，穆罕默德·亚库卜和驼队与我们会合了。他们仍是在人们常歇脚的那个叫阿其克库都克的地方宿的营，那里离拜什托格拉克约 2.5 英里。③ 当天我们又往前走，

---

① 在地图中，我所在的这一点，和拉尔·辛格的 100 号营地两侧的悬崖符号之间，画着表示流沙的点。这是错误的，点不应该画上。那里的地面是光秃秃的砾石坡。

② 后来我想到，这座小山可能被用来标志这样一个地点——从前来自托格拉克布拉克和敦煌长城那一边的一条可供车通行的道，从这一点可以毫不费力地下到湖盆中去。因为，在小山以东，高原的边到处都形成陡峭的悬崖。现在的车马道下到湖盆最东面的深洼地时，就经过了类似的页岩悬崖。在那里骆驼能走，车却过不去。

要想使车也能下到湖盆中去，可以沿着高原边上再走 3 英里，到我们提到的这座小山。在这里车可以较容易地顺坡上下，不需在托格拉克布拉克和拜什托格拉克之间绕太大的弯。但也有可能这两点之间的古道在经过"三陇沙"时，所走的路线在现在路线以南几英里的地方。

③ 在地图中，出于粗心大意，没有在我们 1907 年的 153 号营地那里单独标出阿其克库都克的位置。在我们 1914 年的 cxiii 号营地旁插进了 153 这个营地编号，这是错误的。

来到了俯瞰湖盆东部的那座高原。为了给疏勒河尾水（包括其尾闾）的绘图工作加上双重保险，我又把穆罕默德·亚库卜派出去完成这个任务。考虑到我们的牲畜在沙漠中长途跋涉之后均已疲惫不堪，再加上找水的困难（我们只能在疏勒河的实际河床中或其附近找到水），我认为有必要沿着车马道直接到中国汉长城的西端去。人畜现在都急切地盼望着在敦煌进行休息，而在此之前，我们必须节省出时间来沿着长城进行补充考察。这使我更恨不能马上到达长城西端。

3月16日，我们最初经过的是湖盆的最东端。前一次考察时我已经记录了那里的情况①，因此在这里我只需作极简要的描述。从 cxiii 号营地走了没多远，所有的台地就都被我们甩在身后了。地面现在像一片浅浅的洼地，南北两侧都是由页岩和结成块的砾石构成的陡崖。从地图上看得出，洼地向东逐渐变窄，而洼地底部变得像萨依一样布满了粗糙的砾石，但时不时会生着一小丛坚硬的灌木。从地貌上看，这片洼地是某条河流偶尔泛滥时冲出来的。肉眼便能看得出洼地底部是逐渐向东升高的。洼地南边连着一座高原。在车马道离开洼地折向高原的地方，洼地仍有约 1 英里宽。要想到达高原边上，我们不得不在一条小侧谷的陡崖上登了 100 多英尺。这些情况都能反映出，从前泛滥到这里的水量有多大。

这里的地貌与托格拉克布拉克附近的疏勒河实际河道很相似，那里的河水也是在类似的铺着砾石的高原之间切出一条河道来。从我们 1907 年的考察，以及从拉尔·辛格在疏勒河尾闾的勘察中可以看得出，这片洼地通向一个古湖盆的最东南端。那个古湖盆和两条古河床相连着，如今疏勒河已

延伸到湖盆的洼地

疏勒河三角洲的古代河床

---

① 参见《沙漠契丹》第一卷 538 页。

不再流到那两条河床中，但以前它们是疏勒河三角洲的一部分。拉尔·辛格曾穿越两条河床中靠南的那条，那个穿越点与车马道离开洼地的这一点相距只有 5 英里。因而，我们可以肯定地说，两者之间是有联系的。①

第四节 疏勒河三角洲

疏勒河是如何终结的

我将总结一下，从对上一节说的那个干涸湖盆进行的考察中我们能得出什么结论，即它与疏勒河尾水以及拜什托格拉克谷地之间分别有什么关系。但在此之前我要简述一下，在 1914 年的考察中，关于疏勒河是如何终结的，我们获得了什么资料。从地图中可以看出，现在只有经过托格拉克布拉克的疏勒河河床在春夏两季是常有水的。这条河道终止于一个湖中。在我们的考察员去的时候，湖上有一汪咸水，水面长约 6 英里，最宽处有 2 英里。

疏勒河尾闾

1914 年 3 月 17 日，我测得托格拉克布拉克那里的疏勒河流量为 180 立方英尺/秒，而 1907 年 5 月 2 日我测得的流量却高达 1 800 立方英尺/秒②。从这个对比中我们显然可以得出这样的结论：在春夏两季的丰水季节，作为疏勒河尾闾的那个湖的面积肯定要大得多。在这两个季节，很可能湖东面和南面结着盐壳的地面都将被水淹没。而在西面和北面，湖的季节性扩张受到了限制，因为那里的湖边上弯着一条巨

---

① 尽管如此，要不是我觉得我必须亲自追踪到托格拉克布拉克的古道，以便解决一个考古学问题，我一定会继续沿着洼地朝那条古河床的方向走的。我要解决的问题是，在古代长城西端以西的古道沿线，在烽燧 T.Ⅱ 以远是不是还有别的烽燧。1907 年 3 月 2 日我曾向这个方向勘察过，但由于起了尘沙，能见度较低，所以当时的考察结果不能算作最终结论（参见《西域考古图记》第二卷 640 页）。我于 1914 年 3 月 16 日重新进行了考察，对这个问题也作出了否定的回答。

② 参见《西域考古图记》第二卷 639 页。

大的沙丘链。据拉尔·辛格估计，沙丘比湖面要高出 300 英尺。从性质上来说，这条沙丘链很接近塔克拉玛干沙漠中河流尾水两侧那些高大的达坂——这些河最终都消失在沙漠中①。这条沙丘链的主要成因是，疏勒河在泛滥季节带下来泥沙，泥沙沉积后被盛行的东风堆积起来，形成了沙丘链。

在到达这个终端湖泊之前，在托格拉克布拉克附近 24 英里多的距离内，疏勒河的实际河道是一条较窄的沟状河床，河沟深陷在砾石高原上（高原位于长城最西端以北）。在托格拉克布拉克下游约 8 英里的地方，河右岸的高原变成了覆盖着灌木的沙质洼地，左岸的高原则继续向下游延伸了约 9 英里。在剩下的不长的流程中，河北面矗立着我们上文说过的那座砾石高原，高原上点缀着孤立的矮丘。就是这座高原构成了河道与北面那个古代湖盆之间的屏障。

疏勒河接近尾
间时的河道

终端河道以南、尾间以东伸展着一个大盆地，盆地中大部分是沼泽。1907 年，我沿汉长城西南段考察时，已经勘察了这个盆地的东部和南部边缘。② 盆地南北约长 20 英里，东西最宽处约有 30 英里。盆地南部和东部是沼泽。沼泽中的水是从南湖西南山脉的那条大砾石缓坡底下流过来的地下水，可能也有偶尔从山坡上流下来的雨水。有理由认为，这个盆地的大部分都是沼泽地，在春末和夏季是无法通行的。

尾间所在的沼
泽盆地

从托格拉克布拉克往上游走，走到 8 英里和 18 英里处，我们发现从主河床上分别岔出两条干河床。在不太久远的从前，它们显然是疏勒河三角洲的一部分。这两条分河床也在砾石高原上形成深沟。但根据拉尔·辛格的考察（他曾在三

疏勒河三角洲
的古代支流

---

① 参见《西域考古图记》第一卷 241 页、451 页，第三卷 1239 页以下。
② 参见《西域考古图记》第二卷 633 页、641 页以下；《沙漠契丹》第二卷 139 页以下。

处地点越过这些河床），和我在废烽燧 T.I 附近看到的靠南的那条河床的情况，这些沟在继续往前伸展时，要比经过拜什托格拉克的河床宽得多。在烽燧 T.I 附近，那条古河床形如一片谷地，约有 1 英里宽，长满了芦苇丛和灌木。南边的岸十分陡峭，比河床底部要高出约 70 英尺。但是，当 1914 年 3 月 16 日再次踏访河床边上的这座古烽燧时，我发现 1907 年还是干盐壳的地方，如今变成了一大汪一大汪的水，水四周的地面上结着盐壳。看起来似乎是去年夏天或一两年以前发了场大水，水流进了这条宽沟（即久已干涸的古河道）之中。1907 年，拉姆·辛格穿过北边的那另一条古河床时也看到了茂密的芦苇丛。

从这两条干河床的走向来看，我认为它们中曾有过的水一定是穿过上文说过的洼地，流进了西边那个布满台地的盆地。洼地像一条豁口，把南面绵亘的高原同北山的最南段隔开来，那段山脉就俯瞰着疏勒河下游的河沟。疏勒河在穿过布隆吉和安西之间时经过的窄豁口，和这个极为相似。①

古代疏勒河尾水的分汊现象

这些疏勒河古支流曾有过的水都流进了那个盆地，而那个盆地与疏勒河南边的实际尾闾之间却没有联系。在注入盆地的内流河里，这样的情况不止一例。在紧挨着疏勒河流域的一个地区，我们就能找到与此完全一样的末端分汊的情况。肃州河和甘州河汇合成的黑河在末端三角洲分成许多支流。支流之间离得很近，像疏勒河的支流一样。这些支流最终分别流进了两处湖盆中：嘎顺诺尔（Gashun-nōr，即居延海——译者）和索果诺尔（Sokho-nōr）。这两个湖盆之间并

---

① 参见本书第十一章第一节。

无联系，而且其海拔高度也不同。① 同样，我们可以证明，在距今不太久远的历史时期，阿姆河也在末端分别注入里海和咸海这两个相距遥远的盆地。② 我们以后还将说到疏勒河本身发生的又一个有趣的分汊现象：可以证明，在玉门县下游大拐弯处附近，疏勒河的一部分河水（虽然只有很小的水量）向东流进了花海子（Hua-hai-tzǔ）这个终端盆地。③ 以前，疏勒河那些古老的北方河床注入的盆地和现在南边的河床注入的盆地，是否同时有地表径流注入呢？考虑到证据有限，又缺乏专业知识，我无法对这个问题发表意见。但是，我认为可以肯定的是，北边的古老河床和拜什托格拉克以东的高大沙丘链之间的那块地面，其地表特征无疑表明它确实是一个古湖盆。

我要指出的是，这块地面上分布着极广的高大台地群和山岭。不管专家们指出构成它们的沉积物的先后年代如何，也不管侵蚀作用起于何时（现在只有风蚀了，但以前很可能还有流水的作用），可以肯定的是，在附近那些已干涸的湖盆中，也有和这完全一样的成行的台地。不仅在古罗布泊大湖盆（位于从楼兰东北到库木库都克之间）中的部分地区有这种地貌④，而且这种地貌还出现在凡是疏勒河的下游河床伸展成湖盆的地方，比如哈喇湖（Khara-nōr）和敦煌长城北边和西南边的那些湖盆（湖盆中一部分地区已成了沼泽）。⑤

成行的台地证明那里是古代湖盆

① 参见《地图备忘录》103页。
② 参见赫尔曼《奥克苏斯河和里海在古代的联系》，《彼得曼报告》1913年第二卷70页以下。
③ 参见《地图备忘录》98页；本书第十一章第二节。
④ 参见本书第八章第二节、第九章第一节。
⑤ 参见《西域考古图记》第二卷575页以下、589页、641页、697页、717页。关于疏勒河下游这些台地群的地貌以及它们与高原边缘水蚀部分的关系，可参见《西域考古图记》第三卷图33中的"中国古长城详细地图"。

还值得注意的是，1914 年 11 月我们发现，哈密河终端的几个干涸湖盆附近也有类似的台地。因此，我们有理由认为，只要我们在天山和昆仑山之间的这一大片内流区遇到这种台地地貌，就说明那里是一处正在遭受风蚀的完全干涸或部分干涸的古湖床。

古湖盆中的水分

可以肯定地说，拜什托格拉克以东的古湖盆，其现在的水主要来自疏勒河，我们在考察过程中获得的地形资料（尤其是向这个湖盆延伸的河床的地形）证明了这一点。湖盆面积很大，而无论是从极度荒芜的北山（那里有北山外围的一系列小山岭和高原），还是从南边覆盖着高沙丘链的山坡上，流来的水量都不会太大。因此我们可以认为，湖盆中部、西部辽阔洼地中丰富的地下水来自疏勒河。

水是从疏勒河来的

从我观察到的现象看，我认为，现在疏勒河水更有可能是通过渗透作用到达这些洼地的，而不太可能是在夏季偶尔发生的泛滥中流过来的。1914 年 3 月我们发现，这个古湖盆的洼地中地表的沙子都是湿的，而且没有发生盐结壳的现象。洼地中之所以出现了一汪汪淡水，肯定是因为疏勒河三角洲的那些古河床中的水从地下流过来的。古河床中的水透过砾石河底，渗到了底下的不可渗透层，而这个湖盆的位置肯定比那些河床低。南湖北边和西边的砾石萨依上也有一些中途消失的小河流，而从哈喇湖到托格拉克布拉克以南的长城沿线上，都有由这些小河流地下补给的沼泽和泉水。同那些小河与其补给的沼泽间的距离相比，我们说的这个湖盆同疏勒河实际河道间的距离并不算大。

湖盆中的水以地下水的形式流走

我们也可以用地下渗透作用来解释原因：一方面在蒸发作用使这个古湖盆中的洼地结上盐壳之前，暂时存积在这里的水就没有了；另一方面，拜什托格拉克谷地的井眼和开阔的沼泽中则都有水。从地貌的大致情况和空盒气压表的几次读数来判断，从疏勒河尾水到这个布满台地的古湖盆之间，地势是逐渐下降的。但再向西，从湖盆的西岸一直到古代罗布泊东部的那片大"水湾"，我们都曾进行严格的水平测量。测量结果直接证明，这段地势是不断下降的，而且下降幅度还很大。

于是便可以得出这样的结论：即便是今天，疏勒河水也从地下流进了罗布泊这个巨大的终端湖盆；在距今不太遥远的地理年代，疏勒河流域和塔里木河流域的地表径流之间，通过拜什托格拉克谷地发生了联系。[①] 至于那个时期距今究竟有多久，这个问题我还无法回答。而且我认为，必须对整个地区进行进一步的详细考察（最好是在一个训练有素的地质学家的帮助之下），否则讨论这个问题是没有益处的。在此我只想请大家注意，疏勒河以前曾将其全部或部分的水注入罗布泊，这个事实在地理学上将很有价值。因为那将意味着，虽然被简单称作塔里木盆地的这个内流区已经可以和咸海相提并论，但其面积还应该扩大。它在东北的界线应该从原来的东经92°移到东经99°，因为在那里，在与太平洋流域的分水岭上，是疏勒河在最东边的冰川源头。[②]

将中亚的这个主要内流区的范围扩展，可以说还具有另一方面的地理意义，并颇有历史学价值。盆地的扩展使我们意识到，无论是从它荒芜的砾石地面，还是从它的绿洲，抑或是从它的像帕米尔一样的高山中的谷地来说，疏勒河流域的地理特征都和塔里木盆地极为相似。这种地理条件的相似

疏勒河流域与塔里木河流域的联系

两个流域之间存在联系，这在地理学上有什么意义

---

① 写完这段文字之后，我很欣慰地发现，已故的大地质学家苏艾斯教授也曾认为，疏勒河流域和塔里木河流域之间以前曾有过联系。参见《地球表面》，索罗斯译，第三卷174页。

② 参见《沙漠契丹》第二卷326页。

性在历史上是很重要的。它告诉我们，为什么疏勒河下游向西经过的那一片辽阔的低地，有史以来就没有大游牧部落居住，各民族大迁徙时也不从那里经过。

进入塔里木盆地的天然"走廊"

但对像汉朝这样一个高度文明的帝国来说，疏勒河下游谷地简直是一条天赐的极方便的"走廊"。汉朝希望开通的通往中亚和西方的大商道可以由此经过，政治控制区和军事保护区也可以由此向西有步骤地扩展。商道开通后，人们很快便发现，这种扩展是极为必要的。因此，从中国的商贸和政治影响力向西扩张的角度来说，敦煌绿洲以及分布在肃州—敦煌道沿线的小绿洲，与天山和昆仑山脚下成串的绿洲，起的是同样的作用。没有这些绿洲，塔里木盆地就不会成为中国、印度和西方文明交会的天然大通道。

第五节　楼兰古道上的交通问题

汉代古道上的交通条件

到此为止，我们已经考察完了敦煌长城与楼兰之间的汉代古道经过的全部沙漠地区。

现在我想最后简单说一下，当时道上的交通要想维持下来需要什么条件。为方便起见，我把东边作为起点。因为，在这条面临严峻自然环境的古道上，维持正常交通所需的人员和物资大部分是从东边来的。

从古长城上的大仓库 T.XVIII 出发

中国行政管理机构必须尽力保证沿古道去西域诸国的部队和使节有充足的物资。古代玉门关以东长城线上的那个醒目的大废墟（我将其编号为 T.XVIII），就提供了一个直接的考古学证据。1907 年我考察了那里并发现了一些文物，证明它曾是中国古代的一个大仓库。① 我在《西域考古图记》中已详细说明过，这样一个位于前沿的物资供应站，给来往楼兰的军队、政治使节和护送人员提供给养是很方便的。② 而从敦煌城只需走三天就可以到达这个大供应站。

过了这个大仓库沿长城走，一直到长城的西部端点 T.IV.a（位于托格拉克布拉克附近）需要走两天。在这最初两天的路程中，现在是可以找到水的，还可以从茂密的芦苇丛和灌木中取得草料（水和草料是最要紧的两种物资）。古代肯定也是这样。此外，这段地面大部分是坚硬的砾石萨依，驮了东西的牲畜和载了辎重的车都很容易走。但此后的两天里，自然条件就没这么有利了。这两天内要穿越"三陇沙"的末端和古湖盆，然后才来到现在的拜什托格拉克附近。在到拜什托格拉克之前遇到的流沙丘非常难走，对车辆来说尤其如此。但即使今天，走在中国新疆和甘肃西部道上的人们，也遇到并克服了与此类似但更严峻的困难。③ 而且，从前在古湖盆最东段找水大概比现在要容易些。

拜什托格拉克
以西的古道上
的困难

过了拜什托格拉克附近之后，我们已说过《魏略》路程表中的"居卢仓"很可能就在那里④，所以古道一定是沿着拜什托格拉克谷地北侧向西伸展的。在 80 英里或四站的行程中，大概可以通过打井而获得饮用水，也有一些芦苇和灌木可以作为牧草。过了这段路后，就会来到我们的 cvi 号营地附近，如今到那里植被就消失了。前面说过，"沙西井"

古道沿拜什托
格拉克谷地北
侧向西延伸

---

① 参见《西域考古图记》第二卷 712 页。

② 参见《西域考古图记》第二卷 715 页。

③ 例如，以下路段的车辆就得穿过流沙带：从英吉沙到喀什；从叶尔羌到巴楚；和田绿洲以西的库木拉巴德帕德夏音（*Kum-rabat-padshahim*）。在我们从甘州到绿洲的途中，车辆曾有两次穿过高峻的沙丘。

④ 参见本书第八章第四节。

应该就在那一点附近的什么地方。① 考虑到结着盐壳的罗布泊古湖床十分靠近标志着古湖岸线的山崖脚下，我认为过了"沙西井"后，无论是汉代还是今天都是不大可能找到什么植被的。

我们似乎可以得出这样的结论：到此为止，在古代解决人畜饮用水和牲畜草料的问题，不会比现在安西—哈密道穿越北山的荒芜石质高原那一段路更困难（如果平均每天走20英里，那段路程需要走9天）。②

但再往西，人们就得面对极为严峻的考验了。我们从楼兰出发追寻中国古道的经历充分表明，即便在古代，沿着这条道走约125英里，也不会发现任何水源和植被。如果在我们的 ci 号营地和 civ 号营地之间，古道的路线比我们在实际考察中走的更直些，从距离上来说是可以少走12英里的。但走直道可能同时意味着，路途中最艰难的部分，即走在罗布泊湖床那起伏不平的盐壳上的部分将被延长。③

如果不是因为两个事实，古代人们在这段路途上遇到的物资和运输困难一定会和现在一样严峻。其中一件事实是，当时在这段路西边140英里远的楼兰遗址（L.A）周围的垦殖区中，有一个西部物资供应站（我们现在应该在塔里木河上寻找这个供应站）。另一个事实是，在库鲁克河断流之前，从 L.I（即 c 号营地）往西，古道沿线的大部分地区是可以找到水和充足的芦苇、灌木的。但最困难的问题仍没有解决：有一段路程，任何驮着东西的牲畜、车辆或人员，步行

（左侧旁注：过了拜什托格拉克谷地再向西便没有了水和植被）

（左侧旁注：物资供应问题）

① 参见本书第八章第四节。
② 这条道是中国于公元73年开通的。关于它遇到的自然困难，参见《西域考古图记》第三卷1141页。从长流水往前，去哈密的道两边就会出现一块块的垦殖区和充足的牧草。
③ 参见本书第八章第三节、第四节。

至少要走 5 天。在这段路程中，燃料以及人畜所必需的水和食物都得由远方来提供。

在古道的这一段上，给军队和一般商旅提供必需物资的困难，要比现代军事和商业活动中的一切困难都要严峻，因为古代人是没有铁路和机械运输手段的。中国探路者和汉王朝是怎样解决这个难题的呢？对此，除下文即将提到的一条虽重要却不免过于简短的汉文资料外，我们再没有别的信息了。但明确的历史学和考古学证据告诉我们，人们不仅直面这个困难，而且解决了它。一个对当地地貌有实际经验的考古学人士必定会思考从前的人们采取的是什么办法。当然，对此我们的答案只能是猜测而已。

应该如何解决物资供应问题

显然，最初为便于给道上走的军队、使团等供应水和其他必需的物资，人们采取了建立物资供应基地的办法。《汉书》中有一段文字直接表明，当时在楼兰那一边就用了这种便宜之策。这段文字我曾经引述过，但由于它的特殊性，我不妨再引述一遍：

《汉书》中的记载

> 楼兰国最在东垂，近汉，当白龙堆，乏水草，常主发导，负水担粮，送迎汉使。又数为吏卒所寇，惩艾，不便与汉通。[1]

我们此前说过，地形学上的事实表明，所谓"白龙堆"，指的就是罗布泊古湖床两侧那一行行结着盐壳的雅丹，古道必须是从它们中间穿过的。如果上面的译文准确地表达了汉文原义，我们大概可以这样推断："楼兰国的最东部边界"

从楼兰运来水等物资

---

[1] 参见本书第八章第四节；魏利《人类学学会会刊》第十卷 27 页。

（实际上是对"楼兰国最在东垂"的误解——译者）指的是罗布泊湖床的东岸，人们就是把水和物资运到这里来迎接中国使团的到来。我们应该记得，距离此岸最近的楼兰地区有水的地方（在 L.I 台地附近）也足足有 50 英里远，而要想从 L.I 台地到达楼兰遗址附近最近的垦殖区，还要走上 25 英里的路程。记住了这些事实，我们就能明白，为什么提供物资这个义务对楼兰人来说是个沉重负担。当时依提木布拉克和考鲁克布拉克可能还有饮用水（现在那里已经没有水了），也可能有芦苇和灌木这样的牧草。但从古道到这些地方，距离根本就近不了多少。

从敦煌运来物资

古道上有两天的行程是绕着干涸的罗布泊的东岸走的，即 cvi 号营地和 civ 号营地之间。在这两天中，如果水等物资是由拜什托格拉克谷地这一侧安排，就可能会省些麻烦。因为这一侧是平坦的石萨依，走起来容易些，而且不必穿越罗布泊上那片辽阔的起伏不平的盐壳。但从另一方面来说，虽然拜什托格拉克谷地西端附近可以弄到水、燃料和芦苇，但人员所需要的全部物资都得从敦煌那一边运来，而敦煌最近的垦殖区离 cvi 号营地（即沙西井的大致位置）也有 220 英里远。

现在的安西—哈密道上的条件与此类似

关于这条古道东段的交通是如何维持的，现在的安西—哈密道穿过北山萨依的那一段与之大概很相似。在安西—哈密道前 11 站的行程中，水源十分有限（很多地方的水是咸的）。还有人用骆驼从远近不一的地方把芦苇运到驿站那些破败的小屋，并将其高价出售。除这样的水和草料外，从当地便无法得到其他物资了。但我们知道，尽管存在着这些困难，在回部叛乱之后，大清帝国仍精心策划了收复新疆的行动，并于 1877 年完成了这个行动。为达此目的，他们先是让军队从肃州转移到安西，又从安西分成一支支小队沿安西—哈密道来到哈密。通过这种方式，他们在哈密绿洲逐渐集结了数目庞大的军队（可能不少于4万人）。自从公元73年安西—哈密道开通以来①，它就是中国和中亚之间的主要联络线。所以可以肯定的是，以前在中国向西扩张的时期，如东汉、唐朝以及清乾隆年间，安西—哈密道上都曾有大量军队和商旅往来，而那几个时期的自然条件与现在是很接近的。②

如果把古今安西—哈密道上的条件，同人们以前在古楼兰道上遇到的困难对照一下，我们就会注意到一个十分重要的不同点。在安西—哈密道上，穿过北山萨依走10天后，行路人就会来到一片肥沃绿洲的边上，仿佛上天为继续穿越东南沙漠的行程提供了一个桥头堡一样。但在楼兰道上，行路人向西走上10天，最近的水源仍然离他约有120英里远，楼兰垦殖区则离他有150英里远。而且，楼兰地区由于灌溉水源不稳定以及其他自然条件的制约，根本无法提供像哈密那样的物资。③

就楼兰道的西段来说，上述事实的存在，加上那里离敦煌的物资供应站有200多英里，都增加了物资运输上的困难。尽管我们无法知道确切细节，但可以肯定，自从汉武帝先是把商团接着又把远征军派往塔里木盆地及其以远地区以

楼兰道上的困难要严峻得多

用骆驼来运送物资

---

① 参见沙畹《通报》156页，1907年。

② 参见《西域考古图记》第三卷1143页、1147页、1149页。玄奘于公元630年穿过了这片沙漠，他的经历充满了冒险。这表明，人们仍想大规模地使用这条穿越北山的道路。当中国的闭关锁国政策阻碍了通过这条道与西域国家进行往来时，要在这条路上走是有很多困难的。参见《玄奘过沙漠》，载《地理学杂志》265页，1919年。

③ 参见《西域考古图记》第三卷1148页；参见《汉书》关于楼兰地区的记载；见魏利《人类学学会会刊》第十卷23页。

后，人们都英勇地面对了这些困难。由于最大的障碍无疑是缺水问题，所以在这片条件恶劣的地区，人们大概尽量用骆驼来运输，因为骆驼是最不需要定时饮水的。楼兰盛产骆驼，这一点，《汉书》关于楼兰的记载可资证明。[①] 在这块干枯的地面上，要想克服交通中遇到的障碍，用大队骆驼来运送水、物资和燃料无疑是最好的办法。但是我们应该记得，5 月到 8 月这最热的四个月里，如果在罗布盆地使用骆驼，肯定会遭受重大损失。[②]

也可能用车来运输

但我们也可以想到，马、骡或驴拉的车在运输中也可能占了很大的比重。中国新疆和甘肃当地至今仍保留着使用这类车的古老传统，楼兰遗址的汉文文书也证明曾用过这种车。[③] 车很方便，而且在完全没有水的沙漠两侧用车，不会遇到太大的障碍。但我们只需简单计算一下就会知道，在那没有水的五天漫长的行程中，车会面临多大的困难。一辆骡子或马拉的车的有效载重中，光是拉车牲畜本身所需的水和草料就要占去一多半。剩下的地方只能坐四个行李少得不能

---

① 参见魏利的译文，载《人类学学会会刊》第十卷 25 页："当地多驴、马和骆驼。"关于提到骆驼的楼兰文书，见沙畹《汉文文书》839~841 号。

② 1906 年 6 月，我的驼队从喀什出发了。后来我损失了这些好骆驼中的大部分，这才使我十分伤心地意识到：炎热季节里在塔里木盆地的平原上使用骆驼是很危险的（参见《沙漠契丹》第一卷 220 页、260 页）。当时它们只走了几天，不仅有充足的牧草吃，还能经常在山脚下的阴凉地休息。

6、7 月间，罗布沙漠的每日最高气温，甚至可以与同一季节中的旁遮普平原和信德省（Sind）相比。当然，夜间气温会降下来不少。

③ 关于提到牛车和车辆的文书，参见孔好古编的《斯文·赫定在楼兰所发掘的汉文写本》（*Chinesische Handschriftenfunde Sven Hedins*）81 页、88 页。但这些文书没有明确说明车辆在哪里被投入使用。

沙畹《汉文文书》164 页中所收的第 755 号文书残件（发现于 L.A.VI.ii 中），提到一个下级官员被派出去在营地检查并试用一辆车和一头牛。但文书中没有说这辆牛车是在当地用还是将用于长途跋涉。（按原简文为："……因主簿奉谨遣大侯究犁与牛诣营下受试。"——译者）

再少的旅客，或是能装可供四个骑马者用的水和粮食。①

就牛拉车来说，其有效载重虽然大一点，但考虑到牛走得比马和骡子慢得多，也就说不上有什么优势了。在如今中国新疆的主要道路上都很少见到牛车，大概当地出于某些原因不愿广泛使用牛车。

尽管楼兰古道上的交通条件十分艰苦，遇到的困难十分严峻（大批人员的往来尤其如此），但我们在《史记》中看到，大约公元前 119 年，张骞"将三百人，马各二匹，牛羊

文献记载，中国使团走过这条道

---

① 这个计算结果，是我根据斯克特-蒙克里夫上校的《实地考察手册》（第2版）一书得出的。书中说，一只牲口（马、牛或骡）每天需要的水为8加仑，其重量大约为80磅。此外，每只牲口每天至少需要8磅的草料。这样，假设一辆两匹马拉的车5天要走125英里，在5天中有4次休息，休息地点的水等物资又是从出发地运来的，车上光水就得装640磅（其中120磅为水桶的重量）。如果我们再加上这五天所需的草料重量约64磅，那么，光是牲畜的必需物资就有824磅重，而车的有效载重也只有1 344磅。

在冬天所驮的水的重量大概可以减少一点。但另一方面，冬天直至初春会刮起刺骨的寒风，那时就得给人带上足够的燃料，载重量实际上增加了。

当时以及后来，当我考虑到这个物资运输问题时，我都想到用骆驼作为驮载工具会有助于解决这个问题。假设一只骆驼拉的车的有效承载量与骆驼背上能驮的重量的比，和马或骡子一样约为4:1，显然骆驼拉的车上能腾出更大地方装物资等，而且骆驼拉的车还能走更远的距离。在寒冷的冬季，甚至在深秋时节，骆驼不喝水熬过一周多的时间几乎不成什么问题。而且，骆驼在路上所需吃的芦苇是极少的。

虽然有这种假设，但应该指出的是，现在在塔里木盆地或甘肃没听说过有人用骆驼拉车。有人告诉我，在准噶尔的部分地区，比如巴里坤（Bar-kul）以北的沙漠地区，曾有人用骆驼拉车。而且，在德里周围和旁遮普邦靠近德里的部分地区，有人亲眼见到骆驼车。我们还应该记住，要想在无水区这样最适合骆驼走的地面上换成骆驼拉车，把车拉到无水区边上的其他牲畜就得从原路带回去。这样，换拉车的牲口需要很多细心的组织工作。如果车辆是私人所有的（商队都是如此），就根本不可能进行这种换牲口的活动。就是在政府使团使用等情况中，在沙漠驿站上换牲口也将面临许多严峻的实际困难。

我的朋友——社会学博士、皇家工程师弗兰克·杜依还提请我注意这样一件事：在没有任何资源的地区，如果建立前线必需品临时大集结站，集结水或冰、芦苇秸秆和燃料会有很大好处。如果那样，随部队而行的车所载的辐重就可以只限于人畜在那段路上所需的水、食物以及人员的必需品。如果用骆驼拉车，就会把需集结的物资较快地运去。而我们可以证明，拜什托格拉克谷地中的那段古道沿线曾有过仓库，其中一点就是《魏略》提到的"居卢仓"。这可以支持杜依的想法。参见本书第八章第四节。

我想，我们可以解释没有发现任何这样的仓库或物资集结站的遗迹的原因：一方面，古道穿过的无水地面上，没有任何建筑材料。另一方面，可以肯定，哈密道已经广泛投入商业和军事用途之后200年间，仍在楼兰道上偶尔走过的车马队、个别旅客等，自然已经把物资集结站上任何能用于生火的东西都用了个精光。

以万数"，沿着这条道出使到了乌孙国。① 这本记载作者同时代之事的历史著作还说，紧接着张骞出使的那几年，这条道上来自中国的商团和政治使团越来越多。② 由于使团经常遭到楼兰国和姑师国（吐鲁番）的劫掠，公元前 108 年由"轻骑七百人"构成的远征军出兵征讨了这些地区。③

《史记》记载楼兰道上的危险

司马迁记述了大宛国［即费尔干纳（Farghāna）］人的看法，使我们对楼兰道上的严酷自然条件有了一个真实的感受。大宛人说："汉去我远，而盐水中数败。出其北有胡寇（指鞑靼人），出其南乏水草。……汉使数百人为辈来，而常乏食，死者过半，是安能致大军乎？"④

中国远征费尔干纳（大宛）

尽管这段文字生动地描述了远征将遇到的巨大困难，公元前 104 年，汉武帝还是任命李广利为贰师将军，"发属国六千骑，及郡国恶少年数万人，以往伐宛"。

人员伤亡惨重

《史记》中说，两年之后，当这支军队无功而返回到敦煌时，剩下的士兵"不过什一二"⑤。皇帝又下令采取新措施来挽回这次失败。司马迁告诉我们，当新组成的军队于公元前 102 年离开敦煌时，共有"六万人，负私从者不与。牛十万，马三万余匹，驴、橐驼以万数赍粮，兵弩甚设。天下骚动"⑥。为了给这支大军提供物资运输，整个帝国凡是犯了小罪的人都被充作搬运工，而"转车人徒相连属至敦煌"。司马迁说，这支汉军到达大宛都城时有 3 万人。可见，他说最初踏上楼兰道的有 6 万人，大概并非夸张。这次浩大的远

---

① 参见荷斯《张骞传》；《皇家亚洲学学会会刊》第三十七卷 101 页。
② 参见《张骞传》103 页。
③ 参见《张骞传》106 页。
④ 参见《张骞传》109 页。
⑤ 参见《张骞传》110 页。
⑥ 参见《张骞传》111 页。

征虽取得了最终胜利，但付出的代价也是很惨重的，因为《史记》中说，当大军回师时，"军入玉门者万余人，军马千余匹"①。

我们很难想象，沿楼兰道进行这样的远征得需要多少物资给养和运输，大军在穿越可怕的荒凉沙漠时，人们又遭受了怎样的苦难。但司马迁被称为"中国的希罗多德"，他对同时代事情的记载是十分可靠的，这一点毋庸置疑。于是，在克服这条沙漠道上所有艰难险阻的行动中，我们又一次领略了中国古代领袖那令人叹服的组织能力。这种能力使他们也克服了大自然在其他时期、其他地区设置的极为严酷的障碍。

中国的组织者胜利地克服了困难

① 参见《张骞传》115 页。

第十章　到敦煌和安西去

第一节　敦煌西北的长城

从 3 月 17 日起，我的工作地点又回到中国古代的长城线上了，这使我时常想起 1907 年在那里进行的成果累累的劳动。我十分清楚，当时出于环境的限制，我在系统考察长城遗址时留下了一些缺憾。此次我重回这一地区，其重要原因之一就是想尽量弥补这些缺憾。我这次对敦煌长城进行的考察，只不过是对《西域考古图记》详细内容的补充和继续。因此，在叙述这次考察的成果时就比较容易了。关于敦煌长城的历史、修建目的、结构状况等所有一般性问题，读者都可以参见《西域考古图记》第二十章的详细叙述。另一方面，本书这几章的描述也不得不有所局限。因为在这些长城遗址上发现的汉文文书，目前我手头尚没有它们的译文。（本章和下两章写完后，马伯乐先生向我提供了大多数文书的初步译文，以及他关于文书的基本内容所做的笔记。经他同意，在这些资料和其他汉文文书出版之前，我在本书的正文和脚注中补充了能从这些译文中获取的直接的、具有考古学价值的信息。补充的部分用方括号来表示。）

在 3 月 17 日和 18 日沿长城线的头两天行程中，我从托格拉克布拉克来到了古代大仓库 T.XVIII，并进一步考察了玉门关以南的辅助城墙。我又观察到了一些考古学现象。这些现象都已详细记录在《西域考古图记》的相关章节中①，所以在此我只需在一个脚注中说一下从我后来在某些烽燧遗址拍摄的照片里能看出些什么内容②。此外，我再次考察这段长城时，还拾到了一些小物件，它们均载于下文的文物目录中。

关于这段长城，我们就只说这些了，现在让我们来看看那片还有一些长城遗址尚待清理的地面。我指的是哈喇湖以

哈喇湖以南的烽燧

---

① 参见《西域考古图记》第二卷 634 页、656 页、692 页。

② 这些照片都是在长城西段拍摄的。其中，图 194 中是很破败的烽燧 T.IV.a，它坐落在一座土岭上，俯瞰着一片洼地。这座烽燧大概就是长城最末端的那座叫都护井的烽燧。参见《西域考古图记》第二卷 634 页，本书第八章第四节。

图 190 中是烽燧 T.IV.a 以南所见的长满芦苇的大沼泽盆地的东北角，疏勒河就在那里终止。前景中，在陡峭土岭的脚下，可以看到用芦苇捆和夯土筑成的长城墙体。图中的人站立的地方是内侧的墙脚下。墙体的构造示意图见附图 13。

再往前，墙体朽坏成了一条低矮的土丘，肉眼可以分辨得出来。它笔直地向南延伸，一直到一座大土岭上，1907 年我的 171.a 号营地就扎在那里（参见《西域考古图记》第二卷 635 页）。

图 192 中是从烽燧 T.IV.a 所在的土岭向东—南东方向看到的景象。前景中那条很直的长着芦苇的窄丘，就是已朽坏的长城城墙。中景中隐约可以看见高高的土堤，我觉得那是一座中国古代堡垒的已朽坏的防御土墙（参见《西域考古图记》第二卷 637 页）。远处勉强可以分辨出烽燧 T.IV.b、c，它们坐落在砾石缓坡的舌状突出部上。

图 191 中拍摄的是从烽燧 T.III 附近的砾石高原下来穿过一片洼地时的那段城墙。它长约 3 英里，保存得很好，并向下一座烽燧 T.VII 延伸过去。

图 204 中是从西南方向所看到的烽燧 T.VII。烽燧身南面涂过灰泥，上面还保留着粗陋的踏脚孔，以便人能爬到烽燧顶上去。踏脚孔两边的孔以前插有横杆来固定绳子，人是扯着绳子往上爬的。沿西北角露出了用芦苇拧成的粗绳子的末端，这些绳子嵌在夯实的土中，用来把加固烽燧身的胡杨树干捆在一起。参见《西域考古图记》第二卷 571 页。

图 193 和 198 中分别是烽燧 T.XI、T.XIII 附近的垛在一起的芦苇捆，这些垛呈梅花点状分布。在盐的作用下，芦苇已经不同程度地石化了。《西域考古图记》第二卷 677 页曾详细地解释过，这种排列规则的垛，其最初用意是在点燃烽火时方便地取得燃料。

图 195 中是烽燧 T.XIII，它东边还连着几间屋子（1907 年我们曾在那里挖掘过），还有几级台阶能到顶上去（参见《西域考古图记》第二卷 681 页）。对比一下《西域考古图记》图 180 我们就能看出，虽然过了七年，这个遗址几乎没发生什么变化。

在图 200、201 中，呈现在我们眼前的是烽燧 T.XIII 以东的一小段保存极为完好的城墙。这段城墙和敦煌以西的大部分城墙一样，是由一层层的芦苇捆和土夯筑成的。对比墙脚下人的高度，我们看得出，有些地方的墙比堆在墙脚下的沙石高出有 10 英尺（参见《西域考古图记》第二卷 681 页）。

图 190　从烽燧 T.IV.a 南望疏勒河尾闾东北角以及长城遗迹

图 191　从烽燧 T.III 往东延伸的长城

T.IV.b　　　　T.IV.c

图 192　从烽燧 T.IV.a 东望到的长城末段

图 193　敦煌长城烽燧 T.XI 外面的束柴堆

图 194　敦煌长城最西端的烽燧 T.IV.a 遗址

图 195　敦煌长城上的烽燧 T.XIII 及 1907 年我们曾清理过的房屋

图 196　从烽燧 T.XXII.e 北望哈喇湖

图 197　从烽燧 T.XXII.d 东望哈喇湖湖滨

图 198　烽燧 T.XIII 附近已石化的芦苇

图 199　哈喇湖边山岭上的烽燧 T.XXII.d 遗址

图 200　烽燧 T.XIII 附近的长城

图 201　烽燧 T.XIII 东边延伸的残长城

南的那一组烽燧，其中有几座我在 1907 年 5 月曾远远地望见过，但当时出于现实的考虑，我不得不将它们搁下。① 现在我要想完成这个任务，仍面临着与当时类似的困难：从米兰带来的物资已不多了；挖掘的人手只有我手下这几个人；还必须节省时间，因为在这一年的春天，我们在别的地方还有工作要做。于是，3 月 9 日，我把所有沉重的行李，连同那些不能从事挖掘的人，都提前遣往敦煌，这样就可以把他们的物资节省下来给别人用。我们正准备在烽燧 T.XXII.a 附近一片沼泽洼地入口处扎营（1907 年我曾望见过这座烽燧，但没来看过），一件极为幸运的事发生了。我们碰到了一小群曾在米兰帮我们挖掘过的罗布人。他们刚刚在敦煌做过买卖，正赶着驴群回家。他们用不着的几个人手，再加上在这个被称为大泉（Ta-ch'üan）的地方放牧骆驼的一群人中的两个汉人，就为以后几天的工作临时凑足了挖掘队。

所采用的考察方法　为了又快又全面地对东边的长城线进行考察，我认为有必要像 1907 年的做法一样，由我本人在前面进行先期勘察，我那个能干的干零碎杂活的人奈克·夏姆苏丁则带着临时凑成的挖掘队跟在后面，把我找到的遗址都清理出来。在我寻找烽燧遗址和可能将它们连接起来的长城墙体的先期工作中，有很多有趣的经历。有些地方还曾被春天泛滥的疏勒河淹过，走起来颇为艰难。但是，出于已在《西域考古图记》中说过的原因②，我最好还是按照地形的顺序来描述观察到的地貌特征，并记录对遗址的考察和清理结果。

哈喇湖成为"水界"　从烽燧 T.XXII.d 起的这一组烽燧坐落在哈喇湖南岸，是我在《西域考古图记》中记录的"湖区"长城向东延伸的

---

① 参见《沙漠契丹》第二卷 157 页。
② 参见《西域考古图记》第二卷 632 页。

部分。① 我在该书中已指出，凡是湖区长城面临哈喇湖和西边那个宽阔沼泽盆地时，湖和沼泽地带都被用作"水界"，而不筑城墙。② 这可以解释为什么从位于哈喇湖出口处的烽燧 T.XXII.c 一直到烽燧 T.XXIII.b 附近这段直线距离约 10 英里的范围内，看不到什么城墙的遗迹。从地图中看得出，这段距离内的哈喇湖，湖面是最宽的。1914 年 3 月的哈喇湖，水面大多数地方宽达 2 英里多，南部湖滨还有一片沼泽。这个湖全年都能提供足够的防卫，因为春夏的泛滥时节过去后湖中剩下的水含盐度很高，所以湖上结厚冰的时间绝不会太长。

大约在湖岸的中部有一个向湖中突出的地势较高的小半岛，半岛上有很多台地。这个半岛是从南面向大泉伸展过去的舌状高原延伸出来的一部分③。湖岸突出来的这个半岛，在很大程度上缩短了北边积着深水的湖面的宽度。同时，它也提供了一些制高点，从制高点上不仅能瞭望到深水带，还能守望左右两侧浅水湾中的沼泽。就是这个地形上的原因，我们发现有三座烽燧坐落在这个地势较高的半岛上。它们是烽燧 T.XXII.d ~ f，分布在约 2 英里的范围之内。在从烽燧 T.XXII.d 上拍摄的照片 197 号中，我们可以看出它们驻守的是什么样的地方。

烽燧 T.XXII.d 坐落在一座风蚀土岭上（图 199）。土岭很陡峭，比西边水湾中的沼泽高出约 80 英尺，从东—北东到西—南西方向延伸了 300 码。这座烽燧有 16 英尺见方（附图 13），残烽燧高约 9 英尺。修筑烽燧的土坯（14 英

烽燧 T. XXII. d ~ f 的位置

清 理 烽 燧 T.XXII.d

---

① 参见《西域考古图记》第二卷 717 页。
② 参见《西域考古图记》第二卷 718 页。
③ 在地图中，应该把台地的符号画过大泉，向湖边画，一直画到 T.XXII.d ~ f。

寸×宽 7 英寸×4 英寸）和敦煌长城上常见的土坯尺寸是一致的。① 每四层土坯之间夹着一薄层芦苇秸秆。我只能勉强看出三间屋子的朽坏得极为厉害的墙体，连在烽燧的西边和西南边，它们原是营房。其中一间（ii）沿北面有一条宽仅 2 英尺的通道，通道底部积满了灰烬。看起来这条窄通道是一个为隔壁取暖用的炉子，就像现在中国民居中的炕一样。②

在烽燧 T.XXII.d 发现的东西

小烽燧西南不远处有一堆垃圾，我们从中发现了 10 多枚汉文木简（大多数已经残破不全），还有一些小木制品和纺织品（参见第十二章第三节的文物目录）。木制品中值得一提的有：一个木碗的耳，漆成红色（T.XXII.d.02）；一把木梳(T.XXII.d.04)；两把木铲刀（T.XXII.d.05、06，以上三件的照片在图版 XLVII 中）。纺织品残件主要是各种颜色的素绸，但也有几件毛织品（T.XXII.d.08、09）。T.XXII.d.i.01似乎是一件粗糙的棉织品，这种材料在长城上很少见。在这里我们还发现了一枚边沿已损坏了不少的五铢钱。

在烽燧 T.XXII.d 发现的汉文文书

［在此发现的文书中，T.XXII.d.015 特别值得注意。它上面的日期相当于公元 47 年 12 月 16 日（原简为"建武廿三年十一月丁卯"——译者）。它似乎是一种"券"，是由"宗民"和"受官"的"燧长"③ 共同签署的。"宗民燧长"自称隶属于"破胡"，"破胡"是长城下属的一段或一个关隘，T.XXVIII.36（沙畹《文书》中的 621 号）中也曾提到过"破胡"的西段。可能"破胡"是"平望"以东的名称，

---

① 参见《西域考古图记》第二卷 737 页注 14。

② T.XII.a 的营房中也有一条类似的窄通道，1907 年我们曾在那里发现了一些重要的早期粟特文文书。那条通道有没有可能也是这个用途呢？参见《西域考古图记》第二卷 669 页，第三卷附图 39。

③ 马伯乐先生在这里以及其他地方读出的"燧"字（他译作烽火台），就是沙畹先生读成"队"（连队）的那个字。参见《西域考古图记》第二卷 747 页。

"平望"是从玉门关到烽燧 T.XXII.c 的这一段长城。①
T.XXII.d.018（原简为"永平七年"即公元 64 年——译者）
和 019（原简为"永平十年"即公元 67 年——译者）这两
枚木简，记载的是在公元 64 年的不同时间运来谷物之事。
T.XXII.d.024 是一个日历残件（原简仅记二月和三月两个日
期，不能作为日历——译者），大概是公元前 10 年或公元
115 年的日历。]

在这座烽燧东边约 0.75 英里的地方，隔着图 197 中的那 清 理 烽 燧
T.XXII.e遗址
个长着芦苇的沼泽，有一座东西走向的风蚀山岭，烽燧
T.XXII.e 遗址就坐落在山岭顶上。这座烽燧底部约 14 英尺见
方，高达 9 英尺，顶上有一间约 6 英尺见方的小守望屋（附
图 13）。由于山岭本身就高达 90 英尺，所以视野很开阔。烽
燧用土坯（14 英寸×7 英寸×4 英寸）筑成，每隔五层土坯便
出现一层芦苇。从烽燧上可以望到湖面和湖南岸很远的地
方，东边的烽燧 T.XXIII.c、e 清晰可见。清理了守望屋和烽
燧脚下的垃圾堆后，我们发现了 8 枚汉文木简，还有一些零
碎东西（见下文的文物目录）。其中值得一提的有：木弓残
件（T.XXII.e.011，图版 XLVI），残件四面各有一个汉字题
识，字很工整，但几乎被磨光了；一把保存得很好的扫帚
（T.XXII.e.013，图版 XLVI）。在山岭南坡上，烽燧以下约 20
英尺的地方，土中有五个窄窄的凹陷处，显然是营房。其中
一个凹陷处里有生火的地方，另一个凹陷处里有一个放东西
用的小龛。

在这里发现的木简中，T.XXII.e.03 比较重要，因为它详
细记载了敌人来袭等紧急情况发生时，怎样在边界线上维持

---

① 关于"平望关"，参见《西域考古图记》第二卷 691 页、699 页、720 页、746 页。

烽火。以前在长城上发现的文书中，也有提到这种"可视电报"系统的①，但都很泛泛。木简 T.XXII.e.05、06 也很有价值。它们提到了隶属于"破胡"的"止奸"这座烽燧，其措辞使我们认为，"止奸"无疑指的就是烽燧 T.XXII.e。

烽燧 T.XXII.f 遗址

烽燧 T.XXII.e 东北不到 1 英里远的地方，有一条从烽燧 T.XXII.a 弯过来的山岭，突入了湖滨的沼泽之中，使当时北面有水的湖面缩短到了约 1 英里（图 196）。从这带山岭最末端的土台地上可以眺望到整个湖面，烽燧 T.XXII.f 遗址就坐落在这里。② 它存留下来的建筑包括一座用土坯筑成的烽燧（和前面说的两座烽燧类似），还有烽燧南面和西南面连着的两间屋子。屋子墙上曾抹过灰泥，如今残墙只有 1~2 英尺高（附图 13）。烽燧底部有 16 英尺见方，残烽燧高约 8 英尺，顶上有一间 7 英尺见方的守望屋。守望屋的入口是东南角的一条窄通道。从烽燧外边的垃圾堆中发现了两件写在木头上的汉文文书，其中一件是一块写板，已破成了三小块。（这就是 T.XXII.f.1，后来发现它是一个中国日历的一部分，日历的样式与长城其他文书中的日历不尽相同，马伯乐先生说这是公元前 13 年的日历。）文物目录中所载的零碎小物品中，值得一提的有一副铁制马嚼子的一小块（T.XXII.f.01，图版 XLVII），和在 ci 号营地以东的楼兰道上发现的类似；还有两枚带倒刺的青铜箭头，这类箭头在敦煌长城上不太常见，但在楼兰地区曾发现过。③

烽燧 T.XXII.f 以东的湖岸

从烽燧 T.XXII.f 所在的这块台地上眺望，东边的湖岸线和附近长着灌木的沼泽地都尽收眼底。但在它和下文即将说

① 在《西域考古图记》第二卷 752 页总结了这类文书。
② 在地图中，烽燧 T.XXII.f 的符号应该再向北移，画到湖岸附近。
③ 参见本书第七章第八节；Kum.01 见本书第九章第二节。

到的烽燧 T.XXIII.b 之间，沿湖岸线却望不到什么烽燧或其他遗址。由于东边的长城墙体到了烽燧 T.XXIII.b 便终止在沼泽般的涨滩上了，所以我推断，在烽燧 T.XXII.f 和 T.XXIII.b 之间 5 英里远的距离内，古人认为湖面所提供的"水界"就足够防卫之用了，而这一段的湖面也是最宽的。此外，在这块地面上，离湖岸 1 英里之内都是平地，没有建烽燧的有利位置。

但烽燧 T.XXII.f 和 T.XXIII.b 之间的这段距离也并不是全无防范措施的。从烽燧 T.XXII.f 延伸过来的风蚀山岭的东段，与南边的大萨依伸出来的一座窄高原末端离得很近。在那里我们发现了两座挨得很近的烽燧 T.XXIII 和 T.XXIII.a。它们坐落在上面说的那座高原末端的一个险要位置上①。1907 年我曾踏访过这两座烽燧，因为到敦煌去的车马道就是从它们脚下经过的。我这次重来此地的考察结果也都记在《西域考古图记》中了。② 考虑到连接敦煌和玉门关（以及长城西段）的最便利的交通线必定一直是从这里经过的，所以我认为在这一点上设了烽燧 T.XXIII.a 和比它高些的烽燧 T.XXIII，很可能有双重目的：其一是戍卫道路，其二是把长城的烽燧线连接起来。

烽燧 T.XXIII.a 的位置

3 月 20—22 日，我们是沿着烽燧 T.XXIII.b~g 和与之连接的长城线走的。这段路很泥泞，有些地方几乎难以通行。之所以会出现这种情况，主要是因为烽燧 T.XXIII.c、d 以南的一片洼地的水渗透作用。洼地中存积的泉水（即碱泉子）

烽燧 T.XXIII.b~g 之间的泥泞地面

---

① 在编绘地图时，我没有注意到画图者的一个错误。在地图中，T.XXIII 被画在了 T.XXIII.a 以东较远的地方，实际上前者离后者是很近的（参见《西域考古图记》第二卷 721 页）。同样，窄高原的末端也应该向北伸到烽燧 T.XXIII.a 那里，而不是弯向北—北东方向。

② 参见《西域考古图记》第二卷 720 页。后来又清理了烽燧 T.XXIII.a 遗址后发现的小物件，都记录在下文的文物目录中了。

可能是党河（或称敦煌河）的河水从砾石萨依底下流过来补给的。有意思的是，洼地南部和西部边上是一块块结着厚盐壳的地面，其种种面貌都很像我们在古罗布泊底部和其周围遇到的情况，只不过要小得多罢了。

硬盐壳上踩出来的路

于是，3 月 21 日，我们将营地迁移到了由泉水补给的碱泉子——从罗布来的人称之为肖尔布拉克（Shōr-bulak）[①]。在到此之前的 2~3 英里内，我们穿越的就是大片起伏不平的坚硬盐壳，使人想起在穿过库木库都克以北的干涸罗布泊伸出来的部分时遇到的情景。值得注意的是，在这片盐壳上踩出的路已经碾压得很平了，路面比邻近的硬盐壳要低 3~4 英尺。可以断定，这样低陷的路面是从前的来往车马队长期碾压的结果。现在这条道上偶尔经过的驼队和拾柴者的车辆是断不能产生这种效果的。当楼兰古道在 cvi 号营地以西穿越干涸罗布泊的"水湾"时，我们观察到的情况与此十分相似。[②]

中国文献提到"碱泉子"

1907 年我曾在千佛洞得到一份有趣的地理文章手抄残件（编号为 Ch.917）。那篇文章中不仅提到了由泉水补给的碱泉子，还提到了它西北那片已经干涸的盐沼。吉列斯博士曾将这篇手稿译了过来，还同意我参阅了译文。从他的译文中可以看出，这篇文字写于公元 886 年，是关于敦煌地区和其西边、西北邻近地区的地形情况的"官方备忘录"。它在许多方面和《敦煌录》十分吻合，说明其信息是从当地收集来的。[③]

---

① 泉水是一点也不咸的。因此，肖尔布拉克这个名称肯定是源自从西边到达泉水之前经过的硬肖尔地面。这也可以解释为什么当地汉人类似地称之为碱泉子。

② 参见本书第九章第一节。

③ 关于得自这个手稿的其他信息，参见伯希和的文章（《亚洲学杂志》116 页，1916 年 1—2 月）。另参见《西域考古图记》第一卷 327 页。

我认为它当中有一段话说的就是碱泉子。在吉列斯先生的译文中，这段文字是这样的：兴湖，"在州西北一百一十里。其水咸苦，唯泉堪食。胡商从玉门关道往还居止，因以为号。《沙州志》中称：'水是咸的，只有泉水可以喝。'《沙州志》中还说，湖东西十九里，南北九里，深五尺"（出自《沙州都督府图经》。斯坦因所引的译文似乎有误。《沙州都督府图经》原文是这样的："一所兴湖泊，东西十九里，南北九里，深五尺。右在州西北一百一十里。其水咸苦，唯泉堪食。商胡从玉门关道往还居止，因以为号。"——译者）参照该文提到的其他地点，我们可以看出，所谓"州"（或县治所在）指的就是坐落在敦煌以西约 1 英里处的带城墙的唐代古城。从那一点向西北 110 里，恰好就是碱泉子这个小湖的位置。因为据地图上所标，这段距离是 22 英里，而 1 里大约等于 0.2 英里，有大量证据表明，这种换算法在中亚地区基本上是正确的。①

文章中还说，在那一地区，只有兴湖的水是能喝的，而且出入玉门关的胡商途中常在那里歇脚。这些都证实"兴湖"的确就是指碱泉子。因为，经过玉门关到西边去或从西边来的所有车马队仍一直把碱泉子（或称肖尔布拉克）当作歇脚的地方。《沙州志》也是对敦煌地区的描述，但年代比《沙州都督府图经》要早些②。要想更好地理解 Ch.917 中引自《沙州志》的那段话，我们必须考虑到，Ch.917 这个手稿在上述引文之前曾有过这样一段话："西盐池……一百一十七里。俗号沙泉盐者，类马牙，其味美，其色如雪。"（见

对"兴湖"的
描述

《沙州志》中
的"西盐池"
的位置

---

①　参见《西域考古图记》第二卷 735 页及该页注 28a 中所引述的证据。我们还应该注意到，这两点之间的路几乎是直的，除五六英里的路程外，其余地方经过的都是荒芜的砾石沙漠。

②　关于它的大致年代，参见《西域考古图记》第二卷 716 页。

《沙州志》——译者）考虑到"西盐池"的方向和兴湖是一样的，只是距离远了 7 里，因此我认为，它大概就是从长城来的车马道穿过的那片干涸盐沼区，以前曾把那里作为一个产盐的地方①。唐代时，季节性的洪水很可能会将那里淹没，即便在今天，它北边靠近烽燧 T.XXIII.c、d 的地方也时常被水淹没。

"碱泉子"以
北的干涸盐沼

《沙州志》中记载的湖的大小，指的就是这个如今已结上了硬盐壳的地区。"东西十九里，南北九里"（见《沙州都督府图经》——译者），这不可能单单是指水可供饮用的那处泉，因为泉水积成的小湖（或小水塘）是很小的，只有 30~40 码宽。但《沙州志》中记载的数据，却与干涸沼泽的大小十分吻合，车马道就是从它西北部 2 英里的地方穿过来的。如果我们的分析正确，就会有一定的地理学价值，因为这会告诉我们，从一片至少一年中部分时间有水的盐沼，变成一个布满硬盐丘的干涸湖盆大约需要多长时间。我们今天在碱泉子西北遇到的就是这样的干涸湖盆。而早在汉代，罗布泊的大部分地方就已经是这样的面貌了，迄今那里依然如此。

在烽燧 T.XXIII.b
发现的文物

在烽燧 T.XXIII.a 东—北东方向约 2.5 英里远的地方，我们发现了烽燧 T.XXIII.b。它坐落在一座约 50 英尺高的风蚀土岭上。从这里可以分辨出来自烽燧 T.XXIII.c 的长城线（烽燧 T.XXIII.c 是东边离此最近的烽燧），经过侵蚀的墙体就像小土包似的。墙体在土岭北边约 120 码的地方经过，朝湖岸边延伸而去。它一直延伸到烽燧 T.XXIII.b 西北约 300

---

① 之所以这样说，是因为在我们的手稿 Ch.917 中，"西盐池"是紧接着"东盐池"出现的。手稿中称，东盐池"自为块片，人就水里漉出曝干，并是颗盐，其味淡于河东盐，印形相似"（见《沙州图经》）。《沙州志》为："盐出水中，为块，人就水漉出曝干，并是颗盐，味淡于河东者。印形相类。"

码的地方，此后便消失在湖边长满灌木的沼泽中了。烽燧T.XXIII.b也是由常见大小的土坯（14 英寸×7 英寸×4 英寸）筑成，底部约 16 英尺见方，残烽燧仍有 13~14 英尺高（见平面图，附图 13）。在与烽燧相连的小屋中的垃圾堆里发现了一些东西，其中包括：一块编织精美的地毯残片，上面有彩虹般的条纹（T.XXIII.b.03）；一副彩绘木托架（T.XXIII.b.06，图版 XLVI），是用来挂器具等用的，很像我们在西边的长城遗址发现的文物。在此我们还发现了一枚边沿已破损的五铢钱，还有一个木简残件。［马伯乐先生说，木简中提到了"来降"燧。（简文为"未降癸亥……"——译者）］

　　在烽燧 T.XXIII.b 正东大约 1.5 英里远的地方，有一块很醒目的高大台地，台地顶上视野十分开阔，烽燧 T.XXIII.c 就坐落在那里。① 为了到达那块台地，我们不得不穿过上文说的那片洼地的低洼部分。由于烽燧 T.XXIII.b 以东地面很泥泞，我们走得十分艰难。但走了约 0.5 英里后，我们又找到了长城墙体（形如一条低矮的小丘），便一直沿着它来到了台地脚下。这块陡峭的台地矗立在周围结着盐壳的地面上，长约 400 码，中轴线的走向是从东—北东到西—南西。我们很快就在台地南脚下发现了一个垃圾堆，是芦苇和牲畜粪便。看起来，在那里掉落下来的大土块中，人们曾盖过一间小屋。我们在爬坡的时候发现了大量陶器碎片，说明顶上的那座烽燧很长时间都有人驻守。

　　从附图 13 可以看出，由芦苇捆和土筑成的长城墙体，沿着台地南坡上来，一直到了台地中部附近一块约 90 英尺

（右侧边注）在前往烽燧 T.XXIII.c 的途中，长城线经过的地面

（右侧边注）烽燧 T.XXIII.c 遗址

---

　　① 由于地图比例尺很小，无法画出所有细节，所以这块小地区内，在放置几座烽燧符号时出现了小误差。T.XXIII.b 的符号应该稍向北挪，而 T.XXIII.e 的符号应该再朝西南移一点。

高的平台般的地方，然后又折而向西，绕过了一座比周围地区约高 30 英尺的陡峭小土丘。烽燧 T.XXIII.c 就坐落在这座土丘顶上，保存得极为完好。烽燧是由一层层夯实的土筑成的，底部有 14.5 英尺见方。直到 15 英尺高的地方，烽燧都是完好的，顶上是一层芦苇和一条大胡杨树树枝。烽燧东面有很多踏脚的洞，踏脚洞两侧是一些小洞，那是给往顶上攀登的人提供手抓的地方。烽燧北面连着一间约 13 英尺见方的小屋，屋墙是用土坯筑成的，墙厚约 1 英尺 8 英寸。朝北的墙仍高达 8 英尺，朝西的墙则破损得很厉害，朝东的墙几乎已消失了。这充分表明，就是在比周围的沙地和砾石地面高出这么多的地方，盛行的东风的风蚀仍很强劲。

烽燧 T.XXIII.c 附近的长城线　　在对着烽燧西北角的一点，长城墙体折向西南（这里的墙体也和别处一样是 8 英尺厚），并来到了一座小丘。那座小丘和烽燧所在的这座小丘几乎一样高，但要陡得多。由于小丘已提供了天然屏障，因而那里的墙体中断了约 30 英尺。过了这条豁口后的墙体用土坯（14 英寸×7 英寸×4 英寸）筑成，有 3 英尺厚。这段墙沿着小丘的陡坡向下延伸了 27 英尺，在我所见到过的长城城墙中，这是唯一一段用土坯筑成的。过了这段之后，墙体又是由芦苇和夯土筑成的，沿着西南坡向下延伸了 90 英尺（西南坡坡度较缓）。然后，它又向西—北西方向的烽燧 T.XXIII.b 延伸而去，这段墙体中的柴捆主要是胡杨树枝，树枝之间是一层层夯土。

在烽燧 T.XXIII.c 发现的文物　　在台地顶上由墙围起来的地方有大量陶器碎片。这充分说明，曾有为数不少的人在这座烽燧驻守了很长时间。西边的那座小丘和烽燧所在的小丘之间有一层垃圾。在那里我拾到了保存完好的汉文木简（T.XXIII.c.4）。后来在这里和烽燧旁边的垃圾中又发现了 11 枚木简。在发现的零碎小物件中，值得一提的有：涂了漆的木碗残件（T.XXIII.c.02）；一把铁锄头（T.XXIII.c.04，图版 XLVII）；两枚汉代常见的青铜箭头（06、07，图版 XLVII）。[在文书中，T.XXIII.c.4 是一封私人信件的草稿；T.XXIII.c.016 明确提到了一个死去的士兵，他的家乡远在河南（原简文"戍卒颖川郡邑翘里志病死……"——译者）；T.XXIII.c.022 中又一次出现了"破胡"这个当地地名[①]；T.XXIII.c.023 则是公元前 4 年的日历残件（原简文"壬午 壬子 十八日 乙卯 甲申　武 甲寅 之癸未"——译者）]

在这里以北约 1.5 英里的地方，可以望见位于长城线以外的烽燧 T.XXIII.e。它所戍卫的湖岸被一座布满砾石的岭遮住了，在烽燧 T.XXIII.c 是看不见的。地面很泥泞，我们此时无法到那座烽燧去。它的用途与烽燧 T.IX.a 类似，烽燧 T.IX.a 也是位于最西段的长城以外[②]。之所以需要它，是为了更好地保卫这段接近哈喇湖的要冲，而且从地图上看得出，长城线在这里向外折出了一段。之所以折出这样一段，大概是因为人们想要利用视野极为辽阔的烽燧 T.XXIII.c。从这个制高点上，向东北可以一直望到疏勒河，它汇集了党河三角洲的各支流后，流进了哈喇湖。向东越过光秃秃的平原，可以一直望到从碱泉子延伸过来的结着盐壳的洼地，洼地与一行行低矮的风蚀雅丹相连。

突出在长城以外的烽燧 T.XXIII.e 的位置

从烽燧 T.XXIII.c 起，形如低矮土丘的长城墙体，向东南方不足 1 英里远的一块约 100 英尺高的长台地延伸过去。地面一路都结着盐壳，很泥泞。要不是长城土丘般的墙体提

烽燧 T.XXIII.d 遗址

---

①　参见本书第十章第一节。
②　参见《西域考古图记》第二卷 662 页。

供了一条比较坚实的小道，我们根本过不去。那块台地顶上有一座完全破败的小丘，那就是烽燧 T.XXIII.d 遗址。烽燧周围有不少陶器碎片。其中有几块上了釉的陶器碎片，和我在烽燧 T.XXIX 发现的很相似。[①]（见本书的文物目录）据大英博物馆的霍布森先生考证，它们有的是唐代的，有的是宋代的。我们在这里还发现了四块瓷器残片（T.XXIII.d.010~013，其中三块属于一件器皿），都粗糙地涂成蓝色。[②] 这几块瓷器碎片也说明，此地后来仍有人驻守。并没有什么被人们长期使用的道路经过这里，所以我还无法说出这里之所以长期有人驻守的原因。

烽燧 T.XXIII.f 及水井

在烽燧 T.XXIII.d，长城墙体折向东—北东方向。沿这段城墙走了约 1 英里，我们来到了一座窄窄的孤立土岭（附图 14）。土岭是东西走向，长约 100 码。烽燧 T.XXIII.f 就坐落在它的最高处——那里比附近地区约高出 35 英尺，最宽处只有 25 英尺（图 202）。烽燧由土坯筑成，其中还夹杂着不厚的一层层胡杨树枝，以使烽燧身更加坚固。烽燧底部约 14 英尺见方，烽燧高仍有 16 英尺。土岭顶部再没有别的建筑遗存了。但土岭顶部南端向外伸出了一个由大块土坯筑成的平台，使土岭顶部的面积加宽了。烽燧东侧约 6 英尺远的地方有一口圆井，直径 3 英尺，打在土中。目前井深约 16 英尺，但此井以前无疑更深，一直到达地下水层。此地周围泥泞的地表说明地下水离地面不会太深。

在烽燧 T.XXIII.f 发现的文物

烽燧周围和南坡上有不少垃圾，大多数是芦苇秸秆和木片。清理了垃圾后，我们发现了几枚残破不全的汉文木简，

① 参见《西域考古图记》第二卷 600 页、788 页。
② 在烽燧 T.XI 发现了与此类似的瓷器，参见《西域考古图记》第二卷 667 页、773 页。

其中一枚（T.XXIII.f.02）提到了敦煌，还有一枚大五铢钱和各种各样的零碎东西（见文物目录）。其中包括：绳子编的鞋（T.XXIII.f.01、02），都特别大，大概是先缠了很多布来保护脚，然后再穿上这样的鞋；不同颜色的丝绸破布（T.XXIII.f.010）；陶器（T.XXIII.f.012，图版 XLVIII），后曾被人钻了孔，并在孔中穿了绳子；一件木制器具的两片（T.XXIII.f.013、014，图版 XLVI），大概是搅拌用的等。

从烽燧 T.XXIII.f 可以看到，长城墙体折向东南，我们沿着墙走了约 7 英里。在烽燧 T.XXIII.g 之前都可以清晰地分辨出墙体中断断续续地露在地面上的柴捆。这里的柴捆用的是胡杨树枝，这充分表明此地的地面状况多少年来变化不大。因为在城墙穿过的洼地中，至今仍生长着大量的胡杨树。过了这段之后，墙体中用的又是芦苇捆了。

过了烽燧 T.XXIII.f 追踪到的长城线

烽燧 T.XXIII.g 离前一座烽燧 T.XXIII.f 不到 1 英里，是一座烽燧状的建筑，坐落在一块台地的北端。它的厚墙也是用常见的那种土坯筑成的，约 5 英尺高。厚墙中间围成一间约 7 英尺见方的屋子，屋子入口在东南角，和烽燧 T.XXII.f 一样。城墙是在这座小烽燧以北约 20 英尺远的地方经过的。在入口附近的垃圾堆里，我只发现了一只绳鞋的残片和一个小粗布包。

烽燧 T.XXIII.g

再往前走 1 英里，长城又经过了一块高约 15 英尺的孤立土台地，那里曾有过一座烽燧。虽然没什么建筑遗存保留下来，但发现了不少长城烽燧上常见的那种带席纹的陶器碎片。这说明其他长城烽燧有人驻守的时候，这里也是有人把守的。过了这里，在 2 英里的距离内，长城穿过了一些长满芦苇的洼地，洼地中零星有几座雅丹，有一处还有积成沼泽的泉水。一个在那里放马和羊的年轻汉族人告诉我们，这叫

烽燧 T.XXIII.h

月牙湖。在洼地中我们没有发现长城的遗迹。直到洼地消失，让位于长着灌木的平坦草地，墙体才重新出现。烽燧 T.XXIII.h 就坐落在这片草地附近（附图 16）。这座烽燧底部约 16 英尺见方，用常见的那种土坯（14 英寸×7 英寸×4 英寸）筑成，破败的烽燧身高约 11 英尺。烽燧顶有一间 8 英尺见方的守望屋，屋子的入口在南面。在烽燧底下，我们拾到了一块上了釉的厚厚的陶器片（T.XXIII.h.01），和在烽燧 T.XXIII.d 发现的差不多。

烽燧 T.XXIII. i~k 附近的长城线

此后 1 英里内，长城墙体是一座低矮而连续的土丘，清晰可辨。在这段距离内共有三座烽燧，即 T.XXIII.i、j、k。它们的样式都和烽燧 T.XXIII.h 差不多，而且也都是只有很少量的垃圾。我们现在走近的部分地区，在汉代时大概曾有敦煌绿洲外缘的居民居住，所以我想，这几座毗邻的烽燧虽然是为保卫长城而设的，但除紧急时候外，可能并不总有人驻守，因为只需一下令，士兵就可以立即来到这里。当然也可能有其他的解释。不管怎么说，我很遗憾没能对这最后三座烽燧进行彻底清理。3 月 22 日傍晚，当跟在我后面的奈克·夏姆苏丁的挖掘队到达此地时，天色已经太晚了。第二天早晨我又带着骆驼和行李来到了长城线上（在烽燧 T.XXIII.l 那里）。我无法知道前面在哪里能找到水并可以扎营，所以我们只好沿着长城走，已经没法抽出时间再回到那几座烽燧去了。

在烽燧 T.XXIII.l 发现的中国文书

烽燧 T.XXIII.l 也是用土坯筑成，大小和样式都和前面说的那几座一样。但我们发现它的守望屋 i 中塞着约 4 英尺高的垃圾。这间守望屋有 6 英尺见方，离地面约有 5 英尺高，南边有一个窄入口（附图 14）。在垃圾堆的芦苇秸秆、木片、碎土坯等杂物之中，我们发现了 20 多枚汉文木简

（大多数保存得很好），还有不少空白木简，那显然是当作文
具用的。很可能当这间小屋一直被用作"秘书办公室"时，
人们就任由垃圾在那里堆积了，因为我们在西墙附近发现了
一层层的灰烬和烧红的土坯，是人们在那里生火造成的。
［在有字木简中，既有私人信件（T.XXIII.l.2、21、23、08），也
有一篇文学作品残章（T.XXIII.l.i.7）。T.XXIII.l.i.3 比较有价
值，因为它下达了这样的命令：士兵驾车出去巡逻时，车上
应该放烽火。在T.XXIII.l.i.8、12 中，分别提到了"威胡"燧
和"止寇"燧的名字。"威胡"燧的名字还出现在 T.XXIII.l.i.18
中，这枚木简很有趣，它提到某一天，"威胡"燧的巡逻兵
遇到了来自"玄武"燧（位于"威胡"燧以西）的巡逻兵。
这块木板曾被分成两半，每半边都刻了些同样的缺口，作为
符木。这种文书叫作券，即"一种最初写在木板上的文书，
木板分成两块，当事人各执一半"①。］

标志长城墙体的那条土丘呈半圆形在烽燧北面绕了过去
的。在巡查周围地面时，我们在土丘外边发现了一个小垃圾
堆（ii）。从那里只有几英寸厚的砾石下出土了 30 多枚木简，
但由于潮湿，大多数木简上的字已完全消失了。它们是在某
次清理"废纸"时被一股脑扔出来的，1907 年我们在烽燧
T.VI.b、T.XV.a 等处发现的数量远多于此的成打木简也属于
这种情况。它们腐坏的状况似乎表明，虽然长城西段的空气
和土壤一般都是极为干燥的，但这里没有那样的有利条件。
［在仍可识读出一部分文字的木简中，T.XXIII.l.ii.09 提到了
"破卢"燧（应为"破虏"——译者），T.XXIII.l.ii.020 则提
及了"田和"燧（又释作"沙上"燧——译者）和"宜

被当作"废
纸"扔掉的木
简

① 参见魏利《汉英字典》3159 页。

853

禾"燧。"宜禾"燧的名称还出现在沙畹的《文书》中的第637号中，那件文书是在敦煌以北的一座长城烽燧T.XXVIII发现的。〕在这座烽燧发现的零碎物品都记载于下文的文物目录里，其中值得一提的有：木碗T.XXIII.l.i.03～05号（图版XLVI），为圆形或船形；铁制武器或器具残件l.i.06；木棍l.ii.03（图版XLVII）。

烽燧 T. XXIII 段汉长城上几座坍毁的烽燧

隔了0.75英里就是长城上的烽燧T.XXIII.m，从那里再走0.75英里是烽燧T.XXIII.n。这段长城墙体仍大致是东南走向，但每座烽燧的位置都不在一条直线上。自从T.XXIII.h往前，一直是如此的。之所以这样安排，大概是为了更容易把相邻烽燧的烽火区别开来。烽燧T.XXIII.m、n都已完全坍塌成小丘。过了它们之后是长着茂密芦苇丛的沼泽地，长城墙体在那里便消失了。

烽燧 T. XXIII. o、p、q、r、s

下一座烽燧T.XXIII.o却保存得很好，它坐落在一座低岭的末端，土坯筑成的烽燧高达15英尺，仍可以给人们指引方向。在清理烽燧附近的垃圾时，我们发现了两块写有汉字的木板以及一些零碎东西，其中包括一块上过漆的饭碗残片（T.XXIII.o.01，图版XLVII）。过了这座烽燧向东，又可以分辨出长城墙体了，我们在砾石地面上将其一直追踪到了烽燧T.XXIII.s。在这段距离内有几座间隔0.75～1英里的烽燧，其中烽燧 T.XXIII. p、r 均已成了低矮的小土丘，烽燧T.XXIII.q仍约有12英尺高，烽燧T.XXIII.s则约有17英尺高。它们都是由常见的土坯夹杂着芦苇筑成的，烽燧XXIII.q是每两层土坯夹一层芦苇，烽燧XXIII.s是每五层土坯夹一层芦苇。我们在这些烽燧附近松软的土壤上没有发现任何垃圾。

在东—南东方向，可以望见一座醒目的烽燧T.XXIII.t，于是我们就朝它前进。过了约 1.5 英里后，我们发现骆驼走得越来越艰难，因为地面泥泞的土壤上盖着松软的肖尔。在离目标约 0.5 英里远的时候，一道从南边流过来的水阻住了我们的去路。于是我们不得不折向南边。接下去 2 英里的路程十分艰难，骆驼在泥泞中挣扎前行。最后，我们总算踏上一座向南延伸的低矮土岭的结实地面，大家都十分高兴。从土岭上往东望，除了烽燧 T.XXIII.t，看不到远处还有什么烽燧。而远方看到的树木和农舍就是敦煌绿洲的最北部边缘了。

　　在如今这个河水泛滥的季节，我们要想穿过东边的地面显然是不可能的，因为敦煌的水渠末端的水是可以溢到那里的。南面可以望见两座"炮台"，我于是决定朝那个方向走。天黑后大家宿了营。3 月 24 日早晨，我们沿着一行低矮的土岭（土岭两边是沼泽）继续朝那里走，并来到了前一天傍晚看见的两座塔中较大的一座（T.XXIII.u）。它很古老，但与长城上的烽燧截然不同。后来我得知，当地人把它叫作盐池墩（Yen-chi-tun）。这座塔底部有 29 英尺见方（附图 14），是用浸着盐的土和砾石筑成的，每隔 8 英寸的土和砾石就出现一薄层芦苇，起加固作用。围着塔的是一座长方形的院落，院墙朽坏得极为厉害。这些都表明，这座烽燧是人们的藏身之处。在甘肃西部偏远的居民区常有这种建筑①，因为这些地区在历史上，一直到最后一次东干人叛乱之前，都常常受到劫掠和侵扰。烽燧侧面已出现了大豁口，说明它不会是近期之物。但不论建于何时，它都不曾与汉长城连接起来过。长城极有可能是从烽燧 T.XXIII.t 继续向东延伸，一直

围起来的院落和"盐池墩"

———————————————————
① 关于被称作堡子的边界小村或堡垒，参见《西域考古图记》第二卷 587 页。

到废城石板墩（Shih-pan-tung）附近①，并在那里同我 1907 年在敦煌绿洲东北部一直追踪到烽燧 T.XXX 的那段长城连了起来②。

东边那座烽燧要小得多，显然是近期筑成的。此后我们便向东南走，那里有一座窄窄的砾石高原，能让我们轻松地走上一段路。高原两侧都是低洼的沼泽，沼泽中有一汪汪的水，水是泉水补给的，而泉水是从党河以西的灌溉区流过来的地下水。越过这些洼地可以看到零星几间房子，都已无人居住。东干人叛乱给甘肃边区带来了毁灭性的灾难，这些房子就是令人痛心的见证。

回到敦煌城　　一路上被水淹过的地面一次次阻挡了去路，我们只好一次次绕远。之后，我们来到了一片宽阔的砾石萨依，绕过萨依边上，总算到达了敦煌垦殖区。在沙漠中艰苦跋涉了两个月后，我们又看到了敦煌绿洲。它耕耘平整的田地，成行高大的榆树（图 206），安然隐蔽在高墙之后的那些昏昏欲睡似的小村庄，这些景象是那么熟悉，而且像以前一样使我们精神为之一振。扎西德伯克和我在当地的几个熟人骑马出来迎接我，把我们接到了 1907 年的那个旧基地。于是，当天傍晚我们就在敦煌城东门外宁静的郊区安了营，离那座大庙不远，1907 年 6 月帮了我不少忙的中国官员朋友们就是在那里同我最后告别的。

---

① 参见《西域考古图记》第二卷 588 页。
② 参见《西域考古图记》第二卷 603 页。

第二节　重访敦煌和千佛洞

在沙漠中度过了艰苦的两个月后，人畜都特别需要休息，再加上我要为计划中的考察做各项准备（这也可能是更重要的原因），因此我们在敦煌县休整了八天。我计划在以后的几个月里，主要考察北山戈壁那片广大的荒芜山区南边和东边的沙漠地带。要走的路程很远，而且所剩的时间已经不多了。那些地区大部分是没有水的，所以只能在炎炎盛夏来临之前才能有效地进行考察活动。于是我更急于马上安排好钱款、向导和要补充的物资等事宜。

在敦煌城停留

我上次来过之后，中国发生了革命，共和政体取代了清王朝。但看起来，敦煌这个宁静安详的中国西部重镇的生活并没有发生多少变化，似乎仍和我在回忆第二次探险考察的"旅行笔记"中所写的一样①。我从前工作过的这一地区的那种懒散的生活方式是很难改变的（图 210、211）。但熟悉的县衙门里却换了人，我很快就感受到了这前后两个人的不同。以前的县官是我的老朋友——博学的王大老爷，他对我的工作充满学者般的兴趣，在当地条件和有限资源允许的情况下还很乐于帮忙。② 取代他的则是一个"少年中国"的代表，不仅懒散，而且还抽鸦片，对自己国家的历史也毫无兴趣。他穿了一套很不像样的欧式服装，以此来假装对"西方学术"很尊敬。但应该感谢上天的是，敦煌现任的军事长官是个好人。1907 年我交下的好朋友、结实而充满活力的林大人，唉，已经不在那里了，不能再给我热心的帮助了。他终

敦煌官员的更换

---

① 参见《沙漠契丹》第二卷 34 页。

② 参见《沙漠契丹》第二卷 14 页、33 页、69 页、232 页。

于获得了期待已久的高升——却是升到天堂去了。① 但幸运的是，接替他位置的商大人也是一个很和蔼的武官。1907年当我第一次踏入万里长城之内时，他就像真正的嘉峪关守备似的热情欢迎我。② 这次在他的帮助下，我终于为考察员们的小分队另外弄到了向导和骆驼，我是希望把这些小分队单独派出去的。

钱的问题　　这时，我比以往任何时候都更加强烈地感受到，除了在纯粹的文书工作方面，我现在这个身体瘦弱、没精打采的"文人"秘书——可怜的李师爷，比起那个忠诚而性格热切的蒋师爷来是何等逊色。在衙门的私人事务中以及所有与商人、劳力、向导等各色人等打交道的过程中，我都十分想念前一次旅行中的那个无与伦比的中国助手。没有了他，我只得亲自处理所有金钱方面的琐碎而复杂的问题——你会觉得奇怪，这里的付款方式仍是那种称银子的古老办法③，还得把从新疆带来的成分很不纯的阿克天罡（Ak-tangas，新疆制式银圆——译者）熔铸成银条。这不仅意味着浪费了很多时间，对我的忍耐力也是严峻的考验。

为今年冬天的考察做准备　　相比起来，和我们在米兰雇的那些骆驼的主人及阿布都热依木结账就容易些了。有了租来的骆驼，我们的骆驼才没有遭到损失，而且仍能再走下去。而在罗布沙漠进行的考察中，阿布都热依木那些极好的骆驼是我们的顶梁柱。他们这些人将很快动身，沿山道返乡。但在他们走之前，我让阿布都热依木这位强悍而永远乐观的猎手（图203）告诉我，他知道的关于库鲁克塔格地区的一切信息，下一个冬天，我打

---

① 参见《沙漠契丹》第二卷17页、69页、233页。
② 参见《沙漠契丹》第二卷276页。
③ 参见《沙漠契丹》第二卷70页、344页。

图203　从敦煌返回的猎人兼向导阿布都热依木

图202　敦煌长城烽燧 T.XXII.f 下的垃圾堆

图205 安西以东长城上的烽燧 T.XL.b

图204 敦煌长城上的烽燧 T.VII，从西南方望

图 206　敦煌绿洲西缘的农田

图 207　敦煌城南边连绵的沙丘

图 208　圣湖月牙泉、寺庙和鸣沙山

图 209　敦煌附近月牙泉的外围寺院

图 210　敦煌城南门

图 211　敦煌城东门旁的牌坊

算把考察工作扩展到那里。阿布都热依木不仅事先告诉了我们信息，还一口答应随时可以帮忙。我给拉尔·辛格指定的考察计划后来之所以能顺利完成，可以说他是做了很大贡献的。

重新与王道士取得了联系

但在敦煌停留的那些天里，最占据我脑海的是绿洲东南那个著名的千佛洞石窟以及那间封闭的石室。1907 年我有幸从封闭于石室中的公元 11 世纪大批文物中取得了为数极多的古代手稿和绘画。① 我清楚现在是别想再得到那么多宝藏了。但令我高兴的是，到敦煌的第一个早晨，最早来拜访我的人竟是那个瘦小古怪的王道士。就是出于他虔诚的热情，石室才第一次被人们发现。由于他的谨慎小心，这些财富才得以供研究者使用，我对此十分感激。双方重新交往之后，我欣慰地获悉，我们之间曾进行过的小小交易，尽管不可能长期不为人知，却一点也没有损害这位好心的道士与敦煌的信徒们之间的关系。

王道士的汉文手稿的下落

1907 年，王道士出于疑惧之心，不肯把一部分宝藏交给我，并进而交付给遥远的"大英国"的什么搞学问的"博物馆"看管。我在《西域考古图记》中已经指出了这部分宝藏的命运如何。② 在我去过后一年，伯希和教授设法看到并且查验了石室藏品中剩下的部分。凭着他渊博的汉学知识，他从丰富的手稿中精选了不少，并经由北京将其带走了。这引起了都城北京的中国官方对这个古老图书馆的注意，于是下令把宝藏运往北京。这个命令执行得十分粗心，实际上几乎是毁灭性的。对此我在喀什与和田就已略知一二，因为在那些地方，有一些是出自千佛洞的零散的佛教经

---

① 参见《西域考古图记》第二卷 801 页。

② 参见《沙漠契丹》第二卷 826 页。

卷，辗转落到了一些中国官员的手里，有几次他们还把经卷拿出来给乔治·马继业爵士和别的人看过。在敦煌，没过多久，就有一个我不认识的汉族朝香客，拿着好大一摞手抄卷子找到了我，想急于脱手。这些卷子也是出自千佛洞石室。他只收到了一点钱，便急着回去再拿更多的卷子来。由此判断，这种东西在当地市场上并不是稀罕物。

王道士愤慨地向我讲述道（他的愤慨之情是很有道理的），经兰州府转发的命令到了之后，他精心看护的石室中的手稿，被粗枝大叶地打成包裹，装上了六辆车运往敦煌县衙门。他声称中央政府给他的庙拨了很大一笔钱作为补偿，但钱款早被层层衙门中那些缺钱花的人侵占挪用了，他自己根本没见到一两银子。车从敦煌衙门出发之前耽搁了一段时间，当地人抓住这个方便的机会，在这些古老经卷离开本地之前，纷纷无偿地为自己攫取"纪念品"。我后来在肃州（今甘肃酒泉——译者）和甘州（今甘肃张掖——译者）又通过购买抢救了一些千佛洞卷子。它们表明，在防范松懈的押运车缓缓地向遥远的北京去的路上，偷盗的情况也时有发生。不少卷子被带到了新疆，而且一路上在不同的衙门都有人拿卷子给我看，我还曾从地位卑微的汉族雇工手里买到过。由此很容易想见，流失的卷子有多么多。

因此，我更有理由感到庆幸了，因为王道士不仅热忱地邀请我去千佛洞，而且在后来一次来访的时候，还谨慎地向我传达了这样一个暗示：尽管发生了那么多事情，他的古代手稿并没有被拿光。我敢肯定，我要是去千佛洞，他不仅会向我展示那个大新佛龛和客房等建筑（他自豪地声称，这些都是他用我施舍的马蹄银建的），而且会亲自向我展示他从官方手下救下来的东西。官方的干涉本意是好的，但实在是

手稿被运往北京

王道士邀我去千佛洞

执行得太失败了。

鸣沙山与月牙泉

我尽量按时完成对未来考察的准备工作。在此期间，我抽空又去了月牙泉那个闻名遐迩的圣地一次。① 那个美丽的小湖是由泉水补给的，奇异地隐藏在绿洲南边的高大沙丘之中。它是大自然的一个奇观。敦煌当地人把它和俯瞰着它的鸣沙山看成是一个朝拜的圣地。公元 938 年穿过敦煌前往和田的中国使团就已连篇累牍地说到了这个地方②，约 350 年之后的马可·波罗也提到了它。关于古代和现代其他提到这里的文字以及与"鸣沙山"类似的自然现象（"鸣沙"使这里在中国远近闻名），在此我只提一下亨利·尤尔爵士和科尔迪耶教授，对马可·波罗写"唐古特省"（Province of Tangut）③ 的那一章所做的笔记，以及寇松勋爵（Lord Curzon）最近的著作④。在提到此地的汉文资料中，还应该加上《敦煌录》。这是篇唐代末年的文章，是我从千佛洞石室中获得的，吉列斯博士把它翻译了过来。⑤

① 关于我上一次到这个地点去的情况，参见《沙漠契丹》第二卷 160 页。罗茨教授 *Gróf Széchenyi Keletázsiai utja* 第一卷 481 页及其以下，详尽描述了这个奇妙的小湖和其周围的沙山的自然特征。

② 参见雷缪扎《和田城》（*Ville de Khotan*）77 页。

③ 参见尤尔《马可·波罗》第一卷 202 页、207 页。

④ 参见寇松《旅行记》263 页以下。

⑤ 参见《皇家亚洲学会会刊》710 页，1914 年；43 页，1915 年。这个记载敦煌地区逸闻趣事的作品对鸣沙山的描述很准确，可见作者对当地是很熟悉的。

《敦煌录》中提到了一个没有被沙子盖起来的神秘的洞，指的是月牙泉所在的高沙山之间的那个奇怪的洞。该文还说绿洲以南有一个全被高大的流沙丘覆盖起来的地区，我们的考察证实了这个记载是正确的。

从地图中可以看出，这些沙山与垦殖区之间隔着一道砾石缓坡，沙山带沿直线延伸了约 17 英里，这与《敦煌录》中所说的"东西 80 里"极为接近。同样，《敦煌录》记载的"南北 40 里""有的地方高达 500 尺"也并非夸张。

遗憾的是，我在敦煌停留期间，没能证实一下每年在月牙泉举行的节日庆祝究竟是在哪一天。但我记得，它是在六月的第一周左右，和《敦煌录》中说的端午节（五月五日的龙舟节）是一致的。根据《敦煌录》记载，在这一天城中的男女老少都爬上鸣沙山的几个最高处，然后成群地滑下来，使沙子发出雷鸣般的声音。

在此我无法深入讨论流沙堆积起来的这些巨大沙丘有什
么有趣的自然特征。在党河河口和千佛洞谷地之间，南山最
外端的分支伸进了绿洲之中，这些分支上布满了这样的沙
丘。沙丘有几百英尺高（图207、208、209）。在此我简单
提一下，人们应该注意到，沙丘的位置和疏勒河下游谷地中
的盛行风向之间，有着直接的联系。我曾反复说过，盛行风
主要是从东边和东北吹来的。① 这种风很可能是由空气的对
流引起的。对流作用把来自北山高原和北山与南山之间高地
上较冷的空气，推送到塔里木盆地地势最低的部分，在那里
春夏两季空气升温很快。

党河以及它东边的众多河滩从南山光秃秃的北坡携带下
来很多沉积物，风吹在这些厚重的沉积物上，这就是敦煌绿
洲以南辽阔的小山上布满了高大沙丘的原因。但风蚀也有可
能在不停地往这些沙山上添加细粉尘。我的观察已经充分证
明，整个疏勒河下游谷地，尤其是安西以下，都受到风蚀的
影响。② 从地图中我们可以看出，敦煌河河道深陷，河水常
年由冰雪补给，水量很大。这条河阻挡了流沙，使其无法向
西扩展。但在南湖绿洲西边又有一条堆积在山脚下的巨大沙
丘链，也是由同样的风吹成的。它沿山脚延伸，一直到能俯
瞰疏勒河尾闾的一个地方。再往西我们可以分辨出堆在山脚
的沙丘地貌仍在继续，那就是拜什托格拉克谷地南侧的高大
沙丘。过了谷地后，它与库木塔格的大沙丘连在了一起。在
吐鲁番盆地中我们也发现了极为相似的例子，那就是南山最
西端的外缘小山脚下堆积的高大沙丘。但那里沙丘的规模要

山脚堆积的流
沙

敦煌以西的沙
山

① 参见《西域考古图记》第二卷643页，第三卷1095页、1102页；《沙漠契丹》第二卷140页。
② 参见《西域考古图记》第三卷1095页、1100页；本书第十章第三节。

小得多，我们将在别的地方讨论它们。

离开敦煌城　　我找好了向导和更多的骆驼，以便拉尔·辛格和穆罕默德·亚库卜能分别沿山里和疏勒河河道进行考察，然后再同我在安西会合。做好这些工作后，我于 4 月 2 日离开敦煌城到千佛洞去。凛冽的东北风一路伴随着我们。所以当我看到千佛洞那个圣地仍像冬天一样荒凉时，我并没有感到吃惊。浅渠上结着冰。在这条沙漠谷地的谷口处，渠中的小溪流消失在宽阔的砾石河床上。灰蒙蒙的空气里飞满了尘沙，那砾岩山崖和两侧的沙坡更加显得极度荒芜。

到达千佛洞　　王道士热情地欢迎了我，并带着真心的自豪之情，引我参观了我七年前离开这个圣地后他出于虔诚之心修的各种新建筑。在发现了大批手稿和绘画的那个洞窟对面，现在矗立起了一座宽敞的客舍，还有一组佛龛，龛中放着俗丽花哨的彩绘大泥塑像。附近是一个很平整的花园，其中有小果树、成行的马厩、砖窑等。这些都表明，这个瘦小的道士一心想着能按照他的想法，使这个古老圣地恢复它的光辉和它对大众的吸引力。他告诉我，新客舍主要是用我 1907 年捐的银两修建的——当时我带走了所选取的东西，就是用这些银两作交换的。但实际上，我当时给他的马蹄银数量并不多，他现在赞扬我的话似乎有夸大其词的成分。[①] 但这暗示着，他希望我再一次在交易的基础上施舍银两，这个暗示对我是很有利的。王道士保存着一本记录施舍情况的精致的红色簿子，他急切地把这本簿子拿给我看。我可以肯定，我以前历次捐的款项都如实记在那上面了。

---

① 参见《西域考古图记》第二卷 824 页。

我回到这个地点的第二天就得到了令人欣慰的证据：王
道士曾在敦煌向我暗示，他所藏的古代手稿并没有全被拿
光，他的确是言之有据的。第一天我重访了大部分较大的石
窟以及它们精美的壁画和泥塑。我已答应王道士去拜访他，
第二天我就去了。他现在的储藏室（以前就是他的住处）是
一个凿在岩石中的佛龛。在那里他取出了两个大箱子，箱子
里塞满了保存得很好的手稿卷子。我迅速翻阅了几份卷子。
它们的字体看起来都比较工整，纸张也很好，看起来属于那
些浩如烟海的宗教典籍，大多数是唐代以来的佛教典籍。
1907 年，王道士之所以最不愿意把这些东西交给我，一半也
是出于宗教上的顾虑。①

王道士保留下
来的汉文手稿
卷子

毫无疑问的是，所有这些工整的经卷都曾经过伯希和教
授之手。我上次走后一年，伯希和教授这个专家把大宝库中
剩下的所有东西都迅速查阅了一遍。他精选出来的东西大体
上是所翻阅的手稿包裹的三分之一。可以肯定的是，他把能
找到的所有非汉文的卷子，还有那些一眼就能看出其特别价
值的汉文卷子都拿走了。所以，我并不指望王道士煞费苦心
留到最后的这些卷子中会有什么价值特别大的。不管怎样，
我似乎仍应尽力，把这个道士手中的所有汉文手稿都弄过
来，以免他保护不周，将来再造成丢失和流散，并使它们能
供西方学术界将来研究。

王道士留下的
卷子的性质

不出所料，为此目的进行的谈判是漫长而令人心烦的。
我上次来过之后，王道士在一次次交易中已获得了经验，已
不再有宗教上的顾虑和对其他世俗问题的疑惧了（他上次就
是因为这些顾虑而十分难缠）。但从另一方面来说，此后的

为购买卷子而
进行的谈判

———————————

① 参见《西域考古图记》第二卷 812 页、823 页。

来访者付给他的钱款唤醒了他精明的商业头脑，使他更深切地意识到自己手中所持之物的市场价值。因此，他最初给每本卷子开出的价格似乎太高了，大约是 1907 年 10 月蒋师爷拿走的那么多东西的单价的四倍。① 现在他想出手的这些卷子几乎都很大，而且保存特别好，这无疑也极大地影响了他的开价。

买下王道士手中的卷子

要想让这个无知的道士意识到，卷子的学术价值并不是由它们的块头和保存状况决定的，得需要蒋师爷那样机敏而又很有策略的人才行。尽管现任的这位没精打采的接替者并不能在这些事情上给我什么实际帮助，我最终还是设法和王道士达成了一个双方都能满意的协议。我应该支付 500 两银子，而他应该把他收存的 570 份卷子全部都交给我。这些卷子装了五个箱子才运走，每匹马只能驮一个箱子。由此可以想见卷子的数量有多大。

1920 年，在吉列斯博士的负责下，这些卷子连同我在第三次考察中所获的其他手稿资料，都被送到了大英博物馆一个安全的临时保存处。我这位博学的汉学家同行最初将手稿迅速翻阅了一遍后，证实了我的想法：大多数卷子的确是汉文佛教典籍。1907 年我从千佛洞石室拿走了数以千计的汉文手稿，吉列斯博士正在给它们编目，这个漫长的工作他已经干了好几年。只能等他做完这项工作后，我才能仔细看看这次拿来的卷子。根据他向我提供的信息，新获得的卷子中有的很古老，是公元 5—6 世纪的。②

---

① 参见《西域考古图记》第二卷 825 页；《沙漠契丹》第二卷 339 页。
② 样品的照片，图版 CXXVIII、CXXIX。

　　王道士储藏室中的两大箱子手稿是不是他保存下来的全部东西呢？这一点是很可怀疑的。但可以肯定的是，我上次走后，伯希和教授和橘瑞超先生相继来访以及有点学问的中国古董商们的探问，都使王道士认识到，千佛洞石窟在考古学上的名气正在向外传播。这使他对那里的其他"旧东西"也注意起来。有一件事可以证明这一点。王道士这位自封的千佛洞监护人，把一些看起来很古老的泥浮雕版弄了下来，拿到了储藏室中，想以此来讨好将来某个来自远方的拜访者。当他把我交换"库藏"手稿的钱款郑重登在了簿子上之后，为了表示他的热情，他把这些大小不一的浮雕版拿了出来（图版 XLIX 及下文的文物目录）。关于它们究竟出自何处，我不得而知。王道士说，他是在我上次走后做清扫工作时，在一个石窟的沙子中发现这些浮雕的。但我认为他更有可能是从一些装饰性的泥中楣上把它们抠下来的，我记得，千佛洞中部最顶上那一排中有一个大石窟，那里就有泥中楣（图 226）。

　　这些浮雕版中，有一类雕的是禅定佛（见 Ch.015～019、021、029、030，图版 XLIX）。雕得很粗糙，敷彩的风格也是模式化的，千佛洞许多石窟墙上的装饰性菱形花纹就是用这种风格涂的颜色。其他浮雕有一个共同点，那就是雕的都是位于三瓣状拱中的人物，但大小和题材有所不同。Ch.025、031～033（图版 XLIX）雕的是一个坐佛（或菩萨）像，闭着双目，袍子拉上去盖住了头顶。Ch.023、024、026、028（图版 XLIX）是一个光头和尚垂双腿而坐，膝上摊着一卷打开的手稿卷子。Ch.02、022、027（图版 XLIX）是个胖胖的和尚般的人物，袒着前胸，右手持念珠。这些浮雕中肯定用了模子，而着色的细节部分则不同。从人物的整

王道士把一些浮雕版给我看

泥浮雕人物的类型

871

体风格看，似乎是唐代以后的作品。

还愿用的小浮雕　　几组小浮雕（Ch.02、03、04～013、014，图版 XLIX）大概也是唐以后的。它们呈圆形或梨形，宽约 2 英寸。材料是未烧过的黏土，是用模子做出来的。雕的是施定印的佛，身边或身后是佛塔。这几件小浮雕上都出现了婆罗米文字。从类型上看，它们很像安西上游万佛峡石窟中的大量浮雕。①从形状看，它们是作为捐献来的还愿品被保存下来的。我讲到麻扎塔格的佛寺时，曾提过这类东西。②

石窟的壁画装饰　　做过这些交易后，在我回到长城线之前还有一点时间，我就重新拜访了千佛洞数以百计的石窟中最著名的那几个。令我欣慰的是，我知道伯希和教授在千佛洞停留的几个月里，不仅在现场做了专门研究，还在一个训练有素的职业助手的帮助下，拍下了一组完整的照片，这才算得上不负那里具有极大艺术价值和考古学价值的精美壁画和雕塑。我已得知他们这些详尽的资料即将出版③，而且由于时间限制我的考察十分仓促，因此我只是尽量看一看我第一次看过石窟壁画后写下的简单笔记有什么需要补充的地方。

王道士的"修复"活动　　在《西域考古图记》中，我已经记录了这些后来补充的要点④，所以在这里我只简单说一下。粗粗看过之后，我发现石窟的基本状况发生了不少变化。主石窟群的北端是王道士的修复活动最频繁的地方。很多墙被新粉刷过了，盖住了原来的古老壁画，还出现了大量难看的新泥塑，说明王道士虔诚的修复活动进展得很快。石窟群中部的情况则没有这样

---

① 参见《西域考古图记》第三卷 1112 页，第四卷图版 CXXXIX。
② 参见本书第三章第四节。
③ 参见伯希和《敦煌莫高窟》（*Les grottes de Touen-houang*）第一至六卷，1920—1924 年版。
④ 参见《西域考古图记》第二卷 926 页

令人沮丧。他做了不少工作来清扫通往最底下一层石窟内厅的通道。先前由于堆积了流沙，加上外面的地面在逐渐抬升，通道被堵住了不少。而且，以前人们要想到上面一层那约 50 个石窟去，只能通过岌岌可危的木梯子，或是更不稳当的走廊。现在他在每两个石窟间的石墙上直接开凿了通道，这样到石窟去就容易多了。但这个办法虽然简单，却是毁灭性的。在开凿通道的过程中，位于通道两端的壁画都被无情地毁掉了。①

但有几个地方的迹象表明，还有一种危险威胁着窟中的壁画，因为不时有人想把壁画上那些最引人注意的细节部分刮下来。例如，在《西域考古图记》图 215、216 中宏大的壁画里，佛坐的车旁飞着一个侍者，就有人想把他精美的头部刮下来。那肯定是某个参观者出于收集古物的热情干的。好在他没弄多久就放弃了，因而也没有引起当地想弄到古物卖的人的效仿。石墙上的砾岩是十分坚硬的，还凹凸不平，所以要把画在灰泥上的壁画完整地弄下来，比弄塔里木盆地或吐鲁番遗址的壁画要难得多。在塔里木盆地或吐鲁番，壁画后面的厚泥是涂在平滑的土坯墙、篱笆墙或天然土上的，只要细心并有技巧，壁画是可以同墙面分离而不致遭受太严重的损害的。所以我们可以指望，千佛洞壁画将会比吐鲁番和库车地区石窟中的壁画命运要好些，不会遭到缺乏经验的人的破坏——不管他们是业余文物爱好者还是想牟取暴利的当地人。

我自己曾亲身体验过，要对付绘着画的灰泥背后的砾岩是多大的一个难题。我在《西域考古图记》中曾说过，主石

有人想把壁画揭下来

Ch.II.a 内厅入口处的壁画

① 此前，万佛峡石窟可能也采取过类似的权宜之计，参见《西域考古图记》第三卷 1110 页以下。

窟群最北端有一间不足 9 英尺见方的小内厅（我将其编为 Ch.Ⅱ.a 号），那里墙上的壁画十分精美。[①] 那些壁画用壁画技法绘成，风格和工艺都与我在千佛洞看到的其他墙上的画明显不同。出于种种原因，我认为应该从这件作品中弄点样品下来，以供专家研究。通往内厅的窄通道两侧，有用同样画法绘成的单幅小画面，由于其位置靠近外边，已经遭受了损坏，它们似乎正合我的意。但想把它们弄下来却十分困难。灰泥中含有不少石灰，很薄，但特别硬，紧紧地贴在后面的砾石墙面上。尽管我们已十分小心，但在把它们弄下来的过程中，仍难免在画面上造成了不少破损之处。但破裂之处在灰泥片上留下了清晰的缝，所以我还是抱了一线希望：但愿经安德鲁斯先生那双训练有素的手修复后，人们从这些小画面中，能看出内厅本身保存完好的精美壁画中那自由流畅的构图和细腻的线条。

俄国科学院对千佛洞进行的考察

我此次重新朝拜千佛洞这个圣地，获得了这么多具有文物价值和艺术价值的东西。我还要简单提一下，约六个月后，当远在吐鲁番时，我从奥登堡先生那里得知，他带着一批训练有素的艺术家和技师来到了千佛洞。他的目的是在俄国——当时还是帝国——科学院的赞助下，对石窟中的绘画和雕塑进行全面的研究并拍照。这个消息使我十分高兴。在这位杰出学者的负责之下，取得的资料对所有研究中国艺术和佛教造像的人来说，都必定具有极高的价值。但愿他们的资料能尽快出版。

① 参见《西域考古图记》第二卷 929 页，图 203~205。

从千佛洞王道士那里获得的东西

Ch.01、025、031、033　土浮雕版。未烧过。雕的是坐姿佛像，佛闭着双眼，手放在腿上并被内衣盖住，双脚隐于衣下。垂着布的佛座（Āsana）为粉色和紫色，浅绿边。

佛坐在一个三瓣状佛龛中，很像克什米尔的那种三瓣状拱，但可能是将项光和背光结合起来，所以成了三瓣状。衣服上边拉在头顶上，像修女的头巾，并从脸两侧直直地垂到胸前。

01，皮肤为粉色，稍微晕染过。脖颈为紫色，可能是原来着的色褪色而成，鼻子和眼睛之间的凹陷处、嘴角的酒窝也是这种颜色。外衣盖住头，甩在左肩后，为粉色，边上涂金，衬里为紫色。内衣为紫色，祖母绿色荷叶边。眉毛、眼睫毛和小胡须为黑绿色。土黄色的背景上有浅绿色的痕迹。模子做得很好，但头过大。

025，皮肤为粉色和紫色，已褪色。胡须为浅绿色。外衣为浅绿色，内衣为紫色。

031，皮肤为白、粉、紫色，已褪色。外衣紫色（磨掉了不少），镶着金边，装饰着由三个绿色、粉色、蓝色汉字（?）组成的图案，图案出现在肩、肘、膝，并出现在膝（脚?）和小腹之间的地方。佛座为绿、红和深蓝色。右下角已缺失。

032，与01相似。不同的是，外衣的衬里为绿色，佛座为蓝、红、绿、白色。

033，与032相似。不同的是，外衣衬里为蓝色；内衣为白色，带绿色荷叶边。除右下角和左下角残留下的一点外，整个佛龛都已缺失。

11英寸×$6\frac{3}{4}$英寸×1英寸。浮雕最高处$1\frac{1}{4}$英寸。图版 XLIX。

Ch.02、03　2块还愿用的土浮雕版。较小，梨形，雕的是禅定佛坐于莲花座上。背景中有佛塔，还有几乎已被磨光的婆罗米文。是用模子制成的，土未烧过。造型精巧，保存较好。参见 Ch.04~014 和《西域考古图记》第四卷图版 CXXXIX 中的 Wang.005、007。高 $2\frac{1}{2}$ 英寸，最宽处 $2\frac{1}{8}$ 英寸。图版 XLIX。

Ch.04~013　10 块还愿用的土浮雕版。与前一类型相似，但为圆形。雕的是禅定佛像，背景中有佛塔和婆罗米文字（？）。除 09 外，可能都出自同一个模子。09 中佛有带光芒线的背光边，还有别的细节上的不同。土没有烧过。直径 $1\frac{3}{4}$~$1\frac{7}{8}$ 英寸。图版 XLIX。

Ch.014　还愿用的土浮雕版。较小，梨形，中间是高浮雕的坐佛像，表面磨平了不少。其余部分是极低的浮雕，雕的只有带光芒线的三瓣状项光和背光，莲花座左右还各有一座佛塔。顶上有零星的婆罗米文字（？），莲花座底下有两行写得很密的婆罗米文。模子为梨形，但浮雕板的边粗糙不齐。$1\frac{3}{4}$ 英寸×$1\frac{3}{4}$ 英寸。图版 XLIX。

Ch.015~017　土浮雕版。模子做得比较粗糙，为坐在莲花座上的禅定佛像。袍子为红色，头发为蓝色，眼睛和眉毛为黑色。项光出尖，为绿色；背光蓝色。017 的佛像脸上有镏金的痕迹。都磨损得很厉害。7 英寸×$4\frac{3}{8}$ 英寸。图版 XLIX。

Ch.018、019、021、029、030　土浮雕版。为坐在莲花座上的禅定佛像。头为高浮雕，身体为低浮雕。几件浮雕在着色和细节上略有不同。有背光和椭圆形项光。工艺较差。9 英寸×$6\frac{1}{4}$ 英寸。图版 XLIX。

Ch.020、022、027　土浮雕版。与 Ch.01 类似。但呈坐姿的和尚般的人物很胖，身前腹以上均袒露。穿了两件外衣，一件盖住上身下半部分、腿、左臂和左肩，另一件盖住右臂和右肩。内衣带荷叶边。屈左腿。右脚平放在座上，右膝朝上，持念珠的右手放在右膝上。左手放在左膝上。眼圆睁。光头上没有戴帽子等物。颊和下颌上着色较浓，以表示汗毛。可能是个和尚。

020，皮肤为深粉色，浓眉细线勾勒。外衣为紫色、红边，右侧的外衣衬有绿色里。荷叶边为绿色。座为绿、黑、红色。身后的佛龛均已缺失。

022，皮肤、头发与前一件一样。左边的外衣为绿色，点缀着三瓣状图案（每幅图案由三个圆点构成，圆点分别为蓝、绿、粉色，中间是一个深色点），外衣边为红色，衬有紫色里。右边的外衣为紫色，金加，衬有白色（？）里。荷叶边为紫色（？）。座为绿、蓝、红色。左下角缺失。

027，皮肤和头发与前两件一样。眼睛睁得更大。右边的外衣为绿色、红边，其衬里为紫色。左边的外衣为粉色、绿边，衬里为白色。座为红绿色，点缀着由七朵紫色点构成的小花。荷叶边为紫色。左上角和左下角缺失。

均出自同一个模子。完整尺寸为 11 英寸×$6\frac{3}{4}$英寸×1 英寸。图版 XLIX。

Ch.023、024、026、028 土浮雕版。为垂双腿而坐的和尚像，坐在像 Ch.01 那样的佛龛里，双脚都平放在毡子上。光头，但头上涂成黑色。眼睛睁着，呈斜上形，眼神恍惚。嘴张开，呈苦笑状，露出白色牙齿。

内衣遮住胸，在脖颈处较松，在身前从左向右，并在右臂上垂成沉重的褶皱。外衣遮住左肩左臂，松松地盖过右臀，盖住了下半身。还有一点外衣从右肩后面拉到了前面。内衣的荷叶边低垂，脚从荷叶边下露出来。膝和脚分得很开，膝上放着一卷打开了一部分的纸卷轴，双手分别拿着卷轴的左边和右边。

023，皮肤为粉色。头发、眉毛、上眼睫毛、眼睛的瞳仁为黑色。内衣为紫色、绿边（脖颈处有一圈白色衣物），荷叶边为紫色，衬里为绿色。内衣腰带为红色。外衣为粉色、白边。鞋黑色，毡子粉色，纸卷轴白色。

024，皮肤为灰绿色，脖颈为紫色，头发等与前一件一样。内衣为紫色到红色之间，内衣的腰带为绿色。脖颈处有一圈白色衣物。外衣粉色，边为深绿色（？）。鞋、毡子、纸卷轴与前一件一样，但纸卷轴上有八行写得很工整的汉字。佛龛很完整。

026，皮肤为粉色，头发等与前一件一样。内衣和023一样。外衣为深紫色、红边。鞋为黑色，毡子土黄色。左下侧的佛龛缺失。

028，与前一件类似，只不过内衣有深绿色边，内衣腰带为浅绿色。外衣为浅绿色，带图案。图案由三块铺展开来的颜色（红、蓝、绿色）构成，使人想起Ch.031衣服上的汉字。外衣边为红色。佛龛完整。$10\frac{1}{2}$英寸×$6\frac{1}{2}$英寸。图版XLIX。

Ch.034 **土浮雕版。** 人物与Ch.023等那一类相似，但姿势为自在相。右手在身体中部拿着念珠，左手在膝上持卷起来的纸卷轴。左脚踏在毡子上，毡子形如四行锯齿，每一行由三四层紫、红、绿、蓝色互相重叠的色带构成。内衣为发紫的棕色、红边。外衣为浅绿色、红边，右肩无外衣。佛龛完整。$10\frac{3}{4}$英寸×$6\frac{3}{4}$英寸。图版XLIX。

第三节　沿着汉长城去安西

离开千佛洞　　　4月8日，王道士同我极其热情地话别之后，我离开了千佛洞。在这之前四天，我已经让拉尔·辛格向西南沿着高山坡往上走，并命他如有可能，就一直走到那条峡谷——敦煌河就是经那条峡谷流到南山那道巨大的砾石缓坡去的。然后他将穿过南山的外围山脉进行考察，一直到踏实河，之后同我在安西会合。我还派穆罕默德·亚库卜从敦煌出发，沿着党河进行考察，一直到党河汇入疏勒河的地方。然后他将沿疏勒河北岸到安西去，在那里同我会合。我已做出安排，雇人把多余的行李沿大道运往安西（1907年我曾考察过那里），我本人则穿过沙漠向东北去。

我的目标是到达古长城上烽燧 T.XXXV 以东的一点，1907 年 3 月我们就是把汉朝边界的城墙追踪到那一点的①，然后沿长城到安西去。安西这个小城是到新疆去的中国大路在南边的桥头堡。我自己将走的路线位于北边的疏勒河河道和南边的敦煌—安西道之间，这片地区迄今还从来没人考察过。我们在敦煌停留期间询问别人时，也并未得到关于这一地区的任何信息。

动身的那一天，我们从千佛洞所在的山谷谷口出发，走过了一块荒凉的砾石冲积扇，来到了孤寂的路边小站疙瘩泉子附近，那里的地下径流流出地表，形成了沼泽。第二天早晨，我们将两个水桶都灌满了水，然后就向东北进发了。我们的目的是最终到达布满沙丘的那一地区附近的长城，七年前我们就是在那里失去了长城的踪迹的。我们先是走在一道很缓的砾石萨依的斜坡上，然后又走在红柳丛和芦苇丛之间。在这约 7 英里长的距离内，走得比较容易。后来，我们遇到的结着盐壳的地方变得越来越宽了。很快骆驼已没法从泥泞的地面上过去了，它们远远地落在了我们这些骑马的人的后面。

为了绕过这段险恶的地面，我们只好改成更朝东的方向。又过了约 3 英里，我们不得不开始穿过一条又一条结着盐壳的浅沟。它们都是从东南延伸过来的。在上一次的考察中，我们曾在路边废烽燧空心墩附近发现一条水泛滥而成的干涸河床，这些沟是那条河床的分支。穿过了这条流域带后，令人欢欣鼓舞的是，在东北的远方已经可以看见一些沙

在敦煌以东进行考察的目标

在去安西的途中路北边的泥泞地面

穿越这块地面很困难

---

① 参见《西域考古图记》第二卷 605 页。

丘，所以我决定重新朝最开始的方向走。但我们很快就遇到了新的困难。我们最初穿过的大片暗色的松软的肖尔，对骆驼来讲非常糟糕，这种地面踩起来很软，遮住了底下真正的沼泽。之所以这样说，是因为我们走过的地方都有水流出来。更糟糕的是，我们还时不时遇到一条条结着发黄盐壳的地面，人和马走上去都有被陷住的危险，骆驼则根本过不去。我们只好绕老远来避开这些险恶的黄色窄条带。即便如此，骆驼还是一次次被陷住，我们不得不把它们驮的东西卸下来，并铺下毡子让它们有安全踏脚的地方，这才把它们救出来。

穿过结着盐壳的沼泽

就这样又往前艰难跋涉了 3 英里。这时一条连续的新月形的沙丘带终于出现在我们的视野之内。沙丘带离我们的直线距离看起来还没有 1.5 英里远，但中间隔着的地面却是我们遇到的最糟糕的，很有可能得在这里一直挣扎到天黑。我们尽量沿着曲曲折折的暗色肖尔走（这种地方通常只有 2 英尺宽），并尽量避开流着水的黄色沼泽（沼泽边上是硬盐块），总算离沙丘边上越来越近了，只有到了那里我们才算是安全了。哈桑阿洪，这位一直为我负责骆驼的久经考验的人，凭着他令人叹服的经验和才智，带着他负责的骆驼，沿我们在前面探出来的曲曲折折的道路一直走了下来。但就是这位强悍的老手后来也承认，他可不希望今后再有一次这样的经历了。最后，我们快速穿过了一片湿沙地，来到了晚上能安全宿营的地方，这时候天已经变黑了。

从南山脚下过来的地下水

我之所以比较详细地描述这一天的经历，是因为我们穿越的那块地面在地理学上有一些值得注意的地方。这片盐沼大概向西北延伸了很远①。我很清楚地看出来，它的存在是因为从南边的南山最外缘的小山流过来的地下水。1907 年 6 月，我们在敦煌和安西之间经过了一些从南山泛滥到疏勒河河道中的水形成的河床，当时那些河床都是干涸的。但那一年几个星期之后，根据我在踏实和桥子那里的宽阔横谷观察到的一些现象②，我可以肯定，南面的高山中，有大量地下水流到了外缘的小山脉脚下。

在疏勒河河谷南边，这些到了地表的地下水大概大部分在炎热的夏季蒸发掉了。在安西和敦煌冲积扇的东北端之间，有一条布满砾石的较高的地面（安西和敦煌这两片绿洲之间的长城大部分都是沿着这条地面伸展的③），似乎使水无法流到疏勒河里去。这样，当沼泽出现季节性干涸时，地表必然发生盐结壳现象。在严冬时节（这里的冬天长达四个月），沼泽土壤中存积的水，一直到地面以下很深，都冻了起来。而在秋冬两季，沼泽可能看起来就像一片结着盐壳的干涸洼地。春天到来时，冻土开始融化，地表又重新变成了几乎无法通行的沼泽，我们在上述行程中遇到的地面正是这样的。

在冬季积累起来的水

从在这里观察到的这个规模较小的过程中，我们可以得到一些启发，由此可以猜测：曾覆盖着古代罗布泊湖床底部的那片辽阔的盐沼，经过了怎样几个阶段，才到了现在这种完全干涸的状态。本地区和罗布盆地相邻，在气候方面也相似，所以这种对照就更有特别的价值。另一方面，在敦煌长

与罗布泊的干涸过程类似

---

① 在地图中，沼泽地区西北所写的"光秃秃的砾石萨依"几个字应该去掉。这是从《西域考古图记》的地图中错误地带过来的。在那张地图中，这几个字指的是疙瘩泉子北边的地方，而那张地图里的"疙瘩泉子"还被错误地拼写成了"罗达井"（Lo-ta-ching）。

② 参见《西域考古图记》第三卷 1099 页、1108 页。

③ 参见《西域考古图记》第二卷 603 页。

城沿线我们发现了很多考古学证据，表明如今这里的气候状况与两千年以前并没有太大的差别。根据这个时间上的启发，我们大概能得出这样的结论：罗布沙漠地区的盐沼最后开始干涸，是比两千年前还要久远的事了。

继续向北走

4月10日，我们又走了很长的路，一路上并不是很顺利。为了马匹的安全，我们必须立即找到水源——虽然我们的桶中还有一半水，足够给人饮用的了（我们的人中还包括从敦煌带来的一小组挖掘工人）。从cxxiii号营地出发后，向着既定方向走的前3英里还很容易，因为我们沿着低沙丘走，就能绕开遇到的那一块块松软的肖尔。但此后有几片弯弯曲曲的沼泽洼地阻挡了骆驼的去路，第一片洼地中有小咸水塘，第二片洼地里是向西流的咸水。我们只好向东边绕远。第二片洼地的南部边缘有一行行红柳沙堆，有些地方还有成行的胡杨树。这些都表明它是一条古河床。这条河床可能和下面将要说到的北边的洼地是连在一起的，或是和注入芦草沟沼泽的那条大河床是相连的。

在离营地约8.5英里的地方，洼地中有不少结着盐壳的小干沟。穿过这些干沟之后，路上已没什么障碍，我们又可以向北直着走了。那片地面上微微结着层盐壳，长着茂密的芦苇，有些地方还有低沙丘和红柳沙堆。在离营地约14英里的地方，我们穿过了一条轮廓清楚的约50码宽的古河床，河床两侧是成行活着的胡杨树。① 这时我们可以看到一片片开阔的萨依，一行行高10~12英尺的沙丘将萨依隔开。

---

① 在地图中，应该在所标的植被带以南约1英里的地方，画上这条古河床（其特征是长着成行的胡杨树）。

继续往前走 2 英里后，我们登上了最后一座低沙山的顶上，可以看到前面是一座散落着一些小石子的光秃秃的平原。这块平原的样子使我清楚地想起了 1907 年沿着烽燧 T.XXXI 到烽燧 XXXV 那段长城线看到的萨依。从地图上看，我们现在的位置离向东延伸的长城线不会太远了。在这个定向点上，我们花了好长时间等骆驼赶上来。这期间我用望远镜在地平线上搜寻，希望能发现什么烽燧遗址，从而可以找到长城线，却一无所获。但向正西方向，可以清楚地看到那个布满高沙丘的地区，1907 年我们就是在那里失去了长城的踪迹的。但所有的疑虑很快就消失了。我们又向北只走了约 0.5 英里，就发现地面上有一条虽然低矮却很清晰的鼓起部分，笔直地延伸在铺着砾石的平原上，比平原高出 3~4 英尺①。这和我在烽燧 T.XXVI 以东看到的已完全朽坏的城墙②一模一样。在夕阳的余晖中，我想我还在砾石上看到了一条微微凹陷的古代小道，它和长城线是平行的，位于墙体以南约 9 码远的地方。在敦煌以西的长城线上，我曾不止一次看到过与此类似的凹陷的小道。③

我们必须在天黑之前找到水，这使我们没法在长城线上做任何考察，而只好穿过光秃秃的萨依，向着疏勒河匆匆赶路。走了约 1.5 英里后，我们遇到了一条轮廓清晰的干涸河床，约 20 码宽，岸上有成行的胡杨树（大多数是活的）。七年前我从当时追踪到的敦煌长城最东段向疏勒河去时，就曾穿过了一条河床。④ 现在这条河床的样子和走向都使我肯

（右侧批注）到了汉代的长城线

（右侧批注）接近了疏勒河河床

---

① 在地图中，标志着朽坏墙体的符号画得稍微朝南了一点。
② 参见《西域考古图记》第二卷 592 页、604 页。
③ 参见《西域考古图记》第二卷 656 页、682 页、692 页。
④ 参见《西域考古图记》第二卷 606 页。

定，它就是七年前那条河床。过了它之后，出现了一窄条地面，那里暴露在外的土被风切割成高 4~5 英尺的规则的小雅丹。此后又是铺着砾石的平坦的萨依，零星地生长着一丛丛带刺的灌木，还有几棵活下来的老胡杨树。没有任何迹象告诉我们，我们已接近了那热切盼望的疏勒河，直到我们意外地发现了它深陷的河床。河床两岸是一条窄窄的芦苇丛，还有一些小胡杨树。

向南—南西方向寻找长城线

我们到了晚上宿营的地方。有迹象表明，时常有放牧骆驼或采集燃料的人到这里来。早晨起来时我们发现，有一条车痕向安西方向延伸而去。我们沿着它向东走了约 8 英里，遇到了一个高约 8 英尺的大垃圾堆，说明那里以前曾是人们经常歇息的地方。我们试着挖掘了一下，只挖出了一层层马粪等，至于这个歇息点是什么时候被废弃的，尚不得知。从这一点，我命人押运着行李往前走，并到河边扎营。我自己和阿弗拉兹·古尔则带着几个人，向南—南西方向进发，寻找长城线。在离车痕 2 英里的地方，我们又一次穿过了前面说的那条曲曲折折的河床。河床在这里大致是从东南延伸过来的，我们后来的观察也证实了这个走向。因此我得出了这样的结论：这条干河床可能是踏实河的延续，踏实河曾陡然折而向北，终结在平坦的疏勒河谷地之上。

成行的雅丹

在这条古河床的两侧，从前的冲积物被风蚀切割成了雅丹地貌。这里的雅丹高只有 2~3 英尺。但我们后来曾在东边某一点穿过干河床边上的风蚀地带，那里的雅丹要高些，有 8~10 英尺。我们继续向南走，前一天傍晚穿过的那片光秃秃的砾石萨依又伸展在眼前。天气十分晴朗，我们可以望到南山的那一条条山脉，一直望到石包城以南的雪山。尽管如此，我们却没有眺望到任何长城烽燧遗址。而且，由于太阳很大，直射在我们脸上，我们走到很近了，这才注意到那条笔直的墙体。

我们发现那里的墙体朽坏成了一条低矮的砾石丘，笔直得仿佛铁路线似的，大致为东西走向。在我们第一眼看见墙体的地方，墙只比光秃秃的砾石地面高 4 英尺，但墙脚的宽度约有 32 英尺。墙面上看不到柴捆或其他能使墙体加固的东西。但当我让人在墙体上切割了一下后，发现里面是松软的发红的土，与天然地面上的黄土很不同，说明墙体里曾用过植物，但植物烂掉了（也可能是被烧掉了）。这里城墙的建筑质量明显逊于西边的长城线。

标志着长城线的砾石丘

在我们看到长城线的地方东边一点，墙体向北呈半圆形弯了一下，那里就是烽燧 T.XXXVII.a 的位置。它已经朽坏成了一座约 6 英尺高的小土丘，盖着盐霜。匆匆查找后，我们没有在它附近发现古代垃圾。但检查了附近的墙体后，我观察到了一个有趣的地表现象，这种现象以前我也曾看见过几次，但都没有这么清楚。我们看到墙体形成的土丘两坡上长着比较茂密的低矮灌木，因此形成了两行平行的植被，而土丘顶上则是光秃秃的。当我站在土丘上时，可以凭着这两行植被，在很远的距离内都能看清墙体的走向。我和阿弗拉兹·古尔两人，曾分别在拜什托格拉克谷地的两个地点看见过和这完全一样的两行植被①，我认为那可能是一条古代渠道的堤坝。而今天的大气条件使我们不会产生任何视觉上的错觉，在这里我又看到了这种现象。这更使我坚信先前的结论了。

在烽燧 T.XXXVII.a 的长城墙体

向西去的长城线上看不到任何烽燧的迹象，于是我决定

墙体的构造

---

①　参见本书第十章第二节。

向东走。越往东走墙体越高，走了约 0.5 英里，墙体已高达约 9 英尺。墙面上露出一层层很典型的那种柴捆，柴捆层约 3 英寸厚，与约 7 英寸厚的土层交替出现。敦煌以西、以北的长城上用的都是紧紧地捆绑在一起的柴捆，作为加固墙体的材料。这里却只是把细灌木枝松散地放在一起，这表明建筑质量不及西边的长城。这也可以解释为什么最初就把墙体修得特别宽。原来肖尔是可以用作一种加固材料的，但出自本地的筑墙用的土和灌木中都不含肖尔，这可能也加速了朽坏的速度。在这段长城的一点上，我发现墙体仍高达 12 英尺，顶部附近可以分辨出五层交替出现的灌木和泥土。灌木层早在古代就已经暴露在外了，因为在约 120 码的距离内，我发现灌木层的边都已烧焦了。我还在其他三处地方见过这种烧焦的现象，大概是曾有人想用火将墙体烧毁。

烽燧 T.XXXVII. b、c 遗址　　距烽燧 T.XXXVII.a 约 1 英里处，我们在墙南脚附近发现了一个大垃圾堆（编号为 b），那里可能原来有一座烽燧，但已完全坍毁了。在一大堆芦苇秸秆、牲畜粪便之中，我们找到了一枚腐烂得很厉害的木简，其大小是中国古代常用的那种尺寸；还有一根削尖了的木棍（T.XXXVII.b.01，据本书英文版"补遗和勘误"应为 T.XXXVII.a.1——译者），其用途不明。再往前走了约 0.5 英里，墙体旁矗立着一座已成废墟的夯土筑成的烽燧 T.XXXVII.c[①]。烽燧北侧和东侧多已坍毁，但从西侧仍可以推断出烽燧底部原来为 20 英尺见方。残烽燧的高度约为 14 英尺。烽燧东南面有一个大垃圾堆，长约 30 码，宽约 22 码。我带的这几个人没法将它全部清理出来。清理过的地方，除牲畜粪便和木片外，只发现了大量

---

① 在地图中，这座烽燧的符号画得太往东了。

硬陶器碎片，大多数是带席纹的，其中有代表性的几片登载
在下文的文物目录中①。

再向东，墙体仍有6~8英尺高，有些地方墙中的灌木
层有被烧过的痕迹。我们沿着墙走了2英里，来到下一座有
残迹可寻的烽燧T.XXXVII.d。它已坍成了一座土丘。长城墙
体绕着它呈一个直径50码的半圆形，这才使我们得以确定
这座废弃烽燧的位置。

将长城墙体追踪到了烽燧T.XXXVII.e

再往前，我们发现，长城线附近出现了成行低矮的雅
丹。雅丹的中轴线几乎都是正东—正西走向，而墙体则为南
97°东走向。沿这段墙，我们又来到了一座完全坍毁的烽
燧T.XXXVII.e。此后我们又沿着墙走了0.75英里远，直到
在一行分布紧密的雅丹中（这行雅丹就位于我们上文说的那
条古河床边上），我们失去了墙体的踪迹。这时候时间已经
不早了，而且我们离疏勒河还很远（当晚的营地就在疏勒河
边），所以我们只好放弃了搜寻工作。但在东北方向我们可
以望见一座废烽燧，这告诉我们明天早晨的考察应该从哪里
开始。

好在我们很快就找到并在天黑之前到达了cxxv号营地
（它扎在河边很低的地方）。4月2日早晨（这个星期天是复
活节），我们又往回走，来到了长城线上。我们押运着行李
沿以前看到的那条车痕走，行李将沿着这条车痕被运到安西
绿洲的西部边缘去。在茂密的灌木丛中走了约1英里，我们
出乎意料地来到一小块已废弃的耕地，从东边引水过来的渠
道仍清晰可辨。风蚀尚未光顾这块土地，由此判断它被废弃
的时间应该不是太长。

小块废弃的耕地

---

① 参见本书第十二章第三节。

长城上的烽燧
T.XXXVII.f遗址

我们到了前一天看到的那座烽燧 T.XXXVII.f。在烽燧脚下很快发现了大量汉代的那种陶器碎片，说明这是一座古烽燧。烽燧仍有 18 英尺高，呈正方形的底部每边也是约 18 英尺长。它的建筑方法很不寻常，夯的土上有裂缝，说明烽燧的内核是天然土，而夯的土只不过是外壳罢了。显然，这座烽燧是在一块直径约 10 英尺、形状不规则的风蚀台地外夯了土建成的。为了使烽燧结实，在天然台地的土上凿出方形孔，把木桩钉入孔中，然后在木桩四周夯上土。木桩和其他同样起加固作用的小木片仍保留下来，但已腐烂得十分厉害，这说明这里的气候条件没有敦煌以西的长城那里干燥。在清理烽燧顶时，天然土露了出来。土是红色的，说明那里曾多次燃过烽火。烽燧 T.XXXVII.f 附近只发现了一个垃圾堆，是一小堆灌木（多数只是小枝杈，这段长城的墙体上用的就是这种灌木），还有一些兽骨。

烽燧 T.XXXVII.f
的位置令人迷
惑不解

最开始的时候，烽燧 T.XXXVII.f 的位置很令人迷惑不解。它的西南方向并没有清晰可辨的墙体把它与烽燧 T.XXXVII.e 那里的墙体连接起来。虽然偶尔也出现几座砾石丘，但地面上主要是分布密集的雅丹。但在烽燧北边，我发现有一行宽宽的堤坝似的砾石带，堤坝脚下宽约 70 英尺，大部分地方高15~16英尺。堤坝起于离烽燧约 50 码的地方，微呈弧形，向东延伸了约 1 英里。这和我所见过的任何长城城墙都不同，但有点像我 1907 年发现的宽宽的砾石堤坝。那条堤坝起于南湖，穿过光秃秃的萨依，止于敦煌河。①

我无法断定这条奇怪的砾石堤坝同烽燧 T.XXXVII.f 的关系。起初我想，烽燧 T.XXXVII.f 可能只是一座建在长城线以

① 参见《西域考古图记》第二卷 610 页、617 页。

外的烽燧，以便守望本来被堤坝遮住的地区。而堤坝可能是在烽燧之前建起来的，长城线则应该在烽燧南边。于是我向南—南东方向走了2英里，因为我望见了一个略微突起的地方，看起来像是一座废烽燧。但当我们穿过被风蚀支离破碎的地面，走近前去看时，发现它只不过是离干河床很近的一个红柳沙堆。在这附近没有发现任何长城墙体的痕迹。[①]

经过这次"侦察"后，我知道长城线一定还是在北边，于是我又回头朝北走。在烽燧 T.XXXVII.f 东—南东方向约 1.5 英里的地方，我终于发现了长城墙体。这段墙体也是由灌木层和土层构成的，和烽燧 T.XXXVII.a~e 之间完全一样。但奇怪的是，这里有两条几乎平行的长城线，中间隔着约90码远的风蚀地面。再向东南约 0.5 英里，两条线在烽燧 T.XXXVII.h 那里合二为一了。烽燧 T.XXXVII.h 已完全坍成了一堆，但从长城墙体弯成的半圆形以及大量陶器碎片来看，那里确曾有过一座烽燧。再往前走，两条长城线中南边的那条在烽燧 T.XXXVII.f 以东约 1 英里处，呈钝角连上了大砾石堤坝。而北边的那条则在那一点的东—南东方向约 1 英里的地方连上了堤坝，这样就把堤坝和烽燧 T.XXXVII.h 那里的城墙连接在了一起。

由于缺乏明确的考古学证据，要想解释为什么这段不长的奇怪城墙有两条线，我只好借助于猜想。在仔细考虑了地面状况后，我想答案可能是这样的。看起来不管堤坝的成因如何，在汉武帝把长城建到敦煌和敦煌以远地区时，这条堤坝就已经存在了。开始时新筑的城墙，即南边的那条，在烽

烽燧 T.XXXVII.h 附近的双线长城

大概是长城改了路线

[①] 南边那一小块围起来的地方，在望远镜里看时，就像一个荒废的村子，或称堡子。1907 年当我从西南向安西绿洲走时，曾在现在的安西垦殖区以外的几处地方见过这种堡子。参见《沙漠契丹》第二卷 235 页。我没有抽时间去那个遗址，因为它显然年代较晚。

燧 T.XXXVII.f 附近和堤坝连在了一起，而烽燧 T.XXXVII.f 这块天然的土台地，其位置恰好可以筑一座烽燧。过了一段时间之后，那些负责驻守这段城墙的人注意到，堤坝的东段没有被纳入新筑的长城体系内，实际上遮住了新墙外面的地面，使新墙驻守起来比较困难。为了纠正最初长城路线上犯的错误，人们把先前空"悬"在外面的堤坝东段，在烽燧 T.XXXVII.h 同长城线连在了一起。因此，烽燧 T.XXXVII.h 和烽燧 T.XXXVII.f 之间的长城线就相应地向北推进了一些。

安西以西的长城筑得较差

不管应该作出怎样的解释，从这段双线城墙中我们都不难看出，安西两侧的长城筑得是何等马虎草率。这里的墙只是用土和松散地堆在一起的灌木筑成，而烽燧 T.XXXV 以西的敦煌长城则都用紧密的柴捆筑得很坚固。从这方面我们也能清楚地看出，这里长城的建筑质量逊于西边地区。我们1907 年考察的敦煌东北的长城段，一直到安西，几乎所有的烽燧都已完全坍毁了。之所以这样，部分原因是气候不那么干燥，但更主要的原因恐怕还是较差的建造质量。在缺乏文献资料的情况下，远隔了两千年之后，我们是没法猜到为什么会出现这种情况的。大概既有地形上或半是战略上的考虑，也有纯粹偶然的原因吧。

在烽燧 T.XXXVII.i 发现的小屋

从烽燧 T.XXXVII.h 往前，我们沿着墙体走了 1.5 英里，来到了烽燧 T.XXXVII.i。可以看出，这段墙中一些地方的灌木层中夹杂了芦苇。烽燧 T.XXXVII.i 已坍成了一座小土丘。但它以西约 30 码的地方，在长城线里面有一间保存较好的小屋。它有 6 英尺 3 英寸见方，坚固的残墙有 2~3 英尺高。土坯长 9 英寸，宽 6 英寸，厚 4 英寸。最底下一层坯是砌在天然土之中的。

就在长城线外面，我发现了一个现代人烧香的地方，一条从东边来的清晰小道穿过长城线来到那里。这使我认定上述的小屋原是一座小庙，庙中仍有三个涂着灰泥的塑像底座。筑庙用的土坯是垂直放置的，和甘肃许多地区现在的做法一样。这座现代小庙的出现，可以说明当地的拜神传统有多么顽强的生命力。1907 年我就曾多次观察到，这些当地拜神现象多出现在路穿过长城线的地方。路一边是长城的保护区之内，另一边用中国人的话讲就是"关外头"。

在路穿越长城线的地方有座当代庙宇

我在《西域考古图记》中曾详细讨论过，在这些地点当地的拜神活动为什么延续了下来，并评论过汉代玉门关等典型例子（汉代玉门关位于今天的大道在安西以南穿越长城线的地方）。[①] 在此我只想指出一点：从以后的章节中可以看到，我在这次新考察中发现，几乎每一条可辨的路，在穿越汉长城的那一点上都有一座小庙。这种小庙要么现在仍在使用，要么刚刚废弃不久。[②] 关于烽燧 T.XXXVII.i 旁边的这座小屋遗址，我还应该加上一点：它的土坯尺寸，和我 1907 年在长城烽燧 T.XXIX 发掘出土的庙宇遗址的土坯是一样的。从那座庙里发现的残存雕塑看，我认为它应该不晚于唐代。[③]

说明当地的拜神传统保留了下来

长城墙体在烽燧 T.XXXVII.i 陡然折向东北，起初墙体几乎难以分辨出来，后来又在植被比较茂密的地面上出现了。我们沿着这段墙走了 1 英里多一点，来到了一处地点。那里有一座土丘，还有大量古代陶器碎片，表明那里曾是一座已完全坍毁的烽燧。这之后长城继续向东北方向伸展了 1.25 英里远，并到了另一座完全坍毁的烽燧 T.XXXVII.k。由于从

将长城线追踪到烽燧 T.XXXVII.k

① 参见《西域考古图记》第二卷 602 页、696 页，第三卷 1094 页。
② 参见本书第十一章第一节、第二节，第十二章第二节。
③ 参见《西域考古图记》第三卷 601 页。

安西垦殖区西边到达这里的水分越来越多，长城墙体两侧长着不少灌木和小红柳。但墙体有时仍有 6~8 英尺高。

长城墙体的特殊构造

从烽燧 T.XXXVII.k 开始，墙体向正东边的一座又大又醒目的烽燧延伸而去。我们走了 1 英里便到了这座烽燧。结果我们发现，它的外貌是新的，但也可能是以一座古烽燧做内核的。烽燧 T.XXXVII.k 之后的墙体很奇特，似乎是由两条相隔约 6 英尺的窄墙构成。窄墙由土和芦苇捆筑成，窄墙之间的地方填满了松土。许多地方的松土都下陷了，形成了小洞。但整段城墙受水分的侵害太严重了，已无法进行精确的考察。新烽燧附近的地面上长着浓密的芦苇和灌木。过了这一点我们便找不到长城线了，由于接近地下水，这段长城已经全部坍毁了。于是我们就放弃了在这里的寻找工作。令人高兴的是，我们找到了那条车痕，我们的骆驼就是沿着它往东南去的。我们沿车痕走了 4 英里，穿过盖着肖尔的丛林地面，就到了已扎好的营地。这个营地位于小村二工（Êrh-kung）。

向安西方向寻找长城线

第二天我们又向北出发了，指望在昨天长城消失的地方以远找到它。我们走过了荒弃的田地，并沿着一块块偏远的垦殖区边上走。走了约 2 英里后，我们遇到了一座低矮的土丘，土丘上长着茂密的灌木。土丘似乎是朝上文最后一次提到的那座烽燧方向去的，但它只朝那个方向延伸了一小段就消失不见了。所以我决定往东走到安西去。

重新探访烽燧 T.XXXVIII.a~c

现在我们穿过的是一片覆盖着灌木的荒地，这片荒地把四工（Ssǔ-kung）和三工（San-kung）那些分散的村落的田地分开。1907 年 6 月，拉尔·辛格在考察安西绿洲的西部边缘时，就曾经过这片荒地。走了约 4 英里后，我们到了 T.XXXVIII.a~c 这几座烽燧。据我 1907 年的考察结果，这几座烽燧之间的长城经过了现在的安西以南。关于这段虽然不长却很有趣的长城以及我第二次来观察到的现象，请参见《西域考古图记》。① 在此我请大家注意本书图 215，图中是长城上的烽燧 T.XXXVIII.a，奇怪的是这座烽燧离一条人员来往比较多的大路很近。

这样我便完成了在敦煌定下的任务，将汉长城一直考察到疏勒河以南，填补了上一次留下的空缺。到了安西城，我又算是踏上了自己熟悉的地方，在上一次考察中，我曾两次在此做长时间逗留。如今这个处在中亚交通大十字路口的刮着大风的小城，又一次成了我的临时大本营。我在到达庙里的旧客房和比较简陋的当地衙门时，都受到了热忱的欢迎，这使我很高兴。

再次访问安西

同一天，拉尔·辛格也与我会合了。他从千佛洞出发后，沿着南山最西段的那些光秃秃的石坡走，来到了那条高山脉脚下。那条山脉将疏勒河河道同敦煌河河源所在的那座高原分开来。本来他可以通过一处关隘来到敦煌河上游的那条峡谷，但越走雪越深，他的骆驼再没法往前走了。但从地图中可以看出，他所到达的高度已经足以完成作为疏勒河盆地南墙的那条大山脉的考察了。他也澄清了 1907 年我们在安西以南经过的那些外缘山脉的山志学的问题。然后他下山，经过了东巴兔（Tung-pa-t'ou）这片小绿洲到踏实去，最终勘察了这条大谷地中的水在流往安西的过程中流经的地面状况，而那一地区迄今还没有人考察过。两天后，测量员穆罕默德·亚库卜也到了，我们的队伍就算集合完毕。穆罕默德·亚库卜是沿着敦煌河下来的，一直到敦煌河注入疏勒河的地方。然后他穿过疏勒河到河北岸，并一路到了安西。

在山区和疏勒河上进行的考察

---

① 参见《西域考古图记》第三卷 1094 页。

第十一章　追寻长城到肃州

第一节　疏勒河以北的汉长城

在安西做准备工作　　4 月 14 日到 17 日，我们在安西（即古瓜州）做了短暂停留。下一步的考察将在甘肃西北部进行，这几天我都用来为此做准备，还做了几项文字上的工作。前几次考察我都在安西停留过，已经对安西绿洲的地理特征比较熟悉了。安西的当地资源虽然并不丰富，但由于其地理特征，从公元 1 世纪就开通了从这里向西北到哈密去的沙漠道。自那之后，这条道就成了中国和中亚之间的主要交通线。我在《西域考古图记》中已经详细说过，由于安西处于亚洲的一个大十字路口上，它在中原与西域的关系史上扮演了重要角色。在该书中我也说到，这个地方是存在着局限性的，古迹也不多。①因此，在本书中我就直接描述我打算向东如何考察以及我们为此做了什么准备工作。

计划沿黑河进行考察　　今年春天，我打算从安西附近起，追踪和考察汉武帝修筑的长城，一直到肃州东北，以便解决一个我在 1907 年的匆忙考察中提出却尚未澄清的问题。然后，我将沿着黑河（即额济纳河——译者）（这条河汇集了肃州河和甘州河之

---

① 参见《西域考古图记》第三卷 1090 页。

水）走，一直到它的尾闾附近。因为俄国探险家科兹洛夫上校近期在那里有了一个发现，再加上其自然特征，我们有希望在那里找到地理学和考古学上有价值的东西。为此，我们将同时在沙漠地区开展工作，并且必须在酷暑到来之前完成所有工作。

考虑到这一点，再加上在这个季节里，我们必须让骆驼轻装上阵，所以有必要将辎重减少到最低限度。因此，我们仔细检查了所有的行李，把春夏两季的工作用不着的东西都留了下来。1907 年我们就发现衙门是一个存放多余东西的好地方。现在的地方长官是一个很谦逊的"县官"，性情和善，不像以前的长官架子那么大，所以我又能把所有多余的行李包括离开楼兰后一路携带的一切古物，都交付给衙门保管。忠诚的依布拉音伯克再次留守下来，担任衙门储藏室的警卫工作，并确保里面的东西不致受潮。这种防范是必要的，因为根据我们在 1907 年 6 月和 9 月的经验，安西偶尔会有来自山区的降雨。

把辎重存放在衙门

在从安西动身之前，又有一个蒙古族翻译加入了我们的队伍。他是我在扎西德伯克的协助下费了不少力气才找到的。他来自一个由蒙古牧人组成的小营地，那些牧人是从焉耆来到敦煌附近的。我从一开始就意识到，有必要随队带一个懂突厥语的蒙古人，这样当我们按照预定计划来到蒙古南部的黑河地区时，工作起来会方便些。我们本来想在焉耆上游的谷地中放牧的蒙古人中找一个翻译，但遭到了来自乌鲁木齐的官方阻挠。现在找到的这个临时补缺者名叫马鲁木（Mālūm），穿一件僧侣的红袍。后来我们发现，他是一个强悍而且非常聪明的人，受过一些教育。他脾气有点暴躁，不止一次和我们在黑河上遇到的土尔扈特（Torgut）牧人等发

找到了一个蒙古族翻译

生争吵。尽管如此，他在行程中和在哈喇浩特（Khara-khoto，即黑城——译者）都出了不少力。他自己带着所需的一切东西，骑着自己那匹强壮的蒙古马，没给我们带来任何麻烦。在去肃州的路上，没什么让测量员穆罕默德·亚库卜独立工作的机会。因此，为了进一步减轻骆驼的负担，我派他用车押运所有暂时用不着的东西先到肃州去。

沿疏勒河前进

剩下的人马 4 月 18 日就从安西出发了。在安西城东北的一个地方，我们越过了疏勒河的北岸。河道虽然又宽又深，但最深处的河水也不及 2 英尺。这说明南山那些外围山脉之间的第一次冰雪融水泛滥已经过去了，而疏勒河河源那条高原谷地中的雪还没开始融化。在疏勒河河床和北山最南端向疏勒河倾斜下来的光秃秃的砾石缓坡之间，有一块长着灌木的不宽的地面，我们就沿着地面走。第二天傍晚，我们就接近了那条很容易辨认的疏勒河峡谷。疏勒河是在南岸的小宛村（Hsiao-wan）上游约 8 英里处穿过这条峡谷的。

长城线越过疏勒河

1907 年 9 月我从大道去安西的途中曾路过这里，当时我得出了这样的结论：从西边一直延伸到小宛村附近的汉长城，就在这个峡谷附近过了河北岸。在《西域考古图记》中，我已经解释过这样认为的理由。[①] 但那次我并没有亲自去查看一下北岸的地面。当时我的确在峡谷靠下游的那一侧看到了烽燧，很像汉长城上的那种烽燧。但我之所以得出上述结论，主要是考虑到地形上的原因：如果边界长城线就在峡谷那里过河，明显有战略上的优势。而我曾在玉门县（今玉门市玉门镇——译者）以北的十二墩（Shih-êrh-tun）附

---

① 参见《西域考古图记》第三卷 1139 页。

近找到了长城①，说明东边的长城确实是在疏勒河北岸。

　　我在《西域考古图记》中已描绘过这条峡谷是怎样形成的：峡谷北边是北山最南段一条铺满砾石的分支，这条分支突出来，末端靠近河边。而对面是座高些的嶙峋的山，名叫万山子（Wan-shan-tzǔ）（实际似乎是乱山子——译者）。南山的一条最外缘山脉将踏实和桥子所在的谷地，同疏勒河河道分隔开来，而万山子就是那条山脉向东北方向的延续。② 陡峭的万山子矗立在河边，而从玉门县、布隆吉到安西去的路是在高出河面约 22 英尺的地方穿过万山子的。这条路在下到平地上并朝小宛村去之前，越过了万山子西边的一条分支。就在那里，我曾发现路边有两座大烽燧，但它们似乎不是古代修筑的。在万山子西部脚下和小宛村之间是生着灌木的地面，可能以前曾被开垦过。在这块地面上，我也未曾发现任何汉长城的遗迹。因此，我们仍然缺乏明确的考古学证据来证明汉长城的确是在此穿过了疏勒河的。

　　这一次当我们沿着疏勒河北岸接近这块地面时，在离 121 号营地约 13 英里的地方，我们经过了一些废弃的牧人小屋，那里还有五个小"炮台"奇怪地排成一排。在现代中国甘肃和新疆的大路上，重要的站点经常可以看到这种"炮台"。这是一个奇特的标志，说明河北岸已经引起了行政管理部门的注意。尽管驼队偶尔也沿着河北岸到安西去，但北岸是没什么明确的路的。又往前走了 3 英里，我们来到了一个小废墟 T.XL.a。废墟靠近河边，几乎正对着上文说的南岸那两座烽燧。这个废墟用围墙围成，里面约 19.5 英尺见方，

万山子峡谷

院落遗址 T.XL.a

────────────

① 参见《西域考古图记》第三卷 1137 页。

② 地图中的"Wang-shan-tzu"拼写错了。参见《西域考古图记》第三卷 1139 页注 8。

东北角有一座 8.5 英尺见方的烽燧。烽燧用汉长城上常见的土坯（13 英寸×7 英寸×4 英寸）筑成。为了加固烽燧，后来又在烽燧南边和北边添筑了墙。四面的围墙似乎是后来添筑的，而且明显看出来有修补过的痕迹。敦煌东西两侧的汉长城上，不少烽燧周围被围了一圈墙，墙一般是后来筑的。此地再朝东的其他烽燧也有这样的情况①。北墙附近和烽燧顶上小守望屋的垃圾中没有发现可提供年代线索的东西，围墙外面的沙地上也没有发现古代陶器碎片。

烽燧 T.XL.b、c　　在这里可以望见东北的烽燧 T.XL.b，它离此地约 2 英里远，位于咽喉状的峡谷入口处。它上面还有另一座很醒目的烽燧 T.XL.c，坐落在一座很陡峭的小山顶上。这座小山面对着万山子，从北边俯瞰着疏勒河，它是一条小山脉的最后一个突出部。在向烽燧 T.XL.b 前进的路上，地面逐渐变高了，光秃秃的地面被完全风蚀成了雅丹。这些雅丹为东—北东到西—南西走向，高 5~7 英尺。

长城墙体　　在离烽燧 T.XL.b 还剩一半路时，我们注意到有一条暗色的砾石带穿过我们右边的风蚀地面，向河边延伸了过去。到了砾石带西端时，我们发现它无疑就是汉长城的墙体。它沿着南 160°东方向，向峡谷东端延伸过去。它上面布满了砾石，底部约 34 英尺宽，顶部约 9 英尺宽，高 8~9 英尺。墙体中没有发现柴捆或其他能使其加固的材料。墙体北边有条浅沟，底部约 10 英尺宽，筑墙用的泥土就是从那里挖出来的。浅沟对面似乎有一条比较小的土丘，最高处不过约 5 英尺，形成了一种辅墙。长城墙体的方向是直指着烽燧 T.XL.a 的，但风蚀已将西边的残墙全部抹去了。于是我们再没有什

① 参见《西域考古图记》第三卷附图 34；本书第十一章第一节、第二节、第三节。

么怀疑了：汉长城就是在这里过疏勒河的。

沿着墙体走了 0.5 英里后，我们就折向了烽燧 T.XL.b（图 205）。它位于墙体北边不远，矗立在较高的地面上。它完全就是守卫着敦煌长城的那种烽燧，保存得极好，用一层层结实的泥土夯筑而成，每层土厚 6 英寸。它底部有 20 英尺见方，烽燧高仍有 26 英尺。我们在烽燧周围发现了大量带席纹的暗色陶器碎片，还有不少大石头，大概烽燧顶上曾放了很多石头作防卫之用。① 在离烽燧很近的地方，我们还拾到了一枚大五铢钱。

然后，我登上了峡谷北边的那条布满碎石的陡峭山脉。山体四面都是水冲出来的小沟，但沟之间的窄岭多少年来大概变化并不大，因为在好些地方我们都发现了往山顶去的古代踪迹。从测角器的读数来看，山比河边平地高出 300 多英尺。山顶视野十分开阔，我可以看见整条峡谷和东边的宽阔谷地，一直看到布隆吉的大围墙。朝着远处的北山外缘是缓缓抬升的萨依，在这里能将萨依一直眺望到接近一天的行程那么远。也可以看见向安西延伸过去的砾石缓坡的脚下。

这真是一个进行瞭望的好地方。而烽燧 T.XL.c 就坐落在山的最高处，说明当初守卫汉长城的人也注意到了这里的优越条件。这座烽燧用常见的土坯筑成，每隔三层土坯夹一层红柳树枝。烽燧底部有 23 英尺见方，由于山坡沉陷，烽燧南侧和西南侧的土坯掉落了不少，但残烽燧仍高达 13 英尺。我注意到，在东侧烽燧上，两层常见的水平放置的土坯之间是一层垂直放置的土坯。这种筑造风格在长城古建筑上很少见。但毫无疑问，这座烽燧也是汉代修筑并派人驻守

① 参见《西域考古图记》第二卷 738 页。

的。因为在顶上一个只有 4 英尺见方的小守望屋中的垃圾堆里，我惊喜地发现了从一件木文书上削下来的保存极好的小薄片，上面写有汉代风格的那种精美汉字。[1] 我们还发现了两枚空白的木简残片。在小麦秸秆、芦苇秸秆等物中还发现了一些木制或皮制的小物件（见文物目录）。

标志着长城线的小丘

　　从山上下来，在离烽燧 T.XL.b 以东约 2 弗隆远的地方，我们又遇到了长城墙体。这里的墙体是由夹杂着砾石的土层和红柳层筑成的，我们沿着墙体走了 1 英里，到了 122 号营地。在这段距离内，峡谷北侧离现在的河床只有 200 码远的地方是一行小石山，墙体就出现在小山的坡上。石山的山顶比墙体高出 100~150 英尺，从山顶看，墙体尽收眼底。这表明，这段城墙不是为了军事防卫，而只是为了更容易维持边界治安。从山脚延伸下来到河边的那段墙体中的灌木层全部腐烂了。但那里以西约 400 码的地方，墙体被上文说过的砾石丘所取代。那条砾石丘直着朝 T.XL.a 延伸过去，在这边也仍高达 20 英尺。我猜想之所以用这条又高又宽的砾石丘取代墙体，可能是因为砾石丘所在的那块平地在洪水泛滥季节可能会被淹没。

疏勒河的水量

　　4 月 20 日早晨，我又查看了一下这块地面后渡河来到了南岸。这里的疏勒河道宽 45 码，中间水深 3 英尺，流量约 1 600 立方英尺/秒。比较一下 1907 年大约同期之前的两个星期我们在敦煌测得的党河水量，就可知道：在春末党河源头的冰川和大雪融化之前，疏勒河的水量比其支流党河要小。[2]

---

[1]　马伯乐先生发现那里边出现了"侯"字，"侯"即烽燧。
[2]　参见《西域考古图记》第二卷 582 页。

在 122 号营地下游一点的疏勒河南岸，从万山子下来的一条小沟沟口有一座庙宇遗址。庙宇修得很好，看起来是近期修的（图 213）。后来我们才知道，这座庙叫老君庙，它显然曾在东干人叛乱的时候被毁坏过。沟口两侧是两座很陡的石山，每座山顶上都有一座小佛塔和一间方形小屋，如今也都成了废墟。

疏勒河南岸的庙宇

无疑，从地形和军事上看，在汉长城推进到敦煌之前，从万山子末端的这一个点可以很方便地戍卫两翼的长城。这在一定程度上可能会支持我在《西域考古图记》中作出的假设：来自玉门县和肃州的道路所经过的这条峡谷，可能曾是一个类似于古代玉门关或现代嘉峪关那样的"关隘"[1]。如果是这样，我们就可以解释为什么在这里会出现一座废庙。我们发现在长城上其他的"关隘"，当地的拜神传统也是非常久远的。[2] 要是我们能知道"晋昌"究竟在什么地方，这个问题大概会更清楚些。唐代史书中说，公元 610 年时玉门关就位于"晋昌"，中国文物工作者认为它应该在安西以东。[3]

万山子峡谷适合作为一个关隘

---

① 参见《西域考古图记》第二卷 727 页；第三卷 1099 页注 20。
② 参见本书第十章第三节；《西域考古图记》第二卷 606 页、696 页；第三卷 1094 页。
③ 参见《西域考古图记》第三卷 1099 页注 20。那里提到了沙畹先生引用的文字。

图 212　十二墩西北外长城上的烽燧 T.XLI.o，年代较晚

图 213　万山子峡谷，疏勒河南岸的庙宇遗址

图 214 十二墩以东长城上的烽燧 T.XLII.f

图 215 安西附近长城上的烽燧 T.XXXVIII.a

图 216　十二墩附近长城上的戍堡和烽燧 T.XLII.d

图 217　布隆吉以东长城上的桥湾城城堡内景

在此我要说一下，万山子峡谷对于戍卫从甘州、肃州到安西并进而到哈密去的道路有重要的战略意义。有一点可资证明：康熙、乾隆年间，甘州、肃州既要防范准噶尔部的进犯，又要为从那里收复新疆做准备，那时此地以东约 10 英里远的布隆吉有大量驻军。① 那里的军队驻扎在几块小垦殖区之间，位置十分便利，既可以戍卫万山子峡谷，也可以戍卫疏勒河河道（如果敌人绕过万山子峡谷，可以从北边接近疏勒河河道）。

我们又过河从北岸向东走，在离 122 号营地不足 0.5 英里的地方又遇到了长城墙体。这段墙体在两座低山之间穿过，低山上的石头被侵蚀得很厉害。这两座低山是烽燧 T.XL.c 所在的那座山的最东南边缘。在 120 码远的距离内，墙体形如双层堤坝，上面布满了碎石。南边的那条堤坝（或土丘）底部宽约 24 英尺，高 10 英尺。北面的那一条没这么宽，而且只有 5~6 英尺高。两座土丘顶部的中心线之间相隔约 44 英尺。过了这段之后，双层墙体又延伸了约 80 码。那里两座土丘中都露出红柳枝，而且南边的墙体只有 12 英尺宽，说明这段墙的筑造方式不同于前面那段。这块地面上出现了双层墙体，大概是地面支离破碎的缘故吧。

再往前走一点，地面上不再有石头暴露出来，长城的所有迹象都消失在一条冲积而成的松软的黄土带上。这条黄土带位于河床边上，约有 0.5 英里宽。地面上有一条条与河道平行的深沟，似乎是风蚀形成的。走了约 3 英里后，我们来到了一片地面，那里显然偶尔会被水淹到，生长着茂密的芦苇和灌木。在那里也没有发现长城墙体的遗迹。但又走了

万山子峡谷在战略上的重要性

双线墙体

长城线消失了

① 参见《西域考古图记》第三卷 1138 页。

5 英里后，我们遇到了一座废烽燧。它坐落在一块俯瞰着宽阔河床的土台地之上，土台地部分地方长着一丛丛胡杨树和灌木。

烽燧 T.XLI.a

这座烽燧就是 T.XLI.a，1907 年 9 月我在布隆吉西边的路上就曾望见过它。当年，在我的指示下，拉尔·辛格从安西出发进行了一次勘察，还实地探访过这座烽燧。但只有现在，我们才能证实它是汉代古长城上的一座烽燧。烽燧用一层层泥土夯筑而成，底部约有 20 英尺见方。烽燧北面已坍毁，余下的烽燧裂成了两部分。尽管烽燧朽坏得很严重，我们还是很快就证实它是座烽燧。附近光秃秃的地面上有许多深灰色汉代席纹陶器碎片。在西南角的一小层垃圾里，我们发现了一枚宽木简残片，上面仍有几个汉字，这给我们提供了确凿的证据。①

长城线紧贴河北岸

现在我敢肯定，这段汉代的长城线是沿着疏勒河北岸伸展的。早在 1907 年，当我们从南边很远处的大路遥望这块地面时，我就已作出了这样的假设。原来必定曾有长城墙体经过这座烽燧，但在河谷两边的植被带中，墙体未能保存下来。再往前植被带逐渐变窄了，并最终让位于光秃秃的地面，地面上被风蚀切割出了 4~6 英尺高的小雅丹。在这段距离内，我们也没有发现墙体。但在河的一个转弯处矗立着一座醒目的烽燧，它给我们指引了方向。从 T.XLI.a 走了约 5 英里后，我们到了那里，发现它也是一座烽燧。

在烽燧 T.XLI.b 发现的文物

这座烽燧（T.XLI.b）用泥土夯筑而成，保存得很好，底部为 20 英尺见方，烽燧仍有 29 英尺高（附图 14）。我手下的一个人将一根绳子扔过烽燧顶，并借助烽燧西侧保留下

---

① 其中几块陶器碎片和几个其他小文物，参见本书第十二章第三节的文物目录。

来的踏脚孔爬到了烽燧顶上。在那里他发现的部分零碎东西有：一把木勺（T.XLI.b.02）；一页卷起来的纸，纸中间包着些撮成小黄条的药材（T.XLI.b.01）；皮革残片（T.XLI.b.06）；一块很粗糙的毛织品（T.XLI.b.018）。文物目录中对此都有详细叙述。他还发现了两枚木简（T.XLI.b.04、05），其中一枚上面能隐隐看出汉字。在烽燧脚下发现的大量汉代陶器残片中，某一件器皿的残片（T.XLI.b.014~017）值得一提，它们都上了一层灰棕色的斑驳的釉。烽燧西面本来连着一圈围墙，现在只有北墙仍比地面高出几英尺（北墙长 27 英尺）。在围墙里挖出的垃圾堆中只有秸秆和牲畜粪便，没有发现文物。但在墙外面，我们拾到了一枚残破的五铢钱。有一条低矮的土丘大致呈半圆形绕过烽燧北面，土丘中没有明显的柴捆的迹象。这大概是一小段长城墙体，而其余的墙体都已消失了。

在此后 2 英里的距离内，是一条几乎全被切割成小雅丹的光秃秃的土带。之后，我们来到了一块醒目的土台地 T.XLI.c。古人将它四面粗略地削过之后，改造成了一座天然的烽燧。烽燧底部约 20 英尺见方，烽燧高 21 英尺。烽燧附近的地面上，尤其是南面，散布一层厚厚的汉代陶器碎片，说明这块台地曾被当作一座烽燧使用，可能很长时间都有人驻守。在这里我们也发现了一枚残破的五铢钱。一段约 10 英尺高的清晰墙体，在这块小台地的东、北、西三面绕过去，离台地 32~36 英尺。但在东边和西边，我们都没有找到墙体继续延伸下去的部分。

晚上，我们在此地以南约 0.5 英里远的河边扎了营。4 月 21 日早晨，我们继续向东考察。只走了约 1.5 英里的路，我们就来到了烽燧 T.XLI.d。这座烽燧用泥土夯筑而成，很

土台地 T.XLI.c 被改造成了一座烽燧

烽燧 T.XLI.d

醒目。它矗立在离河岸不到 30 码的地方，对岸就是九道沟（Chiu-tao-kou）村的田地位于河下游的那一端。风蚀将烽燧北脚下的土切到了 4 英尺深，因而烽燧北侧已坍塌下来，成了一块块黏土。剩下的半边烽燧仍有约 28 英尺高。烽燧脚下有大量古代陶器碎片，我们在附近还拾到了一枚五铢钱的残片。

烽燧 T.XLI.e 遗址　　接着我们又在这块萨依和河之间窄窄的风蚀地面上走了 1.5 英里，来到一座低矮石山的西边脚下。这座山是从布满砾石的缓坡向河边突出过来的。沿着河边台地有一条曲折的踪迹。我注意到踪迹上有汉代陶器碎片，就沿着踪迹往北走，来到了一座 30~40 英尺高的小山丘。山丘上发现了红柳捆，说明那里是一座烽燧遗址，但只有 2~3 英尺高的烽燧底部保留了下来。此外，还有一些垃圾（应该是出自烽燧顶上一间小屋的地面上）。显然，这座烽燧与 T.XXIII.a 或 T.XXIII.g 属于同一类型，烽燧的制高点上有一间小屋。[①] 在各种垃圾中，我们发现了一个木纺锤（T.XLI.e.02，图版 XLVII）。就在柴捆外边，我们还拾到了一枚带字的大五铢钱。

修复过的大烽燧 T.XLI.f　　上文说的踪迹，沿着接近河床的小山岭脚下绕了过去。我们沿着踪迹走了 1 英里，来到了大烽燧 T.XLI.f。这座醒目的烽燧高踞在一座孤立的小山丘顶上，比河边平地高出 150 英尺。这座烽燧带透孔护墙，肯定是后来修筑的。但仔细研究了之后我们很快发现，这本是一座汉代烽燧，后来人们在其东、南、西三面又加了一层土坯，将烽燧加大了。原先的烽燧很坚固，用土坯（15 英寸×10 英寸×4 英寸）筑成，每

---

① 参见《西域考古图记》第二卷 721 页；本书第十章第一节。

隔 3 英尺 6 英寸出现一层芦苇。烽燧底部有 24 英尺见方。后来的土坯尺寸为 14 英寸×6 $\frac{1}{2}$ 英寸×3 英寸，加大后的烽燧底部有 32 英尺见方。目前烽燧高 32 英尺。烽燧南侧可以很清楚地看到用来爬到烽燧顶上去的踏脚孔。在这里，向疏勒河的上下游两个方向都可以望出去很远。

　　开始我们在烽燧脚下南侧的石质地面上只发现了一些垃圾。但当我们察看布满石头的山南坡时，烽燧底下约 20 英尺的地方隐藏着大量垃圾，垃圾层约有 2 英尺厚。迅速清理之后，在秸秆、木片等物中，我们发现了不少零碎东西（见文物目录）。其中包括：几枚或空白或字迹已被磨光的木简、由某种针叶木做成的写板残件（T.XLI.f.01）、大量小块素绸或棉布等。显然，这些东西是由守烽燧的人丢下的，在一定程度上受到了偶尔出现的雨雪的损害。但一枚已经碎成了三块的木简（T.XLI.f.026），上面仍保留着汉代字体的汉字（提到了一座烽燧的长官）。我们还发现了一枚中国古钱币，上面隐约镌着"货泉"二字，也证明这里汉代时有人驻守。烽燧附近还发现了两枚清代铜钱，显然是近期在那里戍卫的人遗落的。

　　山脚下有一个用土夯筑成的小院落 T.XLI.g，看起来年代要晚得多。在院落里和附近发现了大量上过釉的陶器①和瓷器碎片，还有一枚康熙古钱币，都与我们对它的年代作出的判断相符。当我们绕着山脚只走了 0.25 英里时，我注意到了石山坡上露出来的红柳层。那显然是朽坏得很厉害的一段墙体。在约 40 码的距离内，墙体都清晰可辨，与河平行。

在山坡的垃圾中发现的文物

山脚下后来修的院落

---

　　① 　这种陶器的样品，参见第十二章第三节的文物目录。

再往前不到半英里，离河很近的地方又出现了一小段墙体。

废烽燧 T.XLI.h

然后，墙体的所有迹象都消失了。位于疏勒河与砾石萨依脚下之间的地面，是一带荒凉的光秃秃的土地，受过强烈的风蚀。在较小的形如雅丹的台地之间，零星矗立着几块高达 20 英尺的台地。我们从这里向东走了约 6 英里，没有看到任何墙体或烽燧的迹象。当我们进入一块砾石萨依时，左边的平地上有一长条直线，引起了我手下那个蒙古人的注意。我们到了它那里，发现它离河边只有 1 英里远。这条低矮土丘两侧都露出灌木来，说明它是一段朽坏得很厉害的长城墙体。在我们遇到墙体的地方附近，有一座已完全坍毁的烽燧，即烽燧 T.XLI.h 遗址。在遗址附近的垃圾中，我们发现了两枚写文书用的那种木简，但木简上的文字已经被磨光了。

第二节　从桥湾城到十二墩

城堡废墟

在离烽燧 T.XLI.h 还有几英里的地方，我们就已经看见了河边一座小城的残墙和破庙。1907 年我经过三道沟和布隆吉之间的大路时，就从远方注意到了这座城。当时我在地图上把它标作"桥湾城"，当地人称它为"彭家庄"（现在地图上标的就是这个名称）①。但彭家庄似乎指的是城外的一个居住区（现在仍有僧人住在那里，偶尔过往的驼队也将那里当作歇脚的地方），而不是指这座废城，所以还是把"桥湾城"作为废城的名称比较合适。

围墙

这个修得很好的小城十分醒目。我知道，19 世纪 60 年代东干人叛乱后，这里才被废弃。但即便如此，当我查看它

---

① 地图中标的"P'êng-chia-chiang"，是绘图者拼写错了。

的废墟时，仍得到了不少启示。据说一直到被毁之前，都有中国驻军驻扎在这座小城中。小城厚实的城墙用泥土夯筑而成。从附图 15 中可以看出，城墙围成长方形，长约 380 码，宽 135 码，大致呈东西走向。南墙离疏勒河北岸不足 100 码远①。南墙和北墙上各用硬土坯为拱顶，开了一座大门。每座大门外都用一座方形外部建筑来保护，方形建筑也有一座类似的大门。

当我们从河边进入城内时，仿佛进入了一座稍微改装成中国式样的罗马古城堡（图 217）。从每扇大门都伸出一条笔直的宽阔大街，一直延伸到对面的城墙那里。大街两边是房屋，盖得很坚固，但现在都成了没有屋顶的废墟。在两条大街的中点是与它们垂直相交的第三条街，这条街是沿着长方形城的长轴伸展的。在从南门伸出来的那条大街尽头，我发现了一座破败的庙，里面仍保留着很破烂的一尊佛像和几尊天王像。庙旁的两座破房子里仍有几个僧人居住，他们是这座孤城中唯一的居民。他们之所以住在这里，庙之所以被部分地保存了下来，是因为当地仍有拜神的传统。从北门伸出来的那条街的尽头是衙署，现在已毫无用处，只有其入口处两尊古怪的石狮诉说着那里往日的尊严。

大街及其两侧的废墟

大门上方原来曾有装饰性的城楼，城墙角上的角楼也是如此。这些装饰性建筑都已完全成了废墟，但不少装饰用的精美浮雕砖残片保留了下来。有的保留在原地，有的被用进近期修复的小佛龛中。整座废城遗址表明，它的各个建筑是在同一时候按计划建成的。显然，当时的中央政权即便在帝国的边缘地区，仍能有效地进行控制。我们问那些和尚这座

修建年代

---

①　在地图中，城的符号距离河边太远，城北边的长城墙体位置也不对。

城是什么时候建的，他们对此一无所知。这座城远在明代的万里长城之外，并且从装饰性浮雕的风格（文物目录和图版 L 中有几件这样的样品）来判断，这个前沿堡垒是清朝初期从康熙到乾隆那几个皇帝在位时建的。

戍守哈密道　　这座城的用途很快就清楚了，它是戍卫哈密道临疏勒河的地方的。这条道是从哈密穿过北山戈壁延伸到这里的，是哈密绿洲和肃州之间最直接的联络线，很适合骆驼和马走。1898 年伏特勒教授就沿着这条道走过，还详细描述了它并画了地图。① 当这座城堡有驻军时，到哈密去或从哈密来的驼队必须在此取得物资，并进行休整。这里一边临河，另一边靠近垦殖区。当人们穿越沙漠向西北去时，把这里当作桥头堡显然是很方便的。

城墙外的郊区　　我发现城墙外的西边和南边有很多萨拉依（旅舍、馆舍——译者）和亭子等，形成了某种郊区。这肯定是为了满足哈密道上交通的需要，同时也为了给那些服务驻军的人有地方住。这些建筑都已成了废墟。郊区的围墙很不规则，也不太坚固，说明郊区是后来逐渐发展出来的，并没有出现在最初的城堡规划之中。

现在的车马道　　桥湾城原来是那条沙漠道的南部终点。自从这座小城被毁并被废弃之后，它在哈密道上的地位也就大打折扣了。因此，沿这条道从哈密来的人，现在都倾向于在到桥湾城的前一天，改走另一条稍微再往东边去的路线。如果是这样，他们将在桥湾城上游约 5 英里的一点过河。在那里河北岸光秃秃的砾石带让位于一片沙地，沙地上有茂密的植被可供骆驼

① 参见伏特勒《关于哈密和肃州之间荒漠戈壁的地理学概要》，《彼得曼报告》增刊 139 号，1902年。哈森斯坦因博士为伏特勒教授的论文所配的地图，体现了伏特勒教授对这条道的十分仔细的考察结果。这张图的比例尺是 1∶500 000，而不是像图例上写错的那样是 1∶1 000 000。

食用。而在桥湾城，牧草极少。我后来在烽燧 T.XLI.k 清楚地看到了这条新路线穿过长城墙体的地方①。伏特勒教授的向导们也曾追踪过这条新路线。

这座废城的面貌以及它作为一条沙漠道终点站的位置，都颇使人清晰地回忆起楼兰要塞 L.A 来（当然，那个楼兰要塞的朽坏程度比这里要严重得多）。在察看了围墙以北开阔地面上的废墟后，我的这种印象就更强烈了。古代长城线实际上就是在那里穿过去的，这使那里具有了更多的文物学价值。离北门约 150 码远的地方是一个巨大的地基，地基上是一座大庙的废墟。庙宇已完全坍毁，通过有步骤的挖掘后，我们才知道了它的内部结构。它东边还有几座保存得好得多的小庙，大概是守城的某些军官为表达自己的虔敬之心修建的。

从这座大庙再往北走 100 码，就是长城墙体。这段笔直而连续的墙体出现在光秃秃的砾石地面上，大多数地方仍高达 3~4 英尺。在墙外不远，我发现了两条平行的浅沟，沟边有一个破败的亭子。要不是我带了一个和尚做向导，我真会对此大惑不解。在遥远的将来，如果有哪位考古学家看到了这些，他也会为此大伤脑筋的。那个和尚告诉我，这是让骑兵在骑马飞奔的同时练习枪法用的！

在离桥湾城西北角约 350 码的地方，我到了去往哈密的车马道穿过长城线的那一点，那里有一个真正具有文物价值

城北的废庙

长城线边上的废庙

①　就是因为在最后一天改了道，尽管伏特勒教授是在离桥湾城不到 4 英里的地方经过的，他却没有发现这座城。他是在 5 月 25 日经过这里的，当时由于这个季节常出现的风沙，能见度一定很低。但他在《荒漠戈壁》一书 23 页说道，有人对他说起一座"古庙"，庙中只有几个和尚，再就没别的人来了。这显然指的就是桥湾城。但似乎他的向导们错误地把桥湾城说成是位于疏勒河南岸了。

在这里我要提一下，在伏特勒教授的地图上，他从 xiv 号营地出发后，最初走的路是笔直的。如果他沿这条直道一直走下去，走到疏勒河边，而不是像他做的那样折向南—南东方向，那么他到达河边的那一点将恰好就是桥湾城。

的东西在等待着我。形如低矮砾石土丘的墙外边，矗立着五座小佛塔，与墙体平行排成一排。墙里面又有 3 座小佛塔。小佛塔的作用相当于坟墓上的墓碑，它们本身就足以证明那里至今仍是一个神圣的地方。我们还发现了更明确的证据，说明那里的拜神传统一直保留至今。我们发现了一座破败的大庙，就矗立在长城线南边、路东边。庙宇的一部分近期曾修复过。人们告诉我，这是为了纪念那些在抗击东干人叛乱、保卫桥湾城时战死的人的。一个靠外的院子里仍有藏族喇嘛们住的僧舍，表明这座庙现在的确仍在使用。

当地的拜神传统保留至今　　我曾反复说过，从很早时候起，凡是大路通到帝国城墙外面去的地方①，在中国人的情感中都会激起一种宗教上的敬意。因此，我们完全有理由认为，在这个从地形学上算得上是长城上一个真正关隘的地方，之所以出现了现代庙宇和佛塔，是当地古代的拜神传统留存至今的缘故。在这个遗址上我没有发现任何古物，但很可能古物就埋藏在当代大庙底下。无论如何，有一点是值得注意的：哈密道过长城的这一个点，恰好处于烽燧 T.XLI.h 和 T.XLI.i 遗址中间的位置，那两座烽燧分别在此地东边和西边 1 英里远的地方。在东段的长城线上，烽燧之间一般间隔 1 英里远。因此这里很可能也有一座烽燧来戍卫哈密道。

桥湾城所守卫的哈密道有何优势　　关于桥湾城的地理优势和战略优势，我还要再说几句。正是因为这些优势，它才成了安西—哈密道之外的另一条从甘肃到哈密去的道路的起点。也是因为这些优势，大概早在 18 世纪，这里就有军队驻守，以防范来自哈密那一边沿着这条道或其他途径进犯的敌人。我已经说过，这条道是甘肃

---

①　汉长城上的这类遗址，见本书第十章第三节的注。

和哈密之间驮东西的牲畜能走的最直接的路线。从交通上的
重要性来讲，它无法与安西—哈密道相比。这条道要经过一
系列高大陡峭的北山山脉，车没法通行。[①] 而西边那条从哈
密到安西的道上，则完全可以用车。另一方面，在这条道上
骆驼吃草的问题比安西—哈密道更容易解决。我们将会看
到，这条道朝东边的营盘（花海子）和肃州继续延伸时，一
路上牧草也都很丰富。

清朝将桥湾城选为沙漠道上的一个基地，大概还有一个
原因：把疏勒河以南垦殖区的物资运到这里来极为方便。从
地图上我们可以看出，从大村子三道沟（San-tao-kou）附
近，有一长条垦殖带向这里延伸过来。三道沟位于从玉门县
到安西去的大路上，在东干人叛乱之后，这条垦殖带上的不
少农田荒弃了。疏勒河有很多大水渠状的支流沿着河的冲积
扇流下来，可以提供灌溉上的便利，但多数田地依旧荒弃
着。即便如此，在今天离桥湾城遗址 2~3 英里的范围内，
我们仍可以见到一小块一小块开垦过的土地。而另一方面，
这片垦殖区同疏勒河北面之间联系起来特别容易。这里的疏
勒河河床很窄，陡峭的土岸约有 20 英尺高。从桥湾城"郊
区"有一座桥跨过了河床，那里的河床只有 50 英尺宽。

最后还有一个问题：为什么这个旨在戍卫沙漠道南端的
军事堡垒被放在了疏勒河北岸——那里的地面是无法开垦
的，也没有别的诱人之处。这有助于我们了解另一个问题：
汉长城的筑造者们，从疏勒河大拐弯起，把长城线一直修到
了万山子对岸的小山，然后让它一直紧贴着疏勒河北岸，而
那块地面自古就是荒凉的沙漠。我想，显然这是因为从军事

离垦殖区较近

为什么把城建
在河北岸

① 参见伏特勒《荒漠戈壁》4 页。

防卫的角度来讲，北岸明显更有优势。这些优势是由地形决定的。所以，自从中国势力第一次到达甘肃西部起，这些优势就一直存在着。

不让敌人接近水源

乍看起来，似乎可以把疏勒河本身作为最便利的天然边界线。而如果想为戍守沙漠道末端而修一座城堡，以便防范可能会从西北沿沙漠道过来的敌人，最理想的位置似乎是河南岸的垦殖区。但仔细考虑后我们就会发现，在这里的防卫中，决定性的因素并不是疏勒河（因为全年的大部分时间，过河都是很容易的事），而是紧挨河北面的宽广无水的沙漠区。如果向北穿过北山光秃秃的砾石缓坡，离桥湾城最近的水源是一处存积成沼泽的泉水，那处泉水所在的洼地我们也曾考察过。按照伏特勒教授的地图，那里离桥湾城的直线距离有 17 英里。① 显然，在河北岸设堡垒，可以使敌人到不了河边，取不到河水。这样可以更有效地阻挡到疏勒河南岸绿洲和那里的大交通线劫掠的敌人，比只在河南岸设防强得多。②

中国人对军事地形学的重视

我想这样大概既可以解释为什么汉武帝选择这里修长城，也可以说明过了 1 800 多年之后桥湾城被作为军事要塞派兵驻守的原因。这些措施都是中国向中亚的扩张政策的结果。而且，在这两个不同的年代中，那些负责戍守疏勒河下游河谷这条走廊（这条走廊对中国的扩张政策是至关重要

① 这一个点在伏特勒教授的地图上就是 xiv 号营地。参见《荒漠戈壁》21 页。他提到那里有一个石头筑成的大建筑的废墟，这大概可以说明人们曾长期地、经常地使用这条道。
② 我们可以提这样的问题：为什么在万山子下游没有利用这样的优势，没有把长城线筑在河的北岸呢？答案大概是这样的：在万山子这一个点上游，河南岸的垦殖区都是接近河边的，而安西和敦煌的主要绿洲则离疏勒河很远。如果把长城线设在河北岸，从很远之外进行戍守、运送给养等都将是很困难的。而敦煌以北疏勒河河道像三角洲一样分了很多岔，又会加剧这些困难。同时，关于敦煌以西的长城线，我们必须记住这样的事实：它像真正的罗马长城一样，主要不是为了保卫某个居民区，而是为了捍卫到塔里木盆地的道路——商业和军事活动都是在道上进行的。参见《西域考古图记》第二卷 725 页。

的）的人，都敏锐地看到了此地地形的战略意义。能敏锐地
觉察到地形的战略意义，这是中国军事史的一项传统。

关于桥湾城还有一点值得一提。它优越的地理位置恰好
还可以成卫另一条从北山通到这附近的道路。我指的是最早
由格卢姆·格里什迈罗先生，之后由欧布罗柴夫先生追踪的
那条道。它起于疏勒河大拐弯上游约 8 英里处，然后曲折前
行，先是向北，接着折向西北，并在魔头井（Mo-t'ou-ching，
未查到与此对应的地名，权且如此音译——译者）和伏特勒
教授追踪的那条道会合在了一起。这条通哈密的交通线不是
太直，但也有其重要性。因为，过了明水（Ming-shui）水井
之后，它同其他小道连接了起来。从蒙古那一边和准噶尔那
一边，游牧部落可以沿着这些小道到北山最东段来。

另一条去哈密
的道

4 月 22 日太阳升起的时候，我们继续向东考察长城墙
体。我们很轻松地就在布满砾石的地面上沿着墙体走了 1 英
里远，来到一个朽坏得很严重的遗址。那里曾是一座烽燧，
烽燧的墙有 3 英尺厚，筑墙土坯尺寸为 14 英寸×9 英寸×4 英
寸。在清理垃圾堆时发现了一些零碎小东西（见文物目录）。
其中值得一提的是一个捕兽器的一部分（T.XLI.i.06，图
版 XLVI），这种捕兽器至今在非洲和亚洲的相距遥远的地区
仍在使用①。除了汉代那种带席纹的灰色陶器碎片，我们还拾
到了瓷器碎片，说明在汉代以后的朝代，这里大概曾有驻军。

在 T.XLI.i 发
现的文物

在此后的 2 英里内，代表长城墙体的那条低矮笔直的土
丘仍十分清晰。但两座烽燧 T.XLI.j、jj 都已完全坍毁成了小
砾石丘，上面散布一层厚厚的汉代陶器碎片。这两座烽燧与
前后烽燧的间隔都是 1 英里。过了这段之后，地面变成了光

烽燧 T.XLI.j、k
的位置

---

① 关于这种机关的用法，见巴尔夫先生在"补遗与更正"421 页中做的笔记。

秃秃的，风蚀更加明显。那里的墙体只是横亘在地面上的一条笔直的暗色砾石带。离桥湾城约 4 英里处我们遇到了那条清晰的小道，上文曾说过，伏特勒教授曾追踪过这条小道。从哈密来的大道现在就是通过这条小道到达疏勒河北岸的。小道旁边有一块土台地，高约 3 英尺，直径约 75 英尺，上面是一层厚厚的汉代陶器碎片和石头。那里原来是烽燧 T.XLI.k。在台地附近我们还发现了一枚大五铢钱。

烽燧 T.XLI.l 遗址

地面上偶尔出现一块块布满砾石的区域，这样我们又沿长城墙体追踪了 1 英里远，来到了烽燧 T.XLI.l。那里的长城线附近有两座小佛塔，是用竖放的土坯筑成的，显然年代较晚。长城线以南约 180 码的地方有一块小土台地，上面是一个圆顶小建筑的遗存，小建筑一部分切入了土中。在它附近发现的陶器碎片似乎大多数属于较晚时期，铜钉 T.XLI.l.01 也是如此。这个遗址的奇怪之处是一条约 10 英尺宽的水渠，在 0.25 英里内都清晰可辨。水渠呈东西走向，离长城墙体不到 60 码。我们在到烽燧 T.XLI.m 的路上遇到了一条浅沟，那里的水大概曾流到这条水渠中来。

过了烽燧 T.XLI.l，长城墙体很快便消失在一片风蚀严重的地面上了。这种地面又逐渐变成了宽阔的沙地，生长着大量芦苇和灌木。为了到烽燧 T.XLI.m 去，我们只好折向东南。但从烽燧 T.XLI.l 走了 2 英里多到达那里之后，我们却发现它是后来建的，顶上有一个小佛龛。

沿着疏勒河大拐弯处延伸的洼地

现在我们进入了沿疏勒河北岸的一片宽 3~4 英里的洼地，疏勒河就是在这里拐了一个弯向西流的。1907 年 9 月，当我从玉门县出发考察十二墩附近的长城，并进而到安西道上的三道沟去时，曾从这片洼地的东南段穿过。① 我当时觉得，这片伸展在北山的砾石缓坡和疏勒河之间的洼地，可能是一个古湖盆。如今这里的水汽依然很多。水汽一部分是渗透过来的，一部分是从玉门县下游的疏勒河主河道上分出来的河道在季节性洪水时泛滥过来的。所以我很清楚，在这样的地面上，长城墙体保存下来的可能性微乎其微。但另一方面，我也很清楚该到东南方向的哪个地方去继续寻找墙体。

因此，当我不得不从这里离开长城的可能路线并折向南方，同我们的行李队取得联系的时候，我心中并不觉得太遗憾。行李队沿着从烽燧 T.XLI.k 来的车马道走，结果错误地到了河边。之后，我们又到了河北岸，并沿着北岸走，来到了一个地点，这里的河道几乎折向正南方，即玉门县的方向。这里矗立着一座烽燧 T.XLI.n。烽燧用泥土夯筑而成，底部约 12 英尺见方。去往哈密或来自哈密的驼队一般在这里休息一下。人们是用那个叫蘑菇滩的村子的名称来称呼这座烽燧的——那个村子的田地就在河南岸不远②。烽燧看起来年代较晚，在烽燧附近拾到的小金属制品并没有提供年代上的线索。

行李队沿小道到了河边

此地以及下游几英里的河床都很窄，切入陡峭的 30~40 英尺高的土岸之中。在我们测河水流量的那一点上，河床只有约 20 英尺宽，3~4 英尺深。测得的流量大致只有 180 立方英尺/秒。这个流量显然只是现在疏勒河河水的很小一部分，其余的水都从灌溉三道沟和其西边绿洲的那些支流流走了，或是被玉门县的几条水渠引走了。

疏勒河的水量

---

① 参见《西域考古图记》第三卷 1136 页。

② 地图中的蘑菇滩垦殖区应该再往北延伸一段。1907 年 9 月 21 日我们经过这里时，由于已近傍晚而没有注意到这个细节。

干涸湖盆 在离烽燧 T.XLI.n 约 0.5 英里的地方，我们离开了去十二墩的路（1907 年我们已经考察过那里），折向东北，期望到达一座醒目的烽燧。上一次考察中，我已经看见了这座烽燧，它显然位于长城线上。1907 年时，我们在此地东边的一点发现平地像沼泽一般泥泞，而这里的平地看起来像一片刚干涸不久的沼泽。在地面稍微高些的地方，土洼地的底部干涸得更早，风蚀已经开始在没有植被保护的地方发挥作用了。而其他地方，在芦苇丛和灌木之间，流沙堆成了小沙丘。

烽燧 T. XLI. o
以南的长城线

我们来到了烽燧 T.XLI.o（图 212）。那里干涸的湖盆已经让位于砾石萨依，而北面已矗立着低矮石山的最外围山岭。这座烽燧是由土夯筑成的，底部有 32 英尺见方，旁边还连着一个方形院落（附图 14），烽燧和院落似乎都不太古老。但在烽燧以南约 50 码的地方，我们仔细查看后，发现了长城墙体，这段墙体沿着一座碎石小山延伸了约 1 弗隆远。它形如一条低矮笔直的砾石丘，丘两边露出红柳枝层，由此可以判断它显然就是长城墙体。它向西北指向烽燧 T.XLI.l，但我们并没有看见中间有什么烽燧。而且，那段穿过古湖盆边上的植被带的墙体现在必定已踪迹全无了。正对着烽燧 T.XLI.o，紧挨着长城墙体南面，我们发现了大量汉代陶器碎片，说明石山顶上曾有一座烽燧。

烽燧 T. XLI. p
戍守的道路

但奇怪的是，长城外的那个院落附近没有发现一片这样的陶器，却有大量上了釉的瓷器等物。就在围墙外，我们发现了一块写有汉字的木板，从字体来看似乎年代较晚。有一条清晰的小路从这座小烽燧附近经过。它是从十二墩延伸过来的。后来在十二墩我们注意到，它继续向上面说的欧布罗柴夫和格卢姆·格里什迈罗先生追踪到的那条道延伸过去，

大概在某口井附近同那条道会合在一起——伏特勒教授的论
文中还附有哈森斯坦因博士绘制的地图中那口被标作"乌伦
泉"（Ulun-tschuan）的水井（可能是梧桐井，乌伦泉太靠西
北了——译者）。向东北望，在较高的地面上有一座烽燧
T.XLI.p，目的是戍卫从十二墩方向来、前往垦殖区的路。
从望远镜里看，那座烽燧看起来年代较晚。

　　从烽燧 T.XLI.o 起，我们沿着长城线，沿山脚下走。这 向东南追踪古
道
些小山是小山脉的最后几条分支，上面布满碎石。墙体在三
处出现过，每一段的墙体长度约为 0.25 英里。墙体中的红
柳枝暴露在外，墙身仍有 5~6 英尺高。走了约 3 英里后，我
们来到了一座烽燧 T.XLI.r 遗址。它显然是一座烽燧，用土
坯（14 英寸×9 英寸×7 英寸大小）筑成。我们在这里的地
面上拾到了一枚大五铢钱。离烽燧很近的地方有间小守望屋
的残墙，屋内只有 6 英尺见方，残墙仍高达 4 英尺。屋入口
处的厚墙上仍有一个插大门闩用的孔洞①。到这座烽燧来的途
中，我们还经过了一座小丘 T.XLI.q，可以看出已坍毁的垂直
放置的土坯。那里原来是古长城上的一座烽燧，后来在其旧
址上又筑了一座烽燧。

　　从这座小丘附近再往前，是一块向南延伸的结着盐壳的 十二墩村
松软地面，这里显然有时是会被水淹到的。我们绕着这块地
面又走了约 1.5 英里后，就来到了一座低矮石岭的西端。这
条石岭俯瞰着小村十二墩，烽燧 T.XLII.a~d 就坐落在石岭
上。1907 年 9 月我从玉门县出发，到这里匆匆地勘察了一
下，便找到了长城线。那次的经历已记录在《西域考古图

---

① 参见《西域考古图记》第二卷 645 页、658 页。

记》中了①。我们马上就会看到，这一带在地理学上是很有意思的。因此，我很乐意在十二墩那些绿树环绕的静谧农田北边的一条潺潺小溪旁休整一天。利用这一天时间，我可以更仔细地看一下那几座长城烽燧遗址，并考察长城附近的地面。

烽燧 T.XLII.a　　这些遗址分布在一组又矮又窄的山岭的最外面那一条之上——这组山岭是北山南段的最后分支，俯瞰着大拐弯处的疏勒河河道。这些颜色较暗的光秃秃的山岭，是由很多带裂缝的岩石构成的。山石看起来像花岗岩，但大部分山石上都布满了厚厚的碎石。在最外面的这条山岭逐渐变低并最终与西面那结着盐壳的平地相连的地方，我于 1907 年准确无误地找到了长城线的痕迹，因为那里的山坡上零星地有一些已半石化的小红柳树枝和胡杨树枝。从那一点开始，长城线逐渐变得明晰起来，碎石层中间嵌着小树枝。我们沿着这段长城线走了约 300 码，就来到了烽燧 T.XLII.a（附图 15）。烽燧坐落在距城墙南边 1 弗隆远的一座小石丘顶上，比山脚高出约 50 英尺。与东边的烽燧 T.XLII.b~d 一样，在这座烽燧上，前面要戍卫的长城线和后面长着灌木的平地都尽收眼底。烽燧是由土夯筑成的，相邻两层土之间是一薄层芦苇。烽燧朽坏了不少，10 英尺高的残烽燧上有一条风蚀而成的裂缝。

已坍毁成土丘的 T.XLII.b　　从这座烽燧起，沿着长城线再走 0.75 英里，又是一座小石丘，石丘上面有一座已完全坍毁的 12 英尺高的土丘，那就是烽燧 T.XLII.b。在那里，我们发现了大量汉代陶器碎片，说明这座烽燧在汉代是有人戍守的。土丘附近有一些垃圾，从中发现了一枚五铢钱，还有一块粗略修整过的胡杨

---

① 参见《西域考古图记》第二卷 1137 页。

木，大概是门上的过梁。在上面这两座烽燧之间的山岭顶上的一点，我们发现了两三堆浸着盐的芦苇。它们大概和敦煌长城最西段的烽燧上那些柴捆堆一样，也是用来点烽火的。①

烽燧 T.XLII.b 紧挨着长城线。从那里往前，有 1 英里长的长城线很清晰，延伸于山岭旁边一座小石高原上。再往东是一带长着灌木的沙土，长城线在那里便消失了。长城墙体两侧到处都露出来一层层灌木，或者只要挖掘一下就能找到灌木。墙体都不到 5 英尺高，顶部约有 14 英尺宽。在很多地方，沿墙体的中心线有一个约 6 英尺宽的奇怪的凹陷处，和我在安西以西的长城线上某一点观察到的情况类似。② 我们在墙体的一点上挖了一下，发现墙体外侧的灌木层比里侧厚。看来墙体中心的凹陷大概是沉陷的结果。

向东追踪长城墙体

上述这段墙体虽然不长，却有两座烽燧（T.XLII.c、d）戍卫着，而紧挨着烽燧 T.XLII.d 南边就是下文将要说到的小堡垒。山岭上这两座烽燧挨得很近，这一点值得注意。这可能是因为，这段长城线靠近居住区，所以需要加倍的防卫。但更可能是因为，无论从烽燧 T.XLII.d 还是它底下的那座小堡垒，都看不到烽燧 T.XLII.b。烽燧 T.XLII.c 用泥土夯筑而成，也是隔几层土出现一层使烽燧加固的芦苇。它底部原有 20 英尺见方，但后人用土和坯修整过，加大了烽燧基。西边后加的土坯掉落了，把原来的烽燧显露了出来。烽燧现在的高度是 14 英尺。

烽燧 T.XLII.c、d

烽燧 T.XLII.d 似乎曾反复修过（图 216），西南角添筑了不少土坯，烽燧上别的地方后来也加了一层土坯。如今，

围墙围成的院落

① 参见《西域考古图记》第二卷 650 页、677 页、711 页、754 页；本书第十章第一节，第十一章第二节、第三节。

② 参见本书第十章第三节。

烽燧底部有 33 英尺见方，仍可以辨认出一座用泥土夯筑而成的烽燧内核。烽燧高 13 英尺。烽燧东边的岭上分布有五个小"炮台"，显然刚建好没多久。它们上面的土坯都是垂直放置的，与后来修烽燧用的土坯一样大小。在一块比烽燧 T.XLII.d 低约 30 英尺的石台地上，有一个长方形的院落（见图 216、附图 14）。它的大小以及用泥土夯筑而成的厚墙，都使我想起古代玉门关遗址的那座小堡垒 T.XIV。[①] 院落内东西长 58 英尺，南北宽 46 英尺。院墙顶上的护墙用土坯（12 英寸×8 英寸×4 英寸）筑成，可能年代较晚。如果不算护墙，院墙高 18 英尺。西墙坍毁了一大截，南墙上的大门之所以变宽了，也是墙体坍毁了一部分的缘故。

可能是一个关隘

在院落里我们没有发现任何遗物。但这个院落离长城线很近，并且位于垦殖区外边，再加上墙的厚度以及墙体目前的状况，都说明它很古老。如附图所示，从十二墩村来，到烽燧 T.XLI.o 去，与欧布罗柴夫发现的另一条去哈密的路相连的小道，就是从这座小堡垒底下经过的。经过桥湾城到哈密去的路也从这底下过去。在这两条路进入北山的沙漠地区之前，十二墩村一直就是它们经过的最后一个垦殖区。考虑到这一点，我认为自从修了长城，这座小堡垒的位置很可能就是一个关隘。上述的两条道实际穿越长城线的地方，离这个"关隘"还有一段距离。而敦煌以西古代玉门关的位置与此完全一样[②]。

名叫小方盘

我们在此提出的关于此地从前面目的假设，在当地找到了两个证据：其一，我在别处曾经说过[③]，当地人把这里也

---

① 参见《西域考古图记》第二卷 683 页。
② 参见《西域考古图记》第二卷 691 页。
③ 参见《西域考古图记》第三卷 1137 页。

叫作小方盘，与古代玉门关遗址的当地名称完全一样，这是很值得注意的。其二，我曾反复指出过，凡是道路穿越长城线的地方，当地都保留着拜神传统。① 而就在小堡垒和小溪之间（这条小溪将堡垒和十二墩村的田地分隔开来），在上述那两条道会合在一起的地方有一座小庙，和在古代"关隘"常看到的那种小庙一样。

经过十二墩往东到花海子（或称营盘）去，并进而到肃州去的路，至今仍在使用。从这个事实中我们大概能够解释，为什么十二墩的烽燧以及它东边一直到T.XLII.j的烽燧后来都修过。在紧急情况发生时，为了保卫两个偏远居民区之间的道路，自然会用到这些烽燧。而十二墩和坐落在它东边约5英里远的小村十墩的村名本身，大概也能说明这些烽燧直到近期还在被使用。②

在继续考察长城线之前，我要记录下一些水文现象。我先是在十二墩附近观察到了这些现象，后来在东边的其他地方，这些现象又得到了证实。它们同疏勒河水系有很大关系，很有地理学价值。1907年9月21日我从玉门县出发考察这里时，就已经观察到：十二墩北边这条小溪是向东流的，它后来在流向十墩的过程中扩大成了一片沼泽。显然，

十二墩和十墩的名称起源

水文状况

---

① 参见本书第十章第三节，第十一章第二节；《西域考古图记》第二卷602页、696页；第三卷1094页。

② "十二墩"的意思是"第十二座瞭望塔"（瞭望塔指烽燧——译者），"十墩"的意思是"第十座瞭望塔"。1907年，那里的人们是这样告诉我的："十二墩"离花海子有"十二座塔那么远"，即120里远；"十墩"则离花海子有"十座塔那么远"，即100里远。据说，甘肃和新疆的现代中国大路上，一座塔或通常是一座坍毁的废塔标志着10里的距离。

但是，如果沿正常的道走，花海子和十二墩之间的实际距离是40英里。考虑到在甘肃和新疆，一般2英里约等于10里，如果是这样，十二墩与花海子之间的实际距离反而与人们说的十墩和花海子之间的距离差不多了。

所以，我觉得，"十二墩"和"十墩"这些名称，更有可能是来自大路附近能看得见的任何古代和后来的瞭望塔的次序。从烽燧T.XLII.d算起，我们在沿着大路到126号营地的途中遇到了7座瞭望塔。很有可能，从126号营地到营盘的路上还会有3座，但我们走的不是那段路。

这条小溪以及灌溉着十二墩和方八营子（Fang-pa-ying-tzǔ，疑拼写有误，可能是黄花营子——译者）（十二墩东边的一个小村庄）的水渠，都来源于疏勒河。

西湾河的流向

但那次由于匆忙，我未能证实它们究竟如何与疏勒河联系。这条向东流的小溪，其流向与大拐弯处的疏勒河的流向恰恰相反。它后来究竟怎样了呢？这成了一个悬而未决的问题。而伏特勒教授的文章和地图中都称，经过十二墩和十墩的小溪是向西流的。[①] 此外，中国的"武昌地图"（武昌出的地图——译者）在疏勒河大拐弯的东边和北边都画着辽阔的湖床或沼泽，而由于这个地图的权威性，最近欧洲出的地图中便也这样画了。这些情况使我观察到的现象更值得注意了。

灌溉水源来自疏勒河

拉尔·辛格在十二墩以南的勘察证实，十二墩和黄花营子的灌溉用水都是用水渠从疏勒河引过来的。这些水渠穿过了玉门县绿洲的最北段，水渠末端与西湾河连在了一起。小溪本身则是由泉水供给的。泉水积储在西南的一条河床中，那显然是以前疏勒河的一条泛滥河道。在烽燧 T.XLII.a 以南，这条河床与来自西边的一条沼泽连在了一起。1907 年我们曾沿着那条沼泽的沟走了 2 英里多，一直到了沼泽折向南边疏勒河那个方向的一点上。当时这块地面结着盐壳，但长着大量的芦苇，看起来就像是一个沼泽盆地。从疏勒河上游北岸岔出来的泛滥河道中的水曾淹过那里，而沼泽干涸不过是不久前的事。这一方面可以解释，为什么上面说的那幅公元 17 世纪的中国地图在这个地区画了一片沼泽或湖。另一方面，这显然也可以说明，为什么从十二墩开始，长城线

---

① 参见伏特勒《荒漠戈壁》26 页。

不是直接到疏勒河的北岸去，而是向西北沿着萨依缓坡的脚下向烽燧 T.XLI.o 延伸。①

疏勒河的分汊现象

西湾河向东流这个事实的地理学意义在于，它把部分疏勒河水带到了从水文上来说与疏勒河下游河谷截然分开的地面上来了。因此，在这里我们看到了一个十分引人注意的现象：在离真正尾闾几百英里远的上游，疏勒河分出了一条汊。过了十二墩之后，西湾河继续向东，形如一条清澈曲折的小溪，流淌在一片轮廓清晰的洼地底部（那里长满了草和灌木）。这片洼地将北山的砾石缓坡同一片光秃秃的准平原分隔开来，在这里准平原形成了南山的最外围。我们于 4 月 24 日紧挨着十墩上游测量了西湾河的水量。西湾河给十墩这个小村的田地提供了灌溉水源之后，流量仍有 50 立方英尺/秒。过了十墩后，从南边的准平原脚下伸出一条低矮的石岭，使长着草的洼地变窄了。但过了 5 英里后，洼地又变宽了，成了一个植被茂密的宽阔盆地。从我们 1907 年的考察来看，疏勒河有一条很大但通常是干涸的泛滥河床，那里的水大概到得了这个盆地。而灌溉着玉门县绿洲最东北端的水渠的水也会流到这里来。在这一个点上，向南可以望见远处有几块荒弃的农田，说明直到东干人叛乱之前，那里都是一个垦殖区。湖盆南边是一些孤立的石岭，它们是从那块光秃秃的准平原伸出来的。显然，除了从南边光秃秃的山坡上偶尔流下来的水，湖盆中的水都来自疏勒河。湖盆的地势是西南高，东北低，坡度不大但很清楚。

---

①　从格里什迈罗和伯达宁先生的探险地图看，这些俄国探险家从十二墩前往疏勒河边时，走的道似乎是贴着这片沼泽的北边，大致相当于汉长城的路线。这两张地图在前进路线南边都画了沼泽。

我们可以肯定的是，伯达宁先生是在 8 月进行这次探险的，那时候这片地面可能大部分都被夏季的洪水泛滥淹没了。见伏特勒《荒漠戈壁》30 页。

小溪流进花海
子盆地

我们上面说的那条潺潺的小溪就是往这个盆地的方向流过来的。当我们在烽燧 T.XLII.j 离开长城线，想要到往营盘的大路上去时，遇到了这条小溪。在我们过溪的地方，溪水流量为 60 立方英尺/秒。之后，溪水扩大成了一片沼泽。此后我们的考察是在 126 号营地北边和东北的长城线上进行的，那块地面是一座砾石高原，从东边俯瞰着上文说的那个盆地。后来我们发现，溪水流进了高原和花海子垦殖区北面的一片宽阔洼地中，但当时我们没有时间去考察一下那片洼地。后来在 4 月 26 日，我派拉尔·辛格从花海子到北面这片洼地中去，他遇到了一条源自西—北西方向的小溪的终端窄溪床，其中一条溪床中还有一汪缓缓而流的水。第二天我亲自证实了这个现象：当我从长城上的烽燧 T.XLIII.l 向东—北东方向走了约 3 英里时，在红柳沙堆和小沙丘之间发现了那条小溪形成的几个浅潟湖。

考虑到地貌状况，这些潟湖说明，某条小溪终结在花海子冲积扇和北山砾石缓坡之间的这个宽阔的内流洼地中。显然，这就是西湾河和其附近的沼泽的水的去向。我从十二墩的村民那里听说，他们的小溪流到了营盘附近，可见他们的话是真的。有一点是可以肯定的：位于赤金河下游冲积扇上的营盘绿洲（或称花海子绿洲），比十二墩和其西边的疏勒河拐弯处至少要低 600 英尺。①

一部分疏勒河
水流进了花海
子盆地

因此我们就容易理解下面这个事实了：在玉门县绿洲和北山山脚之间，凡是到了北岸的所有疏勒河水，不论其是通过水渠、季节性的泛滥河道还是地下水到北岸的，都流进了

---

① 据伏特勒教授说，接近疏勒河大拐弯处的河北岸的一点、十二墩村、他位于营盘绿洲的宿营地，这三点的海拔分别是 1 410 米、1 420 米、1 310 米。

花海子北面这片洼地。从疏勒河分流出来的水量现在并不大，而且从前也不会太大。但从地理学上讲，疏勒河的这种分汊现象很值得注意，因为东边的这个"2号尾闾"，与远在敦煌长城以西的"1号尾闾"之间隔了260多英里远。

在一定程度上，这种分汊现象也可以解释为什么在武昌地图中，疏勒河拐弯处的东边画了一系列湖盆或沼泽，沼泽之间有窄河道相连。① 因为，十二墩东西两侧的沼泽带，烽燧T.XLII.i、j和126号营地之间的盆地以及营盘以北的大洼地，以前一度存积的水肯定要比现在多得多。但显然，自从汉代以后，这里在交通上就算不上是障碍了，因为古长城线就是在这块地面上延伸的，而且其遗址一直留存至今（见下一节）。

"武昌地图"中画的沼泽

在桥湾城发现的文物

Chiao.01　瓦当。前面是一张奇形怪状的兽面。兽面的大圆眼鼓了出来，鼻子宽大，嘴极大，嘴角向上弯，从嘴角伸出两只獠牙，獠牙之间是小牙齿。下嘴唇以下的胡须分成三撮，脸颊上也有胡须。头发是一团一团的。瓦当的凸面瓦身已缺失。粗糙，为灰色。直径5英寸。图版L。

Chiao.02　瓦当。与图版L中的Chiao.03类似，右侧已缺失，但细节部分比03更清楚。兽面有眉毛，前额上是纵向的皱纹。灰色。$4\frac{1}{2}$英寸×4英寸。

Chiao.03　瓦当。前面是一个奇形怪状的兽面。兽面的鼻子宽而扁平，眼睛呈斜上形。阔嘴咧开，嘴唇很厚，露出小牙齿。前额突出，直头发从前额向后梳。兽面周围雕着12颗珠子。一部分凸面瓦身保留了下来。浅黄色，

---

① 参见伏特勒《荒漠戈壁》24页。

保存得很好。直径 5 英寸，凸面瓦身长 2 英寸。图版 L。

Chiao.05　一件大陶器的口沿。用陶轮制成，灰色，较精致。口沿呈很大的角度翘了起来，越朝边上越厚。陶器残口沿附近的器皿侧壁上有三个铆钉孔。高 $3\frac{3}{4}$ 英寸，呈弧形的边弦长 $7\frac{1}{2}$ 英寸，口沿宽 1 英寸。

Chiao.06、07　2 块黏土瓦或空心砖。用模子制成，正面有浮雕装饰。06 边已破损，粘了一层沙子。07 大概是完整的。浮雕中间雕的是一朵盛开的大花（牡丹）的侧面，主干横在花后面，比花的浮雕要低。四片带叶脉的弯曲的叶子从主干上伸出来，填补了四个角落。叶子是从右向左生长的。

侧面花下有一条弯曲的小枝，把花和主干连在一起。花有四枚呈弧形的伸展的花瓣、花萼、高高的花蕊和果皮。底边雕了一行珠子作装饰，顶边雕了两条凹槽。背面左右两端各有一个凸部（已脱落），显然是为了固定在墙上用的。参见 E.G.09。完整的砖长 $11\frac{1}{4}$ 英寸，宽 $6\frac{3}{4}$ 英寸，厚 1 英寸。图版 L。

Chiao.08、09　2 块黏土瓦或空心砖。　像前一件一样也是用模子雕成浮雕，但图案有所不同。中间是一朵圆形的模式化的大花（太阳花？）。花外层是 15 片雕得很深的圆花瓣，内层是一圈光芒线状的花瓣或蕊。花的最中心是一个椭圆形，上有一些凹陷处。叶子像 Chiao.06、07 一样也是在角落里，花后面是波浪状的花枝。沿每条长边都有一行珠子作装饰，每条短边后面也像前一件一样突出来。08 边上已残破，09 大概是完整的。参见 Chiao.06、07。完整的砖长 $11\frac{1}{2}$ 英寸，宽 $9\frac{1}{4}$ 英寸，厚 1 英寸。图版 L。

Chiao.010　黏土瓦或空心砖残件。像前几件一样也是用模子做成浮雕。一条短边已缺失。瓦破成了两块。可以看见一部分弯曲的枝干、叶子和花（花瓣较窄）。每条长边都突出来，每条短边都向后折回一点。6 英寸（不完整），加上折回去的部分宽为 $2\frac{3}{4}$ 英寸。

第三节　花海子及其长城遗址

　　我已经说过了 4 月 24 日在十二墩以东观察到的地貌，现在我说一下在那一天的行程中所看到的长城遗迹。在烽燧 T.XLII.d 以东不到 1 英里的地方，长城线便消失在长着茂密芦苇和灌木的低地上。我们于是朝烽燧 T.XLII.e 前进，那座烽燧我们在十二墩就已看到了。我们一踏上低岭脚下的砾石萨依，就又遇到了笔直的长城线，墙体两侧露出芦苇捆。烽燧 T.XLII.e 距离十二墩约有 2 英里远，那附近的墙体仍高达 6 英尺。从那里向东 12 英里长的距离内，除了长着植被的几小块地方，砾石萨依脚下的墙体都是清晰可见的。这一段墙体中都是芦苇和土交替出现，和敦煌长城上的筑造方式一样。从使用芦苇捆这一点大概可以得出这样的结论：长城线以南属于西湾河流域的那片洼地，在汉代时就已经和现在一样像一片沼泽了。

　　出现在这段城墙上的烽燧 T.XLII.e~j，其建筑样式很相似，并且显然一直到后来都有人驻守并修复过。它们之所以后来被修复过，是因为到花海子和肃州去的路在这里与长城线是平行的，就在长城线南边不到 1 英里远的地方。显然，人们可以很方便地利用这些烽燧来保卫这条道和南边零星的居民点。这些烽燧似乎一度曾被按照同样的模式扩展成了小哨卡。

　　这些烽燧用泥土夯筑而成，如今其底部有 22~28 英尺见方。加上烽燧顶部明显是后来用土坯筑成的胸墙，它们的高度在 18~25 英尺之间。烽燧现在都坐落在由围墙围成的院落的西北角或东北角（见图 214 中的烽燧 T.XLII.f）。围墙也是用泥土夯筑而成，但不太结实，看起来是后来添筑的。

围墙内院落的面积为 60 ~ 62 平方英尺。① 围墙厚 3.25 ~ 4 英尺，在风蚀作用下，西墙大都已破损。这说明这里盛行的风是从疏勒河河谷吹向花海子洼地的。

在烽燧T.XLII.e、i、j发现的文物

任何一个院落内都没有什么垃圾堆。但在汉代的陶器碎片旁边会出现瓷器碎片，足以说明这些烽燧一直到后来仍有人驻守。那只用绳编成鞋底的精美的鞋（T.XLII.e.01，图版XLVI）（应为 T.XLII.e.02——译者），是不是很古老我们不得而知。但另一方面，我在烽燧 T.XLII.i 东南约 30 码处一块略微突起的碎石地面上发现了两堆半石化的芦苇捆，它们应该是整个汉初长城都有人驻守的那一时期的遗物。它们有 4 ~ 5 英尺高，和敦煌以西烽燧附近的芦苇垛一样②，是点烽火用的燃料。还有一点值得一提。在这座烽燧和它东边的下一座烽燧T.XLII.j附近，我们发现了一条古代水渠不长的几段，水渠显然是和西湾河连在了一起。

发现汉代陶器碎片的塔提

过了烽燧 T.XLII.j，东边约 1 英里长的长城墙体都可以分辨出来。之后，长城墙体便消失在东边洼地里的红柳沙堆之中。在这里我们不得不离开长城线，到那口水井去。在去营盘的车马道上，人们一般把那里作为休整的地方。我们从烽燧T.XLII.j向东南走。走了约 1 英里后，经过一处小塔提，上面布满了汉代陶器碎片。这大概是长城有人驻守时的一个早期居民点的位置。我们接着又在上文提到的那片洼地中穿行了 5 英里，来到了一道很醒目的石山光秃秃的山坡上。我前面说过，将疏勒河和赤金河河谷隔开的大准平原，其北部

---

① 烽燧 T.XLII.e、f、i 的平面图，见附图 14、16。
② 参见《西域考古图记》第二卷 754 页；本书第十一章第二节。

边缘就是一座座这样的石山。①

　　在这座石山西北端有一座小丘，比我们的 126 号营地所在的那眼咸水井高约 200 英尺。我们发现，小丘顶上有一座巨大的圆锥形烽燧的废墟。这座烽燧离长城线很远，看起来十分古老。它是用一层层土筑成的，土层之间用粗大的胡杨树树枝加固。烽燧底部约有 33 英尺见方，高约 12 英尺。烽燧顶上有一个瞭望用的小平台，是用一层层芦苇捆筑成的。在这个烽燧上向北边和西北边可以望得很远。而我们前一天在离石山较远的砾石高原上所考察的那几座烽燧，由于隆起的地面遮挡，向北边和西北边看不了多远。所以，小丘顶上的这座烽燧很有可能是古代建的，这样能让戍卫者们更有效地监视边界线。

长城线大后方
的烽燧

　　4 月 25 日早晨，我派人把行李沿车马道押运到营盘去。我本人则和拉尔·辛格以及为数不多的几个人一起，骑马向北出发，寻找长城线。这一天的工作极有成果。当天我们发现了这么多的遗址，以至于后来两天我们都在清理、研究这些遗址。我们把花海子绿洲当作据点，从那里找到了汉人民工，在他们的帮助下，清理工作才得以进行。我们绕过了石山的西山脚，又向北走了约 2.5 英里的路程，就找到了长城线。这段笔直的长城线是西—北西到东—南东走向，延伸在一座辽阔的高原上。② 由于地面要么是光秃秃的土，要么便是砾石，所以这段长城保存得比我们自离开安西后发现的所

在高原上追踪
长城线

---

　　①　按照空盒气压表的读数，120 号营地的海拔为 5 420 英尺。我觉得这个结果未必准确。我记得，十二墩和营盘附近的地面没这么高。伏特勒教授对这一个点的测量结果是 1 350 英尺（4 429 米）。在地图中，在 126 号营地用测角仪测得的几个地点的高度都打上了问号，这是理所应当的。

　　②　在地图中，由于绘图者的失误，从 T.XLIII.a 到 T.XLIII.f 的烽燧线和长城线被画成了是西北到东南走向。

有长城线都好。

诚然，有几个地方，风蚀已将长城墙体变成了一条布满砾石的低矮堤坝。但有很多段墙体几乎完好无损，有6～7英尺高，可以清晰地看到土层和柴捆层交替出现的建筑方法，柴捆层和土层各有8～10英寸厚。这段墙体上用的柴捆主要是红柳树枝。从地图上我们可以看出，北边的洼地中至今仍生长着茂密的红柳，因此弄到红柳枝是很容易的事。土层十分坚硬，而为使土层变得紧实而加的水，必定是从很远的地方运来的。在保存完好的地段，墙体顶部约有5英尺宽。这使我们觉得，这段墙原来的厚度大概和敦煌长城常见的厚度一致，即墙基为8英尺厚。①

这里的墙体保存得很好，大概表明此地的气候条件比我们在疏勒河北岸遇到的其他地方更容易将文物保存下来。这使我希望在那里能发现戍守长城的人遗留下来的东西。我的希望并没有落空。我们考察的第一座烽燧 T.XLIII.a 已坍毁成一座布满砾石的小丘，但它周围有大量古代陶器碎片。在它南边约 40 码的地方，我们在一薄层砾石下面发现了一个垃圾堆，从中出土了三枚写着汉文草书的木简以及几枚空白简残片。在那里还发现了一些木制品、毛织品等零碎东西（见下文的文物目录）。其中包括：一个木制印封匣（T.XLIII.a.010），属于敦煌长城上常见的那种类型；一件织得很紧密的地毯碎片（T.XLIII.a.06）；就在小丘附近的地面上，我们还拾到了一枚五铢钱。（有两枚汉文木简中提到了被发配到前方来充军的罪犯。T.XLIII.a.013 还提到了"桢中燧"，这座烽燧的名字也曾出现在 T.XLIV.b.2、024 中。）

---

① 参见《西域考古图记》第二卷 736 页。

　　沿着长城线向东南走了 0.5 英里，我们遇到一个遗址，无疑那是一个烧制陶器的窑，被火烧红的地面上铺满了炉渣和陶器碎片。T.XLIII.a.i.01、02（图版 XLVIII）就是这种当地制造的陶器的很好例子，它们是某一件大器皿的口沿和侧面。接着我们又走了 0.5 英里，来到烽燧 T.XLIII.b（图 223）。这座坚固的烽燧仍有约 11 英尺高，用土坯筑成（土坯长 15 英寸，宽 8 英寸，厚 5 英寸）。烽燧底部原来为 16 英尺见方，后人又将烽燧底部加大到了 29 英尺见方。东边的土坯掉了下来，露出一道豁口，显然表明外层土坯是后来加筑的。从豁口中仍能看到原来的烽燧是粉刷成白色的。外面加的土坯大小与里面一样，土坯层之间隔着芦苇层。烽燧顶上原来大概有一个小守望屋，但如今什么也没有了。在附近发现的陶器碎片中，值得一提的有一块或几块精巧的陶瓷碗的残片（T.XLIII.b.01~07）。

　　下面两座烽燧 T.XLIII.c、d 已完全坍毁成小丘，附近有古代陶器碎片。在第二座小丘那里，我勉强分辨出建筑烽燧的土坯与烽燧 T.XLIII.b 的土坯大小一样，这段长城上的其他烽燧用的土坯也都是这种尺寸。T.XLIII.d 有一个奇怪之处：在砾石平地上，我们隐约看出有一行共 8 座低矮的小丘向南边延伸过去，小丘之间距离 30~50 码。每座小丘上，在风吹过来的一薄层砾石之下都会发现一层层的灌木、炉渣或是被火烧红的土。它们有没有可能是一些古代临时营房的遗址呢？

　　再往前走 1 英里就是烽燧 T.XLIII.e 遗址。它是一座 15 英尺高、22 英尺宽的土丘，由土层和灌木层构成。附近除了有大量汉代陶器碎片，我还发现了一根奇怪的空心陶棍（T.XLIII.e.01），它用坚硬的深灰色黏土制成（见下文的文

物目录），目前还不知道它是做什么用的。从烽燧 T.XLIII.e
再往前走不到 1 英里就是烽燧 T.XLIII.f，长城线在那里稍微
拐了个弯，折向正东方向。那里只有陶器碎片保留下来，表
明那里曾有一座烽燧。从烽燧 T.XLIII.f 往前约 1 英里的距离
内，可以很容易地在光秃秃的砾石地面上追踪到长城墙体。
然后墙体进入一片风蚀地，那里的地面上零星散布着一些低
矮的红柳沙堆。这一地区的墙体只有不长的一段，形如一条
3~4 英尺高的风蚀土堤。这显然证明，墙体覆盖的土地比附
近毫无遮挡的地面更好地经受住了风蚀。

在烽燧 T.XLIII.g 发现的文物　　这之后墙体完全消失了。后来在离烽燧 T.XLIII.f 约 3 英
里远的一行红柳沙堆北边，我们遇到了一座低矮的土丘，顶
上是一座用土坯筑成的烽燧 T.XLIII.g 遗址。残烽燧有 5 英尺
高。在它周围发现了灰烬和发红的土，说明曾有一个与烽燧
相连的建筑被火烧掉了。后来人们把土丘的东侧面修成一个
给牧人遮风挡雨的地方，那里的墙用红柳枝和灌木筑成，很
粗糙，与烽燧其余部分很容易区别开来。在土丘的西坡和南
坡上我们发现了垃圾层。翻检了垃圾后，我们找到了四枚汉
文木简，还有各种小零碎东西（见下文的文物目录）。其中
值得一提的有：一枚青铜箭头（T.XLIII.g.015），与楼兰遗
址和敦煌长城上常见的箭头属于同一种类型；另一枚箭头
（T.XLIII.g.014，图版 XLVII）是带倒刺的，两侧凹陷，与
LalS.015（图版 XXIII）类似；T.XLIII.g.04 是一块青铜镜残
片；在这里还拾到了一枚五铢钱。

用围墙围起来的小丘 T.XLIII.h　　对于在东边那些排列紧密的红柳沙堆中找到长城线，我
们本已不抱指望了。这时那个眼尖的蒙古人马鲁木在前面探
过路后，带我们穿过沙堆，来到一座高约 30 英尺的覆盖着
砾石的小丘 T.XLIII.h。在小丘东坡上约一半高的地方，我们

发现了一道 5 英尺厚的墙的墙基，延伸了约 50 英尺远。这堵墙是用灌木捆紧密牢固地筑成的。灌木层交叉放置，并由垂直穿过各层的大树枝固定住。由于这堵墙的出现，天然小丘就变成了某种瞭望塔。[1] 小丘直径约 50 英尺，小丘顶上似乎成了一个用来瞭望的平台。除了一枚王莽时期的破碎不全的钱币，在丘顶上我们没发现别的东西。但我们很快在东边墙脚下一层不厚的砾石底下发现了垃圾。我们只粗略地看了一下就找到了 4 枚写在木头上的汉文文书，其中一块写板保存得极好，正反两面都写有两行汉字。

当天时间已经不多了。我们无法再清理这个地点的垃圾，也只能将长城线（我们有幸很快又在开阔的砾石地面上发现了长城线）追踪到烽燧 T.XLIII.j，然后便不得不折向南边，以便在天黑之前到达花海子——已有人提前将营地扎在了那里。我们在一带松软的黄土地上行走，并经过了双泉子（Shuang-ch'üan-tzǔ）这个偏远的小村。那里的田地用泉水灌溉。我们在花海子这个主要绿洲短暂停留了一段时间。但在记录我所观察到的花海子绿洲的特征之前，我们最好还是把花海子北边的长城线说完吧。

我们充分利用了 4 月 26 日和 27 日这两天时间，在这两天中，我们的营地都是扎在花海子垦殖区内。一座带围墙的小城（或称堡子）是这片绿洲的中心，它的名称很引人注目，叫作营盘。在那里设立的小官府的资源十分有限，但他们仍设法给我提供了一小队民工。幸运的是这一地区有不少驴子，于是民工们就骑上驴子跟着我们到长城线上去，帮我

到花海子绿洲去

在花海子做的工作

---

[1] 在孔雀河边上的汉代古道上也有一座类似的烽燧，也是把一座小丘用柴捆围起来。见本书第二十二章第三节。

们彻底清理那些遗址。同时，拉尔·辛格可以向东北和南边的沙漠中进行勘察。

清理了烽燧 T.XLIII.h 的垃圾层后，我们又发现了 16 枚汉文木简和一些零碎的东西，其中包括几件木器和粗糙的纺织品（见文物目录）。[在文书 T.XLIII.h.020、024 中，分别载有相当于公元前 39 年和公元 13 年的日期。T.XLIII.h.016 引用了一段关于兵役制的法律。T.XLIII.h.018 提到了"受降"和"万年"这两个当地地名，它们在以前于敦煌长城发现的文书中都出现过（见沙畹《文书》第 415、485 号）。在T.XLIII.h.023 中提到了某座烽燧的长官，他是敦煌下属的"富昌"乡人（原简为"燧长玉门富昌里丸崇"——译者）。T.XLIII.h.019 开列了各种纺织品和衣物的单子。T.XLIII.h.029、030 是不完整的私人信件。]

制作精巧的绳鞋（T.XLIII.h.04）、木钉（T.XLIII.h.013，上面粗略地画了一张奇形怪状的脸）以及铁锄（T.XLIII.h.012），我们在敦煌以西的汉长城烽燧上都发现过与它们完全一样的东西。这些加上上文提到的那枚钱币，给我们提供了年代上的线索。考虑到这一点，我们在这里发现的一张无字的碎纸片（T.XLIII.h.06）就更能给人以启示了。西边的那座烽燧 T.XLIII.g 和东边的下一座烽燧 T.XLIII.i 之间的距离只有约 1 英里。T.XLIII.h 插在这两座烽燧之间，离它们那么近。对此，我想最好这样来解释：这里大概不是一座普通烽燧，而是一个作战基地或"地方司令部"，和敦煌长城上的烽燧 T.VI.b、T.XV.a 类似。[1] 在这里发现了数量较多的文书，

---

① 参见《西域考古图记》第二卷 644 页、698 页。

这也与我的假设吻合。

在烽燧 T.XLIII.i
遗址发现的文
物

　　烽燧 T.XLIII.h、g 附近无法追踪到长城线。但再往东，红柳沙堆变少了。后来长城线又重新出现在砾石地面上的一丛稀疏的灌木之中。就在那一点旁边，我们来到一座用土坯筑成的烽燧遗址（T.XLIII.i）。这座烽燧朽坏得很厉害，坐落在长城墙体南面的一座天然小丘之上。有趣的是，小丘旁边一个足有 30 英尺高的红柳沙堆已经完全高出了小丘，可见这个红柳沙堆必定是在烽燧建好之后"长"高的。① 小丘的坡上有一个垃圾堆，在那里发现了 9 枚汉文木文书，其中有一块作信封用的长方形木板（上面写有收信人的名字），还有一个印封盒。在这里发现的零碎东西中，值得一提的有：一个木鞍架残件（T.XLIII.i.02）；一个楔形铁器具残件（T.XLIII.i.07，图版 XLVII），其用途我们现在还不知道；少量燕麦，T.XLIII.i.08 是一点样品。

追踪长城线到
小建筑废墟
T.XLIII.j

　　从这里往前走，长城墙体保存得很好。向东延伸的墙体平均高达 5～6 英尺，有些地方甚至比这还要高出 2 英尺（图 220）。在离上面说的最后一座烽燧约 1 英里远的地方，墙体南边有一座小丘，上面是一个用土坯筑成的小建筑废墟（T.XLIII.j）。有一间屋子只有东墙还可以分辨出来，屋子地面上盖满了垃圾。清理垃圾堆后，我们发现了 24 件汉文木文书。其中不仅有木简残件，还有一件完整的三角形木文书。从在敦煌长城上发现的大小和形状与此类似的文书看②，这是进行文学创作用的。（后来我们发现，这个三角

---

　　① 在安迪尔遗址以南的古代堡垒，我们也发现了类似的现象。参见《西域考古图记》第一卷 283 页。

　　② 参见沙畹《文书》6 页以下，图版 I、II；《西域考古图记》第二卷 763 页注 92。

形文书 T.XLIII.j.014 上写的是《急就章》第 14 段的开头部分。《急就章》是一篇著名的词典性质文章，在汉代晚期很受欢迎。我于第二次探险考察中，就在敦煌长城上的不同地点发现了几张写着《急就章》的残片①，可以证明它受欢迎的程度。T.XLIII.j.013 是一篇写字练习，上面载着一个相当于公元前 40 年的日期［原简为永光三年，为公元前 41 年——译者］。T.XLIII.j.05、06 是一个被流放的人写的私人信件。残片 T.XLIII.j.07～012、015～021 等，似乎都是用来占星的日历。）

在小建筑废墟 T.XLIII.j 发现的零碎东西

零碎的东西数量不多，其中包括一只鞋楦头的木鞋跟（T.XLIII.j.02，图版 XLVI）和一个编得很好的篮子状物的残件（T.XLIII.j.04，图版 XLVI）。但更值得一提的是一枚雕得很精细的小木钉（T.XLIII.j.01，图版 XLVII）。木钉上端雕着一个人头，脸的细节很清楚，是刻上去的或是用黑颜料画上去的。这个小物件之所以引人注目，是因为安德鲁斯先生指出，钉上的人像对发型的处理，很像汉墓中的某些雕像，而且和沙畹先生在他关于中国古代雕像的巨著中收录的保护神的像很接近。如果安德鲁斯先生的对比研究是正确的，那么从这件小雕像中就可以解释为什么我在第二次和第三次探险考察中，在古长城烽燧上发现了不少形如帐篷钉一样的木钉，上面画着奇形怪状的人脸。②

---

① 参见沙畹《文书》1 页以下；《西域考古图记》第二卷 763 页。
② 参见《西域考古图记》第二卷 767 页 T.002 下的文字（第四卷图版 LII）；本书第十一章第三节、第十二章第三节的 T.XXII.d.027（图版 XLVII）和 T.XLIII.h.013。

图 218　花海子东北部用束柴捆筑成的长城

图 219　花海子东北部红柳沙丘中的长城遗迹

图 220　花海子以北、烽燧 T.XLIII.i 以东用灌木捆筑成的长城

图 221　花海子以北长城上的烽燧 T.XLIII.l

图 222　花海子以东的烽燧 T.XLIV.b

图 223　花海子以西长城上的烽燧 T.XLIII.b

在烽燧 T.XLIII.k
发现的文物

烽燧 T.XLIII.k 是东边的下一座烽燧，离这里只有 0.5 英里远。它看起来是用土夹杂着芦苇层夯筑成的，已经坍毁成了低矮的小丘。在烽燧南边 10 码远和烽燧西南再远些的地方，我们发现了两个垃圾堆，从中出土了大量文物。我们发现的汉文木简约有 20 枚，不少已经破损，但有的仍很完整。[其中，T.XLIII.k.032 中有汉代一般在引用皇帝命令时的官方套语，和沙畹《文书》中的第 140 号（公元前 58 年或 56 年）中的套语一样。T.XLIII.k.031 是一张收条，上面的日期相当于公元 89 年 11 月 6 日（原简为"阳朔四年"，公元前 21 年——译者）。T. XLIII. k. 027 中提到了"憎胡燧"。T.XLIII.k.037 上的文书则提到了当时的邮政服务。]零碎东西中包括木漆碗的几块残片（T. XLIII. k.04 ~ 08、026，图版 XLVII），还有几块铲刀状的木片（T.XLIII.k.010 ~ 012、014、023，图版 XLVI），大概和如今中国人的筷子一样也是吃饭用的。　（据本书英文版"补遗和勘误"，此段中的 T.XLIII.k 应作 T.X.LIII.k——译者）

烽燧 T.XLIII.l
的建筑方式

从这一个点，长城墙体折向东—北东方向，大部分墙体仍保存得很好。我们沿着墙体穿过微微隆起的地面，来到了一座醒目的大烽燧 T.XLIII.l（图 221）。它有 24 英尺高，十分坚固。但仔细查看之后我们发现，尽管烽燧的内核可能是汉代筑的，但一直到离现在不太久远的时候，烽燧一直在被反复扩大、修补。烽燧如今占据了一个 83 英尺见方的院落的西北角，这个院落肯定也是后来修建的。原来的烽燧底部似乎有 24 英尺见方，烽燧用泥土夯筑而成，并用大胡杨树枝作横梁和柱子来加固，很结实。在这外边加了一层用土和灌木层筑成的厚厚的护墙，使得烽燧基扩展到 35 英尺见方。这层向里倾斜的护墙到离地面 14 英尺高的地方便终止了，

护墙顶上绕着原来的烽燧是一块 3 英尺宽的搁板。在原来的
烽燧顶上，我们发现了一间小屋。小屋用土坯垂直放置筑
成，显然是后来修建的。

上述院落由 4 英尺厚的墙围成，其南墙保存得最好，仍
有 10 英尺高，而且在南墙底下还可以看出灌木捆和木头构
成的墙基。西墙已经完全被风蚀掉了。联系到在长城营盘段
观察到的类似现象，我们可以知道，吹进这片洼地中最强的
风是从疏勒河河谷方向来的。我们之所以能分辨出西墙的位
置，是因为院落内靠着西墙堆起了一堆垃圾，主要是芦苇秸
秆和牲畜粪便。在垃圾中我们发现了瓷碗碎片和上过釉的器
物残片（见下文的文物目录），这说明垃圾的堆积还是后来的
事情。在文物目录 T.XLIII.1.06~09（图版 XLVII）下的笔记中
我们可以看出，这些瓷器碎片很像在敦煌长城烽燧 T.XI 那里
发现的碎片，后者是一座路边烽燧，一直到中世纪都在被使
用。① 要是这座烽燧有早期戍守者留下的遗物，大概会在垃圾
层下面，但我们并没有找到这样的遗物。

烽燧 T. XLIII.1
的院落

绿洲上的人把这座烽燧叫作头墩。这座烽燧不仅到后期
还有人戍守，而且还有一个专门的名称。这说明这段长城的
其他地方虽然已经完全荒弃，但在这附近大概仍有一条人们
偶尔走过的小路穿过了长城线。结果不出我们所料。我们从
营盘带来的四个人中有一个说，他知道有一条路向北通到某
地去，他只是模模糊糊地说那个地方在"100 里外的北山
中"。但我们没有问出来当地人为什么到那个地方去。

烽燧 T. XLIII.1
的当代名称

我们查看了烽燧 T.XLIII.1 西北的长城以及靠近长城外边
的地面，结果发现了两个奇怪的现象。在离烽燧约 40 码远

烽燧 T. XLIII.1
附近的遗址

---

① 参见《西域考古图记》第二卷 667 页。

的地方，我们发现了芦苇捆做的地基。似乎那里紧挨着长城墙体曾有四间小建筑。每个地基从北向南约有 13 英尺长，各地基之间间隔约有 18 英尺。这是不是在特别需要守望和戍卫的地方盖的营房呢？之所以说这里需要特别的戍卫，是因为有很多隆起的砾石岭，从北边一直延伸到离墙体约 50 码远的地方，这对长城的安全是一个威胁，因为敌人很容易从那里偷袭。

成垛的灌木和芦苇

这些岭的最西边，在前面说的墙体上的那一个点西北 50~60 码远的地方，有两大垛红柳树枝（附图 15）。大垛的底部有 13 英尺见方，仍有 7 英尺多高。东边的另一条岭上，离长城上那一个点也有这么远的地方，又有一个较小的芦苇垛，芦苇中还掺杂着马粪。当我看着这些垛的时候，我想如果晚上把这几垛树枝和芦苇点燃，前面会被照得很亮，在这里被敌人偷袭的危险就大大减少了。当然，为什么会出现这几个垛，也可能会有别的解释，比如它们可能是点烽火用的。

长城线消失在东边的洼地中

过了烽燧 T.XLIII.l，我们又沿着长城墙体向东走了 0.5 英里，然后墙体便完全消失在一片宽阔的洼地中了。洼地上是松软的风蚀土壤，分布着一些排列很紧密的红柳沙堆。我们一直走到离烽燧 T.XLIII.l 约 3 英里的地方，仍没有发现长城墙体的痕迹。拉尔·辛格还单独向东北方勘察了一下，一直到能望到北山脚下的砾石萨依的地方，也没找到任何墙体的迹象。凭着我先前获得的对这类情况极为错综复杂的地面的经验，我决定向东去再找一个据点，从那个据点再寻找长城墙体向前延伸的部分。考虑到水的问题（随着夏日临近这个问题变得越来越重要了），再加上我们必须在去肃州和黑河的途中节省时间，这些都使我觉得把去肃州路上的一口井作为下一个休息地是最合适的。但在描述以那口井为基地进行的考察之前，我还是先来说一下花海子盆地的地理位置以及这与汉长城的路线有什么关系。

　　我们姑且以这个盆地中唯一的绿洲的名称为它命名，把它叫作花海子盆地吧。这个盆地在地理学上的价值在于，它虽然小，却是一个独立的典型内流区域的尾闾。这个内流区位于疏勒河和黑河那两个大得多的尾闾之间。它的北部边界就是北山最南段的那条山脉。南部边界是东经 97° 和 98° 线之间的南山的外围山脉，那条山脉把疏勒河流域和北大河（或称肃州河）流域分隔开来。

花海子盆地的位置

　　西边和东边的界线就没有这么明显了。西边与疏勒河之间的分水岭是南山的一条外围山脉。这条山脉在赤金塞（Ch'ih-chin-sê，此处为音译——译者）西边延伸下来，进而与布满砾石的那块大准平原连在一起。上文在说到西湾河时，曾提到过这块准平原。① 东边与肃州河的分水岭主要也是两块马鞍状的准平原，其中一块在嘉峪关以西，另一块拉尔·辛格和我在从疙瘩泉子到肃州去的路上曾穿越过，但并没有仔细考察。

　　我们上面界定的这个内流区域有一个很特别的地方，那就是从嘉峪关附近，大致沿西北方向一直到赤金塞附近，有一条曲曲折折而且相对较高的山脉，将内流区明显分成横向的两部分。从山志学上的大致情况来看，我觉得这条山脉是环绕在甘肃北部边界的阿拉善（Ala-shan）山系最西端的一支。但由于缺乏地质学上的证据，我这个想法只能是猜测而已。赤金河和白杨河（Po-yang-ho）切断了这条山脉，我们

将内流区分成两部分的横向山脉

---

　　① 参见本书第十一章第二节。

在 1907 年曾部分地考察了南山中白杨河的源头①。东边的肃州河和甘州河在毛眉（Mao-mei）附近合流成黑河之前，也都穿过了一些较低的小山脉。我们有理由认为，赤金河和白杨河在山中切出的峡谷，从性质上来讲应该与肃州河、甘州河切出的峡谷类似。

上面说到，花海子内流区被横向分成了两部分。南边那一块大部分是广阔的高原，和从肃州到甘州的南山脚下的高原类似，但更干旱。那条从嘉峪关延伸到赤金塞的山脉（我还没有为它找到名称）完全是荒芜的。即便有溪流把水从南山外围带过来，这些溪流也很快便消失在山脉脚下。我在1907 年 7 月和 9 月曾两次穿过这座高原。从我观察到的现象看，高原上的几片小绿洲的主要的（甚至可能是唯一的）灌溉水源，就是来自南山的地下水（地下水涌出来成了泉水）。

绿洲靠泉水灌溉

高原上汇集的这些泉水，在从肃州到玉门县的大路两旁又以小溪的形式出现了。但可以肯定的是，除了以地下水的形式，这些水都到不了山脉北边的洼地。只有在洪水泛滥水量很大时，赤金河和白杨河河床才有可能把地表径流带到山脉北脚。过了山脚后，白杨河河道便完全消失了②，而赤金河中的水通常也只是来自花海子绿洲西南方的河床中的泉水③。花海子北边的砾石萨依脚下也有些泉水。而花海子绿洲中那片南北长 4 英里、东西宽 3 英里的垦殖区，就是靠这

---

① 参见《沙漠契丹》第二卷 268 页以下。

② 欧布罗柴夫先生曾沿白杨河下到花海子盆地。在他画的路线草图中，白杨河在山脉北麓就消失了。我们在从花海子到疙瘩泉子的途中也没有遇到白杨河的河道。

③ 我们是从当地人那里听说这些泉水的。由于时间短暂，我无法亲自考察它们，对此我觉得很遗憾。

些水源灌溉的。和田以东昆仑山的砾石缓坡脚下也有一些小绿洲，那里的水文条件和这里很接近。①

赤金河以前曾在比较大的一块地区沉积了肥沃的冲积物，现在的花海子垦殖区只是这一地区的一小部分。有一个事实可以证明这一点。我们在向垦殖区南边和北边考察时，发现地面也都是冲积成的黄土，但由于没有植被保护，那些地方正在被风蚀成常见的雅丹。实际上，在我们往东走时，在离现在的花海子绿洲边界 2 英里的距离内发现了古代水渠和废弃的垦殖区。即便花海子的垦殖区面积原来要大些，我仍觉得这片绿洲不足以把交通从南边那条道吸引到这里来。那条道是从横亘的山脉南边经过的，比穿过花海子距离更短，也更方便。而且，花海子绿洲自身也不足以说明要把它纳入汉长城保护地区内的理由。所以，当我们的考察的确证实汉长城就是由西向东横穿了这片洼地的时候，出现了一个难以解释的问题：为什么汉武帝手下保卫这些地区的人采纳了这样一条长城路线，而不是把南边那条又方便又极易于守卫的崎岖山脉作为天然的屏障呢？②

后来我们在北大河沿岸才发现，在伟大的汉武帝治下，中国已经牢牢控制了北边的大片地区，那时候我们才找到了这个问题的答案。但早在那之前就有两个考古学问题已经澄清了。其一，这片小绿洲之所以又名营盘，大概是因为它在汉代的边疆防御布局中的地位决定的。看一下地图我们就会知道，如果不在这里驻军就很难守卫这段长城，因为这里足

花海子垦殖区很小

为什么名称叫营盘

① 参见《古代和田》第一卷 96 页、115 页；《西域考古图记》第一卷 202 页，第三卷 1263 页。另参见《西域考古图记》第二卷 612 页中关于南湖绿洲的灌溉情况的文字。

② 参见《西域考古图记》第三卷 1136 页。我就是因为觉得，大道边上的这条高大崎岖的山脉可以作为天然的屏障，这才在 1907 年错误地在那里寻找长城线，以为来自敦煌和安西的长城线向东延伸到了这里。参见《沙漠契丹》第二卷 280 页以下。

足 90 英里的长城线都是在极度荒凉的沙漠穿过的。另一方面，当甘肃西北的防卫线收缩到肃州后（从明代起一直到清朝收复新疆，执行的肯定都是这样的收缩政策）在这片偏远孤立的小绿洲再驻军，意义就不大了。当然，"营盘"这个地名的来源还要查证中国历史文献才能知道，而我手头没有这些文献。

中国古地图中
画的大湖

　　另一个问题是，从我们在营盘以北追踪到的长城线来看，那块地面无论是在汉代还是后来，都不可能有什么大湖，而中国"武昌地图"中却画了个大湖。伏特勒教授已指出过，那张地图和实际地形是有出入的。① 长城线又提供了另一个证据说明它和汉代地形也是不符的。而人们在讨论所谓的"罗布泊问题"和其他类似问题时，大量引用了从这张 17 世纪的中国地图中得出的资料，所以我们上面说的这个有出入的地方就更值得注意了。

第四节　花海子以东的长城线

向疙瘩泉子前
进

　　4 月 28 日，我们从小泉子附近的营地出发，横穿过绿洲走了 3 英里后，便沿着到肃州去的车马道走。在离花海子绿洲约 2 英里的距离内，我们看到了古代水渠和垦殖区的痕迹。过了这个区域，在 10 英里长的距离内，我们穿过的是一片土质平原，平原上有不少分散的高 8~15 英尺的红柳沙堆。这里的植被之所以比较丰富，大概是因为白杨河的泛滥河床把地下水带到了这里，白杨河是从南边那条横亘的山脉

---

　　① 参见伏特勒《荒漠戈壁》24 页。应该注意的是，该书引用了"武昌地图"，把那个并不存在的大湖盆的最东段叫作"花之海"，这显然是"花海子"的意译。
　　欧洲出的地图长期以来都画着这个并不存在的大湖，参见《西域考古图记》第三卷 1136 页注 2。

中流出来的。过了这个地区后，光秃秃的地面越来越多，最后变成了铺满砾石（或很粗的沙粒）的地面。就在这里，我们走了17.5英里远后来到了疙瘩泉子。空盒气压表的读数表明，我们设在这里的营地海拔3 370英尺，比营盘堡子（海拔3 670英尺）足足低了300英尺。再加上我们从这里向东北和北边进行勘察时遇到了浅河床，说明花海子盆地的最低部分就在我们这个方向。

4月29日，我和拉尔·辛格分别进行了勘测，寻找长城线。那天的天气在沙漠地区很不寻常。盆地上空低垂着云，向北遮住了北山的砾石缓坡，向南遮住了那条崎岖陡峭的山脉。实际上，我们早晨动身的时候，天空竟下起了零星小雨。我俩的考察都收获不小。拉尔·辛格向北走了8英里多就遇到了长城线，而我自己在东边和东北边则发现了一组烽燧。这条烽燧线是朝着长城线延伸的，但离长城线还有一段距离。第二天我们仍忙于考察和清理这些遗址。在描述它们的时候，我最好从上面说的那条烽燧线上最北边的那座烽燧说起。

寻找长城线

这座烽燧就是T.XLIV.a。我们从129号营地走了近5英里，穿过零星点缀着红柳沙堆的土质地面就来到了那里。有不少来自西北边的河道的浅河床，河床岸上的泥土龟裂，说明近些年曾发过水。在烽燧T.XLIV.a以北4英里远的距离内，我们经过的地区布满了低矮沙丘，中间则是一带小雅丹。然后我们穿过一个红柳沙堆区，越往北红柳沙堆越高。在离烽燧T.XLIV.a约5英里远的地方，红柳沙堆已高达30～40英尺。就在那里，我们发现了绕着红柳沙堆脚下延伸的长城线。

*烽燧T.XLIV.a
以北的长城线*

长城墙体由红
柳树枝筑成

从图219中看得出，这条长城线像一条半被流沙掩埋的低矮土丘，但顶上却盖着厚厚的一层平放的红柳树枝，告诉我们这的确就是长城线。我们把流沙清理掉，发现墙体宽9英尺，高4英尺，全是由紧密地堆叠在一起的红柳树枝筑成的，树枝之间有不少沙子，但没有土层。所用的红柳树枝很粗，说明在筑墙的时候这里已经有生长多年的红柳了。而这段长城线上没有用土夯，从中我们可以得出这样的结论：夯土所必需的水在这里很难取到。

长城线被沙丘
掩埋

东边的长城墙体延伸了约1弗隆远就消失在红柳沙堆中了。后来我派拉尔·辛格回到这里考察，他向东边走了约2英里远，一路都成功地追踪到了墙体。此后，墙体便完全被沙丘链掩埋了。向西的墙体延伸了约300码也消失在红柳沙堆之中了。我们又向西走了0.5英里，到了一座常见的流沙达坂的东北端。那里的沙丘高20~30英尺，完全埋住了长城线。但我们又向西走了1英里，就出了这些高大沙丘区。在那里我们不费吹灰之力就找到了标志长城墙体的那条颜色深暗的线。那里是光秃秃的开阔地面，上面只有一点细沙子。

继续向西追踪
墙体

从最后一座高沙山上，我们可以看见墙体向西延伸了约2英里远，只稍微拐了一两个小弯。图218中的照片是我们又往西走了约0.5英里时拍摄的。那里的墙体高约有10英尺，顶部宽6.5英尺。这段墙全用结实的红柳树枝筑成，没有土层，但从其坚固性来说仍应该称为墙。有1.5英里长的墙体是连续的，到最后仍高达10英尺，顶部仍有7.5英尺宽。在这片荒凉的沙漠上，它尤其显得醒目，像纪念碑一样昭示着古人在面对极端恶劣的环境时是多么富于智慧而又坚忍不拔。过了这段之后，约有0.75英里长的长城墙体只是地面上微微鼓起来的矮丘，表面看不出任何木头。之后墙体便完全消失在红柳沙堆之中了，那些沙堆特别密，但还不是很高。

在这段长城线上，我们没有发现任何烽燧或早期驻军留下的其他遗迹。当然，也有可能标志着烽燧的坍毁的小土丘，或者小垃圾堆和陶器碎片堆，被沙子埋住了，因而没有被我们发现。但对这个没有任何早期驻军遗迹的现象，联系这里的地面状况以及墙体的筑造方式，我们还可以有另一种解释。墙体的筑造方法说明这里很难取到水。那些筑墙的人大概很快就明白，由于缺水，要在这里维持常规的那种烽燧几乎是不可能的。于是，他们就把墙体筑好，不设烽燧，而全靠从南边临近水源的那些烽燧派兵巡逻，戍守这段长城。

不管实际情况如何，我们可以肯定的是，从这里一直到北大河尾的长城线（我们后来将长城线追踪到了北大河的尾间，这段距离足足有 45 英里多远）所穿越的地区，自古就是没有水的光秃秃的流沙区或砾石萨依。长城不仅被大胆地修到了这里，还穿过了这片险要的区域，这充分表明，那些负责修长城的人，在面对险要的自然障碍时，是打算付出长期巨大努力的。看着这块象征他们不朽功勋的醒目的纪念碑，我们却不能不想到，为了在这个荒凉的地区实现帝国的防卫计划，有多少人受了多少苦。①

从离开长城线的那一点，我们穿越一条沙丘链，向南走了将近 4 英里，来到一座长约 70 英尺、宽 35 英尺的坍毁的土丘。连着土丘，有一座约 94 英尺见方的院落（见附图 16 中的 T.XLIV.e），它的围墙是用灌木捆筑成的。有证据表明，这个院落曾被牧人们当作据点，我们在地面上发现的陶器碎

---

① 为守卫沙漠中的国界所作的牺牲，在普通中国人的心里留下了深刻而持久的印象，这在中国诗歌中有所反映。参见沙畹《文书》19 页以下。

片（见文物目录）似乎年代也都比较晚。这些碎片是在离现在不太久远的时候，偶尔在此居住的牧人留下的。但只有仔细查看才能知道这些碎片下面是不是埋藏着某个与长城线相连的古代烽燧的遗迹。但我们既没有时间，也没有工具和人手对这里进行彻底清理。从那里再往南，地面可能偶有水泛滥过，牧草很丰茂。在离营地约 2 英里远的地方，我们发现了一口 16 英尺深的水井，水井附近还有小泥屋，说明至今仍有牧人到这口井来。

在烽燧 T.XLIV.a 发现的文物

现在让我们回到烽燧 T.XLIV.a，这是那条烽燧线最北边的一座烽燧。我们说过，那条烽燧线离长城线还有一段距离，却朝着长城线延伸。这座烽燧很大，保存得比较好，很远就引起了我们的注意。它矗立在一座砾石高原上，底部有 32 英尺见方，高 14 英尺。烽燧用泥土一层层夯筑而成，每层夯土厚 6~7 英寸，土层之间夹杂着不厚的灌木层。烽燧东边连着一个小建筑。离烽燧脚下 10 英尺远的距离内都是这个建筑的残墙的碎片，碎片中还掺杂着垃圾。清理了垃圾后，我们发现的东西有：7 枚汉文木简；一根大红柳树枝做成的棍子的残件（T.XLIV.a.03，图版 XLVI），棍子一端有汉字，另一端烧焦了；几件小木器；一个用马毛做成的滤器；粗糙的纺织品碎片等（见文物目录）。离烽燧西南脚不远，我们还发现了一枚残破的五铢钱和一个长城线上常见的那种汉代青铜箭头。附近的大量陶器碎片也是汉朝常见的类型，为深灰色，有席纹或绳纹。无疑，在汉长城其他地段有人戍守的时候（即在汉代），这里也是有驻军的。（马伯乐先生对有字的汉文木简做的笔记，也与我的结论吻合。T.XLIV.a.018 是一封私人信件的一部分，其中提到了被流放

的写信人的境遇，写得十分感人。另一封信中还提到了某个
"亭"①的长官抱怨他的军饷不够用等，但"亭"的名字不完
整。019 则记载了一些收到和寄出的信件。）

　　在烽燧 T.XLIV.a 东南不到 3 英里远的地方，就是烽　　烽燧 T.XLIV.b
燧 T.XLIV.b（图 222）。它保存得很好，高达 21 英尺。它的　　的构造
建筑方式和烽燧 T.XLIV.a 十分相似，但 27 英尺见方的底座
四边是合于东西南北四个方向的。只有烽燧的西角裂了一条
小缝，烽燧底部则几乎没有受到风蚀的破坏。烽燧东北侧连
着一层 6 英尺高的垃圾，垃圾下掩埋着一堵护墙。这堵墙是
用红柳树枝筑成的，并用芦苇拧成的绳子将红柳枝固定（附
图 16）。无疑，烽燧的四面原来都有这种护墙保护，所以烽
燧才保存得这么好。

　　烽燧顶部有很多秸秆和垃圾。在那里，我们在垃圾堆表　　在烽燧 T.XLIV.b
面上就拾到了两块写有汉字的木板，字依旧完整。我们还发　　发现的东西
现了陶罐（T.XLIV.b.015，图版 XXV），它的颈部仍缠着一
段细绳，罐底部还有一个孔洞，用两块紧紧地合在一起的小
木板塞住了。从烽燧下面的垃圾堆里又出土了 20 多枚汉文
木简，还有一块没有做完也没有写字的木板（T.XLIV.b.034）。
这块木板一端有一个突起来的印封坑，坑上有五条为纳细绳
而刻出来的槽。这种样式在别处不多见，但在楼兰遗址东北
的古城堡 L.E 出土的汉文写板也是这种式样。② 在这里发现
的小木器都收入文物目录中，其中值得一提的有几个四棱柱
体（T.XLIV.b.01、04 ~ 06，图版 XLVII），可能是棋子；
T.XLIV.b.037 看起来则像某种游戏的筹码；小木铲刀

---

① 　"亭"这个字在敦煌段长城上经常出现，参见《西域考古图记》第二卷 747 页。
② 　参见本书第七章第七节。

T.XLIV.b.02、011、035、036 大概和在西边的长城烽燧上发现的一样，也是作为"筷子"吃米饭用的。

［在马伯乐先生做了笔记的文书中，T.XLIV.024、026 所载的日期，分别相当于公元 62 年和 112 年。前一件文书中提到了"桢中燧"（或"队"?）的长官，这座烽燧的名称在 T.XLIII.a.013 中也出现过。T.XLIV.b.2 又提到了"桢中燧"长官的名字，并称，收到了来自"南合"的官方命令。这件文书中还提及"万年"（? ——译者）。"万年"这个地名出现在 T.XLIII.a.018 中（编号似乎有误——译者），还出现在沙畹《文书》第 415 号（T.XVIII.i.21）中，是敦煌以西龙勒县下边的一个乡（T.XVIII.i.21 记"万年里"——译者)①。提到了这么远的一个地名很奇怪。同样奇怪的是，T.XLIV.b.3 中提到了"玉门"。那里说， "玉门"给某个"亭"的长官下令要征集一些人。T.XLIV.b.017 是一封信的草稿，写信人是一个被流放者，他对在如此艰苦的边疆服役颇多抱怨之词。］

烽燧 T.XLIV.c
遗址

我们从这里向东南再走 1.5 英里远，来到了一座朽坏很严重的烽燧。那里有一座用土筑成的烽燧 T.XLIV.c 的烽燧基，紧靠着烽燧北边还有一间屋子。屋子只有南墙保留下来，约有 3 英尺高，用土坯（15 英寸×8 英寸×4 英寸）筑成。从附近的一个小垃圾堆中，我们发现了三枚汉文木简，还有一块木板（T.XLIV.c.01，大概是一种"雌性"的取火棍），一枚常见的青铜箭头（T.XLIV.c.03），一枚"货泉"钱。在烽燧北边光秃秃的砾石地面上，我们还拾到了一枚与

① 参见《西域考古图记》第二卷 620 页、690 页等。

T.XLIV.c.03 属于同一类型的箭头以及一枚五铢钱。

4 月 29 日傍晚，我看到东南方约 3 英里远的地方就是第四座烽燧 T.XLIV.d。但第二天我必须到北边去寻找长城线，所以只好把考察它的任务交给奈克·夏姆苏丁。他发现那座烽燧用土坯筑成，保存得很好，底部有 16 英尺见方，高达 14 英尺。烽燧顶上有一间守望屋，有几处屋墙仍有 3 英尺高。屋里的垃圾堆上覆盖着红柳树枝，这些树枝本来是在屋顶上的。从这个垃圾堆和烽燧底下的一些垃圾中，他发现了 10 枚汉文木简。此外，在烽燧底下他还发现了两张纸质汉文文书。零碎东西中值得一提的有：一枚青铜箭头，属于敦煌长城上常见的那种；几块编织得很细密的灰绸子。在烽燧南边约 50 码的地方，他拾到了一枚康熙朝的铜钱，显然是后来某个到这里来的人遗落的。从去往肃州的车马道上，能清晰地看到这座烽燧。当我 5 月 1 日从这条道上经过的时候，要不是考虑到前面要走的路还很远，我真会亲自到那座烽燧去看一看的。

［马伯乐先生研究了在这里发现的汉文文书。他发现，T.XLIV.d.08、09 的日期，相当于公元 64 年 2 月 24 日，说的是在一个垦殖区进行的某些行动。T.XLIV.d.05、06 则提到对军官下的命令。以上这些文书，显然都和汉长城的管理有关。另一方面，在烽燧脚下发现的那两件纸文书，则可能是在很晚的时候到那里的。其中一张纸文书（T.XLIV.d.014）是一个很长的单子，说的是给某些人按军规发放煤。马伯乐先生根据古文字学，认为这件文书不会早于宋代。另一张纸文书（T.XLIV.d.015）则记载了一个司法讯问，说的是一个死者留下的房产的问题 。马伯乐先生认为，根据字体，这个文书属于宋、元之间的那段时期。］

在烽燧 T.XLIV.d 发现的文物

在烽燧 T.XLIV.d 发现的汉文文书

我们最后还要提一下一座小烽燧 T.XLIV.f。它大致坐落在烽燧 T.XLIV.c 和疙瘩泉子之间的中点上，底部约有 16 英尺见方，高 8 英尺。筑烽燧的土坯尺寸为 10 英寸×7 英寸×4 英寸，和汉长城上常见的土坯①尺寸不同，似乎表明这座烽燧是后来修筑的。烽燧附近没有发现古代的那种陶器碎片。这座烽燧位于西边，远离了 T.XLIV.a～d 形成的那条几乎笔直的烽燧线，光是这一点就足以说明它和那条烽燧线没什么关联。

远离长城线的烽燧 T. XLIV. a～d 是何用意

从我们发现的文书和其他文物来看，可以肯定，T.XLIV.a～d 这几座烽燧在汉代是有人戍守的。（马伯乐先生研究了汉文木简上的纪年，那些纪年和上述这个结论也完全吻合。）这个年代上的事实却引发了这样一个考古学上的问题：这条南—南东到北—北西走向的烽燧线和它北边那条东西走向的长城线之间是什么关系呢？我们并没有将这条烽燧线向北边的长城线的方向追踪下去，或是向南边肃州绿洲的方向追踪下去，所以对于这个问题，我们还无法做出明确的回答。但这个问题似乎可以有两种答案。如果从北大河南岸一直到花海子北部，那条沿着北山外围山脉脚下修筑的长城线曾有过驻军，那么，烽燧 T.XLIV.a～d 这条烽燧线可能就是为了戍卫从肃州绿洲到长城线去的联络线和物资运输线，因为肃州绿洲是戍卫这段长城的主要据点。另一种假设是：北大河和花海子之间的长城筑好后，人们才意识到，由于远离水源和可居住的地区，要想戍卫这段长城线几乎是不可能的。所以，人们大概就放弃了在花海子洼地最低地段（即疙瘩泉子附近）以东的长城线上驻军，而用那组虽无墙体相连

---

① 参见《西域考古图记》第二卷 737 页。

却能彼此望得见的烽燧 T.XLIV.a~d 来护卫花海子和花海子以北的长城线，使之免受来自东边的进攻。但如果是这样，还有一个问题有待解决：如此一来便出现了空当，肃州绿洲和金烽燧那里的垦殖区就暴露了出来，如何戍卫这些地区，使敌人不致从空当中进犯呢？（不管怎样，我们应该注意的是，从烽燧 T.XLIV.a~d 出土的 3 件有纪年的文书，都是东汉时期的。而花海子以西的 T.XLIII 长城段上出土的 4 件有纪年的文书都是西汉时期的。）

　　还有一个问题，我也只能留待将来的某位考察者解决了。那就是我们从疙瘩泉子追踪到的那段长城线的最东段，和北大河拐弯处的烽燧 T.XLI.a~h 那条烽燧线之间，究竟是怎样连接起来的呢？我本人已无法亲自再向东追踪长城线。我们现在只有两桶水了，要是我们这么多人在那片极度干旱的地面上走几天，水肯定是不够的。而且，我必须尽早到达肃州，以便为沿黑河进行的考察做准备，我急于在酷暑来临之前完成对黑河的考察。于是我只好让拉尔·辛格一个人轻装上阵，向东边继续追踪长城线。他后来和我在肃州会合了，他告诉我从第一次遇到长城线后他只走了不到 2 英里，长城线就完全消失在一条大沙丘链之中。绕过沙丘链后，他在开阔的砾石萨依上四处寻找长城墙体，结果却一无所获。他带的水已经不多了，这使他不得不折向东南，企图到肃州垦殖区的最北端去。他走的这段路，经过的是无人考察过的地区，地面上布满砾石。这块地面将花海子盆地和北大河流域分隔开来。

长城线继续向北大河延伸

　　我自己则带着手下那些人，于 5 月 1 日沿车马道向肃州进发。在 26 英里的距离内，我们穿越的都是极度荒凉的光秃秃的砾石高原，还越过了一条小山脉。之后，我们就来到

向肃州前进

了偏远的肃州垦殖区的最北端。伏特勒教授曾详细描述过我们当天经过的那片地面。我们先是绕着那座横亘的崎岖高山的北边和东北边走，那条山脉就位于嘉峪关峡谷南边①。山脉向东延伸出来的小山脉一直伸展到甘州河。小山脉顶上有很多大烽燧。这些烽燧位于中世纪万里长城之外的前哨，万里长城是沿那条小山脉的南边延伸的。和我 1907 年在嘉峪关附近考察的位置与此类似的那些烽燧②一样，它们看起来都是后来修的。

穿过中世纪的万里长城

晚上我们将营地扎在一条小溪边。这条小溪是从黄草营（Huang-ts'ao-ying）上边那条峡谷流下来的（1907 年我曾踏访过黄草营）。第二天早晨，我们走了 2 英里后，在野麻湾（Yeh-mao-wan）村穿过了中世纪的万里长城。1907 年我就在远处看见这里的万里长城几乎拐了一个直角弯。现在我们发现，这里的万里长城是用土筑成的。和东边的很多地方一样，长城墙体也成了小土丘。考虑到万里长城是明代才修筑的，墙体的朽坏程度说明没有柴捆或其他材料的加固，万里长城的质量就不及汉长城，很容易坍毁。万里长城是为中国的闭关政策服务的③。既然中国的闭关政策一直延续到了 17 世纪下半叶，所以可以肯定在作为边界线的那几个世纪里，万里长城曾被反复修过。修复工作一定很容易进行，因为万里长城总是尽可能地贴近垦殖区④，而全然不顾如果修得更贴近前沿，无论是在战略上还是战术上都更有利。

---

① 参见伏特勒《荒漠戈壁》28 页以下。
② 参见《西域考古图记》第三卷 1119 页。
③ 参见《西域考古图记》第三卷 1122 页，那里说到了万里长城的年代和用意。
④ 在肃州绿洲以北的万里长城以及甘州河以北的万里长城上，我们都可以看到这样的情况。

汉长城和中世纪的万里长城在墙体的坚固程度上明显不同，中间虽隔了 1 500 多年，长城上烽燧的样式却没有多大变化。图 224 中的大烽燧就位于车马道穿过长城线的那一点的东边，过了那一个点后，车马道才到了野麻湾关。这座大烽燧顶上仍保留着一间守望屋。尽管整座烽燧已经严重朽坏，但烽燧上仍保留着方便人们到守望屋去的踏脚孔。从烽燧顶上仍垂下来一条绳子，当时戍卒就是沿着这条绳子爬到烽燧顶上去的，正如同汉长城上的戍卒也是沿着绳子爬到汉长城的烽燧顶上去一样。

　　野麻湾这个小关附近还有一座庙，并有几个昏昏欲睡的士兵驻守着。从这里出发，我们当天就轻松地走过耕耘平整的田畴和带围墙的堡子，来到了肃州。肃州河宽阔的河床仍旧几乎是干涸的，说明南山那些高山上的积雪还没有融化，我在 1907 年的考察中曾到过那些高山。由于这里地近南山，气候与前面那些地方很不同。我们没到城墙之前就被一场夹杂着雨和冰雹的暴风打了个正着。以后几天，雨下得更大了。1907 年，我是把酒泉那座风景如画的庙宇的破亭子作为我的"据点"的，[①] 当我今年又来到这个又安静又通风的老"大本营"时，真是十分高兴。

野麻湾的烽燧

---

① 参见《沙漠契丹》第二卷 286 页以下。

第十二章　从肃州到毛目段长城去

第一节　北大河沿岸的长城

在肃州停留　　　在到黑河沿岸以及哈喇浩特遗址进行考察之前，我们得做很多安排和准备，所以必须在肃州停留一段时间。哈喇浩特遗址位于毛目（今甘肃省金塔县鼎新——译者）以远，是阿拉善王手下一个蒙古族小首领的领地。所以，在进入黑河地区之前，我们必须征得肃州道台的支持，实际上，肃州道台就是蒙古西南部那个地区的政治长官。幸运的是，我曾在秋季通过乔治·马继业爵士提出过申请，我的申请得到了驻北京的大英王国大臣的大力支持。因此，中国外交部及时给肃州道台周务学先生发来了指示。我和这位聪敏好学而精力充沛的大人来往过几次后，他就给我写了封推荐信，这正是我所急需的。信是写给生活在黑河沿岸一个蒙古部族的首领，或称贝勒，这个蒙古部族是土尔扈特部的一支。

筹集资金　　　公使馆给我做了些安排，其中之一是让当地衙门付给我3 000两银子（是中国式的那种银条），条件是我通过喀什领事馆财政司从我的基金中把相应的钱款汇到北京。但中国革命造成的经济动荡对甘肃衙门的财政状况也产生了影响，由于造反头目（他被称作白狼）手下那群人的劫掠，这里的财政状况日趋紧张。虽然我要筹的款子数额并不大，但我听说弄来这些银子可是费了不少劲。等了几天，这些马蹄银（每锭银子都是称好的重量）才到了我手里。但在这段耽搁的时间里，我也得到了补偿。人们很快就听说了衙门给我银子这件事，这使甘肃道台治下那些地区的官员，对我的工作都支持起来了。同试图给我设置障碍的乌鲁木齐地方当局相比，肃州官员们的这种态度尤其使我感到欣慰。

考虑到我们将沿着黑河走很远，之后还有可能再向东考察，所以在肃州停留的六天里，我们都忙个不停。我们必须为人畜准备好至少两个月的物资，因为从蒙古人那里是不会获得物资的。甚至毛目那片偏远的绿洲，前一年由于缺乏灌溉水，庄稼的收成也特别不好，在那里我们也是不能指望得到物资的。我要去的地方路途十分遥远，这迫使我不得不在仍能利用邮政设施的时候，写了很多信札。

在肃州做的准备工作

1907 年我们曾在南山考察，这几天的停留使我们有机会对南山进行补充考察。我想借此良机进行三角测量，以便更准确地测定河西走廊南山山脉（Richthofen Range）那些高峻雪峰的相对位置和高度。天气明朗的时候，从肃州就能望见那些雪峰，我以前没有机会对它们进行三角测量。不巧连日来不是阴雨就是风沙天气。但 5 月 4 日天空变得极为晴朗，我们都指望三角测量能成功进行。拉尔·辛格在肃州城南不远的开阔地上，确定了一条用天文学方式定下的基准线。但这时，天空又出现了乌云并下起了雨，我们最终仍是没能达到目的。

试图进行三角测量

我在《西域考古图记》中已说过，前几次访问肃州时我观察到它有怎样的地理特征（就是这些特征决定了它的经济和商业地位）。在该书中我还指出，汉武帝设酒泉郡以来，肃州城和肃州地区在中国同中亚的关系史上，扮演了怎样的角色①。所以，在这里我就略过肃州不提，而直接描述我们是怎样到达东北方那个遥远的目的地哈喇浩特的。除了要对哈喇浩特进行考古研究，我们此行还要完成一个地理学上的任务。

肃州河与甘州河内流盆地

黑河的尾闾，汇集了肃州河、甘州河及其支流从南山中段带下来的所有河水。1907 年我们成功地考察了这两条河发源的大山区的西半部分，以及那座在地理学上很重要的高原。那座高原位于河西走廊南山山脉脚下与蒙古南部沙漠边缘的小山脉之间。由于有肃州河和甘州河河水灌溉，并有肃州和甘州地区的大绿洲，它有史以来就是中国和中亚之间真正的交通枢纽。

计划在黑河东岸进行考察

我的目标是把上次对这个大内流区进行的考察向北扩展到黑河尾闾及向东南扩展到黑河远在山中的源头。显然，第一个任务必须在黑河沿岸及其两侧沙漠还不是太热，我们又能进行有效工作的时候完成。而紧接而来的夏季几个月，我们可以在南山山谷中进行考察，还要给骆驼"放假"，让它们尽情地吃草。要想让这些强悍的骆驼还能胜任今年秋天和冬天的工作，这样的"假期"是必不可少的。

拉尔·辛格去毛目的路线

我们的近期目标是毛目绿洲，肃州河和甘州河就是在那里汇合的。5 月 10 日我们分成两路出发了。拉尔·辛格沿大路走，一直到甘州河与大路相交的那一点。然后，他将沿着甘州河河道到毛目去（那段河道穿越了上文说的高原北侧的小山脉，迄今为止，还没有人到那里考察过）。为了寻找汉长城的东段，我只能沿着北大河走，并穿过偏远的金塔

---

① 参见《西域考古图记》第三卷 1126 页。

绿洲。

1907 年我第一次探访金塔后，回来时走的是北大河右岸连接金塔绿洲和肃州的大路。所以我现在选了另一条路，它穿过了北大河以北的肃州垦殖区。在这条路上，我们又经过了已坍毁的中世纪万里长城，然后在长城外的农田边上扎了营。第二天我们穿过了那条低矮的山脉，它位于俯瞰着花海子的那条山脉的东端，并朝甘州方向延伸而去。我们发现这里和野麻湾那里一样，小山脉顶上也有突出在万里长城之外的烽燧戍卫着，烽燧看起来显然并不是太古老。我们沿小山脉的北边脚下走，经过的地区全是约 30 英尺高的流沙丘。之后，我们才到了北大河边，那里的河床离金塔绿洲最南端约 2 英里。河床宽有 0.25 英里，比河岸低 6 英尺。河中一滴水也没有，从这里分汊出来的 6 条水渠也是干涸的。又往前走了 1 英里，我们在灌木覆盖的地面上又遇到了三条水渠，它们的水流量加起来也只有约 60 立方英尺/秒。这说明 6 月中旬南山中段的积雪融化之前，即北大河的夏季洪涝到来之前，肃州河下游能用来灌溉的水是极少的。

到金塔去的新道

5 月 12 日我们向可爱的金塔小城北边走，小城四周环绕着农田和浓荫匝地的果园。沿途的地貌我在 1907 年 9 月的一次勘察中已熟悉了①。先是富饶的垦殖区，接着是草地，垦殖区和草地上都有成行的美丽的榆树。但走了约 7 英里后，榆树就消失了。过了这之后，农田变成一块一块的，大小不等，农田之间是长着灌木的荒凉沙地。这些沙地以前可能曾经被开垦过。我觉得似乎 1907 年以来，那些分散的小村庄中勤劳的居民把不少沙地改造成了农田，有几个地方甚至能

重访金塔绿洲

---

①　参见《西域考古图记》第三卷 1134 页。

看到这种变沙为田的过程。但可以肯定的是，要想彻底消除东干人叛乱给当地带来的影响，还需要很长时间。傍晚时分，我们走近了头墩那座大烽燧。那里的地面状况是很奇特的，碧绿的农田夹杂着红柳沙堆、低矮灌木及长着芦苇的沙丘。这种景象使我清晰地回忆起在策勒和克里雅之间的达玛沟绿洲北边及东北边看到的情景，那里不同时期废弃的田地又被重新开垦了①。在那些地方，有时开垦有时任其荒芜的现象，主要是和影响地下水水量的自然条件联系在一起，因为地下水是那里的灌溉水源。而在这里，我所目睹的变化，无疑主要是近期东干人叛乱过后经济复苏的结果。

关于"旧墙"的消息　　那天途中，我们脾气暴躁的蒙古族翻译马鲁木得到了一条虽然不太明确却令人振奋的消息。马鲁木在路上遇到的一位年迈的汉族村民告诉他，他有一次向头墩东北走了"约30里"，在北大河河谷边的小山脚下，遇到了一道用灌木筑成的"旧墙"。这条消息虽然可能会和汉长城有关，但听起来很不明确，后来我们在头墩询问的时候，人们根本不知道什么"旧墙"。为了避免在不确定的查找上浪费时间，我让测量员穆罕默德·亚库卜押运行李沿车马道到毛目去。而我和剩下的骑马的人，则朝着河边宽阔平原边上的小山脚下进发。离营地约 1.5 英里的时候，我们穿越了一条干涸河床，然后绕过了一个在红柳沙堆之间正有新土地被开垦出来的地区。有迹象表明，这里的荒野正在被重新利用，其中有些地方在东干人叛乱之前曾被开垦过。

汉长城墙体　　我们又往前走了 2 英里，穿过又一条河床，之后越过一块肖尔和稀疏灌木覆盖的土质地面，来到了北山最外围一条

---

① 参见《西域考古图记》第一卷 202 页。

山脉的脚下。在布满碎石的缓坡上，矗立着很多支离破碎的石山，石山的走向为东—南东到西—北西。在做平面定向的时候，我们望见北边远处一座小山上有座烽燧，但我却没有找到长城墙体的迹象。但我们只往东走了100码左右，就看到有两条很奇怪的笔直的线，看起来就像是地面上支出来的支离破碎的石头似的，那显然是几乎已完全坍毁的长城墙体。我们沿着墙体往前走，标志着墙体的小丘逐渐升到了9英尺，也渐渐能看得清墙体的构造了。小丘是用粗砾石筑成的，小丘两侧堆叠起粗糙的石板作为墙面。墙顶部宽为8英尺。

　　无疑，我们现在又回到长城线上来了。令我非常遗憾的是，由于当天必须朝毛目方向走，我们无法向西边追踪这条长城线。但9月当我们回到毛目时，在穿越北山的头几天的行程中，我们得以再一次来到了这块地面。证实从我们第一次遇到长城线的那一点起，长城线朝西—南西方向又延伸了14英里多。如果沿这个方向下去，它恰好就会到达位于疙瘩泉子北边的沙丘和红柳沙堆之间的那段长城。

墙体继续向西—南西方向延伸

　　我们沿着长城线向东走了约1英里，来到烽燧T.XLVI.a遗址。烽燧坐落在长城线以南约30码远的一座小石丘上，用泥土夯筑而成，每两层夯土之间夹一层灌木。烽燧基有16英尺见方，残烽燧高仍约有9英尺。烽燧顶上的夯土已被火烧红了。在烽燧周围，我们拾到了很多汉代的那种带席纹的陶器碎片。在烽燧底下的小垃圾堆中，我还找到了两枚朽坏得很厉害的木简残片，上面的字已无法识读了。我们又沿着清晰的墙体走了约1英里，来到了小丘T.XLVI.b。小丘上面有两堆石头，那里没有发现建筑遗存。但在离小丘顶部约20英尺的东坡，我们发现了一个垃圾堆，其中出土了两枚汉文

烽燧T.XLVI.a、b遗址

木简，还有几枚空白木简。（带字的木简中有一枚的内容是关于算术方面的。）

烽燧T.XLVI.c、d遗址

我们又沿着标志长城墙体的小丘往前走了 1.5 英里，来到了一座高约 60 英尺的小石山，这就是 T.XLVI.c。山顶是平的，宽约 55 英尺，上面有粗略筑成的石墙的废墟。墙用灰色花岗岩石块筑成，石块肯定是从别的地方运来的。石山东坡上有一个大垃圾堆，在那里出土了两枚残破不全的汉文木简，一枚汉代青铜箭头（T.XLVI.c.05），还有几件零碎小东西。从这里再往前走约 1 英里，就来到了一座醒目的小山。小山上原来有一座烽燧 T.XLVI.d，但如今只有一堆土坯保留了下来。这个土坯堆长 18 英尺，宽 7 英尺，高 4 英尺，土坯尺寸为 17 英寸×8 英寸×4 英寸，土坯层之间夹杂着芦苇层。

标志着长城线的土丘

过了烽燧 T.XLVI.d，长城线离开了这个布满碎石的区域，进入了一块开阔的砾石萨依。萨依上的墙体稍微改向了东南方向，形如一条朽坏得很厉害的笔直的丘，高 4~8 英尺。我们在墙体中打了个洞，发现这里的墙体是用灌木层筑成的。但由于水汽的作用，灌木层已完全腐烂成了发红的土壤。再往前的墙体又是朝东延伸的了，有趣的是墙体的矮丘顶上是两条白色的肖尔。这清楚地表明，原来墙体的宽度也是 8 英尺左右，和敦煌长城及其他那几段完全坍毁的城墙宽度是一样的①。

烽燧 T.XLVI.f、g遗址

我们又往前走了 3.5 英里，来到了一座烽燧T.XLVI.f 遗址，只有汉代的陶器碎片标志着那里曾有一座烽燧。再往前 1 英里远就是烽燧 T.XLVI.g 遗址。这座形状很不规则的小土

① 参见《西域考古图记》第二卷 570 页注 9。

丘，显然是一座已完全坍毁的烽燧遗址。它坐落在一座小院落的东北角，院落里边长 79 英尺，宽 57 英尺。院墙是用砾石层和灌木层构成的，已坍毁成了低丘。

我们又往前走了 1 英里，来到了烽燧 T.XLVI.h 遗址。这个遗址比前几个要有价值些。烽燧用土坯（13 英寸×7.5英寸×4 英寸）层和芦苇层筑成，已向东坍塌。烽燧基约 16英尺见方。烽燧的东南角似乎连着一些营房，营房的两堵土坯筑成的残墙分别长 24 英尺和 16 英尺。在这里的垃圾堆中，我们发现了 14 枚汉文木简（其中有几枚是完整的），还有为数不少的零碎东西（见文物目录）。这些东西中特别值得一提的有：一把弧形铁刀（T.XLVI.h.04，图版 XLVII）；一个上过漆的木碟子（T.XLVI.h.06，图版 XLVI）；一件上过黑漆的制作很精美的小木器残件（T.XLVI.h.08）；一条用粗布搓成的绳子（T.XLVI.h.02，图版 XLVI），大概是当作火把用的；一把木梳子（T.XLVI.h.01）。

马伯乐先生翻译了部分木简，其中有几件是军事记录或军令，和在敦煌长城的烽燧上发现的完全属于同一类型。比如，T.XLVI.h.2 提到了被选派去干某种重活的人数；T.XLVI.h.021 则指出，如果强盗围住了烽燧，而又没有秸秆点燃烽火时，应该怎么办（原简文"虏守亭障不得燔薪业"——译者）。T.XLVI.h.022 是一条军令，命令玉门军垦区给 17 个被判处劳役的人分配些土地（原简文"令玉门屯田吏高年垦田七顷施刑十七人"——译者）。T.XLVI.h.016具有直接的考古学价值，它的纪年相当于公元 69 年。这说明就在中国于公元 73 年征服哈密，并开通了直接通往天山东端的哈密绿洲的商道之前，这段长城线是有人戍守的。

在烽燧T.XLVI.h遗址发现的东西

　　紧接着的三座烽燧之间的距离约 1 英里。其中，烽燧 T.XLVI.i 的构造同烽燧 T.XLVI.h 一样，但由于烽燧外面曾用夯土层修复过，所以残烽燧高仍有约 21 英尺。它所在的地面较低，而且奇怪的是，从东边与此相邻的烽燧 T.XLVI.j 看不到这座烽燧。烽燧 T.XLVI.j 也是用与烽燧 T.XLVI.h 那样大小的土坯筑成，但朽坏得很严重。我们在这座烽燧底下拾到了一枚汉代青铜箭头。在这座烽燧附近，从金塔到毛目去的车马道［这条道已在西野（Hsi-yo?）的小块垦殖区附近过到了北大河的左岸］和长城线离得很近。所以，我发现下一座烽燧 T.XLVI.k（车马道就是在这座烽燧底下经过的）看起来很新，我并没有因此感到吃惊。它很可能是一座古代烽燧，经过反复修复后才扩大成了现在的规模。这座烽燧又大又醒目，到毛目去或从毛目来的旅客可以把它当作路标。

　　从烽燧 T.XLVI.k 望过去，可以望见标志着长城线的那条土丘在东边的萨依上延伸了几英里。但由于天色已晚，而且我们离毛目还很远，我只好从那里离开长城线，转到车马道上来。从望远镜里看，东边长城线上唯一一座能看得见的烽燧 T.XLVI.l 看起来也很"现代"，这使我虽转到车马道上，却并不是很遗憾。后来，拉尔·辛格在 9 月就从那座烽燧底下经过，他证实了我们的结论，而且得知它叫红沙墩（Hung-hsia-tung）。我们沿着车马道走了 7 英里，这才到了毛目绿洲的西部边缘。接着又往前走了大约 5 英里，终于在暮色中到达了带围墙的毛目城。这座看起来很荒凉的小城，就是这个小地区的行政管理中心。途中，我们还穿过了甘州河河床。河床当时几乎已完全干涸，宽约 1 英里。这说明在泛滥季节，甘州河的水量是很大的。而就在几英里之外，就是北大河同甘州河汇合的地方。

第二节　经过毛目绿洲及其边远地区的烽燧

夏季越来越近了，天气也越来越炎热，我们的骆驼已经开始感受到了炎热的威胁。这就要求我们必须尽快沿着黑河往下游走。在毛目①年轻的县官周化南先生的帮助下，5月14日我们在毛目只停留了一天，就租到了一些骆驼，以便减轻我们自己的骆驼的负担。这真令我感激不尽。我们还事先获得了关于秋天从这里返程时要走的那条道的信息。那条道是穿越还没有考察过的一段北山的。而且，我们还为在黑河上的考察找到了一个向导。他是一个聪明又乐于助人的年轻汉人，曾多次给商人们做代理人与黑河地区的蒙古人打交道。同一天，拉尔·辛格也同我会合了。他考察了甘州河，考察的起点是曲折的甘州河道穿过大高原北边那条荒凉的小山脉的那一点。他在途中还证实，毛目的垦殖区虽然狭窄，但全长有 35 英里多。这块垦殖区沿甘州河向南延伸了很远，比以前的地图资料所画的要远得多。但在这块垦殖区，以及这座看起来毫无生气的小城（衙署十分破败，只有几家店铺），我们看得出，由于前两三年夏天泛滥的河水水量不足，当地的各种事业都遭受了严重损失，物资极为短缺。据说正是这个缘故，以前通常驻扎在这里的一小支驻军不久前也撤走了。

汉长城是沿着北大河向毛目伸展的。即便是在发现这个事实之前，就有一些明显的地理学证据使我们觉得，毛目小绿洲虽然资源很有限，但在保卫甘肃西北部的时候地位必定

在毛目停留

敌人有可能从黑河河谷进犯

---

① 这座小城和它所在的绿洲名称有两种形式："毛眉"或"毛目"。"毛眉"是通用的名称。遗憾的是，我的那位秘书没有在当时确定下来它的官方名称。1915 年 6 月蒋师爷在喀什给我写了一份在途中遇到的官员的名单，在名单中他把这个县称作"毛目"。

是非常重要的。黑河河谷在约 200 英里的距离内，都有水和牧草，使得这条河谷成了从阿尔泰地区（那里是蒙古人和其他游牧民族的真正故乡）来的敌人劫掠和入侵甘肃最西部那些绿洲的极佳途径。而沿着南山脚下延伸的那些甘肃西部绿洲，又是中国和中亚之间的天然大通道。黑河东西两侧都是广大的沙漠和濯濯童山。这些沙漠带即便是强悍的游牧部落也很难大批通过，于是保护了那条进行商业和军事活动的重要"走廊"不致受到来自北边的太大进攻。但黑河河谷却是敞开的，就像开门揖盗一样。我们将看到在成吉思汗的领导下，蒙古人的第一次重大进攻就是从这扇"大门"进来的，并最终征服了中原地区，元朝成了亚洲有史以来最大的帝国。以前来自北部草原的匈奴人、突厥人等游牧部落曾有多少次利用这个大门侵入中国西北，很值得那些能查到中国历史文献的人研究。

毛目作为一个关隘防止敌人入侵　　在此我应指出一点。自从汉武帝时期中国人第一次进入河西地区开始，那些负责守卫河西走廊这条中国和中亚之间交通要道的人，都不会不明白：如果在河西走廊北端有一块垦殖区，从肃州那一侧和甘州那一侧又都能很轻易地为这块垦殖区提供支援，那么这块垦殖区就会像关隘一样，阻止入侵的敌人。或者，当中国方面想要对游牧部落发动攻势时，也可以把这块垦殖区当作前沿的据点。沿着北大河最下游河道延伸的汉长城使我确信，早在公元前 121—前 115 年之间，当汉朝第一次从匈奴人手中夺下肃州和甘州地区并设郡时①，毛目地区就已经被纳入了那个浩大的边界防卫体系之中了。因此，我希望在时间允许的情况下，尽可能多看看毛

---

①　参见沙畹《文书》第五卷。

目绿洲，并踏访绿洲内和绿洲附近能发现的一切遗址。

沿毛目绿洲的
东部前进

　　甘肃这些地区的普通朴实百姓多是守口如瓶的，而我们
带的那个蒙古族翻译很有点办法，知道怎么去打听消息。他
打听到有一座当地人认为很古老的城堡，就位于绿洲主体靠
下游的那一端。毛目绿洲的主体是沿着甘州河和肃州河合流
之后的河道东岸伸展的。所以 5 月 15 日我们没有立即到河
西岸去（河西岸有一片窄条垦殖区，我们是有可能在那条垦
殖区上游发现长城线的），而是沿着穿越绿洲最宽部分的那
条路，向双城子去，据说那个遗址就在双城子附近。从毛目
城起 6 英里多的距离内，垦殖带都是连续不断的。但由于垦
殖带东边是一块块秃秃的砾石萨依，西边则是宽阔的沙质河
床，所以垦殖带的宽度没有超过 3 英里的。再往前，田地之
间就夹杂着一块块长着灌木的砾石地面。走了 10 英里，我
们又来到了平整的田畴，那就是宜人的双城子村了。我们在
那里扎了营。

双城子村附近
的废城

　　在双城子村北边约 1 英里的草地之间（有些草地是沼
泽），就是当地人认为极为古老的那座废城遗址。废城的夯
土墙特别结实，墙基厚 16 英尺。墙围成了一座四方形的城，
南墙和北墙长约 300 码，东墙和西墙长约 400 码。南墙和东
墙上有很大的豁口，那显然是风蚀造成的。城的东南角堆了
一大堆流沙，这也是风蚀的结果。保存较好的城墙高约 25
英尺。城里只有一堵不太结实的东西走向的墙的痕迹，除此
之外，城内空荡荡的。但在城墙内外，我们都发现了大量陶
器碎片，是汉代那种灰色的带席纹或绳纹的陶器（图
版 XLVIII），这些都表明这座堡垒的年代是很早的。我们还
发现了几块上过釉的碎片（下文的文物目录中收录了有代表
性的几块），都和在汉代就已废弃的敦煌长城烽燧上发现的

一样。另外几件［T.XLVII.03～05（图版 XLVIII）、Sh.01～06］表面是灰色的，里面则发红，上面有环状刻痕和垂花装饰，这种陶器在尼雅和楼兰遗址是很常见的。考虑到陶器碎片极多，其中却没有一片后来的那种陶器，这使我们得出这样的结论：这座带围墙的堡垒是汉代的。

小堡垒遗址　　就在这座废城东北约 0.25 英里的地方，有一座较小的堡垒，从内部看起来十分古老。从草图中①我们看得出，堡垒内层里面 96 英尺见方，夯土墙厚 21 英尺，仍

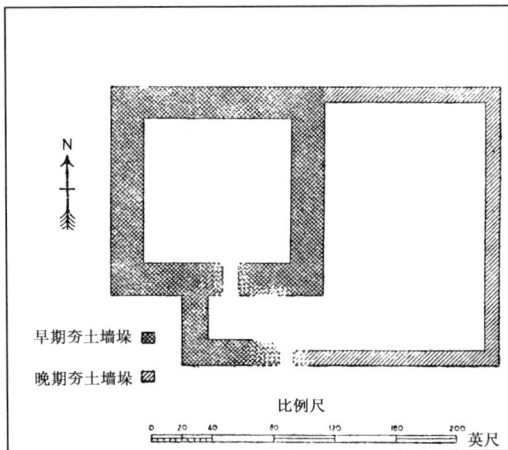

早期夯土墙垛　▓
晚期夯土墙垛　▨

比例尺

双城子村附近的堡垒平面图

高达约 30 英尺。堡垒的大门开在特别坚固的南墙上，门宽 10 英尺。大门外又有一道起保护作用的门，那里的墙厚 17 英尺。这道门连着外层围墙的南墙，外层围墙只有 10 英尺厚，不算护墙只有 12 英尺高，显然是后来很晚才添筑的。护墙用垂直放置的土坯筑成，上面有横梁，以防止敌人纵向射来的炮火，这说明护墙的年代应该是极晚的。我认为很可能这原来是一座古城堡，后来在年代很晚的时候，古城堡又被当作了一个小要塞的核心部分。这里的土壤是松软的黏

---

① 见上图。

土，没有遭受风蚀，所以我们也没有发现小陶器碎片，因而还不能得出什么确切的结论。对上述这两个遗址，我的总体印象是，这里曾有过驻军，其目的是在汉长城过河的地方，戍卫黑河河道。

5月16日我们过河到了西岸，那里的一长条垦殖带虽然很狭窄，却耕耘得十分平整。过河的地方，河床宽1英里多，但只有一些小水洼里有水。过河之后，我们到达的是四分（Ssǔ-fên）的农田。农田边上是窄窄的砾石缓坡，再往上是砂岩构成的支离破碎的低山。我在缓坡和低山上寻找长城墙体的遗迹，却一无所获。我们在砾石缓坡上走了5英里［这段缓坡俯瞰着二家庙（Êrh-chia-miao）那些宜人的田地］，也没有发现长城墙体的任何迹象。

过到黑河西岸去

我们很远就看见了烽燧T.XLVIII.a，它坐落在一座比萨依脚下高出约80英尺的较远的小山上。我们一到那里，就一眼看到了那条已完全坍毁的笔直的墙体。墙体形如一条土丘，虽然低矮却很清晰，延伸在小山脉那布满砾石的缓坡上。墙体是从四分方向来的（为北40°东走向），然后折向北58°东走向，向T.XLVIII.a伸展过来。标志着墙体的小丘太矮了，所以当我们在较平坦的砾石地面上已经离它很近，或者大致和它平行着前进时，都没有注意到它。烽燧T.XLVIII.a已坍毁，只有9英尺高。显然，它和汉长城是在同一时期筑造的。烽燧基24英尺见方，烽燧用土坯（14英寸×8英寸×5英寸）筑成，属于常见的类型。在这座烽燧（和长城墙体引向的下一座烽燧T.XLVIII.b）下面的石坡上，几乎没发现什么垃圾。对此我们是很容易作出解释的。既然离这里不到0.5英里就是舒适的垦殖区，长城上的守军以及负责文书工作的"书记员"们，又何必将营地设在这里呢？

长城上的烽燧T.XLVIII.a、b

坦毁的长城墙体

我们沿北 58°东方向沿着萨依脚下的墙体走了 1 英里多，然后下来，到了下门子（Hsia-ming-tzǔ），那里有青葱的田地和成荫的榆树。过了那里后，我们将有很长一段时间看不到垦殖区。在沙门子我们又毫不费力地找到了长城线，它形如地面上一条笔直的小丘，向烽燧 T.XLVIII.b 延伸过去。我们从沙门子走了约 4 英里，就到了烽燧 T.XLVIII.b。那里的长城墙体几乎完全坦毁了，北大河与甘州河汇合处的墙体必定也是如此，因为我手下的一个测量员在 9 月的时候到那里寻找长城墙体，结果却一无所获。这大概是那条小山脉上偶尔有水流下来的缘故，在这里小山脉的分支是十分接近河床的。烽燧 T.XLVIII.b（图 225）是一座用泥土夯筑而成的烽燧，很结实，高达 24 英尺，保存得很好。烽燧基 20 英尺见方，烽燧顶微呈圆锥形，使人想起在敦煌长城上看到的烽燧 T.III、T.VII 等。

长城线折向东方

从这座烽燧所在的陡山上，可以清楚地望见长城墙体折向北 83°东方向，笔直地向前延伸了约 1 英里到了河西岸。就是在这里，河床分成了两支，使河床大大变宽了。现在我们可以肯定，毛目绿洲最北端下游的汉长城，在这里明显地折向了东方，过到了黑河河谷对岸。为了不影响在下游的黑河三角洲进行的考察，我们现在是无法到对岸去继续寻找长城线的。但在完成了对黑河三角洲的考察回来时，我特意重访了这里，其结果记载在本书后来的一章中。[①] 就目前来讲，有一个事实是有考古学价值的：就在离山脚不到 0.5 英里的地方，垦殖区终止了，汉代时显然也是如此的。而且，烽燧 T.XLVIII.b 下面，就在河西岸不远的地方有座大风庙

---

① 参见本书第十四章第一节。

（Ta-fêng-miao），说明当地人对汉长城上古代关隘的敬意仍保留至今①。

但我们很快就发现，无论是在汉代还是在后来，要想防止敌人沿着黑河从北边来，光有城墙是不够的，还必须在城墙外边较远的地方设置更有效的防御工事。我们沿着河边平坦的砾石和粗沙地走，到那个叫大湾（Ta-wan）的放牧区去。途中在离烽燧 T.XLVIII.b 约 4 英里的地方，我们经过了一座特别坚固的小堡垒 T.XLVIII.c（图 233，附图 16），它很像古代玉门关的那座小堡垒 T.XIV。堡垒内部 32 英尺见方，而用泥土夯筑而成的围墙自身就足足厚 20 英尺，围墙仍高达 30 多英尺。在小堡垒附近发现的陶器碎片中，既有年代较早的，也有后来的。围墙里有羊粪堆，说明最近曾有牧人临时栖身于此。

再往北约 1 英里就是我们位于大湾的 140 号营地。我在那里发现了大围墙 T.XLVIII.e（图 228）。它离宽阔河床的西岸很近，汉文名称叫天仓大湾(T'ien-tsung-ta-wan)，蒙古文名称叫阿伦托克海杜如勒金（Arun-tokhai-dürüljin）。围墙用泥土夯筑而成，高约 18 英尺，厚 18 英尺，四角各有一座棱堡，墙围住的面积约为 220 码见方。围墙里面有三四个低矮的建筑废墟，建筑上的土坯是垂直放置的，显然说明其年代较晚。有一座建筑似乎是座庙，那里的土坯尺寸为 16 英寸×10 英寸×6 英寸。我的总体印象是，这是座后来修建的堡垒。在这里没有发现陶器碎片，似乎证实了我的判断。

守卫在河边的
堡垒遗址

后来筑的围墙

① 参见本书第十章第三节。

图225　毛目下游长城上的烽燧 T.XLVIII.b

图224　肃州野麻湾外中世纪长城上的烽燧

图227　黑河土尔扈特人的首领及蒙古族头人

图226　千佛洞遗址中部的石窟，前堂已暴露在外

5月17日，我在这个遗址东南约1英里的河东岸，探访了另一座堡垒 T.XLVIII.d。蒙古人把它叫作塔拉令金杜如勒金（Taralingin-dürüljin），这个复合词的后一部分"杜如勒金"有时也读作"杜乌尔金"（durwuljin，意为堡垒）。堡垒 T.XLVIII.d 坐落在一座布满砾石的低矮高原的最西端，这座高原是从一条沙漠山脉弯过来的，我们后来在去高台的路上，曾穿过这条山脉。与这座高原的最西端隔河相对的，就是砾石缓坡的坡脚，这个砾石缓坡是从毛目绿洲边上的北山最东段外围山脉上延伸下来的。在高原和砾石缓坡之间，河床变窄了，宽不足0.5英里。堡垒 T.XLVIII.d 虽然已成废墟，仍十分引人注意，并且整体看来比堡垒 T.XLVIII.e 要古老。有迹象表明，它的建筑曾先后发生过一些变化，但由于缺乏明确的证据，我无法确定这些变化的年代。

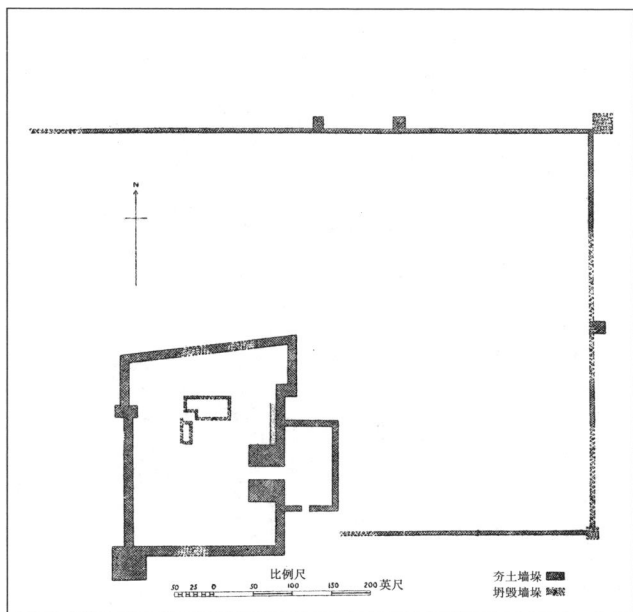

堡垒 T.XLVIII.d 遗址平面图

如图所示，遗址里面有一座内层小堡垒，呈不规则的长方形，里边长约 250 英尺，宽 185 英尺。墙用泥土夯筑而成，底部厚约 12 英尺，有些地方仍高 25 英尺。墙上共有两座坚固的棱堡，一座在西南角，一座在西侧墙上。大门开在东墙上，门外筑了个起保护作用的门厅，门厅的墙没有堡垒的墙那么坚固。门里侧每边还各有一座大塔。朝里的烽燧上有一层显然是后来筑的护墙，护墙上平砌的土坯层和竖砌的土坯层交替出现。东墙外侧的大部分墙面上也有一层类似的护墙。南墙、北墙上有缺口，似乎不是风蚀造成。除此之外，堡垒的围墙保存得都很好。这座堡垒朝北、朝东连着长得多的外围墙。外围墙也是用泥土夯筑而成的，但只有 5~6 英尺厚，残留下来的北墙和东墙长分别为 700 码、500 码。外围墙朽坏得很厉害，但有几处地方仍保留着大小不一的烽燧。我们无法确定朝河边延伸的北墙究竟是在哪一点终止的，而西墙已彻底消失了，大概是在河水泛滥的时候被卷走了。

内层小堡垒里面，有两座小建筑的残墙保留了下来，是用垂直放置的土坯筑成的。清理之后，我们只发现了建筑屋顶的残迹。堡垒里西南和东南角的垃圾堆中，也没有发现任何能提供年代线索的东西。内层堡垒里边和外围墙里边各有一片较浅的洼地，大概是井，我们没法清理它们。所以要想得到年代上的信息，我只能靠陶器碎片了。这样的碎片极多，尤其是外围墙里面更多。其中灰色硬碎片居多，有的带有绳纹或席纹，有的无花纹。这些陶器碎片是很古老的。灰白色无花纹的带釉陶器碎片则很少。更有启发作用的是，我在这里没有发现一块瓷器碎片，或是在以前的宋代遗址上发现的那种上了釉的器皿。

堡垒 T.XLVIII.d 遗址

遗址的年代尚不明确

河边堡垒的年代

内层小堡垒的布局很不规则，不太像是汉代建的，至少现在这座形状的小堡垒不会是汉代的。而我们在这里又没有发现常见于哈喇浩特和桥子的那种陶器碎片，这又说明无论在宋代还是在西夏统治时期，这里都没有长期的驻军。因此，我猜想塔拉令金杜如勒金堡垒大概建于从汉末到唐初的那段动荡年代，并在吐蕃于公元750年左右入侵甘肃之后重修过。在这两段时间里，北边的突厥等游牧部落，肯定常常威胁着甘州河沿岸和南山脚下中国居民点的安全。但也有可能后来这里曾有军队临时驻守，并做了些修复。

第一次遇到蒙古人的帐篷

我们骑马斜穿过变宽的河床，走了2英里，就又回到了黑河西岸的道上。我们第一次遇到了蒙古人的一个小营地，营地中有几座毡帐篷。在那里穿着喇嘛服和我们旅行的马鲁木认出来，有座帐篷的主人是他的一个亲戚。这次不期而遇也是颇能给我们启发的。马鲁木是多年前从焉耆那里的天山牧场流落到敦煌的。这里离马鲁木他们先前的牧场直线距离有700多英里，而他在这里竟发现了他的一个亲戚。这说明蒙古人为了寻找牧草或为了其他目的，是能迁移到很远很远的地方的。我后来特别想让他这位见多识广的蒙古族亲戚给我们做向导，引着我们在秋天的时候穿过北山，但没能成功。

烽燧 T.XLVIII.f

我们又沿着车马道在光秃秃的砾石萨依上走了2英里，来到烽燧 T.XLVIII.f。这是我们在黑河三角洲上游西岸发现的最后一座烽燧。烽燧坐落在一座低山顶上，视野非常开阔，能向河边平原望出去很远。西北的北山、东边和东南的沙漠高原都有光秃秃的缓坡向河边延伸过来，在这座烽燧上，这几条缓坡也都尽收眼底。烽燧的形状和大小同烽燧 T.XLVIII.b 完全一样，底部20英尺见方，越向上越细，烽燧顶比地面约高出22英尺。但这座烽燧是用结实的土坯（14

英寸×8 英寸×5 英寸）筑成，与毛目段长城最北边的那座古代烽燧 T.XLVIII.a 一样。后人曾在烽燧外边添了一层夯土，显然是想扩大烽燧顶的面积，但大部分夯土后来又都掉了下来。

从烽燧 T.XLVIII.f 的结构看，它属于毛目段长城。从这里可以望见大湾的那几座堡垒。无疑，这座烽燧的目的是给毛目段长城放哨，和烽燧 T.I、T.II 的作用一样（那两座烽燧位于罗布沙漠道接近敦煌长城最西端的地方，戍卫着那条道路）①。值得注意的是，就在河对岸离烽燧 T.XLVIII.f 约 3 英里的地方，有一座虽然不大却很坚固的堡垒，叫作乌兰杜如勒金（Ulan-dürüljin）。它在构造上和大小上都与小堡垒 T.XLVIII.c 相似②，可能也属于汉代（附图 16）。

突出在长城线外的前哨

当天，我们继续往前走，穿过一块荒凉而辽阔的砾石平原，来到了休息地乌兰艾尔斯（Ulan-else）。这个小地方位于曲折的河道西岸，长着胡杨树和其他植被。在到休息地之前的那 16 英里的行程中，地面极为开阔。而且由于前一天傍晚的一场暴风带来了一点小雨，所以天气也特别明朗。但我们却没有发现任何建筑遗存。我们现在进入的地界虽然位于通往蒙古中心地带的一条古老交通线上，却从来不是汉族人的居民点。而我们以前寻找的长城线都是保护汉人的。既然如此，就让我们结束关于长城线的这几章吧。

---

①　参见《西域考古图记》第二卷 638 页。从地图上来，140 号营地旁边的砾石缓坡上，在距营地约 2 英里的地方有一座烽燧。它可能是连接长城线外边的烽燧 T.XLVIII.f 和长城线上的烽燧 T.XLVIII.b 的。由于时间关系，当时我没能去探访这座烽燧，现在我感到很遗憾。烽燧 T.XLVIII.f 和 T.XLVIII.b 之间的直线距离约 7 英里，就传递烽火信号来说，并不算太远。在河边平地东边的砾石萨依上，塔拉令金杜如勒金上游和下游也发现了一组烽燧，大概也是长城线以外的烽燧。参见本书第十四章第一节。

②　参见本书第十四章第一节。

第三节　在汉长城遗址发现的文物

在长城线上的零碎地点发现的遗物

T.01　木碗口沿。与 T.XLIII.k.026 类似，但稍小些。装饰也是类似的，但碗沿内侧加了两条黑色细线，黑线底下有一条黄线，黑线之间则是成组的横向排列的线、点等作为装饰。$4\frac{1}{4}$ 英寸×$1\frac{1}{4}$ 英寸。图版 XLVII。

T.02　铁制的三叉"圆规"。有三个叉，长柄较厚。用来在骨制品、象牙制品、木制品上刻画圈状和点状装饰性花纹，这类花纹在亚洲、罗马、希腊等地的文物中是很常见的。这件工具能刻画出直径为 $\frac{3}{16}$ 英寸的圆圈。工具的最宽处 $5\frac{1}{4}$ 英寸×$\frac{5}{16}$ 英寸。图版 XLVII。

T.03　用竹篾编的篮子残件。编了两层，完整的篮子很可能是圆形的。口沿成钝角向外翻折。在边的里面和外面分别加了一长条双层竹篾，使边加厚了。边只保留下来 $1\frac{1}{2}$ 英寸高。直径约为 10 英寸。图版 XLVI。

在烽燧 T.III 附近的长城墙底发掘出土的遗物

T.III.01　空白木简。$9\frac{1}{8}$ 英寸×$\frac{1}{2}$ 英寸×$\frac{3}{32}$ 英寸。

T.III.02　墙体上的芦苇。很破碎，长 6 英寸。

T.III.03　大小不一的素绸残片。有深红色、蓝色、绿色和米色。米色的那片上有精细的罗纹。最长处 $4\frac{1}{2}$ 英寸。

T.III.04　一张皮革。双面，两个面连接的地方缝有粗糙的绳子。$6\frac{7}{8}$ 英寸×$1\frac{3}{8}$ 英寸。

T.III.05　毛纺粗布残片。深棕色，粗糙，很不结实。平均长度 $1\frac{1}{2}$ 英寸。

T.III.06　碎木片。可能来自某个碗的边沿。$2\frac{11}{16}$ 英寸 $\times\frac{13}{16}$ 英寸 $\times\frac{5}{16}$ 英寸。

T.III.07、08　2 片毛纺粗布。为米色的自然色，厚度适中。08 上有布缝。08 较大，长 9 英寸。

T.III.09　羽毛状的草的头部。很脆。长 9 英寸。

T.III.010　竹篾。长 1 英寸。图版 XLVI。

在烽燧 T.IV.a、b 发现的遗物

T.IV.a.01　铁片。出自某件器皿的边沿。长 2 英寸，宽 $1\frac{3}{4}$ 英寸，厚约 $\frac{1}{16}$ 英寸。

T.IV.a.02　芦苇。出自 T.IV.a 墙体上的芦苇捆。还有一截芦苇搓成的绳子，是用来把横放的芦苇捆在一起的。最长 6 英寸。

T.IV.a.03　陶器碎片。口沿很宽，陶土的细度为中等程度，灰色。$2\frac{3}{8}$ 英寸 $\times 4\frac{1}{2}$ 英寸 $\times\frac{1}{4}$ 英寸，边宽 $1\frac{1}{8}$ 英寸。图版 XLVIII。

T.IV.b.01　陶器碎片。一件没有上釉的陶器口沿的一部分。向外折的口沿几乎是水平的。陶器表面有横向的条纹。里面是发红的颜色，外面是灰色。口沿朝上的部分有点发红，但接近最外沿的地方则发灰。3 英寸 $\times 2\frac{1}{2}$ 英寸 $\times\frac{3}{8}$ 英寸。口沿宽 1 英寸。

T.IV.b.02　陶器碎片。折沿较厚。器皿的肩几乎是水平的。灰色，陶土

的细度为中等程度。最长处 6 英寸，厚 $\frac{3}{8}$ ~ $\frac{3}{4}$ 英寸。图版 XLVIII。

在烽燧 T.VIII、XI、XIII 发现的遗物

T.VIII.01　两层刷了石灰的墙体残片。共 2 块，出自烽燧 T.VIII。约 4 英寸×3 英寸。

T.XI.01、02　2 块瓷碗碎片。釉下彩为蓝色。与 T.XLIII.1.06 ~ 09 的质地和图案都一样。01 是器皿底部的一部分，可以看到部分圈足。02 是器皿口沿的一小块。01 长 2 $\frac{3}{4}$ 英寸，高 1 $\frac{1}{4}$ 英寸。

T.XIII.01　2 根木棍。一侧是扁平的。用竹篾把两根木棍一上一下捆绑在一起，重叠的地方有 3 英寸长。朝外的两端都折了，一根木棍上还有树皮的痕迹。15 英寸× $\frac{7}{8}$ 英寸× $\frac{5}{16}$ 英寸。图版 XLVI。

T.XIII.02　绳子。很粗糙。用细绳把两段绳子绑在了一起。2 英尺 1 英寸×2 $\frac{1}{4}$ 英寸。图版 XLVI。

T.XIII.03　铁器的一部分刃。很直，刃背完整，较厚。刃已残破。已生锈。3 $\frac{9}{16}$ 英寸×1 $\frac{3}{8}$ 英寸。

在辅助长城线上的烽燧 T.XIV.c 发掘出土的遗物

T.XIV.c.01　素绢残片。暗黄色，织得比较细致。6 $\frac{3}{4}$ 英寸×4 $\frac{3}{8}$ 英寸。

T.XIV.c.02　白色鹅卵石。光滑，圆形。直径1 $\frac{1}{4}$ 英寸，厚 $\frac{1}{4}$ 英寸。

T.XIV.c.03　陶器碎片。一件器皿从口沿到颈的部分。用陶轮制成，陶土较细，为黑色，很硬。颈较短，呈弧形，向下扩展成为肩（只保留下来一

点儿，其余已缺失），向上扩展成为厚口沿，口沿顶部略微中空。长 $2\frac{9}{16}$ 英寸，宽 $1\frac{1}{2}$ 英寸，厚 $\frac{3}{16}$~$\frac{7}{16}$ 英寸。

T.XIV.c.04　**破绸**。暗黄色。

T.XIV.c.05　**素绸碎片**。较细致，暗黄色，一端有缝。2 英寸×$\frac{1}{2}$ 英寸。

在烽燧 T.XXII.d 发掘出土的遗物

T.XXII.d.01　**竹（?）棍**。两端都削尖了，但一端削得很细致，另一端削得粗糙。$4\frac{7}{8}$ 英寸×$\frac{1}{4}$ 英寸×$\frac{1}{8}$ 英寸。

T.XXII.d.02　**木耳杯**。碗为船形，与 T.XLIII.k.026 类似，但漆成了红色，无花纹。$4\frac{1}{2}$ 英寸×1 英寸×1 英寸。

T.XXII.d.03　**木盘子**。制作得较粗糙，已弯曲变形并裂开。尚不知是做何用的。直径 5 英寸，厚 $\frac{1}{2}$ 英寸。

T.XXII.d.04　**木梳子**。梳子背呈弧形，齿又细又短。高 $2\frac{1}{2}$ 英寸，宽 $1\frac{3}{4}$ 英寸。图版 XLVII。

T.XXII.d.05、06　**2 把木铲刀**。形状与 T.XXIII.a.07 类似，但要短些。05 的柄折断了，06 刮削得十分平整。参见 T.XLIII.k.010、011 和 T.XLIV.b.02。长 4 英寸，最宽处 $1\frac{1}{4}$ 英寸，最厚处 $\frac{3}{16}$ 英寸。图版 XLVII。

T.XXII.d.07　**素绸残片**。米色，织得很细密，有罗纹。最长处 4 英寸。

T.XXII.d.08、09　**2 块毛织品残片**。暗黄的自然色，平纹。08 织得很不均匀，09 上有一个黑墨水或黑颜料留下的污点。09 最长处 9 英寸。

T.XXII.d.010　**一束破绸子（?）**。长约 3 英寸，绸束的直径约 $1\frac{1}{2}$ 英寸。

T.XXII.d.011、012　**谷物样品**。

T.XXII.d.025　**空白木简**。已腐烂变形，并已残破。最大残片 $6\frac{1}{2}$ 英寸×1 英寸。

T.XXII.d.027　**木钉**。刻削得较粗糙，顶上用墨粗略地画着一张奇形怪状的脸。参见 T.XLVIII.j.01，以及《西域考古图记》第四卷图版 LII 中的 T.VI.b.i.002~004。$5\frac{5}{8}$ 英寸×$\frac{7}{8}$ 英寸×$\frac{1}{2}$ 英寸。图版 XLVII。

T.XXII.d.i.01　**棉织品（?）残片**。粗糙，平纹，为黄色的自然色，缠结在一起，上面缝着一小块黄色平纹素绸。最长处 9 英寸。

T.XXII.d.i.02　**一束植物纤维残件**。厚度不等，缠结在一起。最长处 9 英寸。

T.XXII.d.i.03　**植物纤维做成的纺织品残件**。经线隔得很开，纬线为双股，捻过。可能是鞋底的一部分。10 英寸×$\frac{7}{8}$ 英寸。图版 XLVI。

T.XXII.d.i.04　**一小堆破绸子**。黄色的自然色。

T.XXII.d.i.05~07　**3 块素绸残片**。分别是红色、黄色和蓝色。最长处 7 英寸。

T.XXII.d.i.08　**竹片残片**。可能本是竹简。空白。$2\frac{5}{8}$ 英寸×$\frac{1}{4}$ 英寸。

在烽燧 T.XXII.e 发现的遗物

T.XXII.e.01　**陶器碎片**。陶轮做成的器皿的侧面，没有上釉，为发红的灰色。$3\frac{3}{4}$ 英寸×$2\frac{1}{4}$ 英寸×$\frac{3}{8}$ 英寸。

T.XXII.e.02　**木梳子**。梳子背为抛物线形，齿很细，不少梳齿已经折断了。与 T.XXII.d.04 类似。3 英寸×2 英寸。

T.XXII.e.011　木弓或弩（？）残件。已断成两半。剖面为不规则的五边形。顶端刨过光，离顶端 $3\frac{1}{4}$ 英寸处，刻削一个宽 $1\frac{7}{16}$ 英寸、深 $\frac{1}{4}$ 英寸的横槽。另一端扭曲并逐渐变细，已折断。整张弓上面都残留粉色颜料的痕迹，有四个侧面上有汉字，字大多数小而工整，但几乎已磨光。木质坚硬。两个残件总长 $16\frac{1}{2}$ 英寸，最厚处 $\frac{7}{8}$ 英寸×$\frac{3}{4}$ 英寸。图版 XLVI。

T.XXII.e.012　木制印泥匣。与《西域考古图记》第四卷图版 LIII 中的 T.XIX.ii.001 类似，参见该书第二卷 771 页中的 T.VIII.5（A 类）。本件尚未做完。木块为方形，纵向锯出了三条凹槽，但没有刻削出放印泥的孔。$1\frac{3}{4}$ 英寸×$\frac{5}{8}$ 英寸。图版 XLVII。

T.XXII.e.013　用羽毛般的草扎成的扫帚。用细绳扎起来。参见《古代和田》第二卷图版 LXXIII 中的 D.II.011。长 1 英尺 11 英寸，直径 $1\frac{1}{2}$ 英寸。图版 XLVI。

在烽燧 T.XXII.f 发现的遗物

T.XXII.f.01　马嚼子残件。用一根铁棍制成，折成两条，然后两条紧紧缠扭在一起。每一端都是环状，但有一个环已经烂穿了。已生锈。长 $2\frac{5}{8}$ 英寸，杆厚 $\frac{1}{4}$ 英寸。图版 XLVII。

T.XXII.f.02、03　2 枚青铜箭头。参见 C.xcvi.016、拉尔·辛格.015、Kum.01。倒刺位置很朝后，每个侧面上都有三角形的小凹陷处。残存下来的铤是铁做的。长分别为 $1\frac{5}{16}$ 英寸和 $1\frac{3}{8}$ 英寸。图版 XLVII。

T.XXII.f.04　素绸残片。很细密，为天然的黄色。最长处 $5\frac{1}{2}$ 英寸。

T.XXII.f.05　扣在皮革上的青铜扣环。一片 D 形物，前面微微突起，背后是扁平的。直边每一端都有一个针孔，弧形边中间有两个挨得很近的孔。保存得很好。长 $\frac{7}{8}$ 英寸，最宽处 $\frac{9}{16}$ 英寸，厚约 $\frac{1}{32}$ 英寸。图版 XLVII。

在烽燧 T.XXIII、T.XXIII.a 发现的遗物

T.XXIII.01　木制品。可能是一颗木钉（?）。一端是正方形，向另一端逐渐变细。然后又出现了正方形，之后是一个坚果状的端部，端部朝外的各个角都被斜着切削成了八边形。制作得比较粗糙，本来涂成了黑色。6 英寸×$1\frac{1}{8}$ 英寸。图版 XLVI。

T.XXIII.a.01　鞋。用细绳编成，很精巧，鞋帮用细绳编成透孔。与《西域考古图记》第四卷图版 XXXVII 中的 L.A.VI.ii.0025 类似。$8\frac{1}{2}$ 英寸×3 英寸。已破烂。图版 XLVI。

T.XXIII.a.02　鞋残件。鞋帮的一部分，与前一件类似，但绳子更细，编得更紧密。

T.XXIII.a.03　木塞（?）。形状像一个瓶塞。切削得很粗糙。$2\frac{1}{2}$ 英寸×$1\frac{1}{8}$ 英寸。

T.XXIII.a.04　木棍。天然形状，树皮被剥去了。一端削尖，另一端形如刻刀，但已经折断了。有裂纹，很旧。$19\frac{1}{2}$ 英寸×$1\frac{1}{4}$ 英寸。

T.XXIII.a.06　一团毛线。毛线不粗，但很结实。似乎线团中心是布，线是绕在布上的。直径 $2\frac{3}{4}$ 英寸。图版 XLVI。

T.XXIII.a.07 **木器**。刃又长又窄，朝末端逐渐变宽。有使用过的痕迹，似乎是做饭时的一种搅拌工具。全长 $16\frac{1}{2}$ 英寸，刃的尺寸 3 英寸×$1\frac{3}{8}$ 英寸。图版 XLVI。

T.XXIII.a.08 **一块扁平的木头**。形状像矛一样，一侧刻了很多规则的小槽。已裂开。长 11 英寸，宽 $1\frac{1}{8}$ 英寸。图版 XLVII。

T.XXIII.a.09 **纤维**。一大绺，看起来像印度大麻。$18\frac{1}{2}$ 英寸×5 英寸×3 英寸。

在烽燧 T.XXIII.b 发现的遗物

T.XXIII.b.01 **一张皮革**。粗糙，较厚，上面还用皮带子缝着几小块皮革。$6\frac{1}{2}$ 英寸×$1\frac{3}{8}$ 英寸。

T.XXIII.b.02 **防滑用的木条**。中间有一个缺口，两端逐渐变细。参见《西域考古图记》第四卷图版 XXVIII 中的 N.XIV.iii.0017。$2\frac{7}{8}$ 英寸×$\frac{5}{8}$ 英寸。

T.XXIII.b.03 **织锦残片**。本是一块织得很细密的地毯，用红、黄、棕色织成彩虹般的条纹。最大残片 5 英寸×7 英寸。

T.XXIII.b.04 **陶器碎片**。灰色，中等细致，外表有席纹。最长处 $7\frac{3}{8}$ 英寸。图版 XLVIII。

T.XXIII.b.05 **陶器碎片**。与 T.IV.b.02 基本相似。灰色，口沿较厚，肩部鼓起，外表隐约有席纹。最长处 $4\frac{3}{4}$ 英寸，厚 $\frac{1}{4}$～$\frac{7}{16}$ 英寸。图版 XLVIII。

T.XXIII.b.06 **木托架**。与《西域考古图记》第四卷图版 LIV 中的 T.VIII.004 等属于同一类型。榫头很短，只有 $1\frac{3}{4}$ 英寸长。托架从榫头一端倾斜下来，最后弯成螺旋形。棱斜削过，涂成黑色，但没有雕凿的痕迹。保存较好。全长 $6\frac{1}{4}$ 英寸，最厚处 $\frac{7}{8}$ 英寸。图版 XLVI。

T.XXIII.b.07、08　**2根木棍**。树皮已剥去。07 大致修剪成圆形。08 也修剪成圆形，一端弄平，另一端则削尖了，大概是当作笔用。长 $8\frac{3}{4}$ 英寸和 $6\frac{1}{2}$ 英寸。

T.XXIII.b.09　**毡子残片**。一侧上面盖了三层丝绸，其中两层是白色的，中间夹的一层为淡蓝色，用平行的针迹像被子似的缝在一起。$3\frac{1}{8}$ 英寸× $1\frac{1}{8}$ 英寸× $\frac{3}{16}$ 英寸。

在烽燧 T.XXIII.c 发现的遗物

T.XXIII.c.01　**木块**。在和烽燧相连的小屋中发现的。长方体，短边斜削下去，有一个较长的面是突起的。$1\frac{7}{8}$ 英寸× $1\frac{1}{4}$ 英寸× $1\frac{1}{16}$ 英寸。

T.XXIII.c.02　**一个耳杯的口沿**。碗漆成红棕色，碗内侧的两条黑线之间有粗糙的黑色云卷图案，与 T.XLIII.k.026 类似。5 英寸× $1\frac{1}{2}$ 英寸×1 英寸。

T.XXIII.c.03　**墙体上的芦苇样品**。

T.XXIII.c.04　**铁锄（?）残件**。横截面为窄窄的楔形，中空，以便插入锄柄薄薄的末端。一侧和一端已残破。与《西域考古图记》第四卷图版 LIV 中的 T.XV.0010 类似。已生锈。长（不完整）$2\frac{3}{4}$ 英寸，深 2 英寸。图版 XLVII。

T.XXIII.c.05　扁平的长方形骨片。方正平整，黄色，打磨过。$1\frac{3}{8}$英寸$\times\frac{11}{16}$英寸$\times\frac{3}{16}$英寸。图版XLVII。

T.XXIII.c.06、07　2枚青铜箭头。实心，横截面为三角形。角收进来，杆是六边形的。与《西域考古图记》第二卷767页的T.007、第四卷图版LIII中的T.XIV.a.007类似。每枚箭头的铤都是铁做的（已折断）。06的尖又圆又钝，07的尖则是锋利的。保存较好。长均为$1\frac{1}{16}$英寸。图版XLVII。

T.XXIII.c.08　皮革残片。$5\frac{3}{4}$英寸$\times1\frac{1}{2}$英寸。

T.XXIII.c.09　绳子残件。用植物纤维做成。10英寸$\times\frac{3}{8}$英寸。

T.XXIII.c.010　布片。14英寸$\times$3英寸。

T.XXIII.c.011　小木桩。顶部为金字塔形，尖是平的，柄为长方体。一侧已裂开。5英寸$\times\frac{3}{4}$英寸。图版XLVI。

T.XXIII.c.012、013　木头。小木桩的顶部，大致削尖。大概和T.XXIII.c.011差不多，柄已折断。$1\frac{3}{4}$英寸$\times\frac{5}{8}$英寸。图版XLVII。

T.XXIII.c.014　铁器残件。2英寸$\times\frac{7}{8}$英寸$\times\frac{1}{16}$英寸。

T.XXIII.c.015　丝绸残片。无花纹，已褪色。3英寸$\times2\frac{1}{2}$英寸。

在烽燧 T.XXIII.d 发现的遗物

T.XXIII.d.01　陶器碎片。一件器皿的平底和一点侧壁。表面深红色，中间灰色。最长处$3\frac{1}{2}$英寸，厚$\frac{1}{4}\sim\frac{7}{16}$英寸。

T.XXIII.d.02、03 **2块上了釉的陶器碎片。** 陶胎用含砂的黏土做成，很厚，灰色。两面都上过釉，釉是发绿的深棕色，有光泽，但画坏了不少。参见《西域考古图记》第二卷789页的 T.XXIX.f。最长处 3 英寸，厚 $\frac{3}{8}$ 英寸和 $\frac{1}{4}$ 英寸。

T.XXIII.d.04、05 **2块上了釉的陶器碎片。** 陶胎含砂，为深黄色。两面都上了釉，釉闪闪发光，是斑驳的青铜色和蓝色，釉上有划痕。最长处 $1\frac{1}{4}$ 英寸，厚 $\frac{5}{16}$ 英寸。

T.XXIII.d.06 **上了釉的陶器（？）残片。** 一件无花纹器皿微微向外翻转的口沿。陶胎纹理细腻，深黄色。两面都上了釉，釉为发绿的深棕色，较薄，上得很均匀。参见《西域考古图记》第二卷789页中的 T.XXIX.1。高 $1\frac{3}{8}$ 英寸，长 $1\frac{9}{16}$ 英寸，厚 $\frac{1}{8}$ 英寸。

T.XXIII.d.07 **上了釉的陶器。** 无花纹器皿微微向外翻转的口沿。陶胎纹理细致，灰色，十分坚硬。釉为浅石青色，可能在外侧底部改换成了米色。长 $1\frac{5}{8}$ 英寸，宽 $1\frac{1}{2}$ 英寸，厚 $\frac{1}{16}$ ~ $\frac{1}{4}$ 英寸。

T.XXIII.d.08 **上了釉的陶器碎片。** 陶胎为发粉的浅黄色。釉为浅米黄色，涂满器皿内部，但在器皿外部接近底边的地方就终止了（底边已破），露出一部分没有上釉的器皿侧面。微有裂纹。外侧釉流了下来，上得不均匀。参见 K.E.x.01。最长处 $1\frac{1}{2}$ 英寸，厚 $\frac{3}{16}$ 英寸。

T.XXIII.d.09 **上了釉的陶器碎片。** 器皿笔直的口沿。陶胎很细腻，黄色。外边的釉为青铜和绿色混杂的颜色，像茶末釉。里侧的釉为米黄色。最长处 $\frac{13}{16}$ 英寸，厚 $\frac{1}{8}$ 英寸。

T.XXIII.d.010~013 4块瓷器碎片。011~013 属于同一件器皿。胎为白色，011~013 外侧粗略地画着暗蓝色植物图案，外边是一层淡淡的釉，釉为发蓝的白色。010 上是鸟（？）或花的图案，为明丽的蓝色，但图案太小了，已无法辨清；釉是发灰的白色。013 是器皿的口沿，里侧绘有蓝条。除此之外，每块碎片的里侧都是无花纹的釉。012、013 外边是没有打穿的铆钉孔。类似瓷器参见 T.XLIII.l.06~09。最长处 $1\frac{1}{2}$ 英寸，厚 $\frac{1}{8}$ 英寸。

在烽燧 T.XXIII.f 发现的遗物

T.XXIII.f.01 细绳编的鞋子。与 T.XXIII.o.03 类似。$11\frac{1}{2}$ 英寸×4 英寸。

T.XXIII.f.02 细绳编的鞋底。编得很结实。$11\frac{1}{4}$ 英寸×4 英寸。

T.XXIII.f.03 5块木片。大多数是空白木简。

T.XXIII.f.04 2块细绳编的席子残片。用拧在一起的两股细绳做经线，经线前后对折。经线末端是纬线，纬线也对折，形成凸条纹。这样编出来的东西有点像印度和东南亚的竹帘。完整长度约为 17 英寸，宽 10 英寸。图版 XLVI。

T.XXIII.f.05 粗布残片。黄色。$6\frac{1}{2}$ 英寸×6 英寸。

T.XXIII.f.06 粗绳残件。用植物纤维做成，大概出自一只鞋子。最长处 16 英寸。

T.XXIII.f.07 2块素绸残片。一块呈深红色，2 英寸×$1\frac{3}{4}$ 英寸；另一块呈绿色，$2\frac{1}{2}$ 英寸×2 英寸。

T.XXIII.f.08 陶器碎片。一件没有上釉的器皿的口，边沿呈棱柱体。陶胎细腻，灰色。做工很好。3 英寸×$1\frac{1}{2}$ 英寸×$\frac{3}{16}$ 英寸。图版 XLVIII。

T.XXIII.f.09 **铁钩**。L 形。$2\frac{3}{8}$ 英寸×$\frac{5}{8}$ 英寸。图版 XLVI。

T.XXIII.f.010 **丝绸残片**。各种小块，均无花纹，分别为深红、蓝、棕、黄、深黄色。最大残片 12 英寸×2 英寸。

T.XXIII.f.011 **木板**。长方形，一端稍微有点尖，在尖部有一个孔。沿一条侧边还钻了八个小孔。$4\frac{1}{4}$ 英寸×$1\frac{1}{8}$ 英寸×$\frac{1}{4}$ 英寸。

T.XXIII.f.012 **陶器碎片**。器皿的上半部分，可见无花纹的圆形口沿和稍微带点横向纹路的侧面。在古代就已破了，并被古人修复过。修复的方法是在两块残片上各钻了孔，用细绳把两片连在一起。陶胎发黑，磨得很光。粘了层沙子。最长处 $3\frac{1}{2}$ 英寸，厚 $\frac{1}{4}$ 英寸。图版 XLVIII。

T.XXIII.f.013 **木器残片**。与《西域考古图记》第四卷图版 XXXV 中的 L.A.IV.iii.001 类似，大概是搅拌用的。整个木器沿着中间的孔折断了。木头起了皱，已有点朽烂。长 $8\frac{7}{8}$ 英寸，最宽处 $1\frac{1}{2}$ 英寸，厚 $\frac{7}{8}$ 英寸。图版 XLVI。

T.XXIII.f.014 **木器残片**。切削得特别粗糙，用途大概和前一件一样。楔形，又长又窄，较宽一端的断面为长方形。在最上面被截掉 $\frac{1}{4}$ 英寸的地方，垂直钻了一个直径为 $1\frac{3}{4}$ 英寸的大孔。孔里边也是粗糙的，残件沿孔折断了。离较窄的一端 $2\frac{3}{4}$ 英寸的地方有一条凹槽，宽 1 英寸，深 $\frac{1}{4}$ 英寸。整个残片长 $11\frac{3}{8}$ 英寸，宽 $\frac{3}{4}$~$2\frac{3}{4}$ 英寸，厚 1~$1\frac{1}{4}$ 英寸。图版 XLVI。

T.XXIII.f.015 **楔形铁残片**。大概是锄头的刃。中空，以便插入柄。两边已折断。参见《西域考古图记》第四卷图版 LIV 中的 T.XV.0010。$3\frac{1}{2}$ 英寸×$2\frac{1}{4}$英寸×1 英寸。图版 XLVII。

T.XXIII.f.016　棍状木符（?）。形状与写字用的木简差不多，侧边上还保留着树皮。在一条侧边接近末端的地方刻了六个小凹槽。长 $7\frac{3}{4}$ 英寸。

在烽燧 T.XXIII.g、h 发现的遗物

T.XXIII.g.01　细绳子残件。缠在一起。大概属于一只鞋。

T.XXIII.g.02　帆布包。也可能是剑鞘。包口锁边。$8\frac{1}{2}$英寸×$1\frac{3}{4}$英寸。

T.XXIII.h.01　上了釉的厚陶器残片。笔直，出自某件器皿侧面的下半部分，底边微收，成为底座。外表有横向螺纹。硬陶胎为发灰的白色。里面的釉是斑驳的青铜色和绿色。外边的釉是斑驳的铜绿色和黑色，有很多划痕。最长 $2\frac{1}{4}$英寸，厚$\frac{5}{16}$英寸。

在烽燧 T.XXIII.l 发现的遗物

T.XXIII.l.01　绳鞋。与《西域考古图记》第四卷图版 LIV 中的 T.XIV.a.002类似。$10\frac{1}{2}$英寸×$4\frac{1}{4}$英寸。

T.XXIII.l.i.01　6 枚木简。平均长 9 英寸，最宽的一枚宽$\frac{3}{4}$英寸。

T.XXIII.l.i.02　7 枚木简。有的空白，有的写着不太重要的符号。最长的一枚长 9 英寸，宽 1 英寸。

T.XXIII.l.i.03　木碗（耳杯?）。船形。边上有把手（或称碗耳）。口沿内侧钻一个孔，一根绳子穿过此孔。做工很粗糙，碗底部有刀子刮过的痕迹。这种碗的把手，参见 T.XXIII.c.02、T.XLIII.k.026。$5\frac{3}{4}$英寸×$3\frac{3}{4}$英寸×

2 英寸。图版 XLVI。

T.XXIII.I.i.04　**木碗残片**。船形，侧面已缺失，碗里边为黑色。一侧靠近末端的地方向下钻了孔。$6\frac{1}{2}$ 英寸×3 英寸。

T.XXIII.I.i.05　**木碗残件**。圆形。大约保留下来原件的一半，用手工粗糙地刻削而成。直径 $4\frac{1}{2}$ 英寸，深 $1\frac{5}{8}$ 英寸。图版 XLVI。

T.XXIII.I.i.06　**铁制武器或器具残件**。共有四个侧面，中空，朝"钝"的那一端逐渐变得扁平（这一端已折断了）。保留着木柄（只剩下了小木条）。铁残片长 $2\frac{3}{4}$ 英寸，宽 $\frac{13}{16}$ 英寸，厚 $\frac{5}{16}$~$\frac{13}{16}$ 英寸。图版 XLVII。

T.XXIII.I.ii.01　**18 枚中式木简**。空白。平均长 9 英寸。

T.XXIII.I.ii.02.a~d　**木头残件**。粗略地刻削过。a、b 是不规则的棍子形状，c 大致为勺子形状。d 是扁平的，一端已折断，完整一端附近的侧边上有一个凹槽，槽中穿一根绳子。a 最大，5 英寸×$\frac{5}{8}$ 英寸×$\frac{3}{8}$ 英寸。

T.XXIII.I.ii.03　**扁平的木条**。沿一个侧面有六个凹槽，有一面有隐约的字迹（?），大概是木符。$7\frac{7}{8}$ 英寸×$\frac{1}{2}$ 英寸×$\frac{1}{8}$ 英寸。图版 XLVII。

T.XXIII.I.ii.04~08　**5 枚木简**。04 一面有墨迹。$8\frac{3}{4}$ 英寸×$\frac{7}{16}$ 英寸×$\frac{1}{8}$ 英寸。

05 一面有汉字，一端已折断。$4\frac{1}{8}$ 英寸×$\frac{5}{16}$ 英寸×$\frac{1}{8}$ 英寸。

06 正反两面都有一部分汉字。$9\frac{1}{8}$ 英寸×$\frac{3}{8}$ 英寸×$\frac{1}{8}$ 英寸。

07 为根粗糙的木棍，两面都有汉字的痕迹。7 英寸×$\frac{3}{8}$ 英寸×$\frac{1}{4}$ 英寸。

08 一面有汉字，另一面中间有一条墨汁画成的黑线。$9\frac{1}{4}$ 英寸 $\times\frac{5}{16}$ 英寸 $\times\frac{1}{8}$ 英寸。

T.XXIII.I.ii.09 **素绸残片**。米色。11 英寸 $\times 2\frac{1}{2}$ 英寸。

在烽燧 T.XXIII.o 发现的遗物

T.XXIII.o.01 **上过漆的木碗（耳杯？——译者）残片**。椭圆形饭碗，带实心小碗耳。碗里面为红色，外面为黑色。黑色碗耳朝上的地方绘着粗糙的豆荚一般的红色图案。碗里侧呈平滑、连续的弧形，外边刻削得比较粗糙，平底。从口沿向下 $\frac{7}{8}$ 英寸都是直的。再往下向里斜削，和碗底连在一起。一侧已缺失。$5\frac{5}{8}$ 英寸 $\times 4\frac{1}{8}$ 英寸 $\times 2$ 英寸。图版 XLVII。

T.XXIII.o.02 **竹子**。质地很好，为天然竹子四分之一粗细。在竹节处砍下来，另一端削成逐渐变细的钝尖（钝尖形如刻刀）。$4\frac{1}{8}$ 英寸 $\times 1$ 英寸。图版 XLVII。

T.XXIII.o.03 **绳鞋**。结实，很长。长 $11\frac{1}{2}$ 英寸，宽 4 英寸。图版 XLVI。

T.XXIII.o.04 **木器**。大概是鞭子的柄。圆形，逐渐变细。从厚的那一端开始，长的 $\frac{4}{7}$ 都是光滑的，接着粗略地刻有三条环形凹槽，凹槽是为了放细带子用的，以便将铰接处固定住。为了达到铰接的目的，带子都是扁平的，仍能看到胶的痕迹。木器的厚端钻有一个孔，孔在一侧成方形，在另一侧成圆形。厚端边上有一些窄窄的空心槽。7 英寸 $\times\frac{7}{8}$ 英寸。图版 XLVII。

在烽燧 T.XXXVII.a、c、d、f 发现的遗物

T.XXXVII.a.01　木棍。带尖。长 $8\frac{3}{8}$ 英寸，宽 $\frac{7}{8}$ 英寸，粗的一端粗 $\frac{3}{8}$ 英寸。

T.XXXVII.c.01　陶器碎片。黑灰色，很细腻，但有白色颗粒。外表隐约有席纹。最长处 $3\frac{3}{4}$ 英寸，厚 $\frac{3}{8}$ 英寸。

T.XXXVII.c.02　陶器碎片。手工制成，发粉的黄褐色，外表有席纹。最长处 $6\frac{1}{8}$ 英寸，厚 $\frac{5}{16}$ 英寸。

T.XXXVII.d.01　陶器碎片。器皿的底部，可以看到平底和一点侧面。无花纹。黏土为黄褐色，磨得很光滑。钻了三个孔，大概是古人修复的结果。最长处 4 英寸，厚 $\frac{1}{4}$ 英寸。图版 XLVIII。

T.XXXVII.d.02　陶器碎片。出自与前一件类似的器皿底部，无花纹。黑灰色，黏土磨得很光滑。最长处 $4\frac{3}{8}$ 英寸，厚 $\frac{3}{16}$ 英寸。

T.XXXVII.d.03　陶器碎片。无花纹器皿的口，每个侧面上都微微可见横向的螺纹。红色。最长处 $1\frac{3}{4}$ 英寸，厚 $\frac{3}{16}$ 英寸。

T.XXXVII.d.04　陶器碎片。器皿侧壁是直的。口沿与侧壁成135°，口为方形。光滑，黑灰色，侧壁微有横向螺纹。内侧表面已剥落。边上钻了一个孔，可能用来挂绳子，也可能是古人修复的结果。$2\frac{3}{4}$ 英寸×$4\frac{1}{2}$ 英寸×$\frac{1}{4}$ 英寸。图版 XLVIII。

T.XXXVII.f.01　芦苇和灌木。出自 T.XXXVII.f 以东约 1.5 英里的长城墙体（南边的那一条墙体）。

在烽燧 T.XL.b、c 发现的遗物

T.XL.bc.01、03 木片。空白。$1\frac{1}{4}$ 英寸 $\times \frac{5}{16}$ 英寸 $\times \frac{1}{16}$ 英寸；$2\frac{3}{4}$ 英寸 $\times \frac{7}{16}$ 英寸 $\times \frac{1}{16}$ 英寸。

T.XL.bc.02 木钉。圆形。$1\frac{5}{16}$ 英寸 $\times \frac{7}{16}$ 英寸。

T.XL.bc.04~06 3块皮革残片。白色小山羊的皮。边上有缝针留下的孔。最大尺寸 6 英寸 $\times 3\frac{1}{2}$ 英寸。

T.XL.bc.07 木绒（指由松木或经化学处理的其他木材制成的细刨花，用于外科敷裹或物品包装——译者）。一小团，和我们现在包装用的木绒是一样的。

在烽燧 T.XLI.a、b、c、e 发现的遗物

T.XLI.a.01 木棍。表面硬而有光泽。两端都切削过，树皮剥掉了一部分。$18\frac{1}{4}$ 英寸 $\times \frac{7}{16}$ 英寸。

T.XLI.a.03 陶器碎片。器皿的上半部分。折沿较厚，折沿各侧面都削平。折沿的一个侧面朝外，上面隐约有沟槽。第二个侧面朝上，与第一个侧面成 30°。颈很短，器皿侧壁从颈向外弯出。表面有横向的波浪纹，是制陶工的手指留下的痕迹。外面深灰色，里面暗红色。陶土淘洗得很好。$3\frac{1}{4}$ 英寸 $\times 2$ 英寸 $\times \frac{1}{4}$ 英寸。

T.XLI.a.04 陶器碎片。大器皿的侧壁，深灰色，多孔，制作得不是太好。外表有绳纹，还刻了三条和绳纹垂直相交的线，其中两条间隔 $1\frac{3}{8}$ 英

寸，第三条离另外两条 1 英寸。长 $5\frac{1}{4}$ 英寸，宽 $4\frac{3}{4}$ 英寸，厚约 $\frac{3}{8}$ 英寸。图版 XLVIII。

T.XLI.a.06　绳子残件。用粗糙的秸秆搓成，有三股，搓得不紧。$11\frac{1}{2}$ 英寸×$\frac{3}{4}$ 英寸。

T.XLI.b.01　药。搓成小黄条，裹在胡杨树（？）叶子里。

T.XLI.b.02　木勺。较粗糙，柄呈弧形。扁平的勺头和柄在一条直线上，已折断。长 $4\frac{1}{2}$ 英寸，勺头宽 $\frac{7}{8}$ 英寸。

T.XLI.b.04、05　3 块木头碎片。最大尺寸 $3\frac{3}{4}$ 英寸×1 英寸×$\frac{3}{8}$ 英寸。

T.XLI.b.06、07　皮革碎片。较薄，07 上有缝针留下的孔。最大残片 5 英寸×$1\frac{1}{2}$ 英寸。

T.XLI.b.08　陶器碎片。T.XLIII.1.04 那种木碗的部分圈足，不同的是此件为浅黄色。$1\frac{1}{4}$ 英寸×$\frac{7}{8}$ 英寸×$\frac{1}{2}$ 英寸。

T.XLI.b.09　陶器碎片。器皿的侧壁。灰色，微有绳纹，纹理细腻。2 英寸×$1\frac{3}{8}$ 英寸×$\frac{3}{8}$ 英寸。

T.XLI.b.010　陶器碎片。类似于 T.XLI.c.03 的器皿的口沿。很破旧，一端有铆钉孔。$3\frac{1}{8}$ 英寸×$\frac{7}{8}$ 英寸×$\frac{7}{8}$ 英寸。

T.XLI.b.011　陶器碎片。器皿的侧面，有绳纹，与 T.XLI.a.04 类似。$2\frac{1}{4}$ 英寸×$2\frac{1}{4}$ 英寸×$\frac{1}{4}$ 英寸。

T.XLI.b.012　陶器碎片。器皿的侧面。灰色，有绳纹。$1\frac{7}{8}$ 英寸×$1\frac{1}{4}$

英寸×$\frac{5}{16}$英寸。

　　T.XLI.b.013　**陶器碎片**。器皿的侧面，与 T.XLI.c.03 类似。$1\frac{1}{2}$英寸×

$1\frac{3}{8}$英寸×$\frac{3}{16}$英寸。

　　T.XLI.b.014～017　**陶器碎片**。出自一件与 T.XLIII.b.02 类似的器皿。014、015、017 为微向外折的厚口沿的一部分。陶胎为浓重的灰黄色，里外都上了釉，釉是斑驳的深灰棕色。016 是器皿侧面的一部分，也上了釉，但内侧的釉只上了一半，剩下一半没有上釉。最大残片 $1\frac{3}{8}$英寸×$1\frac{3}{16}$英寸×$\frac{1}{8}$英寸。

　　T.XLI.b.018　**纺织品残片**。毛织品，织成粗糙稀松的斜纹，已褪色成深棕色。$3\frac{1}{4}$英寸×$4\frac{1}{4}$英寸。

　　T.XLI.c.01　**陶器碎片**。质地与 T.XLI.c.03 类似。是同一件器皿（？）的底部，可以看到向底座过渡的斜面，无圈足。三条断边附近钻了铆钉孔，断边底部也钻有一个孔。长 $3\frac{3}{4}$英寸，宽 4 英寸，厚约 $\frac{1}{8}$英寸。图版 XLVIII。

　　T.XLI.c.02　**陶器碎片**。常见的红色，口沿又厚又圆。长 $2\frac{7}{8}$英寸，宽 1 英寸，口沿厚 $\frac{1}{4}$英寸。

　　T.XLI.c.03　**陶器碎片**。器皿的上半部分。灰色，细腻，烧制得很好，色彩均匀一致。口沿大胆地向外伸出来。口沿上侧长 $\frac{15}{16}$英寸，是平滑的反曲线形状，大致是水平的；口沿底侧是掏空的，与器皿的侧面平滑地连在一起。从口沿向下，有 $1\frac{5}{8}$英寸长的侧壁几乎是垂直的，上面隐约有一条带子，带子由两三条刻线构成。再往下侧面微向里收，被切削成很多不规则的平面，形成了某种平褶，每条褶顶部都是圆形。（参见《西域考古图记》第四卷图版 XXXVI 中的 E.Fort.0011 号玻璃碎片）顶部附近钻了一个孔，有较薄的泥釉或釉的痕迹。$4\frac{1}{2}$ 英寸 × $4\frac{1}{4}$ 英寸 × $\frac{1}{4}$ 英寸。图版 XLVIII。

T.XLI.c.04　陶器碎片。厚器皿的下半部分。黏土淘洗得很好，全部是深灰色。平底，无足。烧制之前，在底部钻了一个大孔。两个残破的侧面相连的地方附近有一个小铆钉孔。$4\frac{1}{2}$ 英寸 × $2\frac{1}{8}$ 英寸 × $\frac{3}{8}$ 英寸。

T.XLI.e.01　绳子。有两截，用大麻（？）搓成。4 英寸 × $\frac{5}{16}$ 英寸。

T.XLI.e.02　木纺锤。已折断。有 $3\frac{3}{4}$ 英寸长都是规则的圆柱体，其余部分也是圆柱体，但要厚些。两截连接的地方是一个不平滑的肩。长 $6\frac{1}{2}$ 英寸，厚 $\frac{1}{2}$ ~ $\frac{5}{8}$ 英寸。图版 XLVII。

在烽燧 T.XLI.f 发现的遗物

T.XLI.f.01　木板残片。一块针叶木，较薄，长方形。一端附近打了一个小孔，长边沿小孔已折断。$4\frac{1}{4}$ 英寸 × $1\frac{1}{2}$ 英寸 × $\frac{3}{16}$ 英寸。

T.XLI.f.02、04~011、013、023、024　木简残件。大小不一，有的空白，有的字迹已磨光。最大尺寸 $\frac{7}{16}$ 英寸 × $\frac{3}{16}$ 英寸。

T.XLI.f.03　木头残件。不规则的长方形，坚硬，颗粒很密，像是古人做梳子用的那种木头。形状就像是刚被粗略地切削过，准备做梳子似的，但一端有不规则的缺口。边未加工过。$4\frac{1}{4}$ 英寸 × $2\frac{1}{8}$ 英寸 × $\frac{9}{16}$ 英寸。

T.XLI.f.012　**绳子残件**。用植物纤维搓成，打成了结。7 英寸 $\times \frac{3}{16}$ 英寸。

T.XLI.f.014　**棉布（?）残片**。可以看到织边。4 英寸 $\times 2\frac{1}{2}$ 英寸。

T.XLI.f.015　**丝绸残片**。黄色，有精细的凸纹。6 英寸 $\times \frac{3}{4}$ 英寸。

T.XLI.f.016　**绳子残件**。用植物纤维搓成。3 英寸 $\times \frac{5}{16}$ 英寸。

T.XLI.f.017　**毛绳子残件**。长 3 英尺。

T.XLI.f.018　**粗棉布残片**。长 4 英寸。

T.XLI.f.019　**破绸子残片**。

T.XLI.f.020、021　**陶器碎片**。020 纹理特别细腻，淡红色，两面都曾上了釉，但釉已消失了。$1\frac{1}{2}$ 英寸 $\times 1$ 英寸 $\times \frac{5}{16}$ 英寸。021 要粗糙些，是一部分口沿，口沿截面呈棱柱形。外面为红色，里面为灰色。2 英寸 $\times 1\frac{1}{2}$ 英寸 $\times \frac{3}{8}$ 英寸。

T.XLI.f.022　**铁残件**。粗糙，氧化程度很高的铸铁。$2\frac{1}{4}$ 英寸 $\times 1\frac{1}{4}$ 英寸 $\times \frac{7}{16}$ 英寸。

T.XLI.f.023　**铁钉**。扁平，钉头很宽。长 $1\frac{1}{16}$ 英寸，钉头宽 $\frac{5}{8}$ 英寸，粗 $\frac{3}{16}$ 英寸。

T.XLI.f.024　**铁棍残件**。横截面为正方形。$1\frac{1}{4}$ 英寸 $\times \frac{5}{8}$ 英寸。

T.XLI.f.025　**青铜球**。直径 $\frac{5}{16}$ 英寸。

T.XLI.f.026　2 颗绿色玻璃珠子残件。07 形状不规则，淡绿色。$\frac{3}{8}$ 英寸 × $\frac{3}{8}$ 英寸 × $\frac{1}{4}$ 英寸。09 为环形，颜色要深些，有缺口。直径 $\frac{5}{16}$ 英寸，厚 $\frac{1}{8}$ 英寸。

T.XLI.f.027　青铜线圈。已断。直径 $\frac{5}{16}$ 英寸。

在 T.XLI.g 遗址发现的遗物

T.XLI.g.01　瓷碗底部。较厚，发灰的白色，特别细腻。带圈足（有缺口），圈足内隐约有两条蓝色环形线。外面上了一层十分细腻的釉，由于经过精细打磨，釉已失去了原有光泽。最长处 $2\frac{1}{4}$ 英寸，平均厚度 $\frac{3}{16}$ 英寸。

T.XLI.g.02~04　3 块瓷碗底部残片（粘连在一起）。圈足。瓷胎很硬，淡灰色。两面都上了青瓷釉（？），釉为柔和的灰绿色，由于经过精心打磨，或是空气的作用，釉已失去光泽。带圈足的底座只上了一部分釉。02 和 04 边上可看出釉底下有蓝色装饰花纹的痕迹。粘连起来后，最长处 $3\frac{1}{2}$ 英寸，底座直径 $2\frac{7}{8}$ 英寸，平均厚度 $\frac{1}{4}$ 英寸。图版 XLVIII。

T.XLI.g.05、06　2 个瓷碗残件。圈足，釉底下带深蓝色装饰，质地和装饰都和 T.XLIII.l.09 一样。05 为底部和圈足的一部分，06 是另一个碗接近底部的一部分侧面。05 高 $1\frac{7}{16}$ 英寸，长 $2\frac{1}{8}$ 英寸，侧面厚 $\frac{1}{8}$ 英寸。

T.XLI.g.07~021　15 块瓷器碎片。可能来自不同的碗。硬瓷胎是白色，正反面都上了泛着淡蓝的白釉，釉底下装饰着深蓝色的叶子和花朵图案。质地和装饰类型与《西域考古图记》第四卷图版 IV 中的 T.XI.001 等相同。09 是一部分圈足。07 为稍微向外翻转的口沿，无花纹。07 和 014 上都有小铆钉孔，但都没有打穿。011~013、016、020 比其余几块颜色要洁净些，大概来自另一个碗。020 上可以看到一条龙或一只鸟的爪。最大一块长 $1\frac{3}{8}$ 英寸，平均厚 $\frac{1}{8}$ 英寸。

T.XLI.g.022、023　**2 块陶器碎片。**灰色，黏土淘洗得很好，外表有席纹。很硬，已破旧。最长处 $2\frac{1}{4}$ 英寸，厚 $\frac{3}{8}$ 英寸。

T.XLI.g.024、025　**2 块上了釉的陶器碎片。**陶胎很硬，粗糙，灰色，淘洗得不好。正反面都上了不细腻的釉，釉为棕黑色，已褪掉了一些。最长处 $2\frac{1}{2}$ 英寸，厚 $\frac{3}{8}$ 英寸。

T.XLI.g.026　**陶器碎片。**灰色，打磨过。大概与 T.XLI.g.022、023 属于同一件。最长处 $1\frac{5}{8}$ 英寸，厚 $\frac{5}{16}$ 英寸。

T.XLI.g.027　**陶器皿的底座。**圈足。很硬，粉黄色，没有上釉。高 $\frac{3}{4}$ 英寸，最长处 $2\frac{3}{4}$ 英寸，平均厚度 $\frac{3}{8}$ 英寸。

T.XLI.g.028~031　**4 块上了釉的陶罐（或陶瓶）残片。**罐上有把手。陶胎为黄色黏土，杂有很多沙砾。正反面都上了釉，釉稍微卷成了小卷，是棕色和黑色条纹交替出现。029 和 030 连在一起，是器皿肩部，微向里收成又短又宽的颈，无花纹的短口沿成 45° 向外翻转。口沿上面没有上釉。031 为器皿肩部，可以看到直把手的底部，把手表面是纵向的纹。028 是顶部把手（？）转弯的地方。类似器皿参见 T.XLIII.i.015。最长处 $2\frac{1}{2}$ 英寸，厚 $\frac{1}{4}$ 英寸。图版 XLVIII。

T.XLI.g.032　**小青铜线圈。**椭圆形，两端粗略合在一起。长轴长 $\frac{7}{16}$ 英寸，青铜线粗 $\frac{1}{16}$ 英寸。

T.XLI.g.033　铁钩残件。横截面为长方形，锈掉了不少。长 $1\frac{1}{16}$ 英寸，宽 $\frac{1}{4}$ 英寸。

在烽燧 T.XLI.i 发现的遗物

T.XLI.i.01　瓷器碎片。碗的下半部分，白色，比 T.XLI.i.02 还薄，做工也更精致。上了一层淡绿色釉。圈足 $\frac{1}{2}$ 英寸深，很薄，圈足精致的边沿是圆的。圈足连着的碗侧面上有六个铆钉孔，都没有钻通。

碗底外面的正方形中有两圈汉字。碗底里面画着深蓝色图案，线条很细，色彩涂抹很大胆。外面也有一点图案的痕迹。与 T.XLIII.l.010 属于同一类型。平均厚度约 $\frac{1}{8}$ 英寸。3 英寸×$2\frac{1}{8}$ 英寸。图版 XLVIII。

T.XLI.i.02　陶器碎片。碗的底部，极似 T.XLIII.l.09。$3\frac{1}{2}$ 英寸×2 英寸。图版 XLVIII。

T.XLI.i.03　棍子。一根呈弧形的天然树枝，粗略地削细，但长着厚树结的一端保留了下来。大概用苹果树的木头做成，可能是敲鼓用的，或是做武器用的圆头棒。$15\frac{1}{2}$ 英寸×$\frac{3}{4}$ 英寸。粗的一端为 $2\frac{1}{2}$ 英寸×$1\frac{1}{2}$ 英寸。图版 XLVI。

T.XLI.i.04　木铲刀。刻削得很粗糙。$6\frac{3}{4}$ 英寸×$\frac{5}{8}$ 英寸。

T.XLI.i.05　木片。一端已折断。有一面用刻刀削掉了一部分。长 $6\frac{1}{2}$

英寸，宽 $\frac{5}{8}$ 英寸，完整厚度为 $\frac{1}{8}$ 英寸。

T.XLI.i.06　木制机关的一部分。用草拧成，呈不规则的环形。环形内部绑着很多带尖的木条，木条尖端都汇集在环形的中心。大概是用来捕猎物用的机关，与《西域考古图记》第二卷 782 页和第四卷图版 LIV 中的 T.XV.a.i.009 类似。（本书英文版"补遗和勘误"直径约为 6 英寸——译者）图版 XLVI。

T.XLI.i.08　席子（或帘子）残件。像布那样编织而成。经线是细绳，纬线是两根平整的小圆树枝。为编织方便，树枝可能在水中浸泡过，因为尽管树枝现在很硬，做经线用的细绳却在树枝上勒出了很清晰的印痕。细绳特别结实。参见 T.XLIII.j.04。$2\frac{3}{4}$ 英寸×$3\frac{3}{4}$ 英寸。

T.XLI.i.09　结实的粗布残片。10 英寸×$7\frac{1}{2}$ 英寸。

T.XLI.i.010　陶器碎片。一件平底器皿的底部，还带着向外倾斜的侧边。有些地方的红色已褪色成了灰色。没有上釉。中间有一个大孔的一部分，左右靠近边上也各有一个孔，是在烧制之前钻出来的。一条碎边附近还有一个小孔的一部分。$4\frac{7}{8}$ 英寸×$5\frac{1}{8}$ 英寸×$\frac{7}{16}$ 英寸。

在烽燧 T.XLI.jj、k、l、n 发现的遗物

T.XLI.jj.01　陶器碎片。一件普通红色器皿的侧面。表面打磨过，有横向螺纹。$2\frac{7}{8}$ 英寸×$1\frac{3}{4}$ 英寸×$\frac{1}{4}$ 英寸。

T.XLI.k.01　陶器碎片。没有上釉的深灰色罐的口和一部分肩。口沿横截面为棱柱体，一条棱朝上，一条棱朝外。口沿直着向里收，成为短颈。颈陡然向外，变成肩。器皿侧面从肩稍微折向外。黏土淘洗得很好。口直径

$2\frac{1}{8}$ 英寸，肩直径约 $4\frac{1}{2}$ 英寸。图版 XLVIII。

T.XLI.i.01　青铜饰针。背面有两根弯折的带尖的针，以便把饰针固定在布或其他比较软的东西上。饰针设计成棕叶饰形状。左右各有一片叶子，叶子之间是一朵小花。叶子和花被包围在由边围成的尖拱中。每个拱肩上有一个扁平的疙瘩。制作得很好。$\frac{11}{16}$ 英寸× $\frac{1}{2}$ 英寸。

T.XLI.i.02　铁棍。横截面是扁平的四方形，棍是弯的。$2\frac{1}{2}$ 英寸× $\frac{3}{16}$ 英寸× $\frac{1}{8}$ 英寸。

T.XLI.n.01　铁箭头。有三道刃，侧面是空心的。已生锈，上面结了一层厚厚的氧化物。$1\frac{1}{2}$ 英寸× $\frac{9}{16}$ 英寸。

T.XLI.n.02　青铜盘。背面有突起的螺纹，制作得比较粗糙。1 英寸× $1\frac{1}{6}$ 英寸× $\frac{1}{8}$ 英寸。

T.XLI.n.03　铅线残件。拧了起来。$1\frac{9}{16}$ 英寸× $\frac{1}{2}$ 英寸。

T.XLI.n.04　青铜吹嘴。空心，管状，像是吹玻璃用的管的吹嘴。$1\frac{7}{8}$ 英寸× $\frac{5}{16}$ 英寸。

在烽燧 T.XLI.o、r 发现的遗物

T.XLI.o.01~04　4 个瓷碗的底部。质地和装饰方法与 T.XLIII.i.09 以及《西域考古图记》第四卷图版 IV 中的 T.XI.001 类似。除 03 瓷胎是浅灰色外，其余瓷胎都是白色。都带圈足，圈足里面的底都上了釉。

01 圈足里面有两条蓝色圆环，环内有汉字。釉基本上是白色的。

02 和 01 相似，圆环内也有汉字，但所写的字是不同的。圈足外的碗侧面有两条蓝色线，再往上有植物图案的痕迹。有三个铆钉孔，但没有钻穿。碗内面底部中间绘着一棵植物，长着浆果或小花蕾，植物外边环绕着两层宽宽的圆圈。

03 图案和 T.XLIII.l.09 一样，可能 T.XLI.o.05、06 也出自这个碗。

04 比前面几件都薄、细腻。碗外边，在圈足之内绘有两条蓝色线，还有残缺不全的汉字。在侧面与圈足相连的地方，绘着两个蓝色圆圈。碗里面中间绘着花枝，残边上有蓝色圆圈的痕迹。碗外部侧面上有五个小铆钉孔，都没有打穿。

最大高度 $1\frac{3}{8}$ 英寸（02），圈足直径为 $2\frac{5}{8}$ 英寸，碗侧面厚 $\frac{1}{8}$ 英寸，最长处 $3\frac{7}{8}$ 英寸。图版 XLVIII。

T.XLI.o.05、06　2 块瓷器碎片。上了发蓝的白色釉，釉下面的花纹为蓝色。大概是 T.XLI.o.03 的一部分。05 为碗底圈足以上的碗侧面，可以看到图案是 03 图案的延续。06 也是碗侧面，质地、色泽与 05 完全一样，可以看见同样类型的花朵图案。最长处 2 英寸，两块碎片的厚度都是 $\frac{1}{8}$ 英寸。图版 XLVIII。

T.XLI.o.07　瓷器碎片。质地和前一件一样。外面有蓝色条纹和叶子（?）图案，里面是两条蓝色圆环和叶子。最长处 2 英寸，厚 $\frac{1}{8}$ 英寸。

T.XLI.o.08　瓷器碎片。瓷胎为纯白色，纹理细腻。淡蓝色釉薄而均匀，特别亮，没有一点龟裂的地方。外面有花纹，是用蓝色细线绘的蔓藤花饰。最长处 $1\frac{1}{8}$ 英寸，厚 $\frac{1}{8}$ 英寸。

T.XLI.o.09　上了釉的陶器残件。器皿突起的肩部或侧壁。硬陶胎为灰黄色，正反面都上了釉，釉是精致的棕黑色。最长处 $2\frac{1}{2}$ 英寸，厚 $\frac{3}{16}$ 英寸。

T.XLI.o.010　陶器碎片。扁平，出自一件器皿的底部。黄色，一面有 5 点已起皱的棕色釉。最长处 $1\frac{3}{8}$ 英寸，厚 $\frac{3}{16}$ 英寸。图版 XLVIII。

T.XLI.r.02　青铜片。呈弧形，无花纹。$1\frac{5}{8}$ 英寸×$\frac{7}{8}$ 英寸。

在烽燧 T.XLII.e 发现的遗物

T.XLII.e.01　瓷器碎片。碗的一部分侧壁和稍微向外翻转的一部分口，图案和 T.XLIII.l.08 一样，但绘制得更仔细。釉淡绿色，闪闪发光，没有纹裂，但稍微有点凹凸不平。$2\frac{1}{8}$ 英寸×$2\frac{1}{8}$ 英寸。图版 XLVIII。

T.XLII.e.02　男鞋。鞋底用细绳编成，鞋尖翻转过来。鞋帮为粗糙的蓝布，蓝布外盖了一层纹理细密而结实的蓝色织物。用一层层白色粗布使鞋坚挺。以紧密的人字形针迹锁了边，形成辫子一般的镶边。鞋尖顶上装饰着一个用带子交织而成的云卷。$10\frac{1}{2}$ 英寸×4 英寸。图版 XLVI。

在 T.XLIII 段长城线的烽燧上发现的遗物

T.XLIII.01　箭。用竹子制成，保留下来一部分箭杆和杆粗大的末端。刻有很深的凹槽，用别的更粗的东西刻成。残留着羽毛和粘连用的黑漆。另一端烧掉了。$11\frac{1}{4}$ 英寸×$\frac{5}{16}$ 英寸。图版 XLVII。

T.XLIII.02　陶器碎片。出自碗的侧壁。灰色陶胎像釉一样细腻，正反面都上了浓重的深棕色釉。釉上得很厚的地方看起来就像是黑色的，看得出用硫黄处理过。$1\frac{1}{2}$ 英寸×$1\frac{1}{4}$ 英寸×$\frac{1}{8}$ 英寸。

烽燧 T.XLIII.a~c、e 发现的遗物

T.XLIII.a.01~04　**木简残片。** 没有写字。最长一枚长 $7\frac{5}{8}$ 英寸。

T.XLIII.a.05　**木笔。** 两头是尖的，中间（柄）的横截面为正方形，柄上用墨汁横向画了些黑色条纹。$9\frac{1}{2}$ 英寸×$\frac{3}{8}$ 英寸。图版 XLVII。

T.XLIII.a.06　**毛毯残片。** 染成绿色。最大残片 7 英寸×$6\frac{1}{2}$ 英寸。

T.XLIII.a.08　**木榫。** 逐渐变细，方形。$3\frac{3}{4}$ 英寸×$\frac{3}{8}$ 英寸×$\frac{3}{8}$ 英寸。

T.XLIII.a.09　**硬毡子残件。** 有缝（？）过的孔。$9\frac{1}{2}$ 英寸×5 英寸。

T.XLIII.a.010　**木制印泥匣。** 锯出了三条凹槽，以便用细绳扎住，和《西域考古图记》第四卷图版 LIII 中的 T.XIX.ii.001 一样。$1\frac{3}{8}$ 英寸×$1\frac{1}{4}$ 英寸×$\frac{5}{16}$ 英寸。放印泥的孔为 $\frac{11}{16}$ 英寸×$\frac{9}{16}$ 英寸。

T.XLIII.a.i.01、02　**陶器碎片。** 灰色，一件大器皿的口沿和侧壁。口沿很宽，与侧壁成直角。一端有一个小铆钉（？）孔。现在两块粘连在了一起。10 英寸×3 英寸×$\frac{5}{16}$ 英寸，口沿宽 $1\frac{5}{16}$ 英寸。图版 XLVIII。

T.XLIII.b.01~07　**陶器碎片。** 出自一个或几个碗。陶胎像瓷器一样细腻，两面都上了柔和的淡灰色釉。最大残片 $3\frac{1}{4}$ 英寸×$2\frac{1}{8}$ 英寸。

T.XLIII.b.08　**木四棱柱。** 一端呈金字塔形。涂成黑色。参见 T.XLIII.h.011。$1\frac{1}{4}$ 英寸×$\frac{1}{2}$ 英寸×$\frac{1}{2}$ 英寸。

T.XLIII.c.01　**陶器碎片。** 出自一件器皿的平底，带稍微突出来的宽

"足"。黏土淘洗得很差，里面上了层深棕绿色的釉。$5\frac{5}{8}$ 英寸×$4\frac{3}{4}$ 英寸×$\frac{3}{8}$ 英寸。

　　T.XLIII.e.01　陶器碎片。一根空心的棍状物，截面为正方形。顶部斜着削出了三个不规则的八边形侧面。不知是做什么用的。通体都是深灰色，特别硬。$4\frac{5}{8}$ 英寸×$2\frac{1}{8}$ 英寸×$1\frac{3}{4}$ 英寸，边的厚度约 $\frac{1}{2}$ 英寸。

在烽燧 T.XLIII.g 发现的遗物

　　T.XLIII.g.01　陶器碎片。深红色，外表涂成黑色。碗的一部分口沿，坚硬而细腻。2 英寸×$1\frac{3}{4}$ 英寸×$\frac{3}{8}$ 英寸。

　　T.XLIII.g.02　陶器碎片。细腻的红色。外表已呈灰黑色，布满了排列紧密的绳纹。$2\frac{1}{4}$ 英寸×$1\frac{1}{4}$ 英寸×$\frac{1}{4}$ 英寸。

　　T.XLIII.g.04　青铜镜残件。宽口沿又厚又扁，口沿内部有窄窄的线。表面细致光滑。$1\frac{3}{4}$ 英寸×$\frac{3}{4}$ 英寸。

　　T.XLIII.g.05～013　青铜残片。大小、形状不一。最大残片 $1\frac{1}{4}$ 英寸×$\frac{15}{16}$ 英寸×$\frac{1}{16}$ 英寸。

　　T.XLIII.g.014　青铜箭头。三角形，侧面是空心的，带倒刺，铤用青铜制成。参见 Lal S.015。$1\frac{1}{2}$ 英寸×$\frac{7}{16}$ 英寸。图版 XLVII。

　　T.XLIII.g.015　青铜箭头。三角形，侧面是平的，没有倒刺。参见 L.J.01。末端遭到了锈蚀。1 英寸×$\frac{1}{4}$ 英寸。

T.XLIII.g.021　**一小扎草**。用同样的细草绳捆扎在中间，可能是当刷子用的。参见 T.XXII.e.013。长 $10\frac{1}{2}$ 英寸，最粗处 $\frac{1}{2}$ 英寸。

T.XLIII.g.022~024　**3枚木简残片**。空白，木头很硬，但漂白过。最大残片 $7\frac{15}{16}$ 英寸×$\frac{7}{16}$ 英寸×$\frac{1}{8}$ 英寸（022）。

T.XLIII.g.030　**木简**。空白，保存得很好。$9\frac{1}{8}$ 英寸×$\frac{7}{16}$ 英寸×$\frac{3}{16}$ 英寸。

在烽燧 T.XLIII.h 发现的遗物

T.XLIII.h.02　**木头残片**。本来的横截面为长方形，一面切割出了很多小长方形。小长方形大约长 $2\frac{3}{4}$ 英寸，宽 1 英寸。小长方形之间的间隔长 $1\frac{1}{8}$ 英寸，深 $\frac{1}{2}$ 英寸。已破裂并朽烂，两端都已折断。$9\frac{1}{4}$ 英寸×1 英寸×$\frac{7}{8}$ 英寸。

T.XLIII.h.03　**木柄**。锥子（？）或钻子的柄。短粗笔直，圆形。放钻头的一端削细，另一头是圆的。木头很硬。$3\frac{1}{2}$ 英寸×$1\frac{1}{4}$ 英寸。

T.XLIII.h.04　**绳鞋**。紧密地编成一块，从鞋底底部可以看见均匀出现的疙瘩。工艺精良，与《西域考古图记》第四卷图版 LIV 中的 T.XV.006 类似。$9\frac{1}{4}$ 英寸×$3\frac{1}{2}$ 英寸。

T.XLIII.h.05　**用细绳编织成的物品残件**。边上每隔 5 英寸的距离，都有特别结实的一个环形向外突出来。大概是席子，用来遮盖马背上驮的东西，或是其他类似用途。经线很密；纬线捻过，间隔约为 $\frac{1}{2}$ 英寸。18 英寸×8英寸。

T.XLIII.h.06　纸片。 已被撕破，很粗糙，空白。4 英寸×4 英寸。

T.XLIII.h.07　平纹棉布片。 织得很结实。$9\frac{1}{2}$ 英寸×$2\frac{1}{4}$ 英寸。

T.XLIII.h.08　平纹布片。 织得较稀松的毛织品。黄色。约 $2\frac{1}{2}$ 英寸×1 英寸。

T.XLIII.h.09　破丝绸残片。

T.XLIII.h.010　木头残件。 长方形小木块，很硬，粗略切削过。一端已折断，另一端斜着向里削。无装饰。$4\frac{1}{2}$ 英寸×$\frac{3}{4}$ 英寸×$\frac{1}{2}$ 英寸。

T.XLIII.h.011　木四棱柱。 无花纹，一端为金字塔形。可能是棋子（?）。参见 T.XLIII.b.08。$1\frac{1}{4}$ 英寸×$\frac{3}{8}$ 英寸×$\frac{3}{8}$ 英寸。

T.XLIII.h.012　铁锄头（?）。 空心，以便装入柄。楔形，已氧化。参见《西域考古图记》第四卷图版 LIV 中的 T.XV.0010。长 $2\frac{5}{8}$ 英寸，宽 $2\frac{5}{8}$ 英寸，宽的一端厚 1 英寸。

T.XLIII.h.013　木钉。 粗糙，一端是尖的。正方形一端的一个侧面上画了张奇形怪状的脸。参见 T.XXII.d.027（图版 XLVII），以及《西域考古图记》第四卷图版 LII 中的 T.VI.b.i.002。$7\frac{1}{8}$ 英寸×$2\frac{5}{8}$ 英寸×$\frac{3}{8}$ 英寸。

T.XLIII.h.014　木勺。 做得较粗糙。勺头和勺柄在一条线上，但勺头是两面凹进的。勺头后面为圆形，与柄连成一线，勺头其余三个侧面都是平的。柄跟勺头连接的地方是空心的弧形。柄另一端切削成钩，以便悬挂。勺头的口沿已缺失。长 6 英寸，勺头宽 2 英寸。图版 XLVII。

T.XLIII.h.015　空白木简。 9 英寸×$\frac{3}{4}$ 英寸×$\frac{1}{8}$ 英寸。

在烽燧 T.XLIII.i 发现的遗物

T.XLIII.i.01 木器。刻削得较粗糙。从一端到另一端微呈突起的弧形。刃逐渐变细，刃的背面是扁平的。柄更厚。从侧面看，从宽刃的末端到楔形柄，是逐渐变细的。参见 T.XXIII.a.07。长 $6\frac{1}{2}$ 英寸，宽 $1\frac{1}{4}$ 英寸，最大厚度 $\frac{5}{8}$ 英寸。

T.XLIII.i.02 木鞍架（？）残件。又硬又重，天然呈弧形。一端变窄，呈楔形。就在这一端附近，凿了一个带肩的楔形榫眼。粗的一端被烧焦了。$9\frac{1}{8}$ 英寸×$2\frac{1}{2}$ 英寸×$1\frac{3}{8}$ 英寸。

T.XLIII.i.03 木简。表面已烧焦，一端折断了。无字。9 英寸×$\frac{3}{8}$ 英寸×$\frac{1}{12}$ 英寸。

T.XLIII.i.04 竹子（？）残件。上面有已脱落的漆的痕迹。8 英寸×$\frac{1}{2}$ 英寸×$\frac{1}{4}$ 英寸。

T.XLIII.i.06 木制封泥匣。有三条槽，以便缠细绳。与《西域考古图记》第四卷图版 LIII 中的 T.XIX.ii.001 类似。$2\frac{1}{4}$ 英寸×$1\frac{1}{2}$ 英寸×$\frac{3}{4}$ 英寸。图版 XLVII。

T.XLIII.i.07 铁器残件。空心，龙骨为弧形，龙骨横截面为楔形。一端变宽，这一端楔形的两翼向外翻转，与表面大致成直角。两端都已被折断。翻转起来的部分长 $6\frac{5}{8}$ 英寸，宽 $1\frac{7}{16}$~$2\frac{1}{4}$ 英寸。楔形的脊背厚 $\frac{1}{2}$ 英寸，实

心边厚 $\frac{9}{16}$ 英寸。图版 XLVII。

T.XLIII.i.08　燕麦样品。

T.XLIII.i.019　木针（？）。 未做完，长且直，一端逐渐变细成精致的尖。另一端扁平，成椭圆形，但没有穿针眼。长 $4\frac{1}{4}$ 英寸，宽 $\frac{3}{8}$ 英寸。

T.XLIII.i.020～022　3 枚木简残件。 020 碎成两块。简已烧焦，字迹消失了。最大尺寸 $3\frac{3}{4}$ 英寸 × $\frac{1}{2}$ 英寸。

在烽燧 T.XLIII.j 发现的遗物

T.XLIII.j.01　木钉。 粗糙地削成的小木棍，大致一样粗细。木棍上端擎着一个对称地刻削而成的人头。人脸是宽椭圆形（形如船的龙骨），尖下巴。"龙骨"下端左右两边各有一个小凹陷，代表鼻孔。刻有一个十字形，代表嘴。眼睛平直，位置特别高，睁得很大，绘成黑色。背面凸圆。黑发梳得很高，像头巾一样弯向前面（这部分头发已折断）。脑后是削平的，令人想起 Wou Leang Ts'êu（吴浪泽？ 音译——译者）汉墓中雕像的发饰，参见沙畹《在中国北部的考古发掘》。脸两侧垂下来黑头发。两边可以看到小树枝的树皮。

这个头部像是沙畹《在中国北部的考古发掘》图版 CCCLXXXI 中的第 815 号，那里把那件文物称作是"到科利（Corée）之路的保护神"。该件文物大概也是同样用途，用在家庭的拜神活动中。《西域考古图记》第四卷图版 LII 中的 T.VI.b.i.002～004 等帐篷钉似的类似木棍，大概也可以做这样的解释。$5\frac{5}{8}$ 英寸 × $1\frac{1}{8}$ 英寸 × $\frac{3}{4}$ 英寸。图版 XLVII。

T.XLIII.j.02　鞋楦头的木跟。 沿着背后有沟槽，顶部稍微变小。底边周围有用锥子或针留下的划痕。$2\frac{1}{4}$ 英寸 × $2\frac{1}{8}$ 英寸 × $1\frac{5}{8}$ 英寸。图版 XLVI。

T.XLIII.j.03　木碗残件。碗底是宽宽的圈足。中间有一条裂缝，用小木条塞上了。木碗两侧已被烧掉。直径 $5\frac{1}{2}$ 英寸，厚约 1 英寸。图版 XLVI。

T.XLIII.j.04　篮子残件。材料和结构都与 T.XLI.i.08 相同。粗树枝一根根出现，细树枝则成对出现，编得又密又结实。圆形，直径约为 12 英寸。图版 XLVI。

在烽燧 T.XLIII.k 发现的遗物

T.XLIII.k.01　木块。长方形，边上凿出一些楔形，像钥匙的榫槽似的。一端是秃的，另一端方形。制作得较粗糙，有一面已破。$4\frac{1}{2}$ 英寸 $\times 1\frac{1}{2}$ 英寸 $\times \frac{3}{4}$ 英寸。图版 XLVII。

T.XLIII.k.02　木条残件。已折断并朽烂，一侧凿成锯齿形，两个宽面上都有墨点的痕迹。参见 T.XXIII.a.08。4 英寸 $\times \frac{1}{2}$ 英寸 $\times \frac{3}{16}$ 英寸。

T.XLIII.k.03　木梳子。齿离得较开，背为弓形，一侧已折断。$3\frac{1}{4}$ 英寸 $\times 2\frac{1}{4}$ 英寸。图版 XLVII。

T.XLIII.k.04、05　上了漆的木碗残件。与 T.XLIII.k.07 类似。碗里面为红色，外面为黑色。3 英寸 $\times \frac{1}{2}$ 英寸；$3\frac{3}{4}$ 英寸 $\times \frac{1}{2}$ 英寸。

T.XLIII.k.06　上了漆的木碗残件。与 T.XLIII.k.07 类似。是碗沿和碗侧面的一部分。碗里面为红色，碗沿黑色。碗外面为黑色，碗沿上泼了些红颜料。$4\frac{3}{4}$ 英寸 $\times 1\frac{1}{2}$ 英寸。

T.XLIII.k.07　上了漆的木碗残件（耳杯——译者）。椭圆形。椭圆的长边上是大胆突出来的碗耳。碗里面为红色，外边为黑色。一侧已缺失，很破旧。$6\frac{1}{8}$英寸×$2\frac{1}{2}$英寸。

T.XLIII.k.08　木盘子。圆形，碎成两块，有几处边沿已被削掉。有黑（?）颜料或漆的残迹，颜料或漆是靠机械的圆周运动涂上去的。直径$5\frac{5}{16}$英寸，厚$\frac{1}{4}$英寸。

T.XLIII.k.010　木铲刀（?）。与T.XLIII.k.011类似，但形状更粗糙，尖端微呈弧形。没有凹槽。一面有黑颜料的痕迹，另一面有用胶料调制的粉颜料的痕迹。被虫子啃啮过。$5\frac{3}{4}$英寸×$1\frac{3}{4}$英寸×$\frac{3}{16}$英寸。图版 XLVI。

T.XLIII.k.011　木铲刀（?）。长方形，薄而扁平。一端是秃的，另一端削成尖的，尖角的一侧切了个长长的凹口。秃的一端已折断，有裂痕。4英寸×$1\frac{3}{4}$英寸×$\frac{1}{8}$英寸。

T.XLIII.k.012　木铲刀。一端是长柄，另一端是长方形的扁平的"勺"。"勺"一头是凸圆的，另一头斜削下去，和扁平的柄连在一起。制作得较粗糙。$7\frac{1}{2}$英寸×$\frac{3}{4}$英寸×$\frac{1}{4}$英寸。

T.XLIII.k.013　木笔或刷子的圆柄。逐渐变细，粗的那一端大致削平。$6\frac{1}{4}$英寸×$\frac{7}{16}$英寸。

T.XLIII.k.014　木铲刀。与T.XLIII.k.012类似，但制作更为精细。在一个面上，刃的边沿削成斜的。带圆柄。$6\frac{1}{2}$英寸×1英寸×$\frac{1}{8}$英寸。

T.XLIII.k.015~017　木简。已折断，空白。$10\frac{1}{2}$英寸×$\frac{1}{2}$英寸×$\frac{1}{8}$英寸；

$5\frac{1}{4}$ 英寸 $\times\frac{1}{2}$ 英寸 $\times\frac{1}{8}$ 英寸；$6\frac{3}{4}$ 英寸 $\times\frac{1}{2}$ 英寸 $\times\frac{1}{8}$ 英寸。

T.XLIII.k.018　**木简残件**。上面有汉字的痕迹。已朽烂。$7\frac{1}{2}$ 英寸 $\times\frac{5}{16}$ 英寸 $\times\frac{3}{16}$ 英寸。

T.XLIII.k.019　**木头残件**。横截面为棱柱形，无装饰。一端的角切削掉了（这一端已折断）。$2\frac{3}{4}$ 英寸 $\times\frac{3}{4}$ 英寸 $\times\frac{1}{4}$ 英寸。

T.XLIII.k.020～022　**木简残件**。空白，都已折断。最大尺寸 $4\frac{1}{2}$ 英寸 $\times$ $\frac{7}{16}$ 英寸 $\times\frac{1}{8}$ 英寸。

T.XLIII.k.023　**木铲刀**。刃是宽的，向另一端逐渐变细（这一端是圆的）。无论横着看还是竖着看，都微呈弧形。长 $7\frac{5}{8}$ 英寸，刃宽 1 英寸。

T.XLIII.k.024　**木简**。一端尖。$5\frac{1}{4}$ 英寸 $\times\frac{5}{8}$ 英寸 $\times\frac{3}{16}$ 英寸。

T.XLIII.k.025　**木钉**。棱柱形，一端削尖。宽的一端则有一张奇形怪状的脸，脸的轮廓画成黑色。参见 T.XLIII.j.01，以及《西域考古图记》第四卷图版 LII 中的 T.VI.b.i.003。$5\frac{1}{4}$ 英寸 $\times1\frac{3}{4}$ 英寸 $\times\frac{1}{2}$ 英寸。

T.XLIII.k.026　**木沿（或耳）**。来自一件上了漆的椭圆形碗。碗里面为红色。木沿和外边为黑色，并有一些红色装饰。装饰包括边沿线、V 形线和圆。每个圆圈中又有两个同心圆，中间还有一个点。这些装饰或者是像印戳一般印上去的，或者是用其他机械拍上去的。已断，较破旧。$4\frac{1}{2}$ 英寸 $\times$ $1\frac{7}{8}$ 英寸。图版 XLVII。

T.XLIII.k.049　用角做成的印封（?）。 方形，背面是圆的，钻孔，以便悬挂。刻削得较粗糙，无装饰性图案。钻出来的孔中有一根用毛线捻成的很结实的绳子。正面 $\frac{3}{4}$ 英寸见方，高 $\frac{1}{2}$ 英寸。

在烽燧 T.XLIII.l 发现的遗物

T.XLIII.l.01　陶器碎片。 出自一件侧壁几乎是笔直的器皿。沿较厚，微朝外折。器皿里面隐约有螺纹。陶土特别细腻，黄色，均匀地上了一层浅棕色的釉。$1\frac{7}{8}$ 英寸×2英寸×$\frac{1}{8}$ 英寸。

T.XLIII.l.02　陶器碎片。 与 T.XLIII.l.03 类似，但釉条要窄些。2英寸× $2\frac{1}{2}$ 英寸×$\frac{1}{8}$ 英寸。

T.XLIII.l.03　陶器碎片。 一个小碗的侧壁。厚沿稍微折向外。陶胎像瓷器一般，为黄色。里外都上了一宽条的釉，釉条几乎到达碗底，再往下没有釉。釉中有红褐色、深绿色和黑色。上过釉之后，釉的各种组成成分似乎部分地分离了，产生了一种斑驳多纹的效果。特别坚硬。$2\frac{1}{2}$ 英寸×$2\frac{1}{8}$ 英寸× $\frac{1}{8}$ 英寸。

T.XLIII.l.04　上了釉的陶碗的一部分底座。 有圈足。陶胎细腻、坚硬。碗里面的黑釉终止于扁平底的边上，外面的釉终止在离底座 $\frac{1}{2}$ 英寸的地方。外边微微有横向的螺纹。最长处 $2\frac{1}{8}$ 英寸，侧壁厚约 $\frac{1}{8}$ 英寸。

T.XLIII.l.05　上了釉的陶碗残片。 与前一件类似，但陶胎颜色发红，釉为深绿棕色。最长处 2 英寸，侧壁厚 $\frac{3}{16}$ 英寸。图版 XLVIII。

T.XLIII.I.06~09　4块瓷碗的残片。有圈足。硬陶胎为淡灰色，正反面都上了一层青白色的釉。釉底下绘着深蓝色植物图案。质地类似的瓷器，参见《西域考古图记》第二卷773页的T.XI.002等。质地和图案与此类似的，参见《西域考古图记》第四卷图版IV中的T.XI.001和So.0051。

09为最大残片。可以看见碗里面底部绘着花卉。花中心成放射状伸展出蕊一般的细线，每根细线末端都变成长长的水滴状。环绕着花外边，是成对的粗粗的云卷（或是旋涡状叶子），还有一长条不小心造成的污迹。以上图案都围在两条环形细线之中。

06、09碗外面侧壁上，上边是和里边的图案类似的那种花卉的下端；再往下，是不连续的粗线横绕过碗，侧壁和圈足相接的地方还隐约有一条线。底座的圈足内面是淡灰色，上了釉，釉底下有棕色圆圈。

07、08是碗的侧壁，带稍微向外折的口沿。碗外边，顶上是粗条（垂成帘帏状），"帘帏"上挂着上面说过的那种花卉，再往下是横向的粗线。口沿里边在两条隐约的环形线之上，是一组椭圆形。往下是无花纹的釉，一直到底部图案开始的地方。

质地和图案都与此一样的其他碗，参见T.XLI.g.05、06，i.01、02，o.03、05~07，XLII.e.01。另有一些残片，它们的质地要细腻些，图案也不同，但也与此属于同一类型。它们是T.XXIII.d.010~013，XLI.g.07~021，o.01、02，XLIII.I.010。

底座直径 $2\frac{3}{4}$ 英寸，碗高约 $2\frac{5}{8}$ 英寸，碗口直径约 $4\frac{3}{4}$ 英寸。09长 $3\frac{3}{8}$ 英寸，高 $1\frac{5}{8}$ 英寸。平均厚度 $\frac{1}{8}$ ~ $\frac{3}{16}$ 英寸。图版XLIII。

T.XLIII.I.010　瓷器碎片。碗的口沿，无花纹。瓷胎白色，较薄。上了一层青白色的釉，釉底下装饰着蓝色叶子等图案。接近于T.XLI.i.01和T.XLI.g.011、020。最长处 $1\frac{1}{8}$ 英寸，不加釉厚 $\frac{1}{16}$ 英寸。

T.XLIII.I.011　木铲刀。柄平直，极短。切削得较粗糙。刃长 $1\frac{1}{8}$ 英寸，宽 $\frac{7}{8}$ 英寸，柄长 $\frac{3}{8}$ 英寸。

T.XLIII.I.012　用毛（?）线织成的穗子。浅黄色，织得很结实。$4\frac{1}{2}$ 英寸×1 英寸。

T.XLIII.I.013、014　2 块毛（?）织品。精细，无花纹。013 染成发绿的蓝色，014 染成不规则的靛蓝色。最大尺寸 $6\frac{1}{4}$ 英寸×$3\frac{7}{8}$ 英寸。

T.XLIII.I.015　2 块上了釉的陶罐残片。可以看到无花纹的口沿（口顶部没有上釉）和长长的环形柄。颈和腹部几乎在同一个平面上。柄微微伸向外。柄的横截面为扁椭圆，顶部宽，越往底下越窄，外侧有垂直的皱纹。陶胎含沙砾，黄色，正反面都上了棕黑色的釉。类似的陶罐残片，参见 T.XLI.g.028~031。高 $4\frac{1}{4}$ 英寸，宽 4 英寸。图版 XLVIII。

在烽燧 T.XLIV.a 发现的遗物

T.XLIV.a.01　草席子的边。编得较粗糙。12 英寸×$3\frac{1}{4}$ 英寸。

T.XLIV.a.03　木棍残件。又硬又重，沿着直径裂开了（另一半已缺失）。表面削过。一端烧焦了；另一端加工过，但不完整。离烧焦一端 18 英寸的地方有四个墨汉字。$26\frac{1}{2}$ 英寸×$1\frac{1}{8}$ 英寸×$\frac{5}{8}$ 英寸。图版 XLVI。

T.XLIV.a.04　木铲刀。宽而薄，与 T.XLIV.b.035 类似，但很完整。柄逐渐变细，柄尖端切削成了刻刀的样子。$8\frac{1}{4}$ 英寸×$1\frac{1}{2}$ 英寸×$\frac{3}{16}$ 英寸。

T.XLIV.a.05　锤子头形状的木器。向两端稍微变细，但两头又变成了完整的宽度。中间有一个孔。$3\frac{1}{2}$ 英寸×$1\frac{1}{2}$ 英寸×$1\frac{1}{8}$ 英寸。图版 XLVII。

T.XLIV.a.06　**木铲刀残件**。柄已折断，与 T.XXIII.a.07 类似。$4\frac{3}{8}$ 英寸×$1\frac{1}{2}$英寸。

T.XLIV.a.07　**楔形木器**。粗的一端削成圆形。$1\frac{7}{8}$英寸×$\frac{7}{8}$英寸×$\frac{7}{8}$英寸。

T.XLIV.a.08　**木钉**。较小，逐渐变细。离粗的一端$\frac{1}{4}$英寸远有凹槽（用来放细绳用的）。参见《西域考古图记》第四卷图版 XXXV 中的 L.A.v.ii.1。3 英寸×$\frac{1}{4}$英寸。

T.XLIV.a.09　**过滤用的袋子**。用马毛编成。$2\frac{1}{4}$英寸×6 英寸。图版 XLVII。

T.XLIV.a.010、011　**粗布片**。粗糙而结实。较大的一片长 $5\frac{1}{2}$英寸，宽 $2\frac{1}{2}$英寸。

T.XLIV.a.012　**皮子做成的鞋底残片**。边上有用皮子缝过的针迹。$4\frac{1}{2}$英寸×$3\frac{7}{8}$英寸。

T.XLIV.a.013　**陶器碎片**。出自器皿底部。侧面和 T.XLI.c.03 一样，也是多面体。里边有特别整齐的低浮雕螺旋纹。直径 $4\frac{1}{4}$英寸。图版 XLVIII。

T.XLIV.a.015　**青铜箭头**。三棱形，扁平。与《西域考古图记》第四卷图版 LIII 中的 T.XII.a.i.005 类似。1 英寸×$\frac{3}{8}$英寸。图版 XLVII。

在烽燧 T.XLIV.b 发现的遗物

T.XLIV.b.01、05　2根四棱木柱。面积大的侧面上画出了两条对角线，以及一条经过中心的与短边平行的线，两端的三角形中各有一个点。其中一件一端被涂黑。$1\frac{1}{8}$英寸$\times\frac{9}{16}$英寸$\times\frac{5}{8}$英寸；$1\frac{1}{4}$英寸$\times\frac{5}{8}$英寸$\times\frac{9}{16}$英寸。图版 XLVII。

T.XLIV.b.02　木铲刀。与 T.XLIII.k.011 类似，但要窄些，带尖的一端更长，一面的长棱削掉了。4 英寸$\times$1 英寸$\times\frac{1}{8}$英寸。

T.XLIV.b.03　木简残片。长方形，裂成两片，一端已缺失，另一端也缺失了一部分（这一端有汉字残迹）。反面涂抹了一大块墨汁。$1\frac{1}{2}$英寸$\times$ $5\frac{1}{4}$英寸$\times\frac{3}{16}$英寸。

T.XLIV.b.04、06　2根四棱柱。用颗粒很小的轻木头做成，一端为金字塔形。做工粗糙，大概是棋子。参见 T.XLIII.b.08。$1\frac{5}{8}$英寸$\times\frac{7}{8}$英寸$\times\frac{3}{4}$英寸；1 英寸$\times\frac{11}{16}$英寸$\times\frac{11}{16}$英寸。图版 XLVII。

T.XLIV.b.07~09　木头残件。07 为圆木棍，一端已折断，大概是筷子，$5\frac{7}{16}$英寸$\times\frac{1}{4}$英寸。

08 大概是根圆棍，一端有点成方形，$4\frac{3}{8}$英寸$\times\frac{3}{4}$英寸。

09 形如圆木塞，一个侧面是扁平的，对面的那个侧面也比较平。离粗大的一端$1\frac{1}{8}$英寸的地方为"肩部"，那里木棍的直径变小了。厚$1\frac{7}{8}$英寸，直径$\frac{5}{8}$~$\frac{7}{8}$英寸。

T.XLIV.b.010　**木棍**。扁平，从一端到另一端逐渐变细。从长方向上看微成弧形。保留着一部分树皮。$6\frac{1}{4}$ 英寸×$\frac{5}{16}$ 英寸。

T.XLIV.b.011　**木铲刀**。刃又宽又扁，光滑，微圆。长 $7\frac{1}{3}$ 英寸，刃宽 $1\frac{1}{8}$ 英寸。

T.XLIV.b.012　**木盖子**。用来盖器皿口。盖子顶切削成斜面，向外折出来，开了凹槽以便捆扎绳子。有烧过的痕迹。直径 $4\frac{1}{2}$ 英寸。

T.XLIV.b.013　**防滑用的木器（？）**。长方形，两端大致削成圆形，每一端附近有一个大体为方形的孔。孔 $\frac{5}{8}$ 英寸×$\frac{1}{2}$ 英寸。整个木器尺寸为 $5\frac{1}{4}$ 英寸×$1\frac{5}{8}$ 英寸×$\frac{1}{2}$ 英寸。

T.XLIV.b.014　**木楔**。粗的一端是秃的，残留有黑色颜料。制作得很好。$2\frac{1}{16}$ 英寸×$\frac{5}{16}$ 英寸×$\frac{1}{4}$ 英寸。

T.XLIV.b.015　**陶罐**。用陶轮制成，平底。在离底部约 5 英寸的地方，是腹部，腹部一直向上扩展成肩部。再往上，肩部弯成又短又直的颈。沿直，微厚。罐的上半部分隐隐有横向螺纹，似乎是用手指画出来的；下半部分曾垂直地刮过。颈上还残留着一截大麻绳子。里外都结了很多沙块，颈和肩的一部分已缺失。高 $7\frac{1}{2}$ 英寸，底部直径 $3\frac{1}{4}$ 英寸，口径 $3\frac{3}{4}$ 英寸，最宽处（肩）宽 $6\frac{1}{2}$ 英寸。图版 XXV。

T.XLIV.b.034　**木写板**。没有做完。突起来的一端是印泥坑所在的那一端，这一端锯出了五条槽，以便受绳，但印泥坑只挖好了一部分。在距此端 $3\frac{1}{2}$ 英寸的地方，将另一端切削出了正方形。底下那一面没有刨光。木质很坚硬。长 $5\frac{3}{4}$ 英寸，宽 $1\frac{1}{2}$ 英寸，厚 $\frac{5}{16}$ ~ $\frac{3}{4}$ 英寸。

T.XLIV.b.035、036 **2 把木铲刀**。切削得很粗糙。035 是直的，刃长而宽，柄折断了，只剩下不长的一段。036 的刃像铲子一样，微成弧形，是用发红的木头（像柏树）做成的。两把刀的刃都缺失了一条边。036 较大，长 $7\frac{7}{8}$ 英寸，宽 $1\frac{5}{8}$ 英寸（不完整）。

T.XLIV.b.037 **游戏用的木筹码**（？）。实心小块，成船形。每个侧面都向外突出来，侧面中间有一条大致平直棱，棱长 $\frac{3}{8}$ 英寸。在一个侧面，这条棱上切出了浅槽，还残留有黑色颜料。另一个侧面的棱中心两边各切了一个十字形，棱两个端点到筹码的"鼻"部之间也各有一个十字形，棱的每个端点到筹码的侧棱之间刻有一对斜线。参见《西域考古图记》第四卷图版 LIII 中的 T.XVIII.iii.003。长 $1\frac{1}{4}$ 英寸，最大宽度 $\frac{5}{8}$ 英寸，最大厚度 $\frac{7}{16}$ 英寸。

T.XLIV.b.038 **木梭**（？）。树皮没有剥去。每端切削成方形。在离一端 $\frac{3}{16}$ 英寸的地方，表面被刨掉了，形成了一条绕着圆木梭的浅槽。从一端到另一端钻了一条孔，以便受纺锤（？）。有一侧中间的 3 英寸长全切掉了，露出了里面像渠道一般的那条孔。可能从来没用过。长 5 英寸，直径 $\frac{5}{16}$ 英寸。

在烽燧 T.XLIV.c 发现的遗物

T.XLIV.c.01 **木取火棍**。"雌性"。一条长边已破。另一条长边上钻了七个孔，相邻孔心之间的距离约为 $\frac{5}{8}$ 英寸。一角挖了一个 $2\frac{1}{2}$ 英寸见方的方孔（没有挖穿），孔中有一个小洞，洞里是一个木暗榫。表面是用扁斧削成的。孔的口沿上有粉色污点。参见乔伊斯《男子》第六卷第三节第 24 条。

另参见《西域考古图记》第一卷233页以下。$9\frac{1}{3}$英寸×5英寸×$1\frac{1}{4}$英寸。

T.XLIV.c.03、05　青铜箭头。 与《西域考古图记》第四卷图版 LIII 中的 T.XIV.a.007 类似。其中一个尖端折断了。$1\frac{1}{8}$英寸×$\frac{3}{8}$英寸。图版 XLVII。

T.XLIV.c.04、07　青铜薄片残件。 较大一块为$1\frac{13}{16}$英寸×$\frac{5}{8}$英寸。

在烽燧 T.XLIV.d 发现的遗物

T.XLIV.d.01　3 块丝绸残片。 深灰色，织得很细密。最大一块缝成管子般的形状。很破旧。12 英寸×19 英寸。

T.XLIV.d.02　青铜箭头。 与《西域考古图记》第四卷图版 LIII 中的 T.XII.a.i.005 类似。两翼上有微微的凹陷，大概是没铸好的原因。$1\frac{1}{4}$英寸×$\frac{7}{16}$英寸。图版 XLVII。

T.XLIV.d.016　铁凿。 用铁条制成。一端弯成环形；另一端形如扁平的刻刀，微弯成弧形。已生锈。长 $3\frac{3}{8}$英寸，厚约$\frac{1}{8}$英寸。图版 XLVII。

在烽燧 T.XLIV.e 发现的遗物

T.XLIV.e.01　3 块陶器碎片。 碗的沿和侧壁。陶胎为黄色，没有上釉。碗沿特别光滑。$2\frac{1}{4}$英寸×2 英寸×$\frac{3}{16}$英寸。

T.XLIV.e.02　陶器碎片。 碗的侧壁。陶胎较细腻，黄色，里面涂有一部分淡黄色釉。$2\frac{3}{4}$英寸×$1\frac{5}{8}$英寸×$\frac{5}{16}$英寸。

T.XLIV.e.03　陶器碎片。 器皿的侧壁。陶土淘洗得很干净，胎为黄色，外边上了一层深棕色釉。外表有隐隐的横向螺纹。$2\frac{7}{8}$英寸×$1\frac{5}{8}$英寸×$\frac{1}{4}$

英寸。

T.XLIV.e.04　陶器碎片。碗的沿和侧壁。胎灰黄色，正反面都上了一层深绿棕色釉。$1\frac{3}{4}$英寸×$1\frac{1}{2}$英寸×$\frac{1}{8}$英寸。

在烽燧 T.XLVI.b、c 发现的遗物

T.XLVI.b.01　木棍。横截面为正方形，一端大致是尖的，另一端已折断。长 $4\frac{1}{2}$ 英寸，横截面为 $\frac{3}{8}$ 英寸见方。

T.XLVI.b.02　木棍。除一端外，其余的树皮都被剥去。没有被剥树皮的一端被削过，另一端已折断。长 9 英寸，粗 $\frac{1}{4}$ 英寸。

T.XLVI.b.03　陶器碎片。粗糙，外表灰色，有席纹，里边红色。最长处 $3\frac{3}{4}$ 英寸，厚 $\frac{5}{16}$ 英寸。

T.XLVI.c.01　石头（?）盘子。中间钻有一孔。直径 $1\frac{1}{8}$ 英寸，厚 $\frac{1}{4}$ 英寸。

T.XLVI.c.02　陶器碎片。器皿的侧壁。内侧黄色，擦得很光滑，有黄色釉的残迹。$2\frac{5}{8}$ 英寸×$1\frac{5}{8}$ 英寸×$\frac{3}{16}$ 英寸。

T.XLVI.c.05　青铜箭头。与 L.J.01 属于同一类型，保存较好。长 $1\frac{1}{8}$ 英寸，最大宽度 $\frac{3}{8}$ 英寸。

在烽燧 T.XLVI.h 发现的遗物

T.XLVI.h.01　木梳子。背为拱形，细齿，断成了两块。高 $2\frac{9}{16}$ 英寸，宽 $2\frac{1}{4}$ 英寸。

T.XLVI.h.02　粗布。拧成两股绳，绳的一端被烧过，大概是当作火把用的。9 英寸×$1\frac{1}{8}$ 英寸。图版 XLVI。

T.XLVI.h.03　草席残片。草秸秆并排扎在一起，每隔 $1\frac{1}{4}$ 英寸用细绳扎住，像印度和东南亚的竹帘。参见 T.XXIII.f.04。$12\frac{1}{2}$ 英寸×8 英寸。图版 XLVII。

T.XLVI.h.04　铁刀。刃微呈弧形，一端用笔直的斜线从刀背切到刀刃，形成前锋。短柄是把刃折叠起来制成的。锋刃位于刀成凸弧的那一侧。$7\frac{1}{8}$ 英寸×$\frac{7}{8}$ 英寸。图版 XLVII。

T.XLVI.h.05　用来洗皮革的东西。有一个大孔。直径 $1\frac{3}{8}$ 英寸。

T.XLVI.h.06　上了漆的木圆盘。一侧扁平，另一侧为凸弧形，边上饰有简单的线脚，中间钻有一孔。直接在木头上涂了一层红棕色漆。直径 5 英寸，厚 $\frac{1}{2}$ 英寸。图版 XLVI。

T.XLVI.h.07　圆木钉。一端很圆滑。另一端折断了，斜削下去，似乎是为了便于绞接。中间有一个突起的环形圈作为接头。竖着打了个孔洞，圆滑的一端孔洞被塞上了。$2\frac{3}{4}$ 英寸×$\frac{3}{8}$ 英寸。

T.XLVI.h.08　上了漆的木制品。黑色，横截面形如一个空心的直角，直角一条边微呈弧形。表面平滑。呈弧形的那个侧面（已折断）的棱是稍微突起的，极为精致。直的那个侧面各边都是完整的，但内角也折断了。制作得很精美。直的那个侧面长 $\frac{3}{4}$ 英寸，宽 $\frac{5}{8}$ 英寸；弧形的那个侧面（不完整）长 $\frac{3}{4}$ 英寸，宽 $\frac{5}{16}$ 英寸。

T.XLVI.h.09 **木块。**长方形。各侧面削得都很平整。1 英寸 × $\frac{3}{4}$ 英寸 × $\frac{7}{16}$ 英寸。

T.XLVI.h.010 **木头残件。**长方形，一端已折断，完好的一端附近有一个直径为 $\frac{3}{8}$ 英寸的孔。一个侧面是斜削的。$2\frac{3}{4}$ 英寸 × 1 英寸 × $\frac{9}{16}$ 英寸。

在烽燧 T.XLVI.i、j 发现的遗物

T.XLVI.i.01 **陶器碎片。**黄色，上了釉。里面的釉呈黄色，外面稍微有点螺纹。$2\frac{1}{4}$ 英寸 × $\frac{15}{16}$ 英寸 × $\frac{1}{4}$ 英寸。

T.XLVI.j.01 **青铜箭头。**与 L.J.01 属于同一类型，带铁铤，已生锈。长 $1\frac{1}{4}$ 英寸，宽 $\frac{3}{8}$ 英寸。

在烽燧 T.XLVII、Sh 发现的遗物

T.XLVII.01、02 **陶器碎片。**浅灰色，带比较密的绳纹。01 上面偶尔出现纵向的棍状痕迹。烧制得很好。最大残片 5 英寸 × $2\frac{3}{4}$ 英寸 × $\frac{1}{4}$ 英寸。图版 XLVIII。

T.XLVII.03~05 **陶器碎片。**外面灰色，里面发红。有环形刻痕和粗糙的帷幔状装饰，帷幔是用多叉的工具弄出来的。烧制得很好。最大残片 4 英

寸$\times 2\frac{1}{2}$英寸$\times \frac{1}{4}$英寸。图版 XLVIII。

T.XLVII.06　**陶器碎片**。棕灰色，外表有篮子般的花纹。烧制得很好。$1\frac{3}{4}$英寸$\times 1\frac{5}{8}$英寸$\times \frac{3}{8}$英寸。图版 XLVIII。

T.XLVII.07　**陶器碎片**。器皿侧壁，无花纹，红色，形状不规则，可以看到陶轮留下的痕迹。钻有三个铆钉孔。$3\frac{3}{4}$英寸$\times 1\frac{1}{2}$英寸$\times \frac{1}{4}$英寸。图版 XLVIII。

T.XLVII.08、010　**陶器碎片**（如今这两片被粘连在一起）。出自一个质地类似于 T.XLVII.09 那样的碗，但陶土更细。外沿稍微向外折。这样的完整碗，参见 K.E.X.01。$3\frac{3}{8}$英寸$\times 2\frac{1}{8}$英寸$\times \frac{3}{16}$英寸。

T.XLVII.09　**陶器碎片**。器皿的口沿和侧壁。黄色，部分地方上了灰白色的釉。只剩下一点沿，其余的沿都破掉了。带螺纹，似乎是用陶轮制成的。$1\frac{5}{8}$英寸$\times 2\frac{1}{8}$英寸$\times \frac{1}{8}$英寸。

T.XLVII.011　**木圆盘**。底下那一面不光滑。上面为凸面，光滑。边沿圆突。可能是一个盖子或塞子。直径 $2\frac{3}{4}$英寸，厚$\frac{7}{8}$英寸。

Sh.01　**陶器碎片**。用陶轮制成。陶土深红色，正反面都烧制成了黑色釉，很细腻。外表装饰着环形带子，带子由五六条粗略画出来的线构成。带子上下是用梳子画出来的帷幔装饰图案。最长处 $2\frac{3}{8}$英寸。

Sh.02　**陶器碎片**。用陶轮制成。陶土黑灰色，淘洗得很干净。外面装饰着浅浅的环形带子，带子是用手指或秃头宽工具画出来的。最长处 $1\frac{7}{8}$英寸。

Sh.03　**陶器碎片**。陶土红色，外表烧制成了黑色。外面装饰着用梳子画出来的直线，和用梳子画出来的两个不完整的帷幔。里面有一条横向的槽。最长处 $1\frac{11}{16}$ 英寸。

Sh.04　陶器碎片。陶土浅灰色，细腻，烧得很硬。外边装饰着两条用梳子画出来的帷幔。最大长度 $2\frac{7}{16}$ 英寸。

Sh.05　陶器碎片。用陶轮制成，陶土灰黑色，淘洗得很干净。外边装饰着一条由六七根刻线构成的带子，带子底下是用梳子画成的斜斜的小帷幔。最长处 $1\frac{7}{8}$ 英寸。

Sh.06　陶器碎片。陶土灰黑色，外边有席纹。最长处 $1\frac{1}{2}$ 英寸。

第十三章　黑河三角洲和哈喇浩特遗址

第一节　黑河下游及其尾闾

　　我之所以想沿着黑河考察，一方面是出于地理学上的兴趣，另一方面是出于考古学上的兴趣。考古学上的动机使我急着去探访黑河三角洲的哈喇浩特遗址，因为在那里，杰出的俄国探险家科兹洛夫上校 1908 年有幸发现了重要的手稿和其他文物。公元 11 世纪早期，与藏族人有亲缘关系的唐古特人（Tangut，即党项人——译者）建立了西夏王朝①，把甘肃大部分地区连同哈喇浩特都纳入了它的统治之下。两个世纪后他们才被蒙古人征服。据我所知，科兹洛夫上校所获的文物主要都是西夏时期的。

哈喇浩特遗址
为何吸引我

　　但有史为证，早在西夏国之前，黑河河谷就已经有很大价值了。考虑到它的位置和各种方便条件，黑河谷地自古就是北方游牧民族向南进犯的要道。公元 1225 年成吉思汗率领的蒙古大军就是从这里进来，最终征服了唐古特王朝。而在那之前，甘肃北部地区每个占统治地位的民族，都曾从这条天然"大道"上经过，并在自己得势的时候，尽力控制住

外族沿黑河河
谷进犯

---

　　①　关于西夏王朝的详尽、明晰的历史，参见布谢尔《党项的西夏王朝，其钱币和奇特的手稿》（*The Hsi Hsia Dynasty of Tangut，Their Money and Peculiar Script*），该文刊载于《皇家亚洲学会中国分会学报》1895—1896 年第 XXX 卷上。

河谷中的牧场。这些民族有：大月氏，后来他们成了印度西北部印欧—锡西厄（Indo-Scythian）的统治者；匈奴人（或称胡人），就是他们在公元前 2 世纪早期把大月氏赶到了西边；唐古特人之前的突厥回鹘人（Uighur Turks）。下文我们将会看到，马可·波罗的游记中有很著名的一段，记载了经过额济纳城（City of Etzina）的一条道路①，实际上"额济纳城"正是哈喇浩特。那段文字充分反映了黑河河谷的重要性。

黑河下游在地理学上的重要性

同样吸引着我的，还有这一地区的地理状况。出于基本自然条件上的相似性，我希望可以将黑河尾水和黑河三角洲的情况，一方面与疏勒河尾水和尾闾相对比，另一方面同以前楼兰的"干河"（Dry River）相对照（那时，通往塔里木盆地的中国古道仍穿过楼兰国）。

沿着黑河往下游走的时候，我在地理学上的好奇心首先得到了满足。这些地理现象还有助于澄清和哈喇浩特遗址及其周边地区有关的某些问题。所以，在描述哈喇浩特遗址之前，还是让我简单说一下这些地理现象。但遗憾的是，在我之前到过这里的俄国杰出旅行家伯达宁先生、欧布罗柴夫先生、科兹洛夫上校和他的同伴用俄文出版的描述性资料，我却无法查阅。欧布罗柴夫和喀兹那科夫的路线草图，以及科兹洛夫上校 1899—1901 年探险的路线图，比例尺都太小了。它们提供的地形上的细节，是没法代替描述性文字的，但它们对黑河三角洲西部地区的资料，仍不失为有益的补充。

---

① 参见尤尔《马可·波罗》第一卷 223 页以下；本书第十三章第四节。

过了毛目的那几个偏远防卫建筑后，在头两天的行程中，蜿蜒在砾石缓坡之间的黑河沙质河床虽然宽，却一直没有分岔。河道西边是砾石缓坡，显然是从北山东南边缘延伸下来的。这段河道两岸只有零星的小块冲积物。从乌兰艾尔斯（即 141 号营地）上游向下，堆着冲积物的小块地面上大多长着成行赏心悦目的胡杨树。尽管这些肥沃的小块土地上的灌木和芦苇对过往牲畜是一种慰藉，但灌木和芦苇太有限了，不足以成为牧场。我们是在 141 号营地过到河东岸的，那里河床的沙土上有流沙，骆驼踩上去摇摇晃晃的。而再往下游，只有在被侵蚀过的陡岸下，才有一片片小水洼。

在其中一块植被带附近，矗立着一座废烽燧（图 232）。毛目的汉族人把它叫作西湾墩（Hsi-wan-tun），蒙古人则称它为塞尔（Sēre）。烽燧身南侧和东侧的部分土坯掉了下来。可以看得出，原来的烽燧是用土坯（14 英寸×8 英寸×5 英寸）筑成的，后来又添筑了土坯，把烽燧底部扩展到了 27 英尺见方。添筑的土坯（16 英寸×6 英寸×3 英寸）是垂直放置的，和先前的土坯也很不同。在这座烽燧上游约 6 英里远的东岸，我们还路过了一座叫北墩子（Pei-tun-tzǔ）的烽燧。烽燧用泥土夯筑而成，保存得很好，高达 25 英尺。考虑到这两座烽燧离烽燧 T. XLIII. f 和乌兰杜如勒金堡垒有 17 英里多远，我觉得它们不大可能是和毛目段汉长城连在一起的前沿烽燧。在 142 号营地以北约 1 英里的地方，我们还路过了另一座烽燧，它和毛目段长城大概也是没有关系的。烽燧基用土筑成，烽燧身上用的土坯大小和古代土坯一样，尺寸也是 14 英寸×8 英寸×5 英寸。烽燧底部有 16 英尺见方，烽燧高 20 英尺。

三角洲上游的河道

烽燧遗址

我们第二天行程的终点是布克托海（Buk-tokhai），即142号营地。离那里还很远的时候，我们就看到了科克乌拉（Kök-ula）山脉。这条山脉虽然不高却嶙峋陡峭，仿佛锯齿一般从东北向河边伸展过来。山脉南端的小山巴音伯格都（Bayin-bogdo）就矗立在河边，比河床高出约500英尺，山顶上有一个圆锥形石堆作为标志（图229）。河对岸是一道宽宽的山岭朝科克乌拉山伸过来。它比科克乌拉山高不少，是北山一条山脉的东支，我们后来在去明水的途中还穿越了这条山脉。河两岸这两条山脉，在巴音伯格都山附近彼此相距还不到5英里，形成了一条峡谷。这条轮廓清晰的峡谷就是黑河三角洲的"头"。还没到峡谷之前，河床两岸的地面就发生了显著的变化。两岸的丛林带变宽了不少，而丛林赖以生存的地下水则汇成了一些泉水，在一片周围长着芦苇的宜人的小洼地中，形成了一汪汪地表水（图230）。

洼地北边矗立的那座石岭是巴音伯格都山的最后一支，岭上有一座年代不明的土塔。从岭顶望出去，辽阔的黑河三角洲就展现在我们面前（图231）。过了石岭，由于前面说的泉水的存在，河床中又有一道窄窄的水了。在离岭1英里远的地方，河道分成了三支。这三条支流之间，一直到变得越来越远的砾石萨依脚下，都是辽阔茂密的芦苇和灌木，不少胡杨树丛挺立在芦苇和灌木之上。在发黄的芦苇丛的映衬下，胡杨树深绿色的叶子显得十分醒目。三角洲头的土壤都是很细的沙质冲积物。我们没有看到任何沙丘，说明黑河每年带下来的水仍足以灌溉植被，是植被把黑河每年夏季泛滥时堆下来的沙质冲积物固定住了。

5月19日和20日这两天，我们都是沿着三角洲最东边那条河道东岸的丛林地带走。

在河边的萨依上，我们路过了 3 座朽坏得很厉害的土塔。接着，我们来到了河边的堡垒废墟巴罕杜乌尔金（Bahān-durwuljin，意为大堡）。它是一个 45 英尺见方的院落，围墙有 11 英尺厚，围墙上的土坯尺寸为 18 英寸×9 英寸×7 英寸。"大堡"明显比金塔县大湾附近的小堡垒年代要晚。黑河的这条支流和西边的下一条支流之间，是丰茂的植被和大片大片的草地，看起来就像草坪似的。我们在"大堡"附近过到了这条支流的西边后，发现了几座蒙古包（这是意料之中的事）。虽然夜晚非常凉快，但由于白天不得不在酷热中前进，不少骆驼已经不堪其苦。我们从毛目租来的骆驼根本就走不动了。所以，现在能扎营在这片肥沃的牧区，我们都极为高兴，因为这意味着又能租到新骆驼了。我们费了不少力气，又耽搁了不少时间，才从这里和下一个营地苏斯伦桃来（Suslun-tora）的蒙古包租到了骆驼。

据说，河东岸还有一座叫艾奇杜乌尔金（Ekki-durwuljin，意为小堡）的堡垒，但它离我们的路有一段距离，所以我就不能去探访它了。听人们说，它和"大堡"的建筑结构差不多，只是小些。这两座堡垒分别位于这块牧场两端，这表明它们是在敌人劫掠或进攻时，给附近的牧民作栖身之地的。在这之前，在路上一个叫沙拉库尔桑耶（Sharakure-sanje）的地方，我们还路过了一座坍毁的烽燧，它用土坯（15 英寸×8 英寸×3 英寸）筑成。从它与"大堡"和"小堡"的相对位置来看，我们现在走的这条道古代和近代都是常有人走的。

过了苏斯伦桃来，我们只走了几英里，路边的景象就发生了显著变化。在此之前，河床两岸都是与河道平行的美丽的胡杨树丛。向西望去，目之所及，都是丰茂的植被。我觉

第一次遇到蒙古包

堡垒废墟

过了苏斯伦桃来之后，景象就发生了变化

得，当古代的库鲁克河仍定期为它的三角洲带去水时，沿楼兰古道走的商旅在经过库鲁克河三角洲头的丛林地带时，眼前见到的一定就是这幅情景。此后，我们的路线一直是在黑河最东边那条支流西岸 1~2 英里的范围之内。我们很快就进入了与先前截然不同的地区。离河边不远的地面不再是松软的沙质冲积物，而变成了砾石，植被也越来越少。在绕过河床那些呈凸弧形的拐弯处时，我们见到的地面经常是寸草不生，芦苇丛也变得极为少见。而且，只有在河床相对于西岸拐了凹弧形弯时，才有芦苇生长，可见泛滥的河水到达这些地方的可能性要大些，胡杨树也只出现在这类地方。

沿着玉木拿河而下

5 月 21 日到 23 日，在 40 多英里的行程中，这种单调荒凉的景象没发生过任何变化。我们的蒙古族向导把我们现在沿着走的这条支流叫玉木拿河（ümne-gol）。河东岸的植被带看起来也是特别窄、特别有限的。在保都伯如（Bōtu-börü）和乌兰苏合（Ulan-sukhe）之间，离河东岸不远的地方，还出现了高大的沙丘链，使景象显得更加荒寂。沙丘的出现显然说明，再往前就是河水泛滥不到的地方了。过了 144 号营地，我们越过广大的砾石平地向西边望，起初还能望到纳林河（Nārin-gol）畔那成行的胡杨树（纳林河是西边的下一条支流），后来胡杨树就永远地从我们的视野中消失了。这几天，一直到 23 日到达朱斯冷查汗（Dzusulun-tsakha），一路上我们只碰到了两座小蒙古包，而且它们的主人也正在向北边的牧场转移。所幸砾石地面上常生长着带刺的灌木丛，可以为骆驼提供足够的食物。我们遇到了很多队骆驼，它们的毛目主人们正将它们带到东北边空古尔旗（Kungurche）山脉的夏季牧场去。

黑河水量不足

我们的蒙古族翻译马鲁木七年前曾在黑河上待了很长时

间。他记得有些河段当时全年都是有水的，现在却滴水全无。跟我们走的那些蒙古人说，前三年的整个春天甚至更长的时间，这些河床都是这样的。这些蒙古人，以及我们后来遇到的自首领以下的所有土尔扈特人，都对此十分担心：如果这种春季缺水的情况得不到缓解，他们的牧场将遭到何种命运。从苏斯伦桃来往前，我们必须在营地附近的洼地中挖掘才能找到水。这些洼地都位于呈凹弧形的河岸下游，是前一年夏季河水泛滥时冲出来的。

缺水

　　我们越往下游走就越注意到，除了紧挨着河岸的窄植被带，其余的灌木明显受到了近几年干旱气候的影响。现在我们很容易就能体会到，在公元后的几百年里，当上游的库鲁克河连续多年泛滥水量不足时，楼兰南边库鲁克河三角洲的那些支流将干涸成什么样子。在位于包尔加苏（Borgasu）的营地附近，河边仍有成排枝繁叶茂的胡杨树（图 238），给人难得的阴凉。但再往前走不远，路边就是寸草不生的萨依了，已死去多年的灌木的根暴露在地面上。在不是萨依的地方，仍有几丛较大的灌木活了下来，而较小的草类则都干枯了。围着依然存活的灌木丛形成了只有 1 英尺多高的矮沙堆。有几处地方，还出现了与河道平行的成行已死的胡杨树干，但那里的地面大概已经几百年都没有地下水了。

一组小丘

　　在包尔加苏附近，我第一次注意到了一组南北向延伸的小丘，它们位于玉木拿河和纳林河河床之间。小丘形状都不规则，但无疑是人造的，用来取代烽燧。从地图上可以看得出，小丘的间隔一般约为 2 英里。小丘高都不超过 15~16 英尺，既没有土坯，也没有规则的夯土层，但在几座小丘的坡上露出了灌木枝。我觉得，它们是不太讲究的信号站，是少数民族模仿汉长城的烽燧和瞭望塔筑成的。没有发现任何关于它们年代的线索，在我查看的小丘上甚至连陶器碎片也没有。据当地人说，这组小丘向南一直延伸到了"小堡"附近，但我无法验证他们说的是否正确。

达朱斯冷查汗下游茂密的丛林

从包尔加苏走了约 7 英里后，河边植被带开始变宽，成了一片茂密的胡杨树林。我记得克里雅河与和田河下游就有这种丛林。在达朱斯冷查汗我们发现了一群蒙古包，大群牛羊在丰茂的牧场上吃着草。过了达朱斯冷查汗约 6 英里，我们将 147 号营地扎在了达文桃来（Tāwun-tora）。那附近肥沃的土地上生长着大片胡杨树、芦苇、红柳和其他灌木，看起来真像个公园似的（图 236）。后来我们通过考察才知道，那里是一块小三角洲的"头部"，小三角洲是黑河的支流玉木拿河（又称作依和高勒，Ikhe-gol）冲积而成的。这条河道变得越来越宽，最终伸展进了噶顺诺尔（Gashun-nōr）和索果诺尔（Sokho-nōr）所在的那个盆地。

在达文桃来停留

5 月 24 日和 25 日，我不得不在达文桃来停留了两天，以便接待黑河土尔扈特部的首领（或称贝勒）的来访，并去回访他（他住在达文桃来以北约 8 英里远的地方）。而且，我们还必须在这里准备好劳力、水等，以便到哈喇浩特遗址去。那个蒙古族首领看起来挺瘦弱（图 227），却是一个和善的人。而且，由于我是肃州道台推荐来的，他似乎愿意尽他所能地帮助我。5 月 25 日我造访了这位贝勒的蒙古包〔位于一个叫达示巴（Dashoba）的地方，离玉木拿河最西边的那条支流不远〕，这才意识到，这位首领能控制的资源非常有限。

造访贝勒的蒙古包

在前往那座蒙古包的途中，大部分地方都长着浓荫匝地的葱郁的老胡杨树丛、茂密的灌木和芦苇。显然，由于黑河尾水分成了几条浅支流，牧场扩展了很多。这个地区南北长

30 英里，最宽的地方有 20 多英里宽。在这里的任何一个地方，只要挖到 15~20 英尺深，就可以找到地下水。几条支流边上都有大片的沙质冲积物，上面长着芦苇和草，可以放牧马、牛、羊。但在黑河的两条主要支流之间，以及尾闾湖泊附近，广大地面上很有可能都是结着盐碱的砾石，上面长着不少灌木。我们在前往贝勒的蒙古包的途中，就遇到过这样的地面。

那座蒙古包是半永久性的，贝勒已经在那里住了几年①。尽管如此，它看起来还是很不起眼。在一圈粗糙的木栅栏里是六七个毡帐（像吉尔吉斯人的阿克奥依），还有几个帐篷，贝勒的家人和随从就住在那里。栅栏外另有三个毡帐，是蒙古人特有的那种小喇嘛庙，是贝勒用自己的钱维持着的。贝勒本人的性格和气质都体现了中原文明对少数民族的影响，但他的书籍、崇拜物等，都是藏传佛教的东西（藏传佛教是蒙古占统治地位的宗教）。贝勒的主要财产是牛、马等。他和他的私人顾问、总管等离这里比较远的地方放牧。

我在造访贝勒的蒙古包时，获得了一些信息。它们对拉尔·辛格在后来的考察中获得的关于黑河尾闾的地形资料，是有益的补充。下面我就说一说我听来的信息和拉尔·辛格的考察结果。贝勒的那个主要顾问很聪明，懂汉语。他对我们说，黑河的西边支流叫木林河（Mörün-gol），又叫阿尔河（Ar-gol）。多年以来，黑河水主要都流进了那条河里。玉木拿河的水量要少得多，而中间那条纳林河只有一点水。在我

黑河尾水支流

---

① 地图上画的是 1899—1901 年科兹洛夫上校探险时，喀兹那科夫沿黑河最西边那条支流考察的情况。在那张地图里，把贝勒住的蒙古包标在了敦敦查干（Dundun-tsagan）西—北西方向约 15 英里远的地方。

来之前的三个夏季，玉木拿河中根本就没有洪流，木林河在6—8月间的水量也比以前少得多，纳林河中则几乎没什么水了。

尾闾的湖泊缩小

由于河水在夏季长期流量不足，三角洲东侧的所有牧场都受到了严重影响。玉木拿河注入的索果诺尔①（就是东边较小的那个尾闾湖），面积已经大大缩小。据说，由于面积缩小，索果诺尔先前是淡水湖，现在已经变成咸水湖了。这个说法得到了拉尔·辛格的证实，他还发现了这种变化的原因。他发现，索果诺尔湖盆中实际有水的部分，南北长不足5英里，而俄国旅行家喀兹那科夫先生来时，湖面南北长足足有8英里。为什么会有这种差别？在拉尔·辛格的平面图上，1914年湖的实际水面以南，有一块软肖尔覆盖的宽阔的地面，这块地面告诉了我们答案。喀兹那科夫先生来的时候，有一条水渠把索果诺尔的水引到西边玉木拿河的主河道。现在，由于湖面收缩，这条水渠已经断流。水渠显然是干涸了，无法再像从前那样使索果诺尔的水保持新鲜。比较一下拉尔·辛格和喀兹那科夫先生的考察结果，我们还发现，西边那个主要的尾闾湖泊噶顺诺尔也缩小了，缩小的比率和索果诺尔恰好一样。它原来东西宽约有20英里，现在缩到了14英里。拉尔·辛格的高度测量证明，索果诺尔比噶顺诺尔要高不少，这个结论和喀兹那科夫先生的考察结果是一致的②。黑河终结在两个湖泊之中，而且在1914年，这两个湖泊之间已经没什么联系了。这一事实很有价值。我们

---

① "索果诺尔"是我听到的名称的音译。在地图上标的是Sogo-nōr，那是拉尔·辛格错误地记下来的，由于粗心大意，被保留在了地图中。

② 按照喀兹那科夫先生的说法，他所看到的索果诺尔水面比噶顺诺尔约高100英尺。根据拉尔·辛格的空盒气压表的读数，索果诺尔比噶顺诺尔约高200英尺，而他的空盒气压表一向是比较准确的。

前面曾说过①，这恰似疏勒河的情况，现在一部分疏勒河水流进了花海子盆地；而在古代，疏勒河尾水在接近罗布泊时也发生了分汊现象。

对黑河尾闾这片饶有意思的区域的考察，只能由拉尔·辛格一个人承担了，因为我本人正忙于在哈喇浩特遗址的考古工作。由于时间紧迫，达示巴以北的地面我都没能亲自看一看，对此我感到很遗憾。下面我简单说一下，把黑河尾闾的现存地形资料，与罗布泊和疏勒河尾闾的地形比较了之后，我得出了哪些结论。除上面说的分汊现象外，黑河尾闾和疏勒河尾闾还有两个共同特征。这两个特征很值得注意，说的都是它们没有什么特殊现象。其一，它们都没有大面积的盐结壳现象；其二，尽管这两个盆地常年都有大风吹刮，现在地面上风蚀的影响却十分有限。 **黑河尾闾**

我想之所以有这两个现象，都是疏勒河和黑河的尾水流速比较快的缘故。由于流速快，有可能被不时淹没并从而发生盐结壳现象的地面就很小了。同时，这也大大限制了冲积物的范围，当气候变得干旱并且没有植被保护时，风蚀在冲积物上是最能发挥威力的。就玉木拿河来说，在156号营地（位于达文桃来上游约3英里处）到噶顺诺尔的约44英里长的距离内，落差下降了足足570英尺。从150号营地到噶顺诺尔之间，落差也有这么大。黑河这几条支流在不同时期形成的冲积带都不太宽，而且仍有水分（有的是泛滥来的河水，有的是地下水），仍能生长植被，这样就不致受到风蚀的影响。冲积带之间的砾石萨依也同样得到了保护，直到终端湖泊附近，我们都会看到这种萨依。因此，黑河盆地的一 **黑河沿岸的冲积物不多**

---

① 参见本书第十一章第二节。

个显著特征是没有雅丹地貌，风蚀对那里的古代遗址的影响也是微乎其微的。

玉木拿河东边的沙山

从辛苦得来的经验我们知道，吹进黑河盆地的风主要来自西边和西北。频繁而强劲的大风在玉木拿河以东的大沙山上，留下了它们的印记。从地图上看得出，索果诺尔南边的这些沙丘链有 200 英尺高，绵延 20 多英里。与此极为相似的情况，就是疏勒河尾闾西边和西南的高大沙丘链。而沿着拜什托格拉克（Bēsh-toghrak）谷地（即古罗布泊向东延伸出来的部分），则是规模更大、绵延更长的沙丘链。

从蒙古沿着黑河向上游走的路

前面曾说过，从蒙古心脏地区出发沿着黑河向上游走的这条路，和以前经过罗布沙漠、楼兰、库鲁克河到塔里木盆地去的那条中国古道，有惊人的相似性。黑河尾水和疏勒河尾水方便了这两条路上的交通。当然，过了尾水之后，两条路上的旅行者遇到的自然条件是大不相同的。在楼兰古道上，旅行者即将面对的是可怕的罗布泊湖床，那里到处是盐壳，没有一滴水。而噶顺诺尔以北的路穿过的是砾石高原和阿尔泰山系的最南端山脉，那里虽然也是光秃秃的，同罗布泊相比却好得多了。尽管如此，几个缺水季节过后，我在黑河三角洲上见到的一切，大概和古代旅行者在古楼兰周围看到的景象差不多，那时库鲁克河正在萎缩，但楼兰还没有被最终废弃。

近期牧场缩小

黑河三角洲有一些仍然"活着的"小支流，它们几乎全年都是干涸的，但地表下面仍有不少水，岸边生长着美丽的胡杨树林和茂盛的芦苇。但也有的河床，像沃旺果勒河（Ovang-gol），已经连续几年没有水了。在那里只有沙堆上生长着红柳，不少胡杨树正在死去。几条河床之间的广阔地面上只有稀疏的灌木，已不再适合放牧牛羊了。索果诺尔和噶顺诺尔周围仍长满了芦苇。但在零星出现的蒙古包中，我们已听到人们在痛心地抱怨，由于前几年黑河流量不足，牧场面积已经缩小。他们害怕河边丛林带里的牧场也会遭到同样的命运。

看起来这里的"干旱化"过程似乎已经初露端倪，而在这里放牧的蒙古人好像也感到了这一点。考虑到黑河地区的总面积，这里的人口很少，只有约200户蒙古人永久地使用着这里的牧场。从这条道走过并为北边的蒙古部落运送食物的中国商旅，给这里带来了文明。而在宗教上，蒙古人又得经常到那些木头筑成的永久性寺院去。这些情况，再加上有限的牧场面积和对水井的依赖，都大大影响了他们的生活方式。而从楼兰商道首次开通，一直到楼兰最终被放弃的那几百年里，楼兰地区的状况大概和现在的黑河地区是很接近的。楼兰人本来也都是靠放牧、狩猎为生的。这引人注目的现象似乎表明，在历史上相距遥远的两个时期，相似的地理条件会引发自然环境和人文环境的类似变化。

情况同楼兰类似

第二节　哈喇浩特遗址

那位土尔扈特部的贝勒，很愿意在我们按计划考察哈喇浩特遗址时尽可能提供帮助，但我们仍是费了不少力气，才找到几个能在将来的挖掘工作中帮忙的蒙古人。蒙古包都隔得很远。而且尽管我出的工资很高，能从照看牛羊群的人中省出来的几个人，也仍然不愿意放弃闲暇到大太阳底下工作。但在5月26日早晨，终于来了六七个年轻人（图239）。而且，驮辎重和水的骆驼也已经找好了。于是我们就出发到哈喇浩特遗址去。

出发前往哈喇浩特

玉木拿河以东
的堡垒废墟

我们带的那些蒙古人觉得应该先折返到达朱斯冷查汗，把多余的物资等存放在那里。然后，我们越过了玉木拿河河床（宽300码），又过了河边的一行红柳沙堆向西南走，进入了一块广阔的砾石平原。平原上大多数地方都生着低矮的灌木。在离河约2.5英里的地方，有一丛茂密的胡杨树。从树丛中出来后，我们望见南边有一座小堡垒废墟。据说它叫索克哈托果勒（Sokhato-köl），也被泛称作乌兰杜如勒金。它的围墙厚12英尺，高约24英尺，围住的地方有49英尺见方。墙用土坯（14英寸×8英寸×6英寸）筑成，每隔6层土坯夹一层芦苇。整座堡垒看起来特别古老，但堡垒里面和周围没有发现任何能提供年代线索的东西。东墙裂开了一道口（并非风蚀造成），南墙入口两边的土坯也有缺口。这里用的土坯，和毛目附近汉长城烽燧上的土坯很接近，这一点特别值得注意。

阿杜纳霍拉遗
址

我们穿过平坦辽阔的砾石地面往东南走，有几次都遇到了布满陶器碎片的小块地方，说明以前这里是有人住的。但并没有发现建筑遗存。有一些上了釉的瓷器碎片，应该是宋代或宋代以后的。我们时不时穿过一行行零星的红柳沙堆，来到了当地人称作阿杜纳霍拉（Adūna-kōra）的那座大堡垒废墟。废墟四周有不少倒在地上的死胡杨树，看起来年代都不太久远。这说明在有人住后的一段时间里，这里是有丛林的，但后来由于缺水，树木都枯死了。堡垒东边的红柳沙堆之中，隐藏着一条蜿蜒的浅河床。还有一件事应该提一下：在到这座堡垒之前，我们遇到了一条弯向东北的像是一条小水渠的河。

图 228　毛目下游黑河岸边烽燧 T.XLVIII.e 的围墙

图 229　黑河三角洲头的巴音伯格都山

图 230　巴音伯格都山西麓的泉水沼泽

图 231　从巴音伯格都山麓望黑河三角洲头

图 232　黑河岸边西湾墩附近的烽燧，西湾墩也称塞尔

图 233　黑河岸边大湾附近的废堡 T.XLVIII.c

图 234　哈喇浩特附近阿杜纳霍拉的内层堡垒

图 235　哈喇浩特以西的干涸河床

图 236　黑河三角洲达文桃来的野胡杨树丛

图 237　在黑河三角洲"大堡"附近停留

图 238　在黑河岸边的包尔加苏宿营

图 239　黑河三角洲达文桃来的土尔扈特部蒙古人

从附图 16 中可以看出，阿杜纳霍拉堡垒有里外两层围墙，但两层墙的中心并不是同一点。围墙用泥土夯筑而成，内层围墙厚约 20 英尺，外层围墙厚约 12 英尺。西边和北边的里外两层墙，大多变成了砾石覆盖的土丘。我认为，这显然说明风雨主要是从西边和北边来的。里边的小堡垒（图 234）围住的面积约 83 码见方。外层墙围成长方形，东西长约 220 码，南北宽约 180 码。里边堡垒的大门位于南墙中间。外边的大门位于东墙上，大门外还有一座棱堡加以保护，棱堡围住的地方约 40 英尺见方。墙上有成排的孔，显然以前曾在墙中塞了大木头来起加固作用，但木头都烂掉了。这说明以前某个时期，这里的气候没有现在这么干旱。

在两层围墙内，我们没有找到什么建筑遗存，陶瓷碎片也没有堡垒外边那么多。有不少上了釉的精美陶瓷碎片（图版 LI），下文的文物目录中收录了一些样品，霍普森先生说它们是宋代的（见附录 D）。有五枚中国铜钱，为我们提供了仅有的年代线索。它们是在东边外墙附近的地面上拾到的。其中有四枚是"开元"通宝，这种钱币在唐代广泛流通。剩下的一枚上有"咸平"年号，"咸平"相当于公元998—1003 年。这最后一枚铜钱告诉我们，一直到宋代，这座堡垒都有人居住（军队也许是间歇性地驻扎在此）。这里虽然没有什么建筑遗存，却有大量陶瓷碎片，由此我得出了这样的结论：这个围起来的院落，主要是给黑河道上来往的商队提供栖身之所或进行休整的地方。下文中我们将说到，主要垦殖区额济纳城，还在这里东边足足 10 英里远的地方。据马可·波罗说，所有沿黑河道出入蒙古心脏地带的人，都要从额济纳城取得物资。如果在玉木拿河古河道附近设一个安全的休息地和物资供给站，人们就用不着绕太远了。

阿杜纳霍拉堡垒

年代线索

走近哈喇浩特

过了这座废堡垒后，地面上的沙子越来越多，还不时会出现几个形成没多久的小雅丹。在离阿杜纳霍拉约 2 英里的地方，我们看到了一条干涸的河床，河床西边是一条低矮的红柳沙堆。我们的目光越过这条河床，第一次望到了哈喇浩特城（即黑城）高高的城墙。这可能是我在真正的沙漠地区见到的最引人注目的景象了。这座死城矗立在光秃秃的砾石平地上（平地从河床岸边向它伸展过来），又高又厚的城墙和棱堡大部分还保存得很好。西北角的大棱堡上是一座醒目的佛塔，明显有吐蕃风格（图 240）。棱堡外的地面上还有一排小佛塔。第一眼看到的就是佛塔，这似乎表明哈喇浩特城中主要信奉的是佛教。当我们走近城址时，我发现城墙西南角附近一座醒目的圆顶建筑是一处伊斯兰教墓葬，也叫拱拜孜。这说明以前佛教并不是这座城中唯一的宗教。带穹顶的拱拜孜里面正好能让我们存放东西，于是我就把帐篷扎在了拱拜孜外边。我手下的人则住在西城门的那座棱堡里，那里既能防热，又能遮风。城墙下（尤其是西墙下）已经堆了不少流沙（图 243）。而我们待在哈喇浩特的那些天，每隔一天就有大风吹来，风几乎都来自西北方向。由此看来，人们是很有必要栖身在那座棱堡里的。

废城周围的环境

又高又厚的城墙和城内的极度荒凉景象，给人留下了很深的印象。而死城周围的环境里也没有任何东西能改变人们的这种印象。墙外都是光秃秃的砾石平地，只偶尔出现一棵矮小的红柳或几丛带刺的灌木。砾石平原西边就是我们来的时候穿过的那条干涸河床（图 235）。我们发现，那条河床有一条宽得多的"支流"，蜿蜒在古城南边和东边，大部分河床足足宽 0.5 英里，在南边形成了一片大水湾（见附图 17 中的平面图）。这两条河床分岔的地方，离城西南角有

0.75英里。在分岔的那一点，南边那条河床的陡岸约深 20 多英尺。离城北约 0.5 英里的地方，在两条河床之间的砾石平原上矗立着一条大沙丘。沙丘高 40～50 英尺，已经被红柳沙堆固定住了。它的西段完全塞住了西边那条干涸河床。我以后将说到，这些河床在上游是怎样和玉木拿河联系在一起的。

有一个蒙古人来自伊犁（Ili），我们沿着黑河往下游走时，曾遇到过他。当地的土尔扈特人都不太愿意谈起古代遗址，他却没有这么缄默。他说，他曾在东北方向见到过一些科兹洛夫上校没探访过的遗址，大概他的向导还不知道那些地方。所以在到达的当天，我就派阿弗拉兹·古尔汗带着几只骆驼去勘测东北方的沙漠。然后我把所有的马和骆驼都遣回达朱斯冷查汗去饮水、吃草，骆驼应该驮着装满了水的桶和皮木苏克，隔一段时间到这里来一次。两天后，一支驼队从达朱斯冷查汗回来了。我就派拉尔·辛格带着这些骆驼，沿着哈喇浩特附近的干涸河床向上游走，然后到木林河去，一直考察到黑河尾闾。我自己带来的人只剩下几个了，再加上那 10 多个临时充作挖掘工的蒙古人，我们在 5 月 27 日早晨开始了对城内和城墙外边地面的考察。我们在哈喇浩特一直苦干了八天，中间只是因为又去考察了阿弗拉兹·古尔汗在东边一段距离外发现的古民居，才中断了几次。任务完成起来非常困难，尤其是因为蒙古人不太习惯做挖掘工，而我们脾气暴躁的喇嘛马鲁木又时常和他们吵起来。在叙述我们的劳动成果时，我将忽略它们的先后顺序，而基本按照地形

在哈喇浩特遗址的工作是如何安排的

上的顺序来讲述①。

城墙的构造　　　　哈喇浩特最惹眼的建筑遗存就是它的城墙。从附图 18 的平面图中可以看出，城墙大致围成长方形，长方形的边基本上是东西、南北走向。里面围起来的地方，北侧长 466 码，西侧长 381 码。这座城比楼兰遗址要大一倍②，但不及桥子附近的锁阳城一半大③。城墙用泥土夯筑而成，用木头加固，从内侧墙面上可以看出有三层大木梁。但大多数地方的木头都烂掉了，只有孔洞标志着它们原来的位置（图 248）。墙底部厚约 38 英尺，但墙面成一个较大的角度向里倾斜，所以在离地面约 30 英尺高的地方，墙体只有 12 英尺厚了。西北角附近高处的墙体要厚得多（那里墙顶上就是下文即将说到的佛塔），墙体底部也相应地加厚了。有些地方仍保留着厚约 1 英尺的护墙，护墙仍有 5~6 英尺高，上面开了很多墙眼。在大门附近和城的西北角、东南角，都可以看到通往墙顶上的斜坡（马道——译者）。

---

① 在此我顺便说一下，在我考察哈喇浩特之时，能看到的关于科兹洛夫上校 1908 年在哈喇浩特的探险的唯一描述性资料，就是他向俄国皇家地理学会提交的关于他 1907—1909 年考察的初步报告，该报告的英译文登载在《地理学杂志》第 34 卷 384~408 页，1909 年，以及第 36 卷 288~310 页，1910 年。关于这位杰出的俄国探险家所看到的哈喇浩特城是什么样的，以及他后来连续两次在此停留时所采取的行动，我在撰写本书时没有任何详细的资料。

只是当本章已经付印的时候，我才从科兹洛夫上校本人那里收到了一本他的著作《蒙古、阿木多和死城哈喇浩特》。这本书是用俄文写成的，1923 年在彼得格勒出版。该书第二十五章（546~568 页，带 23 幅插图）是关于哈喇浩特的。但遗憾的是我不懂俄语，无法知道那一章中是不是能提供什么新的考古学信息。令人高兴的是，书中收了那座坟墓的照片。我把那座坟墓标作 K.K.Ⅱ（见下文）。科兹洛夫上校就是在那里发现大量佛教典籍和绘画的。

此前，奥登堡先生在他的论文《出自哈喇浩特的佛教造像资料》（俄文，圣彼得堡，1914 年）的前言中，就收了这些照片。这篇很有价值的论文出自奥登堡这位博学的专家之手，叙述了科兹洛夫上校发现的大量精美绘画中的一件样品。遗憾的是，以前我也不知道有这篇论文。直到 1925 年，我才从两位作者那里获得了论文和前面说的那本书的赠品。除第二十五章外，科兹洛夫上校的著作中关于哈喇浩特的第二十六到二十八章，主要内容似乎是摘录下来的奥登堡先生论文中的造像资料。

在奥登堡先生的论文第 1 页的一个脚注里，引述了伊万诺夫先生、奥登堡先生、科特韦奇先生以前关于哈喇浩特城的论述。所引用的文字出自《俄国皇家地理学会论文汇编》第 45 卷 463~477 页，1909 年。

② 参见《西域考古图记》第一卷 387 页。

③ 参见《西域考古图记》第三卷 1102 页。

大门开在东西墙上，有 18 英尺宽，门外筑了门楼（瓮城——译者）来保护，门楼的墙和城墙一样厚（图 250）。此外，墙体上还有两条豁口（见附图 18 中标作 1、2 的地方），豁口显然是后来才出现的。在我看来，南墙上的豁口似乎是在防范敌人已不是一件要紧事的时候人们开出来的，以便到城外去。但要是说北墙上的豁口（图 247）也是这一用意，它又似乎太大了，因为人们进出用不着那么大的豁口。两道豁口都在棱堡边上，似乎不太可能是围城者打穿的。同时，我也找不到什么证据，能证实科兹洛夫上校听说的关于北墙豁口的故事（在他的先期报告的摘要中，连篇累牍地讲了那个故事①）。但特别值得注意的是，这个故事说明，当地人认为北墙的豁口和埋藏的大宝藏是有关系的。豁口很可能是早期"寻宝人"所为。我们在别的地方也见到了不少"寻宝人"留下的痕迹，而这里的"寻宝人"更有耐心，更顽强。为了支持这个假设，有一个现象我要提一下。在北墙那道豁口附近的几个地方，有不少从里面挖到墙里的孔洞。附图 18 中标作 4 的那个地点，孔洞不仅挖到了墙里很深，而且一直挖进了墙外边的棱堡之中。

附图 18 中清楚地勾勒出了大门外那些门楼的结构。除门楼外，保护着墙的还有四角上的圆形大棱堡（大小稍有不

墙上的豁口

围墙上的棱堡

---

① 参见《地理学杂志》387 页以下，1909 年。故事中说，这条豁口是传说中哈喇浩特城的一位统治者"哈喇将军"造成的。当中国军队围困哈喇浩特时，由于黑河改道，城里缺水，"哈喇将军"就率军队试图从这条豁口中突围出去。在此之前，他把难以计数的财宝都埋在了豁口附近的一口井中——人们打这口井本来是想找水的，却没有水。

我们发现，在这条豁口附近有一个又宽又深的洞，无疑本是一口井（见附图 18 中标示 3 的地方）。科兹洛夫上校听到的那个传说就是从这口井引发的。显然，人们长期以来都认为这个遗址周围埋藏着财宝。有大量证据表明，长期以来，"寻宝人"曾在不同地点挖过。通过马鲁木不太精确的翻译，我得知，据说成吉思汗曾围困过哈喇浩特，北墙上的豁口似乎和那次围困有某种关系。关于南墙上的豁口，我没有获得任何信息。

同）和墙外的长方形棱堡（马面——译者）。东西墙上各有
四座长方形棱堡，北墙上有六座，南墙上有五座。这些棱堡
大小不尽相同。最大的是保卫着大门门楼的，正面宽 47 英
尺。西墙和南墙的墙体和棱堡外，似乎是一条掩蔽的廊道，
由一堵厚 10 英尺的墙构成（只残留下来少量墙体）。我没发
现什么护城河的迹象。

风蚀对墙的影响

流沙在持续而缓慢地攻击着哈喇浩特的城墙。我在楼
兰、锁阳城、安西等遗址都目睹了风蚀的巨大威力。所以，
观察一下这里风蚀的情况，对我来讲是很有价值的。从图
242、243、246 中可以看出，盛行的西北风在西墙和北墙外
堆起了大沙丘。碰上了突出来的棱堡角的地方，沙丘已经高
达墙顶。那里，在被风吹刮的沙子的磨蚀作用下，墙顶上的
护墙已经完全消失了，而且墙体上也被掏出了深达 6 英尺多
的沟。这样就有不少沙子进入了城内。它们有的堆在背风的
西墙和北墙下（图 245），有的越过城里地面，直到被东墙
和南墙挡住为止。于是，在东墙和南墙上也发生了上面说的
那种磨蚀作用（图 242）。由于城里没有棱堡的角，墙顶上
被磨蚀掉的地方就没那么规则了。但风蚀对这两面墙的影响
也很明显，东墙有 32 英尺长的一段就被磨出了 6 英尺深的
缺口。

城墙内一片废墟

坚固的围墙又高又厚，保存得非常完好。城内却一片
荒凉，显得极为空旷，与城墙形成鲜明对比。从附图 18 中
的平面图以及图 244、245 中可以看出，城里大部分地方都
是分解的土壤和碎石，只有很少几个建筑遗存矗立在空旷平
坦的地面上。而其余的地方，我们只能凭这里那里一截低矮
的残墙，一根短木柱子，或者硬土坯筑成的地基和地板，来
勉强辨认出建筑物的轮廓。站在城墙顶上可以分辨出有几条

路穿过城中，东城的路尤其明显。在那里，我们能清晰地在地面上辨认出一条大街。它从东门伸出，一直延伸到坐落在土丘顶上的一座废庙。但即便在这条大街两旁，我们也更容易辨认出垃圾堆，而不容易辨认出建筑，因为建筑物都已坍毁了。城里大多数建筑（包括几乎所有私人住宅）的墙都是用夯土和木头筑成的，不太厚。城一旦被废弃，这种墙会很快坍毁的。而从现在仍有人居住的地区到哈喇浩特来又极为容易，所以恣意的破坏和长期的"寻宝"，都使城里更快地变成了废墟。在几个地方，我们还明确地发现了被火烧过的痕迹。早在外边的流沙高过城墙之前，城里就已被夷为平地了。沙丘本来是可以保护遗址的，在这里却没能发挥作用。

从一开始我就意识到，我带着这么一小队蒙古挖掘工，是无法彻底清理城里地区的。即便我们能克服酷热、沙暴、缺水、民工不听话等种种困难，真的将城内全部清理出来，那对我们的时间来说，也是一种浪费，而成果却不会与此成正比。所以我决定，只清理西城那些庙宇中的几座（那里的瓦砾下，仍有可能掩埋着有价值的东西），以及别的地方的大垃圾堆。在垃圾堆中，我们大概有希望找到文字等能提供时间线索的东西。我的这个希望没有落空。从在垃圾堆中出土的文书和在城墙内外拾到的铜钱，我们可以推断一直到什么年代这里仍有人住。所以，让我先来说说这些文书。

垃圾堆中主要是牲畜粪便、木片、破碎的陶瓷等物。其中，在大街两边发现的垃圾堆是最大的。它们旁边一般没什么大的建筑遗存。由此我得出了这样的结论：它们主要是在普通的房子（像货摊、酒馆等）附近堆起来的。这类建筑质量不好，所以如今都已踪迹全无了。除几块木头上零星有几

考察工作的局限性

在垃圾堆中发现的文书

个汉字外，我们发现的所有文字都出现在纸上。纸的状况表明，它们是被当作"废纸"扔进垃圾堆的。大多数文书都撕碎了，有不少只是小纸片。有一些文书虽然完整，却被卷成了卷或揉皱了。还有一些写有汉字的纸条被团成了一团。在出土的文书中，占绝大多数的都是汉文文书。而且，就我当时匆匆检查的结果看，只有几件文书是印刷的，其余的都是手写的。在把这些出自哈喇浩特的文书交给几个同事分头研究之前，我粗略地开了张单子。从单子上看，汉文文书共有230件，西夏文（或唐古特文）文书有57件（其中接近一半都是印刷的）。只有3件文书残片上有吐蕃文。还有一件汉文文书后面带吐蕃文，两件文书上既有西夏文也有吐蕃文。此外，垃圾堆中还出土了9件写有回鹘字体和突厥语的文书（见附录K）。

文书的年代 我把文书交给了两位学者，一位研究汉文文书，一位研究西夏文和吐蕃文文书。目前，我手头还没有他们得出的结果，因此，我无法知道这些出自哈喇浩特垃圾堆的"废纸"上面有没有明确的纪年，如果有，就能为我们提供年代线索。但出现了印刷和手写的西夏文书，这足以说明，在西夏王朝时期（公元1032—1227年），哈喇浩特是有居民的。因为，据说是西夏王朝的建国者引入了那种字体①。根据我所知道的文书线索，很可能在成吉思汗公元1227年灭了唐古特王朝后很长时间，这里仍有人住。

---

① 参见布谢尔《党项的西夏王朝》（*The Hsi-hsia Dynasty of Tangut*）8页。

图240　从西南方向望到的哈喇浩特城墙

图241 哈喇浩特城墙西北角及其外边的佛塔，从北方看

图242　哈喇浩特城墙的南面，避风处堆满了沙子

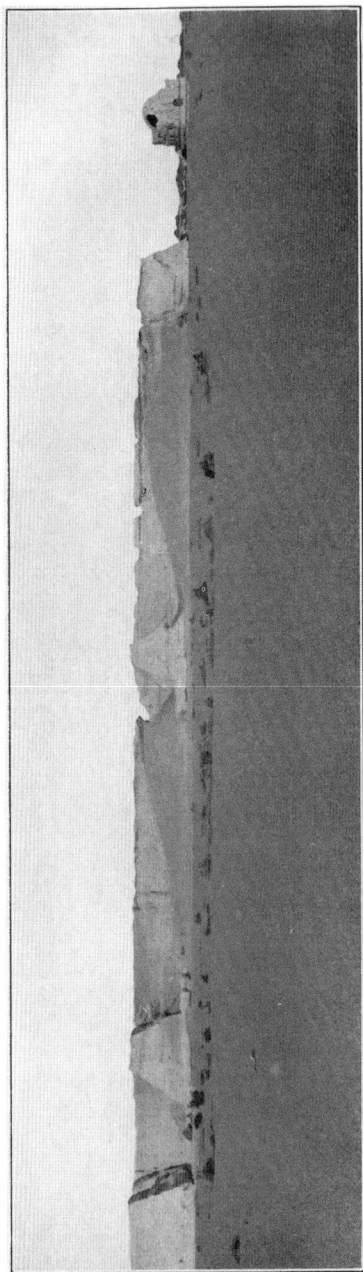

图243 哈喇浩特城的西墙，西南角是伊斯兰教墓葬

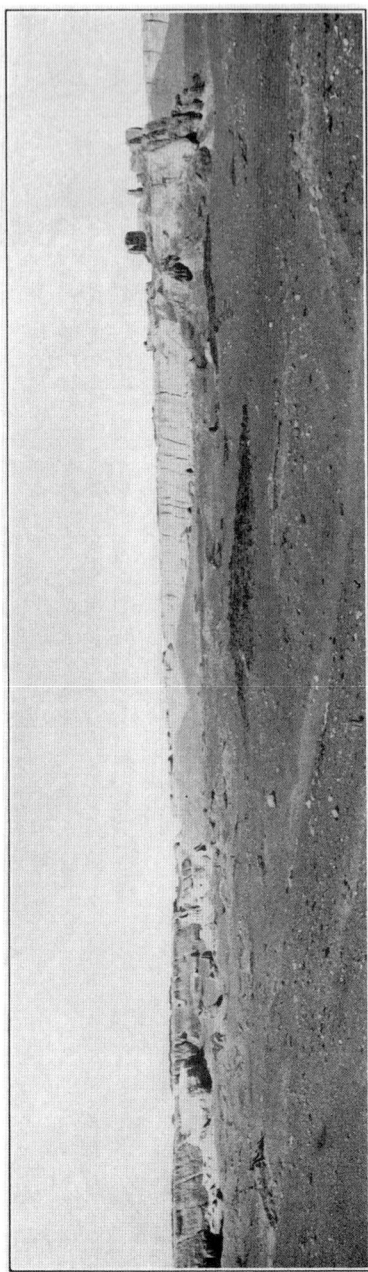

图244 向东南方望到的哈喇浩特城内的景象

图245　向西北方望到的哈喇浩特城内的景象

图246　哈喇浩特城的西墙，西北角附近有风吹沙子形成的豁口

元朝文书　　　　在付印上面这些文字的时候，马伯乐先生给我提供了一些初步信息，完全证实了我的判断。根据他的笔记，在这座废城的垃圾堆中出土的汉文文书中，有 9 件有明确的纪年，都是蒙古人建立的元朝时期的，起于公元 1290 年（也可能是公元 1266 年），止于公元 1366 年。最后那件公元 1366 年的文书只比元朝灭亡、明朝建立（公元 1368 年）早两年。这些有纪年的文书，大多数讲的是小刑事案件、谷物收支账目等事，说明在当时，当地的行政管理是按照传统的中国模式进行的。在萨拉依废墟 K.K.I.viii 中发现了一件文书，劳佛博士说那是一张纸币，属忽必烈皇帝的第一段统治时期中统年间（公元 1260—1264 年）。这也与我们上面提到的文书的大致年代相符。

钱币学上的证据　　　在有上述资料之前，我们只能通过认定哈喇浩特就是马可·波罗所说的额济纳城（下文将讨论到马可·波罗的记述），来推断城的年代。而在这个遗址找到的钱币，年代没有晚于公元 1175 年的。查一下附录 B 中这些钱币的单子就知道，在城内或紧挨着城外发现的 17 枚中国古钱币中，有 13 枚的年号在公元 1008—1161 年之间，还有 3 枚上面是唐朝的开元年号，剩下一枚是五铢钱。值得注意的是，前面 13 枚古钱币中，只有一枚的年号是正隆（公元 1156—1161 年），它属于女真族建立的金朝，其余 12 枚都是宋朝的钱币。据认为，在公元 1075—1226 年之间，西夏朝已经有了自己发行的货币①，在这里却没有发现一枚西夏钱币，这是很奇怪的事。对此我们大概可以作这样的解释：由于同中国本土的贸易占最大比重，所以，即使在西夏国之内，流通的宋朝皇家钱币也要比本地统治者发行的钱币多。

---

① 参见布谢尔《党项的西夏王朝》（*The Hsi-hsia Dynasty of Tangut*）14 页以下。

　　在城内垃圾堆里出土了各种小物件。其中特别值得注意 各种小物件
的，莫过于那些数量繁多、种类繁杂的上了釉的陶瓷。对
此，大家可以查阅本书文物目录和附录 D。我想提请读者特
别注意的有：K.K.021、023、036～048、0103～0113 等碎片
（图版 XI、LI、LVII）上面细腻的釉（釉一般是深浅不一的
蓝色和绿色，有的有裂纹）；几块状如青瓷的碎片
（K.K.027、029、0103）。以（K.K.0116，图版 LVII）为代表
的带花纹的陶瓷达到了引人注目的装饰效果。在 0116 中，
橄榄绿色的釉形成大胆的植物图案，釉刮过的地方露出黄色
黏土的底，底与图案形成鲜明对比。这种大陶器碎片，我们
在哈喇浩特和东边的乡村民居（K.E）中都发现了不少。由
此判断，它们大概是当地制造的。霍布森先生认为，数量很
多的中国北部各种青瓷，包括产自春州（Chün Chou?）和楚
州（Tzǔchow?）的，可能是宋元时期的。而另一方面，少量
几件瓷器（K.K.025、026、045、047、048）大概是明代的。
085 是一件装饰着云卷的珊瑚（图版 LXVI），做工很精巧。
为数众多的玉珠子、玛瑙珠、光玉髓珠（K.K.071、075、
082、083 等）则没有装饰。铁制品包括一把匕首的残件
（K.K.018）；一把锯子（K.K.080，图版 LXVI）；（K.K.020、
066，图版 XI）、077 则是铁刀。K.K.013 是一块上了黑漆的
木板（图版 LXVI），保存得很好，上面刻了汉字。丝织品有
K.K.02、04、06 等，还有从下面将说到的庙宇附近发现的
K.K.I.01～04。

　　坐落在西城的似乎大部分是庙宇。它们大多只残留下来 大庙宇遗址
墙基或地基的轮廓，将图 247 中的照片和附图 18 中的相应
部分对照一下，我们就能看出这一点。但在北墙附近有一座
大庙宇（K.K.I.i），墙仍很高，里面堆了不少瓦砾。从附图

19 中可以看出，这座庙宽约 32 英尺，长 50 多英尺。南面是正面，南墙已经坍毁。墙厚 1.5 英尺，用土坯（12 英寸×5 英寸×2 英寸）筑成，土坯垂直放置，短边朝上。外围墙高一律只有 6~7 英尺，而佛龛背后的墙仍高达 15 英尺（这堵墙前面原来就是中央大塑像）。这表明，原来可能是用木头将屋顶支在围墙之上。如今只有木柱子的基部保留了下来，标示着粗大的木柱子的位置。

清理放塑像的平台

地板上的土坯、瓦砾堆了 4 英尺多高。清理瓦砾后我们发现，前面提到的那堵大佛龛后面的高墙，两翼原来有侧墙，共同围成了两个佛龛。这两个佛龛背对背放置，一个在前，一个在后，都有放塑像的高平台（在敦煌千佛洞石窟中，我见过很多这种平台）。前面的平台面南，平台上有近期被挖过的迹象。佛龛里原来应该有中央大雕像的底座，如今底座已完全消失。在雕像原来位置的东边，我们发现了一枚中国铜钱，上面有熙宁（公元 1068—1077 年）年号，大概是香客放在雕像的底座脚下还愿用的。大泥塑像肯定早已无存，但在瓦砾堆中我们发现了不少镀金的泥片，大概来自那座雕像（可能是一尊立佛像）。大雕像左右原来各有两尊小雕像，仍可以辨认出它们的圆形莲花座。小雕像所立的平台有点像马蹄形状，这在千佛洞是很常见的。

内殿墙外有条通道，是为了人们进行"右绕"仪式而设的。沿着通道走，就到了北边那个较小的佛龛。在这里我们清理出了中央主雕像的底座（图 249，附图 19），底座上仍保留着彩绘植物图案的残迹。主雕像底座两侧各有一个小塑像的底座。平台前面还有两个圆形小底座，原来上面放置的大概是守门天（Dvārapālas）像。中央底座两边的那两个底座，仍保留着一些裹着芦苇的木棍，木棍原本是泥像的"核"。

我们在这里发现了大量精美而多样的雕塑残件，有的是泥雕，有的是陶雕。它们表明这里原来的装饰十分富丽，使我们对这座已完全成为废墟的庙宇更加感到遗憾。这些东西都载于文物目录之中。在文物目录中还显示，有几件小装饰泥雕，在题材和风格上，和焉耆附近的明屋寺院中的雕塑中楣①，在细节上有惊奇的相似之处。我们找到的大泥像的残余部分有：一只巨大的脚朝前的部分（K.K.I.046）；镀金的手指或脚趾（K.K.I.012、015、041、0109 等，图版 LIV），有的像真人的脚趾或手指一样大，有的则是巨大的；手（K.K.I.08、010）；涂了颜料的前臂（K.K.I.076）等。属于这些雕塑的服装和装饰品的有：K.K.I.011、016、021 等为数众多的镀金衣褶，其中 033 使人想起"明屋"中一件特别的精美木雕"窄袖"（poky sleeve）②；镀金的珠串（K.K.I.014，图版 LIV）的许多残件、珠串 K.K.I.092、带花的珠链子（K.K.I.029，图版 LIII），以上这些文物在明屋都有类似物；垂饰（K.K.I.0104）等；镀金头饰残件（K.K.I.073）等；状如宝石的装饰品（K.K.I.027，图版 LIII）等。主佛冠似的泥头饰（K.K.I.034，图版 LIV）比较有趣，上面松松的发髻安排得很奇特。小佛头（K.K.I.0195，图版 LIII）和精美的手（K.K.I.i.017，图版 LIII）都出自较小的雕像。

以下这些残件大概是泥浮雕的中楣：造像极佳的大笑胖和尚小像（K.K.I.0142，图版 XLIX）；鬼怪头（K.K.I.036、069，图版 LIV）；穿皮件的人物（K.K.I.037）等；带鞍子的马（K.K.I.0121，图版 LV）；镀金的铠甲残件（K.K.I.0126）等。K.K.I.09、013 等（图版 LIII、LIV）是一条很逼真的蛇

塑像上残留下来的装饰

泥浮雕残件

①　参见《西域考古图记》第三卷 1192 页。
②　参见《西域考古图记》第四卷图版 CXXVII 中的 Mi.XV.031。

的头部和许多其他部分。这条蛇原来在庙的什么位置，我们不得而知。以下这些木雕大概是某个装饰性布局的一部分：木雕首饰（K.K.I.0103，图版 LIII）；佛塔状的尖木雕（K.K.I.042，图版 LXVI）等。壁画则只发现了很小的残片（K.K.I.055、0200）。仍粘在墙的灰泥上的部分由于暴露在外，已完全被磨光了。

绢画　　　一些画在丝绸上的画价值要更大些。它们可能和千佛洞的绢画一样，也是香客捐来的幡画。这些画是我们在主平台上发现的，大多数已经十分残破。在 K.K.I.i.b.03 中可以看见两个天宫人物的一部分，线条特别细致，但已褪了色。从众多的残片（K.K.I.i.b.05，图版 CVII）中，我们可以拼出一个男子的头部，画得特别有表现力。K.K.I.i.b.01（图版 LXI）也是一堆残片，可能属于一幅更大的画。其中一块残片上，画着月亮的象征物，这在千佛洞石室的大曼荼罗绘画顶部常能见到这个象征物。

用在屋顶的陶雕　　有很多件精美的高浮雕彩陶，上了明亮的绿色釉。它们大概本来是装饰瓦屋顶的。K.K.I.06、07（图版 LII）、K.K.i.06~011、016（图版 LII）以及尖部 K.K.i.03（图版 LII）是旋涡状植物和叶子。用灰色硬陶土制成的中国式样的檐口饰（筒瓦和瓦当——译者）K.K.i.01、02（图版 L），在圆的一头雕着个设计很巧妙的面貌丑陋的人头，它肯定也来自屋顶。K.K.i.014（图版 L）是一个妖怪的头，做得很有生气，大概是放在山墙末端的。我曾说过，这些上了釉的陶制品，与 1907 年在锁阳城遗址的一座寺院的瓦屋顶上发现的残片[1]很接近（锁阳城遗址一直到明朝都是有人住的）。还有一个例子更加说明锁阳城那座庙宇和这里的庙，在年代和性质上

---

[1]　参见《西域考古图记》第三卷 1105 页、1108 页，第四卷图版 IV。

都极为相似：有一座小土佛塔的模型（K.K.I.0225，图版 LIII），它的所有细节都和锁阳城庙中发现的还愿用的小佛塔 So.a.006 一模一样，两座小佛塔底座上都用婆罗米文写着常见的佛教套语①。1901 年我在和田附近挖掘出来的热瓦克佛塔，是这类佛塔的第一例。

　　除此之外，城里唯一出土有价值文物的遗址就是庙宇 K.K.I.ii 废墟。它的位置很醒目，接近城的中心，坐落在从东门伸出来的那条大街的端点。它建在一个用泥土夯筑而成的高平台之上。平台长约 82 英尺，宽约 63 英尺（附图 20，图 244），东边原来还有通到平台上去的宽台阶。庙宇坍毁得很厉害，似乎曾多次被人挖过。庙的布局成三瓣形状。中间是一个大厅，大厅西边对着台阶是一个长 17 英尺、宽 12 英尺的壁龛。大厅南面和北面各连着一个比壁龛要大的屋子。

　　壁龛的宽方向上都伸展着平台，平台上面以前曾放置有雕像。在平台上，我们只发现了几件装饰在莲花座上的泥浮雕残件等物。主雕像大概是一个坐佛。它底座两边的角落里都是瓦砾，瓦砾下却埋藏着有价值的东西。在南边的角落里，我们发现了约 15 张"菩提"纸页，上面是西夏文（或是手写的，或是印刷的），还有大量小纸片。有几张"菩提"纸页上面是汉文（也是有的手写，有的印刷），还有吐蕃文。此外，我们还发现了雕版印刷的小佛像等物。在北角里，我发现了一幅保存良好的小麻布画（K.K.I.ii.01，图版 LXXVII），上面细致地画着一个坐佛像，着色的风格显示出藏族的影响。这幅画显然出自一幅大画边上，被有意割了下来，大概是作为还愿品献出来的。无疑，我们在南边角落里发现的那些粘在

---

　　① 参见《西域考古图记》第三卷 1108 页，第四卷图版 CXXXIX。值得注意的是，锁阳城那座庙附近的佛塔，与哈喇浩特的庙和佛塔的建筑方式一样，都是把土坯垂直放置筑成的。

一起的纸页，也是作为还愿品保存起来的。

佛塔　　在庙宇废墟 K.K.I.ii 以南约 70 码的地方，有三座小佛塔排成一排，矗立在两座破庙废墟之间。佛塔都被人毁坏了，破庙则有被火烧过的迹象。但在西边那座破庙 K.K.I.vii 不多的瓦砾中，我们发现了两块写有大汉字的木板。再往南是两个土台子，台子顶上的建筑大概是庙，但我们连建筑的轮廓都无法辨认出来了。

城东南部的遗址　　城内东南部似乎主要是萨拉依等建筑。有两个围墙围成的院落，一个的围墙厚 20 多英尺，另一个的围墙也有 10 英尺多厚。院里甚至连垃圾都没有。第二个院落东边连着一个被流沙掩埋了一半的大正方形（约 50 码见方）。有迹象表明，人们本来是想用厚土墙把这个正方形围起来的。但我们只发现了厚 20 英尺的北墙，其余几个方向，只有薄得多的土坯残墙保留了下来。厚厚的北墙西端，挖出了一间小屋（K.K.I.viii），显然是遮风避雨用的。

一件伊斯兰教文物　　小屋中有一些沙子和碎土屑，清理之后，我们发现了一件保存很好的汉文纸文书，和一页保存完好的波斯文手稿（K.K.viii.02.a，图版 CXXXVII）。根据大英博物馆东方书籍和写本部提供的资料，这页波斯文手稿说的是该在什么时候举行穆斯林的各种祈祷仪式。它可能是公元 14 世纪早期的。

我们从其他资料已经得知，伊斯兰教很早就向东传播，这页波斯文手稿证实了这一点。蒙古人入主中原后，中国才同信奉伊斯兰教的中亚和西亚国家发生了直接关系。但在那之前，这页手稿就通过商贸关系和教徒的宗教热情，从中亚被带到了中国。在此之前，我一看到哈喇浩特城西南角外的伊斯兰教圆顶坟墓（下文即将说到这个建筑），就确信：当哈喇浩特的信徒们仍到佛教寺院里去的时候，这座城就已经接纳穆斯林了。

朽坏严重的碎片 K.K.I.viii.01.a～d 也是在这里发现的。据劳佛博士说，它们是带中统年号（公元 1260—1264 年）的纸币——中统是元朝忽必烈汗的第一段统治时期。劳佛博士认为"这大概是现存最早的纸币"。

这个正方形院子南侧的土墙附近，在沙子上面露出了土坯墙，说明那里原来是屋子。离房间 K.K.I.viii 最近的那间屋子中的沙子已堆到了 6～7 英尺高，东边屋子里的沙堆还要高。清理了最西边那间屋子后，我们只发现了秸秆和马粪，我也就没再往东继续挖下去，因为我手下那一小队懒散的蒙古挖掘工是根本不能胜任这个任务的。萨拉依废墟后面堆在城墙脚下的流沙保护了这个遗址，谁又知道，这个遗址下会不会埋藏着中世纪旅行者留下的别的什么文物呢？

被沙子掩埋的萨拉依

在描述城外的遗址之前，我有必要说一下建在西北角城墙顶上的四座佛塔。从图 241、248 中看得出，西北角棱堡上面那座佛塔几乎是完好无损的。在环顾整座废城的时候，这座佛塔极为醒目。从附图 19 中的平面图和正面图中可以看出，佛塔矗立在 18 英尺见方的底座上，目前连底座在内近 30 英尺高。顶上中间现存的杆表明，原来的伞形塔顶上有一个构件，矗立在 13 座伞形塔顶之上。现在那个构件已经掉下来了。本来，佛塔的原始样式中有一个半球形的塔身。在这一座佛塔中，半球形变成了稍微鼓出来的样子（城墙外的那些小佛塔也是这样），比例不太协调，使整座佛塔看起来有点矮胖，很像现在西藏常见的那种佛塔。佛塔用垂直放置的土坯筑成，土坯短边朝上，这个遗址的所有佛塔都是这种建筑方式。塔身上仍保留着厚厚的白灰。

城墙顶上的佛塔

这个角落的佛塔几乎没受什么损害，但再往南的那座佛塔则只剩下了三层底座。位于北墙上平台末端（人们就是通过这个平台到角落那座大佛塔去的）的那两座较小的佛塔，也遭受了同样命运。

还愿用的佛塔 　　在这些毁坏的佛塔底座周围的瓦砾和碎石中，有许多还愿用的小土佛塔。从它们的状况来看，似乎大佛塔被毁并没有多长时间。我们在城外的所有佛塔都观察到，这些小佛塔模型本来是成百地堆放在大佛塔底座顶上的空心鼓形中的。穿过大佛塔鼓起部分的那根木杆周围也堆了不少。我在锁阳城遗址的大佛塔，就看到过与这完全一样的大量小佛塔模型，那些还愿用的大佛塔也被人挖过①。

还愿用的小佛塔的种类 　　文物目录中的 K.K.090～0101，是出自哈喇浩特几座不同大佛塔的还愿用小佛塔模型的样品。它们都是出自一样的模子，模子明显分成两类。在第一类（K.K.I.0225 也属于这一类，见图版 LIII）中，模型底座完全照搬热瓦克大佛塔，最底部突出来，并有台阶；而另一类是圆锥形底座，上面用高浮雕雕着四层与模型类似的很小的佛塔。我们在锁阳城也发现了这两种小佛塔，大小也与它们完全一样。这说明，锁阳城和哈喇浩特遗址大概在同一时期有人居住。两种小佛塔的圆顶和底座都大大不同于这两个遗址的真正的佛塔。这是因为，小佛塔作为还愿用的东西，出自古老得多的模式，而真正的建筑上的实践已经老早就背离那种古老模式了。把佛塔里面塞满小佛塔模型，这种谦恭而又省钱的做法，大概反映了一个古老的佛教传统。这种传统在印度已得到了证实：在皇族成员等人建的佛塔底下，塞上大量从以前的老佛塔中收集到的圣物。

①　参见《西域考古图记》第三卷 1105 页。

图247 从哈喇浩特城内看到的古城西北角（箭头所指的是北墙豁口的位置）

图248 哈喇浩特城墙西北角上的佛塔遗址

图249　哈喇浩特城内的 K.K.I.i 庙宇背面的佛龛，残存雕像底座

图 250 哈喇浩特西门外的棱堡

图251　哈喇浩特的伊斯兰教墓葬 K.K.VI 遗址，从北方看

图 252 哈喇浩特的伊斯兰教墓葬 K.K.Ⅵ 遗址的正面（朝东）

第三节　哈喇浩特城外的遗址

我们最好从西北角附近的那组佛塔（图 241）开始来说城外的遗址。这些佛塔很久以前就都被挖过。从形状和建筑方式来看，它们十分接近城墙顶上的佛塔。最北边那座是最大的，加上底座仍高约 20 英尺，但它已被挖开了一条豁口，完全对外敞开了。它南边有一个平台，平台上有六座挨得很近的小佛塔。在大佛塔和那六座小佛塔，我们发现了大量前面说过的那种还愿用的小佛塔模型。还有一块浮雕小泥版，上面是一个佛，坐在莲花座之上，笼罩在三瓣状的光环之中，左右各有一个支提（Caitya）。K. K. V.031～034、049～052 等（图版 LIII）是一些与此略有不同的泥版。泥版也是用类似的模子制成的，和小佛塔模型一样，也放在大佛塔中央杆周围的空腔里。1907 年我在万佛峡和吐鲁番的色斯克布拉克（Sassik-bulak）遗址也发现了与此类似的还愿用的小浮雕。①

大佛塔南边是三座单独组成一组朽坏得很厉害的小佛塔。在这三座小佛塔脚下，我们发现了更有价值的东西。仔细查找后，我们发现了一堆又一堆保存完好的纸页，它们出自不同的西夏文书（大多数是手写的，但也有一些是雕版印刷的，见图版 CXXXVI、CXXXVII），还有很大的吐蕃文菩提纸页（图版 CXXXI～Ⅲ）。它们都埋在沙子中，和从佛塔上掉落的土坯碎屑掺杂在一起。我们发现，有几卷完整的纸团中是折叠起来的纸页，来自不同的菩提和书籍。这说明，这些一张一张的纸页原来也是香客捐献来放在佛塔底座中

城外西北角的
佛塔遗址

手稿和印刷品

---

①　参见《西域考古图记》第三卷 1112 页、1170 页，第四卷图版 CXXXIX。

的，就像我在丹丹乌里克、喀达里克、安迪尔遗址看到的那样①，后来被风刮到了背风的地方，先是流沙，然后是碎石将它们保存了下来。在把它们打成包裹的时候，我粗略统计了一下：完整的西夏文纸页共有 100 多张，吐蕃文纸页大约50 张，还有大量残片。同这些手稿和印刷品掺杂在一起的，还有一些素描和图形。有几块蓝色丝绸上面画着莲花图案（K.K.V.b.01），大概是香客捐的一幅幡画的残片。

在佛塔 K.K.III
遗址发现的文物

离城墙西北角不足 100 码的地方有一座小丘，本是座佛塔，已完全坍毁了。在那里我们发现的东西和上面说的文物性质是极为相似的。小丘比砾石萨依只高出约 10 英尺，但仍残留着中间的木杆。小丘坡上布满了小土佛塔模型。在清理佛塔底座的北下角时，我们发现了大量手写和印刷的西夏文、汉文纸页。吐蕃文在这里则很少见，几乎都出现在西夏文和汉文纸页的背面。我们还发现了一本印刷而成的汉文小书。彩绘丝绸幡画 K.K.III.01、02~05 也是在这里发现的，都画得很好，但由于暴露在外，已经褪色了。另外还发现了大量丝绸织物残片，大概也是香客捐来的幡画的残片。其他东西中值得一提的有一个长方形土泥版模型（K.K.III.013，图版 LV），上面是一个造型很好的坐佛像。

在佛塔 K.K.II
遗址发现的文物

佛塔 K.K.II 遗址与上面这些佛塔迥然不同，而且价值要大得多。在刚到哈喇浩特的时候，人们就告诉我，科兹洛夫上校 1908 年就是在那里发现了大量手稿、绘画和其他文

---

① 参见《古代和田》第一卷 265 页、274 页、425 页；《西域考古图记》第一卷 155 页。

物。① 它离哈喇浩特城西门约 2 弗隆，接近西边那条河床的岸边。从图 257、258 上可以看出，如今那里已是一片废墟。第一眼看时，我们只能分辨出来一个土坯筑成的平台（约 28 英尺见方、7 英尺高）。平台四边都是瓦砾和碎木头，中间掺杂着大小泥块。泥块本来是彩绘的，显然本是泥塑像的一部分。坡上和布满砾石的平地上，到处都乱堆放着用木头和芦苇捆做成的架子（它们本是塑像的核心）。这些东西被丢下来后，长期暴露在外，受了不少损害。暴露在外的纸文书和印刷品都已成了像毡子一样的碎片。但只需在瓦砾表面轻轻向下刮一下就会发现，地表瓦砾层底下的纸文书仍保存得很好。第一次探访这个遗址的那些探险者留给我们的，就是这样一个令人痛心的场面。我们足足用了一天半的时间，才仔细地把这个遗址清理了出来。

---

① 参见《地理学杂志》306 页以下，1910 年。在科兹洛夫上校的论文中，关于这个遗址和它里面的东西是这样说的：

"同时，我们把精力转向新的挖掘工作，即转向城堡西墙外约 300 码处的那座坟墓，它坐落在干涸河道的岸上。我们把它称作"大墓"，它占据了我们所有的时间和精力。从那里面，我们发现了大量书籍、卷轴、手稿，还有很多佛教绘画。绘画用颜料绘在厚麻布上、薄丝织品上或是纸上。在一堆极为杂乱的书籍和绘画中，我们发现了很有趣的金属小雕像、小木雕、坟墓模型，以及其他艺术价值参差不齐的很多东西。这些东西在极为干旱的沙漠气候中保存得极好，更增加了它们的价值。实际上，大多数书籍、手稿，甚至还有绘画，在地下虽埋藏了几个世纪，却仍像新的似的，特别引人注目。不仅书籍的纸页保存完好，而且用纸或丝绸做的封面也是这样（封面大多是蓝色）。和这些东西埋在一起的，大概还有一个外道（gegen）（？），它的骨头成坐姿倚在坟墓的北墙上。

"从本文附的照片中可以看出，坟墓本身比地面高 25~30 英尺，由底座、一个中间部分、圆锥形顶构成。由于时间久远，也可能是由于人们的好奇心的驱使，坟墓一半已被毁坏。底座中央有根垂直的木杆，木杆顶部没有任何装饰。在木杆周围的坟墓地面上，面朝着木杆，有 20 多尊真人大小的泥塑，泥塑前面摊着大书，正像做佛事的喇嘛面前也有书一样。书中用的是产自中国的厚纸，纸则是西夏文——哈喇浩特的手稿中一般都是西夏文。"

《地理学杂志》的英译文中，没有收入上述这段文字中提到的照片。该译文中的草图是一个极为粗略的横截面图，而且不是这个遗址的，而是本书下文将说到的 K.K.Ⅵ 的。

科兹洛夫上校这段文字中提到，有一个外道（gegen）的骨头在"坟墓"中，由此看来，他是把这个遗址当作埋尸体的"坟墓"了。

被毁建筑的线
索

不管探险家们采用的方法多么粗糙，我们仍希望他们拍下了还没被毁之前的建筑的照片，并画下了草图。但目前我手头没有任何载有这类照片和草图的出版物①。所以，我想我应该把自己见到的关于建筑结构和建筑物内部布局的一点线索记录下来。前面提到的那个平台是用土坯（12 英寸×5英寸×2 英寸）筑成，土坯垂直放置，短边朝上，哈喇浩特的所有建筑物都是如此。平台东部的那条边，中部向外突出1 英尺，但我们并没有发现通向平台顶部的台阶的迹象。平台上原来似乎有一个圆形建筑物，直径大致为 13 英尺。建筑物的围墙只剩下很短的一截，高约 2.5 英尺，可以看出原来墙的宽度为 3 英尺 6 英寸。从这一小段围墙上，看不出原来支在墙上的屋顶是什么形状。

佛塔 K.K.Ⅱ 的
内部

但即便原来的圆顶只是一个半球形，建筑物内也已经有足够的空间，可以在中间放比真人还要大得多的立姿或坐姿塑像了。据说科兹洛夫上校在这里工作时，除了自己带的哥萨克人，他还雇了八个蒙古人，一个叫沙比尔的蒙古人就是其中之一。沙比尔告诉我们，在这个建筑物里，至少有一尊比真人大得多的塑像，周围还有大量较小的雕像。我们在瓦砾堆中发现了一尊巨大泥像的头部（不幸的是，它已被严重毁坏），还有一些类似真人大小的泥塑残件。这些都证实了沙比尔的说法。他还说，泥塑之间的所有空地，都塞满了书、画、小塑像等物。科兹洛夫上校的那份简短报告中提到了为数众多的书籍、崇拜物等，可以证实沙比尔的说法是真实的。我们还在瓦砾堆里找到了大量文物，显然是科兹洛夫

---

① 关于他们拍摄的照片，现在读者可以参见本章第二节关于科兹洛夫论文的注释以及接下来关于科氏探险报告的详述。

上校在那次"探险"中丢下来的。据沙比尔说，当时这座建筑物几乎是完好无损的。但他们没有看到什么入口，却发现顶上有一个洞。

[上文写过之后，杰出的东方学学者、俄国科学院终身秘书长奥登堡教授，给我提供了两本重要的俄文出版物。一本是他的详尽论文《出自哈喇浩特的佛教造像学资料》（圣彼得堡，1914 年），另一本是科兹洛夫上校对自己 1907—1909 年探险的叙述《蒙古、阿木多和死城哈喇浩特》（莫斯科-彼得格勒，1923 年）。科兹洛夫上校那本书的第二十五章，描述了自己是在什么地点、以什么方式完成了那次探险中的大发现的（这段文字也被引用在奥登堡论文的前言中），但那些叙述太简短了，无法澄清和这个遗址有关的所有考古学问题，也无法说明，为什么这里的文物会这么丰富，这么多样。但幸运的是，虽然没有平面图和其他确切记录，两本书中却都收录了照片，能让我们看到那个还没有被毁的建筑物。从中我们也能看出，那些探险者对建筑物进行了粗略"清理"之后，留在原地的塑像都变成了什么样子。他们在建筑物中发现了一具架骨骸（见科兹洛夫上校《蒙古、阿木多和死城哈喇浩特》555 页），说明那里无疑是一座用作坟墓的佛塔。但我还不敢说，科兹洛夫上校的记录就足以证明那些泥塑、绘画和其他圣物是在同一时间放进去的。俄国探险家把这个遗址用蒙古语称作苏布尔干（Suburgan）。这个苏布尔干里面，可能一开始就是用来放东西的。如果是这样，它就是很有益的一个例子。因为，据我

所知，这种做法迄今为止还没有被明确的考古学证据所证实①。但哈喇浩特和锁阳城的其他佛塔中，也都堆放着香客捐来的小佛塔模型②，可以算作是和这座大佛塔差不多的情况。

科兹洛夫上校拍的一张照片，是这个苏布尔干被打开并被夷为平地之前的情况。从照片上无法对建筑物进行精确测量。但我们可以看出，建筑物底下是一个三层底座，带有大胆地突出来的檐口。上面的鼓形部分显然是圆形的，"圆鼓"之上是一个圆锥形的顶。总体来讲，这座佛塔与哈喇浩特遗址的其他佛塔很不相同。它的某些方面，使我联想到在罕萨的托尔（Thol）看到的佛塔遗址③，西藏也有那样的佛塔。]

运到彼得格勒的东西

那些丰富的文物都被运到了俄国科学院亚洲博物馆。只有对它们进行全面分析后，我们才能正确地估计出这个大宝藏的年代、范围和真正价值。（这些宝藏中有为数众多的精美绘画，奥登堡教授曾用一篇论文全面阐述了它们的艺术价值和造像学价值）他们还在这里得到了西夏文资料，而在此之前，西夏语几乎是一种不为人知的语言。关于这些西夏文资料的价值，我们从伊万诺夫先生发表在俄国科学院《资料汇编》的文章中可见一斑。这位东方学学者还写了一段总结性的话，说的是一些西夏字的含义和彼得格勒藏品中某些内

① 千佛洞绘画 Ch.lviii.001 的底部有一个场面（参见《西域考古图记》第二卷 1082 页，第四卷图版 LVIII；《千佛洞》图版 IX、19 页），画的是建造佛塔，佛塔旁边的桌子上有手稿卷轴、放祭品的器皿等物。它能否表明，后来也有这种做法呢？而有一种做法已经被大量证据证实了，就是把出自圣书中的纸页和塑像等存放在佛塔的底座里。这是不是这个"苏布尔干"的做法的折射呢？

② 参见本章第二节；《西域考古图记》第三卷 1105 页。

③ 参见《古代和田》第一卷 20 页，图 4。

容已确定的佛教典籍，这段话的译文登在 1920 年的《亚洲学杂志》上①。在这里，我可以简单地说一下，我们在科兹洛夫上校这位幸运的探险家不要的"废物"中，发现了文书和其他文物。研究一下这些东西，将有助于我们了解这个宝藏的整体性质，并有助于澄清和哈喇浩特遗址有关的考古学问题。

首先值得注意的是，在此出土的文书中，西夏文文书居绝大多数（有的是手写的，有的是雕版印刷的）。在把它们交给学者们研究之前，我统计了一下：除了小残片，手写的西夏文文书总共有 1100 多件，雕版印刷的西夏文文书有 300 多件（当然，其中有很多是不完整的，大多数内容可能与佛教有关）；而汉文文书手写的有 59 件，雕版印刷的有 19 件。与此形成鲜明对比的是，哈喇浩特城里发现的西夏文文书与汉文文书相比却很少。假设城里和这里的文物大致属于同一时期，我们大概可以得出这样的结论：在处理世俗事务时，即便在唐古特王朝统治之下，汉文也比唐古特统治者们所喜欢的"国语"和字体要流行。在佛塔 K.K.II 遗址发现的吐蕃文文书是极少的，单子中只开列了 19 张完整的纸页，而在圆顶建筑物 K.K.V 却发现了大量吐蕃文文书。这一点当然也是值得注意的。K.K.II.0234.k 是一页双语文书残片，写有西夏文和吐蕃文（劳佛博士给我提供了一份西夏字所对应的吐蕃文）。在存于彼得格勒的资料中，有完整的这种双语文书，希望它们会促进对西夏语的研究。回鹘文文书只有一件

西夏文文书居多

① 参见伊万诺夫《唐古特文遗物》（*Monuments de l'écriture Tangout*），《亚洲学杂志》107~109 页，1920 年 2—3 月。该文中还引用了伊万诺夫先生的文章，那些文章登在俄国科学院《资料汇编》上（第三卷 1221~1233 页，1909 年；第五卷 831~836 页，1910 年）。

（是手写的），而婆罗米文—汉文双语文书则有两件（参见
K.K.II.0293.a，图版CXXV）。

手稿和印刷品的样式

下面这个事实在古文字学上有些价值，那就是所有的西夏文文书和汉文文书，不论是手写的还是印刷的，几乎都是长方形，成书籍的形状。这起源于那种把纸页安排成手风琴形状的做法，这种做法的代表就是出自千佛洞石室的后期汉文手稿①。从宋代初年开始，雕版印刷的文学作品一般都采取这种样式。成纸卷轴样式的西夏文和汉文文书只有20多件②，而整个唐代都流行的是这种纸卷轴样式。这些卷轴显然是保留着古代的做法，正如有几件书写在丝绸上的西夏文手稿，也是沿袭了极为久远的中国做法一样。最后，我还要简单说一下在废墟中发现的大量文书碎片，它们都被撕成了极小的纸片。很难说这只是不小心挖掘造成的结果（当然，不幸的是，有很多小书和纸团上清楚地留下了锄头或镐戳破的痕迹）。我们可不可以作出这样的假设：之所以有这么多碎片保留下来，是出于一种半宗教上的传统，按照这种传统，一切文字都应该保留下来，不管字迹已经多么模糊，也不管纸张已经受了多大损害③。现在中国就有一种做法，把街上、商店等地的所有"废纸"都细心地放在专门设置的箱里，打算将来煞有介事地付之一炬。这大概和前面说的传统是类似的。

---

① 参见《西域考古图记》第二卷765页、802页、920页。与那些手风琴状文书雕版印刷的汉文书籍一样，所有西夏文纸页，不论是手写的还是印刷的，背面都没有字（参见图版CXXXVI、CXXXVII）。

② 参见图版CXXXV、CXXXVII。

③ 千佛洞的手稿小包裹中，也有这些的文物。参见《西域考古图记》第二卷820页。

　　从文物目录中可以看出，出自这座废墟的有艺术价值或
工艺价值的东西很多。但前面说过，它们几乎都遭受了严重
的破坏，有的是在这座佛塔以前被清理并被夷为平地时受的
破坏，有的则由于后来长期暴露在外受到了损伤。但我仍然
应该简单介绍一下它们。从中我们可以看出，科兹洛夫上校
在这里带走的那些很有价值的文物，应该得到充分的研究，
并应该全部出版。我们在这里发现了大量泥塑残件，说明在
这个有限的拱形空间里，放置了大大小小的各种雕塑。

　　K.K.II.086、094～096、099、0114、0141、0225 等（图
版 LIV）是一些耳朵、手指、手等，出自真人一般大或更大
的塑像。它们自然比那些泥塑的沉重的头部和躯干保存得要
好些。在瓦砾中和瓦砾底下的地面上，我们只发现了几块头
部和躯干泥塑残件，它们几乎叫人辨识不出来，表面的彩绘
已全都消失了。大佛头则只有 K.K.II.0185～0187（图
版 LIV），是用很硬的灰泥塑成的。K.K.II.0101（图版 LV）
是一个巨大的前臂，裹在一层特殊的镀金铠甲之中，铠甲的
形状类似三角钉。泥塑碎片 K.K.II.084、0103、0163、0197
（图版 LV）中也出现了这种铠甲。在几件出自千佛洞的毗沙
门天王像中我们也见过这种铠甲。很可能，在这里发现的铠
甲残片也出自天王像。K.K.II.0184（图版 LIV）是一个眼睛
圆睁的鬼怪头，大概是天王脚下的那种托扛人物。在小泥塑
像残件中，值得注意的有：造型很好的佛头和菩萨头 K.K.II.
0188、0189、0221（图版 LIII）；看起来像是黑人般的头
K.K.II.0126（图版 LIII）；坐姿人像 K.K.II.0108、0156（图
版 LIII、LIV）；披着衣物的躯干 K.K.II.0104、0175、0226（图
版 LIII）；奇怪的动物头骨 K.K.II.0118、0127（图版 LIII）。
动物形象有几个不同姿势的豹子小像 K.K.II.0145、0159、
0170（图版 LIII）和一个龙头（K.K.II.0190，图版 LIII）。木
雕中值得特别注意的有：庄严的立佛小像 K.K.II.01（图

泥塑残件

版 LXVI），看起来有点哥特式雕塑的风格；雕得很好的湿婆教神祇 K.K.II.0312（图版 LIII），跨坐在两个怪物身上。

壁画残片　　　　我们发现了大量绘着画的灰泥残片，说明原来建筑物墙上装饰着壁画。K.K.II.0125、0138、0148、0166、0183 等残片（图版 LV）是绘着灰色优美图案的平顶镶板，看起来似乎出自穹庐形的屋顶。K.K.II.0105、0118 等（图版 LIII）说明，原来墙上的壁画中画有人物和动物。K.K.II.0145、0155 等残片上则绘着极为优雅的灰色图案。我们在挖进哈喇浩特城北墙的一个凹陷处中，曾发现了一块被剥下来的精美壁画。它大概是科兹洛夫上校等人要从这里带走的，结果不小心丢在了后面。

绢画、麻布画
残件　　　　　K.K.II.08、010、011、024、045、074、081、0311 等是绢画残件，因暴露在外多少都受到了损害。但无疑，在布局和整体风格上，它们十分接近我在千佛洞发现的大量幡画。残件 K.K.II.011 中有一个优美的飞天形象，无论在布局还是工艺上，都不亚于千佛洞绘画的平均水准。K.K.II.035、066 是麻布画残件，也和千佛洞的麻布画类似。

雕版印刷的插图　　　表现佛教神祇和其他圣物的雕版印刷品为数则要多得多。它们或者是以插图的形式出现在雕版印刷的西夏文书籍中，或者是独立的画。它们一方面由于最初对这个大宝藏的"清理"，另一方面由于后来暴露在外，都受到了损伤。尽管如此，图版 LXII~LXV 中的照片，以及文物目录中安德鲁斯先生仔细研究过的对画的详细描述性文字（见本章第五节），可以告诉我们，它们都是很有价值的。宋代的这些数量很多的雕版印刷插图都有丰富的装饰性细节。对于研究中华帝国西北边陲的木刻史而言，它们显然是很重要的。同时，从中我们也可以看出，在敦煌千佛洞那些年代最晚的雕版印刷插图之后，当地佛教艺术经历了怎样的发展过程。

图 253　哈喇浩特附近的古民居 K.K.IV 遗址

图 254　哈喇浩特附近的古民居 K.K.XIV 遗址

图 255　哈喇浩特附近的古民居 K.K.II 遗址，一半被红柳沙堆掩埋

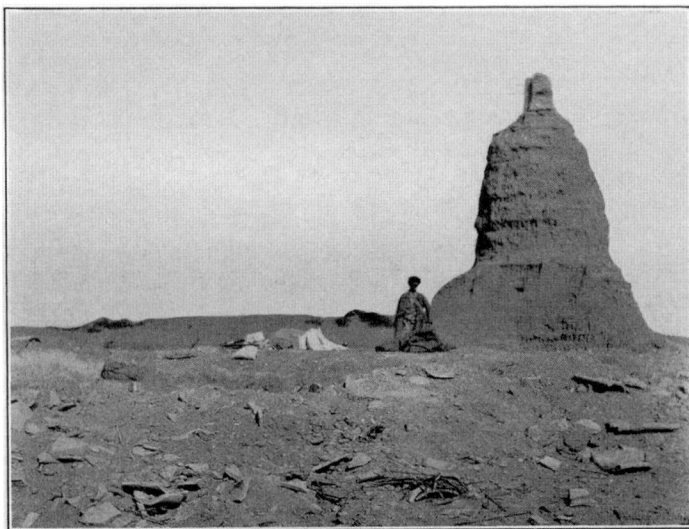

图 256　哈喇浩特的废庙和佛塔 K.K.IV 遗址

图 257　哈喇浩特被毁佛塔 K.K.II 的底座及泥塑碎片 （清理前）

图 258　哈喇浩特被毁佛塔 K.K.II 的底座坡上的瓦砾

在这些雕版印刷的绘画中，有几幅较大的作品，都已经 雕版印刷的画
不同程度地残破了。其中应该特别提到的有：K.K.II.0229.a、
0239.c（图版 LXIV，内容至今尚未确定，画有一条大蛇）；
K.K.II.0233.b、0280.a、0290.a（图版 LXII，是佛教净土
图）；曼荼罗画 K.K.II.0238.a（图版 LXII）。但数量更多的是
表现成群的佛或菩萨的雕版印刷品（图版 LXIII、LXV），它
们出现在文书中，就像中世纪欧洲宗教性质的手稿中的小插
图一样。许多用来将纵行的西夏文框起来的装饰性图案，或
者将单个人物分开的图案，尽管刻得比较粗糙，却也是很优
美的。有些雕版印刷品上明显可以看出吐蕃的影响。而某些
千佛洞绘画中也表明，几个世纪之前，这个边陲地区的佛教
艺术就受到了来自吐蕃的影响。

我们还发现了用蘸水笔和墨画的素描作品，但数量不 用蘸水笔和墨
画的素描
多。其中，K.K.II.0247.a、e 和 0275.e、i，0313.a、d、g
（图版 LVIII~LXI）都是一气呵成的速写，十分有生气，完
全是中国风格。K.K.II.0313.b（图版 LXI）是粗略画成的石
谷，K.K.II.0313.c（图版 LX）画的是岩石之间长着的成排的
树，这类画使我们对宋代的风景画略见一斑。我们还发现了
K.K.II.077 和 0275.e、f（图版 LX）等用针刺成的画，用作印
花粉印的图样。敦煌千佛洞也有这样的图样。K.K.II.0276.bbb
是一块装饰图案的底版残件，是在写有西夏文的纸上剪出来
的。这些残破不全的文物激发了我们的好奇心。我们希望出
自这个大宝藏并被运往俄国科学院亚洲博物馆的那些保存得
要好得多的绘画，能大量出版，使研究者们都能看到。

最后我要说一下数量很多的丝织品。除不同颜色的素绸 丝织品
外，丝织品中还包括：K.K.II.02、04~07、012 等，它们可
能是幡的一部分，或者是香客捐来的；一些印花绸，有的是
用防染工艺制成（如图版 LXXXVI、LXXXVII 中的 K.K.II.

016、019、032~034），有的用模块印成（如 K.K.II.054）。K.K.II.015、030、037、050、053 是锦缎。小包 K.K.II.018（图版 LXXXIII）上有带图案的彩色绸。K.K.II.067 是一条缝饰过的绸带子，用镀金的绸子缝出精美的龙形图案，很可能是千佛洞那种手稿封面①的一部分。K.K.II.036 是一小块丝绸织锦。我们可以把这些种类繁多的丝织品同出自千佛洞石室的相应丝织品②对照，大概能得出些有趣的结论。

宝藏的年代界限

　　上面我概述了我们发现的文物，它们都是那些俄国探险家没有带走的。现在我大概应该说一下这个奇异宝藏的所属年代。显然，要想对此得出明确结论，必须从存于彼得格勒亚洲博物馆的那些数量多得多、保存得也更好的文物着手。下文说到的《成吉思汗史》中称，蒙古人于公元 1226 年攻陷额济纳城，西夏国后来就灭亡了。考虑到这个因素，再考虑到这里的文书和艺术品的整体特征，我觉得可以认为，公元 13 世纪的前 25 年是这个宝藏的年代下限，那之后是不会再有这样一个地方的。另一方面，这里的西夏文文书居多，而西夏文是公元 1032 年才由唐古特统治者李元昊引入的，这说明宝藏的上限不会早于公元 11 世纪下半叶。我希望人们会在彼得格勒藏品中发现有纪年的文书，从而把时间范围在这两个上下限之间缩得更小③。

佛塔 K.K.II 遗址附近的小废墟

　　从附图 22 中可以看出，佛塔 K.K.II 遗址附近有一些小废墟。东边的废墟只剩下了一个土坯筑成的平台，约 12 英尺见方，上面是一个已完全坍毁的建筑物的少量残余，建筑

---

①　参见《西域考古图记》第二卷 1049 页，第四卷图版 CVI、CXI。
②　参见《西域考古图记》第二卷 897 页以下。
③　在这里发现的大量小佛塔模型（K.K.II.0109~0111、0121~0123 等），与 K.K.090~096 属于同一类型，哈喇浩特城的佛塔大多数都是这种类型。但从这个事实中，我们并不能根据其他几个遗址的年代来推断 K.K.II 的相对年代，因为在哈喇浩特有人住的整个时期，小佛塔的样式都已经固定不变了。

物的性质已无法分辨。佛塔 K.K.II 遗址南边有一座小土丘，挖掘之后我们发现，土丘下只有一段朽坏得很厉害的长方形土坯墙。长方形一条边长 19.5 英尺，另一条边长 21.5 英尺。墙只厚 1.5 英尺，土坯尺寸为 12 英寸×6 英寸×3 英寸。长方形围墙里面都是粗沙和砾石，没有发现任何东西。这个建筑物大概是 K.K.II 的僧侣们住的地方。

现在城墙外边不远处的遗址只剩下一个没说了，它就是圆顶建筑 K.K.VI（图 251、252）。它坐落在城西南角的棱堡西南方约 30 码的地方。北侧的一部分圆顶坍了下来，但建筑仍保持着原来的高度（高约 23 英尺）。除了坍下来的部分圆顶和侧墙上的轻微损坏之处，建筑几乎是完好的，里面墙壁上仍保留着原来的粉刷，东墙的外面也保留着部分粉刷。从附图 21 中看得出，建筑物里面有一个 18.5 英尺见方的圆顶大厅，向东伸出来一个穹庐顶的门厅。建筑物里面四个角都是带尖的拱顶，并都有一组突出在外的小龛（图 272）。这样，本来是方形的大厅就成了八边形。大厅顶上也是一溜龛，上面支撑着高高的圆顶。门厅的穹庐顶在建筑结构上也是这样布局的。门厅的侧墙向外倾斜，因而门厅正面显得特别结实厚重。外面，围着方形大厅的墙的四角，做成了半圆形的护墙。护墙也是朝外倾斜的，使整个建筑物显得特别坚固。关于建筑上的其他细节，请参看照片、附图 21 中的正面图和横截面图。建筑物用土坯（16 英寸×8 英寸×4 英寸）筑成，土坯横向放置。这种土坯放置法与哈喇浩特遗址的其他建筑都不同。

这座建筑物在设计、用意和建筑方法上，都完全是西式的，显然是一处伊斯兰教墓葬（也叫拱拜孜）。虽然该建筑

带圆顶的建筑物 K.K.VI

建筑的伊斯兰教特征

的风格显然是伊斯兰教式，但只有比我更有资格的专家才能判断从建筑风格的细节上能否看出它的年代。建筑物里面一无所有，但粉刷过的地面和墙上都有孔洞，说明"寻宝人"也来过这里。我们从马可·波罗对唐古特省的描述中可以看出，到公元 13 世纪末叶，蒙古人不仅完全统治了这些地区，也完全控制了中国的其余部分。那时，佛教无疑是占绝对统治地位的，但西北边陲的人口中也有伊斯兰教徒。马可·波罗就是把这一时期的哈喇浩特称为额济纳城的。我觉得，这座墓葬应该就是建于那一时期，即哈喇浩特历史的后期。我们不必费心猜想，这座墓葬中原来埋的是什么人的骸骨，是当地某个信伊斯兰教的高官显贵，还是路过这里的某个富有的商人或其他旅客。但这个人的安息之所，大概是中国西部现存的最古老的伊斯兰风格的建筑，这样说大概不会有太大差错。

哈喇浩特城东北的小佛塔

在城墙东北角的东北方约 0.75 英里的地方，有一座小佛塔吸引了我们的注意（图 256）。他的形状和其他佛塔都不大一样，看起来没有太多的吐蕃风格。它底下是一个 11 英尺见方的底座，底座上是一个高约 15 英尺的逐渐变细的圆顶。圆顶上是一个方形构件，它上面本来大概是一组伞盖（Chattras）。底座的西部和圆顶曾被人挖过。瓦砾坡上有一层厚厚的小佛塔模型。

庙宇 K.K.IV 废墟

在这座佛塔东边有一座土丘，上面布满了砾石和半筒形瓦当碎片。清理之后，我们发现它底下是一个小庙遗址。小庙的厅内部尺寸为 19 英尺×22 英尺。保存最完好的厅墙，只剩下离地面 2 英尺高的残墙了。南墙上残留着一部分精美的壁画，其中保存最好的一幅画表现的是一片森林的场景，有树、山、小溪流，还有两个正在蹚过溪流的人。我们剥下来的壁画残片目前还没有装裱起来，所以我现在还说不出什么细节。内厅中间是一个放塑像的平台，长 12 英尺 3 英寸，宽 11 英尺 6 英寸，上面有一个比例设计得很好的圆柱子的底部。部分平台仍高达 2 英尺。平台上原来放置的塑像，现在只保留下来载于文物目录中的那些残片。残片主要是富丽的彩绘衣物和装饰性细节，大多数都镀了金（图版 LIII）。K.K.IV.05 是一根和真人一样大小的手指，K.K.IV.08 是一只耳朵，K.K.IV.024 是脚趾。它们都镀了金，但我们无法看出它们原来所属的塑像都是些什么人物。手稿残件约有 10 件，写的都是汉文。壁画风格也完全是中国式的，佛塔也没有表现出来自吐蕃的影响。

除了上面说的那些遗址，城墙和两条河床之间的地面上，只有两座已完全夷为平地的小佛塔，是我们在前往庙宇 K.K.IV 废墟的途中见过的那种当地常见的类型。城南边和西南边有几座土坯构成的小土丘，上面大概本来是有佛塔的。城的东门外有墙的少量残迹，构成一个小郊区，可能本是营房。在瓦砾之间我们仍能分辨出一条路，它从东边的干涸河床过来，穿过了郊区。那里有大量陶瓷碎片，与在城里垃圾堆中发现的属于同一类型。除此之外，光秃秃的砾石平地上再没有古人留下的遗迹了。

城外的地面

第四节　乡村居民点和马可·波罗记述的额济纳城

5 月 26 日，我一到哈喇浩特，就派阿弗拉兹·古尔出去勘察，之后的两天他都在忙于这项工作。他在城址以东的红柳沙堆中发现了民居遗址，还有其他迹象说明以前曾有人在那里住过。那个居民点从南—南西到北—北东延伸了 6 英里

向哈喇浩特城的东北勘察

多。阿弗拉兹·古尔带回来一些古钱币，还有陶瓷碎片以及一些属于塔提类型的小物件。这表明，这些遗址大致与哈喇浩特城属于同一时期。居民点东北及两条河床之间的地面上是光秃秃的砾石，还有几座沙丘。在那块地面上，他只发现了一个长方形的小院落。院落距庙宇 K.K.IV 废墟约 1.5 英里，围墙用哈喇浩特常见的那种土坯筑成。我们还无法确定它的性质。到那里后我注意到，那里几乎没有一块陶瓷碎片。它的东北方似乎是一条古代水渠的堤坝。

干涸河床东边的地面　　6 月 1 日，我用了一整天时间考察阿弗拉兹·古尔勘察到的遗址，所幸当天没有什么沙暴来干扰我的工作。我们从哈喇浩特城出发向东北走，穿过东边那条干涸的河床（我们过河之处，河床约宽 375 码）。河床的部分地方有小红柳沙堆，但河道还是很清晰的。穿过河床之后，我们很快来到了布满陶瓷碎片的光秃秃的土地面上（陶瓷碎片是长期有人住的标志）。我们发现了两条水渠的迹象，水渠顶部宽约 10 英尺。水渠向北—北西方向延伸过去，说明水渠里原来的水来自南边，而不是来自我们穿过的那条河道。接着，我们向东又走了 2 英里，穿过一条沙丘带。沙丘高 30~40 英尺，走向与河道平行。塔克拉玛干沙漠中干涸河道两边的达坂（沙丘）都是遵循这条规律的①。

第一个居民遗址　　过了沙丘带后，目之所及的地面上都是红柳沙堆。有的沙堆分布得比较密集，有的则很稀疏。只有几条短短的沙丘，也只有几块开阔沙地。整个景象使我清晰地想起了达玛沟以北乌尊塔提和阿琪玛之间的地面（我曾多次到过那里，

---

①　参见《西域考古图记》第一卷 241 页注和 451 页，第三卷 1239 页；另参见第九章第一节。

那里现在看起来是沙漠，但以前曾是兴盛的居民点)①。我们刚把河边的达坂甩在身后，就来到了为数众多的民居中的第一个。民居有的很小，有的很大，散布在广阔的地面上，无疑以前曾是农舍和住家。第一个民居位于佛塔 K.K.II 遗址东面（图 255），它虽然不大，却很能代表大部分古民居。它位于一个大红柳沙堆边上。沙堆边上出现了一个中等大小的屋子的墙，用土块筑成。土块放置得很规则，大小也非常一致。每四层土块之间出现一层芦苇。墙基很厚，看起来像是用大麻席制成的。

屋子前面的地面由于没有红柳根固定住细沙的保护，被风蚀切削得比墙基低了 5~6 英尺。在一块块开阔的地面上，到处是 3~5 英尺高的小雅丹。它们不像楼兰地区的雅丹那样排列紧密，但从中也能明显看出风蚀的影响。雅丹的大致走向为西北—东南，昭示了盛行风的风向。

风蚀的影响

东边约 4 英里的距离内，零星分布着一些民居。从附图 20、22 中标作 K.E.III、IV、VII、VIII、X 的建筑物的平面图来看，它们大多比第一个民居大，但建筑特点是一样的，所在的地面状况也与之类似。因此，我就没必要仔细描述每一个民居了。在保存较好的民居中，房间数量很多，说明当时乡村生活已达到了非常舒适的水平，我在甘肃看到的中国农村民居一般都是如此。大多数民居旁仍有死榆树的树干和其他人工种植的树木（见图 253 中 K.K.IV 的照片）。从民居规则的布局、民居旁栽的树，以及大量质量较高的陶瓷碎片（其中不少上了釉）来看，我得出了这样的结论：这个一度

乡村居民点遗址

---

① 参见《古代和田》第一卷 458 页；《西域考古图记》第一卷 197 页以下，第三卷 1245 页以下；另参见本书第四章第三节。

兴旺的乡村居民点中，住的肯定主要是汉人。

民居 K.E.VIII~X 遗址

　　我们向圆顶建筑物 K.K.VI 东北勘察了几英里远，一直走到了古代居民区在那个方向的尽头。之后，我们又向东走。越往前走我就越深信，这里居住的主要是汉人。民居 K.K.VIII~X 遗址坐落在比较开阔的地面上。但地面却几乎没有受到风蚀的影响，上面还长着大量活灌木，说明离地表不远的地方肯定有地下水。在这块地面上，我们仍能清楚分辨出平坦的大田地的长方形轮廓线，以及把水引进田地中的小水沟。我们发现了两个八边形的石头碌子，如今南边绿洲中的中国农民仍用这种碌子把田地碌平。但在发现它们之前，我就已确信：开垦这片土地的人们，用的完全是中国式的农作方法。要不是所有民居中都发现了一样的陶瓷碎片，民居 K.K.IX、X 遗址附近还发现了古钱币，我真难以相信，这些田地、农舍和附近风蚀地面上的遗址以及哈喇浩特城一样，早在多少个世纪前就被废弃，交付给沙漠了。在我们发现的 8 枚古钱币中，4 枚是宋代的，2 枚镌着"五铢"字样，1 枚镌着唐代的"开元"年号①。

大民居 K.K.XIV

　　这些遗址没有被红柳沙堆盖住的残墙里，只有很少的流沙。我们没有发现任何家具、屋顶的梁子和椽子等，说明这个居民点全部或部分地废弃后，有人长期利用了这里的废墟。大民居 K.K.XIV（图 254）的情况也是这样的。它有很

――――――――――

①　第 8 枚古钱上面是嘉庆年号（公元 1796—1821 年），这使我当时感到迷惑不解。但后来我在高台偶然得知，尽管高台绿洲比较肥沃，却没有拓展的余地了，无法缓解不断增长的人口带来的压力。为此，高台的农民计划重新开垦哈喇浩特（即他们所说的黑城）以东的这块农田。他们仔细查看了这块地面，并认为，如果有足够多的人参与这项计划，就能修成一条水渠，再一次把水从玉木拿河引过来。这枚嘉庆钱币大概是某个高台农民遗落的，也可能是某个来到这个古代居民点的人丢下来的。

　　我们带来的蒙古人也知道这个居民点。但他们一口咬定，自从他们的土尔扈特祖先几百年前来到黑河放牧以来，从来没人试图重新开垦这些田地。

多房间，环绕在一个带围墙的院落的三面，外面还有一圈大围墙，看起来十分引人注目。一部分外围墙被埋在了附近一个高约 30 英尺的大红柳沙堆的斜坡中。光是沙堆的高度就足以说明，这个民居已经废弃了极长时间了。我们四处寻找能提供年代线索的垃圾堆，但一无所获。跟我们来的那些蒙古人说，大概曾有座废庙和这个民居相连，但他们却无法指出庙在什么地方。

我们从这个民居向西南走，穿过了一系列小山岭，山岭上面覆盖着高大的红柳沙堆。山岭之间是砾石地面，地面上有很多哈喇浩特城里发现的那种陶瓷碎片。在离 K.K.XIV 约 3 英里的地方，我们又一次来到了开阔地面。由于时间已晚，我无法去擦访另外五座民居（K.K.XV～XIX）。阿弗拉兹·古尔说它们位于这里的东南方，排成一线。根据他的详细描述，它们都已严重坍毁，周围都是旧陶瓷碎片。他曾两次穿过了一条向东延伸的小水渠，还发现了上面说过的那种石碌子以及手动的石磨。他在遗址南部共发现了七枚古钱币，除了两枚还没有辨识出来，其余的都是宋代的。我本人在回到哈喇浩特的途中，走的是一条更朝西的路线。我们遇到了一条保存很好的水渠，没费什么力气就沿着水渠在光秃秃的平地上走了 0.5 英里。水渠两条堤坝顶部之间宽 10 英尺，堤坝比附近的平地高出 5 英尺，堤坝之间深 3 英尺。水渠呈西—南西到东—北东走向，但在我们离开水渠的地方，它折向了西边。这表明，它来自我们在哈喇浩特东南穿过的那条河床。

我们在 K.E 这个已废弃的居民点拾到了很多小东西（见下文的文物目录）。其中最有价值的大概就是为数众多的精美陶器了。陶器中上釉的居多，和哈喇浩特城中的陶器属于

回到哈喇浩特的途中经过的地面

各种小陶瓷文物

同一类型。最有代表性的是那些带装饰性图案的陶器（图案主要是植物）。人们先是把整个陶罐等的表面都涂上一层浓重的棕色或发绿的釉，然后对釉进行刮除处理，没刮掉的釉就形成了图案。釉被刮去的地方露出原来的黄色陶胎，为图案提供了背景，使图案显得很鲜明。我们要特别提一下K.E.V.020、X～XI.01、XIII.03～04、XIV.010（图版 LVI、LVII），它们能很好地说明这样处理之后，能产生怎样赏心悦目的效果。第一个样品（K.E.V.020）是一个大罐残件，长 19 英寸，宽 13 英寸。这说明可以在很大面积上施行刮除处理法，也表明这个罐一定是产自当地的。小陶器碎片（K.E.01，图版 LVII）的工艺比较特别，是用各种颜色的薄片贴上去做成图案的，这样的陶器仅此一件。有装饰的瓷器则比较少，K.E.II.01（图版 LVII）、XV.01～02（图版 LI、LVII）可以算是代表。K.E.III.04 是一块青铜镜残片，突起的边上有葡萄卷须图案，和汉代的镜子图案类似。K.E.XIII.01 是一个玉坠状的玉制小装饰品，上面用透孔细工雕了复杂的植物图案。K.E.XVI.01 是一把银制小勺子，也是一件比较奇怪的文物。

钱币学上的证据　　我们在描述民居 K.E.IX、X 时就已提到了钱币学上的证据[①]。在这个居民点的其他地点发现的古钱币，也与那面的年代结论吻合。在全部的 17 枚古钱币中，有 11 枚属宋代，钱币年号的时间范围是分属公元 1017—1022 年和公元 1086—1094 年。剩下的有两枚是五铢钱，两枚上面有"开元"年号，最后一枚就是上面说到的嘉庆钱币。还有一枚非中国发行的铜钱，迄今为止还没有辨识出来到底是什么钱。因此，从居民点的钱币中直接得出的年代上的结论，和哈喇

---

① 见附录 B。

浩特废城里面及其附近地方发现的钱的时间线索是一样的。

马可·波罗记述的额济纳城

同时，发现了这个广大的乡村居民点，这对于澄清哈喇浩特城遗址的年代问题，是十分重要的。到此我们再没有任何怀疑了：哈喇浩特就是马可·波罗说的"额济纳城"。这位伟大的威尼斯旅行家是这样描述"额济纳城"的：

> 离开甘比楚（Campichu，即甘州）后，骑马走 12 天，就到了一座叫"额济纳"的城市。它位于沙漠北边上，属于唐古特省。那里的居民是偶像崇拜者，拥有很多骆驼、牛马，乡间还大量出产很好的鹰。居民靠种地、放牛马为生，不从事商业。在这座城里，你必须准备好 40 天的食物。因为，离开额济纳城后，你向北就进入了一片沙漠，需要走上40 天，沙漠里既没有人居住，也没有中途休息吃东西的地方。穿过沙漠后，就来到了北边的某个省。①

在他游记的下一章中，说那个省的省会位于卡拉克伦（Caracoron），即坐落在鄂尔浑河（Orkhon）河边的蒙古旧都哈喇和林（Kara-korum，简称和林，在今乌兰巴托附近——译者）。

寻找马可·波罗记述的额济纳城

亨利·尤尔爵士认为，额济纳城应该坐落在从甘州流过来的那条河上，以前，欧洲学者们根据中国古代地图，把这条河叫额济纳河。尤尔爵士之所以得出这样的结论，是因为高比尔（Gaubil）《成吉思汗史》（*Histoire de Genchiscan*）称，公元 1226 年成吉思汗在最后一次发起对唐古特王朝的进攻

---

① 参见尤尔《马可·波罗》第一卷 223 页以下。

刚开始，就占领了额济纳①。后来，巴拉迪（Palladius，363?—431，小亚细亚人，史学家——译者）说，元代的汉文史书提到了伊济内（I-tsi-nay）湖，并有文献记载伊济内湖附近有座古城遗址，还有一条从伊济内到哈喇和林的古道遗迹。科尔迪耶教授修订了尤尔爵士的巨著，他也同样认为，"额济纳一定位于黑水之上，因为蒙古人把黑水称作额济纳"②。一旦得知科兹洛夫上校发现了哈喇浩特城，他马上认定，哈喇浩特就是马可·波罗所说的额济纳城③。

年代上的疑问　　但如果我们的证据仅限于在哈喇浩特城里发现的文物和观察到的现象，仍然会对哈喇浩特是不是额济纳城心存疑问。首先，在哈喇浩特城发现的大量文书都是西夏文，说明文书属于西夏国（或唐古特国）统治时期，而在马可·波罗到达忽必烈汗的皇宫之前 50 年，西夏国就已经灭亡了。而另一方面，并没有什么明确的证据能说明，哈喇浩特安然承受住了蒙古人的入侵④。就是那次入侵，结束了西夏国的统治。其二，考虑到现在整个黑河下游的自然条件，加上废城附近又没有任何农耕的痕迹，现在到哈喇浩特来的人都会得出这样的结论：哈喇浩特城附近从来也不曾有农业。但马可·波罗的描述清楚地告诉我们，那里的居民"靠种地、放牧牛马为生，不从事商业"。

①　参见高比尔《成吉思汗史》49 页，巴黎，1739 年。
②　参见尤尔《马可·波罗》第一卷 225 页。那里引用了巴拉迪的话。另参见《皇家亚洲学会中国分会学报》第十卷 10 页以下，1875 年。
③　参见尤尔《马可·波罗》的"注与补遗"，53 页以下。
④　但读者现在可以参看本章第二节的有纪年的元朝文书。

本来，看了城墙外的地面后，再考虑到现在的黑河三角洲没有任何农耕区这一事实，我们会产生疑问。但在城东边较远的地方发现了乡村居民点遗址后，疑虑就消除了。何况，所有地形上的事实都表明，马可·波罗的描述是准确的。他说，从甘比楚出发，骑马走 12 天就会到额济纳城。而我们在从哈喇浩特直接到甘州时，路码表显示的距离是278 英里，和马可·波罗记载的数字十分吻合。如果沿甘州河河道走将会方便得多，总距离只会增加约 16 英里，骑马12 天也可以轻松到达。看一下我们的地图，再对照一下科兹洛夫上校在黑河终端湖泊以北的考察情况就会发现，马可·波罗描述的额济纳城"位于沙漠北边上"，是完全正确的。即便在哈喇浩特没有出土西夏文文书，从地理学上也可以推知额济纳城属于唐古特省。至于说当地居民都是"偶像崇拜者"（即佛教徒），我们在哈喇浩特遗址同样发现了令人信服的证据。马可·波罗称当地人拥有大量"骆驼和牛马"，现在黑河三角洲的蒙古人就有大群牛马，我们在那里也遇到了成群的骆驼。至于马可·波罗所说的当地产鹰，遗憾的是我没有询问当地人这件事。显然，人们在狩猎时有很多时候需要用到鹰。

马可·波罗的描述是准确的

从马可·波罗的记述中可以看出，在马可·波罗的时代（可能在那之前也是如此），额济纳城之所以很重要，是因为它是从甘州或肃州出发到蒙古心脏地带去的商队能获取物资的最后一个地点。看一下 1 英寸代表 100 俄里的俄国地图，或者其他任何蒙古地图就会知道，黑河尾水沿岸的那条道路，几乎沿直线穿过阿尔泰地区，朝艾尔得尼索（Erdenitso，即哈喇和林）延伸而去，然后继续向加克赫塔（Kiakhta）延伸，并在那里同从北平过来的西伯利亚大商道

黑河道的重要性

会合在一起。沿这条道到哈喇和林的旅行者，过了额济纳城后不会再遇到农耕区。马可·波罗所说的"途中既没有人居住，也没有中途休息吃东西的地方"，这个说法也是正确的。

马可·波罗关于北边沙漠的叙述

马可·波罗对北边 40 天行程的沙漠的描述，和我们现在知道的阿尔泰地区的情况十分一致。我们不妨引用一下这段文字，以此表明，马可·波罗对穿过额济纳城的那条道路的描述是何等准确。他说，在那片沙漠上，"夏天你的确会碰到人，但冬天时天气是极为寒冷的。你还会遇到野兽（因为那里有一些零星的小松树），以及不少野驴"。考虑到他对到额济纳城的那条道的描述也极为准确，再加上上面这段关于哈喇和林的文字，我们猜想，这些情况大概是他本人观察到的。尤尔爵士所采纳的那个版本中说，马非欧和马可·波罗曾为"完成某项使命"在甘州待了一年①。我觉得，尽管路途遥远，但马可·波罗仍找机会去了一趟蒙古旧都哈喇和林。这样就可以解释，为什么马可·波罗单单会特别提到额济纳城这座不太起眼的城市②。

废弃哈喇浩特

哈喇浩特城以及以哈喇浩特为宗教和防卫中心的居民区，是在马可·波罗来过之后多久废弃的呢？目前凭我手头的资料，还无法对这个问题作出明确回答。很可能在存于彼得格勒的那些丰富得多的资料中会有一些线索，让我们知道，这个长期有人居住的遗址，在时间上的下限究竟是什么时候。关于哈喇浩特的被弃，我只能提出两个可能的原因。其一，蒙古人建立的元朝灭亡之后，这个由热爱和平的中国

① 参见尤尔《马可·波罗》第一卷 220 页、223 页注 5。

② 与此极为类似的一个情况是，马可·波罗还提到了罗布，即若羌（参见尤尔《马可·波罗》第一卷 196 页）。当时若羌小绿洲中只有一两个不大的村落。那里之所以显得重要只有一个原因：从塔里木盆地到中国去的旅行者，在踏上穿越罗布沙漠到敦煌的艰苦、漫长的道路之前，只能在若羌找到物资。参见《西域考古图记》第一卷 318 页以下。

垦殖者构成的孤立的居民区，就处于不安全的处境中。明帝国确立了自己的大幅度收缩政策，帝国保护甘肃边陲不受敌人袭掠的范围，就到不了像额济纳城这么偏远的地方了。而在唐古特王朝和后来的元朝，额济纳城是在国家的保卫范围之内的。其二，由于同样的原因，沿黑河向北延伸的道路，一定在重要性上大打了折扣，甚至被完全废弃了，正如已被废弃了几百年的穿越罗布沙漠的道路一样。

在黑河土尔扈特部中，流传着一个传说，说的是哈喇浩特城是如何被围并最终毁灭的。科兹洛夫上校在他关于自己旅行的先期报告中（该报告的译文登在《地理学杂志》上），长篇累牍地叙述了这个故事①。从各方面看，这个故事都像一个民间传说。其中的某些细节，比如说被围困的国王最终从墙上的一条豁口逃出，并把自己巨大的财富都埋在附近的一口井中②。这些故事显然是由遗址的某些细节上的特征引发的，这些特征特别容易激发普通百姓的想象力。而土尔扈特人自己说，在他们400多年前从准噶尔第一次迁徙到黑河地区时，"这个遗址就已经是现在的样子了"。从中我们看出，很难说这个传说有什么历史价值。但有一点是值得注意的：这个传说正确反映了一个决定性因素。即使不是这个因素决定了遗址被放弃，它也一定制止了人们重新居住在这里，并重新开垦以前的那些耕地。

传说中称："围城的帝国军队无法攻陷哈喇浩特，就决定切断城的水源。"为达到这个目的，他们用沙袋堵住原来

关于额济纳城毁灭的故事

河流改道

① 参见《地理学杂志》387 页以下，1909 年。
② 据说，哈喇浩特的最后一任国王"哈喇将军"在攫取王位的时候，导致中国军队毁了这座城。这似乎是把地名当作人名了。蒙古人在提到哈喇浩特的时候，很可能在地名后面加上一个中国称号"将军"。

的河道，迫使河流改道。据说，在近代，人们还发现了这类沙袋的残件①。我们带来的那些蒙古人告诉我们，旧河道始于包尔加苏。但在回途中，我们在包尔加苏附近并没有明确地找到那条旧河道开始的地方。尽管如此，考虑到我们在黑河沿岸看到的情况，以及在塔克拉玛干沙漠南边几乎所有的被废遗址获得的经验，很有可能这个遗址的被废也和水源上的困难有很大关系。当然，情况并不像传说中所描述的那样。在围城的时候，即使是人为使河床改道，也不会使城内的地下水位迅速大幅度下降，所以城里的井还是能用的。但可以肯定的是，黑河从经过哈喇浩特的旧河床，改到了现在玉木拿河所在的河道，一定会切断农田以前的灌溉水源。这些农田离哈喇浩特以东平均有 6 英里，最近的地方离现在的河道也有 14 英里。显然，农田原来的灌溉用水，是用水渠从黑河引过来的。在哈喇浩特仍能清晰地看见这种水渠，拉尔·辛格还沿水渠向东南方追踪了 5 英里多。

黑河改道影响到灌溉　　河道发生的这种变化，一定会威胁到三角洲地区的所有水渠。如果河流改道已严重影响到流入渠中的水量，而当时的居民又想不出什么办法来应对这一困难，先前的农田就必然会被逐渐废弃②。要想证实在哈喇浩特以东的居民区是不是真的发生了这一变化，就必须极为仔细地考察一下保留下来的所有古代水渠的遗迹。如今已接近夏季，时间很紧迫，所以我们无法完成这一任务。但即便我们有时间进行考察，考察结果也不足以完全排除另一种迫使人们放弃一个居住区的因素。在黑河三角洲这样干旱的地方，这个因素更会发挥

---

① 参见《地理学杂志》388 页，1909 年 10 月。
② 参见本书第四章第四节；《西域考古图记》第一卷 203 页以下。

决定性作用。我指的是整体或局部地区的"干旱化"。

在黑河沿岸和黑河三角洲观察到的现象，都给我留下这样一种印象：干旱化（在这里指的是黑河水量的减少），大概在造成古代居民区今天的状况时，发挥了重要作用。它也许并不是废弃居民区的唯一原因或最直接的原因，但肯定是因为干旱化才没有人重新居住在这里，也没人重新开垦以前的那些耕地（我认为，现在是可以成功地重新开垦那些耕地的）。就维持水渠而言，上游 150 多英里的毛目绿洲的地面状况比这里要优越得多。但即便在那里，过去几年间人们也经历了严峻的困难，无法在春天较早的时候就使水渠中有足够的水。许多曾是垦殖区的地方，似乎在近期被废弃了①。

5 月的时候我们在毛目绿洲下游发现，黑河河床几乎是干涸的，据说已经有几个春天都是这样了。再往下，黑河三角洲最东边的那条支流依和高勒河，在过去的三年里，即便在夏季泛滥的时候也是没有水的（上文曾提到这一点）。我们沿着依和高勒河往回走时，一直到 6 月 12 日，才在"大堡"第一次遇到了流水，水只占河道宽度的十五分之一，流量不到 200 立方英尺/秒。这预示着夏季的洪流就要来到了。蒙古人看到这些水都欢欣雀跃，他们说过去几年里，在三角洲的任何一条支流中，都要等到这之后一个月才会有水的。这里的农田都是依靠灌溉的。在哈喇浩特和其他地点，所有庄稼要想生长，水渠中春季就必须有足够的水。现在，黑河三角洲的任何地方都无法保证这样的水量了。我们也不能以为，从前春季缺水的状况可以通过本地区的降雨来缓解。如果是这样，哈喇浩特遗址和那里的文物就不会这么完好地出

黑河水量减少

春季缺水

---

① 参见本书第十二章第二节。

现在我们眼前了。

从中世纪开始，黑河水量就在减少

我们似乎可以得出这样的结论：从中世纪晚期起，春季到达黑河三角洲的水量就已经大幅度减少了。至于是什么原因导致这一现象的发生，在此就不说了①。但我们可以肯定，河水减少并不是因为上游的灌溉用水增加。我们知道，上游绿洲中的农田，仍远未从东干人叛乱导致的人口锐减状况中恢复过来。在哈喇浩特城有人居住，附近地区有农业生产的时候，甘州河与肃州河因灌溉而丧失的水量，也不会少于现在。马可·波罗已经说过，"甘比楚是一座特别大、特别华美的城市，是整个唐古特省的首府"。他还说，在苏克楚尔（Sukchur，肃州）省，也有"极多的城市和村庄"②。

回到依和高勒河

天气越来越炎热，人和骆驼在哈喇浩特的工作都变得十分艰难（我们就是靠骆驼往这里运水的）。最后，我们终于完成了在这里的任务，拉尔·辛格也从对黑河终端湖泊的考察归来了。于是，我于6月5日将营地撤回到依和高勒河上的从都尔（Tsondul）。我们要为到南山脚下的旅行作出安排。而且该让辛苦工作过的骆驼离开，去享受它们迫切需要的"夏季假期"了。好在我们可以把它们遣往一个比较凉爽的地方，即黑河尾闾以东的空古尔旗山脉。我以前在毛目就听说过那条山脉，毛目的大群骆驼在夏季一般都被遣到那里的牧场去。据说那里就在独立的蒙古地区边上，我决定派穆罕默德·亚库卜押送骆驼，这样不仅会更安全，而且我还希望他能将考察活动扩展到东北方几乎还没人考察过的地方。

① 关于这一问题，参见我发表于《亚洲学杂志》第65卷489页的论文，1925年。
② 参见尤尔《马可·波罗》第一卷217页、219页。

但这个愿望却没能实现。穆罕默德·亚库卜从土尔扈特部首领的半永久性营地走了五天，到了宽阔的空古尔旗谷地。他这才发现，北边和东边俯瞰着谷地的小山上，都被蒙古哨兵严密守卫着，他们不允许他到蒙古地区去。穆罕默德·亚库卜虽然勇敢，但缺乏拉尔·辛格那种永不枯竭的精力和智谋。他只好看管骆驼，仅仅考察了一下到空古尔旗的道路和临近地区。

哈桑阿洪是我手下负责看管骆驼的头儿。在我的所有中亚旅程中，他都不仅认真履行自己的责任，而且一直对"旧东西"保持着浓厚兴趣①。就是因为他的警惕性和强烈的好奇心，使得他在押运骆驼去夏季牧场的途中，做出了一个考古学发现。当时，他正不慌不忙地赶着骆驼沿黑河回来，以便最终到毛目去（我们事先约好，在 8 月的最后一个星期在毛目会合）。他正在沙拉那采克（Shara-nazek）以东、哈喇浩特北—北西方向约 25 英里的地方放牧骆驼，却在灌木丛和胡杨树林中，发现了一圈围墙。据他说，围墙围成的地方很像哈喇浩特，但要小些。他后来把这个遗址指给穆罕默德·亚库卜看。穆罕默德·亚库卜把它标在了平面图上，位置是沙拉那采克以东约 4.5 英里处，并靠近沃旺果勒河干涸河床的右岸。穆罕默德·亚库卜说，围墙用泥土夯筑而成，围成了一个边长约 200 码的正方形。围墙里面有一个大遗址（大概是座庙），还有很多小建筑物，它们的木头支出在沙子和碎石之外。哈桑阿洪觉得，这些被沙子埋住的小建筑，有点像我们 1900 年看到的丹丹乌里克的庙宇和民居。

把测量员派到空古尔旗山脉去

沃旺果勒河附近的遗址

---

① 以前，他在我们寻找遗址的时候就帮了不少忙，参见《古代和田》第一卷 312 页，《西域考古图记》第二卷 575 页。

哈桑阿洪的发现　　穆罕默德·亚库卜从庙里带走了一些装饰过的陶器（E.G.07~09，图版L），其中包括一个檐口饰（上面有条精美的浮雕的龙）、一块花砖（见本书的文物目录）。从这些东西中，我们可以得出这样的结论：那座庙的建筑风格很像哈喇浩特城里的 K.K.I.i 遗址。在那个遗址中还发现了一些手稿和其他文物，据哈桑阿洪说，他看到遗址后，就很快在围墙外的一座小佛塔脚下挖到了这些东西。手稿等物表明遗址一直到比较晚的时候仍有人居住。但我必须指出，哈桑阿洪告诉我的发现地点是很模糊的。而且，在他和穆罕默德·亚库卜一块到那里去时，他并没有把这些东西拿给穆罕默德·亚库卜看。但从这些文物的性质和状况看，他的话是真的。

吐蕃文和蒙古文纸页　　哈桑阿洪发现的东西中，最主要的是大量独立的纸页，其中绝大部分写有或印有吐蕃文①。吐蕃文纸页中，完整的有 200 多张，还有很多残片。此外，还有约 20 张蒙古文纸页②。奇怪的是，还有两本小书，以及一些独立的极薄的中国纸，上面写有极其潦草的字，似乎是用吐蕃文写的账目。有一些纸页和残片上，是吐蕃风格、佛教性质的素描和雕版印刷的图形（见本书文物目录中的 E.G.01、03、04）。E.G.02 是一幅画在麻布上的小画，画的是一个坐姿的神，比较粗糙，也是风格。E.G.012（图版 LXVI）是一块磨得很光的木板，类似于丹丹乌里克和其他和田遗址发现的画板，上面是雕版印刷的神秘图案。小木制品中值得一提的还有木板 E.G.010（图版 LXVI），它突出的一面上用镀金的石膏粉画

---

① 样品见图版 CXXXII。
② 有些蒙古文文书残件，参见附录 K。（据本书英文版"补遗和勘误"补注——译者）

着一个龙头，地则是刷的红漆。E.G.011（图版 LXVI）是上
过漆的木框，显然本来是用来保护画着画的小木板的。这件
文物是穆罕默德·亚库卜在废庙拾到的，说明哈桑阿洪说的
自己东西的发现地大概是真的。

　　哈桑阿洪带回来的所有装饰性文物都明显具有西吐蕃风文物年代较晚
格，但这并不能给我们提供关于遗址年代的明确线索。因
为，早在西夏的统治确立以前，藏传佛教就已经来到了甘肃
边陲①。但在这个遗址的手稿和印刷品中，却没有一件西夏
文书，这是很值得注意的，说明它大概比我们在哈喇浩特发
现的类似文物年代晚很多。巴拉迪的一段文字大概与此有
关："北边的亲属争闹不休，使忽必烈汗十分不安，他就在
伊济内湖附近设立了一个军事哨卡，并在湖的西南滨建了一
座城（或堡垒）。伊济内这个名称就出自那个时候。"② 哈桑
阿洪发现的这个遗址，位于索果诺尔湖滨（指最近收缩之前
的湖滨）以南约 10 英里的地方。它会不会与那位元朝的伟
大皇帝建的哨卡有什么联系呢？我希望将来能有探险者仔细
考察一下这个遗址及其附近地区。

第五节　出自哈喇浩特及其附近遗址的文物

在阿杜纳霍拉遗址发现的东西

　　A.K.01　陶器碎片。出自一件用黄色硬黏土制成的器皿的侧壁。口沿稍
厚，里外都上了发绿的深棕色釉。口沿朝里、朝外都微微伸出来一点。口沿

---

　　① 参见《西域考古图记》第二卷 839 页、861 页、865 页。
　　② 参见尤尔《马可·波罗》第一卷 225 页，那里提到了巴拉迪的文章（参见《皇家亚洲学协会中
国分会杂志》第十卷 10 页，1875 年）。该书中似乎没有提及巴拉迪的说法来自什么资料。

外边$\frac{3}{4}$英寸的地方微凹，形成了细微的反曲线。口沿边没有上釉。里面和外面都微有螺纹，似乎是陶轮造成的，但也可能是器皿离开模子后在打磨过程中留下的。表面有极小的裂纹，大概是空气作用的结果。$2\frac{1}{2}$英寸×$3\frac{1}{8}$英寸×$\frac{1}{8}$英寸（平均厚度）。

A.K.02　陶器碎片。出自一件用极硬的淡红色黏土制成的器皿的侧壁。口沿灰色。表面隐约有横向螺纹，上了深棕色釉。里外都有深红棕色条纹，似乎是在很湿的时候拍印上去的，然后任由它流下来，和深色的釉掺杂在一起。口沿边没有上釉（大概是破了的缘故）。黏土微有孔洞。参见 T.XLIII.1.03。$2\frac{1}{4}$英寸×$1\frac{7}{8}$英寸×$\frac{1}{8}$英寸。图版 LI。

A.K.03　石器皿的侧壁碎片。暗蓝灰色，用刀很容易切割，大概是冻石。$1\frac{7}{8}$英寸×$1\frac{1}{4}$英寸×$\frac{1}{4}$英寸。

A.K.04　石锭盘。两面都钻了孔。直径$1\frac{1}{4}$英寸，厚$\frac{5}{12}$英寸。

A.K.05　陶器碎片。器皿的口沿。用发黄的灰色黏土制成，里外都上了棕色釉。口沿横截面为棱柱形，厚$\frac{1}{3}$英寸。$1\frac{1}{8}$英寸×$1\frac{3}{16}$英寸×$\frac{1}{4}$英寸。

A.K.06　陶器碎片。器皿的柄（?）。用黄色黏土制成，部分地方上了棕色釉。在没上釉的较厚一端附近，在器皿烧制之前钻了一个孔。$1\frac{1}{4}$英寸×$\frac{7}{8}$英寸。

A.K.07　陶器碎片。用棕色和象牙色黏土制成，两种黏土并置，就像某些千花玻璃珠子一样。从断裂处的横截面看，有像木头那样的颗粒状，陶器表面也呈颗粒状。但颗粒组成的线显然在一定程度上受到了控制。上了亮丽的绿色釉，釉在棕色的黏土上看起来发暗，更突出了那些颗粒。K.E.01 是精美得多的类似东西。$1\frac{1}{8}$ 英寸×$\frac{7}{8}$ 英寸×$\frac{1}{8}$ 英寸。图版 LI。

A.K.08～014、016、017 **陶器碎片**。灰色陶器，颜色像青瓷。内面，在灰绿色釉下面，有设计得很美丽的低浮雕植物图案。010、016 外面有放射状的线，像是凹槽装饰（fluting）。关于 010 边上的图案，参见布谢尔《中国艺术》第二卷图版 II。最大残片 $3\frac{3}{8}$ 英寸×$2\frac{3}{16}$ 英寸。图版 LI。

A.K.015 **陶器碎片**。灰绿色（颜色像青瓷），出自碗的下半部分。内面釉底下刻有五行汉字，外面有凹槽装饰。圈足。$2\frac{9}{16}$ 英寸×$2\frac{1}{4}$ 英寸。图版 LI。

A.K.018 **瓷器碎片**。出自器皿的侧壁。黏土白色，外面切削成很多小平面。外表有蓝色植物图案。$1\frac{1}{16}$ 英寸×$\frac{7}{16}$ 英寸。图版 LI。

A.K.019 **陶器碎片**。白色，像瓷器一样硬，上了很淡的灰绿色釉，内面隐约刻着花纹。$\frac{7}{8}$ 英寸×$\frac{3}{4}$ 英寸×$\frac{5}{16}$ 英寸。

A.K.020 **瓷器碎片**。出自碗的侧壁，极薄，微微透明。上了很淡的灰绿色釉，内面用精细的线条隐约刻着图案。圆口沿薄而光滑。$1\frac{1}{4}$ 英寸×$1\frac{1}{8}$ 英寸×$\frac{1}{14}$ 英寸。

A.K.021～025 **陶器碎片**。像瓷器一样硬，但不透明，上了象牙色的釉。022 的折沿很薄，023 内面隐约有突起的扇形线条。025 最大，$1\frac{3}{8}$ 英寸×$1\frac{1}{4}$ 英寸×$\frac{1}{8}$ 英寸。

A.K.026、028 **陶器碎片**。用灰色硬黏土制成，外面上了淡黄色釉，还微微刻着深棕色线条和小圆圈。圆圈用圆柱形小工具刻成，棕色颜料已经渗透在釉中了。026 内面还残存着棕色釉。参见 K.E.XIII.04（图版 LVII）。$1\frac{1}{4}$ 英寸×$1\frac{1}{4}$ 英寸×$\frac{3}{8}$ 英寸；$1\frac{3}{8}$ 英寸×$\frac{7}{16}$ 英寸×$\frac{3}{16}$ 英寸。图版 LI。

A.K.027　陶器碎片。黄色黏土，釉和装饰与 A.K.026、028 类似，但釉已剥落。内面是棕色。另一块类似残片是 K.E.XIII.04（图版 LVII）。$1\frac{3}{4}$ 英寸×1 英寸×$\frac{3}{16}$ 英寸。图版 LI。

A.K.029～036　粉色石头（玛瑙?）碎片。有的加工过，035 很光滑。036 呈卵形，大概是一块天然卵石。最大一块 $\frac{3}{4}$ 英寸×$\frac{5}{8}$ 英寸×$\frac{1}{4}$ 英寸。

A.K.037　青铜残件。出自一件器皿（?）的口沿。沿朝里收，沿里侧比较厚。除沿外，其余各边都破碎了。外表微微呈凸弧形。$2\frac{5}{8}$ 英寸×$1\frac{1}{16}$ 英寸×$\frac{1}{24}$ 英寸，沿里侧厚 $\frac{1}{12}$ 英寸。图版 LI。

A.K.038　铁制品残件。一端卷成环形，并逐渐变细。另一端较粗，已折断。氧化得比较厉害，有裂纹，粗的一端中间有一个小孔。$1\frac{7}{8}$ 英寸×$\frac{5}{12}$ 英寸。

A.K.039　小青铜像。立姿人像，项光带尖。身体微呈曲线，体重似乎放在左脚上。垂右臂，左臂从肘部抬起。头饰很高，形状像船的龙骨。膝部以下缺失。很破旧。$1\frac{3}{8}$ 英寸×$\frac{1}{2}$ 英寸。图版 XI。

在哈喇浩特城里的垃圾堆和瓦砾堆中发现的遗物

K.K.01　木梳子残件。断成了两截。背为半椭圆形，齿比较长，最长不

足 $\frac{1}{2}$ 英寸。用颗粒很紧密的重木头制成，做工很好。 $2\frac{1}{2}$ 英寸× $2\frac{1}{2}$ 英寸。图版 LXVI。

K.K.02　丝绸和棉布残片。一条棉布，上面打了一些丝绸结。丝绸是两片织得很紧密的斜纹锦缎，图案不完整。长约 23 英寸。

K.K.03　印刷品残件。用雕版印刷着菱形边，图案上有残缺不全的吐蕃文。印得特别粗糙。4 英寸× $1\frac{1}{2}$ 英寸。还有两张没有图案的纸，7 英寸× $2\frac{1}{2}$ 英寸。

K.K.04　丝绸残件。黄色，带菱形小花纹。6 英寸× $1\frac{1}{2}$ 英寸。

K.K.06　丝绸残片。白色，平纹。 $5\frac{1}{2}$ 英寸× $1\frac{3}{4}$ 英寸。

K.K.07、08、017　3 片青铜。08 最大， $1\frac{3}{4}$ 英寸× $1\frac{1}{4}$ 英寸（弯曲的宽度）。

K.K.09、010　2 块打火石残件。淡黄色。最大尺寸 1 英寸× $\frac{5}{8}$ 英寸× $\frac{3}{8}$ 英寸。

K.K.011　玻璃珠子。白色，球形，钻了孔以便穿线。直径 $\frac{3}{8}$ 英寸。

K.K.012　绿色石头残件。比较软。 $\frac{7}{8}$ 英寸× $\frac{5}{8}$ 英寸× $\frac{1}{4}$ 英寸。

K.K.013　写了题识的木头。一块小木板，外面涂了层黑漆，长方形，左上角和右上角斜截。正反面各有两个汉字，汉字切入漆中，因而呈白色。左上角和右上角下边沿着边钻了一个小孔。保存良好。 $1\frac{15}{16}$ 英寸× $\frac{9}{16}$ 英寸× $\frac{3}{16}$ 英寸。图版 LXVI。

K.K.015　青铜残片。扁平，一端表面突起。已生锈。最长处 $1\frac{1}{2}$ 英寸。

K.K.016　铁钩。$1\frac{3}{8}$ 英寸 × $\frac{1}{2}$ 英寸。

K.K.018　铁匕首的刃。横截面为长菱形，已生锈。$2\frac{3}{4}$ 英寸 × $\frac{5}{8}$ 英寸 × $\frac{1}{4}$ 英寸。

K.K.019　铁钉书钉。用扁平的铁条制成，一端弯成环，另一端弯成旋涡形。长 $2\frac{7}{8}$ 英寸，环形一端宽 $\frac{11}{16}$ 英寸。

K.K.020　铁刀（?）的铤和一部分柄。2 英寸 × $\frac{1}{4}$ 英寸。

K.K.021　陶器碎片。器皿的金字塔形实心足，还连着一部分器皿主体。比较硬，黄色，部分地方上了深棕色釉，底部有陶工留下的深深的刻痕。直径 2 英寸，高 $2\frac{1}{8}$ 英寸。图版 LVII。

K.K.022　铅盘。扁平，不太规则。接近中间钻了一个孔。$\frac{15}{16}$ 英寸 × $\frac{3}{4}$ 英寸 × $\frac{1}{8}$ 英寸。

K.K.023　陶器碎片。器皿的底座（?），断成了两截，装饰着环形凹槽。淡黄色，纹理特别细腻，上了一层非常薄的黄色釉。直径 $1\frac{1}{2}$ 英寸，高 $1\frac{1}{8}$ 英寸。图版 XI。

K.K.024　陶器碎片。碗（?）的足和底部。象牙色，像瓷器一样，上了层无色的釉（釉特别均匀）。圈足，圈足外边紧连着一条微微凹陷的条带。底部钻了一个洞。3 英寸 × $1\frac{3}{4}$ 英寸。

K.K.025、026　瓷器碎片。器皿的口沿和侧壁，断成了两截。内外都上了深灰绿色的釉（青瓷釉）。薄口沿边上没有上釉。内面的釉底下是低浮雕的图案。图案是六边形（边是空的），六边形中间隐约有植物图案。边上和底部可以看到一部分其他的六边形。$4\frac{1}{2}$英寸×$3\frac{1}{4}$英寸×$\frac{1}{8}$英寸。

K.K.027、029　陶器碎片。灰色硬陶胎，上了一层灰绿色釉，类似青瓷（?）。里面的釉下隐约有浮雕图案。027出自器皿的侧壁，$1\frac{5}{8}$英寸×1英寸。029为一部分圈足和侧壁，$1\frac{1}{2}$英寸×$\frac{3}{4}$英寸。

K.K.028　陶器碎片。黄色，上了釉。$1\frac{1}{8}$英寸×$\frac{3}{4}$英寸。

K.K.030　石斧头。灰色，与K.E.V.03类似，但孔更大，厚的一端更窄，刃锋利。$1\frac{3}{4}$英寸×$\frac{1}{2}$英寸×$\frac{5}{8}$英寸。图版LXVI。

K.K.035　陶制锭盘。有大孔，比较粗糙。直径$1\frac{1}{8}$英寸，厚约$\frac{1}{2}$英寸。

K.K.036　陶器碎片。出自一个小碗的口沿，质地像瓷器一样，上了半透明的蓝色釉。口沿微微向外折。口沿底下$\frac{3}{8}$英寸的地方，隐约有一条与口沿平行的螺纹。釉上得很好。$2\frac{3}{4}$英寸×$1\frac{1}{16}$英寸×$\frac{1}{8}$英寸。

K.K.037　陶器碎片。出自一个碗的口沿和侧壁。黏土质地像瓷器，上了半透明的淡橄榄色釉。沿宽$\frac{1}{2}$英寸，急剧地向外折，并微微向上翘。外表有浅浅的西红柿一般的螺纹。参见K.K.0106。$1\frac{13}{16}$英寸×$1\frac{1}{2}$英寸×$\frac{3}{16}$英寸。图版LVII。

K.K.038　陶器碎片。出自碗的下半部分。黏土白色，内外都上了淡绿色釉。内面的釉下微微有弧形刻线，还有无意造成的裂纹。长 $2\frac{1}{4}$ 英寸，宽 $1\frac{5}{8}$ 英寸，平均厚度 $\frac{5}{16}$ 英寸。图版 LVII。

K.K.039~044、062、063　陶器碎片。出自一个或几个类似的红陶碗（有时陶土烧成了灰色），大多数上了绿色釉。由于窑的热度不同，也有可能由于它们出自不同器皿，釉的深浅不尽相同。黏土淘洗得中等细腻。釉有裂纹（不是有意造成的），多孔。040、042 的釉为蓝色，上面有紫色条纹。足和足上面的部分没有上釉。形状是拇指圆饰形，口沿微向里收。只有041、044 上钻了铆钉孔。其他类似例子有 K.E.XIV.011~015，K.K.0103、0104、0109~0111。最大一块长 $3\frac{3}{4}$ 英寸，宽 $2\frac{1}{2}$ 英寸，平均厚度 $\frac{1}{4}$ 英寸。

K.K.045　陶器碎片。黏土像瓷器一样，多孔。钻了洞，洞呈四瓣状，尖为锐角（即哥特式形状）。四瓣状孔洞外画了一条蓝色线，蓝线外画着蓝底。外边的釉是特别淡的蓝绿色。里面陶土的表面玻璃化了，为淡黄色。$2\frac{3}{8}$ 英寸×$1\frac{1}{2}$ 英寸×$\frac{1}{2}$ 英寸。图版 LI。

K.K.046　陶器碎片。出自一件与 T.XLVII.09 类似的器皿，但里面的釉上有很多条红线，形成边，红线下又开始了别的图案。有些红线之间有小绿点。$1\frac{7}{8}$ 英寸×$1\frac{1}{4}$ 英寸×$\frac{1}{8}$ 英寸。

K.K.047　陶器碎片。出自器皿的侧壁。器皿的陶土像瓷器一样，不太透明，上了极淡的橄榄绿色釉。内外都有蓝色图案。内面的图案是无装饰的条带，条带两边各有两条线，再往下是植物图案。外面是类似的带子和旋涡状植物。再往下是方块，方块的轮廓线用宽线和窄线勾勒出来，方块里面的图案还不能辨识出来。参见图版 LVII 中的 K.E.XV.02。长 $1\frac{3}{8}$ 英寸，宽 $1\frac{1}{2}$ 英寸，完整厚度 $\frac{1}{8}$ 英寸。四面都破碎了。图版 LI。

K.K.048　陶器碎片。出自器皿的侧壁。陶土白色，多孔，外面上了蓝色釉。从外边看，碎片中间是横向的龙骨，两边都是凸弧形。从里面看是凹形，看不出外边的龙骨来。$3\frac{1}{2}$英寸×2英寸×$\frac{1}{4}$英寸。

K.K.055　青铜圈。直径$1\frac{1}{8}$英寸，厚$\frac{3}{16}$英寸。

K.K.056　青铜包头或青铜夹残片。状如盾牌。盾牌最上面那条边中部朝上连着一根杆，杆顶上是横档。横档有两条臂，每条臂的末端都有一个疙瘩。盾牌中心部分是空的。背面有两颗铆钉，一个在"盾牌"尖上，另一个在横档中间。用途与此类似但形状稍有不同的文物，参见《西域考古图记》第四卷图版 XXXVI 中的 L.A.0056。1 英寸×$\frac{11}{16}$英寸。图版 LXVI。

K.K.057、059、067　3 块青铜残片。067 是一个扁平的包头，一端微圆，另一端是方的，背面有 3 颗铆钉留下的痕迹。其余两件是无用的碎片。$\frac{7}{8}$英寸×$\frac{1}{2}$英寸。

K.K.058　铸铁做成的带子。半圆形，向外鼓出两颗方形纽，两颗纽离带子中点距离相等，彼此相距$1\frac{1}{2}$英寸。已断成两截。$3\frac{1}{2}$英寸×$\frac{1}{2}$英寸×$\frac{1}{4}$英寸。图版 XI。

K.K.060、061、064、065　铁钉。064 头比较宽，长 $2\frac{7}{8}$英寸。060 是钉头（?），直径$\frac{3}{4}$英寸。061 也是钉头，直径$\frac{5}{8}$英寸。065 的钉头已缺失，长 $1\frac{5}{8}$英寸。

K.K.064.a　玉珠子。球形，白色，钻孔，并穿了一根银线。直径约$\frac{1}{5}$英寸。

K.K.066　铁刀残件。铤长而薄。刃向两边扩展成同样的宽度，刃特别薄。长 $4\frac{1}{4}$ 英寸，刃宽 $\frac{7}{8}$ 英寸。图版 XI。

K.K.068　银（？）棒。一端厚而圆，向另一端逐渐变细。大概是用来把锑点到眼睛上去的。$2\frac{1}{2}$ 英寸×$\frac{1}{8}$ 英寸。

K.K.069、070　2 块很硬的黑色炉渣残件。长约 $1\frac{1}{2}$ 英寸。

K.K.071　玛瑙或光玉髓的珠子。球形，没有钻孔。直径 $\frac{1}{2}$ 英寸。

K.K.074　木刀柄。已裂开，用绳子缠了起来。本来连着金属箍，以便与刀刃相连。横截面扁平。4 英寸×$\frac{5}{8}$ 英寸×$\frac{3}{8}$ 英寸。图版 LXVI。

K.K.075、082、083　珠子。075 为绿松石，直径 $\frac{1}{3}$ 英寸，没有钻孔。082 是粉色玛瑙，直径 $\frac{1}{2}$ 英寸，没有钻孔。083 为蓝色玻璃质混合物（人造宝石），钻了个大孔，$\frac{7}{12}$ 英寸×$\frac{1}{3}$ 英寸。

K.K.076、079　青铜薄片残片。076 两端都逐渐变细，一端大致呈钩形。$3\frac{1}{4}$ 英寸×$\frac{1}{4}$ 英寸。079 微微变细，细的一端削出棱角，附近还钻了一个孔。一面压印出了螺旋形装饰。弯曲。2 英寸×$\frac{2}{3}$ 英寸。

K.K.077　铁刀。铤和刃的一部分，与 K.K.066 类似。$2\frac{3}{8}$ 英寸×$\frac{1}{2}$ 英寸。

K.K.078　铁钉或刻刀。横截面为正方形，向尖端逐渐变细。头部较薄，铲刀状。长 $3\frac{1}{4}$ 英寸，头宽 $\frac{7}{16}$ 英寸。图版 XI。

K.K.080　铁锯子残件。左右均为锯齿，一侧的锯齿比另一侧细。齿距掌握得很好，但是锯齿没有倾角。长 $1\frac{1}{2}$ 英寸，宽 $\frac{15}{16}$ 英寸，大锯齿深 $\frac{7}{32}$ 英寸，小锯齿深 $\frac{5}{32}$ 英寸。大锯齿尖端之间的距离是 $\frac{5}{16}$ 英寸，小锯齿尖端的距离是 $\frac{4}{16}$ 英寸。厚 $\frac{1}{24}$ 英寸。大锯齿主要锋的角度为90°，次要锋的角度约为40°。小锯齿不规则。图版 LXVI。

K.K.081　青铜棒。逐渐变细，两端都已折断。较粗一端长 $\frac{2}{3}$ 英寸，都装饰着浮雕，浮雕是四条纹路构成的波形饰。波形饰纵向伸展，形成了一组组翻转的螺旋形。较细的一端是正方形，从正方形的四角继续伸展出波形饰的纹路。长 $3\frac{1}{2}$ 英寸，粗约 $\frac{3}{16}$ 英寸。图版 LXVI。

K.K.085　珊瑚。粗糙，加工成扣环或发夹的形状，表面一部分地方雕着中国式的云卷。$1\frac{5}{16}$ 英寸 × $\frac{5}{8}$ 英寸 × $\frac{1}{2}$ 英寸。图版 LXVI。

K.K.086　光玉髓珠子。六边形。两个周长最长的侧面斜削过，构成12个小侧面。端点较平，钻了孔。直径 $\frac{7}{16}$ 英寸。

K.K.0102　上釉的瓷碗底部。青瓷（?），圈足。浅灰色硬胎，正反面都上了暗灰绿色釉，里面的釉下刻了曲线图案。外面有两个铆钉孔。现存高度为 $1\frac{3}{4}$ 英寸，圈足直径 $2\frac{3}{8}$ 英寸，最宽处 $5\frac{1}{8}$ 英寸，侧壁厚 $\frac{3}{16}$ 英寸。图版 LVII。

K.K.0103　上釉的陶器碎片。陶胎红色，粗糙，有黑色环形纹。正反面都上了发绿的蓝色釉（但在外面接近底部的地方，釉终止了）。参见 K.K.063。最长处 $3\frac{1}{8}$ 英寸，厚 $\frac{3}{16}$~$\frac{5}{16}$ 英寸。

K.K.0104　**上釉的陶器碎片**。陶胎灰黄色，正反面都上了飞燕草那样的蓝色，微有裂纹。参见 K.K.040、042、043。最长处 $2\frac{1}{2}$ 英寸，厚 $\frac{3}{16}\sim\frac{5}{16}$ 英寸。

K.K.0105　**上釉的瓷器般的器皿残片**。碗的口沿。硬胎为白色，正反面隐约上了发绿的蓝色釉。里面釉底下有刻上去的图案末端的残迹，外面釉底下是刻上去的直线。外面有一个大铆钉孔，但没有洞穿。口沿上无装饰，微向外折。$1\frac{15}{16}$ 英寸×$2\frac{3}{8}$ 英寸×$\frac{1}{8}$ 英寸。

K.K.0106　**上釉的瓷器般的碗残片**。碗的口沿和侧壁。胎很硬，为发灰的白色。正反面都上了浅绿色釉，微有裂纹。口沿宽 $\frac{1}{2}$ 英寸，大幅度向外上方折出，微呈弧形。侧壁外面隐约有宽宽的纵向螺纹。参见 K.K.037。最长处 $2\frac{5}{8}$ 英寸，厚 $\frac{1}{8}$ 英寸。图版 LVII。

K.K.0107　**上釉的瓷器般的器皿残片**。胎浅灰色，正反面都上了暗淡无光的浅绿色釉。外边的口沿底下有一个条带（由六条不太分明的刻线构成），底下还有部分弧形刻线图案。口沿上无图案，微向外折。$1\frac{13}{16}$ 英寸×$2\frac{1}{4}$ 英寸×$\frac{1}{8}$ 英寸。

K.K.0108　**上釉的瓷器般的器皿残片**。白色厚胎，正反面都上了光滑的玉绿色釉。最长处 $2\frac{1}{8}$ 英寸，厚约 $\frac{3}{8}$ 英寸。

K.K.0109　**上釉的陶器碎片**。细腻的红色胎，淘洗得很干净，烧得不均匀，成了灰色。正反面都上了淡蓝绿色釉。最长处 $2\frac{5}{8}$ 英寸，厚 $\frac{1}{4}$ 英寸。

K.K.0110　**上釉的陶器碎片**。深灰色厚胎，正反面都上了暗淡无光的浅蓝色釉，外面的釉没到残件底部就终止了。最长处 $2\frac{1}{8}$ 英寸，厚 $\frac{1}{4}$ 英寸。

K.K.0111　上釉的陶碗底部。有圈足。用细腻的灰色硬黏土制成厚胎，正反面都上了一层厚厚的亮丽的蓝色釉，里面有紫色泼点。厚釉一条条涂下来，直到圈足上方才终止，碗底里面上了 $\frac{1}{4}$ 英寸厚的釉。参见 K.K.040、042、043。现高 $1\frac{1}{4}$ 英寸，圈足直径约 $2\frac{1}{2}$ 英寸，侧壁厚度约 $\frac{3}{8}$ 英寸，最宽处 $3\frac{1}{4}$ 英寸。图版 LVII。

K.K.0112　上釉的陶碗残片。矮圈足，侧壁向外扩展得很宽。用细腻的黄色硬黏土制成胎，内面涂的淡淡的绿色釉几乎像是无色的。内面底部用橄榄绿色釉点了一组菱形图案，图案由9个点构成。就保存下来的残件看，碗外边没有上釉。但可能再往上本来有釉。最长处 $4\frac{1}{8}$ 英寸，现高 $1\frac{1}{4}$ 英寸，底部直径为3英寸，侧壁厚 $\frac{3}{16}$ 英寸。图版 LVII。

K.K.0113　上釉的一角陶瓦。 $\frac{3}{4}$ 英寸宽的边沿突起。胎又硬又细腻，为发红的黄色。突出的沿和里面的底上，装饰着斑驳的绿色植物（?）图案，图案的底为锈红色。沿上的部分图案剥落了。瓦的一条棱上涂了黑色釉，用刮除法装饰着黄色旋涡饰（图案出现在平行的边之间，地为黑色）。瓦的另一条边是无图案的黑色釉。底下，棱边附近是两条很深的刻线，上了棕色釉，釉把刻线都盖住了。余下的表面打磨得很光滑。$2\frac{5}{8}$ 英寸 $\times 2\frac{3}{8}$ 英寸，厚 $\frac{1}{2}\sim\frac{3}{4}$ 英寸。图版 LVII。

K.K.0114~0115　2块上釉的大陶器残片。侧壁呈极不明显的弧形。细腻的黄色硬胎，正反面都上了深橄榄绿色釉。外面的釉刮掉了一部分，留下的釉就构成了图案。图案是环形条带和一大丛叶子（？），以黄色胎作底。刮去的釉把黄底染成了深红色。参见 K.E.V.020（图版 LVI）、XIV.10（图版 LVII）。里面有横向螺纹。最长处 $4\frac{1}{8}$ 英寸，厚 $\frac{1}{4}$ ~ $\frac{3}{8}$ 英寸。图版 LVII。

K.K.0116　上釉的陶器残片。微成弧形的肩部向里收，形成又宽又平的口沿。胎用黄色硬黏土制成，正反面都上了深橄榄绿色釉。外面的釉刮掉了一部分，剩下的釉构成了以胎为地的图案。紧挨口沿下面，是悬垂的花瓣和萼片图案（类似于卵形和舌形图案）。绕着肩是一条无花纹的带子。再往下是一丛大叶子（？）图案。质地和图案与此类似的文物有 K.E.V.020（图版 LVI）、K.E.X ~ XI.01、K.E.XIV.010（图版 LVII）。高 $5\frac{1}{4}$ 英寸，最宽处 5 英寸，平均厚度 $\frac{5}{16}$ 英寸。图版 LVII。

K.K.0119.w　纸片。残留着一部分雕版印刷的黑色画。画中是一片朝上生长的荷叶，状如碗。荷叶有叶脉，扇形边垂下来。下垂的边的每一部分，都有一个很粗糙的 V 形装饰物，V 形的两条臂之间是一个点。叶子右边是一个旋涡饰。叶子和旋涡饰涂成了黄色。再往上有几条直线，大概是帷幔。工艺粗糙。纸很薄，有污点，只有一边的一部分是完好的。8 英寸×6 英寸。

K.K.0121.jj　细致的麻布片。可以看到一个佛像的左眼和左太阳穴，是用蜡画法（？）涂的色。眼睛、眉毛、头发黑色，皮肤褪色成了暗棕色。出自香客捐来的画。$1\frac{1}{2}$ 英寸×$1\frac{3}{8}$ 英寸。

K.K.0152.ee　细绳残件。搓得很紧，有弹性，大概是用羊毛制成。长 $25\frac{1}{2}$ 英寸。

K.K.0199.v　纸片。上面有两个模子印出的图案，一个为红色，另一个为黑色。图案由一组组间距约 $\frac{1}{8}$ 英寸的平行直线构成。从纸的一端到已被撕破的纸边，直线长 4~4$\frac{1}{2}$英寸。从纸一端开始，有$\frac{7}{8}$英寸长的直线之间都涂成黑色（或红色）。有时两条直线之间，有时三条直线之间，有时七条直线之间的地方都填满了，而下两条直线之间的地方则是空白。各组线之间写着几个潦草的字。纸背面隐约有中国印章留下的粉色印痕，还有两个手写的黑色汉字。纸的两条边是完好的，另两条边已被撕破。8$\frac{3}{4}$英寸×6$\frac{1}{2}$英寸。

K.K.i.01　陶瓦残片。灰色，管状，外面有黑色汉字。里面有细致的麻布留下的清晰印痕。3$\frac{1}{2}$英寸×3英寸×$\frac{5}{8}$英寸。图版 L。

K.K.i.02　上了漆的碟子。圆形，凹面。用盘绕起来的竹篾编成，两面都贴了一层纸，纸上染了红漆。保存得极差。直径 7 英寸，高约 1 英寸。碟子上装有一个滤器，是用编织得很粗糙的麻布撑在弯曲的小树枝上，再用细绳把麻布和树枝绑住。4$\frac{1}{4}$英寸×3$\frac{1}{2}$英寸。图版 C。

K.K.iii.01　2 块上了漆的纱残片（出自哈喇浩特以东）。纱眼较大，特别均匀。外面上了一层颜料，大概是漆，并熨烫过使漆变干。看起来就像是带极小空洞的锌（这种效果是独一无二的）。每平方英寸中的网眼数量为 40×54 个。可以将透孔的纺织品 **M.B.I.iii.014** 与此相比较。较大一块残片的尺寸为 2 英寸×2$\frac{1}{4}$英寸。

K.K.iii.02　一捆谷物。

K.K.iv.01　上漆的木碗。状如浅碟子，里外都上了细腻的漆。底部是黑漆，并潦草地写了三行汉字，每行有四个字，上边的两个字不完整。（第一列和第三列汉字内容如下：武昌的张山福新四年造。中间那行汉字中出现的蒙古人的名字叫"李吉"，名字下是一个像交织字母一样的签名。——吉列斯博士）（读者引用释文时，请参见图版——译者）。

碗的构造：中间是一个扁平的木盘子，围绕着它的是一圈圈木头或竹篦，形成了弧形碗沿。沿上涂了一层漆或颜料。然后在背面和前面粘一层眼很大的麻布。麻布以细绳为经线，扁平的纬线像飘带一样。麻布外面又是一层层漆，最后一层漆是所需要的颜色，并仔细打磨过。盘子约有五分之二已经缺失。直径 6 英寸，足高 $\frac{3}{8}$ 英寸，总高 1 英寸。图版 XI。

K.K.iv.02、03　丝绸残片。已褪色，无花纹。02 打成了蝴蝶结，蝴蝶结一端长，一端短，$6\frac{1}{2}$ 英寸×$\frac{3}{4}$ 英寸。03 是两个窄条，仍看得见缝过的痕迹，8 英寸×3 英寸。

K.K.viii.02.a　波斯手稿残件。纸为黄色，已被撕破。[说的是穆斯林应该在什么时候举行各种祈祷仪式，尤其是在 10 种场合不应该出现那句自发的祷告词（纸页上只出现了七种场合）。可能是公元 14 世纪早期的。——爱德华先生] 6 英寸×$7\frac{1}{2}$ 英寸。图版 CXXXVII（图版号码有误——译者）。

在哈喇浩特的不同遗址发现的香客捐来的小佛塔模型样品

K.K.090~0101　12 个还愿用的土佛塔模型。有代表性的样品，出自不同的佛塔遗址，也有的出自城外。097~099 与《西域考古图记》第四卷图版 CXXXIX 中的 So.A.006 类似。从平面图看是正方形，每个侧面中央都向外突出，突出部的三个角都超过 180°。正面图：在高高的正方形墩座上，支撑着一个逐渐变细的圆顶。从正方形到圆形之间的过渡，是通过一个带阶梯的八边鼓形物实现的。

从墩座上半部分，用四条台阶引出突出的底座。底座环绕着墩座。底座最底部也呈四条台阶向外扩展。佛塔的每个面上都有一组通向墩座顶部的台阶，台阶底部宽，朝墩座顶部逐渐变窄。平面图中的中央突起部就是这样的台阶。佛塔圆顶的顶端有一个伞状顶饰的方形底座。

整个模型立在一个圆土座上（土座与模型连成一体）。为了将模型从模子中取出，必须有这样的土座。佛塔底部有一条婆罗米文题识，圆顶顶部还有别的字。099 破碎得很严重。

090~096、0100、0101 与《西域考古图记》第四卷图版 CXXXIX 中的 So.A.008 类似。没有正方形墩座,取而代之的是圆锥形底座。底座由四层紧密地放在一起的小佛塔模型构成,最底下一层有 31 座小佛塔。这个底座下面有一条婆罗米文题识。再往下是一个连续的莲花座,莲花瓣朝下垂。

0101 的伞状顶饰周围有很清晰的字。伞状顶饰的底部是正方形,状如一个带台阶的金字塔。

平均高 3 英寸,底部直径 $2\frac{3}{4}$ 英寸。099 高 $4\frac{1}{4}$ 英寸,底部直径 $3\frac{3}{4}$ 英寸。

在 K.K.I.i 庙宇出土的文物

K.K.I.01　花绸残片。经线特别细;纬线是双股,很软。图案是植物。颜色有橙红色、绿色、黄色和蓝色。特别破旧。最长处 18 英寸。

K.K.I.02　一团黄色丝线。双股,捻过。粗约 $\frac{1}{16}$ 英寸。

K.K.I.03　素绸残片。软而不结实,呈浓重的黄绿色,一端烧焦过。最长处 $6\frac{1}{2}$ 英寸。

K.K.I.04　2 块素绸残片。缝在一起。都褪色成了砖的那种颜色。一块很细密,另一块粗糙而稀松。5 英寸×$\frac{3}{4}$ 英寸。

K.K.I.05　铜线(?)装饰品残件。垂饰或耳环的一部分,用两条平行细铜线制成。装饰品的大体轮廓为椭圆形。线卷起来,使椭圆的轮廓线像扇贝形状,每个扇形的尖端都是螺旋形。共有两组扇贝形,一组在外,一组在内,里面那组扇贝形也是用那两股铜线拧成的。装饰品中心是较大的双螺旋形。长 $1\frac{1}{4}$ 英寸,最宽处 $1\frac{1}{16}$ 英寸。

K.K.I.06　上彩釉的陶器碎片。出自建筑物的细部。一片高浮雕的大葡萄叶子（带茎和苞片），出现在大体呈弧形的表面上。胎红色，上了细腻的绿色釉。一条短边的一部分是完整的，其余各边都已破损。背面粗糙，以便容易粘在别的地方上。做工很好。长约 12 英寸，宽 12 英寸。图版 LII。

K.K.I.07　上彩釉的陶器碎片。出自建筑物的细部。大而扁平的高浮雕旋涡饰残件。胎红色，上了棕色和绿色釉。两条相邻边的一部分是完整的，其余各边已破损。背面粗糙，以便涂接合剂。$11\frac{1}{2}$ 英寸×$11\frac{1}{2}$ 英寸。图版 LII。

K.K.I.08、010　泥塑的手。共两双，出自小泥像。08 看得见手背，一只手放在另一只上面。010 手心向上，一只手放在另一只手中。$2\frac{3}{4}$ 英寸×1英寸。

K.K.I.09、013、020、031、032、064、066、085、096、0112　泥塑的蛇残件。有两个头和一部分身体，很逼真地盘绕着，涂了灰色和黄色，带黑点。本来连在镀金的泥塑上，因为蛇上面还粘着些金粉。最大那件弧形的弦长约 10 英寸。图版 LIII（020）、LIV（085）。

K.K.I.011　泥塑残件。浮雕，是绿色衣物的末端，边金色。$3\frac{1}{4}$ 英寸×$1\frac{1}{4}$ 英寸。

K.K.I.012、0203　泥塑手指残件。长指甲几乎比指尖长出约$\frac{1}{4}$英寸，指甲根部的覆盖物用传统方式加以强调。指甲上有很深的凹洞。手指的姿势直而僵硬，指尖没有弯曲。在白颜料上镀了金，雕塑中间没有木"核心"。像真人手指那么大。

K.K.I.014、023、039、044、045、049～053、061、062、065、070、0162、0163～0184、0186～0194、0196、0197、0201、0216、0227～0229

泥塑的用珠子串成的装饰品。装饰品上连着小花和菱形宝石。镀了金。珠串用四股珠子拧成，表面上隔一段距离出现一颗宝石。宝石的详情，参见 K.K.I.028（菱形）、K.K.I.022（小花）。镶宝石的方式，参见《西域考古图记》第四卷 CXXXVIII 中的 Mi.xviii.009。

泥塑的结构："核心"是一根或几根粗糙的小树枝，先把不加纤维的硬黏土裹在树枝"核心"上。黏土外有时缠着粗糙的细绳，以造成有助于黏附的粗糙表面。这之外，用微含纤维的黏土做成珠串的形状。

这些珠串可能是一些巨大泥塑的珠宝首饰的一部分，在犍陀罗和印度佛教塑像中就发现过类似的装饰品。有时它们大概出现在项光等的边沿上。通长约 21 英尺，厚 $1\frac{3}{4}$~2 英寸。残件的平均长度为 7 英寸。图版 LIV。

K.K.I.015、041、081、0108、0132、0133、0144、0145 泥塑的巨大手指。015 弯曲，第二个关节断了，但用细绳做成的"核心"把断的部分连在一起。弧形手指的弦长 $5\frac{1}{2}$ 英寸，宽 $1\frac{1}{2}$ 英寸。041 为接近手掌的那两个关节。081 微微弯曲，从中间断了，但细绳做成的"核心"把断的部分连在一起。0108 是接近指尖的那两个关节，微微弯曲。0132 弯曲。0133、0144 弯曲得很厉害，0145 则几乎是直的。

所有手指的指甲都修剪得不超过指尖，指甲根部的覆盖物用突起部分来表示。都很有肉感，最接近手的那个关节又朝回弯曲。涂了红颜料，外面又镀了金。约有真人手指的两倍大。图版 LIV。

K.K.I.016、026 泥塑衣物。断成了两块。涂成红色，并有绿色刻痕（衬里?），红色外有镀金的迹象。3 英寸×6 英寸。

K.K.I.017、019、024、074 泥塑装饰品。低浮雕的凸面带子，镀金。无花纹的窄带子之间有旋涡状装饰，带子外是珠子。最大尺寸 5 英寸×2 英寸。

K.K.I.018 泥塑装饰品。发光的宝石，镀金。3 英寸×3 英寸。

K.K.I.021　泥塑衣物残件。可以看到重叠起来的衣服末端，镀金。$2\frac{1}{2}$英寸×$1\frac{1}{8}$英寸。

K.K.I.022、0202　泥塑小花。022花心很高，无花纹的宝石，周围环绕着珠子，再朝外一层是六个凸圆的花瓣。再往外是无花纹的带子，带子边上镶着珠子。先涂了红颜料，外面又镀了金。0202连着一块涂成粉色的泥塑残件。花打磨得很亮，有八片带尖的花瓣，往外没有珠子。022直径$2\frac{7}{8}$英寸，0202直径$2\frac{1}{4}$英寸。

K.K.I.025　泥塑残件。衣物的边。衣物白色，金边，绿色衬里。底部有红色颜料的痕迹。7英寸×$2\frac{3}{4}$英寸。

K.K.I.027、080、0102、0122、0123、0131　泥塑装饰品。金字塔形。由两个心形宝石构成，一颗宝石放在另一颗之上，底下的比上面的要大些。宝石下面是一排珠子（共六枚）。以上东西左右是对称地伸出来的分叉旋涡饰，填满了整个三角形侧边的空间，并一直延伸到顶上那枚心形宝石的上方。所有残件都不完整，有的还切削过，以便和相邻的泥塑相连。080和0123特别坚韧有弹性，镀金，打磨得很光亮。其余的残件都磨损了。图版LIII。

K.K.I.028、078、079、0187　泥塑菱形首饰。出自珠子穿成的璎珞。中间是一个扁平的长方形，四周是突起来的珠子和扁平的心形宝石。四面的四颗宝石尖都朝外，在心形的尖端各有一颗凸圆的宝石。从中间长方形的四角都伸出旋涡饰，并向左右弯转，把镶着宝石的周围部分连了起来，形成了菱形。

028、079稍微成凸面形，背面还有璎珞留下的印痕。$5\frac{1}{2}$英寸×$3\frac{1}{2}$

英寸。

078 扁平，背面无印痕，一端折断。$4\frac{1}{4}$ 英寸×3 英寸。

0187 呈弧度很大的凸面形，背面有印痕，有一条边被切削成了整齐的弧形。$5\frac{1}{2}$ 英寸×$2\frac{3}{4}$ 英寸。图版 LIV。

K.K.I.029、056、090、0115、0119、0141、0199、0205、0206、0222 泥塑珠串残件。边无花纹，末端有小牡丹花。出自人物项圈上垂下来的装饰品（就像《西域考古图记》第四卷图版 CXXXVIII 中的 Mi.xviii.009 一样）。029 和 090 连在一起，还连着人物的一部分胸部。镀金。最大尺寸 $6\frac{1}{4}$ 英寸×$1\frac{5}{8}$ 英寸。图版 LIII（图版中无此物——译者）。

K.K.I.030、0140 泥塑带子残件。由一排珠子构成，一面还有两条无花纹的带子。呈凸面形，像是臂钏。镀金。参见 K.K.I.0107。$4\frac{1}{2}$ 英寸×$\frac{7}{8}$ 英寸。

K.K.I.031、032、064、066 泥塑的蛇残件。灰色，带黑点。031、032、066 尺寸分别为：$6\frac{1}{8}$ 英寸×1 英寸；$7\frac{1}{8}$ 英寸×$1\frac{1}{4}$ 英寸；$5\frac{1}{2}$ 英寸×$1\frac{1}{8}$ 英寸。064 为两条盘绕在一起的蛇，4 英寸×$1\frac{1}{8}$ 英寸。

K.K.I.033 泥塑衣物。粉色，底部系着蓝带子，并微微呈朝外的弧线下垂，露出了镶金边的蓝色衬里。大概是一种长而窄的袖口，就像《西域考古图记》第四卷图版 CXXVII 中 Mi.xv.0031 中人物的"窄袖"。20 英寸×6 英寸×6 英寸。

K.K.I.034 泥塑头饰。框为扁平的主佛冠形状。框里是一丛丛头发，松松地编在一起。框外是垂下来的头发，头发末端又向外卷。框上残留着红色和黄色颜料，头发为黑色。底下插着一根木"核心"，木棍末端削尖了。

$8\frac{1}{2}$ 英寸×$7\frac{1}{2}$ 英寸。图版 LIV。

K.K.I.035　泥塑衣物残件。绿色，衬里红色，镶着金边。7 英寸×7 英寸。

K.K.I.036　泥塑的鬼怪（?）头。左眼圆睁，向外鼓出，眼球粉色，虹膜黑色。眼眉向外突出，黑色。头发黑色，脸旁边是角一般的发卷。其余部分都已缺失。朽坏得很厉害。6 英寸×$3\frac{1}{2}$ 英寸。

K.K.I.037、038、058　弧形彩绘泥塑残件。凸弧形。037、058 上面有黑色斑纹，以模仿老虎皮。还残留着两条垂下来的带子，带子上有浮雕的珠子装饰。磨光了不少，并残存着一部分人物的胸部（穿着皮衣）。参见《西域考古图记》第四卷图版 CXXXVIII 中的 Mi.xviii.009。

037 和 058 后面，本来连着 038。038 也是一样的形状，涂成红色，显然是一件早期作品，后人在外面新刷了一层泥，并重新涂了颜色。10 英寸×$6\frac{1}{2}$ 英寸。

K.K.I.040、054、091、0105、0106、0157、0204、0217、0218　泥塑的头发残件。长头发微呈波浪形，末端成卷。用浅而规则的凹槽来表现头络。与 K.K.I.034 那个主佛冠般的头饰类似。先涂蓝色，再涂灰色或黑色，正反面偶尔有镀金的痕迹。最大尺寸 $5\frac{1}{2}$ 英寸×$1\frac{3}{8}$ 英寸。图版 LIV。

K.K.I.042　木制圆尖顶饰。也可能是带复杂线脚的佛塔。上半部分是一个波斯波利斯（古波斯帝国的一座都城，其废墟在今伊朗西南部——译者）式样的圆顶（?），圆顶周围有突起的纹路。圆顶上方是一个细颈，细颈又向上扩展成为一个个扁平的部分（伞状顶饰?）。圆顶底下是一对圆线脚，从它们相交的那条线开始分别朝上方和下方弯成弧形（莲花座）。这之下是一个底座，底座上削出了很多线脚，有的宽，有的窄。$4\frac{1}{8}$ 英寸×2 英寸。图版 LXVI。

K.K.I.043　木凳（或类似物）的腿残件。大体来看，横截面为正方形（或长方形）。可以说是由三段构成的。最上面（?）是一个长方形块，高 $2\frac{1}{2}$ 英寸，横截面 $1\frac{3}{4}$ 英寸 $\times 1\frac{5}{8}$ 英寸，朝前的那个面是较大的面。这个面上有一个垂直的榫眼，宽 $\frac{1}{2}$ 英寸，深 $\frac{9}{16}$ 英寸，纵贯整个面。

第一截底下，是类似正方形柱头的第二截构件，宽 $1\frac{1}{8}$ 英寸，从前面到后面长 $\frac{15}{16}$ 英寸，高 $1\frac{5}{8}$ 英寸。它上面是一块高 $\frac{7}{8}$ 英寸的无花纹的顶板。它底下在三个面上都削成反曲线形，相邻反曲线之间的棱斜削了下去。

再往下的第三个构件是一个正方形底座，向外斜削，形成了一个与顶板形状差不多的木块，朝外弯出的棱也斜削过。整条凳腿的背面是扁平的，在一个平面上。上下端都有榫舌的残迹。通长 $6\frac{1}{2}$ 英寸。

K.K.I.046　泥塑大脚。残留有金粉。底下是中空的，含的纤维特别多。五根脚趾合起来宽 $6\frac{3}{8}$ 英寸，脚长 $5\frac{1}{2}$ 英寸。已朽坏。

K.K.I.047、048　泥塑莲花瓣。尖端装饰着火红的浮雕旋涡饰，旋涡饰是从突起的脉上生出的，脉与花瓣边沿平行。中空，多纤维。047 涂成红色，$6\frac{1}{4}$ 英寸 $\times 5$ 英寸。048 呈红色，绿边，$8\frac{3}{4}$ 英寸 $\times 8$ 英寸。图版 LV。

K.K.I.055　壁画残片。底为深绿色或黑色，画着灰色的旋涡状植物图案。破损得很厉害。7 英寸 $\times 5$ 英寸。

K.K.I.057、059、060　镀金泥塑残件。形状不规则，060 上面连着一个突出的球。最大尺寸 5 英寸 $\times 2\frac{3}{4}$ 英寸。

K.K.I.063、077、084、0161、0185　彩绘泥塑小花。镀金。出自珠子

穿成的璎珞 K.K.I.014 等和珠串 K.K.I.092 等。中间是无花纹的圆形宝石，镶嵌宝石的底座是条无花纹的带子。宝石周围是一圈珠子。再往外由七个心形宝石排成一圈，尖端朝外，宝石背后是无花纹的突起的背景。063、0185 已断。直径分别为 $2\frac{3}{4}$ 英寸、$2\frac{7}{8}$ 英寸、3 英寸。

K.K.I.067　泥塑残件。表面成凸弧形，出自人物的胸部。一部分镀金，一部分是红色泥。在镀金部分的边上，和与镀金部分相邻的红泥边上，是一条珠串。有第二条珠串（已缺失）留下的痕迹。$6\frac{3}{4}$ 英寸×$4\frac{3}{4}$ 英寸。

K.K.I.068　泥塑和尚的背部。可能属于 K.K.I.0142（图版 XLIX）。头似乎是秃的，脖子上有一圈圈横肉，左肘后面是和尚的背包（?）。材料与 K.K.I.0142 类似。残件断成的两半变形很严重，已无法黏合在一起。含很多纤维。$5\frac{1}{2}$ 英寸×$5\frac{1}{2}$ 英寸。

K.K.I.069　泥塑的鬼怪头残件。只有右眼和右眉。眼睛鼓出，呈红白两色，虹膜处的眼窝是空的。眉毛向外突出，上面有一条黑线。制作得很大胆。$5\frac{1}{2}$ 英寸×4 英寸。图版 LIV。

K.K.I.071　泥塑残件。共有三个平面，镀金。$3\frac{3}{4}$ 英寸×3 英寸。

K.K.I.072、086　泥塑带子残件。镶珠子边，颜料已消失。$4\frac{1}{2}$ 英寸×$1\frac{3}{8}$ 英寸；$9\frac{1}{4}$ 英寸×$1\frac{3}{8}$ 英寸。

K.K.I.073、0129、0130、0207　泥塑头饰（?）残件。镀金。底下是一条珠子构成的带子，再往上是两条无花纹的带子。这两条带子上托着一排棕叶饰（像公爵冠上象征其地位的草莓叶）。每个棕叶饰都是这样构成的：底下是珠子穿成的一条短带子，从带子上向左、右两边分别弯出一条弧线，两条弧线中间，向上生出一朵三瓣花，花托在弧线上。整个残件呈凸面形。073 最大，长 $6\frac{3}{4}$ 英寸，宽 $2\frac{1}{4}$ 英寸。图版 LIII。

K.K.I.075、0126、0160 **泥塑的三角钉形甲胄**。镀金。075 制作得很好，但保存不佳，$4\frac{1}{4}$ 英寸×$3\frac{1}{4}$ 英寸。0126 呈凹面形，做工粗糙，7 英寸×4 英寸。0160 只是一片做工很好的甲，长 $\frac{15}{16}$ 英寸，三角钉的臂宽 $\frac{3}{8}$ 英寸。详情见图版 LV 中的 K.K.II.0163。

K.K.I.076 **泥塑前臂**。肘弯曲，臂抬起。出自一个真人大小的塑像。涂成粉色，腕戴镀金的珠子手镯，手缺失。长 $11\frac{1}{2}$ 英寸。

K.K.I.083 **泥塑的船形物残件**。形状像一盏古代的灯。上面那个面上有一个孔，但又有很多放射状的线，看起来有点像衣纹。底下那个面是光滑的。涂成红色。$5\frac{1}{2}$ 英寸×$2\frac{5}{8}$ 英寸×2 英寸。

K.K.I.087 **泥塑小花**。小花有五瓣。出自一条旋涡饰构成的带子（背面有这条带子留下的印痕）。镀金。直径 $1\frac{5}{8}$ 英寸。

K.K.I.088 **泥塑绳子**。绕成环，蓝色。3 英寸×$2\frac{1}{4}$ 英寸。

K.K.I.089 **泥塑衣物**。涂了颜料并镀金。2 英寸×$1\frac{1}{2}$ 英寸。

K.K.I.092～095、0163、0208～0215、0221 **泥塑残件和大珠串**。镀金。大概出自人像身上。参见《西域考古图记》第四卷图版 CXXXVIII 中的 Mi.xviii.009。通长约 3 英尺 5 英寸，宽 $\frac{7}{8}$ 英寸。

K.K.I.097～099、0110、0111、0134、0135 **泥塑残件**。镀金，可能是人物身体上的部分。最大尺寸 6 英寸×$3\frac{1}{2}$ 英寸。

K.K.I.0100　**泥塑耳垂（？）残件**。钻孔，镀金。$2\frac{5}{8}$ 英寸×$1\frac{3}{4}$ 英寸。

K.K.I.0103　**木刻的珠宝残件**。涂颜料，镀金。一朵椭圆形小花，从小花向左右伸出旋涡饰。小花下挂着另一串珠子，珠子下是一个倒挂的棕叶饰。在棕叶饰上方，向左右两边，各有一个珠子穿成的弯曲的带子。刻得比较粗糙。$2\frac{3}{4}$ 英寸×$1\frac{1}{2}$ 英寸。图版 LIII（图版中的照片是倒放的——译者）。

K.K.I.0104、0116～0118、0136、0137、0139　**泥塑垂饰残件**。镀金，与 K.K.I.029 等类似，但向着末端成弧形，这个末端变宽，由两条带子构成的棱在末端变成了旋涡饰。可能是挂在冠上的。像 K.K.I.037 中那样，大概挂在中央直垂饰的左右。长 $4\frac{1}{2}$ 英寸，最宽处 $2\frac{7}{8}$ 英寸。图版 LIII。

K.K.I.0107　**泥塑臂钏残件**。先涂成红色和黄色，再镀金。由三条带子构成。外面那一条带子用珠子穿成，无花纹的边上有一朵五瓣小花。$2\frac{1}{2}$ 英寸×3 英寸。

K.K.I.0109、0219、0220　**泥塑的巨大脚趾**。涂成红色，指甲上残留着金粉。0220 成很大的角度弯曲。指甲与手指甲类似，参见 K.K.I.015 等。有真人脚趾两倍大。图版 LIV。

K.K.I.0113　**泥塑弯带子**。边突起，红色。$2\frac{3}{4}$ 英寸×$1\frac{1}{2}$ 英寸。

K.K.I.0114　**泥塑头发**。红色。$1\frac{1}{2}$ 英寸×$1\frac{1}{4}$ 英寸。

K.K.I.0120、0138　**泥塑火舌（？）**。0120 为红色，4 英寸×$\frac{3}{4}$ 英寸。

0138 为绯红色和灰色，两面都残留着金粉。$2\frac{1}{2}$ 英寸×$\frac{3}{4}$ 英寸。

K.K.I.0121　**泥塑马**。马背上是东方常见的鞍子（空的），高鞍桥，短垂边，长鞍布，大马镫。马脖子上面盖着一个长长的椭圆形东西，由一条条互相重叠的横向窄条（甲？）构成。里面有木制"核心"，做工比较好。破损很厉害，腿、耳、尾都缺失。15 英寸×9 英寸。图版 LV。

K.K.I.0124、0125、0127、0143　泥塑衣物。0124 为红色衣物，打成一个结，边上镀金，末端扁平的管状褶皱对称分布，顶端围着四条带子，6 英寸×5 $\frac{1}{4}$ 英寸。0127 与 0125 类似，但带子打成与 0124 那样的结。0143 与 0124 类似，但没有带子，大概本来属于 0125。保存较好。

K.K.I.0128　泥塑头饰残件。框就像 K.K.I.034 中的主佛冠形框一样，但比较小，框外边是红色珠子。发卷是左搓三股而成的。蓝黑色。3 $\frac{3}{4}$ 英寸×3 $\frac{1}{2}$ 英寸。图版 LIV。

K.K.I.0142　泥塑和尚像的正面。穿宽松的袍子，袍子甩向身后，显出和尚胖胖的身材。人物半躺，左臂放在袋子上，右手托住自己大圆肚子的一侧，肚子上方的胸部表现得特别鲜明、饱满。胖脸在笑，表情风趣，嘴张开，嘴里没有牙齿。下半身缺失。

做工很好，中空，黏土特别有弹性。残留着颜料的痕迹。表面朽坏得很厉害，整个泥塑极软，有弹性。背面参见 K.K.I.068。7 英寸×3 $\frac{3}{4}$ 英寸。图版 XLIX。

K.K.I.0146~0150　泥塑小花。0146 为侧面的牡丹。0147 为一圈共八枚三瓣状花瓣（正面），周围是一圈成侧影的花瓣，还有成侧影的状如瓶子一样的雌蕊。0148 中间是颗椭圆形宝石，周围环绕着大大小小的珠子。0149 为莲花。0150 中间是朵椭圆形金盏花（花瓣成放射状），周围有四个扁平的棕叶饰。做工都很好，镀金。平均直径为 1 $\frac{3}{4}$ 英寸。0149 图版 LIII。

K.K.I.0151~0156　泥塑的金字塔形发卷。出自佛像头部，蓝色。平均尺寸为 $\frac{7}{8}$ 英寸×$\frac{5}{8}$ 英寸。

K.K.I.0158、0159　泥塑小佛塔。八边形四层底座，上面是圆顶。底座每个面前面都是低浮雕的小佛塔。八边形底下是一个圆形墩座，墩座四周是珠子。表面损伤了不少。$1\frac{3}{8}$英寸×$1\frac{1}{8}$英寸。

K.K.I.0195　泥塑佛面。褪色严重。宽前额很高、很平。窄下巴，小五官，眼睛闭着，成斜上形。螺发，白毫相光。蓝色头发前面有一颗红宝石。头发微垂在眉毛上方，形成小圆卷，耳朵上方的头发对称地垂下来，但耳朵已缺失。黏土极有弹性，镀金，里面残留着麻布留下的印痕。4英寸×3英寸×$1\frac{3}{4}$英寸。图版LIII。

K.K.I.0196　泥塑棕叶饰形装饰品。镀金，大概出自K.K.I.0104等那样的垂饰。$1\frac{5}{8}$英寸×$1\frac{1}{8}$英寸。

K.K.I.0198　泥塑残件。可以看到一束雕成圆雕的茎秆的末端，特别有弹性，涂成绿色和白色（?）。$2\frac{1}{2}$英寸×$2\frac{1}{4}$英寸×$\frac{3}{4}$英寸。

K.K.I.0200　壁画残片。白底上一头狮子的脸的黑色轮廓线。眼球和嘴唇红色，眼睛和嘴上有白点（嘴上的白点是牙齿?）。很不结实。$\frac{7}{8}$英寸×$\frac{5}{8}$英寸。

K.K.I.0223、0224　泥塑残件。带凹槽的无花纹带子，呈凸面形。0223先涂红颜料再镀金。0224的红颜料上残留着亮丽的蓝色颜料。每件长2英寸，宽分别为$\frac{3}{4}$英寸和$\frac{15}{16}$英寸。

K.K.I.0225　还愿用的小土佛塔模型。极标准的例作，较大，与K.K.098和《西域考古图记》第四卷CXXXIX中的So.A.006属于同一类。底座较高。隐约可见的题识不是写在外表周围，而是分成一组组散乱的字，写在突出的墙角之间的"地面"上。高$4\frac{3}{16}$英寸，最大直径4英寸。图版 LIII。

K.K.I.0226 泥浮雕残件。 断成两截。一条扁平的带凹槽的头发或衣物，几乎是笔直的，有红颜料的残迹。$3\frac{3}{4}$ 英寸×$1\frac{1}{8}$ 英寸。

K.K.I.i.01、02、012、013 陶瓦当。 中国风格。01 为半管形，朝外的一端覆盖着一个圆形面，上面装饰着一个设计很好的浮雕女怪的头。末端和一侧的半管形部分已缺失。02、012、013 只有圆形面那一端（02 的这一端不完整），半管形部分已缺失。陶土灰色，烧得很硬。关于这类瓦的用法，参见沙畹《北中国考古纪行》图 1084 和图版 CCCLXII。长 $9\frac{1}{2}$ 英寸，圆形面直径 $4\frac{1}{2}$ 英寸。图版 L。

K.K.I.i.03 上彩釉的空心尖顶饰（?）。 从左右看都呈楔形。底端骤然变窄。上端带尖，像一枚宽宽的大箭头。保留突起的扁平边沿和中间的脊。脊和边沿之间是深凹槽，把前后两个面都分成两个三角形部分。两侧两个面光滑，顶部敞开。陶土红色，上了深绿色釉。顶部一个角已缺失。高 11 英寸，最宽处约 $7\frac{1}{2}$ 英寸，深 $3\frac{3}{4}$ 英寸。窄的一端深 $2\frac{1}{4}$ 英寸，宽 $2\frac{3}{4}$ 英寸。图版 LII。

K.K.I.i.04 陶制喷水嘴残件。 状如蛇头或很长的狮子头。陶土红色，上了绿色釉（釉上得不好），用深绿色表示轮廓线。里面呈黄色。嘴部缺失，陶器质量较差。$2\frac{1}{2}$ 英寸×$1\frac{1}{4}$ 英寸。

K.K.I.i.05 木柱头（?）。 长方形。上面一半（顶板）方形，底下一半一直斜削到最下面那个面（$4\frac{3}{4}$ 英寸×$3\frac{1}{2}$ 英寸）。这个面上挖了一个粗糙的方形孔，长宽均为 $2\frac{1}{2}$ 英寸、深 $1\frac{1}{2}$ 英寸，以便纳入柱子的榫舌。顶上那个面，沿窄的一边挖了一条宽 $3\frac{1}{2}$ 英寸、深 $1\frac{1}{2}$ 英寸深的槽，以便纳入横梁或柱上楣的最下部分。

顶板的一个侧面削到从长的那个面算深 $3\frac{3}{4}$ 英寸，从短的那个面算深 $1\frac{3}{4}$ 英寸。这个侧面呈凸圆形，似乎是想与什么圆构件结合在一起。

顶上和底下的面没有涂颜料。其余各面都涂成暗灰绿色，所有的棱都用黄色来加以突出。顶上那个面上有红色颜料留下的污点，是在把横梁涂红时不小心弄上去的。同样，底下那个面上也有红颜料的残迹。如果倒着看，就是一个底座。可能出自木梁。类似的小木块，参见 Ast.iii.4.024～026。最大尺寸 9 英寸×$6\frac{1}{4}$ 英寸×5 英寸。

K.K.I.i.06　上彩釉的陶器残件。扁平，胎红色，表面的釉为亮丽的绿色。表面上是浮雕弯曲的橡树叶子。类似的更精美的残件，参见 K.K.I.06、07。长 7 英寸，宽 $5\frac{1}{8}$ 英寸，厚 $1\frac{1}{8}$～$1\frac{5}{8}$ 英寸。图版 LII。

K.K.I.i.07　上彩釉的陶器残件。一片弧形小叶子的侧影，镶在直茎之上，直茎连在叶子下面，与叶子成直角。陶土和釉与前一件一样。长 5 英寸，最宽处 $3\frac{3}{8}$ 英寸，厚 $1\frac{1}{4}$ 英寸。图版 LII。

K.K.I.i.08　上釉的陶器残片。陶土和釉与前一件一样。是成凸面形的莨苕叶或苞片，在顶部和底部有再次弯转的迹象（顶部已缺失）。各面都有一定程度的破损，但中间是完整的。中间宽 4 英寸，但向上下两个方向显然是变宽了。残件出自陶器中间的那部分，遮住了左右两边的旋涡状植物相连的地方，可以看到旋涡状植物开始的部分。背面是和前面的凸面相应的凹面形。长 6 英寸，现存最大宽度 5 英寸，平均厚度 $\frac{3}{4}$ 英寸。

K.K.I.i.09　上彩釉的陶器残片。与前一件类似。形状像一片扇形叶子（?），上面是挖得很深的叶脉，叶脉和叶子的整体走向是一致的。只保留下叶子根部。$7\frac{1}{4}$ 英寸×$5\frac{1}{2}$ 英寸×$1\frac{1}{2}$ 英寸。图版 LII。

K.K.I.i.010、011　2 块上彩釉的陶器残片。与前一件类似。弧形，空心，样子像蜗牛壳。扁平的顶部有一个孔，孔边上是两条凹槽，和孔边平行。侧面有粗糙的凹槽。011 较大，长 6 英寸，宽 $4\frac{1}{4}$ 英寸，高 $2\frac{1}{4}$ 英寸。图版 LII。

K.K.I.i.014　陶器制成的怪物头。似乎是用在建筑上的，大概出自山墙的末端。陶土灰色，没有上釉。不完整。做得很有生气。怪物大环眼，上眼睑向外伸出，眼睑上还有很多褶皱。嘴大张，看得见上牙（下颌缺失），貘一般长长的上嘴唇向上挑起，表情愤怒。在嘴角处横向挖了两个大孔以代表鼻孔，鼻孔之间顶上有一个稍微突起的部分。表面微微削平，以代表毛发。嘴角有三条深凹槽，以代表因嘴唇上挑而引起的皱纹。嘴唇里面刻了交叉线，以代表凹凸不平的上颚。上嘴唇在嘴角成螺旋形。眼睛虹膜外绕着一条深凹槽，使人觉得怪物的目光是朝前、朝下看的。

头顶和头后面是平的。头顶上有两个垂直挖出来的大孔，位于两条眉毛上方，以便与相邻的部位连接。头后面挖空成凹面，凹面深 $1\frac{1}{4}$ 英寸。底部在喉咙后面也有一个孔，以便插入木棍。头比较扁平，耳朵（或是角）较小。表面残留着深粉色泥釉。不拘泥于细节，有生气。长 8 英寸，后面高 5 英寸，后面宽 6 英寸。图版 L。

K.K.I.i.015　陶尖顶饰残片。矮三角形，底部微成弧形，上面的边沿都呈扇贝状。表面是浮雕的植物图案，中间是一根直立的茎，角落里是蓓蕾的侧影。叶子又细又长，叶子边是直的。结了层沙子，左下角和右下角缺失。长 4 英寸，宽 $6\frac{7}{8}$ 英寸，底部厚 $\frac{3}{4}$ 英寸。图版 L。

K.K.I.i.016　上彩釉的陶器残片。陶土和釉与 K.K.I.i.06 等类似，可以看见弯曲的浮雕叶子，同 K.K.I.i.07（图版 LII）。釉剥落了一部分。残件背面向里斜削过，形成宽宽的 V 形凹槽。长 5 英寸，宽 $5\frac{1}{4}$ 英寸，厚 $2\frac{1}{4}$~3 英寸。

K.K.I.i.017　泥塑人手。握着个小物件（似乎是矛杆，矛已缺失）。造型特别好。手不大，但有可能是照着人手做的。涂有深红色颜料。腕部有两颗木钉，以便与别的地方相连接。有真人手的三分之二大。图版 LIII。

K.K.I.i.b.01　一团彩绘丝绸残片。从中可以分辨出一个画得不太好的月亮。月亮为白色圆盘，边是红棕色。圆盘里有一棵树和一只兔子，兔子后腿着地，前腿拿着一根搅拌用的棍，树和兔子画成黑色轮廓线。圆盘周围，成放射状有一组梨形白色块（约有八个），它们的轮廓线大致涂成红棕色。圆盘直径 $4\frac{1}{4}$ 英寸。其他残片上有白色圆圈，圆圈边上呈扇贝状，轮廓线为黑色。图版 LXI。

K.K.I.i.b.02　多块彩绘丝绸残片。从画面中可以分辨出人脸的左下部分，有红唇；人脸的右上部分，有一部分眉毛和眼睛。丝绸都是白色，画的轮廓线为黑色。画得粗略，有真人的三分之二大。

K.K.I.i.b.03　彩绘幡画残片。左边是一个天官人物的头和双肩，头四分之三向右，微微下垂，肤色较深。

头饰中间是状如男性生殖器像（印度教的崇拜物，象征湿婆神——译者）的一团黑东西，外面缠绕着一条飘带，飘带上镶着高高的白色或粉色莲花蕾。一条红带子绕住头，在头后面呈环形垂下来。绿色长项光，绿色背光。

右边是另一个人的正面像，服装像千佛洞幡画中的菩萨，有很多飘带、披巾和腰带。头饰大概由发光的宝石构成，一条红带子围绕着宝石。顶上是一两个飞天飘在云端。整幅画严重褪色，破碎不全。轮廓线黑色，画得特别精细。右侧有条红边。$7\frac{1}{2}$ 英寸×6 英寸。

K.K.I.i.b.04　彩绘幡画残片。 上面有一块块颜料，看不出画的是什么。$3\frac{1}{2}$ 英寸×$2\frac{3}{8}$ 英寸。

K.K.I.i.b.05　彩绘幡画残片。 有很多块残片，画的是一个男子的脸，白皮肤，红嘴唇，眼睛又长又直，上下嘴唇各用一条轮廓线画成，粗眉毛呈弧形。头发（或帽子）全涂成黑色，胡须画得很拖拉。真人一样大小。

轮廓线黑色，画得很大胆。作品极好，富有表现力。头顶、脸的最左侧、右角缺失。脸右边的背景空白。5 英寸×7 英寸。图版 CVII。

在小庙 K.K.I.ii 内厅和哈喇浩特（K.K.I）其他庙宇遗址发现的文物

K.K.I.i.ii.01　薄麻布画残片。 大概出自画边，画有坐佛像。佛脚心朝上，手成说法印，头向左，微微下垂。耳大，黑色短发，长鼻，嘴成微笑状。皮肤粉色，轮廓线先涂成深粉色，再描黑。右臂似乎晕染过。右上臂有一个臂钏。从左臂似乎伸出一根茎，茎上生花。项挂念珠。

服装共三件。内衣浅色（大概是白色），袍子朱红色，披巾黄色，轮廓线灰色。背光马蹄形，朱红色，中间为绿色。项光绿色，在头部附近皴染得较浅。佛像上面的空间绿色，有朱红色花朵。项光上方有一条窄窄的黄色横线，再往上是 $\frac{3}{8}$ 英寸宽的朱红色边。

佛像下是一个连续的直莲花座，皴染过。整幅画很有吐蕃风格。麻布上事先细心地涂了底色，颜料中加了水。

背面涂了灰色底色，灰颜料中大概掺了蜡或油。还有几个很工整的朱红色吐蕃文。边剪过。

麻布上面连着一小片纸，纸上是用黑色轮廓线画成的一部分装饰品。麻布已破损，除此之外保存良好。纸质地粗糙。麻布 $3\frac{5}{16}$ 英寸×$2\frac{5}{16}$ 英寸，纸

$1\dfrac{3}{16}$ 英寸×$\dfrac{15}{16}$ 英寸。图版 LXXVII。

K.K.I.ii.02.bb　雕版印刷的纸页。印有西夏文，顶部和中间装饰着成行的 12 个坐佛小像（与 K.K.II.0257 类似）。印得粗糙。纸页本来沿中间对折。纸呈黄色，很结实，顶上的中间破了。$8\dfrac{1}{2}$ 英寸×$7\dfrac{3}{4}$ 英寸。

K.K.I.ii.02.dd　纸残片。上面是一个雕版印刷的头饰（？）的一部分。$1\dfrac{1}{4}$ 英寸×$1\dfrac{1}{4}$ 英寸。

K.K.I.iii.01、02、03　泥塑。莲花瓣，大概出自莲花座。01 涂成粉色，越往中间颜色越深。共两层边，里面一层为白色，外面一层为黄色。长 $4\dfrac{1}{2}$ 英寸，最宽处 $2\dfrac{5}{8}$ 英寸。

02 与 01 相似，是蓝色而不是粉色。$3\dfrac{1}{8}$ 英寸×$1\dfrac{3}{4}$ 英寸。

03 为两片花瓣，小花瓣在大花瓣上面，花瓣根部连在一起。大花瓣尖成很大角度向外弯；小花瓣尖也向外弯，但角度小些。粉色。$2\dfrac{5}{16}$ 英寸×$1\dfrac{1}{8}$ 英寸。图版 LV。

K.K.I.iii.04　泥塑鹿角（？）残件。主干向后弯（已折断），一条又短又粗的叉向前伸。从鹿角根部伸出一根棍，以便把鹿角和鹿头相连。涂成白色，带黑色斑纹，底面有绿颜料的残迹。最大尺寸 $1\dfrac{7}{8}$ 英寸×$1\dfrac{5}{8}$ 英寸。

K.K.I.x.01～05　泥塑莲花瓣。分别是红色、绿边，绿色、红边，蓝色、红边。边和花瓣心之间，有一条突起的黄色螺纹，绕在整条边附近，螺纹中部变成对称的旋涡状火焰。花瓣尖微微向上翘。平均尺寸 $4\dfrac{5}{8}$ 英寸×$3\dfrac{3}{4}$ 英寸，但 03 的尺寸为 $3\frac{1}{2}$ 英寸 $\times 3\frac{1}{4}$ 英寸。图版 LV。

K.K.I.x.06、07　泥塑低浮雕小花。镀金。外面是一圈 8 片凸圆的花瓣，再往里是一圈珠子，花心无装饰。直径 $1\frac{1}{8}$ 英寸。

在废庙 K.K.II 发现的大小物件

K.K.II.01　木雕佛像。一尊施无畏印的立佛像。头和双手缺失。双脚放在一起，稍微向外分，立在绿色莲花上。

可以分辨出三件衣物。一件上衣为红色，绕在上身、左肩、左臂，成直线垂在腿左侧，几乎长达脚踝。在和脚踝平齐的地方，可以看见这件衣服在身后形成的边是直的，在前面形成的边则从右向左向上斜。胸前的那条衣服边和这条斜边平行。上身背后的衣服边从左肩向下，直达右臂下。这件衣服的一角还从前臂垂下来，垂在左臀后面。

第二件袍子绿色，遮住胸和后背，上达脖颈，下达右臂，并从臂上沉重地环绕到脚踝附近。小腿和脚踝上是第三件衣物，紫色，有很多褶皱，在后面碰到了莲花座。这件衣物前面有两条悬垂的白带子，是腰带垂下来的末端。脖颈上挂着厚重的金项圈，镶嵌着宝石攒成的小花。衣褶特别少，处理成很生硬的凹槽。

双肩上各有一小截朝上突起的东西，红色，大概本来上面是项光。脖颈和脚镀金。从侧面看人像太扁了，但由于从脚到肩向后呈弧形，所以人物显得十分庄重。尤其值得注意的是，从前面看这尊佛像很像公元 12 世纪的哥特式雕塑。

莲花边上有缺口，红色袍子的一角烧过，佛像前面有裂纹。高 $10\frac{1}{8}$ 英寸，宽 $2\frac{3}{4}$ 英寸，从前面到后面厚约 $1\frac{1}{2}$ 英寸。图版 LXVI。

K.K.II.02、04～07、012、017.a～b、021、023、025～027、031、

038~040、046~049、051、070~073、079　**素绸残片。**

02 呈蓝色，连着一块黄色素绸。$13\frac{1}{2}$ 英寸×$7\frac{1}{2}$ 英寸。

04 呈深棕色。9 英寸×$4\frac{1}{2}$ 英寸。

05 呈淡蓝色，已褪色。10 英寸×4 英寸。

06 呈灰棕色。$5\frac{1}{2}$ 英寸×4 英寸。

07 呈黄色，有颜料或胶的残迹。$4\frac{1}{2}$ 英寸×$3\frac{3}{4}$ 英寸。

012 呈黄色。7 英寸×$3\frac{1}{2}$ 英寸。

017.a 呈暗绿色。8 英寸×4 英寸。

017.b 呈鲜黄色。6 英寸×$1\frac{1}{4}$ 英寸。

021 呈蓝色。$11\frac{1}{2}$ 英寸×$1\frac{1}{2}$ 英寸。

023 呈亮丽的绿色，表面有细腻的螺纹。12 英寸×$\frac{3}{4}$ 英寸。

025 共两块，呈蓝色，较大一片折成双面的黄色绸条。13 英寸×$15\frac{1}{2}$ 英寸；$9\frac{1}{2}$ 英寸×9 英寸。

026 共两块，呈黄色，有粉色色块。14 英寸×15 英寸；10 英寸×2 英寸。

027 共两块，呈青紫色。$13\frac{3}{4}$ 英寸×$9\frac{1}{2}$ 英寸；9 英寸×$2\frac{1}{2}$ 英寸。

031 呈淡蓝色，已褪色。12 英寸×8 英寸。

038 共三块，呈深蓝色。最大尺寸 $7\frac{1}{2}$ 英寸×6 英寸。

039 共两块，呈蓝色，已褪色。7 英寸×3 $\frac{1}{2}$ 英寸；7 英寸×1 $\frac{3}{8}$ 英寸。

040 呈蓝色，织得很稀松，还连着一小片写有题记的纸。14 $\frac{1}{2}$ 英寸×14 英寸。

046 呈深蓝色，10 $\frac{1}{4}$ 英寸×15 英寸。

047 共两块，呈黑色。21 英寸×3 英寸；11 英寸×5 英寸。

048 呈蓝色或绿色，已褪色。10 英寸×6 英寸。

049 呈黄色，织得不均匀。14 英寸×4 $\frac{1}{2}$ 英寸。

051 呈黄色，已褪色。12 $\frac{1}{2}$ 英寸×8 $\frac{3}{4}$ 英寸。

070~072 呈蓝色，粘连着涂了色和写了字的纸。最大尺寸 13 英寸×14 英寸。

073 呈深黄褐色。11 英寸×9 英寸。

079 呈黑色。6 $\frac{1}{2}$ 英寸×2 $\frac{1}{2}$ 英寸。

K.K.II.08 彩绘麻布画。七个天宫人物跪在云卷上，四周云卷环绕。除一人戴王冠外，其余的人都戴中国式头饰。五官是中国风格。

人物都穿宽大的单色袍子。最底下那个人（完整）穿深灰色袍，他左边的人穿红袍，他右边的两人一个穿黄袍，一个穿红袍。再朝上，右边那个人穿红袍，头戴镀金的头饰。最高处那人穿蓝袍。每个人物都有项光，一个人在另一个后面，形成阶梯形。线条自由、细致，保存良好。4 $\frac{3}{4}$ 英寸×2 $\frac{1}{2}$ 英寸。

K.K.II.09 丝绸残片。鲜黄色，已褪色，上面用黑墨写有六个粗体汉字。13 英寸×11 $\frac{1}{4}$ 英寸。

K.K.II.010　纱画残片。纱黄色，画着白色莲花和绿色叶子、茎秆。偶尔有一点红色颜料。花画得很好。3 $\frac{1}{2}$ 英寸×3 $\frac{3}{4}$ 英寸。

K.K.II.011　彩绘幡画残片。出自幡画右上角附近。一个极为优美的天女朝着中间那个人物向下飞，头朝下弯。在带流苏的华盖下，可以看见中央人物的项光，项光中心部分画成繁复的拱肩。天女穿宽松的短袖上衣，腰以上有 V 形开口，上衣在臀后面垂成优雅的圆环，在前面垂成一个尖。

天女左手伸出，托小盘子，盘中盛水果；右手上抬，持花。身上紧裹一件粉袍，粉袍上装饰着螺旋形点，带绿衬里，露出赤裸的双脚。在身前，长长的腰带末端在膝部附近打成结。脖颈挂着一个沉重的项圈。

轮廓线黑色，画得自由舒展。褪色严重，十分破旧。15 英寸×10 英寸。

K.K.II.014　几张纸画残片。几张纸粘在一起，上面涂有红、蓝、黄色颜料，但太残破了，无法分辨出画的是什么。特别不结实。最大尺寸 5 英寸×2 $\frac{3}{4}$ 英寸。

K.K.II.015　锦缎残片。已褪色。图案织得稀松而模糊，但可以分辨出成排的万字纹，还有几个黑色汉字。7 英寸×4 英寸。

K.K.II.016　印花绸残片。暗粉色，印有星罗棋布的毛茛属小花（用防染工艺印成）。特别破旧。13 英寸×13 英寸。图版 LXXXVI。

K.K.II.018　花绸做成的小包。小包打开的时候是正方形，边折了进去，粘在纸衬里上。用花绸做成。花绸表面织着两条带子，带子由蓝色、黄色圆形或椭圆形小花束构成，带子之间的距离约为 3 英寸，花束直径 2 英寸，花束间隔为 $\frac{3}{8}$ 英寸。

彩色纱线出现在花绸背面，并粘了纸以加固。花绸的地可能本是粉色，褪色成了暗棕色。正方形的一条边中间，有一条用某种材料做成的 9 英寸长的带子，以便可以将小包系起来。褪色严重。$7\frac{1}{2}$英寸×8英寸。图版 LXXXIII。

K.K.II.019 印花绸残片。底黄色，印有满底一式小花图案（图案是较浅的黄色），小花由四片长花瓣构成。印得较粗糙。5英寸×$1\frac{1}{2}$英寸。

K.K.II.020 **雕版印刷的纸片**。印的是反复出现的禅定佛像，与 K.K.II.056类似，但出自不同的模子。$2\frac{3}{4}$英寸×$1\frac{1}{2}$英寸。

K.K.II.022 **多张纸片**。已腐烂，有汉字的残迹。最大尺寸约3英寸×3英寸。

K.K.II.024 **丝绸幡画的顶饰**。三角形，绯红色，用防染工艺印着白色圆点。边上镶着黄色纱，顶上有一个吊环以便悬挂，末端挂着短流苏，吊环和流苏也是用黄色纱制成的。左下角和右下角是蓝色管状纱饰带（褪色成了绿色），饰带末端是黄色和蓝色流苏。顶点附近有一个用黑墨写成的中国数字（？）。12英寸×6英寸。

K.K.II.028 **纸片**。带汉字，腐烂严重。最大尺寸3英寸×$1\frac{1}{2}$英寸。

K.K.II.029 **纸片**。软而粗糙，印有汉字。最大尺寸$2\frac{1}{2}$英寸×$1\frac{3}{4}$英寸。

K.K.II.030 **锦缎残片**。带交织成格状的小菱形花纹。淡蓝色，已褪色成黄色。8英寸×$10\frac{1}{2}$英寸。

K.K.II.032 **印花绸残片**。绯红色，用防染工艺印着黄色6瓣小花，圆形花心和花瓣中间的脉络是绯红的底色。11英寸×5英寸。图版 LXXXVI。

K.K.II.033 **印花绸残片**。蓝色，用防染工艺印上白色花纹，花纹为点状符号。12英寸×4英寸。图版 LXXXVII。

K.K.II.034　几块印花绸残片。较薄，织得较稀松。暗绯红色，用防染工艺印上黄色花纹。

大的那块印的是小花图案，花心是一个大点，大点周围有一圈 10 个小点。小花有些是扭曲的，似乎模子只是半圆形，需要压两次才能组成一个完整的圆。半圆还经常重叠，看起来像是椭圆形。小的那块上的图案是五瓣小花。两块缝在一起尺寸为 12 英寸×4 英寸。图版 LXXXVI。

K.K.II.035　麻布画残件。一个人物的右臂和右臀、右腿的轮廓线。背景蓝色，金边（金边的颜色像金属），这个背景大概是背光。背光顶部的弧线外又是绯红色背景。人物穿窄袖短上衣，肘上方绕着一条带子，袖口装饰着锯齿形。手臂下垂，腕戴两只手镯。头发已磨光，臀部有衣纹，肩部有黑色（头发）的痕迹。轮廓线黑色。褪色严重，十分破旧。从右腿姿势看，人物似乎在从右向左走。12 英寸×2 英寸。

K.K.II.036　丝绸织锦残片。由几块缝成，特别破旧，但工艺精湛。织的是植物图案，但太残破，无法看清。底为深棕色，图案为深浅不同的绿色和黄色。结了层泥。约 4 英寸×6 英寸。

K.K.II.037　锦缎残片。图案极模糊，星罗棋布的小花枝。5 英寸×$3\frac{3}{8}$英寸。

K.K.II.041　丝线。蓝色和黄色，捻在一起，形成一束 19 英寸长的线。

K.K.II.042　多张纸片。粘在一起，像硬纸板似的。最大尺寸 $1\frac{1}{4}$ 英寸×$1\frac{1}{16}$ 英寸。

K.K.II.043　丝绸小包（？）。共有两块残片，绿色，已褪色。几张写了字的纸粘在一起做衬里。与 K.K.II.018（图版 LXXXIII）类似，但无系带。$10\frac{1}{2}$ 英寸×$6\frac{1}{2}$ 英寸。

K.K.II.044　麻布残片。蓝色和黄色，用带汉字的纸粘在一起，纸可以使麻布更硬。乱糟糟的一团，很破旧。11 英寸×10 英寸。

K.K.II.045 **绸幡残片**。顶上那条镶边是结实的带罗纹蓝色丝绸（对折），镶边的底边针脚上还连着几块涂了颜料的纺织品。镶边里面有一部分竹篾，还有两个丝绸吊环。吊环中插着两根短竹篾，其中一根本是一支箭（是箭粗的那一端）。2 英尺 6 英寸×4 英寸。

K.K.II.050 **锦缎残片**。特别结实，粉色，织有大胆的植物图案。一面上有几个行书体的黑色汉字。5 英寸×2$\frac{3}{4}$英寸。

K.K.II.052 **丝绸残片**。一长条，粉色，两面都写有行书体的汉字。24 英寸×4$\frac{3}{4}$英寸。

K.K.II.053 **锦缎残片**。衬有素绸里。锦缎上有汉字残迹，似乎本来锦缎外面放了幅画，字是写在画上的。特别破旧，图案不可辨认。已全部褪色。8 英寸×10$\frac{1}{2}$英寸。

K.K.II.054 **印花绸残片**。几块丝绸连在一起，一块素绸。两块印花绸上有点状图案，图案轮廓线黑色。点由两个同心圆构成，从同心圆成放射状伸出六条短线，短线之间是小长菱形。点看起来就像个直径$\frac{7}{16}$英寸的轮子。一块印花绸上点缀着星星和鸟，还有几个汉字（或是写上去的，或是像盖戳那样印上去的）。19 英寸×10 英寸。

K.K.II.055 **麻布画残片**。已破损，褪色严重，看不出任何有价值的东西。有红色和其他颜料的残迹。长约 12 英寸，宽 3 英寸。

K.K.II.056 **雕版印刷的纸片**。顶部为一排四个坐佛像，施说法印，以莲花瓣为顶光和背光。底下是四行汉字，每行五个字。再往下又是四个禅定佛像，每个佛像下又有五个汉字。左边还有六个汉字（大概在被撕破的左上角可能还有更多的汉字），这六个字下是一座小宝塔。底部画了一条线，右下角缺失。$11\frac{3}{4}$ 英寸×5 英寸。

K.K.II.064　纸片。上面有几条黑线，还有绿色和红色颜料的残迹。$3\frac{1}{4}$ 英寸×2 英寸。

K.K.II.065　素描纸画残片。可以看见一件弦乐器的头部、一朵花，还有一个人物肩的上半部分、脸和头。画得很粗略，线条很细。$4\frac{1}{2}$ 英寸×$5\frac{3}{4}$ 英寸。

K.K.II.066　彩绘麻布幡画残片。可以看见一个佛像的一部分脸和右肩。皮肤肉色，晕染过。眼睛呈斜上形，长耳。前额上方的黑色短发呈弓形，额前面有一个红点。参见泥塑佛头 K.K.I.0195（图版 LIII）。

项光呈花瓣形，黄色。背光绿色，带红边。背景绿色，用黑线画了旋涡饰。红边。人物轮廓线黑色。工艺较差，属于吐蕃风格。$10\frac{1}{2}$ 英寸×$11\frac{1}{4}$ 英寸。

K.K.II.067　镶嵌了图案的绸带子残片。用镀金的厚丝绸做成精美的窄条龙形花纹（厚丝绸裱糊在薄纸上），然后镶在起棱纹的绯红色或橙粉色底上。图案轮廓线用包着金纸的粗丝线贴线缝成。

带子的一条边是镀了金的无花纹丝绸，往上是一条龙的三条腿和尾巴（龙有三根脚趾）。尾尖细，长着鳞。龙上面有两条扇贝形带子，带子之间是一条由 V 形构成的波浪线。再往上又开始了龙形图案。

做工极为精美。粉色素绸衬里在边角上整齐地折进去缝好。都已褪成黄色。一端凸圆，另一端剪得很直。大概是《西域考古图记》第四卷图版 CXI 中 Ch.xlviii.001 那样的手稿封面。$13\frac{1}{2}$ 英寸×$1\frac{3}{8}$ 英寸。

K.K.II.068　雕版印刷的纸。有很多碎片，柔软光滑。印着成行的和尚般的人物，坐在莲花之上入定（莲花瓣很长），戴特别尖的头巾。放射状短线构成项光。工艺粗糙。人物底下有几个残缺不全的汉字。平均尺寸 3 英寸×$1\frac{1}{2}$英寸。

K.K.II.069 　纱残片。黄色，已褪色，已被撕破。5 英寸×$5\frac{1}{4}$英寸。

K.K.II.074 　**绢画残片**。已腐烂。有深色丝绸镶边，底部带木轴。画一个佛坐在莲花上，施触地印。莲花下是一个复杂的底座。底座顶上那个面涂成绯红色。底座分成很多台阶，中间是一个大花托。台阶和花托上装饰着长方形，长方形里是各种颜色的圆形饰。着色多为深红色和绿色，褪色严重。残留着纸衬。长约 22 英寸，宽 1 英尺 4 英寸。

K.K.II.075 　**丝绸带子和木制重垂杆**。出自绢画（？）底部。丝绸是印花绸，用防染工艺印着暗红色底，花纹为黄色菱形"点"。衬着淡蓝色丝绸里，并装在木杆上挖的凹槽中。木杆无花纹，圆形，涂成红色。丝绸朝顶部略微变窄。丝绸尺寸 4 英寸×10～14 英寸；木杆长 15$\frac{1}{4}$英寸，直径$\frac{5}{8}$英寸。

K.K.II.076 　**木制重垂杆残件**。出自纸画，粘连着一些纸。长 7 英寸，直径$\frac{5}{8}$英寸。

K.K.II.077 　**纸印花粉印图样残片**。用针刺出植物和旋涡饰图案，图案无法全部看清。纸的一面变黑了。用的纸本是一幅素描纸画，能看出素描的残迹，但素描和刺绣的图案之间没有关系。13 英寸×11 英寸。

K.K.II.078 　**素绸残片**。发粉的黄色，已褪色，连着一个环（用细密的麻布做成）。大概是绘画镶边的前面部分。最大尺寸 13 英寸×4 英寸。

K.K.II.080 　**纸**。软而薄，黄色，粘结在一起，已被撕破。最大尺寸 3 英寸×$\frac{1}{4}$英寸。

K.K.II.081 　**绢画残片**。很脏，已被撕破，已褪色。画一个立佛，左右各有一个双手合十的年轻和尚。风格粗糙。2 英尺×1 英尺 4 英寸。

K.K.II.082　泥塑莲花瓣残片。装饰着如 K.K.I.047 那样的浮雕，没有着色。$4\frac{3}{4}$ 英寸×$2\frac{1}{2}$ 英寸。

K.K.II.083、091、092、097　泥塑衣物残件。083 为衣物波浪形的边，形成扁平的管状衣褶，蓝色。$3\frac{4}{10}$ 英寸×$1\frac{3}{4}$ 英寸。

091、092 为灰蓝色蝴蝶结。$5\frac{5}{8}$ 英寸×$2\frac{1}{8}$ 英寸。

097 为垂下来的衣角，衣褶呈管状，绿色，红色衬里。3 英寸×$1\frac{1}{2}$ 英寸。

K.K.II.084、098、0113、0150、0174、0195、0228　泥塑的三角钉形铠甲残片。镀金。084、0113、0150、0195、0228 带凹槽，与 K.K.II.0197 一样，造型粗糙。

0150 最大，呈菱形。$5\frac{1}{2}$ 英寸×$3\frac{1}{2}$ 英寸。

098 有一部分外框，红色，造型粗糙。$2\frac{3}{4}$ 英寸×$1\frac{3}{4}$ 英寸。

0174 造型均匀，做得较好，没有凹槽或铆钉。$3\frac{1}{2}$ 英寸×4 英寸。其他类似文物，参见图版 LV 中的 K.K.II.0101、0103、0163、0197。

K.K.II.085　泥塑浮雕装饰品残片。没有着色。一上一下两行莲花瓣，花瓣根部连在一起。花瓣朝外的边上装饰着珠子。每颗珠子上都有突起的装饰物，与 K.K.I.047 类似。做工很好，材料结实而有弹性。2 英寸×$2\frac{1}{2}$ 英寸。图版 LIV。

K.K.II.086　泥塑人耳。造型较差，先涂成白色，再涂红色。耳垂比例如常人，钻孔。$4\frac{3}{4}$ 英寸×2 英寸。

K.K.II.087 泥塑带子。涂成白色，上面偶尔有由 V 形构成的红色、绿色线。$3\frac{7}{8}$ 英寸×$\frac{7}{8}$ 英寸。

K.K.II.088 泥塑手指。指甲很长，镀金，与 K.K.I.012 类似。$3\frac{7}{8}$ 英寸×$\frac{5}{8}$ 英寸。图版 LIV。

K.K.II.089 壁画残片。画在灰泥上。一部分圆圈，绿边，边上还画有黑线。圆圈中间黄色，带红点。圆圈外的底为红色。3 英寸×2 英寸。

K.K.II.090 泥塑装饰品。造型优美，大概是珠宝首饰的一部分，涂一层很薄的白色颜料，外面再镀金。装饰品由互相分离的旋涡状火焰构成，火焰旁边似乎是一朵莲花的花心。旋涡饰表面一般是扁平的，或者微凹，末端伸出来。3 英寸×$1\frac{1}{2}$ 英寸。图版 LIII。

K.K.II.093 泥浮雕装饰品残片。三片莲花瓣，中间是一片小莲花瓣，遮住那两片的莲花瓣的一部分。深蓝色，边上是橙粉色、淡黄色和深蓝色线。$2\frac{3}{4}$ 英寸×$1\frac{4}{10}$ 英寸。

K.K.II.094～096 3 个泥塑手指残件。094 先涂成白色，再涂粉色，然后镀金。短指甲。096 底下那一面和指甲为红色，背面蓝色，指甲稍微比指尖长出一点。大约是真人手指的 1.5 倍，最大尺寸 $3\frac{4}{10}$ 英寸×1 英寸。

K.K.II.098 泥塑铠甲（?）残件。铠甲的框（?），涂成红色。铠甲先刷上淡色，再镀金。3 英寸×2 英寸，$2\frac{3}{4}$ 英寸×$1\frac{3}{4}$ 英寸。

K.K.II.099 泥塑人像的左手。手心向外，持白色双股绳（?）。手蓝色，手心红色。大致为真人手大小。

K.K.II.0100　建筑物上的泥塑装饰品（?）。与 K.K.II.0125 类似。凸面形，突起的线条是底部弧线的继续延伸。遭水严重损坏。12 英寸×6$\frac{3}{4}$英寸。

K.K.II.0101　巨大泥像的右前臂和手。红色袖子紧贴着手臂，袖子前面、后面各突出一块镀金铠甲。甲样式类似三角钉，第四个朝外翘的角被一个小圆疙瘩取代。铠甲挨得很近，就像《西域考古图记》第四卷图版 LXXII 中的 Ch.0018、图版 LXXIII 中的 Ch.xxxvii.002、图版 XC 中的 Ch.xviii.002 毗沙门天王像中的胸甲一样（那些甲都交织在一起）。本书图版 LV 中的 K.K.II.0103（图版中无此编号——译者）也是有代表性的例子。

绕着木"核心"粗糙地制成。木"核心"里有铁钉，以便与上臂相连；还有铁丝，以便与手指相连（手指已缺失）。手呈白色。前臂似乎是弯曲的，手可能朝后弯，托着什么东西。11 英寸×4 英寸。其他例子参见 K.K.II.084、0163、0197 等。图版 LV。

K.K.II.0102、0133　2 块壁画残片。最外面是宽黑边，再往里是一条黄带子。接着是由旋涡饰构成的背景，还有打成结的薄衣物（披巾或腰带）。颜色有红、绿、蓝、深浅不一的黄色，轮廓线黑色。17 英寸×6$\frac{1}{4}$英寸。

K.K.II.0103　泥塑穿甲人物残件。三角肌（?）那个位置。铠甲是交织的三角钉形，特别整齐，镀了金。铠甲外边似乎是钢（或上了漆的皮子）做成的框。框涂成灰色，从胸一直延伸到肩，然后折而向下并逐渐变细，到了腋窝。肩顶上是衣物打成的结，铠甲上面是打成结的红色双股绳。6$\frac{1}{2}$英寸×7 英寸。其他例子参见 K.K.II.084、0101、0163、0197 等。图版 LV（图版中仅有 0163，无 0103——译者）。

K.K.II.0104　泥塑躯干。只贴身穿一件红衣服，衣服从右肩绕到左臂下，左胸赤裸。肚脐标示了出来。脖颈底部有两条突起，细腰，宽肩，皮肤镀金。做工很好。前面粘连着一张写有汉字的纸。6$\frac{1}{2}$英寸×4$\frac{1}{8}$英寸。

图版 LIII。

K.K.II.0105 壁画残片。人物的左脚，立在莲花座上，脚踝上戴宝石构成的踝环。莲花座由两行模式化花瓣构成，一行朝上，一行朝下，相邻花瓣之间是小棕叶饰。

皮肤淡粉色，微微皴染过。脚底板红色。踝环红色，前面镶着白色珠子和大宝石。莲花座的莲蓬为粉色，花瓣交替为粉色和蓝色。背景黑色和红色。皮肤轮廓线红色，花瓣轮廓线黑色。8 英寸×7 $\frac{1}{4}$ 英寸。

K.K.II.0107 泥塑衣物残件。出自人像。蓝外衣的边在脖颈处交叉。衣服边上装饰着交替出现的蓝色、红色半棕叶饰，棕叶饰轮廓线为白色，地红色，边是红色和金色。V 形的交叉处露出白色衣物，衣边为金色。从左肩垂下松松的灰色衣物残件，衬有红色里。10 $\frac{1}{2}$ 英寸×10 英寸。图版 LV。

K.K.II.0108 泥塑人像残件。盘坐，头、手臂缺失。穿紧身红外衣。脖颈上是蓝色领子，领子前面带尖，后面边上镶着突起的三瓣状旋涡饰。从外衣底下松松地垂下白色内衣，内衣再往下是盖住腿的红袍外衣和袍可能是一件腰系白色裹腰布的衣服。领子上方绕着一条红带子。人物又高又瘦。中间是木"核心"。6 英寸×2 $\frac{5}{8}$ 英寸。图版 LIV。

K.K.II.0109~0111、0121~0123 6 座还愿用的小佛塔。0110 没什么细节，共三层。其余的都与 K.K.090 等类似。0122 最清楚，可以看到圆顶上面是伞状顶饰的底部。平均高 3 英寸，宽 3 英寸。

K.K.II.0112 泥塑脚底板的前半部分。残留着黄色颜料，大脚趾和二脚趾断了。4 $\frac{1}{4}$ 英寸×5 $\frac{1}{4}$ 英寸。图版 LIV。

K.K.II.0114、0180 泥塑手指残件。镀金。0114 两端都断了，3 英寸× $\frac{13}{16}$ 英寸。0180 末端断了，指尖弯曲。做得不好，和真人手指差不多大。

K.K.II.0115、0128、0129、0131、0181、0204、0205、0212　**泥塑小花**。0115 中间为凸圆形宝石，环绕着两条无花纹的带子，带子之间是一圈珠子。再朝外是放射状的一圈凸尖的短花瓣。直径 $1\frac{3}{4}$ 英寸。

0128 为凸圆形宝石，四周是珠子和呈放射状的六瓣状"眼睛"环绕基座。直径 $1\frac{1}{2}$ 英寸。

0129 呈椭圆形，系成半侧影的牡丹，与 K.K.I.029 等珠串垂饰末端的小花类似，$1\frac{1}{2}$ 英寸×$1\frac{1}{4}$ 英寸。

0131 为葵花残件，花心很高，外边是两圈向后弯的花瓣（花瓣尖微朝上卷）。通径约 $3\frac{1}{4}$ 英寸。

0181 状如扁金字塔，花心上有一些凹陷处。花心外是三圈粗糙刻画而成的放射状线。一面已破损。直径 $2\frac{1}{4}$ 英寸。

0204 状如金字塔。中心处是一朵四瓣小花，小花花心是无花纹的凸饰。底下是一圈凸圆的花瓣，花瓣中心的脉络刻得很深。最底下一层花瓣（也是最外面一层）是一圈旋涡饰。直径 $2\frac{1}{2}$ 英寸。

0205 状如金字塔。中心处是两圈莲花瓣。每瓣有明显的凸棱。大约三分之一已碎。直径 $2\frac{1}{2}$ 英寸。

0212 为莲花，有两层花瓣。花心大而扁平，花瓣呈凸弧形，花瓣的尖和边沿微微上翘。外面是一圈放射状的短刻线。沿边上断出了两截。直径 4 英寸。图版 LIII。

K.K.II.0116、0140、0176、0177、0179　**泥塑树叶**。以木棍为核心的低浮雕。黄色和红色（花朵），带点，有凹槽状的叶脉。0140、0176、0179

折断了。$3\frac{3}{4}$ 英寸×$1\frac{7}{8}$ 英寸。图版 LV。

K.K.II.0117 **泥塑佛面**。粉色。用从中间向左、向右伸的凹槽来代表黑发，头顶是顶髻。做工不佳。$2\frac{5}{8}$ 英寸×$1\frac{1}{8}$ 英寸。

K.K.II.0118 **泥塑动物头骨**。猴子（?）头骨，涂成白色，眼窝为深色。$2\frac{1}{8}$ 英寸×$1\frac{5}{8}$ 英寸。图版 LIII。

K.K.II.0119 **壁画残片**。可以看到人脸的左下部。耳很长，装饰着一个圆盘。左肩上是灰色衣物，衣物上有红带子，带子之间是粗糙的黑色旋涡饰。肩后是黑色长发。皮肤灰色。还有一个肩，大概属于另一个人物，肩上是红色衣物，衣物上带黑色旋涡饰。背景红色和黄色。$5\frac{1}{4}$ 英寸×5 英寸。

K.K.II.0120、0157 **壁画残片**。画有七条横带子，大概代表道路。从下往上带子依次为黑色（无装饰）、黄色（无装饰）、浅蓝色、粉黄色、浅蓝色、浅绿色、浅蓝色。蓝色带子比其他带子窄，而且用棕色轮廓线画着旋涡饰，旋涡饰还晕染过一部分。带饰的边上是窄窄的红线。0120 右上角还有一个平台的一条腿和一部分框，平台用透视法画成，附近的黄色地面上铺了地板（?）。平台的"脚"是一朵倒放的红色莲花。腿呈棕色。框两侧红色，顶部绿色。布局与此类似的残件，参见 K.K.II.0165。最大尺寸 9 英寸×10 英寸。

K.K.II.0124 **泥塑衣物残片**。红色，上面垂着白色或粉色披巾。出自一个大人像，制造得比较粗糙。8 英寸×9 英寸。

K.K.II.0125 **泥塑的屋顶或穹顶（?）**。表面有弹性黏土，黏土纹理像稀疏的毡子。可以看到两个彩绘的八边形平顶镶板，镶板之间隔着宽 1 英寸的金色带子。镶板边上是黑色、深浅不一的灰色、白色带子和线条，以模仿线脚。镶板的地是两种色调的红色，上面画着特别大胆、美丽的黑白植物图案。图案是两种色调的灰色和白色，图案轮廓线为红色。

残件的上边一条棱切削过。残件表面的大体形状就像是要放进屋顶的凹处中。是一件很好的作品。8 英寸×11 英寸。图版 LV。

K.K.II.0126 泥塑头部。像是一个黑人。先涂红色，再涂灰色。眼窝深陷，眼睛本来大概是用珠子做成的。嘴噘起，粗脖子，厚嘴唇，扁鼻子，V 形浓眉。头顶紧裹着一个阿拉伯式头饰，后面是两卷缠头状的东西。

底下钻孔，以便放入木"核心"，将头与身体相连。做工精良。高 $1\frac{3}{4}$ 英寸。图版 LIII。

K.K.II.0127 泥塑动物头骨。涂成白色，眼窝黑色。顶部缺失。$2\frac{1}{2}$ 英寸×$1\frac{1}{2}$ 英寸。

K.K.II.0130 泥塑的扁平云朵残片。镀金。$1\frac{3}{4}$ 英寸×$1\frac{1}{8}$ 英寸。

K.K.II.0132 泥塑残件。状如一卷绳子（？），上面涂成灰色，底下涂成红色。直径 $2\frac{1}{4}$ 英寸。

K.K.II.0134、0136 建筑物（？）上的泥塑装饰品。着色方式与图版 LV 中的 K.K.II.0125 相同。0134 为不规则突起的带子和深陷的镶板。$4\frac{1}{2}$ 英寸×$4\frac{1}{4}$ 英寸。

0136 为旋涡饰构成的扁平带子。6 英寸×$3\frac{1}{2}$ 英寸。

K.K.II.0135、0206、0207 泥塑旋涡状装饰品。大概都出自一个模子。0135 为一朵葵花的一部分，花瓣是两种色调的粉色。从花后面伸出一对倒置的蓝色旋涡饰，旋涡饰向上又生出两个较小的粉色旋涡饰。这两个小旋涡饰之间托着一个绿色花瓣状物。左边的蓝色旋涡饰还连着一个绿色旋涡饰，它也是从花背后伸出来的，和那个蓝色旋涡饰转向同一方向。

所有旋涡饰的边沿颜色都比较浅，中心部分则较深。前后都已破损，顶部也断了。背面粘着纸手稿碎片。$4\frac{1}{2}$英寸×4英寸。

0206 为同一个装饰品的右边。4英寸×2英寸。

0207 中间是上半部分，顶部一对旋涡饰为朱红色，在中间的花瓣状物上有一个朱红色疙瘩。$3\frac{3}{8}$英寸×$3\frac{1}{4}$英寸。图版 LIII。

K.K.II.0137　泥塑人手残件。手张开，有真人手大小，涂成粉色。所有手指都缺失。$5\frac{1}{4}$英寸×$3\frac{3}{4}$英寸。

K.K.II.0138、0148　泥塑残件。画成平顶镶板的样子，与 K.K.II.0125（图版 LV）类似。0138 破损严重，$5\frac{1}{4}$英寸×$3\frac{1}{4}$英寸。

0148 有一条边是弓形，镶着金边，再朝外是与金边平行的粉色、蓝色、白色（？）带子，粉色和蓝色带子皴染过。$4\frac{1}{3}$英寸×3英寸。

K.K.II.0139、0213~0215　泥塑镶板以及低浮雕残件。镶板长方形，一端是方的，另一端有缺口。沿三条直线边是无花纹的带子。这条带子在第四条边向里、向下收，形成两片棕叶饰（三瓣状）。两片棕叶饰旋涡状的末端在镶板的中心线处相碰。镶板另一端是半朵花。从花的中间部位伸出一条茎，茎上生出布满整块镶板的旋涡饰。铬黄色，大概是建筑物边沿的一部分。

0139 尺寸为 $2\frac{3}{4}$英寸×5英寸。图版 LIII。

0213 尺寸为 $4\frac{1}{2}$英寸×$2\frac{3}{4}$英寸。

0214 左上角缺失，粘连着一张写有汉字的纸片。4英寸×$2\frac{3}{4}$英寸。

0215 只有底下一部分，$2\frac{1}{2}$ 英寸×$2\frac{1}{2}$ 英寸。

K.K.II.0141　**泥塑人耳**。粉色，里侧边沿是绳子一般的黑色毛发，毛发还绕在耳垂四周。$5\frac{3}{4}$ 英寸×3 英寸。图版 LIV。

K.K.II.0143、0154　**泥残件**。在红底上绘着灰色图案。图案特别精美，做工十分巧妙，大概是 K.K.II.0125 的一部分。6 英寸×$3\frac{1}{4}$ 英寸；6 英寸×$2\frac{3}{4}$ 英寸。0154 参见图版 LV。

K.K.II.0144　**泥塑左脚的脚趾和前半部分脚掌**。与真人的脚一样大小。$3\frac{3}{8}$ 英寸×$3\frac{5}{8}$ 英寸。

K.K.II.0145、0159、0170　**泥塑豹子残件**。浮雕，黄色，带黑点。0145 只有后半部分，呈蹲踞状，尾巴卷起来，贴在体侧。$2\frac{1}{8}$ 英寸×1 英寸。

0159 为向左走的豹子，嘴张开，尾巴竖起（已折断）。后腿和一只前脚缺失。$3\frac{3}{4}$ 英寸×2 英寸。图版 LIII。

0170 和 0145 是同一个模子。完整，两只前爪合在一起，头放在爪上。$3\frac{3}{8}$ 英寸×$1\frac{1}{4}$ 英寸。

K.K.II.0146、0153　**泥塑冠状装饰品残件**。由绿色旋涡饰构成，旋涡饰出自一行镀金的珠子，珠子托在一条红带子上。0153 左端是朵小花的一枚粉色花瓣，类似于 K.K.II.0135。大概 K.K.II.0135 本是冠中心部分的装饰品。背面粘有写着字的纸片。6 英寸×2 英寸。

K.K.II.0147　**泥塑珠带子残件**。一个面上有两条无花纹的带子，镀金。$2\frac{1}{4}$ 英寸×$\frac{5}{8}$ 英寸。

K.K.II.0149 **泥塑护身符（或宝石）**。长方形。在无花纹的边之内，是从半花上生出的旋涡饰。$1\frac{7}{8}$ 英寸×$1\frac{1}{2}$ 英寸。

K.K.II.0151 **泥塑残件**。粉色，有三个汉字，顶部和底部缺失了一部分。$2\frac{1}{2}$ 英寸×$1\frac{1}{2}$ 英寸。

K.K.II.0152 **泥塑菱形宝石**。上面有浅浮雕装饰。镀金。$3\frac{1}{4}$ 英寸×$2\frac{1}{2}$ 英寸。

K.K.II.0155 **泥塑的人脚底板残件**。先涂粉色，再镀金。脚跟缺失，造型较差。4 英寸×5 英寸。

K.K.II.0156 **泥塑坐姿和尚像**。穿一件绿袍（袍边红色），袍盖住双手、双脚。头剃光，皮肤粉色，小眼圆睁。3 英寸×$1\frac{5}{8}$ 英寸。图版 LIII。

K.K.II.0158 **泥塑人耳**。边破损，耳垂缺失。镀金，造型较差。$5\frac{3}{4}$ 英寸×$2\frac{1}{4}$ 英寸。

K.K.II.0160 **泥塑莲花瓣**。表面凸弧形，中间是龙骨。绘成五条深浅不同的灰色带子，最外边是极淡的灰色，中间的灰色则几乎成了黑色。7 英寸×4 英寸。

K.K.II.0161 **木制末端装饰品**。扁长的三角形。粗略地刻着低浮雕的对称云卷。正反面是相似的，上面一条边按云卷轮廓线切削过。最高那一点上有一个深 $\frac{1}{4}$ 英寸的孔，以便纳入尖顶饰的榫舌（？）。

底边中间从前向后刻了一条浅槽，宽 $\frac{1}{2}$ 英寸，深 $\frac{1}{4}$ 英寸。底边的两个端点附近，各有一个朝下突出的榫钉，以便插入与这个装饰品相连的东西。一个面上有红色和黑色颜料的残迹。$5\frac{1}{8}$ 英寸×2 英寸×1 英寸。图版 LXVI。

K.K.II.0162　木腿。一张小桌子的腿。弧形，像大象鼻子似的，末端向外、向上卷，尖端削平。上半部分两侧和背面是平的，正面微呈龙骨形。平顶，平顶上还保留着两颗榫钉。涂成红色。$4\frac{1}{4}$ 英寸×$\frac{3}{4}$ 英寸。图版 LXVI。

K.K.II.0163　泥塑铠甲残件。出自和真人一般大小的彩绘泥塑，是一部分右胸。铠甲似乎有一个僵硬的双层框，框中是可以活动的三角钉形甲。肩部是衣物打成的一个结，已断。外层框为红色。内层框和甲上有镀金的痕迹。其他三角钉形甲，参见 K.K.II.084、0101、0103、0197 等。13 英寸×$7\frac{1}{2}$ 英寸。图版 LV。

K.K.II.0164　泥塑头部残件。只有左半脸，嘴微笑，大眼，额头正中有圆点。磨损严重，粉色。高 10 英寸。图版 LIV。

K.K.II.0165　壁画残片。属于 K.K.II.0120，细节与之类似。只看得出四条带子，以及平台的脚和一部分腿。平台左边，是一条宽宽的绿带子，从黄带子一直伸展到残件顶部。$7\frac{1}{2}$ 英寸×6 英寸。

K.K.II.0166　建筑物上的彩绘泥装饰物。中间陷下去，边沿突起。风格同图版 LV 中的 K.K.II.0125。$5\frac{3}{4}$ 英寸×$3\frac{1}{4}$ 英寸。

K.K.II.0167　泥塑衣物的饰边。绿色，镀金边，顶部缠绕着一个粉色缠头状的东西。$6\frac{1}{4}$ 英寸×$4\frac{1}{2}$ 英寸。

K.K.II.0168　泥塑头部残件（?）。布满了蜗牛壳状螺发，每一团螺发都是分离的。有几团螺发已缺失。$3\frac{3}{4}$ 英寸×4 英寸。图版 LIV。

K.K.II.0169　泥像的胳臂。弯曲，涂成黄色，手缺失。上臂长 3 英寸，前臂长 3 英寸。

K.K.II.0171　**泥塑衣物残件**。涂成红色。$5\frac{1}{4}$ 英寸×$4\frac{1}{2}$ 英寸。

K.K.II.0172　**壁画残片**。画的像是建筑物，由灰黄色、红色直线和带子构成。$3\frac{1}{2}$ 英寸×$2\frac{1}{4}$ 英寸。

K.K.II.0173　**泥塑莲花瓣**。凸面，中间是十分鲜明的"龙骨"。边蓝色，中间是黄、粉、绿、蓝、白色旋涡状植物，图案的底为深红色。$5\frac{1}{2}$ 英寸×$3\frac{1}{4}$ 英寸。图版 LV。

K.K.II.0175　**泥塑武士（?）小像**。穿红色外衣，外衣前面较短，后面到臀部，脖颈前面是 V 形开口（开口边为金色）。下身穿宽松的红色短裙，系白腰带。前面的上身中部赤裸。腿、胳臂、头缺失。底有木钉，以便与腿相连。$5\frac{1}{2}$ 英寸×$1\frac{7}{8}$ 英寸×$1\frac{5}{8}$ 英寸。图版 LIII。

K.K.II.0182　**泥塑衣物**。纵向有两条凹槽，蓝色。$10\frac{3}{4}$ 英寸×$1\frac{1}{2}$ 英寸。

K.K.II.0183　**泥残件**。建筑物（?）上的彩绘，和 K.K.II.0125 属于同一类型。精美的旋涡形，由粉色、金色线构成，开口处是两条分离的线（分别为蓝色和白色）。$6\frac{1}{2}$ 英寸×$5\frac{1}{4}$ 英寸。图版 LV。

K.K.II.0184　**泥塑鬼怪头残件**。可以看见一只眼睛和一部分脸颊。皮肤黄色，带红点。眼球（已破损）贴上去的虹膜中有一个斑点。眉毛很粗，黑色。脸颊底部有一条凹槽，大概是张开的大嘴的边沿。$5\frac{1}{4}$ 英寸×5 英寸。图版 LIV。

K.K.II.0185　**泥塑佛面**。五官较小，眉目清晰。长长的斜上形眼睛半闭着，虹膜棕色，瞳仁黑色。鼻子很精致，稍微呈鹰钩形。上唇的拱形线条特别分明，嘴角有刻线。上唇中间的凹陷、下颌、嘴角的酒窝十分清楚。方形小下颌，从鼻翼到下颌底部的深皱纹勾勒出了下巴的轮廓。小鼻孔，脸颊饱满、光滑。眼球似乎是从佛面后面塞进来的，前额有白毫相光（状如瓶塞）。

基本上是发黄的粉色，眉毛下面淡绿色（要么是褪色的缘故，要么是以此来表现阴影）。上唇和下颌上有绿色痕迹。眉毛黑色，呈精巧的拱形，并用一条刻线加以强调。绕着白毫相光是一条红线。比例协调，造型美观。被水损伤过。6英寸×5英寸。图版LIV。

K.K.II.0186　泥塑人脸残件。镀金。下颌以上的右半边脸都缺失，嘴几乎全部缺失。左眼半闭，很长，呈斜上形。6英寸×6英寸。

K.K.II.0187　泥塑人脸残件。镀金。是左脸，眼、耳都缺失。五官形状和谐，上唇虽厚却不失优雅。上唇呈弧度很大的弓形，粉色，轮廓线突起。是很好的作品。6英寸×4英寸。图版LIV。

K.K.II.0188　彩绘泥塑头部。女性（？）。丰满的椭圆形脸，常人大小的平直的眼睛，小鼻子（已破损），小嘴，下颌优雅、不明显。眉毛呈精致的弓形，眉毛上方的头发是密密的短发鬈（？），耳朵前的头发较长。

头饰不完整。脑后是一条条蓬松的扁平的头发交织在一起。头顶的头发像孔雀羽毛一样高高梳起，扎成了一个很紧的发髻，从发髻两侧看呈旋涡状。皮肤粉色，头发黑色。很像伊特拉斯坎人（Etruscan，居住在古代意大利西北部——译者）。从脖颈向下立有木支架。$3\frac{1}{2}$英寸×2英寸×$1\frac{3}{4}$英寸。图版LIII。

K.K.II.0189　泥塑人脸残件。镀金。长耳，耳前垂下黑发。嘴唇红色，眉毛、上眼睑和虹膜的轮廓线为黑色。左半边脸缺失。与图版LIV中的K.K.II.0185似乎属于同一类型，但小得多。$2\frac{5}{8}$英寸×$2\frac{1}{8}$英寸。图版LIII。

K.K.II.0190　泥塑的蛇（或龙）的头颈。粉色。大眼睛，大鼻孔。嘴大张，上颌露出短牙齿。脖颈与颌垂直，削得较细，以便插入身体上的孔槽中。$2\frac{1}{2}$英寸×$2\frac{1}{2}$英寸×$1\frac{1}{4}$英寸。图版LIII。

K.K.II.0191　泥塑衣物残件。绿色，金边。连着一个光滑的凸面，凸面涂成绯红色，上面是蓝色和绿色的植物图案，图案轮廓线为白色。$4\frac{5}{8}$英寸×3英寸。图版LV。

K.K.II.0192　泥塑绳子（?）残件。棕色。两股绳子互相缠绕，末端散开，一股末端已缺失。$2\frac{1}{4}$英寸×$1\frac{1}{2}$英寸。

K.K.II.0193　泥塑疙瘩。装饰在东西末端，梨形，粉色。$2\frac{1}{2}$英寸×$1\frac{1}{2}$英寸。

K.K.II.0194　泥塑带子残件。较薄。涂成绯红色，上面有两条白带子，白带子之间装饰着细细的植物图案。$3\frac{3}{4}$英寸×$1\frac{1}{4}$英寸。

K.K.II.0195　泥塑残件。人物弯曲的左臂，粉色，手掌缺失。上臂$2\frac{1}{2}$英寸，前臂$3\frac{1}{4}$英寸。

K.K.II.0197　泥塑的三角钉铠形甲残件。细节很清晰，镀金。三角钉的每一条突出部上，都沿中间有一条凹槽，凹槽左右又各有一条凹槽。看起来就像是三角钉由四条凹槽构成，外面那对凹槽所在的平面比中间那对所在的平面低。三条突出部相连的地方是一个疙瘩（铆钉或宝石）。但无法看出三角钉形甲的实物该是用什么材料做的，也不知道这种甲用什么方式串连在一起。$5\frac{1}{4}$英寸×$2\frac{1}{4}$英寸。其他例子参见 K.K.II.084、0101、0103、0163 等。图版LV。

K.K.II.0198~0201　泥塑莲花瓣。微突，涂成深浅不一的灰色带子，花瓣中间颜色深，边上颜色浅，轮廓线白色。$3\frac{7}{8}$ 英寸×$2\frac{1}{2}$ 英寸。

K.K.II.0202、0203　泥塑衣纹。衣褶处理得大胆而精美，涂成绿色，衬里红色。黏土特别有弹性，上乘之作。最大尺寸 $5\frac{1}{2}$ 英寸×$2\frac{3}{4}$ 英寸。图版 LIII。

K.K.II.0208　泥塑背光（?）边残件。或者出自主佛冠形头饰。里层边红色，无花纹。向外是珠子，最外层是火焰边。左侧缺失。6 英寸×5 英寸。

K.K.II.0209、0211　泥塑残件。出自彩绘的边，与 K.K.II.0100 属于同一类型。最大尺寸 $4\frac{1}{4}$ 英寸×$3\frac{1}{4}$ 英寸。

K.K.II.0210　泥塑人脸（?）残件。镀金。一侧有蓝色头发编成的发辫。$2\frac{1}{2}$ 英寸×$4\frac{1}{2}$ 英寸。

K.K.II.0216～0218　彩绘木板残件。用途不明。0216 为箱子盖，本来断成了两块，现在连在了一起。一面凹一面凸，长方形，凹面末端和一条长边上有红色残迹。凸面上有一些灰色横线，灰边，末端绿色。共有四个榫舌孔，其中三个在角附近。一条长边的末端稍微削掉了一些，就仿佛要装折叶似的。$6\frac{5}{8}$ 英寸×3 英寸。

0217 呈长方形，一个面上布满了绿色和黄色颜料。在刮破的地方，可以看到颜料下面隐约有手写的汉字。$5\frac{1}{4}$ 英寸×$1\frac{1}{4}$ 英寸。

0218 比较粗糙，长方形，一个面涂成黑色，绘有红、白花朵。$7\frac{3}{8}$ 英寸×$1\frac{3}{16}$ 英寸。

K.K.II.0219　泥塑残件。凸面，镀金。$3\frac{1}{2}$ 英寸×2 英寸。

K.K.II.0220　泥塑残件。圆形，涂成鲜艳的粉色。一部分表面上可以看出花团（也可能是成团的衣纹），先镀金，再用黑墨画成。4 英寸×2$\frac{1}{2}$英寸×1$\frac{3}{4}$英寸。

K.K.II.0221　泥塑人脸残件。左脸，镀金，可以看到黑发、红嘴唇、斜上形的眼睛、长耳朵。与 K.K.II.0189 很像，但后者是右脸。鼻子表面和头顶缺失。高 2$\frac{11}{16}$英寸。图版 LIII。

K.K.II.0222　泥塑坐姿（?）人物残件。可以看到小腿背面，上面裹着粉色衣物。底下是脚踝、脚跟和一部分向上翘的脚底板。底边镀的金外面，有一窄条涂成绿色的莲花座（?）残迹。3$\frac{5}{8}$英寸×1$\frac{1}{8}$英寸。

K.K.II.0223　泥塑人像残件。弯曲的右臂上，松松地裹着白袖子，袖口黑色。手紧握，钻孔，以便插入矛（?）。涂成粉色。长 2$\frac{5}{8}$英寸。

K.K.II.0224　泥塑莲花座残件。可以看见两排向外伸展的花瓣，一排朝上，一排朝下。

花瓣边沿附近是一条突起的纹路，花瓣尖上是浮雕的旋涡状装饰。一排花瓣为黄、红两色（灰边），绿、深灰两色（红边），红色（灰边）。另一排为灰、深灰两色（红边），红、黄两色（灰边），绿色（红边）。突起的纹路都是白色。每排有两朵完整的花瓣，还有第三朵花瓣的一小部分。造型美观。3 英寸×1$\frac{7}{8}$英寸。图版 LIII。

K.K.II.0225　泥浮雕大手残件。和真人手一样大。一只手指伸直，旁边还有另一只手指的残迹，还有两个手指的最末一个圆形关节，指甲上镀金。手背没有加工。表面有白色窄条和黄色颜料的痕迹。长 4$\frac{3}{4}$英寸，最宽处 2

英寸，厚 $1\frac{1}{8}$ 英寸。

K.K.II.0226　泥浮雕人像残件。男子的躯干。穿绯红色紧身上衣（也有可能是把皮肤涂成绯红色）。从左肩斜披蓝色披巾，披巾末端缠绕在胸前。腰底下是蓝色腰带紧裹住臀部，穿白色短罩裙。红色（?）短裙系在腰带上。高 $4\frac{1}{2}$ 英寸。图版 LIII。

K.K.II.0227　泥浮雕叶鞘残件。由两对苞片构成。苞片在根部重叠，分别伸向左右两侧。没有着色。$2\frac{1}{2}$ 英寸×$3\frac{1}{4}$ 英寸。

K.K.II.0229　泥塑衣纹残件。镀金。表面磨损严重。横截面为 V 形，边沿朝前伸。长 $2\frac{3}{4}$ 英寸，宽 $2\frac{3}{4}$ 英寸，最厚处 $1\frac{3}{4}$ 英寸。

K.K.II.0230　泥塑莲花座。莲花座上本有立姿人物，保留着这个人物的白色右脚。只有一圈向下的花瓣。花瓣表面大概本来是金属（?），金属剥落了，只在黏土上留下了印痕。扁平的莲蓬涂成黑色，并绘有黄圈。中间与人物相连的地方有一个洞，从中可以看见能纳入两颗钉子的孔。长轴直径 3 英寸，短轴直径 $2\frac{1}{2}$ 英寸，高约 1 英寸。

K.K.II.0273.c　木雕残件。一条扁平的薄木片，相对的边对称地削掉，剩下部分中间是一个圆盘，底下是两个背对背的新月形（?）。工艺粗糙。长 $1\frac{7}{8}$ 英寸，宽 $\frac{1}{2}$ 英寸，厚 $\frac{1}{16}$ 英寸。

K.K.II.0274.hhh　泥塑人脸残件。看得见鼻子、一部分上嘴唇、半闭的两只眼睛、前额（上面有一个突出的大圆点）。特别扁，是模式化的。红色黏土中掺了很细的纤维。$2\frac{1}{8}$ 英寸×1 英寸。

K.K.II.0289　带字的木头。粗糙的板条，一端有几个汉字。板条两端和两个面都削过，一部分汉字被削掉了。一个面上有粉颜料的残迹。$7\frac{1}{8}$英寸×1英寸×$\frac{1}{4}$英寸。

K.K.Ⅱ.0307 木棍。粗略加工过，残留着部分树皮。用破丝绸和很多层写着汉字的碎纸包裹起来。长16英寸，直径约$\frac{1}{4}$英寸。

K.K.Ⅱ.0308 泥塑人物（?）残件。几乎全用纸和麻布做成，大概是一部分躯干。所用材料参见K.K.Ⅰ.068。上身前面似乎有一条横向的衣纹。长$4\frac{3}{4}$英寸，最宽处$3\frac{3}{4}$英寸。

K.K.Ⅱ.0309 素绸。柔软，织得很好，脏污，布满破洞。朱红色（?），褪色成难以形容的肮脏的灰色。四角曾经交叉地扎起来，形成了一个放东西的包裹。两个相对的角上各写有一个汉字。长$21\frac{1}{2}$英寸，织边宽$24\frac{5}{8}$英寸。

K.K.Ⅱ.0310.a~h 大小不一的纺织品残片。a、b为两块特别粗糙的深棕色平纹山羊毛织物，用针缝着不可辨认的黄色图案。c为巧克力棕色的锦缎残件，图案是重复的六边形"点"，底和图案成方向相反的斜纹。d为黄色锦缎残片，出自绢画的边。用与地相反的斜纹织着半模式化的植物图案。由于脏污，图案已无法辨识。e为米色素绸残片。f为织得很稀松的黄色纱。g、h为两块精致的米色透孔纱，柔软，织成菱形网眼。都很脏。d的尺寸为12英寸×$3\frac{3}{4}$英寸；h、g的尺寸分别为：6英寸×3英寸，$4\frac{1}{4}$英寸×2英寸。

K.K.Ⅱ.0311 绢画残片。很破旧，褪色严重。立姿鬼怪（或毗沙门天王）像，四分之三向右。

大体上与千佛洞的金刚像属于同一类型，参见《西域考古图记》第四卷图版LXXXVI。人物有四臂，头发像火焰，前额顶上是一个红色马头（?）。右下手紧握，右上手在胸前持闪电（?）。左边的手没有保存下来。项光上方有三个黄色圆圈。

人物的腿被底下两个神祇的项光遮住。右边项光蓝色，神祇是男性，头四分之三向右，头戴高高的红色（地方官的?）头饰，头饰前面有一个蓝色熊头。左边项光绿色，神祇头顶是黑色顶髻，顶髻前面有一只凤凰（?）。$14\frac{1}{2}$ 英寸×5 英寸。

K.K.II.0312　木浮雕。状如一束带尖的火苗。边沿呈扇贝形，以表示火苗在闪耀。火苗上是一块浮雕，雕的是状如湿婆的男性神祇，双腿分开，跨坐在两个俯伏的妖怪身上。双手均于胸前持雷电。穿围裙一般的短裙，戴手镯、脚镯、臂钏（臂钏用上臂的凹槽来表示）。项戴用骷髅（?）穿成的长项链，垂在腕前，几乎长达膝盖。

左臂弯里夹长权杖，上面有三个骷髅头（?）。五官正常，不扭曲。耳长，头戴头饰，头发梳成又高又宽的顶髻。短裙和背景上有朱红色颜料的残迹，妖怪身上残留着黑色颜料。上乘之作。火苗尖上有一个孔，以便和其他东西相连，大概与较大人像的背光边相连。左下角缺失。高 $3\frac{1}{4}$ 英寸，最宽处 $1\frac{1}{4}$ 英寸。图版 LIII。

在 K.K.II 庙宇发现的雕版印刷品、素描和纺织品

K.K.II.0227.a+K.K.II.0253.c+K.K.II.017.s.iv　雕版印刷的纸画。不完整。左边是一个衣饰繁复的坐姿菩萨，全身穿一件宽松的袍子，四分之三向右，简单的项光和背光边上无装饰。精致的头饰上垂下又长又窄的飘带，飘在肩前。菩萨左上方共有六个侍者。顶上两个侍者头发竖立（天王?），还有一个侍者左手托日轮（日中有三足乌）。底下三个侍者是判官（?），头戴向后弯的高帽，身穿镶黑边的长袍，手合十。再往下，左边是一个坐姿人物，头微斜，目光下视，手在胸前合十，全身穿袍。这个人物左边跪着个女子，全身穿袍，手合十。所有人都有项光，面朝中间。

前景左边是一头大象，像狮子那样用后腿蹲坐在地上，耳朵仿佛牛耳一般，象鼻子卷起，象牙从下颌长出，朝上翘。眼睛四周是放射状的线。

像右边是两个带项光的坐姿人物，全身穿袍，头戴优美的头饰，手合十，朝向中间。再往右是一个方形香案，上面盖着一块布，布上织有双圈圆盘饰图案，顶边附近是带褶皱的帷幔，垂在 V 形线构成的一行图案下。香案顶部中间放着个形如莲花般的碗，碗中盛不明物体，从物体上生出波浪线。

香案左角跪着一个穿袍的人物，袍上有一条宽宽的黑色横带子。香案右边是一个剃光了头的和尚，双手合十，态度恭谨地走近香案。他头后有项光，脚踏莲花，脚穿厚底的中国式鞋。香案远处是一个建筑物的一部分，大概是中央宝座的底部。最前景是云饰。

上面的描述文字是由三个残件中得出的，它们印在同一幅画上，但有可能用的并不是一个模子。

K.K.II.0227是画面左侧的一部分和底部的边线、大象、大象上方的两个人物、前景中坐着的两个人物的一部分。被撕破处的纸特别毛糙。5 英寸×4$\frac{1}{4}$英寸。

K.K.II.0253是带边线的整个前景，有大象、和尚、大象上方的跪姿人物的一部分、大象右边两个坐姿人物的一部分、香案、香案左右的那两个人物。纸呈黄色，很结实。8$\frac{1}{2}$英寸×3$\frac{3}{4}$英寸。

K.K.II.017.s.iv可以看到菩萨、后面的六个人物、大象上方的跪姿和坐姿人物、大象头的一部分、大象右边坐姿人物的项光顶部。在另一张分离的纸片上，是一部分香案与和尚的上半身。纸柔软，毛糙，破旧。7$\frac{1}{2}$英寸×4英寸。图版LXII。

K.K.II.0227.b 2 张雕版印刷的纸页。印有西夏文。一张纸页上装饰着两排坐佛像（每排六个），一排在纸页顶部，一排在中间。粗略，模式化。每个坐佛像下都有五六个手写的字，所有字列中的前两个和最后一个字都是一样的。另一张纸上只有字，没有佛像。纸呈黄色，质地很好。约 $7\frac{1}{4}$ 英寸×$3\frac{1}{2}$英寸。图版 LXV。

K.K.II.0227.v　纸页残片。上面有木模子留下的深黄色印迹。印迹中的图案比较怪异，难以分辨出来。中间的画面只画着轮廓线，是一座置于底座上的扁佛塔，佛塔上面延伸的部分，像是一个人的轮廓，人的手臂由波浪起伏的旗幡构成。佛塔底座下有一个莲花座。以上这些形象几乎纵贯整幅画。

在以上画面之内，背对着底座和佛塔有一个带顶光和背光的坐佛。画面其余部分则写满了吐蕃文题识。画面顶部左右的底上，是一对坐在云上的人物，每个人物头顶都有伞状华盖。

整张纸上布满了符号和植物图案，外边是一圈边（由两条直线构成）。左下角撕掉了。纸较薄，黄色。$6\frac{3}{4}$英寸×$3\frac{7}{8}$英寸。

K.K.II.0228.q　2 张雕版印刷的纸页残片。印有西夏文，每张纸顶上都装饰着一排六个坐佛像，极似图版 LXV 中的 K.K.II.0295。一张纸被撕成了两半，下半部分缺失。另一张纸也已被撕破。顶部破旧不堪，黄色。6 英寸×$3\frac{1}{2}$英寸。

K.K.II.0228.t　纸片。上面用轮廓线画着一个真人大小的汉族老人头部（眼睛和左耳）。纸薄，深黄色，四边都已被撕破。$3\frac{1}{2}$英寸×$5\frac{1}{2}$英寸。

K.K.II.0228.u　2 块粗麻布。残留着淡蓝色颜料（蛋彩?）和纸衬里。最大尺寸 $3\frac{3}{4}$英寸×$4\frac{1}{2}$英寸。

K.K.II.0229.a、0239.c　6 张雕版印刷的纸页残片。画面看起来表现的是对蛇的崇拜，或者所崇拜的是中央人物（已缺失），而蛇在中央人物身上占重要地位。场景发生的地点是富丽的王宫平台或宫殿里。残件 0229.a 左边可以看到王宫的一根柱子和一个复杂的柱上楣的一部分。柱上楣底下是帷幔和卷起来的竹帘。

在 0229.a 的柱廊里可以看到如下人物：柱子左边有两个侍者，头剃得很光，穿黑色长袍，头戴黑帽。帽子后面是竖直的，帽顶又低又平，大概两侧还有棒状饰带（即宋代的展脚幞头，下同——译者）。较靠前的那个人左手紧握右手，神态安详、恭顺。另一个人持香炉（？）。人物的下半部分被柱子前面装饰性的栏杆遮住。栏杆末端就在柱子右边，终止于一根杆子，杆子顶部装饰着一朵盛开的莲花。

柱子右边有一个女子，小波浪状的头发紧贴住头，两个太阳穴上方的头发剪成帘幕一般的形状。头顶是花朵状的珠宝首饰。穿长袍（手在胸前交叉），右手持节杖或棍（棍搭在右肩上），节杖在与头平齐的地方终止，终止的末端是一朵白色百合花。这位女子站在另一个穿袍人物身后。后者头戴复杂的头饰，似乎是坐在一张高背木雕椅上（也可能是站在椅子前面）。人物正面都已缺失。

画面左下角是一群人，可以分辨出来四个人。栏杆底下那两人服饰和上面两个人一样，可以清楚地看出从他们帽子后面朝下的地方，向左右各伸出一个硬硬的棒状饰带（或飘带）。一人长须，另一人长着山羊胡子，嘴唇上方也有胡须。底下的另外两人，袍子底边上是宽宽的流苏边或褶皱，帽子和上面那些人相似，但外形更华丽。这四个人都把短条状物（笏——译者）持于脸前面。前景中可以看见一部分地面。画面现存的三条边上是精美的旋涡饰（黑底，旋涡饰白色）。

0239.c 共有四张破旧不堪的纸片，其中三张能连在一起，并进而与 0229.a 相连。画面上继续画铺着花砖的地面。地面上接近前边的地方盘着一条大蛇，蛇头（缺失）从身体中部昂起，蛇尾弯成两个波浪形，伸向右边。蛇左右站着一些穿华丽袍子、戴帽的人物，恭敬地朝中间躬身，手持短笏（笏位于嘴前面）。在蛇和右边人物之间有一个题榜，上面写着几个西夏字。

第四个残片连着右边那群人。底部保留着一部分边。上半部分和右侧缺失。

布局合理，模子刻得也好。纸呈黄色，不结实，但保存得很好。完整纸页高 $10\frac{3}{4}$ 英寸，各片连起来宽约 8 英寸。分离的那块残片尺寸为 4 英寸× $1\frac{5}{8}$ 英寸。图版 LXIV。

K.K.II.0229.b　雕版印刷的纸页残片。印有西夏文。可以看到成排的坐姿佛像和栏杆柱的一部分，和 K.K.II.0253.b 出自同一个模子。纸呈黄色，四面都已被撕破。3 英寸×$1\frac{1}{2}$英寸。

K.K.II.0229.c　纸片。上面是木模子印出的画，模子刻得特别好，很有生气。画面上有 3 个四分之三向左的天宫人物（天王），乘着"蠕虫状"的云卷下降。他们穿飘起的短裙，披薄薄的飞舞的披巾。嘴半张，似乎在歌唱。手姿各不相同，最后一人左手持长棍。每人头饰上都有一个不同的顶，以便能将他们的身份区别开来。但这些标志太模糊了，无法看清形状。

左上角有两条从左向右飘的饰带。右上角有一个黑色题榜，题榜中是汉文（或西夏文）。顶部黑边上有一个白色金刚杵。左侧、下侧缺失。纸已褪色。5 英寸×$2\frac{1}{4}$英寸。图版 LXV。

K.K.II.0229.qq　雕版印刷的纸页。一面有五行西夏文。另一面是一个粗略的人像，头饰形如一片卵圆形叶子。纸呈黄色，打了格。$5\frac{1}{2}$英寸×4英寸。

K.K.II.0229.rr.i~ii　纸片。很多层纸粘在一起，粗略地涂了绿色和红色颜料。图案已不可辨认。6 英寸×$2\frac{1}{2}$英寸。

K.K.II.0230　纸片。印着一个坐佛像的上半部分，与 K.K.II.0293.a 中的那些坐佛类似。纸较软，破旧不堪。3 英寸×$1\frac{3}{4}$英寸。

K.K.II.0230.a　雕版印刷的纸页残片。印一条垂直的旋涡饰带子（由莲花构成）。旋涡饰围成 S 形曲线，人物就位于曲线之中。在一朵莲蓬上，是一个正在跳舞的带项光的完整人物，击打着铙钹。他似乎穿一件宽松的袍子，右臂、右肩赤裸（像佛像那样）。短腿上似乎穿着宽松的裤子。

底下是一朵带莲蓬的莲花，几乎有整条带子那么宽。花下伸出起伏的茎，一直延伸到底边线那里。茎上生出叶子和莲花蕾。另有一些小旋涡饰和苞片填补了过大的空白处。残片顶部已被撕破，可以看见另一条 S 形曲线，曲线中的人物似乎是坐姿。纸呈黄色，右边剪齐，底部被撕破，但仍能看到底线。右侧和顶部缺失。5 英寸 × 1 $\frac{1}{2}$ 英寸。参见 K.K.II.0279.uuu.ii。图版 LXV。

K.K.II.0230.b　纸片。一部分雕版印刷的画面。可以看到一个大圆圈的右侧。圆圈中有一个人物，似乎是观音，只能看到一个长颈细瓶中插的柳枝和底下一个物件的末端。圆圈外，沿底边是用粗略的莲花瓣构成的边。画面上还有花、草、水流（?），似乎是风景。

右边有一个站在大石头上的男子（只残留着一部分），目光朝下，看着另一个男子。后者裹在云中，穿黑外衣，戴黑帽，双手合十，头转向另一个人物。他看着的这个人物，是一个被敌人抛下山去的好人，正安然无恙地往下飘。下面的地面上长着些花。

顶上是云朵，右边是一棵被狂风吹拂的树。一个男子沿着一朵云奔跑，双手抱头，以免冰雹（?）打在头上。残件中间有一个小题记，上面有汉字或西夏文。纸深黄色，四边都已被撕破。6 $\frac{3}{4}$ 英寸 × 3 $\frac{3}{4}$ 英寸。图版 LXII。

K.K.II.0230.d　纸片。残存一部分雕版印刷的画面。可以看到两个人物在一个高高的多层庙宇执行僧人职务。庙左边是一棵树，右边有一个西夏文题记。题记右边，是一个带项光、背光的坐佛像的左半边。树左边是一个亭子，带几级台阶。残件顶部可以看到一个建筑物的基座，按照透视法，右边的基座向后退。基座带台阶，一个人物似乎正在朝台阶走。前景中有草。纸很旧。5 英寸×2 $\frac{3}{4}$ 英寸。

K.K.II.0230.e　纸片。 有一部分雕版印刷的净土图，与图版 LXII 中的 K.K.II.0233.b 等类似。可以看到一部分前墙和地面。纸很旧。3 英寸×3 $\frac{1}{2}$ 英寸。

K.K.II.0230.vv　素绢残片。 深黄色，破旧不堪。6 英寸×6 英寸。

K.K.II.0230.ww　麻布残片。 画着一只手，持半球形碗，碗四边都是旋涡饰。用黑色轮廓线画成，黑颜料中掺了绿色和黄色，碗里面红色。四边都已被撕破。3 $\frac{1}{2}$ 英寸×3 $\frac{1}{2}$ 英寸。

K.K.II.0231.a　2 张雕版印刷的纸页。 印有西夏文。每张纸顶部都装饰着一行坐佛像（共五个），与 K.K.II.0292.i 类似，但印得清楚得多。顶部和底部是常见的字。两张纸本来边沿粘在一起，但现在把它们分开了。它们的宽度不同，一个上面有四个佛像，另一个上面有六个。纸呈黄色，很结实。7 英寸×3 $\frac{5}{8}$ 英寸。图版 LXV。

K.K.II.0231.b　雕版印刷的纸页残片。 一幅大画的右侧，大概画的是对中央那个人物（或事物）的崇拜。共有 34 个人物，都有项光，四分之三向左，有的还有标志性的象征物。前景中有三个人物分别持蛇、剑、琵琶。第二行中，有一个人物的头饰上是四匹马（太阳神?）。再往后的人群里有日月菩萨。有几个人物剃光头，像和尚一样。其余人物梳高高的顶髻。有的顶髻上有装饰物，有的没有装饰物。

上面的背景中是云和飘浮的花朵。左边有一个光环，光环中是一座复杂的佛塔。有四处西夏文题记。底部以连续的莲花座为边。

模子刻得很好，但人物重复，显得有点机械。吐蕃风格。纸呈黄色，保存良好，左右两侧都已被撕破。$8\frac{1}{4}$英寸×$7\frac{1}{4}$英寸。图版 LXIII。

K.K.Ⅱ.0231.u.i. **纸片**。许多层纸粘在一起，一面涂成深绿色，并有红色和白色颜料的残迹。5英寸×$4\frac{1}{2}$英寸。

K.K.Ⅱ.0231.u.ii **纸片**。与 K.K.0231.u.i 类似，涂成绿色，边由黄色窄带子和红色宽带子构成。绿颜料底下有红色颜料的残迹。$6\frac{1}{2}$英寸×5英寸。

K.K.Ⅱ.0231.v **雕版印刷的纸页**。印有西夏文。顶部有一排坐佛像（共六个），与 K.K.Ⅱ.0233.uuu 类似。纸呈黄色，很薄，已被撕破，左上角破烂不堪。$7\frac{1}{2}$英寸×$4\frac{1}{4}$英寸。

K.K.Ⅱ.0232.ii.i **素绸残片**。看得见织边。黄色。10英寸×$3\frac{1}{4}$英寸。

K.K.Ⅱ.0232.ii.ii **素绸残片**。黄色。$3\frac{1}{2}$英寸×$1\frac{1}{4}$英寸。

K.K.Ⅱ.0233 **雕版印刷的纸页残片**。顶部装饰着坐佛像，与 K.K.Ⅱ.0281.a.xxxviii（图版 LXV）类似，与之不同的是此佛像有放射状背光，而且画面中没有"鸟"。印得很整洁。只残留着一个佛像的上半部分，以及右边填补在空白处的三片叶子的一部分。纸呈黄色，被撕破的地方毛茸茸的。$2\frac{3}{4}$英寸×$1\frac{3}{4}$英寸。

K.K.Ⅱ.0233.a **雕版印刷的纸页**。印有西夏文。纸很宽，上面有一行八个坐佛像，与 K.K.Ⅱ.0292.i 类似，但要粗糙得多，印得也不好。最底下那行字已剥落。纸呈黄色，毛茸茸的。$6\frac{1}{2}$英寸×$5\frac{1}{4}$英寸。

K.K.Ⅱ.0233.a.iii **平纹细绸残片**。暗棕色，约5英寸×2英寸。

K.K.Ⅱ.0233.a.iv **平纹细绸残片**。暗黄色，织得不均匀。$10\frac{1}{2}$英

寸×2$\frac{1}{2}$英寸。

K.K.II.0233.a.v　平纹细绸残片。粗略地画着暗绿色和红色图案，图案轮廓线为灰色。残破不全，很破旧。大概是还愿用的画的一部分。12英寸×4$\frac{1}{2}$英寸。

K.K.II.0233.a.vi　粗布（大麻布?）残片。白色，上下方向、左右方向有蓝色细线，形成条格纹。一面有一块蓝色颜料，另一面粘一张纸。4$\frac{1}{2}$英寸×2英寸。

K.K.II.0233.b、0280.a、0290.a　雕版印刷的纸页残片。同一幅净土图的各部分。原画中下部都已缺失。总的来看，画面上是一座立于水池中的中国式宫殿。从宫殿前面的中间，建筑的两翼向后折，共折成两组平行的平面。整个建筑前面都有阳台，通过阳台人们可以出入一些走廊或门，走廊或门两侧是柱子或半露柱（壁柱）。宫殿顶上是中国式的琉璃瓦。在建筑的中央那个平面和第二层平面上方，可以看到屋角的飞檐。

一左一右两条水流，从屋檐末端流下来，流进底下的水池中。宫殿两翼的柱子之间，是竹帘或成对的窗帘，有的打成结，有的几乎一直卷到顶部。

从一个大前院中，有倾斜的道路引向阳台。前院有整幅画那么宽，四面都围着华丽的围墙，围墙顶部是琉璃瓦。在用砖或木头筑成的华丽的墙底下，是一条无花纹的带子。以带子为背景，悬挂着串成帷幔状的宝石（每条"帷幔"上有两串宝石）。"帷幔"悬在半花上，"帷幔"之间用悬着流苏的绳子隔开。最前景中是翻卷的云。在墙的最末端，各有一座塔状门楼，门楼两侧是倾斜的。每座门楼底下都有一个姿态虔诚的人物小像，似乎正往门楼里走（进入净土的灵魂?）。

画面顶部中央是一个带项光的坐姿菩萨像。一个坛围住菩萨像，菩萨左右的坛上各有一座宽宽的宝塔。塔之外是光芒线，一直伸展到一个长方形框上。从坛上向左右各伸出四条光带。

菩萨右边有一组带项光的人物（共四个），左边也有同样一组人物的痕迹。再向右，在柱子之间的最后两块空地上是两个带项光的女子，还有一个女子沿过道向她们走来。画面左侧也有这样一组人物。左右的第三层正面的最末两块空地上，也各有两个人物。

从画面中央伸出两条逐渐变宽的光带，一条向左，一条向右，终止于画面的左上角和右上角。每条带子上都画有宫殿（或佛龛）、树、水池，这三种事物每种在每条带子上都重复五次。此外，带子上还散布着很多小圆圈和小符号。最右边还多出来一个水池。

前庭里是成群的人物。画面中央往右是一个乐队，由七个带项光的天宫女乐师组成。她们弹奏的乐器有铙钹、竽、拍板、哨子、螺号（?）、排箫、中国长笛，此外大概还有一件乐器（无法辨认）。乐队以云为背景，人物之间飘浮着象征性符号（三角形、圆圈等）。再往右是两个西夏文题榜。

再往右是五个呈崇拜姿势的带项光的和尚（?），头上是短黑发，袍子飘飞，云和象征性符号构成他们的背景。最前面那个和尚头顶有西夏文题记。和尚上方的中景是莲花池。

再往右是五个跪姿尼姑（?），每个人都有项光，还有一条奇怪的弓形光带从人物身后伸到前面，又飘到了项光后面。弓形中也是重复出现佛龛、树、水池。这五个人的长发紧贴着头，用一个小结扎在脖颈后面。每人手中都托着一物，看起来像是冠（或是在重大场合戴的头饰）。最前面那个尼姑上方有题记，其中有两列字。这五人上方是三个头发竖立的鬼怪和一个"天王"。最远处那个鬼怪大概有四臂，右后手托日轮。他底下那个鬼怪大概是迦楼罗。

最前景中，在一朵精美的云上是两个人物，大概是跪姿（脚隐在云中）。一个是武士（天王?），手握拳。另一个可能也是武士，但没有头饰，头顶剃光了一部分，持某种供品（冠或头盔?）。云底下可以看到墙上棱堡的一角。

画面中间再往左的残片上，可以看到如下人物：三个带项光的成崇拜姿势的和尚；五个跪姿武士（？），有项光，也有像对面的尼姑那样的光带；三个鬼怪和一个天王。其中一个鬼怪是迦楼罗（？）；另一个鬼怪头前面有一个骷髅（大黑天？）；第三个鬼怪头顶是条眼镜蛇（龙王？）。有六个西夏文题记。

左侧的边沿是两条线，线中是双刃金刚杵和成对的半朵花交替出现，金刚杵有五个尖。参见 K.K.II.0272.a。

整幅画特别复杂，很重要的木刻。中央的下半部分和再往左都缺失，占全长的五分之二。0233.b 是画面左边的五分之一（完整）。0280.a 是整条上边的约五分之二，还有一个分离的纸片是画面右上角，已被撕破，毛茸茸的。0290.a 是画面右侧的五分之二（完整）。整幅画像书籍一样折成手风琴形状。纸呈黄色。完整的画全长 20 英寸，模子宽 $6\frac{3}{8}$ 英寸。图版 LXII。

K.K.II.0233.ttt、uuu　1 张雕版印刷的纸页和 1 张纸片。印有西夏文，顶部附近有一排坐佛像，与 K.K.II.0276.t 类似，但印得更粗糙。0233.uuu 是六个佛像的一部分，左上角、右上角已被撕破。纸呈黄色，较薄。$7\frac{3}{4}$ 英寸×$4\frac{3}{4}$ 英寸。

0233.ttt 是四个佛像的一部分，纸特别薄。$3\frac{1}{4}$ 英寸×$2\frac{1}{2}$ 英寸。

K.K.II.0233.vvv　雕版印刷的纸页。印有西夏文。右上方印着一个立姿圣人（？）像，脸朝前，身体很大程度地向右倾斜，用一根长杖支撑住身体。长杖在右边触地，斜穿到身前，一直过了右肩。右手在肩际持杖，左手大概在胸前持杖。

人物长着黑色短发，没有肉髻，头后面是双线项光。穿宽松袍子，袍子盖住双肩，末端搭在左前臂上。整个人物外有一个框，用一条线画成，框里的背景粗略地画满了向上弯曲的波浪线（线出自人物身上）。人物的姿势使人想起圣徒克里斯托弗（Christophorus）。

再往右的那部分画面与人像出自同一个模子，一个佛龛的一部分。佛龛带圆拱，周围是向上伸展的放射状曲线，曲线被拱背线阻挡住，拱背线之上是不太清楚的建筑物的细部。佛龛下是一个莲花座，佛龛中有一个物件（无法辨清）。再往右的部分都缺失。

上述画面底下有三行西夏文。再往左，从画面左侧的纸页顶部一直到页底部，又是三行西夏文。最外面那列的中间靠下一点，是一个带高高尖顶的小庙残件。破损得特别厉害。纸呈黄色，很结实。7 英寸×3 $\frac{1}{2}$ 英寸。

K.K.II.0233.www **雕版印刷的纸页残片**。印有西夏文。顶部有几排坐姿人像，共有三个人像部分地保留了下来。人像特别粗略，可能是佛或菩萨。人像施定印（Dhyāna-mudrā），每座像底下都有朵扁扁的小菊花（花瓣较长）。

人物头很宽，嘴唇上方是长长的横向伸展的胡须，头戴带尖的头饰（头饰上有护耳）。周身环绕着背光，头后是项光。从狮子一般的脸看，人物似乎是武士。但从服装和姿势看，又像是佛或苦行僧。特别粗糙。底下的每行文字开头都是那两个常见的字母，末尾也是。沿着右侧被撕破了。纸呈黄色，质量很好。6 $\frac{3}{4}$ 英寸×1 $\frac{3}{4}$ 英寸。

K.K.II.0233.xxx **雕版印刷的纸页残片**。印有西夏文。中间有一排坐佛像，很像 K.K.II.0276.v。纸页上半部分几乎已全部缺失，右半边也是如此。只残留下来两个坐佛像，佛像下是两列西夏文。纸呈黄色，很软。5 $\frac{1}{2}$ 英寸×1 $\frac{7}{8}$ 英寸。

K.K.II.0235.k **纸页残片**。有五行西夏文。另一面上极粗略地画着匹奔马，画得不好。纸呈黄色，画了格，所有边沿都特别破烂。6 $\frac{1}{2}$ 英寸×4 $\frac{3}{4}$ 英寸。

K.K.II.0236.a、b　纸画残片。a 上保留着两条边和圆形图形的中心部分。图形中心是黄色，被红色细线分割成很多花瓣状的部分。粗糙。纸柔软，已被撕破，大概画了格。7 英寸×3 英寸。b 为四个扁长的闭合棕叶饰，棕叶饰的底部与中间一个圆相碰，因而形成了十字形。纸和前一张质地一样。4 英寸×4 $\frac{1}{2}$ 英寸。剩下的几个小残片上有几个手写的西夏文和零星几条线。

K.K.II.0236.c　雕版印刷的纸片。底下是六行西夏文的上半部分。上面是一幅场景图。场景中，右边是五个人物，其中两人肌肉健硕、裸双腿双臂，正向右走（大概持棒）。以上人物的左边，是两个穿长袍的人面对面而立（可能是和尚或法官）。

最左边的那个人与第一对人类似，但穿着护腿和中国式的靴子，双手握拳，怒气冲冲地向左走。此人只剩下头和脸，其余的人也都残缺不全。线条精湛、有生气。纸呈黄色，四边已被撕破。5 $\frac{1}{4}$ 英寸×2 $\frac{1}{2}$ 英寸。图版 LXIV。

K.K.II.0236.ccc　素绢残片。3 $\frac{1}{2}$ 英寸×2 $\frac{1}{2}$ 英寸。

K.K.II.0236.ddd、0237.aa　粗糙的麻布残片（大麻布?）。画着蓝底（也可能是印上去），没有画底的空白处形成圆点图案。1 $\frac{3}{4}$ 英寸×2 $\frac{1}{4}$ 英寸；4 英寸×4 英寸。

K.K.II.0238.a　雕版印刷的纸页残片。一幅画的左边。右侧是一个较大的佛坐在精美的莲花座上，莲花似乎立在一根茎上（被带花纹的织物遮住了），茎底下是长方形底座。人物后面是一个复杂华丽的"椅背"，在人物下颌一线以下"椅背"都是长方形，往上，"椅背"就变成了拱形，拱形上都是旋涡饰。拱形的最顶部是朵莲花，莲花上托着颗发光的宝石。长方形部分的角上装饰着檐口饰，拱形之内是以光芒线为边的项光。"椅背"后面是一个带光芒线的背光（边无装饰），形成了"椅背"的背景。

人物十分僵硬，有三个头，中间那个头稍向右转。每个头都有三只眼睛。戴高冠，冠上嵌高三角形宝石。人物细腰，胸圆形，较高。可以看到五条手臂。左边（观者之左——译者）四条手臂从上面算起，分别持火焰、轮子、剑，第四个伸下来施与愿印。右边最底下那只手放在腹前，掌心朝上，托着个杯子，杯中有一个坐姿或立姿小人像。最底下那条右臂臂弯的肌肉上有颗火焰状的宝石。

一条华丽的宽带子穿过胸和肩。脖颈上是一个带宝石的项圈，身前挂长长的宝石璎珞。每个腕上都戴手镯，手镯上有颗火焰状宝石。腹部有一条带宝石的腰带，从腰带上垂下来一串串宝石和铃铛。腿部衣物上有很多花纹，脚踝上套踝环。绕着背光顶部是一棵树，一团团叶子又长又窄。再往上是光芒线，光芒线中间有一个西夏文题记。

画面的左侧，都是双手合十的带项光的女子（共10个），服装与中央人物类似，但装饰品要简单些。五个戴低冠，五个戴高冠。

前景中是云，最顶上那个人四周也是云。从座位左侧到边上的人物，有华丽的线脚。残件上保留着三条边，边上是黑带子，带子中是粗糙的白色五刀金刚杵。纸呈黄色，保存良好，沿右边剪过。$10\frac{1}{2}$英寸×$4\frac{1}{4}$英寸。图版 LXII。

K.K.II.0238.b　1张雕版印刷的纸页。印有西夏文和两排佛像，类似 K.K.II.0227.b（图版 LXV），但人物的模子刻得更好。头饰有三个尖，一个尖在中间，另两个分别伸在耳朵上边。从两侧这两个尖上，各有一条线垂到肩上，线相当于 K.K.II.0292.i 中的那些耳状突起。佛像都施定印。大概属于 K.K.II.0265.f。纸呈黄色，比较结实。8英寸×$3\frac{3}{4}$英寸。图版 LXV。

K.K.II.0239.a　雕版印刷的纸页残片。装饰着一行坐佛像和树，有两个人物基本完整。右边第三个人物只残留着头部，左边第四个人物则只剩下一部分背光和项光。人物都坐在莲花上，莲花有两排花瓣，双层轮廓线。

　　左起第二个人物（第一个人物即那个只有项光和背光的佛像——译者）穿盖住双肩的袍子，施定印。脸饱满，眼光下垂，宽前额，头顶的黑发梳下来，黑发下面是白毫相光。头上有低平的肉髻，肉髻前面是颗白色钻石。长耳。背光中布满了呈放射状向上弯的光线。项光圆形，无装饰。

　　左起第三个人物和上面说的人穿一样的袍子，只有一小片袍角盖在肩上，否则右肩就是赤裸的。右手施塔尔俱纳（Tarjuna）手印。看不见剩下两个人的姿势和袍子。

　　人物之间是造型很好的菩提树，出自云（?）中，云下是一朵牡丹花（?）。沿顶部是一条黑边，黑边上方有一两条线。黑边下方是交替出现的金刚杵和双层圆圈（金刚杵和圆圈是白色轮廓线，地为黑色）。金刚杵有双头，水平放置。布局合理，模子刻得也好。纸呈黄色，柔软，很破旧。参见0279.uuu.ii。$5\frac{1}{4}$英寸×$8\frac{1}{2}$英寸。图版 LXV。

　　K.K.II.0239.b　2张纸页残片。本来粘在一起。一群人站在带花纹的地面上。布局与 K.K.II.0229.a、0239.c 类似，大概出自另一幅和它们一样的画。

　　有两个人物彼此离得最近。左边是一个带项光的女子（?），全身穿黑边长袍，袍边上还有一条旋涡饰（底黑色，旋涡饰白色）。右边是一个剃光头的老和尚，袍子上有黑色条纹。两个人都双手合十。余下的人物都不完整。纸呈黄色，四边都已被撕破，但保留着一部分旋涡饰的边（和上文说的旋涡饰边一样）。$5\frac{1}{2}$英寸×$3\frac{1}{4}$英寸。图版 LXIV。

　　K.K.II.0239.d　纸片。粗略地画着一个坐佛像。佛坐在台座上，坐上垂着沉重的帷幔。佛四分之三转向左，成说法的姿势。右手微抬，食指、中指伸直；左手放在腿上，掌心朝上。穿宽大的袍子，胸到腰赤裸，胸前有一个卍字纹。身后是一个造型很好的背光，到达肩际。脑后是项光。脸上没有画五官，却有几个手写的字。肉髻是一个平缓的突起，和常见的形状不同。

佛前面是一个盖着布的香案，上面有五个放祭品的器皿。此画比例和谐，衣纹处理得很细腻（尤其是佛左肩的衣纹）。$5\frac{1}{4}$ 英寸×4 英寸。图版 LXIII。

K.K.II.0239.ww　雕版印刷的纸页。共两半，粘在一起。印有西夏文，顶上和中部是两行坐佛像（每行六个），与 K.K.II.0257.o 类似，但项光、背光、莲花座涂成了粉色。纸呈黄色，底边和左角已被撕破，除此之外保存良好。$6\frac{1}{2}$ 英寸×$3\frac{5}{8}$ 英寸。

K.K.II.0239.www　平纹细绸残片。上面有一部分粗糙的绘画，十分残破，无法分辨清楚。颜色有红、蓝、黄、粉，还有金粉的残迹。5 英寸×$2\frac{1}{2}$ 英寸。

K.K.II.0239.xx　雕版印刷的纸页残片。印着西夏文，中间装饰一行坐佛像。只保留下来两个坐佛像的一部分。佛像模子刻得很整洁，印得也清晰。和 K.K.II.0276.t 属于同一类型，但莲花座处理得更精细，项光、背光上也没有棱角。从头发两侧到脖子画着线，以代表长耳朵。脖子上有两条线，右脚踝也有两条，除此之外没有画衣纹。脚画得比较差，标示出了脚趾。背光上有光芒线。左边人物施定印。右边人物只保留着一部分头部。人物上方是常出现在字行末端的那几个字，左边人物下面是常出现在字行开头的那个字的一部分。纸淡黄色，质量较好。6 英寸×$3\frac{1}{2}$ 英寸。图版 LXV。

K.K.II.0239.xxx　素绸残片。织得很好，淡黄色。$4\frac{5}{8}$ 英寸×$1\frac{3}{4}$ 英寸。

K.K.II.0240.ii　纸片。上面有模子印出的一部分画面，是两个双手合十跪在云上的人物的一部分。他们穿节日常穿的那种宽大的袍子，袍边黑色，袍上还有一部分黑条。最前面那个人脸似乎呈侧影，转向左边，圆形背光向上一直到达脖颈上的衣物处。左边是华丽的带子堆叠在一起，大概表示香案。

画面的边黑色，上面是倒置的金刚杵和小花。模子刻得很粗糙。纸呈黄色，所有边沿都已被撕破。3 英寸×3 $\frac{1}{4}$ 英寸。

K.K.II.0240.jj　雕版印刷的纸页残片。有三条边都已被撕破。右边是一个很粗糙的坐佛像，像下是两个常见的字，下面还紧跟着另一个字。左边是又一个佛像的一部分，似乎比前一个佛像大些，但之所以会产生这种印象，也可能是因为纸已被抻长，并且变得毛茸茸的。两个佛中更完整的那个身体形如沙漏，但底下变宽。用四条横线来代表盘坐的腿和佛坐，一条披巾（？）从左肩斜披到腰上。右手与肩平齐，远离身体，碰到了代表背光的那条线。脸（左上部分缺失）方形，头后有项光。纸呈黄色，被撕破的地方毛茸茸的。3 $\frac{1}{2}$ 英寸×1 $\frac{3}{4}$ 英寸。

K.K.II.0240.kk　纸片。上面有粗糙的素描（残缺不全）。可以看到一个人物的下半身，穿复杂的袍子，似乎正在大步行走。这个人的后面和上方是一个男子的头和左臂，男子穿高达脖颈的外衣，头上紧裹着头巾。纸呈黄色，已被撕破。7 $\frac{1}{2}$ 英寸×4 英寸。

K.K.II.0240.ll　雕版印刷的纸页残片。纸页的右下部分，有"栏杆"，与图版 LXV 中的 K.K.II.0253.b 类似。纸呈黄色，保存良好。3 $\frac{1}{4}$ 英寸×3 英寸。

K.K.II.0240.pp、qq　小片平纹细绸。上面有颜料的痕迹。

K.K.II.0240.rr　素绸残片。黄色。5 英寸×1 $\frac{1}{2}$ 英寸。

K.K.II.0241.a　雕版印刷书籍中的一页。印的是佛本生（？）故事场景。两条线把纸页分成四个面积相等的部分。第一部分（左上角）和第四部分（右下角）中，各有六行西夏文。右上角的第二部分中，有一位向右走的秃头老者，身穿长及脚踝的宽大衣服，脚穿鞋，手持一根带弯钩的长杖（参见0242.b、0285.b.vi）。一个年轻人向老者走近。年轻人穿长袍，头戴中国式的花瓣状帽，帽后面垂着飘带（即幞头——译者）。手放在一起，上身前倾，显得很急切或很好奇。从左上边飘过来蠕虫状的云，底下用花朵和石头来代表地面。在左下角的第三部分中，有一个男子坐在地上，左腿因疼痛而收回。一只老虎正准备向他进攻，他下意识地保护着身体（佛和母老虎的故事?）。从右上边飘过来蠕虫状的云。模子刻得比较粗糙，但布局很有匠心。纸深黄色，有几处已被撕破。7英寸×4英寸。图版LXIII。

K.K.II.0242.a.i~viii　雕版印刷的书籍残页。印有西夏文和复杂的装饰。由于书已残破不全，无法看出装饰图案的完整布局。装饰大致如下：在纸页的上半部分（?），白底上有两个人物对面而立，一条垂直的"栏杆"状带子将他们隔开（"栏杆"与K.K.II.0235.b类似）。每个人物的外侧，也有一半这样的带子。每个人物底下，各有一行很工整的西夏文。文字上方是一个伞状莲花华盖，华丽的末端向上翘，上翘的地方挂着一串宝石。

两行西夏文之间是一列植物图案，图案左右两侧各被一条粗黑线和一条细黑线围住。西夏文之外是较窄的植物图案。整体布局看起来特别富丽、优雅。在其中一个残件上，右边还有一行字，其上边是朵倒置的莲花。这行字比其余两行都高，还带一个造型大胆的尖拱，拱上方是黑色拱肩。

成对的人物有时是菩萨，有时是天王，站在莲花座上，穿优美的飘飞的袍子，披飞舞的披巾，头后面用一条线画着项光。还有一类人物是典型的护法金刚，肌肉强健，姿势有生气。金刚也是成对出现，立在岩石上，持长棒。所有人物和千佛洞绘画中的人物都属于同一类型。

在两行西夏文之间的一列植物图案中，有一个较小人物的头饰和项光。可能所有的纵向植物图案中，都有一个这样的人物。纸呈黄色，不结实，破旧不堪。模子刻得很好。最大尺寸 $3\frac{3}{4}$ 英寸× $2\frac{1}{4}$ 英寸。图版LXIII。

K.K.II.0242.b　雕版印刷的纸页残片。可以看见一个人物的头、左肩和双手，大概是一个游方僧。他斜挂在一根长杖上（杖顶部形状像狗的后腿），双手在左胸前握住杖顶部。年纪很大，秃头，头顶中间有一个圆形赘疣。穿带点的袍子，袍子挂在左肩和左前臂上。人物外边用一条线作边。纸呈黄色，很破旧，所有边沿都已撕破，人物下半身缺失。参见 K.K.II.0285.b.vi。$3\frac{1}{2}$ 英寸×3 英寸。

K.K.II.0244.a.xiii　雕版印刷的纸页残片。可以看到六行西夏文的下半部分。底下的大空白中印有三幅黑色图案。其中两幅是小花，左右各有叶子。另一幅图案是一个椭圆形实心黑点。残件的三条边附近是一部分用双线勾出的边，上半部分缺失。纸呈黄色，保持良好。9 英寸×7 英寸。

K.K.II.0244.a.xiv　5 张雕版印刷的纸页。印有西夏文。一个残件顶边附近是几个坐佛像（与 K.K.II.0281.a.xxxviii 类似）。一个佛的头和右肩基本完整，还残留着另外三个佛一小部分。这个模子中的"鸟"脖子较长。印得不是太好。纸呈黄色，柔软，底部被撕破的部分和四边毛茸茸的。最大尺寸 $2\frac{1}{4}$ 英寸×$3\frac{3}{4}$ 英寸。

K.K.II.0244.a.xv　雕版印刷的纸页残片。印着西夏文，沿顶部是几个坐佛像，与 K.K.II.0238（图版 LXV）类似，但模子刻得没那么仔细。耳状突起几乎看不出来，向下伸的那条线直插进脸旁边。几乎所有的西夏文都撕掉了。纸呈黄色，保存良好。$2\frac{1}{2}$ 英寸×$2\frac{1}{2}$ 英寸。

K.K.II.0244.a.xxvi　几块破旧的蓝色平纹素绸。有两块织得比其余几块更紧密，其中一块绿色，一块蓝色。平均尺寸 5 英寸×2 英寸。

K.K.II.0244.a.xxvii　2 块细密的黄绸。上面印着黑色六角星、几只飞鸟，还有一个黑色大污点。很破旧。最大尺寸 6 英寸×2 英寸。

K.K.II.0244.a.xxviii　3 块素绸残片。都已变色成了黄色，破旧不堪。最大一块约为 13 英寸×6 英寸。

K.K.II.0244.a.xxix　2 块残片。一块是丝织品，平纹，暗粉色。另一块是纱，染成暗粉色，带浅黄色点。点分布得很规则，排成横行和纵行。有两种大小的点。较大的那种基本上是圆形，边沿稍微成扇贝形，形成直径 $1\frac{3}{8}$ 英寸的八瓣状。较小的点是四瓣状，直径 $\frac{1}{2}$ 英寸。每个大点周围都等距离地分布着四个小点（小点中心之间的距离约为 $1\frac{5}{8}$ 英寸），五个点形成的这组图案重复出现。大点中心之间的间隔约为 $2\frac{1}{2}$ 英寸，每个小点中心都是黄色。大点中有两个黄色圆形五瓣小花（一朵在另一朵上方，花直径约为 $\frac{1}{2}$ 英寸），左边、右边是两个与花类似的方向相反的黑色叶状旋涡饰。纱的最大尺寸为 8 英寸×$3\frac{1}{2}$ 英寸。

K.K.II.0247.a　素描纸画残片。画一个坐姿男子，穿宽松的袍子，头上垂下的头巾垂在左肩、右臂、右肩上。面朝前，显得很老。嘴唇上方的胡须很长，下巴上的胡须和络腮胡则比较稀疏。右肘抬起，似乎放在什么东西上，右前臂伸在身前，右手在胸前。左前臂搭在左膝上，左手持长毛拂尘的柄（拂尘搭在臂弯里）。右脚稍微抬起，倾斜，露出脚趾的下面和一部分脚底板。是粗略的素描，也可能是照着放在底下的图样描出来的。纸呈黄色，两侧都已被撕破，破旧不堪。13 英寸×9 英寸。图版 LVIII。

K.K.II.0247.a、b，0275.a.xi　3 张雕版印刷的纸片残片。杂乱无章，模子很粗糙，印得也不好。0275.a.xi 最大，左边保留下来不少，可以看到一群人（共五个），他们周围是岩石（或是粗糙不平的树）。五人都目视着右边的一个盖着厚布的香案，香案立在莲花上。左下角有云。底部有两层边，外边那层边是黑底上的波浪状白树干，里边那层边是白底上的黑色金刚杵与黑点交替出现。画面上半部分和右侧都缺失。

0247.a 中可以看到顶边（与 0275.a.xi 的底边相似）。残件中部附近有一个带项光的菩萨，菩萨右边是一个侍者的头部。再往上的右边，有五条从右边伸展出来的波浪状光芒。最左边的边上（？）是一片叶子或一棵树。背景中有云（？）。

0247.b 中可以看到顶部的双层边，右侧还有金刚杵和黑点构成的边。左边是一部分项光以及两个侍者。侍者长发，戴大冠，有项光，背景是云。纸呈黄色，较薄，已被撕破。最大尺寸 $8\frac{1}{4}$ 英寸×$5\frac{1}{4}$ 英寸。

K.K.II.0247.c　纸画残片。画的是非常粗略的石山和峡谷，山上长着松树。纸呈黄色，较薄，破旧不堪。15 英寸×9 英寸。

K.K.II.0247.d　纸画残片。人物胸以下部分都缺失。画的是一个男子，穿宽松的袍子，胸前的袍子形成又长又窄的环形。脸四分之三向左，看起来年纪较大。长着蒙古人的那种细长的眼睛，八字眉，嘴小，无胡须。右手持一枝牡丹，似乎把牡丹凑在鼻子前面，仿佛在闻花香似的。隐左手。

从和左边的颧骨平齐的地方，向上、向外伸出一条弯曲的线，似乎形成了一个短短的项光。但这条线在太阳穴上方向里微收之后，向上伸展，形成了肉髻的样子。肉髻上有不少叶子和花，半遮住了那条线。但在右边，这条线又重新出现了，并向下伸展。左半边脸的轮廓线在到了太阳穴之后，呈大扇贝形穿过了前额上方。项光有一个向里凹陷的三瓣状缺口。

五官画得极为优美、流畅，鼻子线条尤其优雅。脸、手和花用很尖细的画笔画成，衣纹则用较粗的画笔画成，处理得自由而大胆。纸深黄色，破旧不堪。共有四个西夏文（？）题识：一个在纸的左上角，一个在人物手持的牡丹花左边，第三个斜着写在胸前衣服的开口下面，第四个写在左肩的衣服上。15 英寸×$14\frac{1}{2}$ 英寸。

K.K.II.0247.e　纸页。上面有两幅互不连续的画（也可能是描的样）。一个画的是一个立姿人物，身体和四肢肌肉健硕，貌如武士。只用腰带在腰上扎了条宽大的束腰布，身前的布长达膝部，垂成很多褶皱，身后飘拂着的布则要长得多。胸前用窄布条挂着个富丽的首饰，布条四个长长的末端飘荡在左右的空中。膝以上的身体呈扭转的螺旋形。小腿成左侧影，头四分之三向右。左臂上举，握拳。右臂稍向后收，放在身体右侧，只能看见右肩、右腕和紧握的右拳。右腕上有一对手镯。

脸部已被撕破，但似乎是从一个狮子大张的口中探出来的，狮子的头和鬣毛形成了头饰。线条特别流畅、精湛，并遵循了解剖学上的规律。

这个人物上方有一位老者的四分之三背影，与下面的人物是垂直的。老者长着长须，大嘴，下嘴唇突出，鼻子粗大，眼睛鼓出。头上缠着条布（或是戴了一顶布帽），背后垂下两个布条。穿宽大的外衣（袖子特别大），腰系腰带。面朝右，身体稍微向右倾。头顶前面画了几条线，大概说明他的左拳是举起来的。腰以下部分都缺失。衣纹简单，但画得很有生气。纸呈黄色，两条长边和长方向的那条中线都已被撕破。21 英寸×9 英寸。图版 LIX。

K.K.II.0247.f 纸片。画着很大的衣纹。纸变色成了深棕色，已被撕破。15 英寸×5 $\frac{1}{2}$ 英寸。

K.K.II.0247.g 4 张纸片。两张上面有一两条线，一张上面隐约有题记（西夏文）。最大一张的尺寸为 9 英寸×3 英寸。

K.K.II.0247.h 纸片。上面画着一个真人大小的男子的头部，四分之三向左。眉毛以上、下颌以下都缺失。似乎是一位老者，与 K.K.II.0247.d 类似，但画得不太好。脸颊边上是一小截项光。纸呈黄色，很破旧。11 英寸×4 $\frac{3}{4}$ 英寸。

K.K.II.0247.i 纸片。针刺大画（印花粉印图样）的一部分。一条边完整。从这条边起，先是一条 $\frac{3}{4}$ 英寸宽的曲折枝干为边，枝干上长着叶子。再往里，又是一条 1 $\frac{1}{4}$ 英寸宽的边，边上画着更大胆的叶子和花。这之后可能是画的主要内容了，画的是夹杂在一起的叶子和花。越过花叶有两条窄带子，一条窄带子旁是一只画得十分仔细的鸟的翅膀。所有线条都很优美。纸呈黄色。13 英寸×3 $\frac{1}{4}$ 英寸。

K.K.II.0247.j　**素描纸画残片。**画着一大朵百合花，还有几条线。纸呈黄色，很破旧。5 英寸×5 英寸。

K.K.II.0247.k.i、ii、iii　**3 张纸片。**上面有一部分素描。i 上面是衣纹，衣纹上还有一个大结，大概是 K.K.II.0247.d 的一部分。4 英寸×5 $\frac{1}{4}$ 英寸。

ii 是一只持花小手的一部分（指甲很长），画得不好。4 $\frac{1}{2}$ 英寸×3 $\frac{1}{4}$ 英寸。

iii 是衣袂飘拂的两个人物的一部分，人物向左行。左边那个人特别不完整。右边人物穿宽松的裤子，脚穿鞋，佩长剑，头缺失，除右肘外双臂也缺失。3 $\frac{1}{4}$ 英寸×5 英寸。

K.K.II.0247.l　**素描纸画残片。**一个较大人物的一部分。在垂直的衣褶上方，是一条帷幔状衣纹，一侧还挂着一窄条布，布上打着大结。帷幔状衣纹上方是一个大花般的首饰，首饰上串着珠子。线条大胆，纸呈黄色。7 $\frac{1}{2}$ 英寸×6 $\frac{1}{2}$ 英寸。

K.K.II.0247.m　**素描纸画残片。**上面是一个人物的头部（大概是菩萨头），上唇以下部分都缺失，四分之三向左。眼睛呈斜上形，目光向下。小鼻子，有胡须，前额上有小红点。头饰高而富丽，镶嵌着宝石。前额头发很松散，有一条发带从耳朵前面垂下来。纸呈黄色。6 英寸×9 英寸。

K.K.II.0248.a　**2 张雕版印刷的纸页。**背对背粘在一起，一张上面有 10 行汉字（?），另一张上是一幅菩萨像。菩萨脸朝前，坐在石头平台上。平台向下对称地变窄，成为柱子，然后又变宽，形成底座。画面下半部分是水。菩萨左腿像金刚跏趺坐那样水平盘起，右腿垂直，右脚放在石头上。

头饰很复杂，看起来像是金刚杵或火焰，但也可能是花或叶子。每只耳朵上方是由三部分构成的蝴蝶结，从蝴蝶结上垂下来长长的饰带，飘在肩后。目光向下。前额的点很大，形如一朵成侧影的莲花。手缺失。菩萨右边立着一个又高又细的瓶子，瓶中插着一枝柳枝。用一条线画成的背光把整个人物和平台都包围在内，背光上方和周围是云饰。画的大概是观音，与《西域考古图记》第四卷图版 LXXIX 中的 Ch.i.009 类似。

边白色，黑底，设计得很好。上边中间是一朵花，向左右各伸出一条复杂的柄，柄末端是一个波浪状的剑刃。下边布局与此类似，但末端是金刚杵。两侧的边是类似的花朵、叶子和花蕾。纸变色较严重，很不结实。$8\frac{5}{8}$ 英寸×$6\frac{3}{8}$英寸。图版 LXII。

K.K.II.0251.c 7 张纸页。出自一本印刷的西夏文书籍。一张是一幅画的一部分，上面有两个双手合十坐在莲花座上的人物，都抬起一膝，抬起的这只脚放在莲花座上。背光、项光都扁长，头戴高头饰。

他们上边和后边是另外三个双手合十的人，腿被前两人的光环遮住。这三人背光、项光都扁长，头饰看起来像是竖起的叶子或羽毛。他们后面是树。右边还有某个人物的手，手中持某物。以上五个双手合十的人都坐在一个平台上，平台前面镶着带几何图案的花砖。前景有石头、草和花。纸呈黄色。纸页尺寸为 $4\frac{1}{2}$ 英寸×$2\frac{3}{4}$ 英寸。

K.K.II.0253.a 雕版印刷的纸页。印有西夏文。顶部装饰着一排坐姿佛像。四个佛像是完整的，还有另外两个佛像的一部分。佛的头饰和脸部与 K.K.II.0233.www 类似，但唇上方的胡须要小些。佛坐在半朵菊花上（也可能是一朵菊花的侧影）。有四个佛像身上的衣纹画成一系列紧密的横向之字形。从背光和项光相连的地方往上，项光四周都是光芒线，但每个框的左上角和右上角都有一条斜线，限制住了光芒线的长度。这样就形成了一个六边形，脖颈是这个六边形的底边。纸页底部和左侧都缺失。纸呈黄色，较薄，不结实。6英寸×6英寸。图版LXV。

K.K.II.0253.b　雕版印刷的纸页。印有西夏文。顶部装饰着一行（共三个）坐佛像，与K.K.II.0281.a.xxxviii属于同一类型。佛头都缺失。中间的佛成说法姿势，右边佛像施秦手印，左边佛像施定印。每个佛像下都有一行西夏文。各行文字之间是垂直的装饰性柱子，每根柱子顶端都是一个对称的叶状双层托架。托架向左右伸展，伸进了各行文字框的左上角和右上角。

柱子的背景为纯黑色。柱子扁长，横截面为绞盘状多边形。每截柱子底下连着一个矮而粗的花状流苏。流苏下是一个球，球上钻有二孔。球托在一条水平的带子上，带子下是两组分离的杆支着带子。杆又放在另一条带子上，这条带子下是一朵杯子状的莲花。莲花往下，又是绞盘、流苏、莲花、两条带子，最后以一个倒置的莲花为底座。整体效果富丽多姿，很有装饰性。纸呈黄色，四面都已被撕破。参见K.K.II.0293.a、0240.ll、0282.b.xii。$5\frac{1}{2}$英寸×$3\frac{1}{2}$英寸。图版LXV。

K.K.II.0253.d　纸页残片。上面用雕版印着四个双手合十的人物，坐在莲花座上，两个在前，另外两个在后上方。与图版LXIII中的K.K.II.0231.b属于同一类型。上面的空中飘着乐器和花朵。纸深黄色，右侧已被撕破。$7\frac{3}{8}$英寸×$3\frac{1}{4}$英寸。

K.K.II.0254　纸页残片。上面用雕版印刷印着一个守门天，站在被水冲刷过的礁石上。姿势像在威胁人，右脚朝后收，左脚前伸。肩朝前弯，头四分之三向右，乱纷纷的长发往前飘。右手持长剑，似将刺人。左臂前伸，手朝上，五指伸直。

穿繁复的武士服装，披巾乱飞，赤脚。头顶飘着几朵云，右上角有两个西夏字（实际是汉字——译者）。模子刻画得很好。纸淡黄色，很破旧。$4\frac{1}{2}$英寸×$2\frac{1}{2}$英寸。图版LXII。

K.K.Ⅱ.0254.r　素绸残片。淡黄色，很破旧。一条边上是织边。8 英寸×4 英寸。

K.K.Ⅱ.0255.dd　白丝绸残片。用斜纹织着满地一式小花纹（在印度被称为 bulbul-chashmī）。$6\frac{1}{2}$ 英寸×$1\frac{1}{4}$ 英寸。

K.K.Ⅱ.0255.ff　绢画残片。出自一幅画的底部。右下角是一个人物的下半身，穿淡黄色袍子，坐在席子上。左边稍往上是一个大莲花座的一部分，莲花座右边立着一只小脚（?）。都涂成粉色。作品较粗糙，很破旧。5 英寸×$9\frac{1}{4}$ 英寸。

K.K.Ⅱ.0257.f、g　2 张雕版印刷的纸页。印有西夏文。f 与 K.K.Ⅰ.ii.02 很相似，但文字中除了常重复出现的那几个字，内容与 K.K.Ⅰ.ii.02 不一样，而且一排有 11 个人物，而不是 12 个。纸呈黄色，保存较好。$8\frac{1}{2}$ 英寸×$6\frac{7}{8}$ 英寸。

g 右半边与 f 相似，是 8 个人物排成一排；左半边是 8 行文字，没有人像。纸大概本来折成两折。纸呈黄色，有些地方已被撕破，毛茸茸的。8 英寸×$9\frac{1}{4}$ 英寸。

K.K.Ⅱ.0257.o　雕版印刷的纸页残片。印有西夏文，本来边上还粘着续写的文字（续写文字已缺失）。顶部和中间各有一行佛像（每行中有三个半坐姿佛像）。与 K.K.Ⅱ.0263.a 类似，但佛的肉髻中间是实心黑点。已被撕破。纸呈黄色，较薄，光滑。$8\frac{3}{4}$ 英寸×$2\frac{3}{4}$ 英寸。

K.K.Ⅱ.0258.a　雕版印刷的纸页。印有西夏文，顶部和中间各有一行坐佛像，与 K.K.Ⅱ.0263.a 出自同一个模子。纸呈黄色，保存良好。$8\frac{1}{4}$ 英寸×$3\frac{3}{4}$ 英寸。

K.K.II.0258.b　雕版印刷的纸页残片。印有西夏文，顶部装饰着一行坐佛像。两个佛像完整，其余三个佛像一部分已缺失。与图版 LXV 中的 K.K.II.0239.xx 属于同一类型。纸呈黄色，较薄，很破旧。$6\frac{1}{2}$ 英寸×$4\frac{1}{2}$ 英寸。

K.K.II.0260　纸片。上面粗糙地画着大衣褶，还有一个装饰性的钩子或夹子（？）。一条边附近有一个西夏字（或汉字）。画得特别粗略，残破不全。纸呈黄色，已被撕破。5 英寸×7 英寸。

K.K.II.0260.h　雕版印刷的纸页残片。印有西夏文。纸页中部有一行坐佛像，与 K.K.II.0263.a 类似。纸与 K.K.II.0263.a 一样。3 英寸×$3\frac{7}{8}$ 英寸。

K.K.II.0260.q　纸片。用雕版印着一个佛，坐在莲花座上，穿袍子，袍子盖住上身和腿，裸右肩、右臂和右胸。身体朝前，头四分之三向左。左手于胸前持一物（小人像），右手抬在左手旁，手指朝上。佛像身后是光芒线状的背光，头后面是光芒线状的项光。莲花座下面有底座。莲花座前面是一个放了供品的香案，严严实实地盖着打了结的香案布。

右边站着一个瘦削的老和尚，穿袈裟，带项光，态度恭敬。背景是云和花。佛头的上半部已被撕破，左半边画面缺失。纸呈黄色。$4\frac{3}{4}$ 英寸×$2\frac{1}{2}$ 英寸。

K.K.II.0260.v　纸片。一幅雕版印刷的大画的一部分。前面是两个男子，双手合十，各跪在一张席子上。左边男子穿黑衣，系白腰带，头戴的黑帽很像现代的帕西帽。右边男子穿宽大的黑边袍子，没有戴帽，秃头。此人几乎全部缺失。

这两个人物之间再朝画面后边去的地方，是第三个人物。此人类似第二个人，跪在席子上，席子边装饰得很富丽。他体侧挂着一条绳子，绳子上有九颗相距很远的珠子，看起来像是星座。也可能这是悬在他腰带那块布上的图案。

这个人物身后，在席子外边的地上有件东西，看起来像是一个短而微弯的角，底部朝下立在几个小球上。这件东西上方是一个西夏文题记，题记左边是几朵花。

第三个人的席子左边，贴着席子长着一株植物，样子像一树珊瑚。这个席子朝观者的那条边前面离黑衣人不远的地方，有一个西夏文题记，题记右边是两个互相重叠的空心长菱形，菱形不重叠的尖角上各有一个小球。

黑衣人左边是另一张席子的边沿，还可以看到另一个人物的衣纹。前景是翻卷的云。同一幅画的其他部分，参见 K.K.II.0283.a.xviii、0285.b.xi.i。纸呈黄色，三条边都被撕破了。$4\frac{1}{4}$ 英寸×$3\frac{1}{2}$ 英寸。图版 LXIII。

K.K.II.0260.w　刺绣残片。 似乎共有三层纺织品。背面（最下面那一层）是块织得很细密的平纹布。第二层的经线很粗，纬线细并且间隔很远。第三层是用结实的纱线均匀织成的纱，米灰色纹理。

刺绣大多数是用长长的羽状绣花针迹绣成，穿透上面说的三层纺织品。绣的是植物图案，有百合状的大花和大宽叶子。目前能分辨出来的颜色只有白、绿、蓝和浓重的棕色。特别破旧，已变色。6 英寸×$5\frac{1}{2}$ 英寸。

K.K.II.0262　纸片。 上面有雕版印刷的菩萨像。菩萨坐在莲花座上（莲花座下是底座），头四分之三向左，成说法的姿势。穿宽大的袈裟，裸胸。梳高发髻，从发髻之上似乎伸出一条波浪状光芒。背光有双层无装饰的边，背光底上是一组组朝上弯的弧线（每组三条），各组弧线重叠在一起。项光无装饰。右上角是一个西夏文题记（为汉文——译者），背景中其余的部分画满了云。线条很好。$4\frac{1}{2}$ 英寸×3 英寸。图版 LXIV。

K.K.II.0263.a　雕版印刷的纸页。 印有西夏文。顶部和中间各有一行坐佛像（每行六个）。佛都施定印，只穿一件袈裟，隐双手，头戴喇嘛帽，高肉髻，帽两侧经耳朵垂到肩上。有背光和项光。莲花座只有一排朝下的花瓣。处理得很简单，很粗糙。纸呈黄色，已被撕破，但除此之外保存良好。

参见 K.K.II.0257.o、0258.a、0260.h、0265.a。8 英寸×3 $\frac{3}{4}$ 英寸。

K.K.II.0263.b　雕版印刷的纸画残片。右边是香案的一角，香案上盖着布。香案后面站着个和尚般的人，双手合十，项光上无装饰，项光周围是云。香案左边是一个朝香案走来的人的侧影，穿带点的长袍，赤裸的双脚踏在一朵小莲花上，双手合十，背微弯，五官很大。头上戴的大概是冠（也可能是植物），从头饰上伸出一条蛇。项光无装饰。

此人后面是一堆混乱的形象，磨损严重，但可以分辨出动物的头和许多奇形怪状的脸。前景是云。背景中有条栏杆，栏杆左边长着一株芭蕉。左上角的题记中有六行西夏文。模子刻得较粗糙，但比较有特色。纸呈黄色，很破旧。7 $\frac{1}{4}$ 英寸×3 $\frac{1}{2}$ 英寸。图版 LXIII。

K.K.II.0264.c　雕版印刷的纸页。印有西夏文，顶部装饰着一行坐佛像（共五个），与 K.K.II.0292.i 属于同一类型，但粗糙得多，印得也不仔细。纸呈黄色，质地很好。7 $\frac{1}{2}$ 英寸×3 $\frac{1}{2}$ 英寸。

K.K.II.0265.a　雕版印刷的书籍残页。共有四张双页，一张单页。印有西夏文，每页顶部和中间各装饰着一排坐佛像（每排六个），极似 K.K.II.0263.a。纸页的底部三分之一烂掉了。纸呈黄色，保存良好。6 $\frac{3}{4}$ 英寸×4 英寸。图版 LXV。

K.K.II.0265.b　3 张纸页。两张出自一本书，另外一张是方形纸片。两张上面印有西夏文。第三张是幅雕版印刷的大画的一部分。画面中有一群人（共 15 个），都双手合十，向右看。人物分成五排，每排三人。最前面一排的人都是跪姿。右边那个似乎是女子，呈哀求的姿势，跪在莲花状的席子上。其余两个跪在地上，中间那人长着长胡须，头顶是一个牛头（?）。

第二排右边那人头戴西方式的冠。第三排左边的人大概是猴王。第四排右边的人是一位老者，头发向上飞扬；中间的人长着稀疏的长头发，似乎正在用什么东西砍着或击打着自己的头。第五排右边是一个鸟头（迦楼罗？）；中间是一个长着麻点的人，双手各托个圆盘（日轮和月轮），长发朝上飞扬。

除最上面一行中间那人外，所有人都有项光。大概是佛涅槃的场面。模子刻得较粗糙，纸呈黄色。$7\frac{1}{4}$英寸×$3\frac{1}{4}$英寸。

长方形的那张小纸片上有一个大的西夏文字，写在印刷上去的回纹边中，回纹边周围是宽宽的黑带子。$1\frac{7}{8}$英寸×$1\frac{3}{4}$英寸。图版LXIII。

K.K.II.0265.f　2张雕版印刷的纸页。印有西夏文。一张很宽，沿下半部分中间剪了开来。另一张要窄些。宽的那张上有两行坐佛像，形象与图版LXV中的K.K.II.0227.b类似，但做工却与该图版中的K.K.II.0238.b接近。本来每行有12个佛像。窄的那张左侧缺失，中间保留着8个佛像，顶部保留着两个。纸呈黄色，已被撕破，毛茸茸的。最大尺寸$7\frac{1}{2}$英寸×8英寸。

K.K.II.0266.p　纸页残片。印有西夏文，顶部装饰着一排坐佛像。文字用"柱子"分隔成列。与其他纸页很不相同，但装饰布局是类似的。整幅画都是线描，没有成块的黑色（如在黑头发和背景中）。佛像大体与K.K.II.0293.a属于同一类型，但更简化了。佛穿宽大的袈裟，右肩有一条衣褶，除此之外右臂、右胸赤裸。

每两个佛像之间，从纸页顶部的直线上都垂下半朵花（整朵花有八片花瓣）。花外围着一条半圆形线，线上串着珠子和一朵小花。从小花的最低点垂下来一条直线，直线上串着珠子，直线末端是一个花朵状的流苏。每个佛像下都是一个拱形（每拱有三个拱肩），拱托在柱子上。拱的正面装饰着排列紧密的花瓣，每个花瓣有两裂。两个拱中间，是半朵花生在一条横线上。拱下面是一对卷起来的小帷幔，帷幔之间有三条纵向直线，每条直线末端都有一颗珠子。柱子比K.K.II.0253.b要简单得多。模子刻得不太仔细。纸呈黄色，已被撕破了不少。$4\frac{3}{4}$ 英寸×$3\frac{3}{4}$ 英寸。图版 LXV。

K.K.II.0266.z　纸片。上面画着长长的衣褶。纸呈黄色，很破旧。15 英寸×$8\frac{1}{4}$ 英寸。

K.K.II.0267.ff　纸片。上面有彩绘的粗糙几何图形。朝外的三个角上画满了大胆的格子（分别是黑、红、绿色），第四个角上有红格子的残迹。纸淡黄色，所有边沿都已被撕破。9 英寸×8 英寸。

K.K.II.0267.gg.i、ii　2 张纸片。重复画着两个粗糙的黑色符号。在重复时，符号的大小、方向都有所变化。纸呈黄色，最大尺寸 $6\frac{1}{2}$ 英寸×$2\frac{3}{4}$ 英寸。

K.K.II.0268.d　雕版印刷的纸页。印有西夏文，顶部装饰着五个坐佛像。与图版 LXV 中的 K.K.II.0231.a 类似，但模子极粗糙，刻得很差。纸呈黄色，质地较好。$7\frac{1}{8}$ 英寸×$3\frac{3}{8}$ 英寸。

K.K.II.0268.e　纸片。共两片（本来边与边粘在一起）。用大胆的粗黑线条画着一个人物的下半部分。人物穿厚重的衣物，坐在莲花上。右脚线条特别流畅，画得极好，脚心朝上，指甲很长。腰带和衣服的一部分边沿上装饰着旋涡饰。可以看到肘和右臂的一部分，右前臂朝上弯。纸呈深黄色，很旧。11 英寸×10 英寸。

K.K.II.0269.k　素绢残片。浓黄色。一条边沿上有织边。$4\frac{3}{4}$ 英寸×$1\frac{1}{2}$ 英寸。

K.K.II.0270.aaa　4 张雕版印刷的纸页。印有西夏文。顶部装饰着五个坐佛像（一个与其余几个分离），模子刻得很粗糙，粗略地涂成红、黄、灰色。佛像姿势不同，都穿红袍，皮肤黄色，背光灰色，项光白色（轮廓线红色）。项光朝上形成一个尖，尖上是一把伞，伞交替着涂成红色和黄色。伞不是印上去的，而是画上去的。项光后面的黄色背景上是红色光芒线。莲花座有两层花瓣，花瓣轮廓线大致涂成红色。纸毛茸茸的，很破烂。约 4 英寸×$4\frac{1}{2}$英寸。

K.K.II.0270.ww.i　大麻布（？）残片。大概出自一只鞋。$1\frac{3}{4}$英寸×1英寸。

K.K.II.0270.ww.ii　平纹素绸残件。淡黄色，有一条织边。$6\frac{3}{4}$英寸×$1\frac{5}{8}$英寸。

K.K.II.0270.zz　纸片。印有西夏文，大概形成护符（Yantra）。外侧是双线构成的边，双线之间有一列字。纸中间（？）又有一列字，字列末端是一个小圆圈。从小圆圈上呈放射状伸出 13 条直线，每条线下都挂着一列字。左侧最上边那条线上方 $1\frac{3}{4}$ 英寸的地方，有一个装饰性的花朵（或叶子）。纸呈淡黄色，很旧。4 英寸×5 英寸。

K.K.II.0272.a　纸页残片。一部分净土图，大概是图版 LXII 中 K.K.II.0233.b 等的变体。只有顶部的一小部分保留下来，其余部分都缺失。左边是一棵树，再往右是一扇窗子、一个西夏文题记、一个佛龛，佛龛中是一个坛，有点像 K.K.II.0233.b 等中心的画面。

再往右是一条垂直的带子，上面是金刚杵和半花图案。接着又是一扇窗子。一条波浪状光带的末端穿过窗前，光带中有小佛龛和象征符号。再往右又是扇窗，还有一个带项光人物的头部（人物的背景是波浪线）。接着是一扇窗和一根壁柱，窗和壁柱前面有一个带项光的女子（？）的头部。纸呈黄色，被撕破的地方变得毛茸茸的。8 英寸×3 英寸。

K.K.II.0272.z　几张纸片。上面是手写的行书体西夏文，很多文字上画了条线，表示将文字删除。K.K.I.0267.gg.i、ii 中的符号出现了两次。纸呈黄色，较软，有的粘在一起。最大尺寸约 8 英寸×5 $\frac{1}{2}$ 英寸。

K.K.Ⅱ.0274.a　6 张雕版印刷的纸页。出自西夏文书籍。前面一页是幅画的一部分，可以看到 13 个人物（菩萨和鬼怪），都向右看。有几个人物上方有西夏文题记，每个人物头饰上都有能将他们区别开的标志。

从顶上开始，一个人头饰上有狮子头，另一个人头上是蛇头（蛇显然是从他的左眼出来的）。再往下，一个人长着一只角，头发向上飞扬。再往下是一个女子（？），头上有只鸽子般的展翅的鸟。另一人头顶是宝石冠，冠顶类似学士帽。最底下一排，左边的人头上是一个牛头，其余的人无法分辨。模子刻得很好。纸呈黄色，已腐烂。顶部残留着一部分边，其余各边都破碎了。6 $\frac{1}{2}$ 英寸×2 $\frac{1}{2}$ 英寸。

K.K.Ⅱ.0274.b　雕版印刷的纸页残片。印有西夏文，可以看到顶部和中间各有一排坐佛像，与图版 LXV 中的 K.K.Ⅱ.0238.b 类似。边都已被撕破，中间一大块也缺失了。纸呈黄色，较薄，但并不是毛茸茸的。7 $\frac{3}{4}$ 英寸×6英寸。

K.K.Ⅱ.0274.c　雕版印刷的纸页残片。可以看到一个宫廷官员（？）的一部分，左手持白色杖，穿蓝袍，系红带子。线条很好，大概是手工上的色。背景淡黄色，左边有条黑带子。6 $\frac{3}{4}$ 英寸×1 $\frac{3}{4}$ 英寸。

K.K.Ⅱ.0274.d　纸片。一幅雕版印刷画的一部分，内容大概与图版 LXIII 中的 K.K.Ⅱ.0236.b 类似。右边是一个坐佛像，呈说法或劝诫的姿势。向佛哀求的人物跪在一朵莲花上，本来不应该画的肩后面的项光也画了出来。

背景站着一个和尚，四周环绕着云。从佛的项光顶部伸出三条光线。没有出现奇形怪状的人物或动物。

此画大量运用了黑色块（衣服边上、佛座前面、跪姿人物身下的莲花上）。纸呈黄色，右侧已被撕破。7 英寸×3$\frac{1}{8}$英寸。图版 LXIV。

K.K.II.0274.iii　麻布残片。有蓝色和棕色彩绘图案的痕迹。3$\frac{1}{8}$英寸×1$\frac{3}{8}$英寸。

K.K.II.0274.jjj　锦缎残片。呈暗黄色。图案模糊不清，大概是满地一式花纹，扁平的小花是三瓣形。边沿已被撕破，已变色。3$\frac{5}{8}$英寸×2$\frac{3}{4}$英寸。

K.K.II.0274.lll　纸片。原本拧成一窄条，像绳子似的，然后打成很紧的结。纸片上写满了不太工整的字（西夏文?）。大概是符咒。纸特别薄，毛茸茸的。5 英寸×7 英寸。

K.K.II.0275　画在纸上的速写残片。从高处遥望到的宽阔、平坦的谷地，谷地远方有一行小山。前景是崎岖不平的大石头，右侧的石头之间长着些树，树向上一直伸到画面顶部，很好地制造出了空间的效果。线条一气呵成，十分流畅。右侧缺失，整幅画都破旧不堪。纸薄而光滑，被撕破的地方变得毛茸茸的。17$\frac{1}{2}$英寸×8$\frac{1}{2}$英寸。

K.K.II.0275.a　素描纸画残片。画有飘飞的衣袂，一部分衣服似乎盖在人物的左臂上。四边均已被撕破。纸光滑，很薄，黄色。7$\frac{1}{2}$英寸×7 英寸。

K.K.II.0275.a.v~vi　素绸残片。很破旧。平均 6 英寸×3 英寸。

K.K.II.0275.a.ix　2 张雕版印刷的纸页残片。印有西夏文，装饰着 K.K.II.0270.aaa 那样的着色佛像，但佛像已剥落了不少。纸毛茸茸的，很破烂。尺寸约 3 英寸×3 英寸。

K.K.II.0275.a.x　纸片。用雕版印着一个立姿人物。人物身体弯了三次，四分之三向右。高发髻，长项光，系一条带横条纹的腰布。右边有一个香案（或底座），香案前面是一个碗，碗中放着一朵很大的多瓣莲花。空白处是花和象征性符号。纸呈黄色，很旧。4 英寸×3 英寸。

K.K.II.0275.a.xv　**蓝素绸残片**。裱糊在纸上，左上角粘着一张纸条，纸条上有西夏文。较脏，已被撕破。$6\frac{3}{4}$ 英寸×$2\frac{3}{4}$ 英寸。

K.K.II.0275.b　**素描纸画残片**。大衣物的一部分，画得很流畅，末端是典型的管状衣褶。纸较厚，粗糙，已腐烂。15 英寸×5 英寸。

K.K.II.0275.c　**素描纸画残片**。一个朝后卧的人物，头在左边，脚在右边，支在右肘上，头四分之三向左看。穿宽松的飘飞的衣服。胸部赤裸（或穿着贴身上衣），装饰着项链，右腕上有两只手镯。右手姿态优雅，腕微弯，小指伸直，其余四指微屈，手心朝下并稍向外。右前臂放在一包无法辨认的东西上。这包东西前面有一物，看起来就像一个小晾衣架的末端，晾衣架同那包东西连在一起。包裹顶部似乎是一个装卷轴的匣子，匣子末端是一个形如闭合棕叶饰状的装饰物，匣子底下的像是衣纹。

左臂上盖着的衣纹有很多褶皱。左臂似乎放在左臀上，左手大概放在膝上。但大腿以下部分都已缺失。头比较窄，长脸，脸颊饱满，是典型的中国人形象。前额上方的头发向后梳，头顶是一个蛇状发髻，发髻底部绕着一条镶宝石的带子。从带子上垂下来一组组镶宝石的飘带，垂在耳朵上方。眼睛饱满，目光下视，眼睛之间有圆点。

人物大概是飘在空中的，但看不到云卷。从一幅精美的原画上描下来，描得不太仔细。纸光滑，较薄，黄棕色，已被撕破。13 英寸×$9\frac{1}{2}$ 英寸。图版 LVIII。

K.K.II.0275.d　**2 块素描纸画残片**。一个穿官服、戴头饰的立姿人物占据了整个残片长度的四分之三。人物完全是中国风格，四分之三向右，右手持笏，笏直立在他脸前面。绕着前额上方是一条扁平的带子，从这条带子又伸出另一条带子，绕过人物的下颌。头戴软布帽，布帽高的那条边朝后弯。袈裟特别宽大，脖颈处是 V 形开口，开口两侧的袈裟边很宽，无装饰。前臂上垂下来袋子般的大衣褶，几乎长达脚，到了脚附近后显然又向上收。袈裟末端垂到地面上，有很多褶皱。

这件衣服底下似乎穿了一件袖子很大的宽松衬衣，脖颈和腕上都能看见衬衣松松的褶皱。人物下半身前面有一堆衣纹，大概属于另一个人，此人大部分已缺失。

第一个人物上方，在残件剩下的四分之一部分上是另一个人，与第一人成90°。此人腰以上大部分缺失，是一个向右大步而行的男子，穿宽松的裤子，脚蹬靴，外穿几乎长及脚踝的大袈裟。右臂被宽大的衣袖盖住，右手放在一件东西上（似乎是系在他衣服一个结上的一包东西）。

两幅素描（也可能是照着图样描出来的）似乎没什么关系。人物之所以这样布置，是为了节省空间。大概只是草图或习作。

再往左是一个男子的头和前臂，和第二个人物方向相反。此人头戴宽松的复杂布头饰，用一根窄带子把头饰系在头上。头低垂，以示恭敬，手放在一起，指尖稍微朝下。五官粗陋，眉毛向外突起。手臂上盖着宽大的袖子。

画得很好，但很不清楚。沿一条长边、一条短边已被撕破，另一条长边也很破烂。纸呈黄色，很光滑，较薄，底部变得毛茸茸的。12英寸×4$\frac{1}{2}$英寸。图版 LX。

K.K.II.0275.e **素描纸画残片**。似是一幅建筑布局图的一部分（香案的布局图？）。有两条宽带子，一条放在另一个条上，每条带子顶部和底部都有一条窄边（窄边贯穿整张残片）。底下带子中间靠左边一点，有一个奇形怪状的人的黑色剪影。此人正在跳舞，手臂向外伸，持一卷装饰物（也可能是飘动的披巾，或是绳子）。第二条带子上有反复出现的莲花瓣，大概是莲花座。

中部靠左边一点似乎是一个佛龛，佛龛顶部比上面那条带子还高，向下延伸到底下那条带子。佛龛中坐着一个似乎在微笑的麒麟，头朝外，身体向右转。麒麟头顶上有一个蹲踞的女像柱图案，女像右臂上举，左臂放在左膝上，用头和右手托扛着几层楣。上面那条带子上方中间靠右一点是一个瓶子，瓶子左右有旋涡饰。

整幅画都很粗略，刺了孔，作为印花粉印的图样。纸很厚，在已被撕破的顶部附近变得毛茸茸的。右端斜着剪了一下，左端已被撕破。$14\frac{1}{2}$ 英寸×4 英寸。图版 LX。

K.K.II.0275.f　素描纸画残片。用针刺出来的大胆的植物图案，以作为印花粉印的图样。花朵似乎是牡丹。四边都已被撕破，很破烂。纸中等结实，很脆，由于时间关系已经变色，并被黑色的印花粉弄暗了。11 英寸×$8\frac{1}{2}$ 英寸。

K.K.II.0275.g　纸片。印有用直线画成的迷宫。纸呈黄色，很破烂。10 英寸×6 英寸。

K.K.II.0275.h　素描纸画残片。很粗略，画的是从前景中高高的石头上望到的一片平原。石头上长着树，中景里也有一行树，远景里有一片森林（?）。右侧缺失。纸呈黄色，已被撕破，很破烂。$16\frac{1}{2}$ 英寸×$7\frac{3}{4}$ 英寸。

K.K.II.0275.i　素描纸片。或是照图样描的画。画两个互不连属的男子。一位是秃头老者，长眉突起，四分之三向左坐，肘朝下，屈前臂，手心朝上。指甲很长，胳臂肌肉健硕。全身穿长袍（在胸前开口），脚穿鞋，长耳垂上挂着沉重的耳环。右肩赤裸。

另一人在纸的另一端，和前一人方向相反。他和前一人很像，脸四分之三向右，只能看到头和双肩。脸画得很好。纸深黄色，有污点，很破烂。$12\frac{3}{4}$ 英寸×7 英寸。图版 LIX。

K.K.II.0275.j　2 张纸片。画有一个跪姿（或坐姿）人物的一部分。人物双臂直着朝下伸，手支在地上，左手握拳，右手五指大概是张开的。衣服宽松，双臂赤裸。残件顶部可以看到他蔓生的大胡子的底部。

线条画得极好，尤其是左臂和左拳。右边粗略地画着另一只手，指甲很长，腕上裹着衣物。纸呈黄色，较薄，很破烂。$3\frac{1}{2}$英寸×$6\frac{1}{2}$英寸。

K.K.II.0275.k　纸片。画着一小块衣纹，大概是 K.K.II.0275.j 的一部分。纸呈黄色，很破烂。$2\frac{1}{4}$英寸×$2\frac{3}{4}$英寸。

K.K.II.0275.l　纸片。画着一个人的头部。脸很长，半闭的大眼呈斜上形，小胡须，长耳。头发短而模式化，画成了分布紧密的发卷（发卷只画出了轮廓），中央是小肉髻。前额有圆点。线条僵硬。纸呈黄色，很破烂。4 英寸×$8\frac{3}{4}$英寸。

K.K.II.0275.m　4 张纸片。粗略地画着手的一部分。最大一片上隐约有几乎难以看见的更细致的画。最大尺寸 5 英寸×5 英寸。

K.K.II.0275.n　3 张纸片。其中两张是连在一起的，上面隐约是一组人物的素描，每个人物都出现在花瓣状的背光中。左边起第一个人物脸朝右，右膝跪在地上，左膝抬起，左脚跟着地。双手于头附近托一个短颈大瓶子，瓶口是一个宽沿的盖子。头饰是眼镜蛇。没有画五官。

第二个人一直延伸到第二片纸上。是一个女子，面朝右，跪姿，右膝着地，左膝抬起，左脚平放在地上。腰以上朝前弯，头向后仰，胸隆起。左手抬在头上方，托一个小瓶。右手抬起（已缺失）。头上似乎戴着一个冠（冠中是尖钉状物）。脸上没有画五官。人物周围飘着波浪状的带子。

下一个人似乎和前一人相连。此人面朝前坐，右大腿放在地上，右小腿成很大角度向回屈。左手抬起，在脸际托一朵大花，右手似乎抬在胸前。脸缺失。

最后一人只剩下右半部分。他似乎是中心人物，其余的人都朝向他。此人面朝前，头向右倾，有项光。似乎坐在一头狮子上，两只脚的脚掌相抵。右手施与愿印。右臂后面伸出一根杖，杖头是一个骷髅，从骷髅中伸出三个叉。

　　所有人物身上都体现出尼泊尔风格的影响。纸上零星写着一两个字，大概是汉字。

　　中间那张残片背面画着一张大脸，四分之三向左，前额有圆点，目光下视。

　　纸呈灰色，很破烂。纸高 $3\frac{3}{4}$ 英寸，三张残片合起来长 $9\frac{1}{2}$ 英寸。图版 LXI。

　　K.K.II.0275.o　2张纸片。画着很宽的衣纹。在两条长长的飘飞的衣褶线之间，有五个汉字（?）。纸呈浅黑色，很破烂。$15\frac{1}{4}$ 英寸×$4\frac{3}{4}$ 英寸。

　　K.K.II.0275.p　纸片。画着一团衣纹，大概是一个坐姿人物的下半身。衣褶上有一个字（或是一个图案）。纸呈黄色，很破烂。$4\frac{1}{2}$ 英寸×7 英寸。

　　K.K.II.0275.q　几张纸片。一张印着一个坐姿佛像，施触地印，与图版 LXV 中的 K.K.II.0293.a 类似，但出自不同的模子。西夏文左边是一个装饰性的柱子的边沿，纸面下方是一个莲花座。其余几张残片上只有西夏文。纸呈黄色，左侧已被撕破，右侧留下空白，用来粘贴别的纸。8 英寸×1 英寸。

　　K.K.II.0276.bbb　纸模版残片。把两张本来写着字的薄而软的纸粘在一起，图案剪透这两张纸。图案共有三种，一个在另一个之上。最底下是由一个个方块构成的栏杆，每个方块都刺了很多孔，形成英国米字旗那样的十字形。再往上是圆点构成的帷幔，挂住帷幔的地方是小花。从小花上还垂下来短短的一行点（刺出来的孔洞）。帷幔的每个圆环围成的空间里，都是一个大点，点底下是新月形。最顶上是一行三层阶梯状图案。残留有手写的西夏文，两端都已被撕破。6 英寸×4 英寸。

　　K.K.II.0276.c　纸片。印有六列西夏文，顶上是一行坐佛像，与 K.K.II.0276.u 类似。纸呈黄色，左边的上半部分缺失。$7\frac{3}{4}$ 英寸×$4\frac{3}{8}$ 英寸。图版 LXV。

K.K.II.0276.ccc　纸片。一面印有西夏文，另一面是一个彩绘人物的袈裟末端和左脚。人物站在白石板上，袈裟白色，带宽宽的黑边。左边是席子角上的两条红边。磨损了不少。$2\frac{3}{4}$英寸×$2\frac{5}{8}$英寸。

K.K.II.0276.ddd.i、ii　2块丝绸。i有凸纹，经线细，由于长期穿在人身上，经线大概移了位，造成了一种云纹效果，还有一条波纹绸。ii是平纹。两块都是黄色。5英寸×2英寸；11英寸×$2\frac{3}{4}$英寸。

K.K.II.0276.eee.i、ii　2块丝绸。i是蓝色斜纹，织有锦缎图案。图案是椭圆形六瓣小花，小花直径约$\frac{3}{4}$英寸。从一个方向看小花间隔约$\frac{3}{16}$英寸，另一个方向看间隔$1\frac{3}{8}$英寸。在较宽的空地上是六边形构成的成行的网格。小花和网格是这样排列的：下一行图案正对着上一行中的空白处，即呈阶梯状排列。ii是细密的平纹织物，浅蓝色。$8\frac{1}{4}$英寸×$3\frac{5}{8}$英寸；$5\frac{1}{4}$英寸×$\frac{5}{8}$英寸。

K.K.II.0276.fff　结实的麻布残片。原本缝成管状，现在部分地方已裂开。$4\frac{1}{2}$英寸×$1\frac{5}{8}$英寸。

K.K.II.0276.t、u　2张雕版印刷的纸页。印有西夏文，顶部装饰着一行坐佛像。t上可以看到三个佛像（其余三个缺失）。佛像刻在同一个模子上，佛像底下的莲花座是连续的。

佛像上身长，细腰，穿贴身的袈裟，右肩、右臂赤裸。左脚放在右大腿上，右脚放在左大腿上，脚心朝上。背光有点棱角，里面的两条线则比较圆。项光较长，顶部稍微扁平。在项光和背光之间的夹空里，用双线画了一个直角，看起来就像是高椅背的一角。佛头发黑色，头顶扁平，但肉髻很高而且带尖。手姿不同，耳长。

刻画和线条都粗糙，但比例很和谐。纸呈黄色，较薄。右边上半部分缺失。$7\frac{3}{4}$ 英寸×$4\frac{3}{4}$ 英寸。

u 与 t 类似，但出自另一个模子。右边上半部分和左边大部分都缺失，保留着四个佛像，还有第五个佛像的一部分。7 英寸×$3\frac{1}{2}$ 英寸

K.K.II.0276.v　3 张雕版印刷的纸页残片。一本西夏文书的一部分，每页顶部都有一行粗糙的坐佛像。佛像头顶印成扁平的黑色三角形，没有清晰地表示出四肢。身后是背光，头后是扁长的椭圆形项光。莲花座画成一条带子，上面用绳子一般的斜线来表示花瓣。脸处理得很粗略，只大致画出了五官。一页纸上有四个佛像，两头的那两个撕掉了一部分。其余两页上各有两个大体完整的佛像，还有两个已被撕破，底部缺失。纸呈黄色，很软。有两页的尺寸为 5 英寸×$4\frac{7}{8}$ 英寸；第三页的尺寸为 $4\frac{1}{2}$ 英寸×$3\frac{1}{2}$ 英寸。图版 LXV。

K.K.II.0276.w.2、ww.i　纸片。印有一部分画。左边是一个跪姿女子，穿飘拂的衣服（腰以上衣服是贴身的），披又长又窄的披巾，戴手镯、臂钏，双手于胸前合十。发髻很高，但不太清楚，头后面是无花纹的圆形项光。

右边朝画面里面一点是一个跪姿男子，披黑边大披肩，双手于胸前持一件窄而直的东西（书?），此物的上端碰到了他的下巴。头戴冠，冠两侧像羽毛。头后面是无花纹的项光。再往上是株芭蕉树和草。

第二个人物旁边大概是第三人的衣服和项光。最顶端是四个模式化的植物图案排成一排。纸下半部分有一个白条，是模子上的断层，或是印时造成的。此画大概是 K.K.II.0284.a.xxvi 的一部分。纸呈黄色，左侧已被撕破，背面印有五行西夏文。较大一块残片 0276.w.2 的尺寸为 7 英寸×$3\frac{5}{8}$ 英寸。图版 LXIV。

K.K.II.0277.iii **小绢幡**。顶部三角形，两侧有饰带，幡画主体上也垂下两条短饰带。用白色印花绸制成，折成双面。三角形顶部装有木杆。印花绸上的图案是网格纹，印成棕黄色。图案上是状如等边三角形的小花，尖连着尖排列。小花之间围成六边形空间，每个空间中间是一个圆圈和圆点，圆圈周围是短短的放射线。保存良好。$8\frac{1}{2}$英寸×3英寸。

K.K.II.0277.jjj **纸片**。上面可以看到一个妖怪的嘴（几乎有一半）。嘴大张着，上颌宽，下颌较窄。嘴涂成红色，上颌可以看到五颗牙齿，下颌可以看到两颗。有一部分脸，涂成发粉的灰色，上下嘴唇上长着毛。较粗糙。$3\frac{1}{2}$英寸×$1\frac{1}{8}$英寸。

K.K.II.0277.ttt **一小条暗绿色丝绸**。边对折起来，仿佛想把边缝起来似的。$14\frac{1}{2}$英寸×$\frac{7}{16}$英寸。

K.K.II.0279.uuu.i **雕版印刷的纸页残片**。上面是一个带项光的人物的一部分。人物四分之三向右坐在莲花上，垂一膝，另一膝稍微抬起，但看不见脚。穿贴身的袈裟，袒右肩、右臂。左肩上是某种圣线（Upavīta）。右手（残）放在大腿附近，左手为狮子座姿势。脸宽，嘴阔。右边是另一人的一小部分。两个项光顶部之间的细节部分看不清楚。吐蕃风格。纸呈黄色，不结实，三条边都已被撕破。3英寸×$1\frac{3}{4}$英寸。

K.K.II.0279.uuu.ii **雕版印刷的纸页残片**。共两张，背对背粘在一切。印有西夏文，装饰着一行坐佛像（坐佛像和树交替出现），与 K.K.II.0239.a 出自同一个模子。残片上一面有两个佛像的一部分，另一面有一个佛像。每个佛像下是一列工整的粗体西夏文，每棵树下是一列植物图案。植物的茎缠绕成 S 形，S 形中是带项光的人物，左边那个人似乎在弹琵琶。设计得好，很大胆。纸呈黄色，很破烂，特别不结实，毛茸茸的。9英寸×$5\frac{1}{4}$英寸。

K.K.II.0280.b　雕版印刷的纸页残片。一幅净土图的上半部分。右边是一个坐在宝座中的菩萨（?），不完整，有项光和背光，项光、背光上是光芒线。菩萨像放在佛龛中。菩萨左边的云上是两个人正在礼拜，佛龛旁边是一个西夏文题记。纸页左侧是一个石平台（有石头台阶通到平台上），以及一个门窗大开的建筑。底下是两个人物的一部分，左上角有一棵树。纸呈黄色，三边都被撕破了。参见 K.K.II.0233.b 等。4 英寸×3 $\frac{1}{2}$ 英寸。图版 LXII。

K.K.II.0280.b.ii　雕版印刷的纸页残片。印着一个带项光、背光的佛像，佛周围簇拥着天宫侍者。佛袈裟上有黑条，看不见肉髻，胸前有卍字纹。背光中有波浪状光芒线，背光边是带白点的黑带子。佛左右各有一个天王的头，每个天王下也各有一个人，右边的前景有一个剃光的和尚头。画面左侧是一部分中国式的栏杆，栏杆外有大叶的树（大蕉?）和云朵。印得很清晰。纸呈黄色，保存较好，底部缺失。2 $\frac{3}{4}$ 英寸×5 $\frac{5}{8}$ 英寸。图版 LXIV。

K.K.II.0280.b.ix ~ xiii　5 块素绸。黄色，色调深浅不一。最大块 22 $\frac{1}{2}$ 英寸×2 $\frac{1}{4}$ 英寸（b.ix）。

K.K.II.0281.a.xxxviii　雕版印刷的纸页。双面。印有西夏文，顶部装饰着一行坐佛像（共三个）。中间那个佛像最完整，腿成金刚跏趺坐，手施秦印，似乎穿了一件紧身袈裟，袒右肩、右臂。宽脸，长耳，黑发，头顶是高而窄的带尖的肉髻。从肩部向上是一个上宽下窄的高项光，手臂旁边则是一个贴身的背光，装饰着旋涡饰。项光和背光相交的地方，像 K.K.II.0276.t 中一样也是一个带棱角的突起。

项光两侧各有一只鸟（大概站在突起部分的水平一段上），面朝外。鸟上面，从项光上突出来一两个花瓣状的东西。上述画面都围在一个莲花瓣状的坛中，坛顶上带尖。坛顶部两侧的弧线上各连着三片窄窄的叶子，填补了空白。以上画面向两侧重复，用一条垂直的线把重复的画面隔开。莲花座有一行向下垂的花瓣，花瓣尖上翘。莲花座底下有其他装饰物的残迹。左边那个佛像的构图与中间那个佛像一样，但佛左手抬起，高与肩齐，手心朝上。右侧也是一个类似的佛像，但佛右手抬起，高与肩齐，手心朝上，大概托着什么东西。左右这两个佛像的左肩上，都垂着衣服的一角。纸呈黄色，较薄，底部被撕破的地方变得毛茸茸的。参见 K.K.II.0253.b。4 英寸×3 $\frac{3}{4}$ 英寸。图版 LXV。

K.K.II.0282.b.ix　几张画着图形的纸片。图形状如轮子，是中国式样的护符。绕着中间是一圈回纹饰的边。这条边和外面那个圆圈之间的空白处，分隔成了许多放射状分布的小空间，每个小空间中有五个字（两个并排在回纹边附近，剩下三个排成一列）。特别不完整。纸呈黄色，较软。最大尺寸 10 英寸×3 英寸。

K.K.II.0282.b.x　雕版印刷的纸页。印有西夏文，极像 K.K.II.0233.vvv，两者大概出自同一个模子，但此件印得更清晰，补齐了 K.K.II.0233 中缺的那些字，左侧半行文字下的小佛龛是完整的。纸呈灰色，较厚，已被撕破，背面有五列西夏文。7 $\frac{3}{8}$ 英寸×3 $\frac{1}{2}$ 英寸。图版 LXV。

K.K.II.0282.b.xi　雕版印刷的纸页。印有西夏文，顶部装饰着一行坐佛像，很像 K.K.II.0292.i，但模子刻得更粗心，头发完全涂黑。左边人物缺失一部分。纸呈黄色，较薄，毛茸茸的，已被撕破。7 $\frac{1}{8}$ 英寸×4 $\frac{1}{4}$ 英寸。

K.K.II.0282.b.xii　雕版印刷的纸页残片。印有西夏文，顶部装饰着一行坐佛像，底下是一列列柱子般的装饰物，与 K.K.II.0293.a（图版 LXV）类似。纸已被撕破，很破烂，只能看见两个不完整的人物和三根柱子。4 英寸×3 $\frac{1}{2}$ 英寸。

K.K.II.0282.b.xiii、xiii.a、xiv　3 块丝绸。b.xiii 织得比较稀松，平纹，蓝色。b.xiii、xiii.a 共两块，印成淡蓝色底，底上印着白色小花，花心是更深的蓝色。b.xiv 和 b.xiii 一样，但一面粘着一张纸，纸上是手写的西夏文。

最大块 $3\frac{1}{8}$ 英寸×$2\frac{3}{8}$ 英寸（xiii）。

K.K.II.0282.b.xv　小纸帽。 粘满了纸，纸大致形成帽边，以便帽子能直立起来。直径 $2\frac{1}{4}$ 英寸。

K.K.II.0283.a.xviii　纸片。 印着与图版 LXIII 中的 K.K.II.0260.v 一样的画面的一部分，但更不完整。3 英寸×$2\frac{1}{2}$ 英寸。

K.K.II.0283.a.xix　硬纸片。 有雕版印刷的痕迹，带污点。$2\frac{3}{8}$ 英寸×$1\frac{3}{8}$ 英寸。

K.K.II.0283.a.xx　纸片。 折成双面，印有一幅画的左下角。左边是一个立姿人物，面向右边的一个香案（或底座）。人物衣饰复杂，下身似乎穿宽松的裤子（在膝部和脚踝扎紧），披着几条长披巾。脚赤裸，腰系腰带。上半身缺失。

香案弧线（圆形?），表面装饰着旋涡饰和 V 形线。底面上放着些象征形物件，其中有三个球组成一组（共有几组）、火焰、三瓣形，还有一件奇怪的东西大概是菩提。

底边中有一个金刚杵，还有一个圆圈，圆圈中是两条波浪线。背面那张纸上印有三列西夏文。纸深黄色，很破烂。$3\frac{1}{2}$ 英寸×$3\frac{1}{2}$ 英寸。图版 LXIII。

K.K.II.0283.a.xxi　雕版印刷的纸片。 三神一体画的上半部分（三神一体，印度教中的创造之神梵天、维持之神湿奴、破坏之神湿婆合为一体——译者）。神坐在宝座中。项光直立，两侧和顶部是平的。神头顶是一个坐在莲花上的小化佛像。可以看到神的五条手臂，所持法器分别是两支箭、一个四尖金刚杵、百合花、弓、佛珠。胸以下部分都缺失。身后是无装饰的背光，背光有三条边线。

上述画面都围在一个三瓣状光环中，光环上是波浪状光芒线。光环外留下一段空白，接着是一条线，从线上向外生出云或火焰。顶上是一个多层华盖，华盖最顶部是一个倒置的新月形，新月形上托着一个圆球。

左上角和右上角是云端的天女，托水果。纸呈黄色，左侧和底下都缺失。$3\frac{1}{2}$ 英寸×3 英寸。图版 LXIV。

K.K.Ⅱ.0283.a.xxii.a、xxiii　2 张纸片。几层纸粘在一起，涂成粉色，没有图案，背面有西夏文。0283.a.xxii.a 最大，$5\frac{3}{8}$ 英寸×$3\frac{1}{2}$ 英寸。

K.K.Ⅱ.0283.a.xxiv　纱残片。浓重的赭色，摸起来特别软。织有满地一式植物图案，图案无法完全辨认出来，但可以看出反复出现的六瓣花和弯曲的茎，背景是斜线。$8\frac{1}{4}$ 英寸×$\frac{3}{4}$ 英寸。

K.K.Ⅱ.0283.a.xxv　丝绸残片。呈深黄色，平纹，特别破旧。约 5 英寸×3 英寸。

K.K.Ⅱ.0283.a.xxvi　小绢幡残片。顶部三角形（残留着一部分木杆），两侧的两条饰带保留下来一部分，幡的主体则全部保存了下来。三角形顶部和两侧饰带上用印花粉印着图案，图案深棕色，轮廓线灰色。许多图案在雕版印刷的纸页中也出现过，比如托在珠子上的"角"也出现在 K.K.Ⅱ.0260.v 中。

幡的主体是结实的锦缎，颜色是两种深浅不同的黄色，图案比地的颜色要深。锦缎表面都是朝两个方向伸展的线（线由珠子串成），形成了方形网格纹。每个方格中都是一个正方形的轮廓线，正方形的四角朝里收，中间是一颗珠子。6 英寸×6 英寸。

K.K.Ⅱ.0283.a.xxvii　彩绘纸画残片。一匹白马的左侧影，腿缺失，目光凶猛，鼻子凸圆，嘴张开。臀浑圆，肌肉健硕。马鬃、马尾粉色。纸呈黄色，较软，顶部和底下都已被撕破。4 英寸×$4\frac{1}{8}$ 英寸。图版 VII。

K.K.Ⅱ.0284.a　雕版印刷的纸页。印有七幅独立的佛本生故事（？）场景，分成两列，右边三幅，左边四幅。每幅场景中都有一个描述性（？）西夏文题记。左边那列中，题记交替出现在画面左右。右边那列中，题记都出现在右边。画面布局粗略，刻得也粗糙，内容尚有待考证。纸呈黄色，较软，已磨损，很破烂。$6\frac{7}{8}$ 英寸×3 英寸。图版 LXIII。

K.K.II.0284.a.xxiv　2 张纸片。一张是画面的上半部分，很像图版 LXIII 中的 K.K.II.0241.a，但出自另一个模子。另一张印有四行西夏文。平均尺寸为 $2\frac{1}{2}$ 英寸×$2\frac{1}{2}$ 英寸。

K.K.II.0284.a.xxv　雕版印刷的纸页残片。印有西夏文，顶部装饰着一行坐佛像，还有柱子状的装饰物，出自与图版 LXV 中的 K.K.II.0293.a 一样的模子。可以看到三个佛像和三行文字。纸呈黄色，左上角缺失，底边很破烂。$7\frac{1}{2}$ 英寸×$3\frac{1}{2}$ 英寸。

K.K.II.0284.a.xxvi　纸片。印有一部分画面。左边是一个人物的左半部分，坐在宝座中，全身穿袈裟（有黑边，系腰带）。背光很小，带向上弯曲的波浪线，背光边为两条线，无装饰。项光也无装饰。头缺失。往下是宝座的底座，再往下是一组台阶，每级台阶都不高，台阶上有装饰。最底下那层台阶放在朝下弯的窄花瓣上。

右边是一个立姿和尚，全身穿黑边袈裟，双手合十，脑后是项光。宝座上方是一个色彩鲜艳的锦缎制成的正方形华盖，华盖边是空的，圆顶，角上是随风飘拂的长饰带，饰带上还打了结。华盖上方是几个粗糙的黑色旋涡饰。画面底部有一条白带子，是模子上的断层造成的，或是没印好的缘故。此画大概是图版 LXIV 中的 K.K.II.0276.w.2、ww.i 的一部分。$8\frac{3}{8}$ 英寸×$1\frac{3}{4}$ 英寸。

K.K.II.0284.a.xxvii　纸片。几张纸粘在一起，一面印着幅大画的一部分，可以看到圆弧和连在一条带子上的花边，意义不明。另一面涂成绿色，有厚厚的红色、黄色蛋彩颜料的痕迹。很破烂，有裂纹。5 英寸×3 $\frac{1}{2}$ 英寸。

K.K.Ⅱ.0284.a.xxviii　3 张素描纸片。其中一张上面有一个人向右坐在席子上，还有两个鬼怪离开席子向左跑。鬼怪几乎全身赤裸，头发飞扬，嘴像狗嘴。底下是一棵树的树顶。

另一张残片上可以看到一个用方块砌成的方碑（?）或香案，方碑上有幅浮雕（?），雕的是两个人物的半身像。方碑似乎立在沟中，沟外大概是水。

一条直线把方碑同底下的画面隔开。底下是一个雷神，他周围是一圈器具。再往左是人物的头部，双手上举，左手持一物。

第三张残片大概是方碑的继续，上面有一条垂直的线，线上盘绕着一条蛇（也可能是又长又窄的飘带）。都画得很粗略。纸特别不结实，很破烂。最大残片 4 $\frac{5}{8}$ 英寸×3 $\frac{1}{4}$ 英寸。图版 LXI。

K.K.Ⅱ.0284.a.xxxii　平纹丝绸残片。蓝底，印有黄色五瓣小花，很破旧。4 英寸×4 英寸。

K.K.Ⅱ.0284.b　几张纸片。上面有一部分素描（或照图样描的画）。一张上是佛头，头戴复杂的头饰，头饰前面是一个化佛小像。第二张上是一只右脚和帷幔状的首饰。第三张上有一个光头顶，上方是波浪状衣纹。纸都很薄，十分破烂。最大尺寸约 4 英寸×8 英寸。

K.K.Ⅱ.0284.c　素描纸片。可以看到一张脸的中间部分，像是海神尼普顿的脸，脸朝下弯。纸呈黄色，很破烂。3 $\frac{1}{2}$ 英寸×7 $\frac{1}{2}$ 英寸。

K.K.Ⅱ.0284.d　素描纸片。画一个光头男子，穿宽松袈裟，立姿，身体朝前弯，挂在一根倾斜的树干上。沉重的衣纹盖着胳臂，胳臂放在树干上，下颌又放在胳臂上。脸朝下倾，按透视法缩短了。是照着一幅精巧的原画描下来的。纸呈黄色，很破烂。10 英寸×7 $\frac{1}{2}$ 英寸。

K.K.II.0284.e　素描纸片。画一个坐在莲花上的人物，莲花下是底座。人物只残留下来一部分衣纹，衣纹和莲花用精细流畅的线条画成。底座线条游移不果断，大概是另一个人画的。保留下来一部分光环，光环边上是火焰。纸呈黄色，较薄特别破烂。约 11 英寸×11 英寸。

K.K.II.0284.f~k　几张纸片。0284.f、g、h 为纸页的一部分，印有西夏文和成行的坐佛像，与 K.K.II.0265.a 类似。0284.i 是两张纸页，印有西夏文和成行的坐佛像，与 K.K.II.0233.uuu 类似。0284.j 为一页西夏文手稿。0284.k 为一页手写的行书，字列之间又是较小的行书。其他几张残片上有文字和粗糙大胆的图案的残迹。均已变色，很破烂。纸页尺寸约 $7\frac{1}{2}$ 英寸×$3\frac{1}{4}$ 英寸。

K.K.II.0285.a　雕版印刷的纸页残片。右边是一个处理得很大胆的石谷（？）的左边，岩石上是树和灌木（处理得特别模式化），底下是激流。石谷右侧剪掉了（？）。纸页左边有三行分散的西夏文。纸呈黄色，已被撕破，比较结实。$9\frac{1}{2}$ 英寸×$3\frac{3}{4}$ 英寸。

K.K.II.0285.b.i　纸片。上面有粗体西夏文，还有厚厚的白色、红色蛋彩颜料的痕迹。纸很破烂。3 英寸×4 英寸。

K.K.II.0285.b.ii　纸片。上面是一个大图案的一部分，图案绘成蓝绿色和粉色。纸很破烂。$5\frac{3}{4}$ 英寸×$3\frac{1}{2}$ 英寸。

K.K.II.0285.b.v　雕版印刷的纸页。印有西夏文，顶部装饰着一行坐佛像，佛像与 K.K.II.0292.i 类似，但更粗糙，印得也不清楚，最右边那个佛像被撕掉了。字行顶部和底部是常见的那些字。纸呈黄色，顶部变得毛茸茸的。7 英寸×$3\frac{3}{4}$ 英寸。

K.K.II.0285.b.vi　雕版印刷的纸页残片。共分成四部分。左上角的四分之一和右下角四分之一印着西夏文，剩下两部分印着画。

右上角的画中有一个老游方僧，头戴高冠（上面有黑点），全身穿袈裟，持长杖，正在行走（参见 K.K.II.0242.b）。他的头周围飘拂着云，云从他半抬的左手呈不规则的弧形延伸到杖顶部。他右边是一个人物的小像，穿袍，戴中国式帽子（帽背很高，两侧有一对下垂的飘带），从右前方向左走，边走边回头看着游方僧。

纸页左下角（已被撕破）是一个稍微变形的头部，嘴张开，呈右侧影，头后面是一个瓶状物（佛龛?），背景是水（?）和倾斜的低矮的岬。刻得不太认真。纸呈黄色，四边都已被撕破。$5\frac{1}{2}$英寸×$2\frac{7}{8}$英寸。图版 LXIII。

K.K.II.0285.b.vii　纸页残片。上面也是一个游方僧，与 K.K.II.0242.b 完全一样。能更多地看到人物的下半身，但纸表面严重损伤，线条模糊不清。6 英寸×3 英寸。

K.K.II.0285.b.viii　纸页残片。印着一个很精美的佛像。佛坐在底座上（看不出莲花座，取而代之的是一团衣纹，衣纹大概出现在石头上）。佛左脚放在右大腿上，右脚放在左大腿上，脚心朝上（金刚跏趺坐），手和脸缺失。项光边是两三条线。背光有黑边，黑边上有珠子。背光里边画满了光芒线。

前景中是一个面朝佛的人物，坐在莲花上，正在礼拜，观者看到的是这个人物的整个背影。此人有项光和光芒线状背光。项光是完整的一个圆圈，穿过了双肩。背光像往常一样，在接触到上身和项光的地方便终止了。全身穿袈裟，袈裟上有横向和纵向条纹（游方僧的那种袈裟?）。

此人左右各是一个戴项光的立姿人物，全身穿袍，高发髻，手合十，光脚，每只脚各踏一朵小莲花。整个背景一直到边都是光芒线，边是黑底上的白色旋涡饰。

右上角有一个天官人物跪在云上（云画得很巧妙），全身穿袍，头饰仿佛竖立的羽毛，有项光，似乎托着什么供品。底下立姿人物头后边飘起云朵。整幅画面布局宏大，线条精巧，刻得也很好。纸呈黄色，很破烂。$7\frac{1}{2}$

英寸×3 $\frac{3}{8}$ 英寸。图版 LXIV。

K.K.II.0285.b.ix　纸片。有很多片，印有特别模式化的山。用浓重的黑线条表示众多的山峰，山峰上有松树，空中是翻卷的积云。不时出现一个题记。还有一个小人像的剪影，此人右肩扛着根棍，棍两端挑着两个包裹。画面底下是一行行粗体西夏文。纸呈黄色，很破烂。约9英寸×5英寸。

K.K.II.0285.b.x　纸片。上面用雕版印刷着一个坐佛像。佛像四分之三向左，穿飘拂的袈裟，袈裟在胸前开口。项光和背光上是排列很密的光芒线，背景是卷得很紧的云，云中露出几个画得很好的头。中央的佛没有肉髻。

印得很浓，已模糊。还有两张互不连属的小片，上面有些地方褪了色。一张小片是一个带项光的菩萨头，另一张是一条边上的装饰物。纸灰色，已被撕破。最大尺寸 3 $\frac{3}{4}$ 英寸×4 $\frac{1}{4}$ 英寸。

K.K.II.0285.b.xi.i　6张纸片。上面有雕版印刷的图画。其中三张是幅大画的一部分，与 K.K.II.0260.v、0283.a.xviii 是同一幅画。第一张是原画左边的部分，前景有云，还有一个跪在席子上的人。第二张是立姿人物的一部分，全身穿黑边长袍，稍微躬着身向左走。此人后面还有一个立姿人物。第三张残片上是前景中的云，云以远是流水，远方的一条岸上生长着珊瑚状的灌木。纸呈黄色，破烂。最大尺寸 2 $\frac{7}{8}$ 英寸×2 $\frac{3}{4}$ 英寸。图版 LXIII。

K.K.II.0285.b.xii　丝绸残片。黄色，平纹，织得不均匀，造成的效果是一条条细腻纹理和较粗糙的纹理交替出现，大概并非有意如此。4 英寸×3 $\frac{3}{4}$ 英寸。

K.K.II.0285.b.xiii　2块丝绸。其中一块蓝色，纹理与 K.K.II.0285.b.xii 一样。另一块已脏污，灰色，纹理较粗糙。最大尺寸 2 英寸×3 英寸。

K.K.II.0292.i　2张雕版印刷的纸页。印着西夏文。一张上有四行西夏文，每行西夏文顶上都有一尊坐佛像，共四个。每个佛像姿势都不同。佛像上身较长，头大，腿短，头上有带尖的肉髻。脸旁是窄窄的耳朵状突起，一直长达双肩，突起的边是直的。上身衣纹用帷幔状衣褶来表示，腿上盖着衣纹。

莲花座有两行花瓣，一行朝上，一行朝下。有背光和项光。每个佛像外都有一个长方形框，从项光上伸出放射状直线，一直到达长方形框。

工艺粗糙。纸呈黄色，稍微被撕破了一点，很结实。另一张纸较大，有六行西夏文，没有佛像。$6\frac{3}{4}$ 英寸×4 英寸。有佛像那页的尺寸为 $6\frac{3}{4}$ 英寸×3 英寸。两页粘在一起，背面有加固用的纸条。

K.K.II.0293.a 雕版印刷的纸页。印有西夏文。顶部装饰着一行坐佛像（共六个），底下的六行西夏文用柱子状的装饰物隔开，是 K.K.II.0253.b 的一个变体。每根柱子底部都是一个倒置的三叉戟，三叉戟顶上是一个瓶状部分，没有球。

柱子之间的西夏文底部是莲花座，有三片花瓣，上方是一个模式化的莲蓬，莲蓬的黑底上有四颗莲子。佛像与 K.K.II.0281.a.xxxviii 属于同一类型，但背光的背景上有光芒线，带棱角的突出部上也没有鸟。每个佛像右肩是与圣线的东西类似。纸呈黄色，保存良好。最右侧是另一张纸。$7\frac{3}{4}$ 英寸×$7\frac{1}{4}$ 英寸。图版 LXV。

K.K.II.0294.b~d 3 张雕版印刷的纸页。印有西夏文，每页都装饰着 K.K.II.0227.b（图版 LXV）那样的佛像。每行西夏文中的前两个字和最后一个字都是不变的。纸呈黄色，较薄，已磨损，变得毛茸茸的。约 7 英寸×$3\frac{3}{4}$ 英寸。

K.K.II.0294.e~h   纸片。几张纸片粘在一起，粗略地涂着蛋彩颜料。最大一张 e 的尺寸为 5 英寸×4 英寸。

K.K.II.0295.cc　2 张纸页。印有西夏文。一页顶部的左半边装饰着一行坐佛像（共三个）。除了穿过左肩，达于右臂下的圣线，佛像似乎是赤裸的。从左边起，佛像的手分别合十、施触地印和定印。

上身和四肢比例协调，三个佛像的腿都成金刚跏趺坐。长耳，黑发，肉髻又高又细，带尖。背光大致圆形，项光椭圆形（纵向是长轴），都没有装饰。每个佛像各坐在一个画得很好的莲花座上，莲花座有两行花瓣，一行朝上，一行朝下。

每个莲花座下都是一个画得很好的棕叶饰，由三片叶子构成。中间那片叶子有三个尖；旁边两片叶子是对称的，呈侧影，叶子尖朝下弯卷。两侧叶子的茎伸下来，和它旁边的叶子茎围成一个倒置的闭合棕叶饰，闭合棕叶饰中是一个竖立的金刚杵，金刚杵与莲花座之间的空白正相对。画面上方，相邻的背光之间是一个倒置的棕叶饰。顶部的直线和底下的闭合棕叶饰构成了背景的边。背景都是黑色，上述各种装饰物则是白色。线条流畅，刻得也好。纸呈黄色，6 英寸×3 $\frac{1}{8}$ 英寸。图版 LXV。

K.K.II.0297.bb　纸片。印着一个跪姿人物，模子刻得很粗糙。人物四分之三向右，全身穿长袍，手合十，头前面有一个题记。纸呈黄色，很破烂。4 英寸×1 $\frac{3}{4}$ 英寸。

K.K.II.0304.s　丝绸残片。织得细密但不均匀，印着图案。图案梨形，是设计得很好的龙和火焰，龙有三根脚趾。每幅小图案约 5 $\frac{1}{4}$ 英寸×3 $\frac{1}{4}$ 英寸大小。有一幅小图案是完整的，其余的不完整。丝绸变色成了深黄色，很破烂。8 $\frac{1}{4}$ 英寸×10 $\frac{1}{4}$ 英寸。

K.K.II.0304.t　黄色平纹丝绸残片。9 $\frac{1}{4}$ 英寸×3 $\frac{1}{4}$ 英寸。

K.K.II.0304.u、v　2 块丝绸。均为平纹。u 呈蓝色，7 $\frac{3}{4}$ 英寸×3 英寸。

v 呈暗黄褐色，很破烂，$7\frac{1}{2}$英寸×$3\frac{1}{4}$英寸。

K.K.II.0304.w、x　2块粗麻布。蓝色，最大尺寸$17\frac{1}{2}$英寸×4英寸。

K.K.II.0304.y　麻布残片。织得均匀，大概是大麻布。一面涂着精美的蓝色颜料，轮廓线灰色，还有粉色、黄色颜料的痕迹。可能是幡画残片。特别破烂，很不结实。$7\frac{1}{4}$英寸×9英寸。

K.K.II.0304.z　纸片。上面粗略画着两条垂直相交的黑线，一个直角中还有一块红颜料。$2\frac{3}{4}$英寸×2英寸。

K.K.II.0313.a　素描纸画残片。左边是一个肌肉健硕的人物骑着牦牛向右行，牦牛头四分之三向左转，显得很惊恐。人物穿长达膝部的薄上衣，腿和手臂赤裸，左手抓缰绳，右臂缺失。

再朝画面里边靠前的地方是第二个人物，骑在马上，马鬃竖立，马耳朝前倾。此人穿紧身刺绣短上衣（也可能是带装饰的皮铠甲），腰部是宽松的围裙状衣物，又长又薄的披巾在风中起伏，并形成环形。下身穿宽松的裤子，在膝部扎起来，也可能塞进了小腿上的衣物中。脚蹬软靴。左手抓缰绳，右臂朝外弯，远离身体，右手轻放在大腿上，在拇指和食指之间轻拈一朵花。头缺失。

此人上身是正面，马则是侧影，看起来仿佛骑马的人正往后看着骑牦牛的人。马在飞奔，马鞍上是高鞍桥，宽鞍布的边无装饰，胸带上挂着铃铛（？）。骑者悠闲自在，与飞奔的马形成强烈对比。

很好地表现出了牦牛呈八字形的笨拙动作，与马优雅的姿态形成对比。两个人物穿过旋涡饰往前奔，旋涡饰大概是云。

线条有力，一气呵成，飞舞的衣物比牦牛和马的动作更能表现出在空中前进的效果。上半部分和左侧缺失，右边已被撕破。纸中等厚度，不透明。

13 英寸×7 $\frac{1}{2}$ 英寸。图版 LX。

　　K.K.II.0313.b　**素描纸画残片**。一气呵成的岩石风景，还有几个小人像。从中部到右边是很多竖立的岩石。再往右是更远处的岩石矗立在一个山谷中，一条小溪流过山谷，小溪岸上有间房子。

　　前景内容如下。右边是三个坐姿人物，大概在船上。再往左和山谷的前景是高高的岩石。往下大概是一个正在涉溪的人，他还逗着一条狗（?）。前景中部是一个粗略画成的圆圈（可能是日轮或月轮）和盘虬的树，左边还有一条船（?）。左侧和右侧都缺失了一大块。纸光滑，特别薄，黄色。15 $\frac{1}{2}$ 英寸×6 英寸。图版 LXI。

　　K.K.II.0313.c　**2 张纸片**。印着一幅（?）一气呵成的极为粗略的图画，很难分辨。似乎画的是从前景中一块高大岩石上望到的平原。右边是棵盘曲的老树，树的枝叶一直伸展到画面顶部的中央。平原上有两个人从右向左骑马狂奔，伏在马脖子上，不断地催促着马。其中一个人右臂举起，拿一根棍（?），另一个人双臂朝前伸。他们似乎是在赛跑或在追赶什么人。用最简单的线条极为生动地表现出了正在狂奔的马和人。

　　画面其余部分内容不清，但前景右边似乎还有一个骑马的人，肩上扛矛。画面中间似乎是间大房子或庙宇，房子里面和周围坐着些人，房子后面矗立着岩石。最左边有四五个汉字。

　　缺失了不少。纸光滑，特别薄，黄色，很破烂。约 17 英寸×9 英寸。图版 LX。

　　K.K.II.0313.d　**素描纸画残片**。画的是一个人物，四分之三向右坐在扁平的石头上，右膝抬起，托着朝外伸的右臂，右手优雅地垂在右膝前。左小腿平放在石头上。脸显得年轻。衣服宽大，裹住上身，上身的衣褶像排列紧密的绳子，处理得很模式化，特别优雅。脖颈戴繁复的项链，右臂戴臂钏，看不到左前臂，腹部中央有一个无花纹的圆圈（宝石?）。左上方有竹子的痕迹。大概是观音，但没有光环。纸呈灰色，很薄，毛茸茸的，十分破烂。

12 英寸×8 $\frac{1}{2}$ 英寸。图版 LXI。

K.K.II.0313.e　纸片。画的是象头神（Gaṇeśa，智慧之神——译者），头戴尼泊尔式或藏族式的帽子。左耳戴小耳环，嘴左侧并排伸出两根短短的獠牙，脸前面有一朵花。纸呈黄色，四边都已被撕破。7 $\frac{1}{2}$ 英寸×6 英寸。

K.K.II.0313.f　纸片。有很多小碎片，画着坐姿菩萨，只有中间部分保留了下来。菩萨脸朝右，胸和右臂赤裸，腕戴手镯，前臂上是窄衣物。前臂水平，似乎放在椅子扶手上，扶手末端是旋涡状。从发髻上垂下来饰带和宝石，纸背面也画了宝石。衣纹设计得很好。纸呈黄色，很破烂。7 $\frac{3}{4}$ 英寸×

13 $\frac{1}{2}$ 英寸。

K.K.II.0313.g　纸片。上面有三幅素描，两幅画老人的头部，另一幅是一个男子的半身像。

前两幅头像大概是习作，老人头前面是秃的，再朝后是乱蓬蓬的头发。头微低，四分之三向左，似乎正在安睡。脸画得特别好，眼睛有点肿，眉毛很长，第一幅中眉毛朝下弯，第二幅中眉毛两端则是平齐的。胡须散乱，下颚上的肉比较多，耳朵顶部稍微有一个尖。前额上方有一物，看起来像个倒置的浅口碗，碗里有一个球。无法看出此物是怎么固定住的，看来它只能拴在从头顶绕过来的头发上。

第三幅素描是一个老人的头和胸。头前面是秃的，但后面长着长长的卷发。老人四分之三向右躬身，嘴大张，似乎在大喊。可以看到舌头，舌尖卷在下嘴唇后面。耳朵稍微有尖。左前臂抬起，左手与嘴平齐，手向外伸，似乎指着什么东西，或正在训斥什么人。右肩底下一点是衣纹，盖住右臂，并越过上身，搭在左臂的臂弯上。双肩、脖颈、胸、左前臂都赤裸。

三幅素描都很好。纸呈黄色，很破烂，三条边都已被撕破。5 英寸×
$11\frac{1}{2}$ 英寸。图版 LIX。

K.K.II.0313.h　几张小纸片。上面有针刺的装饰物，以作为印花粉印的
图样，基本上无法辨认。

在哈喇浩特的佛塔 K.K.III 发掘出土的文物

K.K.III.01　彩绘丝绸幡画残片。用平纹细绸制成。一幅残片上是一个
画得很好的龙王（?），四分之三向左，右臂上举，托莲花座（?），左手放
在左臀上，五指伸开。他似乎站在齐大腿深的水中，全身穿甲胄，头饰是条
眼镜蛇（?）。莲花似乎有根很粗的毛茸茸的茎。画面已褪色，与《西域考
古图记》第四卷图 LXXXIV 中的天王像着色类似。$12\frac{1}{2}$ 英寸×$8\frac{1}{2}$ 英寸。

第二幅残片的颜色几乎全部褪尽，但仍可以分辨出衣纹和红色的蛇，大
概属于另一个龙王。$9\frac{1}{4}$ 英寸×7 英寸。

K.K.III.02.a、b、c、d　素绸、花绸、彩绘丝绸残片。a 为花绸，织成
厚而结实的斜纹，由于脏污和穿的时间太久，图案已看不清楚。颜色大概是
两种色调不同的黄色和蓝色。$7\frac{1}{2}$ 英寸×$2\frac{3}{4}$ 英寸。

b 平纹，蓝色。4 英寸×6 英寸。

c 为彩绘平纹细绸，绿边、粉底，图案呈黄色，轮廓线黑色。$3\frac{1}{2}$ 英寸×
$1\frac{7}{8}$ 英寸。

d 上有彩绘的粉色图案，轮廓线呈淡灰色。$1\frac{3}{4}$ 英寸×$1\frac{1}{2}$ 英寸。大多数
丝绸上都粘着纸片。

K.K.III.04　**2块彩绘丝绸幡画残片**。一块上面隐约有线条和颜料。另一块上面有三个手写的粗体汉字，还有第四个汉字的一部分。严重变色。连着一条 $5\frac{1}{2}$ 英寸长的小树枝，大概是将幡画撑起来的杆。画着画的残片尺寸为 8 英寸×8 英寸，写字的残片尺寸为 $4\frac{1}{2}$ 英寸× $2\frac{1}{4}$ 英寸。

K.K.III.05.a、b　**绢画残片**。连着汉文手稿残片。a 较大，是绢画的左下角。右边是一个香案（?）的一部分，香案底下是一个双手抬起，似在哀求的小人像。左边是较大的立姿人物，包括：一个托着盘子的侍者（女性?），盘子中放着花果；一个头发乱飞的鬼怪，穿红衬衣，披虎皮，成狂怒姿势，脚分得很开，踏在粉色莲花上，左手举过头顶，五指像爪子一样朝下伸；上边还有一个立姿菩萨。

再往下，画面的右边沿附近是一个人物的残迹，人物手臂张开，骑黑骏马（?）。绕着边沿是旋涡状植物，用墨汁画在绿底上，画得很好。此外颜色主要是绯红色、蓝色和绿色。已褪色，很破旧。$19\frac{1}{2}$ 英寸×11 英寸。

另一块残片 b 上只有坐姿人物的交叠的双腿，较粗糙。9 英寸× $9\frac{1}{2}$ 英寸。

K.K.III.06　**黄色皮革残片**。小山羊或大山羊的皮。缝在一起，折成双面，边上有缝过的痕迹。$3\frac{1}{2}$ 英寸×4 英寸。

K.K.III.08　**几块彩绘平纹细绸**。上面画着绿底、黄边，从图案中可以分辨出白色、红色色块，轮廓线呈黑色。很破烂。约 7 英寸×7 英寸。

K.K.III.09　**丝绸残片**。蓝色或深绿色，已褪色。$3\frac{1}{2}$ 英寸×2 英寸。

K.K.III.010　**彩绘平纹细绸残片**。绘有黑带子的残迹，底为蓝色和红色，看不见细节。背面有一张薄纸。$5\frac{3}{4}$ 英寸× $3\frac{3}{4}$ 英寸。

K.K.III.011　纸画残片。画着一组黄色旋涡饰，状如卷曲的花瓣。旋涡饰出自一个红色块中，一条弧形红带子与旋涡饰相碰。轮廓线黑色，色彩浓烈。$3\frac{3}{4}$ 英寸×$1\frac{1}{2}$ 英寸。

K.K.III.012　丝绸残片。织得很细密，紫红色，连着黄色平纹细绸以及几块蓝色丝绸和纸。已变色，很破烂。约 $4\frac{1}{2}$ 英寸×$3\frac{1}{4}$ 英寸。

K.K.III.013　泥塑模子。一个长方形泥版，泥版中间有一个施触地印的佛像。佛圆脸，五官较小，表情愉悦，头发处理成对称分布的小种子状突起。袒左胸（肌肉发达）。造型较好。$5\frac{3}{8}$ 英寸×7 英寸。图版 LV。

K.K.III.015.cc.dd　2 张纸片。两个雕版印刷的菩萨，菩萨的四分之三向右坐在莲花座上，一膝抬起，另一膝和大腿平放在莲花座上。尼泊尔风格。背光花瓣状，布满旋涡饰；项光高，无花纹。头饰较高，带尖。背光和项光之间的空隙里是椅背状物。椅背后面画满了长长的叶子。背景中有小花。纸呈黄色，很破烂。4 英寸×$3\frac{1}{4}$ 英寸。

K.K.III.017.ii　丝绸残片。黄色，大概是锦缎，上面是满底一式花纹，很破烂，花纹看不清楚。$7\frac{1}{2}$ 英寸×3 英寸。

K.K.III.017.jj　丝绸残片。蓝色，粘着片纸。$3\frac{1}{2}$ 英寸×$2\frac{1}{4}$ 英寸。

K.K.III.017.s.i、ii　纸片。i 上面有雕版印刷的菩萨像。菩萨坐在莲花座上（从特别繁复的衣褶和极宽大的衣纹线条上，看出底下是莲花座），双手于胸前施说法印。圆脸，目光下视。头戴三层头饰，太阳穴处的头饰朝外弯，挂着宝石，头上垂下饰带和头发。裸胸。背光、项光都是圆形，无花纹。顶上的华盖（缺失）上，垂下来摇摆的流苏。背景中布满了云和波浪状光芒线。莲花座底部中间有一物（缺失），从它伸出来波浪状光芒线。线条潦草、单调。纸破烂。$7\frac{1}{4}$英寸×4英寸。

ii 为一张小纸片，上面有项光和云的顶部。$2\frac{1}{2}$英寸×$1\frac{1}{2}$英寸。

K.K.Ⅲ.018　多块丝绸残片。出自庙宇中的幡画，上面有颜料的残迹，都很破烂。最大尺寸 $15\frac{1}{4}$英寸×7英寸。

K.K.Ⅲ.020.mm　丝绸残片。裹在一根圆棍上，棍的横截面为椭圆形。是三条窄丝绸缝在一起，一面上有颜料（已变色），大概是幡画的一部分。棍长$6\frac{3}{4}$英寸，丝绸尺寸约 6 英寸×4 英寸。

K.K.Ⅲ.022.a.a　一团平纹细绸。上面有颜料的残迹，幡画的一部分。背面粘着纸片，纸片上有雕版留下的印痕。丝绸团尺寸约 $4\frac{1}{2}$英寸×3 英寸。

K.K.Ⅲ.022.p、q　纸片。上面是素描或西夏文。一张上面有衣纹，大概出自人物的下半身。另一张上是粗略的放射状直线。都很破烂。最大尺寸 $4\frac{3}{4}$英寸×$1\frac{1}{2}$英寸。

K.K.Ⅲ.023.h、i　纸片。h 粗略地画着一个人，只保留有头、双肩和一只手，圆脸。从身体各部分都伸出来直线，每条线末端都有一个西夏文题记，大概是图解身体各部分名称的。头上是一个小装饰物，样子像中国放姜的那种罐子，罐子上画着一些圆圈。背面有 11 列西夏文。$4\frac{1}{2}$英寸×$5\frac{1}{2}$英寸。

i 为小纸片，上面是衣服（?）底部的线条，涂成黄色。背面有西夏文。$5\frac{1}{4}$英寸×$1\frac{3}{4}$英寸。

K.K.Ⅲ.024.hh　纸片。一面上有粗略的速写。纸已变色，毛茸茸的。

$3\frac{1}{2}$ 英寸×$1\frac{3}{8}$ 英寸。

K.K.III.025.t　几块彩绘平纹细绸。幡画的一部分，只能分辨出黄色和红色的背光。最大尺寸 $8\frac{1}{2}$ 英寸×$4\frac{3}{4}$ 英寸。

K.K.III.025.u　雕版印刷的纸页。似乎折成四折，有几个地方被虫子咬穿了。整个中部都缺失。中部似乎本来有一个物体放在莲花座上。物体状如铃铛，上面布满了吐蕃文。

沿着两侧至少有 10 个坐佛像，莲花座之下有 6 个隔得很开的吐蕃文。佛像似乎是赤裸的（或穿紧身衣服），衣服朝上的那条边从左肩穿过胸前到达右腋窝。手施定印，脚成金刚跏趺坐。纸呈黄色，较薄。8 英寸×$5\frac{1}{2}$ 英寸。

K.K.III.026.c　雕版印刷的纸页。印有特别黑、特别粗的汉字（?），顶部装饰着一行坐佛像。

保留下来 6 个佛像。最完整的那个佛像穿宽大的袈裟，坐在莲花座上（花瓣又长又尖，设计得比较混乱），从莲花座中间垂下来衣服的帷幔状衣褶。隐双手，左手放在右边大袖子中，右手放在左边大袖子中。脖颈上绕着厚重的衣褶。脸比较方，长耳，黑发上是宽肉髻。项光边有两圈，从身体到里圈有光芒线。背光大致为圆形，外边是光芒线。

这个佛像右边的那个佛像两侧各有一条弧线，限制住了光芒线。再往右那个佛的项光和背光上都没有光芒线。

莲花座底下是一个三层踏脚凳（?），凳腿很尖。纸页顶部有一条粗线，从线上垂下来一排饰带，饰带末端是尖的。模子比较粗糙。纸呈黄色，不结实，只有顶部是完整的。$6\frac{1}{2}$ 英寸×$4\frac{1}{2}$ 英寸。图版 LXV。

K.K.III.026.d　雕版印刷的纸片。一个带光环的正在膜拜的人物，尼泊尔风格。人物共有四个头，都向右看，有的头完整，有的不完整。其余部分都缺失，纸呈黄色。$2\frac{1}{2}$ 英寸×$1\frac{3}{4}$ 英寸。

K.K.III.026.e **2 块平纹细绸**。上面有颜料的残迹，幡画的一部分。最大尺寸 2 英寸×$3\frac{1}{2}$ 英寸。

在哈喇浩特 K.K.IV 遗址发掘出土的文物

K.K.IV.01、07、010~012、017、022、025 **泥塑衣物残件**。红、绿色，金边。最大尺寸 $7\frac{1}{2}$ 英寸×6 英寸。

K.K.IV.02 **泥塑装饰品残片**。两个互相缠绕的螺旋形，红色。$4\frac{1}{2}$ 英寸×$4\frac{1}{4}$ 英寸。图版 LV。

K.K.IV.03 **泥塑**。半个红色蝴蝶结，与 K.K.IV.015 类似。$2\frac{1}{5}$ 英寸×2 英寸。

K.K.IV.04 **泥塑的松果**。也可能是低浮雕的洋姜（菊芋），镀金。$1\frac{1}{2}$ 英寸×$1\frac{1}{2}$ 英寸。图版 LIII。

K.K.IV.05 **泥塑手指残件**。涂成白色，镀金，有真人手指大小，与 K.K.I.012 类似。$2\frac{1}{2}$ 英寸×$\frac{5}{8}$ 英寸。

K.K.IV.06 **杏仁状泥塑装饰品**。中间是一个碗或骨骸匣，周围环绕着火焰，镀金。2 英寸×$1\frac{3}{8}$ 英寸。图版 LIII。

K.K.IV.08 **泥塑人耳残件**。涂成白色，镀金，耳垂缺失。黏土中没有纤维，造型不佳。$3\frac{1}{2}$ 英寸×$2\frac{1}{2}$ 英寸。

K.K.Ⅳ.09　壁画残片。有红色和黄色边线（轮廓线黑色），还有用线画成的黑色旋涡饰。$2\frac{1}{2}$英寸×2英寸。

K.K.Ⅳ.014　泥塑衣物残件。绿、白（?）、金色。$5\frac{1}{2}$英寸×2英寸。

K.K.Ⅳ.015、023　泥塑残件。023为绿色蝴蝶结，金边，线条红色，特别逼真。$4\frac{1}{4}$英寸×$1\frac{5}{8}$英寸。

015为半个这样的蝴蝶结，纯红色。2英寸×$2\frac{1}{4}$英寸。图版LIII。

K.K.Ⅳ.016　泥塑的装饰性细部残件。低浮雕，涂成白色，镀金。浮雕中有一朵椭圆形小花，花心是颗宝石，宝石外有几层线脚，一部分线脚上覆盖着旋涡饰。边已破损。$2\frac{5}{8}$英寸×$1\frac{3}{4}$英寸。图版LIII。

K.K.Ⅳ.018　泥塑装饰品残片。由珠子构成，涂成白色，镀金。$2\frac{3}{8}$英寸×$\frac{3}{8}$英寸。

K.K.Ⅳ.019　泥塑八瓣小花。花心半球形（状如葵花），镀金。直径$1\frac{1}{8}$英寸。图版LIII。

K.K.Ⅳ.020　泥塑牡丹花。侧影，镀金。$1\frac{3}{4}$英寸×$1\frac{1}{2}$英寸。

K.K.Ⅳ.021　壁画残片。画在灰泥上，图案已无法辨认，着色有红、粉、绿色。$2\frac{1}{4}$英寸×$2\frac{1}{4}$英寸。

K.K.Ⅳ.024　泥塑的脚残件。保留着脚趾和部分脚底板，涂成白色，镀金，小脚趾缺失。3英寸×$2\frac{3}{4}$英寸。

K.K.IV.026 **泥塑残件**。浮雕蝴蝶结的右半边，与图版 LIII 中的 K.K. IV.03、015、023 类似，涂成红色。最长处 $2\frac{1}{2}$ 英寸。

K.K.IV.027 **泥塑衣物残件**。与 K.K.IV.07 类似，涂成红色，镀金边，衣褶背面是绿色。已折断。连起来最长 4 英寸。

K.K.IV.028 **泥塑装饰品残片**。一朵牡丹，从一对朝里弯的旋涡饰中伸出，有红颜料的残迹。已折断。$3\frac{1}{2}$ 英寸×3 英寸。

在哈喇浩特的佛塔群 K.K.V 发现的文物

K.K.V.031、032、034、049、051、052、054、087、088 **还愿用的圆形泥版**。出自类似的模子。三瓣状光环中雕着一个佛像坐在莲花座上，呈入定状，其他细节都与 K.K.V.033 等类似。直径 2 英寸。图版 LIII。

K.K.V.033、050、053 **还愿用的圆形泥版**。出自 K.K.V 遗址的不同佛塔，上面是浮雕的坐佛像。佛坐在三瓣状光环之中、莲花座之上，施触地印。左右各有一个佛龛，每个佛龛附近都有婆罗米文字。边上浮雕着题识。造型很好，都出自一个模子。直径 2 英寸。

K.K.V.b.01 **丝绸残片**。淡蓝色，上面用较浅的蓝色画着大胆的莲花图案。磨损得特别严重。$11\frac{1}{4}$ 英寸×4 英寸。

K.K.V.b.06.bb **丝绸残片**。浅蓝色。5 英寸×$\frac{7}{8}$ 英寸。

K.K.V.b.011.r~t **纸片**。碎成很多块。上面可以看到两个圆圈，每个圆圈中都有朵莲花和不同的吐蕃文题识，莲花瓣是模式化的。一张护符（？）。最大尺寸 $7\frac{7}{8}$ 英寸×$3\frac{1}{8}$ 英寸。

K.K.V.b.013.r **平纹细绸残片**。褪色成蓝灰色。6 英寸×3 英寸。

K.K.V.b.015.ll、mm **丝绸残片**。015.ll 呈浅蓝色，$6\frac{3}{4}$ 英寸×$\frac{3}{4}$ 英寸。

015.mm 为深蓝色纱，5 英寸×2$\frac{3}{4}$英寸。

K.K.V.b.019　雕版印刷的纸页残片。印有西夏文。装饰着成行的坐佛像，佛与逼真的树交替出现。布局与 K.K.II.0239.a 类似，但模子不同。有一个佛像是完整的，还保留着下一个佛像的一部分背光和莲花座。除了过大的手，与 K.K.II.0239.a 相比，人物比例更准确，衣服也更宽大。莲花座看起来更像菊花，放在三块堆叠在一起的石板上。树从莲花中生出。每个佛像底下、字行的上面，都用轮廓线画着个三瓣状的拱。

纸页顶边是精美的纯黑色旋涡饰，地白色。纸页右侧的长方形部分中有两行西夏文，西夏文上方是一个逼真的倒置的荷叶作为华盖。刻得很好。纸呈黄色，佛像以下以及左侧都缺失。另参见 K.K.II.0279.uuu.ii。7 英寸×5$\frac{1}{4}$英寸。图版 LXV。

K.K.V.b.020　纸制透孔回纹饰残片。图案是套在一起的很多圆圈。每个圆圈中，都有相邻四个圆圈的弧，看起来就仿佛每个圆圈中都是一个凹边正方形。正方形中有一朵四瓣小花，花心是孔洞。纸呈黄色，较厚，两端都撕掉了。剪得比较粗糙。从宽向上看，有两个完整的圆圈。大概是当作模版用的。6 英寸×2$\frac{3}{4}$英寸。

K.K.V.b.035.n　硬纸板。画着一个奇形怪状的人物，人物前面是一个大圆圈（代表盾）。头在盾顶上露出来，似乎是一个朝右看的熊头，但由于磨损，头几乎都已消失。右臂抬起，持剑，剑水平地伸在脑后。盾底下露出两条腿，膝以下赤裸，膝以上裹着兽皮。双脚分得很开，与成进攻姿势的右臂相一致。

脚下是两行题识。盾中是一个较小的双线圆圈。盾边到小圆圈之间有一个题识，小圆圈中则有一个三角形，三角形三边与圆圈围成的每个弓形上都有题识。三角形中是一个奇形怪状的人物，头很大，双手握着向上翘的脚。

所有题识都是吐蕃文。画圆圈时，把蘸水笔或毛笔当作圆规。$4\frac{1}{8}$ 英寸×

$2\frac{13}{16}$英寸。

在哈喇浩特以东的 K.E 遗址发现的文物

K.E.01　陶器残片。出自一个小碗的口沿和侧壁。黏土黄色，上面有黑色或深灰色图案。口沿优美地向外折，侧壁向着碗足（缺失）相当程度地朝里收。在离口沿约 1 英寸的地方是一组之字形（或扇贝状）条带。图案不规则，每组条带由六条以上的细线构成，细线横贯整个陶胎。残件里外的细线顺序是一样的，可见每条线都是极薄一层深色物质的边沿。

之字线底下是一组带叶形饰的小花，花心旋涡状。底部中间又是一朵类似的小花，都由上文说的那种成组的细线构成。从图案上的缺陷和里外图案上的微小不同之处来看，要想完全控制住薄片是很难的。

从对图案的控制程度来看，很难判断用的是什么工艺。表面上了一层细腻的发绿的釉。粗糙些的类似陶器参见 A.K.07。口沿的弧弦长 $2\frac{3}{4}$ 英寸，高

$1\frac{1}{2}$ 英寸，厚 $\frac{1}{8}$ 英寸。图版 LVII。

K.E.02　玻璃珠子。白色，球形，有一个大孔。$\frac{3}{8}$ 英寸×$\frac{7}{16}$ 英寸。

K.E.014　青铜圆盘。背面有柄。铸造得比较粗糙。直径 1 英寸。

K.E.017　铁刀刃残件。铤逐渐变细。2 英寸×$\frac{1}{2}$ 英寸。

K.E.I.01　陶罐。很高，卵形。颈短而细，口如喇叭。柄的线条是沿着罐身最宽的地方继续朝上延伸，然后猛向里弯，连到了向外弯的口沿底下。柄上有小凸嵌线装饰。胎呈黄色，由于磨损，胎上所有的釉都消失了。表面粗糙，颈的一侧和罐底都洞穿了。

一侧的口沿一直到颈中部，有残留下来的口沿三倍那么多都缺失。极似 T.XLIII.1.015，大概本来也像后者一样上了棕色釉。高 $5\frac{1}{2}$ 英寸，最宽处宽 $3\frac{1}{2}$ 英寸。图版 LVII。

K.E.II.01　上釉的瓷碗底。有圈足。胎白色，较厚，正反面都上了发蓝的白色釉，釉上的装饰为蓝色。碗里面底部装饰着现实主义风格的凤凰和鸭面对面浮在水上，周围生长着莲花。碗外的底部是一条带子的一部分，带子由两种图案交替构成，一种是成组的垂直条带，另一种是梨形花纹（轮廓线如扇贝）。质地与 T.XLIII.1.06 等类似，但更厚。工艺很好（是宋瓷？）。圈足直径 $2\frac{3}{8}$ 英寸，现高 $1\frac{7}{16}$ 英寸，碗的现存最大直径 $4\frac{1}{2}$ 英寸。图版 LVII。

K.E.III.01、02　陶锭盘。中间有一个孔。最大尺寸 $1\frac{5}{8}$ 英寸 $\times\frac{1}{4}$ 英寸。

K.E.III.03　青铜"猫"铃铛。环形部分已被折断，铃铛已被弄弯。直径 $\frac{3}{8}$ 英寸。

K.E.III.04　青铜镜残件。碎成几块。边突起，边内是一条高浮雕的葡萄状旋涡饰。参见布谢尔《中国艺术》第一卷第 88 页图 60，那里有各种花纹的汉代铜镜。已生锈。3 英寸 $\times\frac{3}{4}$ 英寸。

K.E.III.05　青铜残件。熔铸得很粗糙。$1\frac{5}{8}$ 英寸 $\times 1\frac{1}{16}$ 英寸。

K.E.V.01　陶锭盘。阿摩勒树形状。胎黄色，上半部分上了棕色釉。$\frac{3}{4}$ 英寸 $\times 1\frac{1}{8}$ 英寸。

K.E.V.03　石斧。坚硬，灰色，钻孔，大概是为了插入柄。斧头背平而宽，刃从背急剧变薄。其他石斧参见图版 LXVI 中的 K.K.030。$1\frac{3}{4}$ 英寸 $\times\frac{3}{4}$

英寸×$\frac{7}{16}$英寸。

K.E.V.04~010、013~016、018 大小不一的青铜残件和铁片。最大尺寸 1$\frac{3}{4}$英寸×$\frac{4}{10}$英寸。

K.E.V.011 **淡绿色玻璃残片。**$\frac{3}{4}$英寸×$\frac{3}{4}$英寸×$\frac{1}{8}$英寸。

K.E.V.012 **玻璃珠子。**蓝色，半透明，球形。有缺口，已断裂（如今又粘连在一起）。$\frac{1}{2}$英寸×$\frac{7}{16}$英寸。

K.E.V.013 **青铜条。**已生锈，两端各有一个铆钉孔。1$\frac{13}{16}$英寸×$\frac{7}{16}$英寸。

K.E.V.015 **铁环。**用一根铁棍制成。铁棍折成一个圆形（有开口），铁棍末端构成圆形的直柄。已生锈。长$\frac{13}{16}$英寸，铁环直径$\frac{7}{16}$英寸。

K.E.V.016 **青铜扣环。**大概是皮带上的那种扣环，但舌已缺失。大体呈 D 形，有两个开口。一个又长又窄，位于直边附近，以便同带子相连；另一个呈椭圆形。保存良好。$\frac{7}{8}$英寸×$\frac{3}{8}$英寸。

K.E.V.018 **青铜片。**已生锈。最长处$\frac{3}{8}$英寸。

K.E.V.019 **陶棍残件。**黑色。$\frac{4}{5}$英寸×$\frac{3}{16}$英寸。

K.E.V.020 **上釉大陶罐的一部分侧壁和口沿。**梨形。口沿较厚，稍向外折，无装饰。胎浅棕色，正反面都上了巧克力棕色釉。外面的釉刮掉了一些，在没有釉的底上，留下来的釉构成了图案。

图案构成如下。绕着口沿有一条无花纹的釉，从这条釉上垂下来卵形和舌形装饰物。绕着罐的肩是一条宽 1 英寸的釉。底下是宽 9 英寸的花环，由很直的莨苕叶状叶子构成。再往下还有釉的痕迹。设计得很好，做工精良，大概是宋代的。残件断成了两块，后来又粘在一起。其他类似例子参见 K.E.XIV.010、K.E.X~XI.01（图版 LVII）。高 $19\frac{1}{4}$ 英寸，最宽处 $12\frac{1}{2}$ 英寸，平均厚 $\frac{3}{4}$ 英寸。图版 LVI。

K.E.IX.01　铁（?）铸件。大致呈心形，无花纹，背面是三角形柄。特别粗糙。$1\frac{1}{4}$ 英寸×$1\frac{1}{8}$ 英寸×$\frac{3}{4}$ 英寸。共有两块小残件。

K.E.IX.02~05　青铜残件。02 为薄青铜片制成的指环，扭曲了。底座扁平，椭圆形。03~05 为青铜线残件。

K.E.X.01　陶碗。陶胎黄色。除了外面靠下的地方，全都上了黄色釉。没有折沿。圈足，圈足内是一个黑色汉字。直径 $7\frac{5}{8}$ 英寸，高 3 英寸，有几个地方有裂纹。图版 LVI。

K.E.X.02　上了釉的陶罐残件。罐的侧壁和口沿。沿外部稍厚，但并不朝外折，顶部平，里侧斜削过。陶胎很硬，黄色，有黑色环纹。正反面都上了叶绿色釉，有些地方的釉呈条纹状，口沿顶上没有上釉。罐里外隐约有螺纹。边上有古人修补时钻的几个孔，但没有钻透，一个孔中还残留着金属铆钉。高 $4\frac{3}{4}$ 英寸，宽 $5\frac{3}{4}$ 英寸，平均厚 $\frac{5}{16}$ 英寸。

K.E.X~XI.01　陶器碎片。黄色，里外都上了棕色釉。外面用刮除法装饰着大胆的叶子图案。釉被刮除了一部分，由于刮得不干净，黄色陶胎背景上稍有棕色釉留下的污点。类似的陶器参见图版 LVI、LVII 中的 K.E.XIV.010、K.E.V.020、K.K.0116。$2\frac{3}{4}$ 英寸×$1\frac{3}{4}$ 英寸×$\frac{3}{16}$ 英寸。图版 LVII。

K.E.X~XI.02　陶器碎片。出自碗的上半部，陶胎黄色，上了深棕色釉。$2\frac{7}{8}$ 英寸×$1\frac{1}{4}$ 英寸×$\frac{3}{16}$ 英寸。图版 LI。

K.E.X~XI.03　陶器碎片。出自器皿的侧壁，陶胎红色，厚厚地上了一层浓重的灰绿色釉。2 英寸×1 $\frac{1}{4}$ 英寸×$\frac{3}{16}$ 英寸。

K.E.X~XI.04　陶器碎片。出自器皿的侧壁。陶胎呈黄色，表面残留着黄色泥釉和釉。外面用深灰色珐琅质绘着大胆的模式化植物图案（海葵?）。由于暴露在外，釉变得没有了光泽。2 $\frac{3}{4}$ 英寸×1 $\frac{5}{8}$ 英寸×$\frac{1}{4}$ 英寸。图版 LVII。

K.E.X~XI.05　陶器碎片。与 K.E.X~XI.04 类似，大概和后者属于同一个器皿。用深灰色珐琅质粗略绘着大花的轮廓线。一边附近有一个小孔，里侧表面上有低浮雕的点。由于暴露在外，所有的釉都失去了光泽。2 $\frac{3}{4}$ 英寸×2 $\frac{1}{8}$ 英寸×$\frac{1}{4}$ 英寸。图版 LVII。

K.E.X~XI.06　石斧（?）残件。较小，深灰色，大致呈三角形，钻孔。参见 K.E.V.03。$\frac{3}{4}$ 英寸×$\frac{1}{2}$ 英寸×$\frac{5}{16}$ 英寸。

K.E.X~XI.07　陶器碎片。出自器皿的侧壁。灰色，像青瓷，薄而透明的绿色釉下粗略地刻着图案。1 $\frac{1}{4}$ 英寸×1 英寸×$\frac{5}{16}$ 英寸。图版 LVII。

K.E.X~XI.08　贝壳（?）残件。状如小碗的一部分口沿和侧壁。三面都碎了，一条边附近残留着一个孔。口沿下面，是 $\frac{1}{8}$ 英寸宽的突起的带子，由露出表面的薄片的边形成。一面凸，一面凹。1 $\frac{1}{2}$ 英寸×$\frac{1}{2}$ 英寸×$\frac{1}{8}$ 英寸。

K.E.XI.01~03　陶锭盘。中间钻有一孔。最大尺寸 1 $\frac{1}{2}$ 英寸×$\frac{1}{4}$ 英寸。

K.E.XI.04~015　大小不一的青铜和铁。

K.E.XI.016　燧石残件。粉色。$\frac{5}{8}$ 英寸×$\frac{1}{2}$ 英寸×$\frac{3}{8}$ 英寸。

K.E.XII.01、02　陶器碎片。01 为红陶圆盘，钻孔，像锭盘似的，但特别薄，大概是被沙子磨的。直径 1 英寸，厚 $\frac{1}{16}$ 英寸。02 为灰色硬陶器残件，上面有薄泥釉和灰绿色厚釉，里面多孔。$\frac{7}{8}$ 英寸 × $\frac{1}{2}$ 英寸 × $\frac{5}{16}$ 英寸。

K.E.XII.03　铁环。锈蚀严重。直径 $\frac{3}{4}$ 英寸。

K.E.XII.04、05　青铜残件。平均 $\frac{1}{2}$ 英寸 × $\frac{1}{8}$ 英寸。

K.E.XIII.01　玉坠（?）。白色，钻二孔以便悬挂，孔构成图案的一部分。图案是一朵牡丹花的侧影，花瓣伸展。花两侧是两片旋涡状叶子，每片叶子分成两叉，叶子朝下弯的弧线围成那两个孔。孔穿透了整块玉，但只有一面加工了图案的细节。工艺很好。$1\frac{1}{2}$ 英寸 × $\frac{3}{4}$ 英寸 × $\frac{1}{4}$ 英寸。

K.E.XIII.02　上釉的陶器碎片。硬陶胎较细腻，呈黄色。里面上了棕色釉；外面上了米色釉，釉上粗略地绘着深棕色螺旋形，四周是较小的螺旋形（是第二层棕色釉?）。最长处 $1\frac{1}{2}$ 英寸，厚 $\frac{5}{16}$ 英寸。图版 LVII。

K.E.XIII.03　上釉的陶器碎片。灰色硬陶胎，正反面都上了灰绿色薄釉，外面有粗略刻成的植物图案和条带。与此相同的残件参见 K.E.X~XI.07。最长处 2 英寸，厚 $\frac{1}{4}$ 英寸。图版 LVII。

K.E.XIII.04　上釉的陶器碎片。硬陶胎呈浅黄色，里面上了深棕色釉，外面在米色泥釉上又上了无色釉。外面有深棕色图案，是植物的轮廓线，背景中有小圆圈。其他类似例子参见图版 LI 中的 A.K.026。$1\frac{3}{16}$ 英寸 × $1\frac{1}{8}$ 英寸 × $\frac{1}{8}$ 英寸。图版 LVII。

K.E.XIII.05~010　6 个陶锭盘。用陶器碎片制成，碾成圆盘状，钻孔。

有的红色，有的灰色，比较粗糙。08 最大，直径 $1\frac{7}{16}$ 英寸，厚 $\frac{7}{16}$ 英寸。

K.E.XIII.011 黑色磨石（?）残件。扁平，轮廓大致呈三角形，顶点附近钻了一个孔，另一端折断了。长 $1\frac{5}{8}$ 英寸，宽 $1\frac{1}{8}$ 英寸，最厚处 $\frac{3}{8}$ 英寸。

K.E.XIII.012 半颗玻璃珠子。扁扁的球形，蜂蜜色，半透明。高 $\frac{5}{16}$ 英寸，直径 $\frac{5}{8}$ 英寸。

K.E.XIII.013 铁刀刃。只有一个刀锋，残留着铤。已生锈。长 $2\frac{11}{16}$ 英寸，最宽处 $\frac{3}{8}$ 英寸。

K.E.XIII.014 长方形青铜环。一角断了。$\frac{15}{16}$ 英寸×$\frac{13}{16}$ 英寸，粗 $\frac{1}{8}$ 英寸。

K.E.XIII.015 青铜环。较小。末端生了锈，不连在一起。直径 $\frac{9}{16}$ 英寸。

K.E.XIV.01 铸铁残件。状如矛尖的铁器，一面凹陷，另一面有脊骨，尖缺失。比较粗糙。5 英寸×$1\frac{1}{2}$ 英寸×$\frac{1}{4}$ 英寸。图版 LVI。

K.E.XIV.02、03、06 铁钉。其中两枚有宽而平的钉头。最长 $3\frac{1}{4}$ 英寸。

K.E.XIV.04 玻璃珠子残件。蓝色。$\frac{7}{8}$ 英寸×$\frac{3}{8}$ 英寸。

K.E.XIV.05 青铜片残件。对折，用敲打出来的点构成粗略的图案，两端各钻一孔。一端变窄，形成一个凸圆的尖，另一端缺失。$\frac{3}{4}$ 英寸×$\frac{5}{8}$ 英寸。

K.E.XIV.07 陶檐（?）残件（瓦当——译者）。圆形，状如盒子盖。珠子边内边是植物（?）图案。硬陶胎棕色，带点，上了细腻的棕色釉。呈凸面的背面断了。参见 Chiao.01。$3\frac{1}{8}$ 英寸×$1\frac{3}{8}$ 英寸。图版 LVII。

K.E.XIV.08　陶器碎片。出自器皿侧壁，较厚，粗糙，黄色（发红）。正反面都上了棕绿色薄釉，里面有螺纹，外面布满了 S 形和 U 形刻痕。$1\frac{3}{4}$ 英寸×$1\frac{3}{4}$ 英寸×$\frac{3}{8}$ 英寸。图版 LI。

K.E.XIV.09　挂在墙上的铁钩（或类似东西）。在弧线开始的地方是肩。$2\frac{1}{2}$ 英寸×1 英寸。

K.E.XIV.010　陶器碎片。出自器皿的口沿和侧壁。陶胎红色，很细腻，正反面上了一层深灰绿色釉。外面的釉上用刮除法刮成大胆的植物图案，图案的轮廓线和地就是刮掉釉后露出来的红色陶胎。口沿呈反曲线形，较厚，上边没有釉。有三个铆钉孔。整个碎片看起来很大胆，有装饰性。其他类似例子见图版 LVI、LVII 中的 K.E.V.020、X～XI.01、K.K.0116。$3\frac{5}{8}$ 英寸×$2\frac{1}{4}$ 英寸×$\frac{1}{4}$ 英寸。图版 LVII。

K.E.XIV.011~015　陶器碎片。011、012 出自碗的口沿和侧壁。陶胎灰色，上了灰色泥釉（?），外面再上了一层斑驳而精致的深灰绿色釉。口沿处的釉渐渐变成棕色，口沿呈圆形，比侧壁薄。边底下有两条棕色细线。

013 为红黄色陶胎，釉和 011、012 一样，但外面接近底部（?）的地方没有上釉。014 为红色陶胎，正反面都上了细腻而斑驳的灰蓝色釉，外面有一部分没有上釉。015 为灰色陶胎，正反面像前几件一样上了釉。其他类似例子参见 K.K.039~044 等。最大碎片 $2\frac{3}{16}$ 英寸×$1\frac{3}{4}$ 英寸×$\frac{3}{16}$ 英寸（011）。

K.E.XIV.016　陶器碎片。出自器皿的侧壁和口沿。陶胎浅灰色，外面有螺纹，沿稍厚。棕色釉。$1\frac{1}{4}$ 英寸×1 英寸×$\frac{1}{8}$ 英寸。

K.E.XIV.017　**陶器碎片**。器皿完整的口，质地接近 K.E.XIV.016。口沿横截面为棱柱形。有些地方的釉有斑点，有的釉为绿色。直径 $1\frac{5}{8}$ 英寸，高 $\frac{5}{8}$ 英寸。

K.E.XIV.018　**青铜镶边残件**。出自皮带末端（？），上面有铆钉。$\frac{7}{8}$ 英寸×$\frac{3}{4}$ 英寸。铆钉长 $\frac{5}{16}$ 英寸。

K.E.XIV.019　**陶器碎片**。红色，细腻，用模子做成，但图案太不完整，无法辨认。外面上了细腻而有光泽的黄色泥釉，泥釉上残留着浓丽的蓝绿色釉，但大部分釉已剥落了。$\frac{7}{8}$ 英寸×$\frac{1}{2}$ 英寸×$\frac{1}{4}$ 英寸。

K.E.XIV.021~026　**玻璃珠子残件**。很粗糙，大部分浅黄色，半透明。023 最大且完整，$\frac{1}{2}$ 英寸×$\frac{3}{8}$ 英寸。

K.E.XIV.027　**陶罐残片**。从口沿到肩有一个环形小耳。硬陶胎灰色，正反面和口沿顶部都上了深橄榄绿色釉，里面微有螺纹。肩朝外鼓，再朝里收成短颈，口沿稍微变厚。高 $4\frac{3}{4}$ 英寸，宽 $5\frac{1}{4}$ 英寸，厚 $\frac{1}{4}$ 英寸。图版 LVII。

K.E.XV.01　**瓷器碎片**。出自碗的上半部分，沿较薄，朝外折。釉淡绿色，上面精细地绘着灰绿色图案。碗外面在口沿下边，有两条平行的环线，环线之间用简单的轮廓线画着四瓣小花，构成碗边。底下是剪影一般的叶子、浆果和花。

碗里面的口沿上有两条环线，环线之间是波浪状的茎，茎上是交替出现的螺旋形，从茎上还生出较小的螺旋形和苞片。釉底下隐约有低浮雕的图案。质地特别细腻。长 $1\frac{3}{4}$ 英寸，宽 $1\frac{1}{8}$ 英寸，厚约 $\frac{1}{16}$ 英寸。图版 LI。

K.E.XV.02　**瓷器碎片**。出自碗的上半部分，装饰着灰蓝色图案。沿稍稍朝外折一点。釉灰绿色。碗外面的釉上有两个方块，用宽线和细线勾勒轮廓线，方块里面是旋涡状云（?）。碗内，上面的碗边是双线。再朝下，随意地绘着剪影一般的花和叶子，花瓣带尖。碗边顶部没有上釉。中心处附近有一个铆钉孔。参见图版 LI 中的 K.K.047。$1\frac{5}{8}$ 英寸×$1\frac{1}{4}$ 英寸×$\frac{1}{8}$ 英寸。图版 LVII。

K.E.XV.03、06、08~010　**大小不一的青铜片和青铜线**。平均长约 $\frac{3}{4}$ 英寸。

K.E.XV.07　**青铜圆盘**。有六个瓣，钻了一个方孔。直径 $\frac{5}{8}$ 英寸。

K.E.XVI.01　**小银（?）勺**。是吸鼻烟时用的小勺子（?）。勺头圆形，柄微呈弧线。做工很好。长 $1\frac{13}{16}$ 英寸，勺头宽 $\frac{3}{16}$ 英寸。

K.E.XVII.01　**铁箍**。扁平，刀柄。$\frac{5}{8}$ 英寸×$\frac{3}{8}$ 英寸×$\frac{5}{16}$ 英寸。

K.E.XVII.03、08、09　**青铜**。03 为扁平的青铜环，直径 $\frac{5}{8}$ 英寸，宽 $\frac{3}{16}$ 英寸。

08 为青铜钉，$\frac{5}{8}$ 英寸×$\frac{3}{16}$ 英寸。

09 为青铜带子，一面凹，一面凸，$\frac{5}{8}$ 英寸×$\frac{1}{8}$ 英寸。

K.E.XVII.04　**陶器碎片**。出自器皿微呈弧形的小口。器皿质地像瓷器，淡黄色，上了淡灰绿色釉。口直径约 $\frac{1}{8}$ 英寸，长 $1\frac{3}{8}$ 英寸，底部直径 $\frac{1}{2}$ 英寸。

K.E.XVII.05　**光玉髓珠子**。形状不规则。直径 $\frac{1}{4}$ 英寸。

K.E.XVII.06 **半颗玻璃珠子**。淡灰绿色，球形。直径$\frac{7}{16}$英寸。

K.E.XVII.07 **黏土残片**。浓重的青绿蓝色。$\frac{5}{8}$英寸×$\frac{1}{4}$英寸×$\frac{1}{4}$英寸。

K.E.XX.01 **半颗玻璃珠子**。淡灰绿色。直径$\frac{7}{16}$英寸。

从索果诺尔以南的 E.G 遗址带回来的东西

E.G.01 **雕版印刷的纸页**。印的是神坐在鬼怪（？）身上，右手抬起，持发光的剑。头饰是一朵莲花，有莲花座，背景是光芒线。刻得粗糙，印得也不好。已被撕破。$4\frac{3}{8}$英寸×$4\frac{1}{2}$英寸。

E.G.02 **麻布画**。画有一个神坐在莲花座上，脸部饱满，头微向右倾。头戴高头饰，穿宽大的红裤子和绿色短上衣，腰上有蓝色飘带。右手放在右腿上，左手抬到胸前。

项光蓝色。背光黄色，有红色光芒线，光芒线之间有黑点。背光边蓝色，有绿色火焰，火焰轮廓线红色。左上角和右上角的蓝色背景中各有一个红色圆形物，画面底部背景是绿色，轮廓线呈黑色和红色。粗糙，吐蕃风格。4英寸×$4\frac{1}{2}$英寸。

E.G.03 **雕版印刷的纸**。画一个站在狮子身上的熊头神拥抱着沙克蒂（印度教性力派所崇拜的性力女神——译者）。神腰上挂着骷髅串成的绳子。只画出轮廓线，四边都已被撕破，背面印着题记。吐蕃风格。$3\frac{1}{4}$英寸×$2\frac{3}{4}$英寸。

E.G.04 **雕版印刷的纸**。模子长方形。印的是坐在莲花上的金刚，莲花放在正方形平台上，左右两个头像托着平台。金刚施触地印，左手竖立在身前，头戴复杂的两层头饰，有背光和项光。背景是植物，前面有一碗水果。工艺粗糙，吐蕃风格。$4\frac{3}{8}$英寸×$5\frac{1}{4}$英寸。

E.G.05　木饭碗。用一块木头抠成。平足，两侧鼓起，口沿微朝下弯，口沿比侧壁厚。碗底刻着一条短茎，短茎上生着一朵花蕾，花蕾夹在两个苞片之间。有两处缺口。直径6英寸，高$2\frac{1}{4}$英寸。图版LXVI。

E.G.06　木匣（佛龛?）。用一块木头抠成，有凹槽，以便放盖。底部粗糙，其余地方都涂了颜料（大概是红颜料）。顶部像中国式的屋顶，屋顶两侧呈弧形，屋脊笔直。宽3英寸，高$4\frac{1}{2}$英寸，深$1\frac{3}{4}$英寸。图版LXVI。

E.G.07　陶制檐口饰（瓦当——译者）。陶胎灰色，圆形，上面浮雕着云和一条带火焰的龙，龙有三根脚趾。特别精美，参见K.K.I.i.014。直径$4\frac{3}{4}$英寸。图版L。

E.G.08　陶制龙头残件。灰色。眼睛鼓起，鼻子高而短，眉毛突出（上面布满褶皱）。嘴向外伸并朝上翘，嘴里有牙齿，下颌缺失。大概用在建筑上，参见K.K.I.i.014。$8\frac{1}{2}$英寸×4英寸×5英寸。图版L。

E.G.09　陶制花砖。空心，灰色，大致呈正方形。一个面有朵高浮雕莲花，有两层花瓣，花左右伸出旋涡状茎。有两个面是封闭的，凹面形。参见Chiao.08、09（图版L）。$9\frac{1}{2}$英寸×$8\frac{1}{2}$英寸×$6\frac{1}{2}$英寸。空心处大小为6英寸×3英寸。

E.G.010　彩绘木板。一面凹，一面凸。凸面绘着突起的金龙的头，用石膏底子绘在红（漆?）底上。龙底下是绿色云。两边宽$1\frac{3}{4}$英寸都没有花纹，沿每边都有一行暗榫孔。中心处附近有一个暗榫孔，其中有一根小棍。

最末端还有一个暗榫孔，两端都斜削过。这样的木板如今在列城（Leh，南亚克什米尔东部城镇——译者）仍能发现。背面有三行手写的吐蕃文。$8\frac{1}{2}$ 英寸×$3\frac{1}{4}$英寸×$\frac{1}{2}$英寸。图版 LXVI。

E.G.011　木框。长方形，一端弓形。后面那块木板用木钉钉上，已脱落。朝前的框边上有凹槽，以便放能滑动的前部或盖子。除了框里面后背板附近宽约$\frac{3}{8}$英寸的地方没上漆，整个框都涂了棕色薄漆，没涂漆的地方大概是彩绘木板或其他东西的边沿，框就是用来保护那件东西的。$5\frac{3}{8}$英寸×$3\frac{1}{2}$英寸×1英寸。图版 LXVI。

E.G.012　带装饰的木板。长方形，尖的一端微呈弧形。整个长方形的表面上都贴着一张纸，纸上印着神秘图形。带尖的一端涂成黑色，尖附近有一个孔以便将木板挂起来。

图形上有一个骑在奇形怪状动物身上的鬼怪，鬼怪顶上是环形的星星（？）。上半部分中有一个正方形，绕着正方形是一个双线圆圈，圆圈里印着神秘符号。圆圈左边是一个长方形，分割成几个正方形，每个正方形中都有一个象征物。木板背面无花纹，粗糙，有一小块缺口。严重磨损。$17\frac{1}{4}$英寸×6英寸×$\frac{3}{4}$英寸。图版 LXVI。

E.G.013.a.xxxi　纸片。一幅大人像的顶部，只有项光、背光和带尖的吐蕃式帽子保留了下来。左边是一根竖立的细杖的顶部，从杖上垂下来流苏和短饰带。项光、背光的后方和上方是一团花和叶子，左上角是日轮，右上角是一轮新月。纸呈黄色，有污点。$3\frac{7}{8}$英寸×$9\frac{1}{8}$英寸。

E.G.014.a.xviii　雕版印刷的纸片。印得很不好，似乎是一部分边。纸较薄，画了格。$3\frac{3}{4}$英寸×$2\frac{1}{2}$英寸。

E.G.014.a.xix　毛纺织品残片。精致，织得比较稀松，已成碎片。淡灰色。约$9\frac{1}{2}$英寸×6英寸。

E.G.017.a.xliii　2张素描纸画。构成一张纸页的一部分。纸页一面有三行吐蕃文，另一面粗略地画着几幅护符。纸对折过，不结实，四边都已被撕破。$4\frac{3}{4}$英寸×$2\frac{3}{8}$英寸。

E.G.017.a.xliv　纸片。印有两条边线和一部分花。3英寸×2英寸。

E.G.017.a.xlv　雕版印刷的纸片。印着长方形边线，边线里面是吐蕃文。吐蕃文上方有一组相连的花瓣状托架，托架末端是旋涡饰。背面的长方形框里有吐蕃文题识。纸是布纹纸，较薄。边沿都已被撕破。$6\frac{3}{4}$英寸×$3\frac{3}{4}$英寸。

E.G.018.m　雕版印刷的纸页残片。并排印着两个圆形光环，光环之间有小空白。每个光环中围着一个神，左边的神骑象，右边的神似乎站在一个俯伏的女子身上。光环外的背景是山、树和云。整个画面都印成红色，印得特别淡。纸有双层，像硬纸板一样。四边都已被撕破。$10\frac{1}{2}$英寸×$4\frac{3}{8}$英寸。

E.G.018.n　雕版印刷的纸页残片。背景是云和山，前面印着一个弹琵琶的武士，纸页顶部和底部是旋涡饰构成的边，两端缺失。纸有三层，打了格。$5\frac{3}{8}$英寸×$5\frac{1}{4}$英寸。

E.G.018.o　雕版印刷的纸页残片。印成红色。印一个神坐在莲花座上，周围环绕着背光。背光顶上的背景中有云，底下是岩石（或地面）。神头饰复杂，头饰中央装饰着长绊根草或金刚杵。神有四臂：右上手持数珠，右下手施与愿印；左上手持杖（?），左下手在身前持瓶状物。都印得模糊不清。纸上打了格。$5\frac{5}{8}$英寸×$2\frac{3}{8}$英寸。

E.G.018.p　素描纸画残片。粗略地画着八臂的三位一体神坐在莲花上，手持各种法器，有项光和背光。画得特别粗略。底下开始了粗略的动物素描，顶上印有三个吐蕃文题记，背面隐约有两个红色印戳，一个印戳中是汉字。左半边几乎全部缺失。纸上画了格，很软。13 英寸×$6\frac{1}{4}$英寸。

E.G.018.q　雕版印刷的纸页。正面黄色。边框是回纹饰。框里左边立着头野兽，朝里的前脚抬起。蹄分成两瓣，身上长鳞。华丽的尾巴抬起，状如宽宽的长毛刷子，尾巴根部是小旋涡饰。脊背锯齿状，头左侧有长翎颔（由笔直的毛发构成）和鬃毛。头大概是回首后顾的。头不清晰，一部分已缺失。左下角和右下角各有一个带波浪状飘带的象征物。纸打了格，较软，顶部缺失。5 英寸×$4\frac{1}{4}$英寸。

E.G.018.r.+023.a.xxiv　雕版印刷的纸页。共有两张残片，右端缺失，上面有两个吐蕃风格的护符。每个护符都是一组同心圆，由波浪状起伏的线把同心圆分割成放射状排列的部分。线出现在圆心和画面外边沿之间，线向外形成五个环形，向里形成五个环形。

圆圈底下伸出猪的四条腿，画面顶部露出猪多毛的背部、尾巴和头。沿纸页顶部有一行吐蕃文。右边那个护符有一多半已缺失。纸呈黄色，较薄，打了格。10 英寸×8 英寸。

E.G.018.s　雕版印刷的纸页。印的是吐蕃风格的圆形护符。共有三行吐蕃文，形成三个同心圆。中心是一个瓶子，从瓶口发出火焰，两侧似乎有蛇托着瓶子。护符外边是火焰边。纸较薄，打了格，保存良好。13 英寸×$9\frac{1}{4}$英寸。

E.G.018.t　小纸页。粗略地画着几何图形。纸长方形，四角像普通扑克牌那样是圆的，离纸边 $\frac{1}{8}$ 英寸的地方画着一条直线边。四角的弧形边里面各有一个等边三角形，三角形的每个角上都有一对同心圆弧，三角形顶点右边是一个手写的符号。

三角形下边是一个又长又窄的长方形，横贯纸页较窄的那个方向，与三角形底边平行。再往下是两个双线正方形，顶上那个正方形最底下一角与底下那个正方形顶上那个角相交。再往下的图形像一个平躺的字母 H，中间那根线很粗，大概是香案的底座。左边有几个吐蕃文。有两个距一条长边距离等距离的针孔，似乎是古人留下的。纸较厚。$3\frac{1}{4}$ 英寸 $\times 1\frac{3}{4}$ 英寸。

E.G.019.a.xviii　丝绸残片。出自绢画。红底，上面有一匹马的一部分后腿，马旁边还有块蓝色色块。工艺良好。1 英寸 $\times 1\frac{3}{4}$ 英寸。

E.G.022.a.xxxii～xxxiv　雕版印刷的纸片。一面有黄色污点。工艺粗糙，印的是吐蕃风格的护符。纸上画了格。最大尺寸 $5\frac{1}{2}$ 英寸 $\times 1\frac{5}{8}$ 英寸。

E.G.022.a.lviii、lix　2 张雕版印刷的纸片。有简单的线边。大概是佛龛中的人物，保留下来一部分复杂的莲花座和两侧的旋涡饰，底下是一行吐蕃文。纸呈黄色，画了格。最大尺寸 $5\frac{1}{2}$ 英寸 $\times 3\frac{3}{4}$ 英寸。

E.G.022.a.lx、lxi　2 张雕版印刷的纸页。a.lx 印着长方形边线，边线里面有一条旋涡状细茎，细茎末端生长着较小的旋涡饰。茎朝下弯的地方，用一个圆环挂着一个复杂的流苏，流苏左边是一部分字迹。四面都已被撕破。3 英寸 $\times 2\frac{1}{2}$ 英寸。lxi 上零星有几条分散的线，还有半个闪光的日轮。四边都已被撕破，布纹纸，较薄。4 英寸 $\times 3\frac{1}{4}$ 英寸。

E.G.022.a.lxii～lxv　4 张雕版印刷的纸片。lxii 是长方形画面的左下角。

框里面是一部分圆形背光，背光里的人物右手似乎持棍（剑或杖），底下保留着一部分莲花座和衣纹的末端。边线和背光之间的背景是岩石、叶子和云。长方形框的底边是红底上的一行珠子，底边下面是小菱形，小菱形再往下有斜线。$1\frac{3}{4}$英寸×1英寸。

lxiii 较大，布局与 lxii 类似，可以看到人物左侧的三四只手臂，最顶上那只手似乎持弓。$2\frac{3}{8}$英寸×$2\frac{1}{2}$英寸。

lxiv 为与此类似的画面的右上角，边是宽宽的旋涡饰，背景是田地和云，背光中有一只持斧的手。$2\frac{3}{8}$英寸×$1\frac{1}{4}$英寸。

lxv 为一个大印戳的一部分印痕，较粗糙，参见 E.G.018.m、o。纸上画了格，很不结实。2英寸×$1\frac{3}{4}$英寸。

E.G.023.a.xxi ~ xxiii　3张纸片。上面粗略地画着符咒。023.a.xxi 一面有六行吐蕃文，用横线和竖线隔开。另一面是一朵不规则的五瓣花，花心和花瓣上有题识，花左侧是字行。纸较厚，画了格子，一端已被撕破。$2\frac{1}{2}$英寸×$3\frac{3}{8}$英寸。

023.a.xxii 正反面各有两个圆圈和第三个圆圈的一部分，每个圆圈中间都用红色轮廓线描着一个字，字周围环绕着吐蕃文。纸与 023.a.xxi 质地一样。$7\frac{1}{8}$英寸×3英寸。

023.a.xxiii 上有三个同心圆，最大的圆外是火焰边，第二个圆和第三个圆之间有八片花瓣。圆心是吐蕃文，第一个圆和第二个圆之间也是花瓣。纸似乎制造年代较晚。$4\frac{1}{4}$英寸×$3\frac{5}{8}$英寸。